中國傳統相聲大全

姜昆

名誉主编 姜昆

主编 贾德臣

第一卷

作家出版社

图书在版编目（CIP）数据

中国传统相声大全：全5册 / 贾德臣 主编. -- 北京：作家出版社，2017. 1（2022.1重印）

ISBN 978-7-5063-9338-6

Ⅰ. ①中… Ⅱ. ①贾… Ⅲ. ①相声－作品集－中国－当代 Ⅳ. ①I239.7

中国版本图书馆CIP数据核字（2017）第022634号

中国传统相声大全：全五册

主　　编：贾德臣
责任编辑：王　烨
特约编辑：李恩祥
装帧设计：王汉军
出版发行：作家出版社有限公司
社　　址：北京农展馆南里10号　　**邮　　编：**100125
电话传真：86-10-65067186（发行中心及邮购部）
86-10-65004079（总编室）
E-mail:zuojia@zuojia.net.cn
http://www.zuojiachubanshe.com
印　　刷：北京中科印刷有限公司
成品尺寸：152×230
字　　数：2600千
印　　张：195.75
版　　次：2017年5月第1版
印　　次：2022年1月第3次印刷
ISBN 978-7-5063-9338-6
定　　价：368.00元（全五册）

编者的话

相声艺术自清末流传至今，历传十余代弟子，人才辈出。传统相声作品也以积累丰富著称，其中颇多相声名家精彩之作。《中国传统相声大全》一书就是多年来对传统相声搜集、采录、辑佚而成的专汇。

传统相声是口头创作和口头流传的，由口头文学到形成文学脚本，虽几经修订，向无定本。新中国成立以来，有关部门组织专业人士在传统相声的挖掘整理上做出了很多成绩。《中国传统相声大全》在编辑过程中也谨慎地做过一些审订工作，这仍然是传统相声挖掘整理工作的继续。

相声艺术形式活泼，说、学、逗、唱，不拘一格，本着这样的精神，《中国传统相声大全》尽可能地展现了相声艺术形式的多样性。全书共二百六十余万字，分为五卷，每卷均按传统相声中的单口、八大棍儿、对口、群口各编排一部分，个别卷更容纳了相声家族中太平歌词、滑稽双簧和开场小唱的部分传本，形成综合卷。

序

中国的文化，是世界上历史最悠久的文化之一。

中国人在始有文化之前，肯定先有了幽默和玩笑，不然的话，不会在中国古代的第一部诗歌总集——《诗经》里就写下了“硕鼠硕鼠，无食我黍，三岁贯女（惯汝），莫我肯顾……”您听听：“大耗子呀，大耗子！别再吃我的粮食啦，我都惯着您三年多了……”那会儿没发明耗子药，有事只好和耗子商量。

实际上，我们中国的老祖宗往往是用幽默和玩笑来对付人生的。

动物中最有灵性的是猴儿，人自打猴那儿变过来以后，世界就热闹起来，热闹来，热闹去，无非是人比猴多了高级意识，但是随之而来也产生了善恶，好坏。

在人类行为中，尤其精彩且光怪陆离的，更在于善中有恶，恶中有善，好人常干点儿坏事，坏人也常干点儿好事。道家的鼻祖老子有语曰：“玄之又玄，众妙之门。”大概也在说，“稀里糊涂，弄不明白”。幽默和笑话却要在这“玄之又玄”的世界中，显一显“一针见血”的本领，甭管道貌岸然者穿什么华丽的服装，说着笑着让他一层一层地往下脱，而且让大家看。古代人赞老爷“见机行事”，用谐音双关老爷“见鸡行事”的“德行”，令人拍案叫绝！当然，除了针砭时弊，鞭挞丑恶以外，还要嘲讽落后，批评朋友，绝不能认敌为友。老祖宗留给咱们的这玩意儿，绝了。幽默是人类的智慧，幽默是人生的艺术。

当幽默、玩笑融进了文学艺术中的时候，艺术也热闹了。戏曲里有了丑角，绘画中出现了漫画，影剧中一个重要类型是喜剧。在古代文学艺术发展的漫长道路上，我们竟多多少少地看到“相声”的影子。史书上说：“东方朔好诙谐而不为虐。”您看这位祖宗，不但逗笑儿，还注意到格调问题呢！元代散曲《高祖还乡》也可算得上是段“单口相声”，您听那结尾：“……别的我都不恼你（刘邦），你该我钱不还就算了，你刘三儿别为了躲债改个名叫‘汉高祖’！”难怪侯宝林先生见了出土秦俑中的两个举手投足的小人塑像就一口咬定说：“这是我们说相声的！”

到了宋朝，城市经济发达，市民队伍壮大，市民艺术极其繁荣：说书的，唱曲的，演戏的，耍杂耍的，可以说，说学逗唱样样俱全。

但是，相声在如此热闹的场面中真正打出自己的旗号，独立地列于艺术之林，应该说是清末民初的事。

我们许多专门从事相声艺术研究的专家，愿意把这个行当的祖宗追溯到很远很远，拳拳报艺之心，可敬可佩！但是我以为，可能把深知我们民族幽默传统的古老和正视我们相声艺术的年轻结合起来，才能更深刻地认识到相声艺术正值日上中天之势及蓬勃旺盛的生命力呢！

相声的短短的历史，在我们中国古老的民族艺术道路上可并不是微不足道的。虽然无经典，无记载，能见到的不过是《红楼梦》浩瀚长卷中偶尔出现的“像生”二字；但在中国为这个事业奋斗的，可整整十几代人了，这十几代人干得还是相当有起色呢！

靠着我们自己寻找到的文字记载，最早的相声名家应该算是惊世骇俗的“穷不怕”，此公骨气硬，皇上死了，他老人家照样说相声。到后来有位“万人迷”，听这名字足以见当时受欢迎的程度。再往后传至今，十几代人把相声从“地摊儿”推上了大雅之堂，相声成了举国上下最受欢迎、最有群众基础的曲艺艺术形式之一。相声一脉，可算得“幽默”香烟有托，“祖宗”血食不绝了。

在新中国成立以前，得以使我们相声同仁们辈辈干得如此带劲，应该说有一代代人不断实践不断创作的传统相声段子在起作用。这些文艺作品在无数艺人口中千锤百炼，愈演愈精，它们顺潮流而生，随时代而变，把对人生的理解融会于嬉笑怒骂之中，这里有对社会的批判，也有对理想的向往，是相声艺人创造了它，也是它培养造就了一代代的相声艺人。当然，由于社会环境使然和艺术形式的局限，传统相声不可能尽皆精品，甚至还带着或多或少旧的社会意识的烙痕；但是这些段子大部分还是表现了鲜明的市民情趣，当你仔细地咀嚼这些传统相声段子以后，你会感到它仍不失为我们中华民族艺术和民族文化的宝贵遗产。

新中国成立以来，老前辈们有心，早就有人在想，也在做，他们把一代代口传心授的相声段子，挖掘、整理、记录下来，让后代认识传统，让新人继承创新。尽管个人的力量有限，但是大家毕竟都看到这样一个实例：如果没有侯宝林先生从张杰尧老先生口中抢救，那么《关公战秦琼》这段家喻户晓、脍炙人口的传统相声艺术精品，恐怕早已随前贤逝去，这种损失将是无法挽回的。

我想，大概正是基于这一点，中华说唱艺术研究中心和《中国传统相声大全》的编辑同志们，肩负着全国相声界的期望，继承相声前辈的奋斗精神，他们走街串巷，访师问贤，在全国范围内，将留在老艺人心中的零金碎玉集珠成串；他们又集中了以往从无数前辈人口中探来的宝藏，终于搜辑成了今天这部可以称得上“大全”的传统相声集，他们流下了汗水，付出了艰辛，为我们民族艺术和民族文学宝库中平添了一颗闪亮的明珠。

“大全”出版了，编辑同志嘱我作序。

余生也晚，面对这些传统相声，犹如面对前辈相声艺术家的在天之灵，他们的聪明才智，他们的苦辣辛酸，他们对艺术的不断追寻，他们对生活的上下求索，似乎都在其中了。是以沐浴焚香，三拜九叩，恭敬虔诚地排列组合以上汉字，不敢言序，谨遵弟子辈之礼耳。

姜　昆

目录

单口相声

看财奴……003
三近视……006
贼说话……013
化蜡扦儿……016
偷斧子……031
抬杠铺……036
日遭三险……042
糊涂县官……048
怯跟班……052
麦子地……057
假行家……068
读祭文……077
五人义……081
三句话不离本行……091
杨林标……096
娃娃哥哥……101
巧嘴媒婆……108
赞马诗……115
三瘸婿……118
三怪婿……124
吃西瓜……128
熬柿子……136
庸　医……140
点痦子·拔牙……144
小神仙……149

八大棍儿

古董王……175
　治罗锅……175
　买鸡子儿……180
　糊　驴……183
硕二爷……188
　奇异的鼻烟壶……188
　“四十两”与“八十两”……191
　谁也别走邪道……194
　牛黄清心丸……206
　出卖东安门……209
　剃辫子……211
　不许上甬路……216
　坐驴车……220
　打一鞭子一百吊……223
　山羊喝茶提督喝汤……229
姚家井……243

对口相声

八扇屏……283
八扇屏梁子……289
八扇屏入话……292
八扇屏垫话……296
莽撞人……299
暗八扇……301
开粥厂……307
暖　厂……318
洋方子……327
洋药方治病……335
夸讲究……338
庙游子……346
地理图……350
老老年……358
磨豆腐……366
大娶亲……376
大上寿……381
吃饺子……387
醋点灯……394
梦中婚……406
粥挑子……417
粥挑子……422
揭　瓦……428
福寿全……439
倒扎门儿……449
哏政部……457
寿比南山……466
相　面……472
生意经……488
女招待……497
打牌论……502
歪讲《三字经》……511
歪讲《三字经》……518
歪讲《百家姓》……529
俏皮话……532
绕口令……536
绕口令……541
十八愁绕口令……553
闹公堂……566
黄鹤楼……571
黄鹤楼……591

群口相声

抢三本……603
敬财神……610

单口相声

看财奴

逢这种特别的事都出在我们那儿。我们那个村儿有这么一家子，这老头儿是个大地主，有仨儿子，三房儿媳妇儿。家里养活七十多匹牲口，种着八十多顷地，开着两个大粮行，可是家里吃饭老得掺糠，吃菜呀就是白水儿熬哇！一大锅菜，菜帮儿菜根儿全有，搁一大把盐齁死爹！搁油的时候儿呀，得老头儿亲自搁油，别人搁油不成。上上下下五十多口子人吃饭，这一大锅菜呀搁多少油？搁四钱油。一天搁四钱，十天不就是四两吗？钱跟钱不一样，油罐儿里头搁一根筷子——筷子头儿上扎一个小钱儿，开锅的时候儿当家的搁油，这手托着罐子，这手拿着筷子往油罐儿里一蘸，提溜起来往锅里一控，这叫一钱。您说也纳闷儿，大年三十儿打来四两香油，吃到过年大年三十儿，一约哇七两五，吃了一年倒多出三两五来，它为什么一年多三两五哇？为什么？他把汤带回来啦！

一家子都得跟着他吃糠，他这仨儿媳妇儿娘家都趁钱，享受惯啦！吃那糠饽饽成吗？谁吃呀！要不怎么叫看财奴哪，老头儿吃！一顿好几个糠窝窝吃得挺饱。儿子、儿媳妇儿、孙子在旁边儿举着糠饽饽也得咬两口，咬两口搁那儿就算饱啦！一剩剩一大笸箩，他看看还挺欢喜，说："我们起家运，都吃不多！"

吃完了饭他出去捡粪去，一出去就是二十多里，捡儿泡马粪来回四十多里。赶上他一出去，家里是刀勺乱响啊，肉山酒海，想吃什么吃什么！等到他也回来啦，这儿也吃完了，连家伙都拾掇起来啦！儿子、儿媳妇儿还能都睡个晌觉。晚上啊，还吃糠饽饽，一人咬一口就完啦！

有这时候儿：夏景天儿，吃完了早饭他出去捡粪去啦，家里刀勺乱响，儿子、儿媳妇儿这儿做饭。嗯！赶上闹天儿，老头儿回来啦，眼瞧就要进门啦！好，要叫他进了门，一瞧肉山酒海，能玩儿命！这怎么办啊？不要紧哪，他绝对进不来，进了大门也进不了二门。噢，二门上着锁？没有！他这儿子、儿媳妇儿想出道儿来啦！

这儿做着饭哪，要不正吃着哪，一瞧，闹天儿啦，出去一个人抓这么两三把黄豆往门道里一撒就得，放心吃吧，老头儿就进不来啦！怎么？他背着粪筐走到门道一瞧，地下净是黄豆，站在那儿就骂街："嗐！怎么这么糟践东西呀！啊？这是闹着玩儿的？"

骂一个够，没人理他，他蹲在那儿呀一个黄豆粒儿一个黄豆粒儿地捡。您算算，三把黄豆他一个不剩全得把它捡净了——里头连家伙都刷完啦！

后来怎么样哪？直顶到他死这钱不舍得花。临死的时候儿他不放心哪，怕儿子把家底儿给抖搂了，把仨儿子叫到跟前，问他大儿子："我不行啦，我死之后你怎么料理我呀？"

大儿子这么想，他爸爸活着的时候儿趁那么些财产，没吃过没花过，太冤哪！哥儿仨承受这份儿产业一分……哎！心里难过呀！

"爸爸，您只管放心，我们一定对得起您，您只管放心得啦！"

"不成啊，你们怎么个对得起我呀？怎么料理我呀？"

"怎么料理您的后事，都打点好啦，给您预备一个金丝楠的棺材，咱们出点儿产业，可着那俩大米庄发送您还不成吗？铺金盖银，陀罗经被，给您七个金钱压土，身上给您戴七颗珠子，咱们搁七七四十九天，念僧、道、番、尼四棚经，出殡用六十四人杠……"

这话还没说完哪，老头儿就急啦："放屁，放屁！不像话，不像话呀！咱们家里趁多少哇？俩大米庄也不够哇！这么发送我！金丝楠棺材不是埋到地下也烂了吗？七颗珠子，七个金钱那得多少钱？你这么糟践哪！哎哟，搁四十九天，亲友一来得多大挑费呀！用我的钱弄饭让他们吃，我心疼啊！哎，滚！滚一边儿去，不成！"

大儿子碰啦！问二的："你怎么办哪？"

二的一听，哥哥那个谱儿是大点儿。

"老爷子您放心吧，我哥哥那个谱儿哇是大，咱们是不那么趁，再说我们还得过哪！给您来一个杉木的，杉木十三圆儿，装裹呢，七颗珠子不用啦，七颗金钱给您哪！铺金盖银，陀罗经被，满免。搁三七二十一天就成，接三念一棚经，平常日子不念经，也不办事。"

“不行，这也大，按你这么一说，哎，一个米庄也剩不了什么啦！不行，不行！三儿说！三儿，三儿，怎么办？”

他这三儿子聪明，知道他爸爸那个心思，心想，“我说两句话呀，把老头儿骂死得啦，等他死了我们再慢慢儿办。”

“您问什么，老爷子？”

“你怎么办哪？”

“我跟您的心思一样啊，我俩哥哥说得完全不对，他们不会过日子，您这一辈子克勤克俭来的钱，要这么一摆谱儿给花啦，多冤哪！再说，搁三七二十一天，亲友都来，天天不得给他们吃吗？犯不上啊！我有个办法，说出来您准能放心，您死之后我们一个子儿不花，不但不花钱，还要赚俩钱儿！”

看财奴哇，这一辈子也没想到人死了还能赚钱！

“我死之后还要赚俩钱儿？哎呀，好，小子，你说说怎么赚法？我得听听你这道儿，看你怎么把我料理出去！”

“是呀，不但把您料理出去，料理出去之后还得赚钱哪！您哪虽说病了这些日子，可是膘儿没掉哇，您骨庞儿又大，这身肉怎么也得有一百多斤哪！就用二斤盐钱，来点儿糖色，把您卸剥卸剥拿糖色盐水这么一煮，把五脏洗洗当杂碎，推着车这么一卖，满打跟羊肉牛肉一个价儿吧，您这一百多斤肉我们得赚多少钱哪！这么着，把您也料理啦，我们还赚钱，您看怎么样？”

他大儿子、二儿子吓了一跳，准知道老头儿得急呀！嘿！您瞧怪不怪，不但没急，他倒乐啦！

“好，好小子，哎呀，你这才对我的心思，应当这么办！好小子，好小子！卖肉可是卖肉哇，推车出门儿往南，千万别上北边儿去！”

“北边怎么啦？”

“北边儿那几家街坊啊他们爱赊账！”

全想到啦！

（张寿臣述　何迟整理　张奇墀记）

三近视

今天这个节目叫什么？《三近视》。那位说："我们听过这出戏——《四进士》，没听说过三进士呀！"这"近视"跟那"进士"不一样，这个"三近视"是三位近视眼。这三个人都不是外人，都是我本家叔叔。我这三位叔叔都是近视，我大叔那种近视叫"清睛"。那位说："什么叫'清睛'啊？"一早儿哇什么也看不见，叫"清睛"眼。我二叔的近视也有名儿：叫"热涌"，一到晌午哇，哎呀！能叫骆驼绊一个大跟头。我三叔那叫"雀蒙"，一个晚上什么也瞧不见。

我这三位叔叔呀，嗬！闹的那笑话儿多啦！还是我小的时候儿哪，有一次我大叔上南顶——在北京永定门外头，五月初一开到五月十五，有庙会，现如今这集日还有哪。他上南顶逛去啦，走到半道儿他不知道还有多远，他要打听打听。一瞧，路西里站着个人。其实不是人，是什么哪？是坟地里的石头人——石人、石马嘛！我大叔跟石头人打听起道儿来啦：

"先生，劳驾劳驾，这儿离南顶还有多远啊？"

他问了四五句，那石头人能说话吗？还在那儿站着。

"哎！你是聋子？"

这石头人脑袋上落着个乌鸦，他这么一晃摇手哇：

"哎！聋子？"

乌鸦飞啦！他也乐啦：

"嘿嘿，这人多死秧呀，问你道儿你不告诉我，哼，你的帽子让风刮去啦，我也不告诉你！"

您瞧这眼睛耽误多大事，这是我大叔。

我二叔啊，也有笑话儿呀。有一天，我二叔走在街上，有一位老太太买了一只鹅——买鹅干吗呀？到我们北京是这个规矩：给儿子定亲啊，定亲之后要通信，男的这头儿给女的那头儿得送只鹅去，大白鹅——夹着。我二叔瞧着挺白呀，眼神儿不老强的：

“嗬，这棉花不错啊！我说，您这棉花多少钱一斤啊？”

他说棉花。这老太太还只当是别人买了棉花，他跟别人说话儿哪，没理他。我二叔走到跟前一边儿拿手摸，一边儿问：

“老太太，这棉花多少钱一斤？”

他顺着毛儿一摸，挺滑溜。

“哎哟，瞧错了，猪油哇！”

他又当是猪油啦。

“这猪油多少钱一斤啊？”

他往这头儿一摸呀，把鹅脖子攥住了，挺长。

“哎呀，藕哇！”

藕！他一使劲，鹅这么一叫唤，他撒手啦。

“啊，喇叭！”

什么他也没说对。

我三叔哪，有一次人家请他听夜戏回来，夏景天儿，才下过雨，有块炉灰地冲得挺干净，地里有根针，在地里头埋着半截儿，针尖儿在外头露着，电灯一照，挺亮。我三叔犯了财迷啦：

“钻石！钻石！哎呀！这玩意儿值钱！”

到跟前儿，伸手想捡起它来。一按，针尖儿冲上啊，扎了他一下子。

“哎呀嗬，蝎子！哎呀，蝎子！”

到电灯底下一瞧，流出一个血珠儿来，软乎乎。

“哎呀不是蝎子，珊瑚子，珊瑚子！”

他拿手一捻，一片血。

“嗐！臭虫！”

全没说对呀！

我这三个叔叔是分家过，他们亲哥儿仨呀，一宅分三院，前后临街，大爷、二爷住在前头那趟街，我这三叔住在后边儿那趟街。夏景天儿，哥儿仨凑在一个院儿里，沏上茶，一块儿说话儿，凉快，说来说去呀就说到眼睛这儿来啦。怎么哪？一个人哪，他要是有个缺点，他就单护着这点儿，他不说这点儿差，老说这点儿比别人强。大爷坐在躺椅上：

“嗬！哎呀，老二、老三，你瞧我这眼睛啊近来好多啦，这蚊子在我眼前一飞呀，我就分得出这蚊子是公的是母的！”

我二叔一撇嘴：

“得啦您哪，得啦您哪！上回您出门儿让汽碾子给绊了一个跟头！这图吗儿？连汽碾子都瞧不见，还瞧得见蚊子哪？”

“我是夜眼哪，越到晚上越瞧得清楚！”

三爷说：

“大哥、二哥，你们也别吵，也别说谁眼神儿好，咱们这胡同口儿外头有一座关帝庙，这关帝庙明天挂匾，咱们上那儿瞧这块匾去，瞧瞧这匾什么词儿。瞧完了词儿，瞧清楚的吃饭白吃。咱们哥儿仨赌顿饭，谁瞧不清楚谁请客。二位哥哥，我这个主意怎么样？”

大爷、二爷说：

“好啦，就这么办啦，明儿咱们瞧匾去。”

哥儿仨定规好了。到十二点来钟凉风也下来啦，二爷、三爷都回家睡觉去啦。

我大叔躺在炕上睡不着：不行，不行，明儿早晨一瞧匾，他们俩眼神儿都比我强，我一定瞧不清楚，请他们吃顿饭那没什么，还落个眼神儿不好，让他们留话把儿！已经打赌了，怎么办哪？想了半天想起来啦：关帝庙的和尚知道这匾是什么词儿啊，我事先跟和尚打听打听，问明白了怎么个词儿，心里有根，对！起来呀，上和尚庙。到庙门口儿拍门。

“和尚，和尚！”

叫了两三声，和尚出来了。怎么哪？每天到十二点和尚要上回香，一听外头叫门，赶紧出来开门。

“哪位？”

开门一瞧：

“嗬，张大爷，您请里面！”

“不价，不价，给您添点儿麻烦！”

“什么事，您哪？”

“我听说明天是给关老爷挂匾吗？”

“对啦，施主给挂的。”

“跟您打听打听，这个匾文是什么词儿呀？”

和尚知道。和尚说：

"是给关老爷挂的，四个字：义气千秋。"

"噢噢噢，义气千秋！哈哈哈……劳驾劳驾！"

打听完了走啦，和尚也不知道是怎么回事，关门回去睡觉。

庙门口儿上我二叔来啦。我二叔跟我大叔一个心思，也怕瞧不清楚，饶着请人吃饭还落个话把儿，也上这儿打听来啦。他出胡同儿，哥儿俩走对脸儿会谁也没瞧见谁，您就知道眼神怎么样啦！到这儿叫门。

"当家的，和尚！"

和尚出来啦，开门一瞧是张二爷。

"嗬，施主，请里边坐！"

"不价不价，明儿这儿挂匾吗？"

和尚说：

"不错，给关老爷挂匾。"

"什么词儿呀？"

"义气千秋。"

"义气千秋！"

我二叔比我大叔心细：

"这匾是什么颜色呀？"

"蓝地儿金字。"

"噢噢，蓝地儿金字！哈哈哈……明儿见，明儿见！"

二爷走啦！和尚关门回去睡觉。庙门口儿上三爷又来啦。三爷也是睡不着觉哇，一个心思呀！打后街上这儿来啦！

"和尚，和尚！"

和尚说：

"今儿晚上别睡啦！"

和尚出来一瞧是张三爷。

"嗬，张三爷，您里边儿请！"

"不价不价，明儿您这儿……"

刚说到这儿，和尚就说：

"明儿这儿挂匾！给关老爷挂的，匾上是：'义气千秋'。蓝地儿金字。"

就数我三叔年轻不是？他的心比谁都细。

"噢噢，有上下款儿吗？"

“有哪。”

“上下款儿是什么？”

“上款儿啊，是年月日，红字，下款儿是‘信士弟子某某某恭献’，那个‘献’字儿是红的，剩下的是金字。”

“是啦是啦，劳驾劳驾！”

他也走啦。他走啦，和尚也睡啦！

天一亮，大爷起来啦，漱口，正在攥着牙刷子漱口哪，二爷、三爷来啦：

“大哥！”

“啊，老二，老三，屋里去，喝水。”

“喝水？喝水干吗呀？回来再喝得啦嘛，咱们看匾去吧！”

“走走走。”

把牙刷子往这儿一放，哥儿仨手拉手儿奔关帝庙来啦。一出口儿，其实这庙啊，山门在这儿，我这位大叔往那儿指：

“得啦得啦，到啦到啦，别上跟前儿去，上跟前儿去谁都看得见，哈！赌这眼神嘛！你瞧！”

其实离着庙还远哪！

“这匾好啊，‘义气千秋’！‘义气千秋’！”

我大叔是文盲，他还要逞能：

“你瞧这‘秋’字写得多好！这‘秋’字儿的三点水儿多好！”

秋字儿哪儿有三点水儿？这不是瞎胡闹嘛！二爷说：

“大哥，你这眼神儿是好多了，原先瞧不清楚，现如今瞧得挺明白，‘义气千秋’。可有一节，大哥，那么大的字再看不见不是太难了吗！您瞧是什么颜色儿？您瞧字是什么颜色儿，匾什么颜色儿？”

大爷愣啦！心说：坏啦！昨儿晚上忘了问啦！

二爷说：

“你看不清了吧！蓝匾，字是金的！哎，我瞧得多清楚！”

三爷说：

“二哥比大哥眼神儿强，可是呀，‘义气千秋’那么大的字好看，蓝匾金字，叫太阳光一照，那再瞧不清楚，不是眼睛太坏啦！您把上下款儿念念吧，上下款儿您念念。”

二爷没词儿啦，没问哪！三爷说啦：

“你们哥儿俩都不成，我念给你们听听，上款儿呀年月日，红字，下款儿‘信士弟子某某某恭献’，那个‘献’字儿是红的，剩下的是金字。哎，怎么样您哪？一字不差！我瞧得最清楚，你们哥儿俩谁请客，反正我是白吃呀！”

大爷说：

“这么着吧，老三一定白吃，‘义气千秋’是我先瞧的，我也白吃，让你二哥花钱。”

二爷说：

“我不能花钱哪，我比您多瞧见点儿颜色啦，您得请客呀！这么着得啦，您拿八成啊，我拿二成，老三白吃！”

“我可不能拿，一定我得白吃。”

哥儿仨呀越说声音越大，差点儿打起来。

这时候儿和尚出来啦，和尚一瞧是张家哥儿仨。

“嗬，老三位来得挺早！”

“好，好，当家的，好啦好啦！”

把和尚揪过来啦。

“今儿您这儿挂匾对不对？”

和尚说：

“不错，挂匾。”

“给关老爷挂的？”

“是呀。”

大爷说：

“‘义气千秋’匾，对不对？”

和尚说：

“对呀。”

二爷说：

“蓝地儿金字儿，对不对？”

和尚说：

“对呀，没错儿。”

三爷说：

“上下款儿是什么什么，对不对？”

和尚说：

“全对呀。”

“成啦，我们仨人拿这事儿赌顿饭，和尚您也跟着吃，听您一句话，您说，谁输谁赢？”

和尚一听，乐啦！

“我说你们哥儿仨呀请客吧，全输啦，我一个人赢啦！我白吃，你们哥儿仨拿钱。”

“你怎么赢啦？”

“你们来得太早，我这匾还没挂哪！”

（张寿臣述　何迟整理　张奇墀记）

贼说话

做贼的有说话的吗？这个贼上了房，等人睡着了他好偷啊，人家老不睡，他在房上着急啦："我说你们怎么还不睡呀？睡了我好偷哇！"没有那么一个。

闹贼，旧社会有这事，现如今可是没有贼啦，没有贼可是没有贼，你睡觉的时候对于门、窗户可也要留神，您要不留神，丢了东西，您让我负责我也不负责！"张寿臣说的没有贼，我丢东西啦！"我不管这档子事。反正啊该留神还得留神。到什么时候留神哪？下雨天儿，刮风天儿，睡觉的时候得特别留神。这一下雨，稀里哗啦！"好，外头下雨啦，挺大的动静，在屋里忍了吧，早点儿睡，凉快！"一觉睡得踏踏实实的，醒来一瞧：全没啦——下雨得留神。

刮风，外头有动静，呱嚓一响，是下来人啦，屋里人这么想：这风大呀，把什么刮下来啦！不出去啦。不出去？丢东西啦！

"点灯人未睡"呀，"咳嗽心必虚"。这怎么讲哪？外头一有动静，屋里这位呀直咳嗽，贼不走啦！"咳嗽心必虚"，他知道你胆儿小哇；外头一有动静，你屋里一咳嗽，其实你是告诉那贼："你可别闹哄啊，我可胆儿小，我这就睡觉，我睡着了就不管啦，东西全是你的！"醒了，全没啦！外头有动静，他开开灯，坏啦！你这一开灯啊！你在明处他在暗处哪，屋里你是怎么个人，有几口儿，有什么防备，抵得住抵不住，他全知道啦。外头一有动静，我告诉您一个好法子：屋里这儿说着好好的话儿，不说啦，奔儿！电门关啦！这贼抹头就跑，他知道您憋着算计他哪！

贼不说话，可也有说话的时候儿，这叫贼说话。怎么贼说话哪？嗬，什么事都特别！有一年哪我们家闹贼——那位说："你们家还闹贼？”它分什么社会呀，这是在日本闹混合面儿那年，我们家里闹贼！那位说：“怎么闹贼呀？”那阵儿跟现在不一样，您瞧我们的生活，拿我张寿臣个人说吧，如今哪您瞧我这身肉，吃得饱，睡得着哇！穿什么衣裳都能上台呀，就穿这身制服，就能上台，见谁都成，制服就是礼服哇，就行啦。那年月不行，那年月要穿这么一件上来，台底下能嚷！你得架弄着。在旧社会，我们做艺的哪怕借加一钱哪，也得架弄着！夏天大褂儿就得好几件儿，罗的，绸的。为什么哪？您想啊，上一场啊它就溻啦，再上一场，哎，溻了半截儿，您瞧多寒碜！干干净净，至少得有两件儿。到冬景天儿，皮袄、大衣、水獭帽子。一出来，人家不知道怎么回事，其实真着急，借加一钱来的！那是衣裳吗？那衣裳用处可大啦，这一件儿衣裳兼了好些差事，分到哪儿：走到街上，这就是便服；上哪儿去有应酬，这就是礼服；上台，这就是行头；睡觉，这是被卧；死啦，它就是装裹，全在身上哪！出来进去的就这一身儿呀，家里着急，光炕席，任吗儿没有！

这贼呀，他瞧上我啦，“不怕贼偷，就怕贼惦记着”嘛！“张寿臣一定富裕；他要不富裕，出来能皮袄、大衣、水獭帽子吗？”嗯，他哪儿知道哇，我们家里住一间房，屋里四个旮旯空，一领炕席，睡觉压着，连被卧都没有！我是我那身儿呀浑身倒；我女人哪，是她那身儿——棉裤、棉袄、大棉袍儿，浑身倒！枕头都没有哇，枕着我这双靴头儿，我一只呀，我女人一只，我女人那双靴头儿她得穿着，怎么？她那双袜子都没有袜底儿啦！就那么难。

哎，闹贼！我怎么知道闹贼呀？我们住一间北房，后山炕，头冲外睡，我哪，脑袋正对着这个门，戴着我那帽子，把带儿一系，省得凉啊！这天后半夜儿，就觉着凉风一吹脑门子，我睁眼一瞧哇，蹲着进来一个人，又把门关上啦。我知道是闹贼，我可没嚷，因为什么没嚷？回头我一嚷，他这么一害怕，贼人胆虚，手里拿着家伙给我一下子，中伤啊！反正我没得可丢的，你屋里摸摸没有，你走啦，不惦记我就完啦。我这么瞧着他，他过来摸，一摸我这身儿呀全穿着哪，扒呀扒不下来，揪帽子，一揪我醒啦！其实我早醒啦！靴头儿，枕着哪！我女人也那身儿，炕上就炕席。还摸，我心里说：你还不走吗？你走了就完啦，你走了我好睡觉哇！他摸来摸去呀摸到西南犄角儿去啦，吓我一跳！怎么回事？西南犄角儿哇那儿有我的存项，是我的粮台，那儿有一个坛子，里头装着四十多斤米。日本人在的时候不是买米买不着吗，托人哪弄了四十多斤。我这么一想啊：没有错儿，他绝不能抱着坛子上房，连坛子带米一百多斤，一来也笨，二来走到街上准犯案。多一半儿贼都迷信，贼不走空，取个吉利——抓一把走。抓一把也就是熬碗稀饭，连干饭都吃不了，我何苦得罪你呀，你不惦记我就完啦！

我瞧他到那儿啦，一摸呀是个坛子，上头盖一秫秸秆儿锅盖，把锅盖搁地下啦，摸了摸里头是米。我心里说：你还不抓点儿吗？他站在我眼头里叉着腰想主意。贼可狠啦，狠心贼嘛！他这主意太损啦：他把他那大棉袄脱下来啦，脱下棉袄往地下一铺哇，又抱坛子。我明白啦，心说：好小子啊，你可损啦！你那意思把棉袄铺到这儿，把坛子抱来往那儿一倒，剩个坛子底儿顶多给我留个四两半斤的，你全弄走，这我可对不住你啦！他铺完棉袄一抱坛子，我这手顺炕边儿下来啦，把袄领子逮着啦，往上一拉哪，就压在我身儿底下啦，我喜欢啦：成啦，我身儿底下多一个褥子啦，我还瞧你的！

他不知道哇，抱着这坛子往我脑头里哗地这么一倒，我心里痛快啦，心说：小子，你算拿不走啦！我吃的时候呀费点儿水！他把空坛子又搁那儿啦，他摸——他摸着大襟，袖子一拢，不就走了吗！一摸没摸着，一摸是地。他纳闷儿呀：一间屋子半拉炕，是铺这儿啦？又一摸："嗯？"他出声儿啦！摸这头儿也没有，"咦？"

他这么一"嗯"、"咦"，声音挺大，我女人醒啦，女人胆儿小，拿脚直踹我："快起来，快起来，有贼啦！"

我沉住了气啦，我说："睡觉吧，没有贼。"

说没有贼，贼搭茬儿啦：

"没有贼？没有贼，我的棉袄哪儿去啦？"

（张寿臣述　何迟整理　张奇墀记）

化蜡扦儿

这是我们街坊的一档子事——凡是这个特别的事都是我们街坊的！那位说："你在哪儿住哇？"这您别问，我就这么说，您就这么听，"姑妄言之，姑妄听之"。

这是前四十来年[1]的事，我这家儿街坊是财主哇，富裕！站着房，躺着地，银行存着多少多少款。姓什么呢？姓狠。《百家姓》儿没有这个姓啊！顶好，没有顶好，回头遇见有同姓的他听着别扭！姓狠，这家子老夫妻俩，跟前仨儿子一个姑娘。这仨儿子哪，就是狠大、狠二、狠三啦！狠老头儿、狠老婆儿、狠老姑儿，这家子狠到一块儿啦！这仨儿子都娶了媳妇啦，老姑儿哪？出阁啦。老姑儿出阁的时候儿，正赶上她们家那阵儿轰轰烈烈呀，聘这个老姑娘的时节，净嫁妆就六十四抬，樟木箱子八个，手使的家伙就够两堂。手使的家伙是什么呀？旧社会就讲究这个，茶壶、茶碗、胆瓶、帽筒，直顶到各式各样的瓷器，完全是官窑定烧的。还有一套锡器，锡器是什么呀？茶叶罐啦，油灯啦，蜡扦子啦！油灯里头搁点儿蜜，洞房里点这个，"蜜里调油"嘛！净锡器就四十多斤，讲究！完完全全都是真正道口锡[2]呀！什么叫道口锡呀？您要买锡家伙，您把它倒过来瞧，在底儿上有那么一个长方戳子，上有"点铜"两字，那是道口锡，您这么一弹哪，当当……铜声儿！打聘姑娘之后哇，没有二年吧，老头儿死啦，老头儿一死呀，剩个老婆儿啦，这老婆儿从这儿起就受苦啦！怎么受苦啦？老头儿一死谁当家哪！仨儿子全抢着当家！这妯娌仨不投缘，厨房的

① 本篇是张寿臣于 20 世纪 50 年代中口述的。

② 道口锡——河南省北部道口镇产锡器。

火呀，一年到头老生着！因为什么？做饭做不完。大爷早晨想吃捞面，二爷呢要吃烙饼，不在一块儿吃，三爷呀要吃贴饽饽熬鱼；大奶奶要吃干饭，二奶奶就吃花卷儿，三奶奶要吃馄饨，这可怎么弄！吃完了饭哪，都坐在屋里骂大街，有孩子骂孩子，没孩子骂猫，吵得街坊四邻不安哪！一宿一宿地吵。原先街坊给劝，后来连架都不给劝啦！怎么办哪？过不到一块儿，分家。

这一分家呀，把亲友都请来了，这叫吃散伙面。分家怎么分哪？一人分儿处房子，房子有值多值少的，少的这个怎么办哪？少的这个拿银行的钱往上贴补，银行里剩下多少钱哪分三份儿，屋里的家具分三份儿，直顶到剩一根儿筷子剁三截！煤球儿数一数数儿，分来分去剩一个铜子儿，这个子儿归谁？归谁都不成！怎么办哪？买一个子儿的铁蚕豆分开，一人分几个；剩一个，剩一个扔到大街上，谁也别要！连鸡、猫、狗都分；可就是这个——妈妈怎么办哪！吃哪房啊？不管，没想到那儿！分了家呀，大爷还住这个老宅子，二爷、三爷呀搬出去。都分完了，门口儿拴大车往外装东西，二爷、三爷不等亲友走，他们就走。

“众位亲友，我们先走一步，我们得拾掇拾掇去，新安家呀！”

他们这位老姑娘啊，别瞧这女人的年纪不大，三十挂点儿零，嗬！心里有算计啊！打来到这儿就好端端的，别的什么话也没说，笑笑呵呵，等到这个时候儿才说话：“二哥、三哥就这么走吗？”

“老妹子，您这儿坐着吧，我们不等吃晚饭啦，我们得去安置安置。”

“别忙啊，这儿还有没分完的你们就走吗？”

哥儿仨都愣啦，不知道还有什么东西没分完。

“哎哟，想不到啦，老妹子帮忙吧，你提个醒儿，还有什么？”

“这儿还有个妈呀！这妈是怎么分哪？你们是把她勒死了分三份儿是怎么着？是活着剁呀？”

“那谁敢哪！”

亲友们都在这儿，听着这话有劲！老太太养活闺女没白养活，好！这哥儿仨半天没说出话来。大爷领头儿：

“对，对，老妹妹这话对。勒死，谁敢哪？应当啊分四份儿，有妈妈一份儿养老金，可是妈妈有个百年之后，剩多剩少不是还得由我们哥儿仨再分吗？那不费事了嘛！今天一分就分完啦，省得费二回事。

这个哪……妈妈怎么活着……这个有办法，一个月三十天哪，妈妈轮流住，今天不是初一吗？妈妈就在这儿，到十一呀二爷接，到二爷那儿去，二十一呀三爷接，到初一呀我再接回来。要送哪，逢十的日子晚上送，要送全送，要接全接。这怎么样？”

亲友们一听，这样儿成啦。

“就这么办吧！”

大家各回各家。

头一天什么事没有，头天老太太晌午吃的散伙面，晚上吃的折箩[①]，第二天早晨哪，老太太得吃大爷的饭啦！得，老太太从这儿起就受罪喽！

您瞧那意思可真好。老太太起来坐在那儿，儿媳妇——大奶奶——给倒碗茶，儿子在旁边儿一站。

“小子你坐下。”

“我不用坐下，我不用坐下，可是您疼我呀，跟您一块儿坐着，亲友来了一瞧不老好看的，不说我不恭敬啊，哈哈，说您没有家规。……我有点儿事情跟您商量，您今天要是喜欢呢我就说，您要是不喜欢呢，过两天说也成。”

老太太说：“什么事呀？你说。”

“您喜欢吗？”

“我有什么不喜欢的，说吧！”

“是，您让我说我就说，嗯——您愿意我露脸哪，您愿意我要饭哪？”

老太太说：“这是什么话呀？十个手指头咬哪个都疼啊，我愿意你们全露脸哪！我干什么愿意你们要饭！”

“是，是，您疼我呀，我知道，您也愿意我露脸，我也愿意我露脸，无奈一节呀，这个脸不好露。在一块儿过呀，不洒汤不漏水，他们哥儿俩都比我有能耐。那么分了家了哪，这就得八仙过海各显其能。他们都有事由儿，我可就这点儿死水儿，怎么着哪？我就得口里省肚里攒，牙齿往下刮，吃点儿不好的，吃点儿棒子面儿什么的！为什么跟您说这话？怕您难受哇！一个月您在这儿才住十天，这十天之内呀，您想吃什么给您做，给您做呀可就够您一人儿吃的，您可别给孩子他

---

① 折（zhē）箩——吃酒席剩下来的杂和菜。

们分，我们吃半顿呀您也别管，我们喝粥啊，饿一顿呀，您也别难受，单给您做，您想吃什么呀回头您吩咐。”

老太太说：“这个不像话，不对不对，不对！干吗给我单做呀？你打明儿个过好了还好，你有亏空了——让妈妈把你吃穷了！我可不落那个，我吃也吃不了多少，随随便便吧！一个月住十天哪，你做什么我吃什么，我最爱吃棒子面儿。”

“是，是，您最爱吃棒子面儿哪，就做您最爱吃的，您喜欢吃什么就给您做什么。大奶奶，做饭去！”

缺大德啦！他把这句话打老婆儿嘴里挤出来啦。大奶奶做饭去啦——棒子面儿，你蒸点儿窝头也好哇！窝头还软和，她贴饽饽！特意地多搁柴火，贴出来这么大个儿（手势），这煳嘎渣儿倒有一半儿，连咸菜都没有！这老太太没有对口牙，她咬不动这煳嘎渣儿呀，只好把它揭下来，啃那半儿软和的，吃了三分之一，这多半个贴饽饽就吃不下去啦！馋？不是，人一到五十往外呀差不多都有这现象，“非肉不饱”，嘴里咽不下去啦，肚子可饿。怎么着哪？就算饱啦！把这饽饽搁这儿啦，心想：没饱哇，没饱不要紧哪，等晚上吧，晚饭他不得做点儿面汤吗？拿面汤泡饽饽也能吃呀！想错啦，晚上不用做饭啦，有饽饽哪！凉了，凉了给老太太烤烤哇！这一烤不更吃不动了吗？

他们这一家子可也吃，弄块饽饽头哇在老太太跟前举着，好歹咬两口就搁在笸箩里，不吃啦，饱啦！大爷呀带着俩大小子出去玩儿去啦，应名儿玩儿去，在外头不管哪个饭馆儿随便吃点儿吗儿，吃完再回来！大奶奶哪？抱着小的带着姑娘上街坊家串门儿斗十和（hú）去啦！饿了哪？掏出钱来让她们姑娘去买呀！大饼、酱肉啊足吃，吃完了再回来！合着这饽饽就给这老婆儿留着！打初二就吃起，直吃到初六，瞧了瞧这饽饽还有多一半儿！老太太这么一想：瞧这意思到初十也吃不完哪！上二爷那儿去吧！上二爷那儿去啦。临出门儿，儿子、儿媳妇都没问问上哪儿去，老太太也没提。

老太太到了二爷的家。一进二爷那个门儿，您瞧她那二儿子：“妈，来啦！不是到十一您才来哪吗？怎么今天就来啦，是在我这儿住半个月是怎么着？为什么那天不把这话说明白了哇？”

老太太坐在那儿直喘：“唉！你大哥呀贴了一锅饽饽，吃了五天还没吃了。我肚子饿，吃不下去！”

“就这么着嘛！就这么着嘛！他倒有贴饽饽呀，我们连贴饽饽都没有！您到了这儿反正我们得给您吃呀，能让您饿着吗？贴饽饽挺好您不吃，我们想吃还弄不着哪！哎，给您做点儿软和的吧，给您熬粥。”

买棒子面儿呀熬了一锅粥，这倒好，省牙啦！那儿吃完喽贴饽饽，这儿拿粥一溜缝儿！半斤棒子面儿熬了一大锅，老太太喝了两天，一瞧，还有半锅哪！饿得眼前发黑，上三儿的那儿去吧！

一进三儿的门儿，她那三儿子：“嗬！我说你怎么还不死呀？你死了不就完了吗！你死了，我们弄个白大褂儿一穿不就得了吗？你这不是持累人吗！到二十一才是我的份儿，今天才几儿呀？还不到初十哪，这不是挤对人吗！”

老太太说：“你大哥呀贴了一锅饽饽，我吃了五天，二哥那儿熬粥，喝了两天，还有一半儿，我肚子空啊，不饱！”

“就这么着嘛！他们有钱，他们不给你花，他们都抖起来啦，良心哪！你别瞧我分家的时候儿分钱分产业，都还了账啦，短人家的不还那成吗？人家起诉！这房啊，这房都使了钱啦，典三卖四！打昨儿我们就没揭锅！您来啦，我们能让您饿着吗？我们去要饭不是也得给您吃吗？妈妈呀！我是没钱，哎，三奶奶有钱吗？”

“我哪儿有钱哪？我没有钱！”

“问问，哪个孩子身上有钱？”

问了半天，那大孩子腰里还有一个铜子儿。

“一个铜子儿买什么？得啦，给奶奶买一个子儿铁蚕豆。”

好哇！吃完了贴饽饽，弄点儿粥一溜缝儿，再弄几个铁蚕豆一磨牙！一天吃了仨，到晚上要睡觉啦，嘴里含了一个，睡着了差点儿噎死！老太太这么一想：就剩一个道儿，还有一个老姑娘，要是再不成啊，干脆跳河，没有别的法子！

出三爷门儿上老姑娘那儿去，走是走不了啊！没有劲啦，雇车，坐车到老姑娘门口儿下不了车——腰里没钱，告诉拉车的叫门，叫她们小孩儿的小名儿，就说姥姥来啦！拉车的一叫门，老姑娘出来啦，一瞧妈妈这个相儿，抬头纹也开啦，耳朵梢儿也干啦，下巴颏儿也抖啦，七窍也塌啦，要死！瞧见老姑娘啊就要哭！这位姑奶奶够明白的，一边儿给老太太擦眼泪呀，一边儿掏车钱。

“别哭哇，别哭哇，让人笑话，屋里说去。”

连拉车的帮着，把老太太搀进屋来，往那儿一坐。拉车的走啦，老太太还要说，叫闺女把嘴给捂住了：“您别说啦，让人家街坊听见多笑话呀！您的心事我全知道，您这仨儿子仨儿媳妇是怎么档子事，我全知道。胆儿小的不敢让您进来，怕您死在这儿。您没有病，什么病也没有，素常体格儿也很好，就是饿的！来到我这儿想吃什么给您做什么还不行，饿肚子饿肠子，这一顿多吃一口就撑死！回头您撑死啦，我那仨哥哥来喽准得问我！我先将养您两天再说吧！”

头天，给老太太冲点儿藕粉哪，来点儿茶汤面儿呀；第二天哪，做点儿片儿汤啊，甩个果儿啊；第三天煮点儿挂面哪，包个小饺子儿啊；过了一个礼拜，熬鱼呀；过俩礼拜，炖肉哇；二十多天哪，将养得老太太恢复了原状，精神百倍。这阵儿老太太哪儿也不想去啦，就想在姑娘这儿住下去啦！

这天她们姑爷有事出去啦，孩子也都睡着啦，夜里头娘儿俩坐在一块儿说闲话儿。老姑娘说：“我有一档子事跟您提提呀，您可别难过。人生在世界上，养儿得济，养女也得济，丈母娘吃姑爷呀，这有的是，不算新鲜；可得分怎么回事，没有儿子成啊，没有儿子能饿死吗？就得吃姑爷。有儿子呀没有办法也可以。您不价，您这仨儿子都有事，都挣钱哪！那还不算，都站着房躺着地，银行里一人都存一万多呀！您在我这儿这一住，我们两口子感情好，当然没有说的，夫妻之间啊没有盆儿碗儿不磕不碰的，往后有个抬杠拌嘴哪，您姑爷拿这话一刻薄我，这一句话，我一辈子翻不过身儿来！我这儿有一个戏法儿，这戏法儿是我变的，您在一边儿给拿着块挖单①，只要这块挖单不打开，打这儿说起呀，儿子、儿媳妇超过二十四孝，大孝格天！孙男弟女呀，在您身边团团乱转，净是顺气的事；可是这挖单别打开，一打开，戏法儿漏啦！儿子、儿媳妇拿您不当人，孙男弟女躲着您，没人养活您，在街上要了饭，可别上我这儿来，那怨您把戏法儿变漏啦！”

这阵儿这老太太呀，闺女说什么是什么。怎么个戏法儿呢？如此如彼这么这么档子事。那位说：“怎么一档子事呀？”就是回头说的这档子事，老太太说：“行吗？”

“行！”

“好，咱就那么办，闺女！依着你。”

娘儿俩一齐动手。家里有的是劈柴，到厨房先把大灶点上，娘儿俩把屋里所有的锡器家伙——就是出门子时候儿陪送的那四十多斤锡

---

① 挖单——古彩戏法用来遮掩手法的双层布单子。

器家伙——完全提到厨房去，把锅烧热了，往里那么一搁就化了。化了之后，姑奶奶就拿火筷子在地下杵了一些个坑——长的圆的都有，拿铁勺舀锡汁儿往里倒，凉了拔出来，再往里倒锡汁儿。半宿的工夫全铸得了，长的圆的都有，拿簸箕一撮，撮到炕上。又拿出来一丈多白布，给老太太做这么一条斜襟儿褡子，裁好了斜着一缝，有这么宽，把锡饼子、锡条哇弄进一块儿去，把它扒拉到边儿上，四外一纳，再挨着来一块，一块一块，这么一排一排地都缝好。缝得了之后，把老太太上身儿衣裳脱了，把这条褡子往腰里给她这么一围，围上之后，系麻花扣儿，系上还不成，怕他们解呀！又拿针线都给缝上。往下出溜怎么办哪？又来两根细带子，十字披红这么一缝，把带子头儿密密地给纳上。把衣裳穿好了，这工夫儿天也就亮啦，给老太太买点儿豆浆买点儿馃子，吃完了，老姑娘拿出十块现洋来，再拿一块钱换成毛票儿、铜子儿，给老太太往兜儿里这么一带，这才给老太太雇车。

“您就这么这么办啊，上您大儿子那儿去，车钱没给，到门口儿您给车钱。”

把老太太搀到车上，老太太上大儿子那儿去啦！到大儿子门口儿，正赶上大儿媳妇在那儿买鱼哪，一瞧婆婆来啦，没理。老太太掏钱的时候拿手指头这么一顶啊，嗬！掉地下两块现洋，当啷一见响儿，这拉车的把钱捡起来了：“嗬，老太太，您钱掉啦，给您。”

“哎，好好，劳驾劳驾！唉，哪行都有好人，我没瞧见，换别人可就昧起来啦！得啦，谢谢你，哪……三十子儿雇的，给两毛钱不用找啦！”

两毛，那阵儿一毛钱换五十多子儿哪！

儿媳妇一瞧，嗬，这老婆儿开通啊！打腰里一掏钱哗啷哗啷直掉现洋，三十子儿雇的车，两毛钱甭找啦！这……拉车的才要搀老太太，儿媳妇赶紧过来啦！

“我搀我搀。奶奶您哪儿去啦？我正要接您去哪！我搀您哪！”

搀！搀可是搀，这手抱着孩子，那只手往老太太腰那儿摸去。那位说：“儿媳妇儿怎么知道老太太腰里有东西呢？”您听啊！这老太太一边儿走，一边儿拿手直往上掂。那位说：“干吗还掂？”四十多斤哪，那玩意儿它沉哪！大奶奶瞧见啦！心说：嗯，腰里有东西。这手抱着孩子，这手一摸呀，硬邦邦的硌手。

“大爷！奶奶来啦！”

这大爷呀打他爸爸死之后没听过这句，光着袜底儿就蹦出来啦！

“啊，妈！您哪儿去啦？我正要接您去哪！哈！”

大奶奶说：“你搀着，你搀着！”

“哎！”

大爷手往胳肢窝那儿伸，大奶奶一撤手，冲大爷一递眼神儿，朝老太太腰那儿努嘴儿，大爷也就明白啦！搀到屋里。

“您坐下，您坐下。”

给老太太倒碗茶：“您哪儿去啦？正要接您去哪！”

“接我干吗呀，我不是自己个儿来了吗？我的家嘛我不来！孩子，我告诉你呀，世界之上无论男女得有心，没有心可就坏啦！你就拿我说吧，这点儿心哪我算用到啦！你爸爸活着的时候儿呀，我留了点儿心眼儿，这点儿东西哪在你老妹妹那儿搁着，现在我给带来啦！为什么哪？我告诉你，孩子，你可别瞧你给我棒子面儿吃，吃棒子面儿是没法子，那是你没能耐挣，那没有办法呀！棒子面儿倒管饱哇！我上你二兄弟那儿去，他给我熬粥！事由儿不好也得算着，熬粥，它也是粮食呀！三儿那儿给我铁蚕豆吃，想把我噎死，像话吗！得啦，我谁也不持累，我把这点儿东西带来呀，谁待我好我找谁。我找你来了！你可听明白了，我可不吃你，你把呀……哪间房都成，你给我腾出来住，住可是住，我给房钱，该多少钱我给多少钱！雇个老妈子服侍我，做点儿吃的够我们俩吃的就成；孩子愿意上我那屋里吃去，我不能往外推，不上我那儿去我可不找。反正这点儿东西呀够我花的，临死哪，剩多剩少，把眼一闭就完啦！给我腾房吧！找老妈儿吧！”

这大儿子在旁边儿一听呀，乒乒乓乓，左右开弓给自个儿来了四个嘴巴：“妈，妈！您别说啦，您别说啦！得亏这儿没有亲友，要是有亲友听见，人家还拿我当人吗？我还是人吗？您不如给我两刀哪！我不好，招您生气啦，我跪着，您打我一顿出出气，别说这个呀！您住房给钱，这像话吗？这房是您的，连我们的骨头肉儿都是妈妈的！老妈子伺候，老妈子伺候有儿媳妇伺候得好吗？爱吃棒子面儿是您说的，我们哪知道您说反话呀！您不爱吃棒子面儿您说话呀，这是哪的事？哎，给奶奶炖肉！”

嗬，炖肉啦，立刻就炖肉！炖得啦，老太太这么一吃，吃完了，领老太太到外头听戏去啦，买包厢！听完了戏，在外边儿饭馆吃的晚饭，吃完晚饭回来，太阳还老高哪，这儿把炕铺得了！

“奶奶，您，您睡觉吧，您睡觉吧！”

“干吗这么早睡觉哇？”

“您早早儿睡，养神吧，早点儿睡养神吧！啊，早早儿睡早早儿起呀！”

把老太太搀在炕边儿啦，儿媳妇过来就接拐棍儿，老太太往炕边儿一坐，儿媳妇儿过来就解扣儿，要帮着脱衣裳。

“咦！”

老太太站起来啦，一手拿拐棍：“哎！儿媳妇儿，这可不成啊，你别动我衣裳！我知道，你是好心，是服侍我，孝顺！衣裳我可不能脱，非脱不成，我可叫警察！一动我衣裳我就走！我告诉你们俩人，这点东西是我的命根子，谁动也不成！啊，反正够我后半辈儿花的，临死我就不管啦！动我衣裳，不雇车我也得走！”

大爷说：“得啦，您不用着急，妈妈不愿意脱衣裳啊，比脱了衣裳睡更好，省得冻着，得了！”

这一宿哇，这两口子给老太太盖了七回被！那位说：“盖被呀？”不是盖，是揭开。灯关啦，大爷拿着手电棒儿：

“奶奶，别踹了被冻着！掖掖，掖掖。”

那儿掖，这儿把被窝掀开，用手电灯照着，摸老太太腰上。摸了半天，研究了半天，把被盖好，溜溜湫湫回到屋里，两口子小声儿商量：“长的那些个，都是十两的金条，短的那都是五两的；圆的都是锭子，方的是方槽。瞧这意思啊，黄的多，白的少！……别让奶奶生气呀，奶奶要一走，咱们俩可玩儿命，把俩大的叫起来！叫！叫！”

孩子们不醒啊！十五六岁的孩子他跑了一天啦！

“他不醒，明儿一淘气，要把奶奶气跑了这怎么弄？挠脚心，挠脚心！”

一挠脚心，孩子醒啦，孩子才醒，他有个不冲盹儿吗？

“这不是要命吗！又睡啦！”

出去舀碗凉水，含一口，朝着孩子，噗！

“明白过来没有？”

“明白啦！”

“不明白，上院里去转个弯儿过过风儿再进来！”

“怎么回事呀？”

“怎么回事呀，告诉你们俩：你们俩，不算这个小的儿，打明儿起，在奶奶跟前的时候，奶奶喜欢，在那儿玩儿；奶奶不喜欢，赶紧走，你奶奶爱听什么说什么，不爱听什么，别说！打明儿起你们谁要招奶奶生了气，奶奶要是一走，不上这儿来啦，你可估摸着，把你们小猴儿崽子撕剥撕剥喂鹰！”

“知道啦，明白啦！”

头天夜里把孩子嘱咐好啦，第二天哪，老太太这两顿饭，点什么给做什么。

才住了四天，也不知道怎么这消息传到二爷耳朵里去啦！二儿子来啦，坐在老太太对过儿哭。老太太说：

“你跟谁怄气？”

“我跟谁怄气呀？谁跟我怄气呀！我也不去欺负人，人家也不欺负我。外头谈论都骂我，一样都是您的儿子，您老在我哥哥这儿住着，不到我那儿去，那像话吗？您让我在外边儿怎么交朋友！”

把妈妈抢走啦！抢了三天去。大爷又要往回抢，到二爷那儿一看，没啦！一问哪儿去啦？叫三爷那儿抢去啦，又由三爷那儿往回抢。

剪断截说吧，这三家儿呀——说一家儿就代表那两家儿啦——全是想吃什么吃什么，吃完了听戏呀，看电影儿呀，老早就睡觉，叫老太太脱衣裳，老太太不脱，要叫警察，到哪儿全是这一手儿。你抢过来，他抢过去，哪儿也乱抢，整整齐齐抢了有两年半。有一回这哥儿仨凑到一块儿就合计这个事儿，大爷说：“咱们别抢啦，这么一抢不是让亲友瞧着笑话吗！不就为腰里那点儿东西吗？打这儿起咱们别让她生气，老太太爱什么咱们来什么，尽孝！等到老太太百年之后，咱们三一三十一就得啦！谁要把老太太气着，老太太说了话啦，说这东西没有谁的，那往后可……可别红眼，老太太只要一有这话，说不给谁谁就完！”

这哥儿仨同意，此后老太太到哪儿哪儿更孝顺啦。连哥儿仨带仨儿媳妇儿，孝顺可是孝顺，就一个心气儿，什么心气儿哪？盼着老太太早点儿死，一死一分就完啦！

这老太太不但不死啊，倒结实了。老太太怎么到七十多岁倒结实啦？这里头有原因哪！头一样儿，七十多岁的人得顺气，儿子、儿媳妇儿孝顺，孙男弟女全都围着团团乱转，她心里头痛快；第二哪，想吃什么呀，来啦，当时就能吃上，这是结实的第二个原因；第三哪，四十多斤锡饼子老在身上挂着，日久天长那也是功夫啊！

究竟怎么样哪？“老健春寒秋后暖”，上年纪人过七十啦，处处得讲究卫生，处处得留神。正在二爷这儿住着哪，这天晚上老太太吃东西吃得不消化，又喝了两口温吞水，夜里就跑了三趟厕所。老太太心里明白：上年纪人一宿跑三趟厕所可搁不住哇！回头一躺下，这点儿东西照顾不过来，要是叫儿子、儿媳妇儿给弄下来一瞧是锡饼子，死在街上没人管！这老太太跟她们姑娘定规好了的，老姑娘两年多顶三年没上这儿来，老太太拄着拐棍儿一早儿就出去啦，打腰里掏出一块现洋来，求街坊小孩儿，上哪儿哪儿，门牌多少号，把老姑娘接来。

不到十点老姑娘就来啦，到这儿一看，嗬，大爷同着一位西医正进门儿，二爷三爷也正往外送医生哪，还是两位。怎么回事呀？两位中医呀，二爷三爷一人请来一位，商量着给开的方子。大爷带着西医进来，看完了也开了方儿，走啦，大夫走了之后，二爷就问："老妹妹来啦，咱们按中医这方子抓药哇，是拿西医这方子抓药？我去抓药去！"

大爷说："别别，这不是老妹妹在这儿吗，正好！老妹妹不来还得把老妹妹接来哪，有件事情咱们哥儿仨合计合计，你们哥儿俩哪无论如何得帮我的忙。咱们四个人哪，脚蹬肩膀儿来的。虽说咱们仨人分了家，不管怎么说也是一父之子，一母所生，你们别让我落骂名啊！我那儿是老宅子，咱们家多少辈儿在那儿住着；我又是长子长门；老太太病到谁家当然都是一样喽，那么要有个百年之后哪，要老在别处住着，我这骂名落得起吗？你们哥儿俩帮我个忙，我赶紧叫辆汽车，把妈背上汽车，你们哥儿俩哪，连她们妯娌姐儿俩，愿意上我那儿去全去，不愿意往我那儿去呀，哪天去都成。"

这二爷呀坐在椅子上，嗬，稳当。理着小胡子："大哥，您这话太光明啦，太磊落啦！可是有一样儿，哈哈，不行！变戏法儿的别瞒打锣的，告诉您实话吧！吃下去顺溜，再吐出来不成！妈妈病在我这儿，那是我运气好，凭天转，转到我这儿啦，打算接走那是不行！"

三爷也抢，老妹妹搭了茬儿："嗨嗨！你们这样儿，让街坊听见像话吗？人家不笑话吗？我说，我说。"

"啊，老妹妹说。"

"你们不就是为奶奶腰里这点东西吗？"

"不能！"

"不能什么呀？我不瞒着，告诉你们实话，老太太腰里那点儿东西原本在我那儿搁着，是跟着我那嫁妆过去的。"

对呀，实话，锡家伙可不是跟着嫁妆过去的吗！

“原本在我那儿搁着，这一回老太太非带走不成，我要不让老太太带，是我贪图是怎么着？我不落那个。让老太太带着上你们这儿来啦！你们哥儿仨谁也别争，谁也别抢，老太太上年纪啦，来回一折腾，这口气老太太受不了！老太太就在二哥这儿养病，二哥呀给找个箱子，把空箱子拿过来咱们都检查检查，看箱子有毛病没有；没有毛病，咱们大家伙看着，把老太太腰里这点东西解下来搁到箱子里头锁上，锁上可是锁上，钥匙我拿着。你们要是不放心，你们哥儿仨每人再贴道封帖，老太太要是好了哪，咱们再给老太太系到腰里（还留后口哪）；老太太要是有个百年之后哪，这点儿东西呀，听我的吩咐。按规矩说，儿分家女有份，得有我一份儿，可是我绝不沾一分一厘，娘家东西我不要。那么怎么办哪，这主权可在我这儿，老太太百年之后哇，我瞧你们哥儿仨谁对老的好，谁孝顺，这东西就归谁；要是跟老的一不孝顺，一分一厘也没有他的！”

这哥儿仨一齐伸大拇指：“对，对！女英雄！比不了，比不了！咱们就这么办。”

找箱子，把箱子都看完了，老姑娘给老太太脱衣裳，这仨人足这么一忙活，拿小刀儿、剪子，嘁哧喀嚓剪开身上的带子，老姑娘把褡子解下来也没让这哥儿仨瞧，呱嗒就扔到箱子里啦，盖上盖儿，锁上锁，带起钥匙，这哥儿仨每人贴上条封帖，接茬儿给老太太治病。

怎么样哪？四十来天，这老太太奔了西方正路！嗬！老太太这么一死呀，这大儿子孝顺！大儿子给老太太买的棺材，这棺材是八仙板金丝楠[①]，五寸多厚。铺金盖银，陀罗经被，身底下压七个大金钱，七颗珠子都这么大，要凭他们家底儿不趁，家里没有现款哪！钱打哪儿来的呢？把房子卖啦，卖房发送妈妈，够孝顺的。这二爷哪，不能再买棺材啦，让大爷占去啦，能再买口棺材比着吗？搭棚，在二爷家里嘛！起脊大棚，过街牌楼，钟鼓二楼，一殿一卷[②]，门口儿一个大明镜，立个大牌楼，牌楼上写仨大字“当大事”。讲经呢，和尚，老道，喇嘛，尼姑四棚经，搁七七四十九天。二爷的钱也早就花没啦，也是卖房啊！这三的怎么办哪？这三的房早就卖啦，借加一钱，给老太太讲杠，

① 金丝楠——楠木的一种，制棺的名贵木料。

② 卷——指脊大棚以苇席包卷棚檐，以求排场。

六十四人杠换三班儿，打执事的拉开了走半趟街，金山，银山，烧活。嗬，借印子钱发送妈妈，您就说多孝吧！

不孝能卖房给妈妈买棺材吗？不孝能卖房给妈妈念经吗？不孝能借加一钱给妈妈讲杠吗？孝顺！孝顺可是孝顺，就一样特别——这么大的白棚啊没人哭！除去烧纸的时候儿老姑奶奶哭两声，余外没人哭。街坊都纳闷儿，这家儿怎么回事？隔辈人——孙子孙女儿不哭是小孩儿不懂；儿媳妇儿不哭，究竟是抬来的，她跟婆婆不一个心；这儿子横竖是她养的，他怎么不哭啊？一个眼泪不掉！不但不掉哇，您瞧她那仨儿子，虽说都穿着一身重孝，出来进去谈笑自若；就是胡子楂长点儿。走道腆胸叠肚，嘴里头嘟嘟囔囔，哼哼唧唧唱小曲儿，细这么一听，唱什么哪？《马寡妇开店》。这街坊里头可就有问的，要是问这哥儿仨、妯娌仨，就得问六回，咱问一回就表示全问啦！好比问二爷吧。

“二爷，这棚事办得露脸哪！”

一提露脸，二爷打心里痛快：“哈哈，老家儿死了，罪孽深重，提不到露脸！”

“好！听说您不老富裕的，把房子出手啦给妈妈念经，真够孝顺的！”

“那应该应分，房子不算吗儿，身外之物，再一说是祖产，凭着祖产过日子没有志气，给老的花，正当。”

“孝，孝！我可有句话，这嘴可太直，哈哈，您原谅！”

“什么事？”

“怎么您不哭哇？”

这一说不哭，当时变脸：“你这个人，你这个人！说这话像话吗？哭管什么，谁没有个死？我妈妈今年七十四啦，这不是叫老喜丧吗！我们哭？哭也成，我哭死，让我妈活了！不是我们哭死了我妈也活不来吗？老喜丧啊，人早晚有个死呀！”

“你怎么乐哪？”

“我怎么不乐呀！不乐像话吗？喜事呀，喜丧嘛我不乐？没有那规矩，有那规矩我们还唱戏哪！您别说这个，您也有老的，他死了也按我们这么办，那就对啦！”

把街坊顶得一愣一愣的。谁一问哪就是老喜丧，哥儿仨、妯娌仨一样儿毛病，直到出殡，摔盆儿都没人哭，到坟地下了葬，入土为安哪都没人哭！

埋完了，哥儿仨、妯娌仨就在坟地那儿把孝袍子、孝帽子一脱：“老妹妹，老妹妹，上车吧，上车吧，回家吧，回家吧！”

嗬！他们这位老妹妹稳当，坐在坟地那儿：“回家？回我们家啦！好儿个月，我也够受的啦！”

“别价，你先回去一趟——先上我们那儿去一趟，去趟啊有点儿事，回头办理完了你再回去歇着，过两天给你道谢！”

“不用，不用，不就是为箱子里那点儿事吗？你们先回去一趟，瞧瞧那封帖扯了没有？”

“我们出来的时候瞧了，封帖没动，封帖没动。”

“封帖没动我就不负责啦！这么着，把钥匙给你们。想当初哇，我有一句话，虽说是儿分产女有份，我绝对不要那个，我有主权，这东西哪，你们哥儿仨谁对老的最孝顺归谁。到现在一看，你们哥儿仨对老的全孝顺，卖房子发送老的，借加一钱发送老的，都孝顺，我能够向着谁？这么着，你们哥儿仨呀三一三十一，把它分了，别给我打份儿，分厘毫丝我不沾。不是封帖没动吗！我没有责任，钥匙交给你们，哥儿仨分这个别打起来就得！”

“对！对！老妹妹，女中英雄，比不了，比不了！过两天给你道谢！哈！”

这哥儿仨回来啦，进门儿两眼发直，妯娌仨过来就搬箱子，一瞧：“封帖没动啊，没人家的责任。”

扯封帖，开开，把那个布褡子抱出来呀往炕上一搁，妯娌仨拿刀子拿剪子嘁哧喀嚓剪开了往炕上一倒，稀里哗啦！这大爷一瞧，站在那儿直嘬牙花子：“哎呀，黄的没有，就是白的也能打点儿饥荒，我我我……我说这是银子吗？”

那位三爷机灵：“大哥，没错儿没错儿，银子咬不动。”

一听说银子咬不动，哥儿仨、妯娌仨一人拿一块搁嘴里咬，拿出来一瞧，四个牙印儿！

“锡饼子！哎哟，妈呀，这可缺德啦！这是谁出的主意呀？这不是害人吗？妈呀，活不了啦！……”

哭上没完啦！

街坊们纳闷呀！街坊们说：“这家儿什么毛病啊！妈妈咽气没哭，入殓没哭，摔丧盆儿没哭，怎么办完了事哭起来没有完啦！过去劝劝。”

过来一劝。

“哟，要了命啦，您别劝，活不了啦，妈妈死了死了吧，这怎么活呀？”

“不是老喜丧吗？”

“老喜丧，这账没法儿还哪！”

（张寿臣述　何迟整理　张奇墀记）

偷斧子

新社会破除迷信，和尚、老道不少都还俗了。和尚也有骗人的，都说和尚吃素，其实不然，也有的表面吃斋，什么荤腥都不动，可背地呢，想吃什么吃什么。我就遇见过这么个和尚，人前连个小虾米都不吃，可背地吃大河螃蟹。一斤约俩的，大个儿团脐，都这么大个儿（手势），活的！先拿小刷子蘸上水刷，刷干净了搁笼屉里蒸，火炉子旺旺腾腾的，他准备好了酱油、醋，来点儿姜末儿，再点上香油，净等着吃啦！可螃蟹是活物，上笼屉一蒸，它难受啊，拿爪子挠那笼屉。和尚在旁边受不了啦："哎呀！这可不行，出家人'扫地不伤蝼蚁命，爱惜飞蛾纱罩灯'，螃蟹大小是个性命啊，阿弥陀佛！罪过，罪过！螃蟹难受啊！阿弥陀佛！熟了就好了！熟了就好了！"可不熟了就好了吗？熟了，和尚好了！所以说他是骗人。还有哪，死了人请和尚念经，说和尚能把鬼拘来，这也是瞎掰。其实呀请这鬼也不能去，鬼要真去这和尚准跑。提起和尚拘鬼呀，我说一档子事，是咱天津的事，我说完了我负责，这是真事。东马路哇，东门脸一品香点心铺，他们东家姓郑，有一年他们家办白事，念经。正在夏景天，这经台呀搭在葡萄架底下，院里有葡萄架，十三个和尚念经。正在夜里十二点钟嘛，召请亡灵，这和尚一摇铃铛，就把铃铛撒手啦，请亡灵嘛，把铃铛扔台上了！这和尚在台上乱蹦，颜色也变啦，把东家都吓跑了，当着鬼真来了哪！东家跑了，和尚也跑了，十三个和尚跑了十二个，剩他一人在台上折腾哪！工夫太大啦，有人仗着人多呀壮胆子，门外应着："怎么那和尚直蹦跳？过去问问他。"等这和尚过来一问才知道，怎么回事呀？打葡萄架上掉他脖子里头一个蝎子，把这和尚给蜇坏啦！要真正能请亡灵他还怕蝎子？

天津的和尚还好哪，到我们那儿和尚念经常偷东西！那位说："哪儿的事情？我不信。"念经偷东西可出奇，哪儿的事呀？北京啊。我是北京的。我可不是北京城里的，我在西山住，在西郊。我们那村儿挨着山，山顶有个庙，这庙离我们这村儿有二十来里地。那山顶的庙是和尚庙，老和尚在旧社会的时候扎吗啡、抽白面儿[①]，全来！把这庙的产业折腾没啦，临完他瘾死了。他死啦，剩七个小和尚。这七个小和尚都二十多岁、三十来岁，没有生活来源哪，产业都没啦。仗着这样好，山上的地没人管，有土有石头，榜耙榜耙种点粮食什么的。种什么哪？别的粮食种不了，种玉米、种谷子。玉米掰下来磨了面，吃贴饽饽；砍下谷子来呀，碾成小米熬成粥。和尚能吃呀！你算，贴饽饽这么大个，一个都半斤多重，一个和尚一顿吃仨！这仨饽饽还不够，另外还得饶两碗小米粥。早晚饭这么大的铁锅贴三锅饽饽，熬两锅小米粥，做五锅饭。那位说："我的老爷，那得烧多少煤呀？"不烧煤。"不烧煤烧什么？"柴火。柴火也不用买，山上头，山后头，庙后头，有的是。山枣棵子，紫荆啊，荆条哇，弄些来就能烧哇。可就是不好弄，拿手撅不行啊，没有劲头，拿斧子砍哪，斧子让师父换白面儿抽啦。那么怎么办哪？拿切菜刀砍，切菜刀砍倒省事，一砍就砍下来啦！过两天不成啦，切菜刀净锯齿啦！不用说切咸菜，连豆腐也切不开啦，没法子，就这么闲苦，慢慢凑合吧。这天，我们村死了一个老太太，他们和尚应佛事呀，去啦。他们念经叫佛事，哥儿七个来到我们村里，太阳一落就上座。院里搭一个经台，这"大帽"哇就在正中。什么叫大帽哇？大帽就是七个和尚里坐在当间的那个，大帽，他的帽子不是大吗？帽子这儿有五张扑克牌的那个。怎么样，我学您瞧。大帽在座上坐着，一眼瞧见了！院里头东家预备的小碗面，放着桌子，打这面一、二、三，第三张桌子是油桌，桌底下扔着一把斧子，这么大斧头，这么长斧子把（手势）。和尚一看：这合适呀，临走把它拿走，劈劈柴不是正好嘛！他下不来台怎么拿呀？他告诉那六个和尚，谁得手谁给拿起来。那位说："怎么说？"这么说："师弟，那儿有把斧子，临走带着。"东家不就听见了吗？别人听见，告诉东家也麻烦啊，丢什么东西也得跟他要。和尚这招儿高哇，他说出来呀就他们和尚懂，东家连他们亲友都听不出来。那位说："怎么回事？"他念着经告诉他们。

① 白面儿——毒品海洛因的俗称。

你猛一听，和尚念经哪；其实不是念经，是念偷斧子这档子事。我学您瞧。还不能张口念，张口念万一和尚没听明白，再念第二遍别人听见就坏了。他先把六个和尚的眼神领过来，冲他们六个人摇铃铛，当啷当啷……东家不懂，和尚都懂啊！两边的和尚都瞧他：怎么啦，吃多了是怎么啦？贴饽饽撑的！还没到摇铃的时候，你摇铃干吗呀？眼神过来了嘛！眼神一过来，他放铃铛掐诀。别人瞧着和尚是在掐诀，和尚瞧着不是掐诀。这儿一放铃铛（学和尚动作），这不是手指头指那斧子了吗？手指头一指这经就来了："众位师弟，顺着我手巴呵呀。"什么叫"巴呵"呀？"巴呵"就是"瞧瞧"，和尚也说行话，"顺着我手巴呵呀，第三张油桌底下有把斧子，拿回家去劈柴火，你说得与不得？南无阿弥陀佛！"在犄角坐的那敲木鱼的和尚，一瞧铃铛，一瞧手指头，顺手指一看，瞧见那斧子啦。敲木鱼的明白啦：噢，这么档子事。偷斧子，好，我偷。报告师哥，我拿。报告，不能明说呀！他也念着经告诉他，一边敲木鱼，一边念："交给我啦！交给我啦！回头再说，回头再说。"可不回头再说吗，不能马上就拿啊！那位说："张寿臣，你侮辱人家，胡说！他下不来台，台上坐着，他怎么拿去？下来拿完斧子，上台再念经去，像话吗？"您别着急，多会儿听茶房一嚷，趁着乱那阵儿，就可以偷啦。俗话说百里不同风，要是在这儿哪，叫"烧门纸"。烧门纸啊，它是在太阳落下的时候，东家、亲友、和尚都到外面转弯去。在我们北京啊，那叫"送三"。送三得定更来天，都黑啦，茶房这么一嚷："亲友们，点香了您哪，外请啦！"亲友们都点股香，一看这香都这么粗这么长，点着了外面这么一带，两条火龙似的。本家呀，是孝子们全穿着孝，长子扛丧门纸，捂着眼睛："哩哩哩哩……"男的搀男的，女的搀女的，俩人搀一个，全出来啦。和尚"送三"在最末，打木鱼的这个也打鼓，他这鼓这么大，鼓环子上拴根绳，一庹来长，绳子头上拴着鼓槌，干吗拴着呀？他怕夜里呀打鼓绷出去。这儿拴着，嘣，鼓槌出去啦！你不用找哇，走着哪，这还得够点儿呀，鼓槌出去怎么弄？他摸环儿，一摸环儿呀，一捋绳，找头儿，槌儿就来啦！他瞧一下桌子一哈腰，斧子就拿走啦。手拿着鼓：嘣，嘣，嘣……到桌这儿啦，手特别使劲，嘣！鼓槌出去啦，打绳子啊哈腰（动作，拿斧子装袖子里），斧子哪？这儿哪。那位说："不对呀，他搁袖子里要是掉出来哪？"掉不出去，诸位，独单和尚偷东西，装袖子里掉不出来，他那衣裳跟我们的衣裳不一样，他那衣裳肥，袖子都二尺来的哪，肥可是肥呀，它底下可缝着哪，口袋式，你甭说一把斧子出不来，东家粮食要多，把他们搁仓房里念经去，他一边装一袋面，不带掉地下的。到开洼这么一烧，本家一磕头，茶房这么一嚷："本家磕头道谢您哪！"亲友们各回各家，本家回来，和尚们回本家，本家预备一碗素面汤。七个和尚啊，回来六个，带斧子的那小和尚不敢回来，因为什么？那斧子没地方交代，手拿着犯案，拿出来掖腰里头？斧头冲上拉肉，斧头冲下掉下来啦！揣着手？冬景天成啦，这是夏景天！他也得自在，甩着袖子进出，一边走，一边甩着，本家亲友多，孩子乱跑，他过来啦，后头来一孩子，打脊梁后头一来，和尚不知道，这手一回，咣！给那孩子开啦，麻烦哪！跑庙里去吧！二十来里地，跑一身汗，跑到山门那儿，一看："哟，坏啦，山门锁着哪，钥匙师哥拿着哪！忘了跟他要。"把斧子拿出来，推推山门，打算隔着门缝塞进去，塞不进去呀！斧背厚。搁台阶上不成，他们一念念一宿，天不亮放羊的就过来了，放羊的一过来把斧子拿走啦！"得啦，扔庙里去吧！"攥住斧子把，隔着墙一扔。哧——叭嚓！"哟，什么呀？"方才阴天，这阵晴啦，月亮出来啦，隔着门缝儿往里瞧，"哟，坏啦！"怎么回事呀？斧子进去把铁锅砸啦！就是他们贴饽饽的那个，这么大。那位说："不对呀，锅砸啦，它在哪儿搁着哪？"锅台里呀！"锅台里不是盖着锅盖吗？斧子下去怎么砸锅底呀？"他们出去不是阴天吗？他们一念念一宿，怕夜里下雨，回头锅里存一锅水就糟啦，把这个盖拿下来呀，把锅抠出来，扣着放着，下雨不就流不进去啦！哎，斧子进来啦，正砸锅上，这么大的窟窿，小和尚一想：得！完！嘿嘿，明儿早晨吃什么？哎呀，等锔锅的，二年也未必来一个；买得多少钱，这棚经钱不够！回去吧，他不回去不成啊！一上座，这"大帽"一眼瞧见啦，斧子没啦，你们谁拿去啦？你们拿去得报告我呀，我是方丈啊，这是咱们庙里的公共财产哪，卖钱自己花可不成，我得问问。他问问，还得念着经问哪！"众位师弟，细听我说，第三张桌子底下有把斧子，谁拿去了快对我说，别让我着急，阿弥陀佛！"这小和尚气大啦，小和尚拿着大木鱼槌瞪他一眼，心说：好小子，你还问哪？你这主意缺大德啦！赔了本啦！哎，告诉你吧，让你后悔去吧！敲着木鱼，念着经告诉他，噔噔噔噔……一大套哇，谁也没听出来，听着是和尚念经，其实是偷斧子的事，我要按他那么念哪，你们各位也听不出来，怎么办哪？我把它慢着点念，把这个字呀摆清楚点儿，声音大着点儿，各位就全听见啦。这位敲着木鱼，瞪这“大帽”一眼，滔滔不断，这就来啦：“不要说，不要说，还不是你，信口开河，妄嘴八舌，主意缺德。第三张桌子底下一把斧子，拿回庙里劈柴火，山门上了锁，钥匙你拿着，隔墙扔过去，砸了大铁锅。不能贴饽饽，粥也不能喝，哪个值得多！”全说出来啦！

（张寿臣述　陈笑暇　钟之整理）

抬杠铺

说一段笑话儿。

笑话是什么呀？逗您一乐。怎么就乐啦？瞎话儿呀按实话那么说，瞪着眼睛撒谎。这一行最难的是什么哪？不能笑，不害臊，这是说相声儿的宗旨。那位说："这怎么讲啊？"什么叫不害臊哪？说的这个话呀不对，不对得瞪着眼睛愣说对，我们心里也知道是不对，脸上表情得表现出对的样子来，别害臊。原本是假的，回头说出来又怕人责备，一边儿说一边儿害臊，这您乐不了！第二个是不能笑，不能笑怎么讲啊？由头至尾一位乐的没有，那可不行。得让您听着可乐我们不能乐，让您乐；您们各位还没乐哪，我这儿乐得说不上来啦，这个不行。

说相声儿还得学吗？得学。头一个，我们说话得滔滔不断，您还得乐。乐，怎么个乐法儿哪？乐不乐瞧哪儿？瞧眼睛，眼犄角儿一发现鱼尾纹——仿佛鱼尾似的那种纹，这就乐啦！您瞧，这位老皱着眉，那他乐不了。我这儿说您得帮忙；我这儿说，您那儿冲着我生气，老瞧我别扭，您永远乐不了。难哪！

说话有什么难？难在要学什么人说什么话。您瞧二位一谈话，您在旁边儿这么一听，听不过五句话就知道他做什么事，都听得出来，那话里都带着哪！说话得学，有地方话，有时间话。那位说："什么叫地方话？什么叫时间话？"您跟街坊说话，一早儿有一早儿的，晌午有晌午的，晚上有晚上的。一早儿上见人：

"您刚起呀？"

"刚起。"

到晌午啦，午前：

"您吃饭啦？"

"偏了您哪。"

到晚上啦，掌灯以后再见人：

"您还没睡哪？"

"还没睡。"

它分时间哪！要是不按时间说，随便说，想说什么说什么，不成，说出来不受听。一早儿，这位刚一推门，一见面儿说晚上的：

"嗬，还没睡您哪？"

这位说："还没睡？我这一宿干什么去啦？"

这是时间话。地方话哪？街上见人说街上的。街上见人：

"买东西呀！"

那位说："可不是嘛。"

"我给您雇车。"

"不用啦，前边就到啦。"

"回见。"

"回见回见。"

这是在街上。要是到饭馆哪，一进门儿：

"嗬，几位您哪？我给。"

这位：

"给过啦。"

这位坐着站起来啦：

"来不及啦，一块儿吃吧！"

这位：

"我同着人哪，我给您添几个菜。"

"不让啦，吃饱啦。"

"回头咱们算一块儿。"

"不客气啦，吃完啦。"

您要是把这套话拿到茅房去说，那满拧！这就是在饭馆子的话。说话都得有规矩。

说话，一问一答，往一块儿一和，越说越对劲儿；不往一块儿和，两下就要抬杠。说抬杠哪，我有个大爷专爱抬杠，在北京啊开的杠房——抬杠铺。那位说："你大爷开杠房，那是应出殡的买卖呀！"不应，出殡他不应，他这抬杠不是那么抬杠，是说话爱抬杠，抬杠啊能把人说倒了。怎么抬哪？求真理呀。好比说吧，不管跟谁抬啊他不能白抬，得赌点儿什么，就跟要钱似的。反正每回抬杠他总赢，这么一来，我这大爷呀享名啦！在旧社会时候，他有个外号儿，叫什么？叫“杠头”。谁也抬不过他这杠头！他一享名啊，又收了四个徒弟，这四个徒弟都叫杠头，怎么分别哪？大杠头、二杠头、三杠头、小杠头，那么我大爷哪，他叫老杠头！嗬，这五个杠头在北京享了大名啦，就在东四牌楼灯市口儿开的杠房！

在北京这么一享名，旧社会时候，来了一位跟他抬杠的，谁哪？旧社会那个圣人——孔圣人。孔圣人这么一想：杠头在北京享这么大名，又收了四个徒弟都叫杠头，他叫老杠头，他怎么抬，也抬不过我去呀，我得访访这杠头去。

孔圣人来啦！孔圣人到门口儿，杠房伙计往里边儿一让，说："您里边儿坐。喝茶。"

"我到这儿找你们老杠头。"

"您找他有什么事？"

"跟他抬杠。"

"您是哪一位？"

一报名，某人某人。嗬！这四个杠头，打大杠头哇直到小杠头，不敢跟他抬。圣人，名誉大！赶紧把老杠头请来，就把我大爷请去啦！

我大爷一进门儿，见了孔圣人一作揖："嗬，哎呀，您今天光临，实在使草舍生辉呀，倒茶倒茶！"

圣人说呀："也不要客气，我今天特地来找你抬杠！"

"好吧，按说不敢跟您抬呀，可是我开着杠房，要是不跟您抬，我这买卖就瘪啦，为我的营生我得跟您抬，是不是？这么着，咱们抬着玩儿吧！"

圣人说："那何必哪，赌十块钱吧！"

"好吧。"

我大爷叫小杠头拿十块钱来。打柜房拿十块现洋搁这儿啦！圣人哪，打腰里也掏出十块钱搁这儿。我大爷说："怎么抬法？"

圣人说："我也明白，这是赌钱。我要把你问短了哇，临走的时节，你这十块钱我拿着；你要把我问短了，我这十块算你的啦！"

"好吧，请坐。"

这圣人就坐下啦。

"我跟您抬是怎么个抬法？"

圣人说："你呀跟我抬杠，我要是把你问短了，那不算新鲜，你是平常人，我是圣人！你问我，我回答你，回答的理由充足，那就是你输了，回答的理由不充足，那就是你把我问倒啦！"

"好吧。"

俩人这儿坐下。我大爷说：

"按说可不敢跟您抬呀，今天我可要对不住，跟圣人要抬杠啦。怎么抬法儿哪，我就拿圣人说的这句话咱们抬抬吧！"

"哎，好好好，哪句话你不明白，我告诉你！"

"是，是。"我大爷说呀，"老圣人，想当初您说了这么句话：敬鬼神而远之。咱就拿这个鬼神哪抬抬！"

"好吧，什么意思？"

"敬鬼神而远之，恭敬它为什么又要远之哪？这怎么讲啊？"

圣人说："这个事情极容易明白，信如在，信神如神在，这鬼神哪原本是没有，信则有，不信则无啊，你信就有，不信就没有。"

我大爷说："这个不对啦！您说敬鬼神而远之，信则有，不信则无，这话呀不对您哪！"

"怎么哪？"

"圣人哪，您得给我们一个道儿。两条道儿您全占着不成。您要让我们往东啊，回头又往西指，说打那边儿绕也过得去，那就不对啦！这鬼神倒是有，倒是没有；您说又有又没有，两边儿您全占着，那怎么算圣人说话啊！信则有，不信则无，倒是有，倒是没有哇？那么到底有没有？您说呀！"

圣人说："鬼神这档子事呀谁也没瞧见哪，没瞧见就是空虚的，空虚的就是无，它就没有哇！"

"是，您这话对，这是您承认没有鬼神啦！既然没有，为什么有鬼神这俩字哪？就说没有，为什么有这俩字？"

圣人说：

"瞧不见就不能说有！"

"噢，瞧不见就是没有。我跟您说话，这话您听见啦，这话在哪儿哪？您瞧见这话了吗？您能说这话没有吗？这一把香草，闻着挺香，这香在哪儿哪？香味儿什么样儿？谁瞧见啦？这都得说有的。这个小事不用提，您在空气里活着，谁能说没有空气？没有空气人就憋死啦，这空气什么样儿呀？怎么鬼神您就说没有哪？怎么空气有哇，香有哇，声音也有哇？”

圣人说：

“那么说——鬼神就得说有！”

“有鬼神，什么模样？鬼神究竟多高的身量儿，怎么个长相儿，在哪儿住？我们给它去封信，它能给我们来回信吗？”

圣人哪，没词儿啦！圣人站起来，把十块钱撂下，走啦！

嗬，我这位大爷——这老杠头可了不得啦，享了名啦，把圣人都问短啦！又过了半年多，圣人不成不是？来了一位比圣人还高的！什么哪？神仙。这神仙是谁呀？中八仙那儿有个瘸拐儿李。这瘸拐儿李呀抱不平，一听杠头这么大名誉，他把圣人都抬回去啦，我得给圣人找找场！瘸拐儿李来啦。背着大葫芦，拄着拐，一瘸一踮的穷老道相儿，往门口儿那么一站。小杠头哇认为是化缘的：

“大师父，这儿僧道无缘，不打发。”

瘸拐儿李说：“谁跟你们化缘哪？找你们抬杠！”

“噢，您是哪位？”

“瘸拐儿李！”

哎哟嗬，名誉很大，小杠头不敢抬，赶紧找老杠去！老杠头来啦，到门口儿一抱拳：

“哎呀，李大仙，您里边儿坐。”让到里面儿，“倒茶！您今天光临，有什么贵干……”

“甭客气，光临不光临咱们甭提，听说你把圣人赢啦，你能抬呀，今天我特地找你抬杠！”

我大爷说：

“按说我可不敢跟您抬，您是神仙嘛！我要不跟您抬，我这买卖就得关门儿，您既然来啦，我就跟您抬抬，赌钱哪……”

“你跟圣人赌十块钱，我也跟你赌十块钱得了嘛！倒不在乎输赢，我得转转这个场！”

“好吧。”

拿十块钱现洋搁这儿，瘸拐儿李也搁这儿十块钱。

“这规矩……”

“我知道哇，我要问住了你，钱归我拿走哇；你问住了我，干出身儿呀！”

“打这儿就要抬杠啦！”

“抬吧！”

“您说我说？”

“我要把你问短了，你让神仙问短了还算新鲜吗？你不明白的事你问我呀，我回答你呀，我是神仙哪！”

“好吧，打这儿可要抬杠啦啊，咱就拿您本人抬吧！”

“好吧。”

“您是谁呀？”

“瘸拐儿李呀！”

“卖什么的呀？”

“什么也不卖呀！”

“那么您是神仙哪——中八仙哪，中八仙背那葫芦干吗？”

“葫芦是我的一个宝贝呀！”

“您这葫芦里头是什么呀？”

“丹哪，金丹啊。”

“金丹？”

“金丹哪，是我们出家人炼的丹。”

“炼它干吗？”

“干吗？这金丹能起死回生啊，死人吃了这金丹能复活呀，专治内外两科各样的病症。”

“您别说，您别说，您这金丹能治内外两种的病症，为什么不把您的腿治直了哪？您怎么是瘸子哪？不能治己，还能治人？”

把瘸拐儿李给问住啦！

（张寿臣述　何迟整理　张奇墀记）

日遭三险

相声里最难不过的就是“说”，因为你不知道大家都爱听什么，有爱听文的，就有爱听武的，因为每个人的喜好不同，所以这是“说”最难的地方。不但喜好不一样，就是人的脾气秉性也不一样，就有的人暴脾气，说话就瞪眼，好话不得好说，叫人听着不顺耳。还有的人慢性儿，你多急他不急。要是暴脾气遇见慢性儿，这个暴脾气算倒了霉啦！他能把暴脾气给气死。慢性儿他没话儿搭理话儿：“刚来呀？”暴脾气从心里就不爱理他：“啊，刚来！”“嗬！干吗这么大的火儿呀？”“啊！我不愿意理你！我瞧见你就生气。”“你不会不瞧我吗？”“我理你来着？你要是再跟我说话，我非打你不可！”“呦！打人？我倒听说过，我还没瞧见过哪！”“我今儿个就打你一顿，你信不信？”“我不信，你瞧这儿平整，你打一下儿试试！”他把暴脾气的火儿给拱上来啦，抡圆喽给了他一个大嘴巴。要搁着别人就得打起来啦，他能让这个暴脾气第二下儿下不去手。他冲暴脾气一乐：“都说你会打人，我还不信，今儿个我这么一瞧哇，你是会打人。你这边再打一下，省得偏喽！”这个暴脾气举着手：“嗬！我真没见过你这样儿的人。”一赌气躲开他啦！

还有一种人，爱占小便宜儿，买东西要是不饶点儿，他从心里闹得慌。他拿一个铜子儿到杂货铺儿买东西，能买走六样儿，别人连两样儿都买不了。他买东西进门儿先乐：“掌柜的，早吃饭啦？”站柜的瞧见他没有不烦的，又不能不理他：“买什么？”“今儿个我吃面。”“我不管你吃什么，买什么我给你拿！”“您给我打半个子儿的酱油，半个子儿的醋。”人家给打好啦，“您拿那个油墩儿，给我滴答一点儿香油，我提提味就得。”人家给滴答了一点儿香油，这就三样啦；“您掐给我一点儿葱叶儿。”这就四样儿啦；“您再劈给我一点儿香菜。”这就五样儿啦；人家给他拿香菜去啦，没留神，他又抄人家两瓣儿蒜，整六样儿。就像这种人，谁瞧见不烦哪！

提起这些来，有一个故事。从前有一个新到任的知县，接了任以后，头一天升坐大堂，衙役三班垂手侍立，当时把二位班头叫上来问话，这位老爷说：“地面儿上怎么样？”“回禀老爷，地面儿上清静极了，贼匪盗案一概没有。”这位老爷说：“好，我跟你们要三案。头一案，要个暴脾气的；二一案，要个慢性儿的；三一案，你们给我办一个爱占小便宜儿的。给你们七天限，办着有赏，办不着我要重责你们，下去吧！”这二位头儿下来，越想越别扭，明火路劫好办，办有脾气的人，哪儿办去呀？也不能走到街上把人家拦住，“站住，你暴脾气呀？”“我暴脾气你怎么知道？”“你慢性儿呀？”“你才慢性儿哪！”“你爱占小便宜儿呀？”“你才爱小哪！”没法儿办哪！七天过去了，没办着，每个人挨了四十板子，又给了七天限；又没办着，每人又挨了四十板子；又给了七天限，这二位头儿这个烦哪，出了衙门，这个叫那个：“大哥，咱们这差事简直没法儿当，这会儿你要跟他告假不干了，他绝不准，咱们就跟他熬了，干脆咱们喝酒去。”两个人正在酒铺儿喝着酒，就瞧见街上的人缕缕行行地往西走，这二位头儿就问：“掌柜的，今儿个什么事街上这么热闹？”掌柜的一乐儿说：“好嘛，您二位还在衙门当差哪！人家在衙门递过公事，赶上西门外祭青苗神，唱谢秋戏，这都是听戏的。”这二位头儿一听，这个叫那个：“大哥，走，咱们听戏去。”那个说：“得啦，再过几天又揭嘎渣儿啦，还有心听戏哪？”这个说：“愁归愁的，乐归乐的，咱们是乐一会儿是一会儿。”两个人给完了钱出了酒铺儿，一边儿走着一边儿聊着就出了城啦。

那时候，乡下的野台子戏没有座儿，都是站着听，你要打算坐着，得由家里扛着板凳去，听完了戏，你还得把它扛回来。大伙儿都在那儿听戏哪，这二位头儿也到了，台上正唱的是《挑滑车》，高宠正挑车的时候，在人群里头有两个人打起来啦。前边站着一个慢性儿在那儿叫好儿哪，这个叫好儿的姿势，瞧着甭提多难过了，叉着腰儿，晃摇着身子，抡耷着脑袋：“好，好……真好……”后头站着一个暴脾气，这一嗓子，差点儿没把他吓趴下。“好！”慢性儿一回头：“你这儿拼命哪！好，不就完了吗，那么大的声儿干吗呀？”“啊，我爱这么叫你管得着吗？”“我是管不着，我躲开你不成吗？”大伙儿这儿正在听戏哪，由外头跑进一个小孩儿来，跑到慢性儿的跟前儿，揪着他手说：“爸爸，爸爸，咱们家着火啦！”“啊！着火啦？你先回去，我听完戏回去不晚。”暴脾气一听，火儿啦，一个大嘴巴，把慢性儿打了一个跟头。“你是人吗？家里着火你不赶紧回去，听完戏再回去，要是把别人都连上呢？”这个慢性儿躺在地上跟他对付：“烧我哪，你管得着管不着哇？高兴我听完戏回去，要是不高兴，过半个月我才家去哪！”“嗬！你可真气人，我把你打死你信不信？”“那敢情好啦，您算积德啦，那我就不用起来啦！”两个人正这儿吵哪，旁边儿站着一位搭茬儿啦：“你们俩人在这儿吵，别人还听不听啦？”一抬头，瞧见衙门这二位头儿啦：“哎，头儿！您这边瞧瞧来吧，他们这儿吵起来啦！”这二位头儿过来一问：“因为什么呀？”暴脾气说：“您叫他说吧。”一瞧这个慢性儿还在地下躺着哪，这二位头儿说，“你起来！”“我不起来。”“怎么？”“我起来，他还把我打躺下。”“不要紧，他不敢打你，有我们哪。”慢性儿爬起来，掸了掸土，头儿问：“因为什么？”慢性儿说：“我这儿听戏哪，我这个孩子给我送信儿来了，说我家着火啦，我说听完戏回去不晚，这个人打了我一个大嘴巴，差点儿没把我打死。”“你这人也怪，家里着火还不赶紧回去？听完戏再回去，要把人家街坊连上怎么办哪？”“您不知道，我天生来就这么慢性儿。”这二位头儿一听：“好嘛，为你挨了八十板儿啦！”掏出锁链来哗啦一下子就把他锁上啦。回头又跟暴脾气说：“你也没有举手就打人的。”“我听着生气。”“那你也不应该打人哪！”“啊，我就这么个暴脾气。”这二位头儿把他也给锁上啦。“哎！这是怎么回事儿？我不管啦，行不行？”“你不管了也不行，我们挨这八十板儿也有你的事儿呀！”这二位头儿拉着这两个人就走，心里说：这趟没白来，办着两个啦，不行啊！还缺一个爱小便宜儿的哪！走着走着，瞧见一个杂货挑儿，有两个人正在那儿磨烦着哪。买主儿说：“掌柜的，你这西瓜子儿是拿油焖的吗？”抓起两个来就搁嘴里啦，“你这是五香的吗？花生皮不皮？”样样儿他都尝尝。卖吃的说：“你甭买了，你这肚子里全成杂拌儿啦！”“你瞧，我怎么不买呀？你这糖怎么卖？”“一个小钱儿一块。”“一个小钱儿两块卖不卖？”掌柜的说：“不卖。”“不卖就不卖，你瞪眼干吗呀？”他给了一个小钱儿，一伸手，用头里这两个手指头拿了一块，后头这三个手指头又揪了一块。你想，他在这儿磨烦了半天，吃了这个吃那个，人家早留上神啦，他拿起两块来，卖吃的一伸手，把他腕子给攥住了："你拿两块可不行。"他一翻腕子，把两块糖全搁嘴里啦："不成啊？我全咽啦。""你咽了也得给钱。""要命有命，要钱没钱，你爱怎么办就怎么办！"两个人正磨烦哪，这二位头儿拉着那两个人正由这儿过，卖吃的一抬头瞧见了："二位头儿，您这儿来吧！"这二位头儿走到挑子旁边儿："什么事儿？"卖吃的说："您瞧见这个主儿了没有？任什么没买，他全尝到啦，临完了一个小钱儿一块的糖他给一个小钱儿吃了两块。"这二位头儿说："人家小买卖儿，没有那么大赚儿，你拿人家两块糖，人家赚得出来吗？""告诉您说，不单是买他的，买谁的我也得饶点儿，不饶点儿我从心里那么别扭。""你怎么这么个人头儿呀？""我天生来的就这么爱占小便宜儿。"这二位头儿一听，这份儿高兴，掏出锁链来把他也锁上啦。"头儿，明儿个我改了行不行？""你改了也不行。跟着走吧！"

这二位头儿拉着这三个人进城了，到了衙门，把他们押到班房儿，往里回话。老爷一听，赶紧升堂，衙役三班在两旁站立，老爷当堂一坐，说："把他们都带上来。"有人把这三个人带上来往这儿一跪，老爷用手一指慢性儿："你怎么回事呀？"慢性儿拿眼睛瞧了瞧老爷说："老爷，我正在城外头那儿听戏哪。我那个孩子给我送信，说我家里着火啦，我说听完戏回家不晚，这个人他打了我一个大嘴巴，差点儿把我打死。"老爷一听："怎么家里着火你还不赶紧回去呀？""你瞧我就这么慢性儿。"老爷又一指暴脾气："也没有你这样儿的人，有举手就打人的吗？""老爷您想，家里着火他还不赶紧回去，要把别人连上哪？""那你也不应该打人哪！""我这脾气就这么暴。"老爷又一指这个爱小便宜儿的："你哪？""老爷，就我这毛病讨厌，买什么非饶点儿不可，要是不饶点儿，从心里那么不痛快。"老爷说："好，我把你们三个人传来，知道什么事不知道？"这三个人异口同声说："不知道。""你们三个人跟我这儿当差愿意不愿意？"这二位头儿一听这个气呀：挨了八十板儿，费挺大劲，好容易给他找着啦！好嘛，给他当差！老爷一指暴脾气："你给我当随从，有什么事误不了。慢性儿，你给我看少爷，孩子怎么磨你你不着急。爱小便宜儿的，你给我买东西，买点儿再给我饶点儿。"大伙儿一听，敢情这位老爷也爱小便宜儿。

这位老爷把这三个人一留下当差呀，算倒了霉啦！有一天，老爷去迎接上差，叫暴脾气鞴马去，他拿着鞍子到了马号，怎么着也鞴不上，因为平常不是他鞴，这个马瞧他眼生，他从左边搁鞍子，这个马往右边排步儿，他从右边搁鞍子，这个马往左边排步儿。他火儿啦："嘿！我倒瞧我鞴得上鞴不上！倒瞧你行还是我行！"他上草屋子把铡刀拿来啦，抡起铡刀对准了马脖子就是一刀，把马脑袋给砍下来啦，这个马一个卧槽就趴下啦，把马鞍子搁上勒好了，他乐啦："啊，倒是鞴上啦！"老爷换好了衣裳，到这儿一瞧："哎！你怎么把马给砍啦？""这个鞍子怎么也鞴不上，您瞧这不是鞴上了吗！""是啊，你鞴上啦，我骑它上哪儿去呀？你真是没用的东西，这要是把公事耽误喽，我得受处分，你这不是要我的命嘛！""啊！我就这个脾气，你爱用不用，不用我这就走。"老爷这么一听啊："我算认啦，谁叫我今儿个用人哪，套车吧！"老爷坐着车，暴脾气赶着，一出城有一道河，这个骡子怵水，不往前走啦，老爷在车上直抱怨："你瞧，你够多么耽误事，要是那匹马就过去啦，这个骡子怵水，一绕就得好几里地，就许把公事给耽误喽。"暴脾气说："你甭抱怨骡子，它怵水我不怵水，我背你过去，你办公事去，待会儿我赶着车绕过去，在那边儿等着你。"老爷说："好。"他往下一矬身，背着老爷，蹚着水就走。正走到河当间儿，老爷一想：他怕我误事，不管水有多深，背着我，蹚着水就走。心里一痛快，叫暴脾气："你砍马我不怪你，背我过河有功，赏你二十两银子。""谢谢老爷。"他一撒手，整个儿把老爷扔河里啦！差点儿没把老爷淹死。老爷说："哎！你怎么把我扔河里啦？""给老爷道谢。""你过河再道谢呀！""是啊，老爷不会过河再赏吗！"老爷心里说：我算认啦，公事也没办成，我成水耗子啦！"甭去啦，咱们回去吧！"

到了衙门，老爷进内宅换好了衣裳，出门来这么一瞧，慢性儿正坐在那儿晒太阳哪，老爷说："慢性儿！"他翻着眼睛瞧着老爷不言语，老爷说："我叫你哪，听见没有？""听见啦。""听见你怎么不答应？""我这不是拿眼睛瞧您哪吗？""噢，瞧我就算答应啦！少爷哪？""您问哪个呀？""大少爷哪？""大少爷不是上学了吗？""二少爷哪？""掉井里啦。""啊？多咱掉的？""一早儿就掉里啦。""你怎么早不说呀？""这是您问得急，您要问得不急，我过个三天五天的再告诉您。""嘿，真要了我的命啦，赶紧捞吧！"找人把小孩儿捞出来，老爷这个哭哇："就这个孩子机灵，就他会哄人儿。唉！买棺材去吧！"你倒叫别人买去呀，他单叫爱小便宜儿的买去。他到了棺材铺，全都问问："这个多少钱？"掌柜的说："这个一百六十两。""那个呢？""那个二百八。""这个哪？""这个八十。""那么这个呢？"掌柜的说："您那儿死了多少位？怎么全打听啊？"他一指那个匣子："这个卖多少钱？"掌柜的说："这个卖二十两。"他一听："二十两？这要约劈柴有多少斤哪？"掌柜的说："棺材跟劈柴不一样，你买不买吧？""你瞧，怎么不买呀？给十两卖不卖？"掌柜的说："棺材铺不打价钱。""给十二两怎么样？"掌柜的说："你上别处买去得啦。""给十三。""没告诉你不卖吗？""十四。""不卖。""十四两五。""没告诉你叫你别处买去吗？""干脆，十五两怎么样？"他把掌柜的磨烦急啦："十五两，卖给你啦。"他拿出二十两银子来："找我钱。"掌柜的进柜房儿找钱去这么个工夫，他又拿了一个小匣子搁到那个大的里头啦。掌柜的找完了钱，他拿着钱，夹着一套儿两个匣子就回来啦。老爷那儿正叨唠哪："买趟东西这么磨烦，半天还不回来！"这工夫他由外头进来啦："回来了，回来了。"把匣子往地下一搁，老爷一瞧这气大啦："你买这么大的干吗呀？这得楦多少东西？这要不楦东西，把孩子的肉皮儿全蹭坏啦！""老爷你甭着急，这儿还有一个小的哪！"老爷一瞧更火儿啦："你买两个来干吗呀？""是啊，闲来置，忙来用，等大少爷要是死了的时候，咱们就甭买啦！"

（赵霭如述　陈涌泉记）

糊涂县官

在旧社会有一句话:“同行是冤家。”有些人就相信了这句话，吃了不少亏，上了不少当。同行与同行之间闹对立，连出家的和尚老道都闹别扭，古书里有很多和尚与老道互相争斗的故事，他们念的经就有矛盾。

谁家死了人，请棚和尚来念经，超度亡魂，叫鬼魂到西方去，因为西方是极乐世界，西方接引。

可是老道一念经，叫鬼魂到东方去，因为东方是白阳世界。

要是换尼姑念经，就叫鬼魂到南方去，因为南海大士不是在南边儿吗?

可是喇嘛来念经，就叫鬼魂到北方去。世界上没有鬼，如果真有鬼，这就麻烦大啦。怎么哪?要是请和尚、老道、尼姑、喇嘛在一块儿冲这死人念经，叫鬼魂也为难哪——到底上哪方好呢?听谁的对呢?这鬼魂没准主意啦，只好站在那儿转吧。您看马路上刮的旋风，大概就是他们念经念的，不!这不像话啦。

从前有这么一段笑话。有一个和尚，四海云游，到处为家，指着化缘维持生活。有一天在茶馆里遇见一个老道，跟和尚一边喝茶一边盘道，每人都在夸奖自己，互相都有点儿看不起，谈来谈去就谈到经卷和学问上了。

老道说:“出家最好当道士，打扮潇洒大方，我做一首诗，请你听听:头戴道冠，身穿蓝衫，手拿拂尘，亚似神仙。”

和尚说:“你不是神仙，神仙没有像你这样儿的，你看我才真像神仙呢，我也做一首诗:吃斋行善，常把经念，身披偏衫，好像罗汉。我看你是:发长不便(就是说老道的头发太长不方便)，每天打扮，非男非女，实在难看。”

和尚说老道不像女的，不像男的。老道不乐意啦，当时给和尚也做了四句：“身披袈裟，头上无发，割掉耳朵，好像西瓜。”

嚯！这一句话可把和尚气急啦，俩人越说越恼，最后还真打起来啦。在那黑暗的社会里，什么稀奇古怪的事儿都能发生，和尚抓住老道的头发，左右开弓，打了十几个大嘴巴。老道也抓和尚，抓了半天什么也没抓着，因为和尚没有头发，老道七抓八抓把和尚的耳朵抓着啦，往上一提，一张嘴，吭哧，把和尚的鼻子咬下一块。这一下子可坏了！和尚弄得满脸都是血，茶馆里看热闹的人都围满喽。七嘴八舌说什么的都有。

这个说：“这是什么世道！”那个说：“出家人真不像话，他们要是这样儿，我们俗家人该怎么办哪！”

正在这个时候，地方来啦，一看两个出家人打架，还把鼻子咬下来啦。见血就归刑事案子，不能私休，一定要惊动官府。把和尚、老道带到县衙门，偏偏又碰上了一位糊涂县官。这位县官，是用钱运动来的，上任日期不久，问了几件案子，一件也没问清楚。县官不但糊涂，并且还怕太太。

县官一听来了打官司的，马上吩咐升堂。三班衙役齐声一喊“威武”，县官往堂上一坐，差人们站立两旁。县官一看堂下跪着一个和尚一个老道，再看和尚满脸净是血。县官问和尚：“为什么打官司？”

和尚说：“他咬我的鼻子。”

县官又问老道：“你为什么咬他鼻子？”

这个老道不承认，说：“老爷，不是我，是他自己咬的。”

县官说：“和尚，你自己咬的，为什么反告人家？”

和尚一听，心里这个气就大啦。我自己怎能咬自己的鼻子？忙说：“老爷，我自己咬鼻子够不着哇。”

老爷一听，说：“对，对，对！自己是够不着咬。”向老道说：“他自己够不着咬。”

老道说：“他站在板凳上咬的。”

老爷一听认为完全有理，自己咬自己的鼻子，如果够不着，一站高点儿，那准能够着。责问和尚说：

“好你大胆的和尚，站在凳子上把自己的鼻子咬下来，还要诬赖好人。来呀，拉下去重打四十！”

您看这和尚多倒霉，让人家把鼻子咬掉了，还挨了四十板子，挨了打不算，还给押起来啦，派差人跟老道上街找保，就这样马马虎虎地退堂啦。县官回到后宅，太太就问：

“老爷，今天是什么案子，为什么这么快就退堂啦？”

县官说：“太太你不知道，是两个出家人打官司，一个狡猾的和尚，自己把鼻子咬下来，不说实话，反告老道。愣说是老道咬下来的。当时我把和尚打了四十板子押起来啦，老道找保释放。太太，我今天这件案子审得不错吧？”

太太一听，就知道又弄错啦。说道：

“老爷，自己咬自己的鼻子，天大的本事也够不着哇？”

老爷说：“我也是这样问的，可是老道说他站在板凳上咬的。太太请想，无论够什么够不着，一站高点儿，不就够着了吗？”

太太说：“站得再高也不能咬着自己的鼻子呀。我给你搬个凳子，你站上去咬咬自己的鼻子，试试怎么样？”

老爷有点儿怕太太，他真站在凳子上，够了半天，张着大嘴，怎么样也咬不着自己的鼻子，可是他还不明白，又问道：

“太太，这个凳子是不是太矮啦？”

太太说：“好吧，来，你上房去够够看！”老爷当时到了院里，登上梯子就上了房啦，站在房顶上够了半天，没够着，这才明白。

太太又生气又是乐，说：“你快给我下来吧，赶快派人把老道捉回来，重新过堂。把老道得重重地打一顿，给和尚出出气。不然的话，老百姓也不服，说不定你这个官儿做不长啦。可是我又怕你问不清楚。这可怎么办呢？干脆这样儿吧：过堂的时候我躲在旁边，我跟你打哑谜，到时候听我的，叫你对老道怎么样，就怎样。好不好？”

老爷一听，太高兴啦。

“就这么办吧！”马上派人把老道捉回来，二次升堂，老爷早早坐在堂上，太太蹲在老爷身后，三班衙役站立两边。把老道带到堂上往那儿一跪，老道心想：这回要倒霉。

老爷一拍惊堂木，说：“老道！和尚的鼻子是谁咬的？”

老道说：“您不是问过了吗，是他自己咬的。”

老爷说：“不对！他自己怎么能够得着？”

老道说：“他不是站在凳子上了吗！”

老爷说：“胡说，老爷我都上了房啦也没够着哇！”

太太心想：瞎！你跟他说这个干什么呀！用手一拉老爷的衣服，冲老爷伸了四个手指头，这意思是打四十板子。

老爷回头一看："来呀，打老道四板。"

老道心想：老爷太恩典啦，闹了半天，才打我四板儿，自己往地下一趴，等着挨打。

太太心想：糟啦！我让他打四十，他怎么看成四板儿啦？噢，一个手指头算一板，要是伸五个手指头，那就是五板，要把手一翻，那就是十板，对。又一拉老爷的衣服，伸了五个指头，翻来覆去，一五、一十、十五……四十。

老爷回头一看太太的手翻来覆去的，当时吩咐："把老道翻过来打。"

老道一听，这个气呀。打人还有翻过来打的吗？这是什么老爷，简直是糊涂虫嘛。站堂的也觉得不像话，可是老爷传下来话，不敢不翻，一拧老道脚脖子，真给翻过来啦。

太太拉住老爷直摆手。老爷心想：摆手是怎么回事？噢！明白啦。"来呀，给老道揉揉肚子。"

老道心想：我肚子又不痛，给我揉肚子干什么？

气得太太冲老爷直咬牙，老爷一看，太太咬牙是什么意思？噢！"来呀，把老道的鼻子咬下来！"

太太急得都出汗啦，冲老爷又咬牙又摆手，又指自己，这意思是：我说的不是这么回事儿。老爷更糊涂啦："来呀，你们别咬啦，让太太来咬吧！"

（张永熙述）

怯跟班

前清的时候，北京东城根儿小哑巴胡同住着一位姓曾的京官，弟兄九个，他是老幺，人称九老爷。曾九是个在旗的人。列位，前清时代，在旗就是编入八旗的人，只要在旗，从娘肚里落下地就有一份口粮，长大了说不定还许来个官儿做，平日讲究的是吃喝穿戴、规矩排场。曾九老爷既然在旗，又是京官，那个派头儿就更甭提啦。特别是对他用的跟班儿的，处处要规矩，半句话答应不好，开口就骂，动手就打。北京干听差这一行的，都知道九老爷不好伺候，无论给多少钱也不给他干。这一来，可把曾九老爷憋坏啦，过去他出门，或是会客，或是玩儿，后面总得有两三个跟班儿的，如今九老爷成了光杆儿啦！

这一天是四月十三，他忽然想起四月二十日是他的盟兄弟——住在西城根儿坛子胡同的闷三老爷——家里办喜事，他必须贺喜去。可是没有跟班儿的。叫赶车的拿着拜匣充跟班儿的？那叫人家看了还不笑掉牙呀！情急生智，曾九忽然想起乡间给他看坟的赵二有个儿子，九老爷叫他，还敢不来呀。

这看坟赵二的儿子，乳名叫三儿，有十七八岁，为人忠厚老实，不爱多说话，曾九看他那种老实样子，就管他叫“傻三儿”。其实三儿是哑巴吃饺子——心里有数。赵二给曾九家看一辈子坟，种一辈子地，给累死啦。曾九欺侮三儿傻，就跟三儿说：“三儿啊，你爹死了，我家这坟就归你看着，地嘛，还归你种着；到秋后交租的时候你就别交租价啦，交粮食吧。”三儿问：“交多少粮食呢？九爷！”曾九说：“把地皮上边的都给我送来，把地皮下边的你自己留着。”三儿点头说：“好吧。”等到秋后收了粮，三儿就把地上边的用车拉着给曾九送来了。曾九一看，气得眼都直啦。原来三儿没种别的庄稼，全种的是山芋，他把山芋都留下了，把山芋蔓子都给曾九送来啦。曾九干生气，没说的，因为当初是他自己要地上边的嘛。曾九把山芋蔓子收下，又跟三儿说："过年咱们换过来吧，我要地下边的，你留地上边的吧。"三儿说："也好。"等到第二年秋收，三儿又给他用车拉来啦。不错，都是地下边的了。曾九一看，把鼻子都快气歪啦。这回三儿种的是高粱，他给曾九拉了两车高粱根子来。三儿走的时候，曾九又说了："明年我要地上地下两头的，你留当中的吧。"三儿又答应了。到了过年秋后，三儿又交租来啦，这回种的全是玉米，三儿送来两大车玉米根儿和玉米穗儿。曾九爷真气急啦，跟三儿大吵大闹。他老婆九太太在旁边劝说："算了吧，他是个傻子，你这不是跟他白生气吗？"曾九说："他才不傻哪，我倒真是个傻子啦！"

这回曾九要给人家贺喜去，没跟班儿的，忽然想起三儿来啦。跟老婆一商量，老婆说："那怎么行啊，老爷出门儿带个傻蛋。"曾九说："那孩子脸上傻，心眼儿里可透着机灵，好好教导教导准行；自己家门的奴才，省了花工钱！"太太一听能省工钱，就再没个不同意的，这样就把三儿给叫来啦。

三儿来到曾府，见过了九老爷和九太太，行礼已毕，站在旁边，等候九爷的吩咐。曾九说："三儿呀，我叫你来，是想提拔你，你给我当跟班儿，放机灵着点儿，将来我上衙门给你挂个名字，比种地强。"三儿说："是！"九太太说："好好伺候老爷，手脚勤快点儿，别那么呆头呆脑的。去吧！"三儿住下来啦。一夜不提。次日清晨，曾九梳洗已毕，穿上带马蹄袖的袍子，系着凉带，外罩红青八团龙的褂子，足蹬青缎官靴，头戴缨帽。顶子、翎子、朝珠、补褂，补褂上绣的是平金的麒麟。穿戴好了，把拜帖、礼单放在拜匣里，又拿出出门儿用的烟袋。这烟袋是乌木的烟袋杆儿，白铜的烟袋锅儿，翡翠的烟袋嘴儿，烟嘴是水绿玻璃地儿，放到嘴里吃烟的时候，半边脸都能照绿了，平常在家曾九舍不得用，非到出门的时候才用。曾九因为没跟班儿的，一个月都没出门啦，今天拿过烟袋一试，不大通气。便叫三儿："三儿啊，你把烟袋拿去通一通。"三儿接过烟袋问道："老爷，这怎么通啊？"曾九说："茶房门外墙上挂着有一根通条，拿它通通就行了。"三儿到了茶房门外，把烟嘴烟锅拧下来，放在茶房的窗台上，也没抬头看门外挂的通烟袋杆儿的通条，却看见了茶炉房的通火炉用的火筷子。他抄起火筷子就通烟袋杆儿，捅了半天捅不进去。一看，台阶上搁着一个砸硬煤的锤子，他就拿起锤子把火筷子往烟袋杆儿里砸。这回可省事了，没锤两下儿，就喀嚓一声，烟袋杆儿劈成两半儿啦。三儿吓了一跳："呀！两半儿啦！"三儿站在茶房门口发愣，九老爷在上房里催他，正着急，忽然看见茶房窗户上挂着一杆秤，那个秤杆儿长、短、粗、细和这烟袋杆儿差不多。忙伸手把它取下来，摘去秤砣，解下秤钩秤绳，剩下一根光秤杆儿，这头安上烟锅，那头安上烟嘴，看着蛮好的一根烟袋，就是多了些秤星儿。他拿着进了上房。曾九骂道："怎么这么慢手慢脚呀？快放在烟袋荷包里，你带着。拿上拜匣，走！"赶车的早把车套好在门外等着啦，一见老爷出来了，忙把车凳子放在地下。曾九一蹬车凳，先把左腿跪在车上，然后弯腰，大低头，把翎子让过去，一矮身形，坐在车内。三儿站在车下问："老爷，我坐哪儿呀？"因为刚才三儿通烟袋手脚慢了些，老爷已经生了气，这时又傻问傻问的，老爷更气了，说："没你的座位，跟着车跑吧！"北京城由东城根儿到西城根儿，当中绕过紫禁城，足有十五里路。等三儿跑到西城根儿闷三爷家，早累得连话都说不上来啦，净剩下喘气。

曾九带着三儿到里边见了闷三爷，道喜已毕，闷三爷让九老爷客厅待茶。客厅里面坐着许多人，大家见曾九进来，全都起来拱手打招呼，有叫九哥的，有叫九弟的，把曾九让在上座，大家谈天。三儿也不装烟，也不倒茶，站在曾九身后张嘴喘气。别人看了都很纳闷，心想曾九老爷平素都是带两三个跟班儿的，还都是手口相应，怎么今天只带一个二愣子？人家拿碗斟了一碗茶，送到曾九的面前说："九老爷，您喝茶。"曾九一见别人的跟班儿的倒过来的茶，就稍欠了欠身子说："有劳尊管。"可是不能立时就喝，这是派头儿。这时候，三儿跑得又热又渴，正想来口水喝。他见这碗茶曾九没喝，便伸手端过来说："老爷，您不喝，我喝了。"话没落音，一仰脖子把茶给喝了。曾九说："放下！"三儿说："放下就放下。"曾九一看剩空碗啦，心里火直冒，又不好在别人家里发脾气，气哼哼地说："来呀！装烟来！"三儿说："是！"拿出烟袋，装上烟，把烟袋嘴递到九爷口里，这头燃了根火纸捻儿给点烟。曾九一边跟人说话一边吸。越使劲越吸不出烟来，还直对三儿嚷："你点一点！"三儿说："我的火纸没离开烟锅呀！"曾九把嘴都吸酸了，也没吸出烟来，问道："三儿，这烟袋你没通吗？"三儿说："通啦！"曾九说："通了我怎么吸不出烟来呢？这是哪儿来的毛病呢？这……"说着话眼睛就往烟袋杆儿上看，大家也就随着往烟袋杆儿上看，哟！烟袋杆上怎么有这些星儿，这是什么呀？三儿说：“秤杆儿啊。”这一来满屋子的人都笑啦，曾九又气又羞，脸都紫啦。大声喊道：“滚回去！”三儿说：“回去就回去。”三儿到大门外找着赶车的说：“走，老爷叫我坐车回去。”赶车的刚把车卸了，听说老爷叫回去，心里说：“也好，回家去睡它一觉。”于是套上车让三儿坐上去，一甩鞭梢儿走啦。

再说曾九在闷三爷家玩儿了一天，吃过晚饭，向主人告辞，闷三爷送到二门外，曾九回身相拦说：“三哥留步。”闷三爷拱了拱手，转身回客厅照应客人去了。曾九走出大门一看，门外车马很多，都是别家的，就是看不见自己的车。他站在台阶上扯着嗓子嚷：“我的车哪？我的车哪？”有人应道：“九老爷，您的车回去啦！”曾九说：“啊？谁叫他回去的？”“您那位管家坐着回去的。”曾九一听，气得直翻白眼，没办法，只好走着回去。那时候交通不便，没有电车、汽车、三轮车，只有步行。曾九这一走，又受了罪啦。如果是穿便衣，无论快走慢走，走累了歇息歇息都行。如今他穿的是官衣，袍褂、靴帽、顶子、翎子，还挂着朝珠，这种打扮一定要迈方步才好看。穿着这一身衣服又不便歇息，跑快了点儿就成活僵尸啦。没奈何只得一步三摇晃地走完这十几里路，那个滋味儿就别提啦。等到了自己家门口，已经是一步挪不出二寸远，弯着腰像是要拉痢疾，又像是犯了痔疮。九太太隔着窗户上的大玻璃，看见曾九走路哈巴哈巴地成鸭子啦。赶快走出上房说：“哟！老爷！您这是怎么啦？”曾九狠狠地骂道：“唉，别提啦！等到屋里再说。”九太太搀扶着他来到上房里间屋，曾九连嘘带喘地把前言后语讲了一遍，最后伸出脚来说：“太太，你看看，我这两只脚都磨成泡啦！”太太一看，可不是，两脚满都是大泡。赶紧叫老妈子：“张妈呀，你到下房喊三儿来！”三儿这时正在床上睡觉哪。张妈叫醒他，来到上房，曾九一见，眼里出火，跳下床就要揍人，没想到一欠屁股两条腿耷拉在炕沿子上啦，脚板上火燎发烧的，下不了地。太太赶紧扶着九爷对三儿说：“傻小子，你怎么把老爷的车坐回来了？你看，老爷走回来的，磨了两脚泡，我胆小不敢下手挑，你去到外边找个修脚的来，给老爷挑泡！”三儿说：“什么是修脚的呀？”太太说：“就是拿刀子割脚指甲的。”三儿又问：“上什么地方找去啊？”曾九真气急了，也顾不得脚痛啦，跳下床，照三儿身上就是一脚：“混账东西，去找，到外面去找！”踢得三儿噘着嘴，一边走一边说，“找就找！踢人干吗？”

找修脚的本该上澡堂子里找去，或是到市场庙会上找去。三儿刚进城摸不清，在马路上找起来啦。他走到哈德门大街，看见一个马掌铺，有两个人正在给马钉掌，一个人正用铲刀切马蹄子哪。三儿一看，心里说：“噢！修脚的在这儿哪。”走过去说：“喂！上我们那儿修修去。”马掌铺里的误会啦，认为是叫他去钉马掌，就问三儿：“有几个呀？”三儿说：“一个。”两下里搭话就是把个“人”字儿给忘啦。人家又问：“闹手不闹手呀？它要是踢人，我们就拿着驴皮去，把它的上嘴唇拧上，它就不踢人啦。”三儿说：“对，拿着吧，就是喜欢踢人。我临上这里来的时候，还踢了我一脚呢！”钉马掌的连忙拿着驴皮，带着铲刀、锤子、钉子、铁马掌，跟着三儿上曾府来啦。到了大门里，三儿说：“跟我往里走。”来到二门以内，钉马掌的站在院里等着。这时九老爷隔窗户早就看见啦，拉着太太说：“太太你瞧瞧，他把我当成畜生啦！”话没落音，三儿进来说：“老爷，修脚的来啦，您在哪儿修啊？”曾九也不答话，跳下床来照着三儿狠命地抬腿一脚，接着又踢了一阵，踢的三儿直往外跑，一边跑一边嚷：“修脚的！快！快！快拿驴皮来给他拧上啊，他又踢人啦！”

（韩子康整理）

麦子地

今天我说一段儿我们那个村儿的事，逢是这种特别的事都出在我们村儿。那位说："你在哪儿住哇？"这您别管，我就这么说，您就这么听。其实，即便说出地名儿来也没关系，怎么哪？这是头五十年的事啦。光绪末年，那阵儿我九岁，在乡下住，有一家儿街坊是地主，我们那个村儿里就数着他财主，他一个人趁五十多顷地，净膘满肉肥的牲口就是二十来头。这老头儿五十多岁不到六十。姓窝，叫窝心，大家伙儿都管他叫窝老员外。这位窝心窝老员外从小没念过书，不认字。不但他不认字，他们家里一个认字的也没有，他们的亲戚朋友也没有识字的，打他往他上辈儿说哪，三辈儿没念过书，可就是趁钱。您可别瞧他没念过书，嗬！对于算计上那可是算计得到家，对于长工、月工，哪个人使他多少钱，给他干多少活儿，他是清楚极啦，算盘子儿净往里扒拉，不往外扒拉。

这窝心跟前有一个孩子，这孩子十一岁，挺聪明，街坊里有人就劝窝心：

"员外，您这少爷多聪明啊，让他念几年书多好哇！"

窝心一答话就透着倔：

"念书？我们不花那冤钱。"

"好认得字呀。"

"认字有什么用处哇？"

"写个来往信。"

"写信干吗？我们家没人出门儿，我们念完了书，认得字，会写信了，不会写的都来求我们写，给别人写呀，犯不上！"

"不只管写信啊，还有好处哪！"

“一点儿好处没有！”

“有好处，你要赶上秋后粜粮食哪，他能帮助你算算，能记个账。”

“哎！”窝心一听这话，他这么一想啊：有用，往外一粜粮食记个账什么的，省得费脑子。又一想：请一位先生一年可得花不少钱，我得请一位有学问的，我得出道题考考来的老师。紧接着跟街坊说：

“这么办，我出一个字，有人要是能认得我这个字，就教我的孩子，一个月给他五十块钱，一天管两顿饭，早晚都有四个菜，大锅的饭，小锅的菜，晚饭还有四两酒，外饶一个汤。可得认得我这个字；要不认得我这个字呀，他就是神仙来了我也不用。”

街坊听说只要有人认得这个字，一个月五十块钱，一年不少挣啊。就给找了一位老秀才。这个老秀才来到他这儿，他把这字拿出来啦，这老秀才看完了一摇头，走啦。秀才不认识这个字；不用说秀才，打秀才往上说，举人，进士，直到状元也不认得他这个字。因为什么哪？字典上没有。

怎么个字啊？他为写这个字，特地买了支笔，买了块墨，买了张纸，也不是信纸，是一张糊窗户纸。在这张纸上头写了这么大一个字：滴溜儿圆一个圈儿，当间儿点了一个点儿。没认得的！半年多的工夫顶回去十来个先生，也就没人上那儿问去啦，把这茬儿也就搁下啦。

事逢凑巧，离我们那儿十八里地，有一个姓假的，这人叫假行家，假行家嘛！你要问他什么事都是行家，其实哪样儿也不到家。嘴里能说，无一不知，百行通，比老郎神多八出戏。嗬，这小子能聊，老百姓谁让他说服了他就吃谁，谁爱听他说就坐在谁家里这么一聊，到饭熟了的时候他能走吗？把这一村儿都吃怕啦，谁也不找他啦。假行家在家里头哇越想越不是滋味儿：哎呀，我在这村儿里不灵啦，大伙儿净躲着我呀，干脆我得活动活动，常言说得好，“人挪活树挪死”，别净在这儿死啃，听说离这儿十八里地之外有个窝心，他找教学的，一个月五十块钱，一天两顿饭，晚饭还有四两酒，我在那儿干一个月不就挣五十吗？我去教学去。假行家一天书没念过呀，一个字不认得，他上那儿蒙事去啦。

一叫门，窝心把他接进去啦，让到外头院儿客厅，说来说去说到教学这儿来啦，窝心跟他说：

“到我这儿教学呀，我这儿有个字，不认得我这个字，就是神仙来了我都不要。”

假行家沉住了气啦：

“员外，也不是我跟您说大话，有字您就写，没有我不认得的字，中国字、外国字都成，您写吧。”

窝心说：

“我写得啦。”

拉抽屉把那张纸拿出来往桌子上一铺。假行家就瞧了一眼；一眼就瞧清楚啦，纸上头画着一个圈儿，当中间儿点了一个点儿。他心里琢磨这个字，嘴里跟窝心聊天儿。嘴里净说这个：庄稼不错呀？种多少大庄稼呀？麦子怎么样啦？用多少长工啊？净这个。心里头想这个：这字念什么呀？这字我得蒙啊，这一句就得蒙对了哇，这一句要是蒙对了他就服了，他一服我，打这儿就把他吃上，我吃他后半辈儿呀！这一句蒙不对，再蒙第二句就不灵啦。……想准了再说。这一个圈儿点了一个点儿，这圈儿比什么？点儿比什么？这圈好比是大盆，这点是块洋胰子；洋胰子搁大盆里泡着？这不对。这圈儿是个胰子盒儿，胰子盒儿又大点儿，没这么大的胰子盒儿。哎呀，这是个烙饼，像，多大张儿的烙饼都有，这点儿哪？烙煳啦。烙煳了不成啊，烙煳了是一片，这是一点儿呀！想了半天哪，假行家蒙出这么一句来：

“员外，这个字除非是我可没有认得的，这字念‘嗵’。”

窝心说：

“啊，啊啊，您说念‘嗵’，怎么讲？”

“这个圈儿好比是个井，这个点儿是块砖头往井里头一扔，‘嗵——’！”

窝心乐得蹦起来啦！

“嗬，念‘嗵’，我这才遇见高人！”

行啦，把孩子带过来拜老师，买了三本儿小书儿来。倒退几十年，差不多的人都念过这几本儿书：《三字经》《百家姓》《千字文》。假行家不认字他怎么给人家上书哇？他是蒙钱来啦，把书往那儿一搁：

“别忙，员外，我这个教书的可是有一样儿啊，得先给学钱，念一个月再给钱我可不干，我这是上打租。”

这会儿，他说什么是什么。窝心说：

“是是是，给拿钱去。”

五十块现洋拿来，给他啦，假行家把钱接过来，数了数，拿手绢儿把钱包好，往兜里一装，说：

“员外，今天是初几啊？”

“是……初一。”

“到下月初一可想着给我学钱。”

“啊，是是是。”

“晚给我一天我就不教啦！”

“是，一定到初一给您钱。”

“可是今天、明天、后天我不教。”

“怎么啦？”

“我得歇马三天哪！你得请请老师呀！老师来了就教吗？不得歇几天吗？日子长着哪！”

“是啦，是啦。”

“一天吃两顿饭，一顿饭多预备四个菜，多来四两酒。”

窝心是全给预备。嗬，假行家就这么一吃啊，吃完了一睡，睡醒了还接着吃，吃完了还睡，三天吃了六顿，吃得胸口比下巴颏儿还高哪！都哈不下腰去了，还吃哪！

到初四啦，得给人家教学呀。他把窝心叫到跟前：

“今儿个是初四啦，开学啦。”

窝心说：“哈哈，您受累啦，您教给孩子念书吧。”

“这个念书是你们孩子一辈子的事呀！”

“是呀，一辈子。”

“你得查个好日子，你知道今儿个什么日子？找本儿皇历我给你查查。”

“哎。”

窝心家里没有皇历呀，他没念过书，不认得字，得赶集买去。初八才是集哪，假行家打初一来的，整吃了七天哪！到初八一早儿，窝心把这个皇历买来啦。

“您给查吧。”

假行家接过来翻，他不认字，瞎翻腾！他装模作样，翻了两篇儿。

“哎！”埋怨窝心，“耽误事啦！”

“怎么啦？”

“你早把皇历找来，那不早就开学了吗？误事就误在你身上！昨儿是好日子。”

窝心说：

“这个……把好日子过去啦？您再查一查，打今天往后，几儿是好日子？”

“打今天往后没有好日子！”

说完这句话他又后悔啦，打今天往后没有好日子怎么办？不用教啦！不教，下月的钱也别要啦，他要退这月的钱怎么办哪！

“嗯，有好日子，有好日子，可就是远点儿，等不等在你！”

“是，几儿都等！”

“下月二十八是好日子。”

这一下儿一连气儿吃了五十七天哪，嗬，吃得这假行家肥头肥脑的。到二十八啦，得给人家上书哇，他又后悔啦：嘻，我要是知道这么着，我多支他两天，明儿是二十八，小建，后儿初一，初一又要拿五十呀！我已经拿了一百啦，再来五十这不是……哎，蒙吧，蒙到哪儿算哪儿。

孩子上学来了，怎么着他也得给人家上书哇，一瞧《三字经》《千字文》都挺厚，扔在一边儿了，就是《百家姓》薄，才几篇儿。把孩子叫过来：

“上书啊！”

“是。”

“我上书可上得少，为什么不多上书哪？怕你贪多嚼不烂。多念几遍，把它记住了，一边儿念去，回头背书，可不许忘，忘了可别问我，问我可不告诉你。”

那位说：“这是什么规矩？问怎么不告诉？”他怕孩子忘了，一问他，他也忘啦，这不要命吗！糊弄吧！指着“赵钱孙李”，他一瞧这窝心住的是四合房儿，他给上上啦，念：“正房三间。”孩子不懂啊！就念：“正房三间，正房三间……”念了一天“正房三间”。第二天念什么哪？“东西厢房”。这孩子就念：“正房三间，东西厢房。”第三天上什么哪？门外头有几棵柳树，他给上上啦：“门前有柳。”第四天哪？后院儿有几棵桑树，“后院种桑。”这本“百家姓”叫他这么一教是乱七八糟什么全有啊：“正房三间，东西厢房，门前有柳，后院种桑。”

嗐！可惜这孩子这么聪明，让假行家给耽误啦。怎么哪？这孩子要是有明白人一教还真好。这孩子用心，他瞧着书本儿啊拿手指着念：

“正房三间，东西厢房，门前有柳，后院种桑。”

到第四天哪，这孩子瞧出这里头有毛病啦，也没人教给他，也没人告诉他，他们家一个念书的没有，十一岁的孩子就瞧出毛病来啦，要不怎么说聪明哪？瞧出什么毛病啦？头一句呀“赵钱孙李”，第二句“周吴郑王”啊，这一行八个字呀，假行家教给他是“正房三间，东西厢房”啊，这两句呀就俩“房”。上句是“正房三间”的“房”，下句是“东西厢房”的“房”，他念哪可那都念“房”，这俩字的笔画儿不一样。怎么哪？赵钱孙李的“钱”字儿多少笔呀？一个大金字旁儿，这边儿一个“戋”字，这个周吴郑王的“王”字儿是三横一竖儿哇，三横儿都那么平着，一竖儿两头儿不出头儿哇。这孩子瞧出不对来啦：“正房，这房字儿事由儿多，厢房这个少。”

这孩子拿着这本儿书来问老师来啦！到这儿把书一放：

“老师！”

假行家说：

“怎么样，忘啦？”

“没忘。”

“没忘不在那儿念书，干什么来啦？”

“老师，‘正房三间’？”

“啊！”

“东西厢房？”

“对呀！”

“老师，这个念‘房’，这是正房，这个念‘房’是厢房。正房厢房俩‘房’字怎么不一样啊？”

按说，这不是让孩子问住了吗？可问不住，假行家有词儿呀，一瞧这俩“房”字不一样，假行家啐这孩子一脸唾沫：

“呸！正房、厢房能一样吗？正房多高多大，多长的面宽，多大的进深！你再瞧瞧你们家的正房！”他拿手指着“钱”字儿的大金字旁儿：“你瞧，你们家的正房是不是起脊呀？”

他管这大金字旁儿呀叫“起脊”！

“你瞧一瞧你们家厢房，是不是平台呀？”

“王”字儿那一横儿敢情是“平台”。可巧他们家那正房起脊，厢房是平台。这孩子说：

“对啦，对啦！正房跟平台不一样。”

打这儿也不敢问他啦。

这孩子刚问完了书，正念哪，窝心打外头进来啦，怎么啦？出事啦，这窝心跟人家打起来啦。为什么打架呀，他一早儿捡粪去，那位说："不对，他家里种着五十多顷地，当家的还出去捡粪去？"就这个，要不怎么叫看财奴哇！为一泡马粪哪，他能跟出去四十里地，也不让别人捡去！你要问他干吗？他说遛腰腿儿。这天他背着粪筐，叼着小烟袋儿，走到他们家的一片麦子地边儿上，过来一个放羊的，也是一个村儿里的，姓刘叫刘柱儿，这刘柱儿家里养了几只羊羔儿。刘柱儿的羊打他地边儿一过呀，吃了他家几棵麦苗儿，这窝心过来就骂街，刘柱儿不服他，俩人打起来啦。老头儿打刘柱儿哪儿打得了啊？刘柱儿是二十多岁的小伙子，推了老头儿一个跟头。窝心打不过刘柱儿，自己做伤，把手里的粪叉子一掉头，尖儿冲脑袋上，啪，扎了四个窟窿，血呀，哗——就下来啦，把粪叉子一扔：

"哎，刘柱儿，好小子，你把我脑袋扎破啦！成啦，我写呈子告你！你等着吧！"跑回来啦！

这孩子正在那儿念哪：

"正房三间，东西厢房，门前有柳，后院种桑……"

老头儿喊：

"别念啦！"

假行家吓一跳！当着是"正房三间"犯了案哪！一瞧窝心，顺脑袋直流血：

"怎么啦您哪，怎么啦？"

"哎……哼哼哼，先生，咱们村东头儿放羊的刘柱儿，放羊吃咱们麦子，我一跟他讲理呀，他把我脑袋扎了四个窟窿，你给我写呈子，我上县里告他去，这官司赢了，我谢你二十亩地！"

假行家这么一听：得，这算完，写呈子？这呈子没法儿写，一个字不认得，要跟他说实话——一个字不认得，他能把我也告下来，连我一块儿告，让我一退钱，这事我受不了。就得沉住了气，蒙他一笔钱我跑！冲窝心说：

"好啦好啦！哈哈，员外，您算找着高人啦，我有个外号儿叫刀笔，笔下生花。让我给您写，不用说您这官司还有理，您就是一点儿理没有，我给您写完了呈子递上去，这知县一看，您的官司占一百五十成儿赢！可得我高兴，不高兴写不好，今儿个呀您请客，告诉厨房多炒四个菜，多来二两酒，我这儿吃着喝着，您给我拿出半年的学钱来！"

半年学钱三百块钱，吃完了喝完了，拿上三百块，他好跑啊！

"您回头睡觉，我一宿不睡，我把这张呈子给您做得好好儿的，明儿早晨这官司准赢。"

明儿早晨？明儿早晨他跑啦！

这老头儿不知道啊！

"半年学钱？一年我都支给您，那倒没关系，可就是明天不成，明天这血干了就不好告啦，这是今天流的血呀，我这就进城！您当时就写吧，您就写吧！"

假行家这么一听啊，心说：这三百块钱别要啦，饭也别吃啦，把他支走，我跑吧！

"好啦好啦，我给写，您里头睡觉去。"

"我刚醒啊，一清早儿还没吃早饭哪，我不闲哪！"

"是不闲哪……您里边儿歇会儿。……"

"也不累得慌啊，您写吧，我瞧着您写。"

他不走。急得这假行家直跺脚：

"您瞧着我干吗？您瞧着我写不上来！我写字不让人瞧，您里边儿待会儿不就完了吗？您瞧着，回头我写错一个字，官司输了赖谁？"

窝心不知道他要跑哇！作揖说：

"哎哎，是，您别生气，瞧着写不了哇？您写吧，我在门口儿等您哪！"

假行家一瞧，这还是跑不了哇。窝心出去啦，假行家赌气了把孩子也轰出去啦！

"出去，出去！"

把门关上。要命！写什么？一个字不认得！在屋里直转磨，急了一身汗。该着，他不是在开学的时候买了一本儿皇历吗？就是书房里有认字的呀，不能让窝心拿走，把它挂在墙上啦。他把皇历摘下来，来回翻腾。皇历上有什么哪？新皇历旧皇历都是一样，一年一本儿，一个月一篇儿，一天一行。旧社会的皇历可比新社会的皇历事儿多，怎么？它有迷信事儿。一行儿是一天，分什么日子，有二十八宿哇，哪天谁谁谁值日，有什么黑道日、黄道日。好比说吧，今天是好日子，今天这日子底下呀——一行里头都有字，满着：宜合婚嫁娶，动转挪移，出行动土，上梁，进人口，剃头修脚……全在上头写着。今儿个呀平常日子：宜祭祀沐浴，就完啦，半行。今儿是坏日子：杨公忌日，诸事不宜，凡事不吉。他瞧了瞧，五月、六月的字多，嗤嗤，把两篇儿皇历撕下来啦！撕下来之后，把皇历还挂在钉儿上。一瞧，这样儿不能给他呀，一给他不看出是皇历来啦！窗台儿上搁着糊窗户剩下的半张高丽纸，这种高丽纸上有纸纹儿，可也是一行一行的，他把高丽纸铺在桌儿上，把两篇儿皇历搁到里头啦，四四方方，见棱见角儿地这么一折一包，包完了他要是掖上那角儿呀，怕一递给窝心他就打开，一瞧是皇历一定找麻烦，抹点儿糨子粘上吧！粘好之后，一拉门：

"老员外，写完啦！"

这窝心还真高兴：

"嗨，写得真快呀！"

那怎么不快，就撕了两篇儿还不快！

"您拿着啊，半道儿可别打开瞧，不打开瞧，这官司准赢，一打开瞧，可就不灵啦！"

"好啦！哈，官司赢了，谢您二十亩地。"

窝心把"呈子"带好就走啦。老头儿走啦，假行家也跑啦，怕回头这两篇儿皇历犯案！

窝心怎么到城里告状咱们先不管，咱先说说知县。这是清末的事情，他这个知县是三千块钱买的，捐班儿。这知县哪，也不认得字！知县不认字，有公事怎么办哪？有师爷呀！巧啦，正赶上师爷发疟子，这知县就怕有打官司的，嗯，打官司的就来啦，一击惊堂鼓，老爷升堂，那阵儿打官司还兴跪着哪，把窝心带上来往前面儿一跪，知县皱眉：

"讨厌，混账之极！单赶师爷发疟子你打官司来。怎么回事？"

窝心跪在那儿：

"老爷，我叫窝心。我们那个村儿里有个刘柱儿，养活羊，放羊啊不吃青草，吃我的麦子，我一跟他讲理，他把我脑袋扎了四个窟窿！您想啊，我们是庄稼人，麦苗儿都让羊吃啦，人吃什么哪？我们拿什么纳粮啊？"

"啊，听明白啦，听明白啦，刘柱儿的羊吃了你的麦子，好吧，你要没状子我让你赢！"

没状子他就不用瞧啦，他不认字呀，他就怕打官司的拿状子。没想到这窝心快六十啦，耳朵聋。

"什么您哪？老爷，要状子？有。"

把皇历掏出来了，往上一举，当差的接过来递给知县，知县接过来搁在桌儿上：

“讨厌，混账东西！来呀，传刘柱儿！”

当差的去把刘柱儿传来啦。刘柱儿怕官，来到大堂一瞧，就知道是窝心把他告下来啦，一上堂就嚷：

“老爷，我放羊在地边儿吃青草，没吃他麦子，脑袋是他自己扎的，您派人上地里瞧去。”

“跪这边儿。”

知县一想：要是就这么问不像话，我要不看状纸就这么一问哪，甭说别人，三班六房就得瞧不起我，回头到外头嘀咕，说我不认字。这状子我得看看，看是看，反正我不念，谁知道我认字不认字？无论如何也得让老头儿赢，说什么也是刘柱儿的羊吃了他的麦子啦，不就得了嘛！

“你的羊没吃人家的麦子人家能告你？能够连呈子都写了？我看看。”

知县把粘着的这点儿扯了去呀，打开包儿一瞧头一篇儿；那是五月，初一到十五；一翻篇儿，十六到二十九——五月小建；又一看哪看到六月十五，还没翻篇儿哪这知县气就大啦！因为什么生气呀？他不认得这是皇历，他拿这皇历呀当成麦子地的地图啦，麦子地不是一垄儿一垄儿的吗？皇历上不是一行一行的吗？

“把这个刘柱儿先打八十板子！”

当差的按倒刘柱儿，扒中衣儿，分两头儿，打中间儿，啪啪直打。这刘柱儿一边儿挨打一边儿嚷：

“老爷，您怎么没问明白就打人，这是怎么回事呀？”

“打完了告诉你！”

打完了八十板子呀，屁股都打破了，直流血，一掩中衣儿，当差的搀着他往那儿一跪，扶着地：

“老爷，您没问明白为什么就打人哪？”

“打你还屈吗？”

他拿着这两篇儿皇历往前一探身儿，他让这刘柱儿瞧皇历：

“你瞧！”

这刘柱儿趴在地下一抬头，刘柱儿也不认字呀，不知道怎么回事呀。

“啊，老爷，怎么啦？”

“怎么啦？还嘴硬，你说没吃？你看看，这一垄儿给人家吃了多半垄儿啊，这一垄儿没动，这儿吃了两垄儿半，这一垄儿吃了一个头儿去。你把这二亩地吃得乱七八糟，我还不打你吗？”

知县一作威，一甩手，两篇儿皇历掉地下啦！低头一瞧手里这张白高丽纸，知县更恼啦：

“把刘柱儿打死！”

“老爷！您怎么打死人哪？”

“你瞧哇，那二亩地吃得还好点儿，这二亩地都给吃没啦！”

（张寿臣述　何迟整理　张奇墀记）

假行家

从前我们有家儿街坊，姓窝，叫窝心，趁钱。财主，房产多，有的是钱哪。那阵儿开了好几个买卖。家里有个孩子，特别的笨，这孩子念了两年半快顶三年的书啦，《百家姓》儿呀一篇儿没念完，“赵钱孙李，周吴郑王”啊他老忘一半儿，记住一句忘一句，记住上句忘下句，老师都腻啦。这一天放学的时候儿把他叫到跟前：

再念一遍：“赵钱孙李，周吴郑王。”

“赵钱孙李，周吴郑王。”

“记住了没有？”

“记住啦。”

“再念。”

“赵钱孙李，周吴郑王。”

“行啦，明儿早晨上学呀背这两句。背下来我给你上书，忘一句就别来啦！知道的是你笨哪，不知道的说我耽误人家子弟！明儿要是忘一句就不用上学啦！去吧。”

这小孩儿还真用心，一边走一边背：“赵钱孙李，周吴郑王，赵钱孙李，周吴郑王，赵钱孙李……”

刚到“赵钱孙李”呀，走道儿一拐弯儿，狗打架把他撞躺下啦，把“周吴郑王”又忘啦！回家哭啦：

“啊……”

“怎么啦，挨打啦？”

“没挨打。”

“没挨打哭什么呀？”

“老师给上书上得太多，‘赵钱孙李’底下那句老忘，绕嘴！”“不要紧哪，明儿上学问老师呀！”

“他说啦，再背不上来就不让去啦！您告诉我。”

他妈是文盲，不认字呀。“等你爸爸回来再问吧。”

待会儿窝心回来啦，一瞧孩子直哭：“怎么回事呀？”

太太一说这档子事，“你告诉他吧，‘赵钱孙李’底下是什么。”

窝心直甩手儿：“我没念过书哇，我知道‘赵钱孙李’底下是什么呀！明儿让他问老师去。”

“老师不让去啦！跟外头打听打听，找一个念书的问问。”

找别人也好，对门儿住了一位，姓假呀，叫假行家，嗬！嘴可真能聊，无所不知，百行通。别看嘴能聊，一个字不认得，瞎字不识。你要是一问他呀，他是支吾经，比老郎神多八出戏！什么都懂！

窝心把假行家请来啦，告诉太太：“外头叫几个菜，家里有炖肉，炖小鸡子，烙几张饼，绿豆稀饭加白糖。”

预备好了，让孩子打酒，外头叫了几个菜，把假行家请来啦。这假行家不知道是什么事呀，假行家这么一看，连家里做的带外头叫的，嗬！烙饼、绿豆稀饭、白糖、酒，这么些菜。吃得这假行家胸口比下巴颏儿高起二寸！

沏上茶之后：

“您吃饱了吗？”

“吃饱啦。”

“您喝茶。”

端起茶碗来一喝。

“求您点儿事，——把孩子叫来。”把孩子叫来，“给你假大爷行礼。”

孩子一作揖，旁边儿一站。

“这是您侄儿，今年十一啦，就是太笨！也不怨这孩子笨哪，就怨这老师呀给上书太多，‘赵钱孙李’底下那句也绕嘴，他老记不住。这个老师说啦，明儿要背上来呀还让念，要背不上来呀就不让去啦！您想，孩子他不念书不耽误了吗！没有别的，假大哥，‘赵钱孙李’底下是什么，您告诉您侄儿，明儿让他呀就接着念啦。”

要命啦，假行家也不知道“赵钱孙李”底下是什么，又不能说不知道——吃了人家啦——怎么样哪？就得蒙事。坐在这儿，反正沉住气啦，一点儿一点儿往下摩挲胸脯儿：

“哎呀——‘赵钱孙李’底下那句呀，大哥，别忙，我可有三十多年没念啦，我得慢慢儿想想。‘赵钱孙李’底下那句是不是？反正我一说你就想起来啦。”

小孩儿在旁边儿：

“对啦，您一提呀就想起来啦，就在嘴边上想不起来！”

“嗯嗯，‘赵钱孙李’底下大概人之初吧？”

小孩儿说：“不是人之初。”

“不是人之初？要不是——子曰！”

“没有子曰。字儿多！”

“字儿多？赵钱孙李——这玩意儿三十多年没念啦嘛，就差事啦！这几年脑子也不老好的。‘赵钱孙李’底下大概是理不通！”

孩子摇头：“不是理不通。”

“不是理不通，就是通天彻地！”

“不是。”

“地下无人事不成！”

“又不对。”

“城里妈妈去烧香！”

“不是。”

“香火庙的娘娘！”

“不是。”

“娘娘长，娘娘短！”

“不是。”

“短剑防身，申公豹！”

“不是。”

“豹头环眼猛张飞！”

“太多啦！不是。”

“飞虎刘庆！”

“不是。”

“庆八十！”

“不是。”

“十个麻子九个俏！”

“不是。”

“俏皮小佳人儿！”

“没有那么多的字。”

"人能治火！"

"不是。"

"火上熬粥！"

"不是。"

"周吴郑王！"

"哎，哎，周吴郑王！"

嗬，绕了一百八十多里地呀把"周吴郑王"逮着啦！

他逮着"周吴郑王"啊，了不得啦，窝心这两口子就拿假行家当圣人啦！可见着高人啦！这假行家呀这一跟头摔到皮袄上——算拽着毛儿啦！天天在这儿吃，在这儿喝，吃得挺好，吃到半拉多月，吃得假行家满脸油光的。

这一天俩人在一块儿吃饭喝酒，谈心，窝心问：

"我说假大哥，您天天不做事，您是哪行发财呀？"

他怎么样？哪行他都没做过！

"哪行发财呀？我跟您说，哪行都发财；就是这个，扎蛤蟆还得有根竹签儿哪，扎耗子还得有纸捻儿哪，我不瞒您哪，我什么也没有；净有能耐不行，没人帮我的忙，发不了财！有钱就成啊。"

这窝心他钱多呀：

"那么着，您领我个东，我这儿闲着搁着也没有用，咱们哥儿们越走越近乎，做个买卖，您瞧什么好您就来什么。"

"是啦，您交给我吧。"

有钱啦，假行家在街上这么一转悠哇，瞧什么买卖赚钱哪？

什么买卖他都瞧着利小，他就瞧药铺便宜。药铺这买卖叫一本万利，怎么哪？药铺哇，大秤抬来的呀，拿戥子往外戥啊，给多少是多少；要多少钱没有还价儿的，给多少没有争竞的。像买萝卜："多给点儿呀。"买白菜："约高着点儿呀。"买药："你给约高着点儿。"要不："多抓点儿！"没那个事。跟买别的不一样。还有一样儿，到夏景天儿，药铺吃菜不但不糟践东西，他还赚钱。什么？就说冬瓜，一到夏天您瞧，熬冬瓜，氽冬瓜，面汤里搁冬瓜，吃饺子也是冬瓜，老是冬瓜，吃冬瓜干吗呀？白吃呀还剩钱，冬瓜霜、冬瓜皮、冬瓜子、冬瓜瓤儿、冬瓜把儿完完全全都卖钱哪。假行家一想呵："开药铺合适！"

就在北京东珠市口路北，有三间门面一个药铺关啦，他一弯转哪把药铺倒过来啦。多少钱哪？那阵儿是四千多块钱，把这药铺连货底倒过来啦。拾掇拾掇门面呀，再上点儿货，顶一万块钱，这药铺开起来啦。亲友们送匾挂红。假行家应当把前任掌柜的、先生都请来，药铺换东家换掌柜的啦，得请几位帮忙。他不请，因为什么？人家都内行，把人家请来啦，怕别人瞧不起他，他完全不要，自己来。这药铺外行干不了哇，你一个人儿开这买卖也不成啊，他跟窝心商量：

“大哥，您也帮着忙活忙活。”

“我不识字！”

“不识字没有关系呀，我这一个人弄不了哇，您在柜里一待，不是充个数儿吗？”

还得找个学徒的。这窝心有个本家侄子，十六岁，叫窝囊肺，把窝囊肺找来啦，这窝囊肺呀在这儿学徒。合着这药铺哇就三个人：东家窝心，掌柜的假行家，学徒的窝囊肺，就这仨人。

一早儿放了挂鞭，九点来钟，进来一个人，这人有六十多岁，连鬓胡子，穿着蓝裤蓝夹袄，系着一条带子，大包头儿的鞋。一进门呀满脸赔笑就作揖：

“嗬，掌柜的，开市大吉呀，万事亨通，道喜道喜！”

掌柜的、东家都站起来啦：

“哦，您柜里边儿坐！”

“不价不价，给您道喜，还求您点事。我跟您是街坊，我是皮匠，在您这门口摆皮匠挑儿，我姓陈，都管我叫陈皮匠，在您门口儿摆摊儿呀摆了三十多年啦，现如今换掌柜的，换了东家啦，我还在这儿摆摊儿，求您照应赏碗饭吃。”

假行家倒挺客气：

“没有说的，还得求您照应哪，咱们是街坊，您要是沏水呀，用开水上柜里头来，后院有火，多咱都行！”

“好啦，谢谢您哪，我可就挑挑子去啦。”

出去啦，把皮匠挑儿挑来啦，坐在那儿，一边儿喝着水，一边儿缝着破鞋。

也就十点来钟，进来一位买药的，打腰里一掏哇，那阵儿花铜子儿，掏出仨子儿：

“掌柜的，给包仨子儿的白芨。”

“好，您哪。”

白芨呀就是研朱砂那个白芨。他拉抽屉找。其实呀，哪个抽屉搁儿味药有几个条儿。他不识字，就乱找，即便找着白芨呀，他也不知道那就叫白芨。拉了四个抽屉找不着，赶紧叫学徒的——怕人家走了哇，一走于他不好看：

“倒茶呀，来了买主儿不倒茶吗？把东家那茶叶沏上，倒茶，点烟卷儿！”

药铺没这么应酬过呀。倒了碗茶，点了烟卷儿，烟卷儿是老炮台，仨子儿不够抽烟卷儿钱。他呀！把学徒的叫过来，低声地：

“去，到账房儿跟东家要两块钱，打后门出去还从后门儿进来，别打前门儿走；上菜市儿，买个小鸡子，白的，不要杂毛的。”

这孩子要两块钱走啦。

窝心一听特别呀：“要两块钱买小鸡子干吗呀？”

这买药的还直催：

“掌柜的，你快点儿拿！”

“您候一候儿，今天我们是刚开张，货不全。到堆房给您取去，哈哈，您这儿坐一坐！”

这个人有心走，这根烟卷儿比那仨子儿贵，又喝了茶，等着吧。窝心柜房儿里还嚷：

“掌柜的，掌柜的！”

假行家到柜房儿：

“什么事您哪？”

“您让孩子买白小鸡干吗呀？”

“白鸡啊，这人不是要买白鸡吗？”

“噢，买多少钱的？”

“仨子儿的！”

“仨子儿？咱们两块钱买去，给人家多少哇？那不就赔了吗！”

一说赔了，这假行家一掉脸，说：

“这可不行您哪，您要说赔了，这个买卖我做不了啦！咱们这儿刚开张，不得把名誉卖出去吗！一伸手就赚钱哪，明儿人家不来啦！大药铺不全是这样儿开起来的吗？！”

窝心一想，别理他啦，他说什么是什么吧！

“行，掌柜的说怎么办怎么办吧。”

学徒的转悠半拉钟头没找着白小鸡子，为什么哪？北京菜市上白小鸡子少，差不多的人都不买，嫌丧气，棺材上头才搁个白小鸡子哪。

转悠半天没有，回去不好交代，他花两块钱买了个白小鸡子，有两个黑膀子，打后门儿进来了："给您，掌柜的。"

他接过来呀，攥着鸡脖子，把学徒的啐了一口：

"呸！"

"怎么啦？"

"怎么啦，学徒都不用心！让你买白小鸡子，这俩黑膀子是怎么回事？"

"没有！"

"没有？像话吗？让人说咱们这货不真！哼！"

攥住小鸡子，拿牙薅这两个膀子，小鸡子嘎嘎直叫唤。药铺卖药得给人家包上啊，活小鸡子没法包哇！药铺栏柜上头挂着一溜儿药方子，奔儿！扯下一张来，他不识字呀，扯下什么来呀就包起来？牛黄清心丸。使牛黄清心丸那方子把鸡脑袋一裹。

"您拿走。"

买药的一瞧，说：

"你等等儿，掌柜的，我买白芨呀！"

"是白鸡呀，有俩黑膀子不是现给您薅了去啦吗！没错儿。"

这位一想："仨子儿买得着吗？我拿走，回家宰着吃！"这位走啦。

这位刚一出门儿，又进来一位，搁这儿俩子儿。

"掌柜的，你给包俩子儿银朱。"

"买银猪哇？好好！"叫学徒出，"倒茶！点烟卷儿！"

这回他不拉抽屉啦，等学徒的倒完茶，点完烟卷儿，他低声告诉学徒的：

"隔壁首饰楼，越快越好，多加工钱啊，打个银猪。一两来重就成啊，多点儿没关系。"

东家不问他啦，俩多钟头这孩子回来啦，拿着一个包儿，底下有一个条儿，这条儿上写着四块五——银猪手工。假行家接过来啦，接过来打开了，又换上一张纸，打上面儿又扯了一张方子——开胸顺气丸，包好了。

"您拿走吧。"

这位等了俩多钟头，拿手里一掂哪挺沉，心说："刚开张的买卖呀给得多！"出门口儿打开一看："嗬！"这位不爱便宜，又回来啦：

"掌柜的，你拿错了，我买银朱！"

"是呀，错了管换，你拿夹剪把它夹开了瞧，绝对是十足的银子，银猪；要是洋白铜，您把字号给我们捅下来，没错儿！"

这位赌气把银猪往那儿一搁，拿起钱来走啦！

这位刚走，又进来一位，拿出五个子儿来。

"掌柜的，你给包五个子儿的附子。"

附子、甘姜、肉桂呀，热药。

"父子啊？"

"啊。"

"东家！"

窝心说："什么事您哪？"

"您回家把您少爷带来。"

"干吗呀？"

"应酬门市！"

"什么应酬门市？"

"卖啦！"

"把我们孩子卖啦？"

"不是呀，连您都有哇，人家买父子嘛，您家里有父子呀，父子爷儿俩呀，我家里是光棍儿一个人哪，我要有孩子我绝不能卖您的！"

"卖多少钱哪？"

"五个子儿呀。"

窝心一听："倒血霉啦！我们孩子今年十一啦，敢情是药材呀！连我在数儿哇！好！等着，等着。"到家，这孩子下学正吃饭哪，窝心脸都气肿啦：

"别吃啦！"

大奶奶当这孩子惹了祸啦：

"怎么啦？"

"怎么啦，卖啦！"

"哟！怎么把孩子卖啦？"

"连我都有，我们爷儿俩一块儿。人家买父子，药铺嘛，我们是父子爷儿俩！"

这位太太说：

"那可不行，三口儿人，你们俩上哪儿我也跟着！"

孩子吓得直哭，这位太太呀气得一边儿走一边儿骂。这位大爷带着孩子打前门儿进来啦。

“您把他带走吧！”

买药的问：“我带什么您哪？”

“您买什么呀？”

“我买附子。”

“您买父子，这是亲父子，您打听，要是抱养的、过继的，您甭给钱，绝对亲父子！”

这位不敢要哇！

正说着哪，又进来一位，搁那儿俩大子儿：

“掌柜的，你给包俩大子儿砂仁儿。”

砂仁儿、豆蔻。

“仨人儿呀？哎呀，我们这儿连东家加我带学徒的整仨人儿，仨人儿不成啊，买父子的买走了一个，剩俩人儿啦。哎，我们内东家来啦；合适啦，您把我们都带走得啦！”

这买药的冲着那买药的直乐，你瞧我也乐，我瞧你也乐！

这位太太直骂街，小孩子吓得直哭，把窝心气得脸都绿啦。门口儿围了好些人。这会儿陈皮匠进来啦，进门儿作揖：

“哎，掌柜的，我可多嘴啊，哈哈，您，这是您少东家？有什么事儿呀家里说去，家务事要在这儿一吵一闹，让人家街坊一看，不用说这是头天开张，就是平常日子也不合适。”

窝心哪这才发发牢骚：

“陈师傅，好，我算倒了血霉啦！这个买卖呀一万多块钱，那倒不要紧，刚才有人买白鸡，我们两块钱买的，仨子儿叫他拿走啦！又有人买银猪，你瞧，那头猪还在那儿搁着，还没给人家首饰楼的钱哪！这都是小事呀，进来这个人买父子，我们父子爷儿俩跟着走！这位买仨人儿，连买卖都归他啦！这买卖开什么劲儿？”

陈师傅一听这个，没等说完，皮匠挑子也不要啦，抹头就跑。假行家把他揪回来啦，说：

“你跑什么呀？”

“我不跑？这回头再来一个买陈皮的哪，你把我也卖啦！”

（张寿臣述　何迟整理　张奇墀记）

读祭文

我是说笑话的，我给您作大报告，行吗？哪位也比我有学问，我要作报告您非退票不可。要说我的学问，是连一知半解也不够，九牛一毛都不是呵！说学问哪我没多大学问，我说我是文盲，这话亏点儿心，比文盲啊强不多，斗大的字认得两车，认得几个字啊，马马虎虎。

现如今认字的人多啦，差不离儿的都拿一张报纸看。原先认字的人太少，有个认字的，这就是“圣人”。好比马路旁边儿贴张告示，围着好些人看，看的人全认字吗？不是。不认字他还看什么哪？他那意思让别人念念，别人念念他好明白明白呀，这就是不认字的痛苦。赶巧啦有人念出来啦，这他算没白瞧；要是赶上这位认字的怕念错了叫人笑话，心里明白不敢往外念，这位不认字的瞧着干出汗！

说这人嘴里嘟嘟囔囔，您可别问他。因为什么？别看他嘴里嘟囔，他未必认字。我怎么知道哪？在解放的前二年，在官银号那儿贴了张告示，有一位嘴里直嘟囔，可不认字，不认字怎么会嘟囔哪？他买了个烧饼，一边吃烧饼啊，一边儿嘴里直嘟囔！他嚼烧饼，嚼烧饼得啦，他偏出声儿装像儿。这儿呀拿烧饼咬一口：

“嗬，嗬，可以，不错！”

“不错”呀是材料不少，里头麻酱啊搁得多！

“了不得呀！”又咬了一口，“了不得”怎么回事，烧饼个儿小啦，“了不得”！

旁边儿站着一位也不认字，打听打听啊。跟别人打听也好，单跟吃烧饼的打听，怎么？他嘴里嘟囔啊！

“嗯，了不得呀，可以，哈哈……”

“什么呀？”这位紧着问。

他不认字，怎么说呀！他把手伸出来啦！

“写的是什么，您哪？”

“烧饼，你吃吗？”

“瞎！我说那上头的。”

“上头是一层芝麻。”

“我说那黑的。”

“黑的是火大点儿，烙煳啦！”

“我说那有红圈儿的那个！”

“有红圈儿的你自己买去吧，那是豆沙馅的。”

俩人哪抬了半天杠，驴唇不对马嘴！

说还有这么种人，什么样儿人哪？认字马虎。这个字他瞧着它像什么，他就念什么！街上常有这种事：糖炒“栗”子呀他念糖炒“票”子，北京“午”门他念“牛”门，“醫”院念“酱”院……这是常见的事。

我眼见过这么一件真事，什么事呀？这话在七七事变以前啦，在官银号老铁桥一拐弯儿呀，那儿有一个霓虹灯——我一说，天津老住户都想得起来。霓虹灯是佛教会安的，晚上挺亮。那一行字是什么哪？“南无大慈大悲观世音菩萨”。那天有一位先生走在那儿呀，正赶上我上园子打那儿路过，他站在那儿高声朗诵：“嘀，南无大慈大悲观世音赔产。”“菩萨”他念“赔产”，观世音赔谁的产哪？这是真事！

还有一档子。在北京有个五牌楼，就是前门大街的五牌楼。在我十八岁的时候，五牌楼南边儿路东有个关闭的酒店，门上贴了个条儿，这条儿贴了好几年也没人来倒他这买卖，他写什么哪？按说应该写：“此铺出倒，家具拍卖。”这“拍”字儿不是一个“提手儿”一个“白”字吗？这位先生啊，写了个“竖心儿”一个“白”字：“此铺出倒，家具怕卖。”——怕卖就别卖啦！

还有写信。这个字不会写，一问人，问得不清楚，出了错儿啦！这位老太太呀叫她儿子给她娘家兄弟写封信，合着接信的这个人是这位写信的舅舅。他舅舅出门儿到上海啦。他舅舅到秋天儿爱吃茄子，可是一吃茄子就发眼。姐姐关心兄弟，这天晚上让自己儿子给他舅舅写封信。这学生马马虎虎，归里包堆就几个字：“大舅，勿吃秋茄子，恐其发眼。”他写茄子这“茄”字儿忘了怎么写啦！他问街坊，院里有一个二大爷，都睡下了。

“二大爷！”

把二大爷叫醒啦！

“什么事呀？就起来。”

“您甭起来啦，我写信，这茄子的‘茄’字儿怎么写？您告诉我。”

“‘茄’字儿不会写？‘草’字头儿一个‘加’字儿。”

这个“加”是加减的加，他给写了一个住家的“家”。写到发眼的“眼”字又忘啦！

“二大爷，眼字怎么写呀？”

“‘目’字旁，一个乾坎艮的‘艮’字。”

目字旁是眼目的“目”啊，他写了金木水火土的“木”，这就不念“眼”啦！这封信他舅舅接着啦，一看不知是怎么回事：“大舅勿吃秋蒙子，恐其发根。”勿吃秋什么呢？没这么个字儿呀！发什么根哪？莫名其妙。

我们街坊还有一档子事，念祭文给人家念砸了。在旧社会，嗬！念祭文的人派头儿可不小，本家儿孝子孝妇——就是本家大爷大奶奶穿着孝服往地下一跪，亲友在四外这么一站，这位先生捧着祭文高声朗诵。我们这位街坊本来斗大字不认得二升，可他偏要充相儿。这祭文上写的是谁上祭哪？就是这孝子孝妇哇夫妻俩。他一念：“孝子”，“孝子”俩字念得挺清楚。本家儿呀姓潘，名叫良顯——潘良顯。他把孝子念完啦，这仨字儿一个也没念对！“孝子，翻跟颈！”

他念完了，这本家儿子一听：“怎么啦，翻跟头？这叫什么礼节呀？怎么让我翻跟头？”

他没动弹。茶房过来啦，茶房听先生指挥，一拍本家儿子肩膀儿：

“大爷，您翻吧，这不是先生让您翻的吗，您翻！”

这本家儿大爷跪着跟茶房嘀咕：

“我没练过！”

“没练过不要紧，先生让您翻的，我抱您腰，您翻。”

这儿一抱腰，本家儿三十多岁，还真灵，奔儿，翻了个跟头，完了跪那儿啦！他往下念：“孝妇”，孝妇是本家大奶奶呀！旧社会时候女人不写名字，娘家姓什么呀是什么“氏”，这位大奶奶娘家姓乜，就是之乎者也那“也”字儿没有那竖儿。

他一念“孝子翻跟头”，翻完啦！

“孝妇，也氏。”

本家儿大奶奶跪在这儿一听：“也是？我也翻跟头吗？”

茶房不能过来呀，老妈子过来啦：

“大奶奶，您翻吧，这不，大爷都翻啦，您也翻！来，我抱您腰。”

这位大奶奶为难啦，六个月身孕！你说翻跟头吧，又怕小产；不翻跟头吧，又怕失礼！没法子，翻吧！老妈子不敢使劲儿抱，这位太太跪在地下抬起一条腿来，跟先生商量：

“先生，跟头我可翻不了，这么着吧，我拿蝎子爬得啦！”

（张寿臣述　何迟整理　张奇墀记）

五人义

要说交朋友可真不容易！朋友有互助之义。平常看不出来，一旦朋友有了困难啦，那就得尽一切力量帮朋友的忙。古话说，舍命全交。这样的朋友可不容易找。特别是在旧社会里，有些朋友，当你有困难的时候就找不着他啦——他躲起来啦！

旧社会里还有这样一类朋友，整天哥儿几个在一块儿泡。今儿他请您吃饭，明儿您请他喝酒，后儿他又请您看戏，外后儿您又请他看电影。这不叫交朋友，这叫摽穷哪！酒肉朋友嘛。但是这还有可说，有来有往嘛！这种朋友呀，多半儿还不算坏！

唯独有这样的人，那可不能跟他交朋友。哪样儿的人呀？什么喝酒装醉，吃饭漱口，买电影票不排队，坐黄包车拿大票找，坐电车往里挤，洗澡后穿衣服……这样儿的人可不能跟他交朋友。如果要跟他交上了朋友，那日子甭多，仨月就得卖裤子——他“吃人心”呀！

就拿这路人来说吧！俩人去看电影，从家里出来，雇了两辆洋车，到地点啦，当然都抢着给车钱。人家拿小票给，他拿十块一张的找。您想，拉车的一星期也拉不了十块钱呀，哪儿有钱找呀！当然收那位的小票啦——他把车钱省下来啦！到了电影院门口，该买票啦！人家刚刚给了车钱，这电影票当然就该他买啦！可他又把那张十块钱的票子给摸出来啦！电影院当然找得开啦，可他有办法，他不排队里买，一股劲往票房门口跑：

“来两张！来两张！”

甭他朋友拦着他，别人就说话啦：

“嘿嘿嘿，前边那个别插轮子，排队买！”

“啊！还得排队呀！”——那多新鲜哪！

他回来啦！人家朋友已经排在后头啦！

他又说啦：

“好吧！大哥，既然你站了轮子，我就甭站啦！等会儿到咱们买的时候我给钱。”

他站在旁边跟这位朋友聊天。等轮到该他们买票啦，他一伸手不就把票买了吗？他能吗！他有办法，他一回身不理这位朋友啦！找卖糖的说话去啦：

“喂！水果糖多少钱一包？”

“两毛钱一包。”

“那么贵！又涨价啦？给一分行不行？”——乱还价！

“啊！不卖呀！一分五？”——哪儿找那五厘去呀！

“……”

人家卖糖的理都不理他啦！

他这么一捣乱嘛，人家把票买啦！他水果糖也没买成。他买不成呀，他根本没诚心买嘛！

看完电影出来。

“嗨！这个天这么热，身上汗透啦！真受不了！”——他想洗澡啦！

他朋友说：“好吧！去洗个澡吧！”

“对！就那么办！”——又遂了他的心啦！

澡堂子路远，得坐电车。到了车站排队等车，这回他排队啦！不但排队还站在前面。站前边干吗？好买车票呀？哪儿有那事！他有他的用意：等会儿电车来啦，他第一个往上挤，哪儿人多往哪儿站。人家朋友也上来啦，人多呀，就站在车门那儿啦！

他喊：“买票！”

那位朋友在车门口，顺便就买啦！售票员还往里挤卖他那两张票？挤进去再挤出来呀，车到站啦，谁收票呀？——电车票又省下了嘛！

下了电车，进了澡堂子。那阵子是先洗澡后给钱，不像现在得先买票后洗澡。他二话没说，脱了就洗，还是全套儿：洗澡、搓背、刮胸、捏脚、捶背……反正澡堂里有什么，他就喊什么！洗完啦，人家朋友早早把衣服穿上啦！他慢慢穿，一件汗衫穿三回，一会儿穿反啦，一会儿又是前胸穿成后背啦，老不合适——哪儿是不合适呀，故意拖时候哪！

人家朋友穿好啦，澡堂子里热呀，站在那儿出了一身白毛汗，早等得不耐烦啦！

“好啦！您慢慢穿吧，我在外面等您！”

人家出去啦，顺手在柜上把钱给啦！——他又省了一回呀！

洗完澡，该吃晚饭的时候啦！就近找了家饭馆。他也不跟朋友商量，拿过菜单，什么好吃，叫什么，什么贵，喊什么。叫了一桌子菜吃不完哪？没关系，包回去给孩子吃呀！

饭都吃饱啦，该轮着给钱的时候啦，他喝汤！哪儿是喝汤呀，是看跑堂的。跑堂的不来算账他老喝。跑堂的一来算账，他不喝啦！他干什么呀？漱口啦！他一边漱口，一边摆手，一边拍口袋：

“嘟嘟嘟……（做漱口状）”

光打手势可不吐，一吐钱就没啦！什么时候才吐呢？等朋友把钱都给啦，小费都付啦，他才吐。“噗！”吐完水，一边剔牙说了这么一句话，那才真气人哪：

“嗬！大哥这回又您给啦！”——多新鲜！不给钱老看着你漱口那多恶心哪！

要是两人吃完饭都漱口，这钱谁给呀？伙计给？这像话嘛！

吃完晚饭出来，才八点钟，天还早。转转马路吧！东走走，西逛逛，时候不早啦，刚才吃的饭也消化得差不多啦！

“大哥！咱们找个地方喝点酒吧？钱算我的！”

那朋友量虽不大，见天也就喜欢来二两。

“好吧！”

两个人又进了酒馆啦！

他一边拼命喝，要了一壶又一壶，要了老白干，又是莲花白。一边和他朋友瞎聊。看到朋友快醉啦，他就先醉啦！干什么先醉呀？不能两人都醉呀！两人都醉，回头这酒钱谁给呀？

“伙……伙计，算……算账！”

跑堂的过来啦：

“您吃好啦吗？”

“吃……吃好啦，多……多少钱？”

“您没吃好多，一块八。”

“一……一块八，我……我给。伙计，我……我来的时候，柜……柜台上放了十块钱，找……找来！”——哪儿放了十块钱啦，那张票子不还在他口袋里嘛！

跑堂的跑到柜上一问，没那么回事，回来不能说您没放钱："大概您记错啦！"

"什么？记……记错啦！明明放了十块钱，您……您怎么说没……没有呀！您们买卖做得不……不规矩呀！"——还骂人家不规矩哪！

他朋友知道呀，一路来的，进门就喝，哪儿记错啦！朋友说啦：

"好啦，好啦，你喝醉啦！"

"没……没有！再……再来二两也没……没关系。"——这倒是实话！

"好啦！别捣乱啦，钱我给啦！"——人家又给啦！

把他扶出了酒馆，怕他路上摔倒——醉了嘛！还给他雇辆洋车。人家朋友知道他住哪儿呀！

"车子！拉我这位朋友到西四牌楼北边太平仓，多少钱呀？"

"您给四毛！"

"我给五毛，拉慢点。我们这位朋友可喝醉啦！"

人家把车钱都替他给啦，他坐在车上还装醉哪！

"没……没醉，没……没醉……"

一边说，一边回头。回头干什么呀？看朋友呀！朋友要是没走，他还得醉，朋友要一走，他马上酒就醒啦！

他回头一看朋友走啦，马上用脚一踹车簸箕：

"站住！"

拉车的吓了一跳：

"什么？先生，您不是喝醉了吗？"

"你才喝醉啦，放下！"

车放下啦，他下来啦：

"你拉我上哪儿呀？"

"西四牌楼太平仓呀！"

"我住'东四'十二条，你拉我上'西四'我找谁去呀？"

"我也不知道，你朋友雇的太平仓呀！"

"你不知道，我那朋友喝醉啦！"——他倒说人家醉啦！拉车的又不敢跟他抬杠。

"好啦，好啦！车钱给了没有？"

"给啦！"

"多少钱？"

“五毛。”

“好啦！你也没拉好远，给你两毛，退我三毛，我自己走回去得啦！”——你说这叫什么品行呀！

玩儿了一整天，白吃了两顿，还赚了人家三毛钱。您瞧，这样的朋友能不能交？

今儿这段五人义呀，就从这交朋友说起。

解放前在我们北京有这么几位交上朋友啦！都是干什么的呀？一位是教私塾的先生——小孩儿头儿；一位是说评书的，专门说“聊斋”①；一位是江湖医生——大方脉，仨手指往人手腕上一摸，死活他不管啦；一位是江湖上看相的，外号“赛诸葛”；一位是土财主，家里有俩钱儿。这五位也不知怎么认识的，忽然交上朋友啦！还是越交越投缘，就磕头拜了把兄弟！教私塾的岁数大，是大爷；说评书的是二爷；江湖医生是三爷；看相的是四爷；就数土财主年纪小，是五爷。磕头的时候还说，不求同年同月同日生，但愿同年同月同日死；有福同享，有祸同当……

自从他们这哥儿几个一磕头，大爷也不教书啦，二爷也不说评书啦，三爷也不瞧病啦，四爷也不看相啦，天天跟老五泡。老五吃，他们也吃；老五喝，他们也喝；老五玩儿，他们也玩儿。不是进饭馆，就是上戏院。三天两头还得借个三块两块的。起初老五不觉得，交朋友嘛，是得花钱！日子一长，就有点儿明白啦：

“唔！这……这不对呀！这不是交朋友呀！是吃秧子呀！”

要想不叫他们吃，又办不到。怎么？天一亮，他们哥儿四个就来啦！除非你不吃。只要你吃呀，他们就跟着吃。随便你说什么讽刺话，他们哥儿四个装作不懂，外带还不多心。第二天照样来，跟着吃。

过了一个多月，老五实在忍不下去啦！这天想了个办法。什么办法呀？起了个早，天没亮就起来啦，带了俩零钱，跟五奶奶说：

“我到东来顺去啦，等会儿他们哥儿四个来啦，你可千万别说啊！就说我上天津啦！问我什么事呀？你就说为点儿生意上的事。问我什么时候回来呀？你说少则十个月，多则一年。他们一听要一年，等不得啦，自己就找饭门去啦！就把他们躲开啦！”

五奶奶说：“好吧，你去吧，路上可别让他们碰上啊！”

五爷说：“知道！我绕着走。”

---

① “聊斋”——评书《聊斋志异》的简称。

五爷刚走一会儿，这哥儿四个就来啦！

啪啪一打门：

“老五，老五！”

开门啦！四位一看不是五爷，是五奶奶。

大爷说啦：

“哎！五弟妹，老五还没起来？去把他叫起来，我们一路吃点心去。”

“大哥，老五没在家！”

“哪儿去啦？哪个饭馆儿去啦？告诉哥哥，我们找他去。”

“大哥！老五没上饭馆儿。”

“哪儿去啦？”

“上天津啦！”

“啊？上天津啦！昨儿晚上还在一块儿哪，没听见说呀！”

“昨儿晚上回来才接到电报，说什么生意呀，我一个妇道人家的也不懂。”

“几天回来呀？”

“不一定。他走的时候说：多则一年，最少也得十个月！”

大爷、二爷、三爷一听：糟啦，管饭的走啦！十个月，等不了啊！全着急啦！他们哥儿仨着急啦，四爷可不着急。怎么？他看出来啦！他是看相的呀！久跑江湖，善观气色。一看五奶奶说话吞吞吐吐的，脸上的气色也不正常，就明白啦！

他走过来啦：

“大哥！你让开点儿！五弟妹，其实今儿我们找老五也没什么要紧的事，就是上海有位朋友给老五寄来了三千块钱，汇票寄到我们那儿啦！反正大哥那儿有五爷的图章。大哥，咱们先把它取出来用喽，有什么话等老五回来再说！”

五奶奶一听：什么！三千块，要到他们手里，还想拿得回来吗？“四哥，三千块钱数儿不小呀，您还是跟老五商量商量再用吧！”

“我们哪儿找老五去，他上天津啦！”

“没去天津，在东来顺哪！”

“噢，东来顺呀！好，咱们东来顺去吧！”——他给诈出来啦！

到了东来顺，一问跑堂的五爷来了没有？都是熟人呀，跑堂的都把这四位认清楚啦！

今儿伙计一见这四位，就知道是吃秧子的来啦！他可不知道五爷是故意躲他们，还以为约好的哪！

“四位，五爷在二楼二号雅座哪！”

“对，上楼！”

到了楼上，伙计喊：

“二号雅座看座儿！”

五爷在里边一听：“我这屋里看座儿？我到这儿来，没人知道呀！这是谁呀？”

门帘一打开，这四位进来啦！

五爷一看：

“嘿！有的，真找来啦！”

心里甭提多不高兴啦！两手一抱头，往桌上一趴，装睡着啦！这哥儿四个可不在乎！照坐。

“伙计，添上杯筷来。扇个锅子，羊肉、粉条、冻豆腐跟着来！”

大爷说：“老五！怎么啦，喝醉啦？”

老五没理他。

四爷说啦：“老五，这可别怨我们，是五弟妹叫我们来的呀！”

五爷还是不抬头。随他们说什么，就是不搭理。

大爷沉不住气啦：

“老五，这可不对；你这是什么态度？叫人家看见多笑话。不就是吃你几顿饭吗，你就这样子，太不对啦！起来，锅子来啦，喝酒！”

五爷实在忍不住啦，把头一抬，说：

“四位，我要说几句话！”

大爷说：“有什么话，你就说吧！”

“自从咱们哥儿五个交朋友以来，可两个多月啦！”

“是呀！”

“这两个多月，你们四位的吃喝花销可全是我供给！”

“对呀！咱哥们儿有交情，这谁不知道呀！”

“这叫交情呀，我看这叫吃秧子！”

“老五，这是什么话？你把咱们磕头时候说的话忘啦：有福同享，有祸同当嘛！”

“有福同享你们哥儿四位倒是办得到。有祸同当呀，可就很难说啦！不要说别的，要是我出了点什么事，保险打锣都找不着你们哪！

今天咱们少说废话，你们四位不是来了吗，正好！咱们今天把话说清楚：从今天起，不叫你们四位吃我的大概你们决不能甘心；再叫你们老是白吃我的，我真不是玩意儿啦！这么办，我出个哑谜，说的是我心里的事，你们哥儿四个要是有一位猜中啦，让你们哥儿四个跟我吃一辈子。死了我发丧，情愿当孝子。如果你们四位都猜不对，该怎么办？”

大爷一听：这手儿可麻烦啦，他心里事我怎么猜得出来呀！猜对啦就甭提啦，要猜不着，这下半辈子交给谁啊？——他拿不准主意呀！

他拿眼直看二爷、三爷、四爷。二爷、三爷也没把握呀！都没说话，四爷开腔啦。他是看相的呀！他想：街上走路的人，不认得，我都有办法猜出他们的心事。能把他口袋里的钱说到我的口袋里来，何况老五呢！天天在一块儿，我拿眼睛一看就知道他想什么！叫他心服口服，吃他一辈子！

他说啦：“老五，就这么办啦！咱们可是一言为定，驷马难追。你出哑谜吧！猜不着哥儿四个抖袖一走。往后走在街上碰见了都别打招呼，算咱们不认识。要是猜对啦……”

“您哥儿四个吃我一辈子！”

“好，就这么办！”

大爷、二爷、三爷一听老四答应啦，胆子也壮起来啦！为什么呀？哥儿四个就数他机灵呀！他“断事如神”呀！

马上齐口同声说：

“对对！你出哑谜吧！”

五爷一看他们哥儿四个愿意猜啦，站起来啦！也没说话，把二手拇指一伸，往上指了指，往下指了指；指了指前边，指了指后边，左一指，右一指；伸了伸三个手指头，又伸了伸四个手指头；捂了捂嘴，摸了摸心口，最后用筷子戳酒杯，说了声：

“你们猜吧！就是这个。”

老五刚说完，大爷说啦：

“家有长子，国有大臣，我先来！”

五爷说：“对！大哥你先猜，猜对了吃我一辈子。”

大爷说：“别后悔！听我的。”

大爷是教书的——孩子头儿呀！他一猜呀，都是《四书》上的句子：“老五，你往上一指是‘天之所覆’，往下一指是‘地之所载’。往前一指是‘瞻之在前’，往后一指是‘忽焉在后’。左一指是‘所恶于左’，右一指是‘勿以交于右’。伸了伸三个手指头是‘君子有三畏：畏天命，畏大人，畏圣人之言’。伸了伸四个手指头是《论语》上有四勿：‘非礼勿视，非礼勿听，非礼勿言，非礼勿动。’捂了捂嘴是‘不啻其口出’，摸了摸心口是‘心广体胖’。筷子一戳酒杯是‘中立而不倚’呀！怎么样，猜对了吧？老五。”

“大哥，您没猜对，您知道我没念过《四书》呀！”

大爷心想：“得，我算完啦！老二看你的啦！”

二爷说：“大哥，您放心，我跟老五最投缘，老五的心思非我猜不行！老五，哥哥要是猜对了呢？”

“没话说，吃我一辈子！”

“好，你听着！”

二爷是说“聊斋”的呀！他猜的全是“聊斋”的目录：

“老五往上一指是《天宫》呀！往下一指是《冤狱》。往前一指是《丁前溪》，往后一指是《侯静山》。左一指是《浙东生》，右一指是《西湖主》。伸了伸仨手指头是《荷花三娘子》，伸了伸四个手指头是《林四娘》。捂了捂嘴是《口技》，摸了摸心口是《新郎》。筷子一戳酒杯，你要点一段《钟人语》呀！”——嘿！他读了别字，把“瞳”字读成“钟”字啦！

老五说：“我虽然听你说过几段《聊斋》，目录我可没记得那么全哪。没猜对！”

二爷一听：“完啦！”

三爷站起来啦，说：

“老五！别人猜不到你的心思，哥哥可不用三猜两猜，一猜就对！”

“那您猜吧！猜对啦照样哥儿四个吃我一辈子。”

三爷是干什么的呢？江湖上卖野药的先生，他一猜呀，当然离不了药名啦！

三爷说：“老五往上一指是‘天门冬’，往下一指是‘地骨皮’。往前一指是‘前胡’，往后一指是‘厚朴’。左一指是‘东阿胶’，右一指是‘西洋参’。伸了伸三个手指头是‘三味地黄丸’，伸了伸四个指头是‘四小保元汤’。捂了捂嘴是‘良药苦口利于病’，摸了摸心口是‘心病还需心药医’。筷子一戳酒杯，噢！你不爱吃汤药，我给你炼蜜为丸。”——他卖起药来啦！

五爷说："我没病吃药干吗？就是有病，也不来找你看呀！还想多活几年哪！"

三爷一听，脸都红啦！

这时候，大爷、二爷、三爷的汗可就下来啦！对四爷说："老四，咱们有饭没饭可就都在你这一猜啦！"

四爷说："三位哥哥，您放心，交给我喽！老五，哥哥要一猜，大概就八九不离十啦！"

"您猜对啦，还是吃我一辈子！"

四爷看相的呀！他一猜呀，全成了看相的行话啦：

"老五，往上一指（做看相状）唔，是你生得'天庭饱满'呀！往下一指你长得'地角方圆'。前一指你的'前辈根基深'，后一指你的'后辈倒比前辈强'。左右一指是你的左右边深入额。伸了伸仨手指头，你'三山得配'，伸了伸四个手指头，你是生得'四方海口'。捂了捂嘴，'你这人嘴快'，摸了摸心口，你这人'心直'。筷子一戳酒杯，抽根签，算个卦，'上上课，大吉大利。"——嘿！他给老五看开相啦！

老五说没猜对，这四位急啦，说：

"老五，这可太难啦！哥儿四个都猜不到你的心思，这是成心呀！这么办吧，你说说，你心里到底想的是什么，说出来大家评评。如果合情合理，哥儿四个马上就走，连凉水都不喝你一杯；要是不合道理呀，哼！老五呀，可得加倍吃你！"

五爷说："既然你们非要我说出我的心思呀，那我就说说。"

"你说吧！"

五爷未曾开口眼泪就掉下来啦！

"你哭什么呀！又不是三岁孩子，没人欺侮你。"

五爷哭哭啼啼地说："往上一指呀，我是给你们逼得我上天无路呀！往下一指呀，是叫你们赶得我入地无门。往前一指，我前怕狼，往后一指，我是后怕虎。左一指，右一指，我是左右为难哪！伸了伸三个手指头，我再三不叫你们吃，伸了伸四个手指头，你们是再四非吃不可。捂了捂嘴，你们吃是吃呀，摸了摸心口，你们于心何忍，良心何在呀！筷子一戳酒杯，咱们是砂锅捣蒜，就这一回的买卖呀！"

（张寿臣述　陈笑暇　钟之整理）

三句话不离本行

干什么的说什么，卖什么的吆喝什么，三句话不离本行。过去呀，有这么三个先生：一个是教书的。一个是看病的。一个是看阴阳风水的。什么叫阴阳风水呢？比方说吧，这家要兴土木，他就来指点你门窗应冲什么方向开，犯不犯煞，发不发旺，什么日子宜动土不宜动土。这家死了人，他就给你指点坟地，哪儿风水太平，黄泉顺利。哪儿地狱封门，尸魂养身。这家办喜事，他就给你看哪天是黄道吉日，哪天是黑道五鬼。说穿啦，就是蒙死人骗活人。这三个人平时为人悭吝刻薄，要论本事倒也不低，从别人给他们送的雅号，您就可以略知一二啦。教书的姓吴叫壬子。雅号给他加了个“弟”字。喊起来就是“误人子弟”啦！你就知道他有多大学问吧。看病的姓钭（tǒu）叫腾帏（yī）。雅号加了一个“头”字。连一块儿他就是“头疼医头”。这医道也高不了！阴阳风水姓殷单名一个鞅字。雅号送得最美，加了“怪气”儿两个字，合拢来就叫“阴阳怪气”啦！

这一天，三个人在街上不期而遇，彼此一寒暄就热闹啦！看病的与教书的打招呼：“哟，这不是误人子弟吗？好久不见，你怎么长得跟哈什蚂差不多啦！是不是肠胃不好，把舌头伸出来让我瞧瞧舌苔，再给你拿拿脉怎么样，保管找着你的病根。”教书的一听就冷笑着说：“哦，原来是头疼医头先生啊，你要替我拿‘墨’倒也不妨，最好你把砚台也替我拿过来。”“拿砚台干什么？”“你要是把墨磨得不好，我好拿砚台敲你呀！”这一说看病的真急了：“你连脉、墨都分不清，亏你还教书。我们拿的这个脉讲究寸、关、尺。不是说的你那个黑墨，懂吗？”教书的说：“我就知道纸砚笔墨，不懂什么寸、关、尺；就知道你念错啦，我就动大戒尺。”这工夫阴阳先生搭了茬儿：“哎呀呀，二位，我看你们脸色发绿，恐怕都要不久于人世。还在一起斗什么嘴呀！算啦，我趁早尽我做朋友的道义，替你们把风水宝地找好，免得你们死了还不太平。误人子弟朝南埋，头疼医头冲北葬，最好是你们俩都不向（像）东西。”教书的和看病的一听，都异口同声地冲着阴阳先生骂了一句：“你这个阴阳怪气的家伙才该活埋！”阴阳先生笑了：“我看你们二位争执不休，调停两句，又何必当真？难道我一说你们要死，你们马上就活不成是怎么着？这不大家都还有气儿吗？来来来，都消消气儿，一块儿到酒馆叙谈叙谈，不知二位意下如何啊？”看病的和教书的这才转怒为喜，点头应诺。

三人邀邀约约走进了一家酒馆。堂倌刘智一看，进来了三个长袍马褂打扮的人，不敢怠慢，连忙张罗着就让进了雅座。把桌子一擦，摆了三份匙箸三个酒杯。问：“三位老先生想用点儿什么菜？”阴阳先生大模大样地开了口：“你这儿有什么菜呀？”堂倌说：“我们这儿煎、炒、烹、炸、熘、蒸、炖、滑，样样俱全，应有尽有。”阴阳先生说：“有没有醋熘西北风？”堂倌说：“没听说过您哪！”“有没有红烧凌冰块？”“没见过。”“那么有没有油炸蚂螂[①]骨？”“没有您哪！”阴阳先生装模作样地把脸一沉说：“都没有，你怎么敢夸海口说应有尽有呢？年纪轻轻的说话不懂得分寸。就是死了人你不掌握分寸也不行啊，七尺五长的人你硬要他睡七尺的棺材，多五寸交给你呀？你愣要把他塞进去，那不是骂人的话，塞短棺材呀！挨得上吗？”堂倌被阴阳先生弄得摸不着头脑，半晌才开口：“算我说话不知进退，您拣我们这儿有的点几样儿吧。”阴阳先生说：“这还差不多。你把那橱窗里头摆着的臭千张筒子给我来一盘。”看病的说：“你把酸萝卜丁子给我弄一碟。”教书的说：“再给我来一份泡白菜帮子。”您说这不是成心吗！堂倌心下诧异：没听说过跑到雅座里来吃臭千张筒子的。又恐怕他们还没点完，又问：“您还要别的菜不要？”阴阳先生说：“再要就是醋熘西北风。”堂馆不敢再言语，赶紧就把三盘菜端上来啦！又问：“您三位要多少酒？”教书的说：“我能喝两把酒。”看病的说：“我能喝一两多。”阴阳先生说：“我能喝一两大点儿。”堂倌一听苦笑着说：“您三位净给我出难题，两把，一两多，一两大点儿，一两加一把是多少？一两多又多几多？一两大点儿，大多大点儿呢？干脆，也不是我自作聪明，

① 蚂螂——蜻蜓的俗称。

我给你们三位一共打四两酒来，互相一牵扯也就差不多啦。”不大一会儿堂倌把酒壶提来了。看病的接过酒壶准备把盏，心里猛一愣：要命啦！身上没带一分钱，这一提壶不成了做东的了吗？嗯！这壶不能提。可是已经提上了手怎么放下去呢？酒不斟壶就随便放下，那多难为情，眼珠一转，想了个放壶的办法来了：“哎呀，二位海量在座都不动声色，小弟倒先冒冒失失地提起酒壶来啦，我怎么就忘记了我们医道的望、闻、问、切的宗旨了，冒失冒失！”一边说一边放下了酒壶，手也跟着拿回来了。教书的一看他放酒壶，以为他真在讲客气，就说：“哪里哪里，自己弟兄何必客套。”说着他也伸手来端酒壶。手刚碰到壶把，心也一慌：坏啦！身上没钱，这一拿不就该自己请客了。手伸出去了怎么回来呀？这才知道刚才看病的提壶又放壶的缘故了。想罢，眉头一皱说：“钭大哥，像我们这个教书的到底没你们搞医道的懂得养生之道。你看我未老先衰，手上的皮肤都打了皱了不中用啦！”边说边甩手，很自然地就把手甩回来了。阴阳先生见教书的没提壶，也只当是他在说闲话。不知不觉就来提壶，手刚挨壶，心里也一跳：糟啦！身上没钱。这酒我要是一斟，不是归我会账了！手伸出去怎么回来？这会儿也明白前两个为什么提壶又放壶了。心想：前有车，后有辙。卖玻璃碰上卖镜子的了，大家心里都是亮的。当时把嘴一撇说：“吴老弟说他手不中了，我这手更不如他，一到天冷就裂口子，遇到风霜就得皴。你看现在还不到三九天就来了神儿。钭老弟，你看用点儿什么药？”就势把手转到看病的面前，说：“你瞧哇，你瞧哇！”他把手也缩回来了。

就这样，三个老家伙都心照不宣，不敢动酒，更不敢动菜。海阔天空地泡开蘑菇了。

从早晨十点钟的光景一直泡到晚上十点。堂倌刘智跑来掀了八回门帘子，看他们还在那儿穷蘑菇，先前不敢问，怕得罪了主顾；这会儿再不问，时候不早了，上不了板儿，得罪了掌柜的就得卷铺盖了。左难右难，刘智突然想好了一个主意，掀帘儿进来对着三个人一拱手：“三位老先生有话谈不完，是不是改日再谈？今儿个时间不早啦，酒菜都还搁着没动。容我斗胆在三位面前打个哑谜，不管哪位猜着了，您哪都赶快喝酒吃菜，嘴儿一抹，早点回家歇息。这个账我孝敬三位啦。要是没猜着，您哪也赶快喝酒吃菜，会完账也早点回家休息，身体要紧哪！”您说，堂倌这话也够寒碜人的啦，要是搁在识相一点的人身上，也就实话实说一走了之；或是欠笔账，下次来了再给也就完啦！可是他们都还硬着头皮要猜。教书的说："我不信你有多大学问，敢在我们三人面前打哑谜。"看病的跟阴阳先生也都鸡猫子喊叫："这小子有眼无珠，你快说是什么哑谜？"堂倌心里的话：你们三个人本身就是个哑谜。脸上可是满脸堆笑："三位莫要急躁，我是个堂倌，哪儿谈得上什么学问。不过我这个哑谜，您三位只准看我的动作来猜。"说罢，用手往天上一指，又往地下一指，左边一指，右边一指，前头一指，后头一指，伸三个指头，再伸四个指头，五个指头，六个指头，七个指头。"你们猜吧。"

三个人看罢，哈哈大笑。教书的先开了口："我当什么难题，我破与你们听吧。"他一猜，三句话不离本行，钻到书堆里去啦！他对堂倌说："你往天上一指是天文，往地下一指是地理，左是《左传》，右是《幼学》[①]，前是《前汉书》，后是《后汉书》，三十而立、四十而不惑、五十而知天命、六十而耳顺、七十而从心所欲不逾矩，对不对？"堂倌把头一摆说："对不住，先生，我没上过学。"教书的"啊"了一声就目瞪口呆啦！

看病的马上接着说："吴大哥你没猜着不要紧，瞧我的吧。"他一猜钻到药堆里去啦。说："堂倌儿你听着：你往天上一指是天蓬草，地下一指是地骨皮，左是柞木，右是柚皮，前是前胡，后是厚朴，你是三剂药，四时煎，五个红枣做药引，六碗水，喝七次病就好啦！"堂倌把头一摇说："我又没害病。"看病的也"啊"了一声，直摇头叹气。

阴阳先生最后，胸有成竹，说："二位不要惊慌！你们都没猜着还有我哪！"他这一猜钻到死人堆里去啦。"堂倌你仔细听着：你往天上一指是天玄玄，地下一指是地黄黄，左青龙、右白虎，前朱雀、后玄武，三日看风水，四日动土地，五日送殡葬，六日斋僧道，七日升天堂就太平无事了。"堂倌气得鼻子一哼说："我这儿又没死人！"

阴阳先生一听不服气："嗬！我们三个人都没猜对，那你说这个哑谜是怎么个讲究？"堂倌说出这个谜底来，也没离开他的本行您哪。"三位听我破来：我往天上一指是天不早了，往地下一指是地要扫啦，左边一指左边店铺上了板儿，右边一指右边邻居关了门，前头一指前

① 《幼学》——即《幼学琼林》，中国旧时蒙学课本。

面人家屋里熄了灯，后头一指后头住户睡了觉，你们是三盘菜四两酒，一共是五元六毛七分钱。现在你们给钱吧。”

三个老家伙都傻了眼啦，说：“我们没带钱。”

好嘛！坐这儿解乏来啦！

（潘海波整理）

杨林标

我有个表叔，姓杨啊，名字叫什么？叫杨林标。嗬，他那个嘴呀比我们说相声的还能说，真正叫“苏秦之口”，“张仪之舌”，死汉子说翻了身，吃铁蚕豆似的，吧嗒吧嗒山响！可就是这样儿，交朋友特别奸！他找便宜呀，你还瞧不出他找便宜来，喝茶、坐电车、洗澡、吃饭，无论干什么他都不花钱！喝茶，到给茶钱的时候儿呀，他往别的桌上点头儿：

“几位！一块儿给吧！”

这几个人不认得他呀，人家必说：

“不客气，不客气，谢谢！”

人家一说不客气，他再多说两句哪，他这朋友这儿把茶钱就开啦！这是喝茶。

坐电车哪？他先上去，上去他往里挤，挤到里边嚷：

“我这儿买票！”

掏出钱来：

“卖票的，过来过来！”

您想：他这朋友没往里边挤，挨着门儿，正挨着那卖票的，就得掏钱买票；再说卖票的也不能因为他一个人挤到里边儿去呀！闹一身汗再出来，这边儿全耽误啦，回头好些人到站下来再买票更麻烦！这儿有拿钱的，得啦，就省事啦。这一来，他就不花啦！

洗澡哪？洗澡哇，他脱得快，穿哪穿得慢——穿完衣裳先走不是得给钱嘛！进门脱了就洗去，不但洗，他做全活儿呀——剃头哇、搓澡哇、修脚哇，他全来着，做全活儿！叫点儿点心在澡堂子这么一吃，萝卜、烟卷儿的，全要。回头要穿衣裳啦，人家都穿好啦，他那只袜子能穿七回，穿上把它脱下来，抖搂抖搂，翻个个儿，瞧瞧这儿，看看那儿，再穿，穿上，啊，有不合适的地方再扒下来，老穿不好！洗澡堂子里热呀！他这朋友都穿完啦，直抹汗哪！

“嗬！没结没完啦，快穿哪！”

“怎么今儿老穿不合适哪！”

这朋友说：

“屋里太热，我门口儿等你吧！”

门口儿等！这位朋友先出门儿，由柜台边儿过，把钱给啦！他这份儿省下来啦！

吃饭哪？顶缺德是这一手儿，他漱口！早不漱晚不漱，多咱伙计把吃了多少钱的那个账单儿往这儿一举，他先含口水，嘴里呜噜呜噜，掏出皮包来呀，连瞪眼带摆手，带跺脚，那意思：你可别给呀，我给。他这皮包老不打开，这儿含着漱口水，这儿掏皮包：

“哎，别价，嗯，嗯嗯嗯——又你给啦！”多新鲜哪，你老漱口，人家还不给？

他就是这么一路人！

杨林标跟几位朋友一块儿拜了一盟把兄弟。大爷、二爷、三爷都是做事的人，挺规矩。大爷姓苗，苗大爷。二爷姓葛，葛二爷。三爷姓萧，萧三爷。杨林标最小，行四，杨四爷。他老这么甩开腮帮子吃朋友，一文钱不花，这哥儿仨也不好说什么！这一天这哥儿仨在一个饭馆儿吃饭，这萧三爷呀多喝了点酒。萧三爷就说：

“大哥，二哥，今天我可多喝了点儿酒，我有两句话憋了有好几年啦！咱们哥儿几个脾气相投，都好，就是咱们老四，跟着一块儿吃一块儿喝没关系，他老要偏门儿，这个事情让人瞧着不好看！他拿谁当傻子？这是什么道理哪？”

这葛二爷说啦：

“萧三弟说得对呀，我也有这意思，我不好说呀，今儿你提起来啦，咱俩是一个样的心气儿。”

苗大爷说：

“你们哥儿俩不必这样儿，让别人一听啊笑话，想当初怎么拜的把兄弟哪！不错，他是这脾气，老占人便宜，我是做大哥的，我能说什么呢？你们哥儿俩呀这么办，多咱咱们四个人遇到一块儿呀，无论怎么说，让他请回客，咱们哪怕喝他一碗水哪，吃他一个烧饼哪，仨人来他一碗豆腐浆喝哪，都成啊！总得让他花回钱；赶上一块儿上电车，说什么也得让他买回票，就算成啦！往后哇别提这个。”

把这哥儿俩的话压下去啦！

这工夫杨四爷杨林标来啦，怎么回事呀？老跟朋友一块儿走不花钱哪，吃馋啦，在家里家常饭吃不下去，不知道这哥儿仨上哪儿啦！借电话，打电话满世界找，嗯，一打打到这儿啦，一听说这哥儿仨在这儿吃饭，赶紧就来了。伙计往里让：

“来啦？哈，您往里请吧，那几位在楼上四号。”

杨林标上了楼，伙计这么一打雅座的门帘子，他进来点头：

“大哥，二哥，三哥，巧啊！我这儿呀有应酬，上这儿呀应酬来啦，到这儿啦不是，敢情是我日子记错啦！差十天，我要走哇，听说您们哥儿仨在这儿哪！来吧来吧，一块儿聚会聚会！伙计，添份儿杯筷。”

添上杯筷这就要吃呀！苗大爷没说什么，葛二爷、萧三爷肚子都要气破啦！这两位都瞧着大爷，苗大爷实在绷不住啦，说：

“这么着吧，老四呀，你先别喝酒，你来了最好，今天哪，咱们哥儿四个是席前有酒无令不成欢，咱们说一个字令儿，说完了再喝酒再吃饭，说上来的哪，白吃白喝，说不上来的那个人请客，谁说不上来呀谁掏这个钱，花多少钱也是他做东道！就这么办。”

杨林标反对，杨林标说：

“大哥，不用，那有什么意思呀？最好咱们划拳。”

他愿意划拳。愿意划拳是怎么回事呀？划上拳他好又吃又喝呀，输了他喝吗？他净喝他不得吃菜吗？赢啦，赢啦是人家喝，他也挂挂红啊，一挂红也得吃也得喝呀！他要划拳，萧三爷摇头：

“不成，就依大哥这个主意！二哥哪？”

葛二爷也说：

“依着大哥！”

这回他拧不过去呀，哥儿仨都一致，杨林标也得随着，说：

“好吧，怎么个说法儿呀？”

苗大爷说：

“咱们呀写六个字呀，这六个字呀，前三个让它是一样的头，后三个字呀是一样的旁儿，叫仨字同头、仨字同旁，还得合辙押韵哪，把这六个字连在一起，得像一档子事情，说这么六句。我先说一个啊！”

跟跑堂的要过笔来，要过纸来。纸笔墨砚往这儿一放，苗大爷写了这么六个字，前三个字写的什么哪？“芙蓉花”。“芙蓉花”这仨字都是草字头儿；后三个字哪？写的是“姐妹妈”，“姐妹妈”这仨字都是女字旁儿。“芙蓉花，姐妹妈”，很合辙。怎么说呢？说：

“仨字同头芙蓉花，仨字同旁姐妹妈，要戴芙蓉花，必是姐妹妈，不是姐妹妈，不戴芙蓉花。”

大爷说：

“这算我说上来啦，你们哥儿仨都按我这样说。”

苗大爷说完了，葛二爷来，葛二爷写了这么六个字，前三个字是“常当当”，后三个字是“吃喝唱”，说：

“仨字同头常当当，仨字同旁吃喝唱，皆因我好吃喝唱，没钱我就常当当，要不好吃喝唱，何必常当当。”

也说上来啦！该萧三爷了，他写了这么六个字，前三个字是“疮疥疔”，后三个字是“哎哟哼”，说：

“仨字同头疮疥疔，仨字同旁哎哟哼，长了一身疮疥疔，疼得我就哎哟哼，要没长疮疥疔，我也就不哎哟哼。”

说上来啦！

到杨林标这儿没词儿啦！急得直出汗。想了半天想不起来，即使想起来啦，这字不是一个头儿，好容易想起仨字都是一个头儿，仨字一个旁儿想不起来，想起仨字一个旁儿的来了，又不合格，跟前仨字说不到一块儿，仨字同头是什么字哪？他在大街上走哇，常瞧见铺户的匾，他想起来“茶菜庄”这仨字是同头儿哇，有这仨字就成啦，先有一半啦！仨字同旁哪？仨字同旁他想起来啦！游泳池，茶菜庄，这挨不上，游泳池改茶菜庄可不像话，茶菜庄改游泳池也不行！想了半天脑筋也绷啦，急得直流汗哪！苗大爷、葛二爷、萧三爷直乐！苗大爷说：

“老四呀，别着急啦，别出汗啦，你想不起来呀，这么着吧，咱们喝酒吃饭，今天由你请客就完啦！”

杨林标说：

“别忙，我想一想。大哥，二哥，三哥，他们也知道我这字上马虎，比文盲强不了多少，写是写不好，这是你们知道的，这不是难为我吗！”

苗大爷说：

“不要紧哪，你写不好你说呀，你说我们给你写也行啊，只要有六个字，说出来合辙押韵像句话，就成啊！”

“好！”

冷不丁出来一句呀，这哥儿仨听着都愣得慌。杨林标说：

“仨字同头哇苗、葛、萧。”

“这是怎么句话？”

“苗、葛、萧就是您们哥儿仨，大哥姓苗，二哥姓葛，三哥姓萧哇，都有草字头！”

这哥儿仨一听：

“真巧哇！那么仨字同旁哪？”

“仨字同旁啊是我杨林标。杨林标这仨字都是木字旁儿！”

这哥儿仨心里说：这可寸哪！

大爷说：

“苗、葛、萧，杨林标倒是合辙；合辙可是合辙，你说不到一块儿！”

“怎么说不到一块儿呀？仨字同头就是你们苗、葛、萧，仨字同旁啊是我杨林标，要吃您们苗、葛、萧哇就得我杨林标，不是我杨林标哇可吃不了您们苗、葛、萧。”

他吃定啦！

（张寿臣述　何迟整理　张奇墀记）

娃娃哥哥

这两天天儿热，怎么回事呀？气候哇！您要问我怎么回事，我也摸不清，反正啊每年到伏天啊它就热，也没什么很出奇的。在我小时候，倒退五十来年儿，那年夏天这个热呀！是石头的不能坐，不能挨，一摸就烫得慌！老年间铺眼儿挂的幌子是锡的，太阳地儿挂着，能给晒得掉锡珠儿！要是上哪儿去办点什么事呀，得晚上去，白天没有人敢走，白天打太阳地儿一过，哧啦一下子，头发都烧光了，能烧得一根头发没有，亮光亮光的。这是热。要到冷的时候真冷啊！上年纪人留胡子，出门儿的时候还挺好，回来冻冰啦，赶紧拿热水烫。耳朵冻木啦，一扒拉就掉。吐口唾沫掉在地上摔两瓣儿——冻成冰啦！街上见熟人不敢拉手，“上哪儿啊？”一拉手儿，坏啦！两只手冻一块儿啦！怎么办？过年开春儿化了冻再松手！受得了吗？从这儿留了古语啦，“某人跟某人他俩掰不开的交情”，掰不开了嘛！那怎么办哪？上茶楼哇上澡堂子，弄壶热水呀往上浇！要不怎么叫“交（浇）朋友”哪！那位说：“有这么档子事？”这是我瞎聊！

说这个年月呀，跟原先不一样。比如说：这两天儿没下雨，没下雨它到时候就下，听气象台报告。原先怎么样？求雨，迷信哪！求雨管什么？任吗事不管。嗬！满市街贴条儿，您瞧：“普天甘霖”、“普降甘霖”、“天降大雨”……贴了两万多条儿究竟怎么样？也没下！以先的事跟现在不一样，现在什么事都找真理，原先哪，原先净讲迷信。其实有些明白人也知道是假的，假的不是，可糊涂人还是信。您拿月食、日食说吧，月食呀如今报纸上早就宣布啦，天文台报告，到多咱月食，准的！到多咱日食，准的！在我小时候可不这样，您不信哪，您跟六十来岁的人打听打听，要一到月食呀，哈！晚上是庙全敲钟，有钟敲钟，有磬敲磬，咚咚咚乱响，男女老少都跪在当院，敲洗脸盆，敲铁锅，敲搓板儿的，叭叭叭叭叭，叭叭叭叭叭，多咱月亮出来啦算完！现在有月食的时候，您看有敲搓板儿，敲铜盆的吗？没有。那时候儿说什么呢？说这是天狗哇把月亮给吃啦！这天狗也不知多大个儿！哪有那么大的狗哇！迷信。

说迷信，咱们天津就有一宗迷信事儿，从解放后大伙儿觉悟一提高，给铲除啦！什么哪？您听我说。

从前天津人说话里头有个大迷信，全中国都没有，就天津有。

解放以后，现如今里姓什么的就称呼这人什么同志："张同志"，"李同志"；不知道姓的就称呼同志："同志，同志。"解放以前哪，天津跟别处不一样，以先天津人见了面儿不称呼同志，称呼什么？称呼"二爷"！这"二爷"是迷信。不管行二不行二，姓什么搭上什么姓，不搭上姓就叫"二爷"，这位准不反对，"爷爷爷爷……"你叫他一个"二爷"，他还您一连串儿的"爷"，打心里爱听这"二爷"俩字。那位说："这不对，这不是迷信，叫'二爷'这是恭敬人，'敬人者人恒敬之'，你恭敬人，人就恭敬你呀！"不对，您不信，挪个地方就不成啦！离这儿二百四十里——北京，不管谁，您要称呼他"二爷"，他行二成，要不行二呢？不行二当时就翻脸。

"啊，你怎么瞧出我是行二？胡说八道的，我是大爷！"

这位不明白：

"我称呼你是好话，怎么翻脸啊？"

这"二爷"呀，到天津是恭敬人，到北京就不是好话。怎么哪？报告您哪：在旧社会那时候，这"二爷"是跟班的——底下人，伺候人的那个才叫"二爷"。到北京得称呼"大爷"。

到天津，二爷怎么是好话哪？到天津"二爷"就是大爷。天津是从二爷、三爷往下数，没有"大爷"。"大爷"哪？"大爷"是"娃娃哥哥"。"娃娃哥哥"就是泥人儿呀！就是"拴"的"娃娃"呀！那位说："这是怎么回事？拴娃娃哪儿都有哇，旧社会的迷信，哪儿都有拴娃娃的！"是啊，哪儿都有拴娃娃的，可哪儿也没有咱们天津厉害，天津对于这个特别盛行，差不多家家都有"娃娃哥哥"。这是怎么回事呢？这是娘娘宫老道给造的魔！这说的是解放前多少年的事，现在不行啦！现在娘娘宫的老道都卖药糖去啦！原先"娃娃哥哥"可给他们挣了钱啦，旧社会的时候，这是老道来钱的道儿啊！怎么哪？一块现洋啊合三百铜子儿，“娃娃哥哥”都是泥的，拿模子一扣就一个，老道花一块现洋能买三四百个，合着一个子儿一个，买来就扔在娘娘脊梁后头，等着。等什么呢？等烧香的，初一、十五哇少，平常日子，来的多半儿是少妇，花枝招展，刚结婚日子不多，到娘娘宫烧香来。那位说：“怎么回事呀？”结婚啦，夫妻恩爱，燕尔新婚，两口子瞧别人抱小孩，眼馋！这位太太也想抱一个，你忙什么呀！等到时候不就有了吗？她不懂，偏要到这儿“拴”一个！拿股香进娘娘宫。老道哪，平常日子他买一块钱泥人儿，三百多个，都搁在娘娘脊梁后头。他盯着，一瞧来了烧香的主儿，拈香呀，打磬啊，念无量佛啊，就在大殿伺候着。伺候什么哪？瞧你给多少钱！你烧香，烧完香打腰里掏出来，“哗啦”一大把铜子儿，有几毛钱，要不然是整块儿现洋，往斗里这么一扔，老道一瞧赶紧躲开，让你心里痛快痛快，你多花钱啦。你给一个子儿呢？就给一个子儿他不走，他老盯着，他盯着干吗？他那是门儿呀，骗人钱的门儿！怎么讲哪？这“拴娃娃”不是“拴”，也不是求，是什么哪？是偷娃娃，花钱哪落个偷，花钱做贼，偷！干吗偷呢？不能让老道瞧见。不让老道瞧见啊，这娃娃拿回去立得住，要让老道瞧见哪，他立不住啦，白养活！立不住，你拿回去呀，回头又跑回来啦！这是老道造的魔。老道在那儿盯着，你要多给钱哪，多给钱他躲开啦，你好“偷”哇，一个子儿的本儿，你这一把够好几毛，要不就是两块现洋，他躲开啦！就扔一个大子儿他不躲，为什么不躲呢？他没有什么赚儿呀！他在那儿瞧着，给钱多，这才躲开哪！

这位太太趁老道瞧不见的工夫偷一个，把偷的这个娃娃拿回家，做小褥子，小被卧，搁在墙犄角，有的搁在被卧底下，喝茶的时候摆碗水，吃饭的时候摆碗饭，平常日子是这样；要到年下又有讲究儿，到大年三十，把帘子打开，把门开开，多冷，她也得开开门！为什么？好让娘娘把娃娃送进来！弄一盘子饺子往炕上那么一搁，把这娃娃拿出来呀往饺子旁边那么一放，筷子、醋、蒜都搁好了，这位太太呀拿着马勺，磕着门槛儿，一边磕着一边念歌儿：

“黑娃娃，白小子，上炕跟着妈妈吃饺子！”

念完啦，把马勺一放，站旁边儿：

“吃吧，多吃点儿。”

出来把门关上，到别的屋串门儿去啦！这儿待会儿，那儿待会儿，可自己屋哇且不回来哪。顶到后半夜才回来，进门儿一瞧，来，这盘饺子没啦，这位太太还乐哪！

“嘿，这么个娃娃呀饭量真大，全吃啦！”

它全都吃啦！你把它砸碎了瞧肚子里头有没有？全让耗子拉了去啦！她愣说让娃娃吃啦！

这位太太过了三年真养活了个小子，这是娘娘给送来啦，这是娃娃哥哥——泥人啊给带来啦！养了头胎，头胎呀可行二，大爷是泥人儿！要不你见面称呼人家大爷他怎么不爱听哪，你拿他当泥人儿啦！得叫二爷。

这位泥人有兄弟啦。有兄弟怎么样哪？得长个儿！泥人儿怎么长个儿呀！没法儿长哪！要是胶皮的可以吹点气，泥人儿怎么长啊？有兄弟它就长个儿，没有兄弟它不长。怎么长啊？洗洗澡，个儿就大啦。洗澡可是洗澡，拿着上澡堂子可不行，澡堂子反对，好，都上那儿洗去，池子成泥粥啦，人就甭洗啦！单有洗娃娃的地方，哪儿呀，报告您哪，要说错了我负责。我指您地方，鼓楼北，路东，一家挨一家泥人铺。还有一个地方，袜子胡同路南，一家挨着一家泥人铺。您瞧窗台上、铺子里头摆的，多大的都有。现在可没有泥人铺啦，怎么？现在转业啦，人家不信这个了啊！

这位太太得了头生了，拿着这个泥人儿洗澡去啦，到泥人铺：

“掌柜的，把这个给洗洗。”

这掌柜的，嗬！能敲竹杠。

“好，大洗呀？”

“大洗。”

准知道她得了头生儿，要不她不拿来，她不洗。

“这是您大少啊？”

“啊。”

“长几岁呀？”

“长几岁”，您听这话了没有？这是天津的规矩。长几岁这是怎么句话呀？拴这娃娃之后哇几年有的小孩儿，就叫长几岁。掌柜的这么一问，太太说了：

“长三岁。”

长三岁洗的时候儿呀长三寸，一岁长一寸，一寸有一寸的钱。一寸哪，那么点儿黄土值多少钱哪？好！比一车黄土还贵。

“长三岁呀？”

“啊。”

“穿什么衣裳啊？拿什么玩意儿哄着兄弟呀？”

“红袄绿裤，开裆裤，老虎鞋，梳个小坠根儿，拿支糖堆儿。”

糖堆儿干吗呀？哄着兄弟呀！糖堆儿也是泥的，那玩意儿怎么哄孩子，孩子吃，噎死啦！

“好吧，您一个月以后取吧！”

“还得看着兄弟哪，快着点儿。”

“俩礼拜吧！”俩礼拜。

“多少钱哪？”

“好办，哈，您哪大喜事，还不好办嘛！”

没价儿，回头取的时候瞧你家当儿。这位太太怕取的时候儿胡要钱找麻烦：

“你说个价儿，再不说价儿我上别处洗去啊，一家挨一家！”

“您给二十块钱吧！”

二十呀！那时候儿一块四毛钱一袋面，就弄个泥人儿呀要二十！争了半天，十块钱，先给五块钱定钱。

“你给洗好着点儿！”

“没错儿，俩礼拜来吧！”

把五块钱给啦！这位太太一出门儿，这泥人铺掌柜的抓起孩子往后头院墙底下一扔——那墙底下一堆泥，把泥人儿就葬到里头啦！那位说：“不对呀！洗出来没本人啦！”干吗本人呀，它全是一个样啊，全是一个模子的货呀！扣出来的有的是！俩礼拜以后取的那个早就做得啦，都干啦！画巴画巴：红袄绿裤，开裆裤，坠根儿——把脑袋那儿用锥子扎一窟窿，弄点儿头发塞进去，扎上小头绳儿，四外涂点儿墨，那就叫坠根儿。糖堆儿呀刷点颜色，穿着老虎鞋，开裆裤，往那儿一坐。永远它坐着，站也站不起来，老那个相儿。到日子来取啦，钱给啦！

“您瞧您这位少爷多喜庆！”

“嘿，真好啊！”

倒霉去吧！十块现洋买这么块黄土泥，连一个炉子都套不了！抱家去啦！

“看着兄弟，好好哄着。”

它会哄吗？！这不是迷信嘛！这是生头一个——二爷生的时候，

这么办。赶以后又生一个，那是三的，还有四的、五的、六的。可是生一回呀它洗一回澡，洗一回澡它长一回个儿，长来长去这么高，还在炕上搁着，拿着糖堆儿啊花棒呀，别管拿着什么！

顶到生了五六个啦，这回花钱可特别多，大洗，这回洗澡哇，哈哈！没有几十块现洋洗不了，哪个澡堂子也没这么贵。那位说："这是怎么回事呀？"它"压"底下的，它是大爷！好像生了五六个没死都是这位大爷——泥人儿给保住啦！逢这主儿都是趁钱的主儿，这回洗得大洗啦！没几十块现洋洗不了！

等大的娶媳妇啦——二爷娶媳妇啦，这回更得大洗啦！上泥人儿铺，换样儿啦！怎么哪？不但长个儿啦，也不在炕上搁着啦！一娶兄弟媳妇，它上条案上去啦！在条案上一坐，迎着门儿，在座钟旁边儿坐着去啦！不是坠根儿啦，也不红袄绿裤老虎鞋啦，是袍子马褂儿啦！袍子马褂儿，旁边搁着茶壶、茶碗，夏天拿把扇子，冬天拿对核桃，往那儿一坐。等娶侄儿媳妇它就留胡子啦！那位说："干吗换服装呀？"嗬，想得太周到啦！不是迷信吗？他们想得可到家呀！它有兄弟媳妇，它是大老伯子啦！把兄弟媳妇娶来的时候呀，小拜大，兄弟、兄弟媳妇得给它叩头！别看它是泥人儿不是，它坐那儿受大礼！要不换服装，还是开裆裤，兄弟媳妇给它叩头不像话！您就说这迷信到了什么地步！

拴娃娃这主儿老活着，什么事没有；拴娃娃这主儿两口子一死，一分家，得啦，老道算瞧上啦！一分家呀老道准来。那位说："这是怎么回事呀？"他坑人哪！逢这主儿都趁钱，我家里老道绝不去，归里包堆儿一个破火炉子，一口水缸还有好些锔子，八口人两双筷子俩碗，吃饭得换着吃，他去干吗？逢能这么折腾的主儿，不是大地主就是资本家，底下人跟老道勾着，等到一分家的时候呀，不早不晚老道来啦！一念无量佛，哥儿几个接进来：

"哎呀，师父来啦，请进来吧！"他进来装糊涂："哎呀，怎么亲友都来啦？无量佛！"

"今天哪，是我们分家，请坐吧，吃饭吧。"吃散伙面，老道跟乡亲们一通儿大吃大喝。

"怎么分哪？分几份儿呀？"

"哥儿五个，我们分五份儿。"

"五份儿不对呀，怎么五份儿？"

“每人一份儿。”

“你不是老六吗？”

“啊。”

“行六哇，怎么分五份儿？”

“我们大爷是娃娃哥哥，它不要产业呀！”

“谁说的？谁说的？你们大爷有功劳哇，功劳最大呀，它得分两份儿呀！”

“得啦，每人一份儿吧，分六份儿。”

“你们大爷跟谁过呀？”——跟谁过这份产业是谁的！“跟谁过也不合适，你们大爷没有家眷哪，大伯子、兄弟媳妇在一块儿可不合适，我接回去吧，我接回庙里去吧！”

接回去啦。怎么接呀？趁钱哪！来一顶轿子，找几个吹鼓手，吹吹打打，把“娃娃哥哥”往里一搁，抬回庙里去。那位说：“这笔钱谁花？”老道花呀。就接个泥人儿吗？泥人儿接个吗劲儿呀！泥人儿底下压着什么哪？房契、地契、股票、折子、金条、珠子，全弄走哇！要不从前娘娘宫老道的产业哪儿来的？那不全是分人家分来的嘛！“娃娃哥哥”回庙，兄弟、兄弟媳妇、侄男侄女们，到时候三节两寿，不得给大爷拜拜节拜拜寿吗？娃娃也有生日呀，拜寿能空手儿去吗？不得买点儿礼物吗？给大爷上上供啊！上完了供，谁吃呀？老道吃呀！要不老道们都吃得那么肥实，比我还胖哪！

（张寿臣述　何迟整理　张奇墀记）

巧嘴媒婆

六月炉边铁匠，
腊月江上渔翁，
干什么说什么，
卖什么吆喝什么！

就拿这个月份儿说，打铁的如何？他也得工作，“六月炉边铁匠”嘛！“腊月江上渔翁”，腊月多冷啊，江上打鱼的也得起五更睡半夜打鱼！拿我们说吧，说相声，站在这儿说，老拿把扇子，夏景天拿扇子为了扇风啊，可冬景天我们也拿着！老拿着干吗呀？手里有抓挠呀！说书哇也离不开这把扇子，拿着它什么都是。说书说到写信那儿啦，这就是笔，提笔修书；说到打仗那儿啦，刀、枪、剑、戟、斧、钺、钩、叉……全是它。

同是一把扇子，扇法儿不一样，分什么人：“文胸、武肚、僧道领、媒肩”。不信您瞧，这扇子，文人哪扇胸，练武的扇肚子，和尚老道扇大领子，这叫“文胸武肚僧道领”。有那念书的老学究，这扇子闭一半儿扇一半儿，走道儿迈方步儿，说话离不开“之乎者也矣焉哉”！要是见人一说话，先把扇子闭着。

“哎呀，久违得很。”

那位：“您哪里去？”

“我见几个诗友谈谈诗。”把扇子一打，扇两下儿胸口。

“您这扇子好哇，我得领教领教、瞻仰瞻仰。”

这位呀赶紧的双手递，一哈腰。伸手拿过来不恭敬，得双手接。那位接过来先瞧下款儿：

“好，好，刘春霖哪，状元。这骨儿是真正子安的！”

你夸他扇子比请他吃饭都痛快。就怕呀来一位愣爹：

“我瞧瞧你这扇子，”接过来，猛放猛闭，“不错！”

他一心疼能吐口血！——这是“文胸”。

“武肚”哪，您瞧那练武的人呀，扇肚子。原先在我小时候儿北京有相扑营，相扑就是摔跤啊。您瞧个个儿都是直着胳膊，穿小衣裳，系骆驼毛绳，穿单口靴子，那扇子全是大桑皮纸，红面儿，没有画儿，即便有画儿，也是“五鬼捉刘氏”。见面儿一请安哪是“茶汤壶”。“好您哪！”我比那个人吧：这就是壶身儿（指自己的身子），这就是壶嘴儿（指右手），这就是壶把儿（指叉在腰间的左手），一见面儿：“好您哪！”（打千）这不是“冲一碗”吗？

“这天儿热呀！”

“可不是嘛！”

“您练啦吗？”

“没练，浑身僵得慌！这天儿太热呀！”一扇肚子。——“武肚”。

“僧道领”——和尚老道扇大领子。他们管念经叫佛事，和尚见和尚：

“嗬，师兄，您上哪儿？”一边儿说，一边儿冲大领子里头扇风。

“白天没事，您有佛事吗？”也扇着哪。

“我这些日子没有佛事，昨天有接三，去早点儿又回来啦！”

“怎么？”

“东家没死哪！”

没死你去干吗呀！

“文胸武肚僧道领”，再说“媒肩”——媒婆子扇肩膀儿。这号人都拿鸡毛扇儿，串百家门儿，哪儿都去。一扇肩膀儿：

“老太太，吃饭啦？大少爷放暑假啦？大少爷年纪不小了吧，定下了吗？”

有一搭无一搭瞎聊，鸡毛扇儿扇肩膀儿！

说媒的嘴可能说，见什么人说什么话，死汉子能说翻了身，媒婆儿的嘴呀，嗬！天花乱坠呀！张家长李家短，仨和尚五只眼！说得你点头咂嘴儿！现如今不行啦，这行儿没饭啦！现如今哪都自己找对象，媒人是一点儿辙没有。老年间是包办婚姻哪，讲究“父母之命，媒妁之言”哪！媒婆儿呀，满世界一串，就凭两片嘴，到时候又吃又喝：说成了能白说吗？到我们那儿——北京——的规矩，说停当之后，送四对猪腿四对羊腿，都这么预！往后天一凉一涮羊肉多美呀！吃得媒婆儿一个个都肥头大耳的！干吗谢猪腿羊腿呀？有个理由哇：当媒人的说亲事来回一跑，把腿都跑细啦，谢这猪腿羊腿哪，让她吃这个腿补她的腿！

当媒婆儿的一年能肥肥实实吃十个多月！有一个多月差点儿，哪个月呀？就是由打腊月一进门呀直到正月十六，没事！为什么呢？旧社会有这么个讲法："正不娶，腊不定。"那么这一个多月没地方说媒去就挨饿吗？不！这一个多月吃得更肥实。人家家里有几个儿媳妇哇，有几个闺女呀，那个媒婆儿呀全仗这一个多月的收入换季呢。怎么？这媒婆儿呀，就下这么一块来钱的本儿买点儿东西就得。买什么呢？买条红带子，剪成一骨节儿一骨节儿的，再买点儿花生、栗子、小枣，一过腊月二十三她就出来啦，直到正月十六。哪儿去哪？哪儿都去！穿着新蓝布褂儿，没有新蓝布褂儿，把旧的洗洗。不管认得不认得就上人家院儿里去，愣拉门，愣往屋里去，进屋抓把红带子，花生、小枣、栗子往炕上一撒！干吗呀？找吉庆啊！花生、小枣、栗子，搁在一块儿好听啊！枣儿跟栗子叫"早立子"，早养儿子早得济呀！花生哪？更好啦，净得儿子想姑娘，净得姑娘啊想小子，她这一把全扔出来啦——花生、枣儿、栗子，花搭着生，姑娘小子全养。兜这么一兜，进门就唱：

"给你个栗子，给你个枣儿哇，明年来一个大胖小儿哇！"唱完往炕上撒这么一把花生、枣儿、栗子唔的！

一进门儿呀，一瞧，嗬！男的没在家，就一个少妇，一看屋里：红炕围子，红窗户帘儿，得啦，逮着啦！新婚。这位太太结婚不到半年就腊月底过年啦！扔这么一炕枣儿、栗子、花生，明年来个大胖小儿，多好听啊！给两块现洋。归里包堆扔这一把不值仨子儿，那阵儿两块钱一袋儿面！要再争竞争竞哪，又来一块，三块。这屋出来，那屋进去。一个大杂院儿好几家儿，到哪一家儿都赚钱！这屋出来那屋进去，也"给你栗子给你枣儿，明年来个大胖小儿"。这位太太给媒婆儿俩嘴巴，临完踹出来啦！怎么回事？这位太太是寡妇！要命，倒霉啦！巧嘴呀也有瞧错了的时候！

当媒婆儿没有不骗人的。她怎么骗人哪？嗬！她要受谁贿赂哇就帮着谁骗人！我怎么知道哪？我有家儿街坊——逢这特别的事都出在我们街坊——我们街坊有个媒婆儿，姓酸哪叫酸梅，那两片子嘴跟小刀子似的！我们那儿有个大地主，家里财产挺厚，这老太太呀六十来岁，没有儿子，就一个闺女，这姑娘二十一岁；这姑娘要嫁谁呀，这份财产就跟着过来啦！打十来岁就给这位姑娘说亲，直到二十一岁没人要。为什么？姑娘有残疾，什么残疾呀？偏缝——到北京叫豁嘴儿，南边叫花嘴子。这姑娘这豁嘴儿打鼻子里就豁，连牙床子都豁出来啦，通天到底！这还不算，双的，一边儿一个！这姑娘把手搁鼻子底下，您应，一百八十分人才；这手一抬开，您刚吃完饭全吐出来啦！老太太疼姑娘，给说主儿啊，年纪得相当，相貌得好，有一点儿毛病啊她还不给！让媒婆儿给说去，说停当了哇，谢媒婆儿一所四合房儿，五千块现洋。这媒婆儿贪这个就满世界说去，跟谁说谁摇头，说了半年多没一个成的！后来遇见一个小伙儿呀，这小伙儿也让媒婆儿给说门子亲事，说停当了也有重谢。这小伙儿要漂亮人，有残疾的不要。这小伙儿可也有残疾——没鼻子，这儿一个大坑。两边儿都是这个条件：这头儿有残疾的不给，那头儿有残疾的不要。可两头儿都有残疾，哎！这媒婆儿还真给说停当了！要不怎么管媒婆儿叫“撮合山”哪——两个山头儿她都能给捏合到一块儿去！搬山倒海的能耐！她把这两档子还真给说成啦。说成是说成啦，她得把这豁嘴儿、没鼻子说到头里，瞒着盖着不成。怎么说呢？跟男的说这个：

“大爷，这门亲事说停当了，往后后半辈子什么也不用干啦。您娶的这位大奶奶，这位老太太就这一位姑娘，明儿这份儿财产您踌受，银行存多少多少，趁六个房产公司，那都不用说，就这姑娘本人儿的储蓄呀您四辈子花不完！”

这小伙儿说话哪，没有鼻子，这个味儿：

“我告诉你，她六个金山我不爱，别看我没有鼻子，这姑娘有点儿毛病，不要，你千万给说到头里！”

“要不要在你呀，我瞧着都好。要瞒你，往后不是落埋怨吗！这姑娘没别的毛病，就是嘴不好！”

这小伙子以为什么哪？口敞——嘴不好是好说好笑。

“噢，那倒不在乎！嘴不好不算毛病，慢慢儿劝说她吧！”

怎么劝说呀？这毛病劝说不好哇！

这头儿说成了，上那头儿说去。

“老太太，跑了半年多这才相当啊！这小伙儿比您小姐大一岁，身量儿，长相儿哪儿都好，这个亲事要是还不停当啊，您小姐后半辈子甭出阁啦！”

老太太说："可是这么着，你也别瞒着，我们姑娘可是有残疾，这男的有一点残疾我不给，你别瞒着，别盖着！"

她还得把没鼻子说在头里：

"老太太，甭说您还谢我那么些钱，还有房子；这是您小姐一辈子大事，我不能缺德，您就一个钱不花，我也不能做那种缺德事。小伙子哪，都挺好，就是眼下没有什么！"

告诉你啦，没有鼻子！"眼下没有什么"嘛！眼下没有什么就是没有鼻子啊！这老太太哪，也想左啦，以为没有产业哪！

"那不算毛病啊，眼下没有什么怕什么啊，我陪送得多呀，再说往后过着过着不就过有啦！"

他怎么有哇？有不了哇！

"我这儿富裕，我添补。"

你添补？你拿什么添补哇！你不也就有一个吗！把你的挖下来搁他那儿？不合适呀！

停当啦！停当可停当啦，要糟！怎么？要相相。要命啦！这一相不吹了吗！媒婆儿主意高，她跟男的说这个：

"你相可不好，人家老家庭，大门不出，二门不迈：你瞧瞧相片儿，我把相片给你拿来。合适呀你把相片留下，不合适退给人家，别耽误人家事。往后娶过来不是本人儿，算我骗你，你到法院告我去！"

跟那头儿也是这话：

"男的没在本地，在外省哪！事由儿忙，人家不能告假，人家来了要不成哪，就耽误人家事啦。您瞧瞧相片儿得啦！"

瞧相片儿吧！两头儿都有残疾，这相片儿怎么照哇？照相片儿五官挡不住哇！可是照半截身儿，半截身儿是照上半截儿，没有照下半截儿的呀！哎呀，这媒婆儿主意太高哇！男的照相，女的照相，她带着照去，到那儿她给摆弄。男的不是没鼻子吗？她要一堂花园儿的布景——远景、近景，假山石头上头搁花盆儿，花盆儿里有芍药花儿，这尺寸哪跟小伙身量拉好了，让他呀站在花盆旁边儿，拿着那花头闻花儿；就仿佛逛花园儿瞧见芍药啦，香！他一闻，照，照得了看看，不好重新另来！不是没鼻子吗？没鼻子，这花儿不就盖上了吗？照得了挺俏皮。女的哪，豁嘴儿怎么办？她叫她打电话！站在这儿把耳机子往这儿一搁，就挡住了！这媒人哪，好缺德啦！

说这是看相片儿容易受骗，要面对面地对相对看大概没有事啦！谁说的？听媒人说对相对看，受骗受得更厉害！这也是酸梅的事——酸梅这一辈子办的缺德事多啦！

这档子更新鲜！也是两边有残疾，有残疾的不要，有残疾的不嫁，还是对相对看，她愣给说停当啦。男的是什么残疾？男的是瘸子！您别瞧他瘸，他要说漂亮人，有点儿毛病不要！女的哪？女的是一只眼！瞧什么得吊线，也要漂亮人！嗯，她把两边儿说停当啦！说停当是说停当啦，最末对相啦，这怎么相啊？定规好啦：姑娘啊站在门口儿跟媒人说闲话儿，好像串门儿送人，留这儿说两句闲话儿似的；男的呀打女的门口走一趟，男的哪不认得女的，瞧瞧跟媒人在一块儿站着谁就是；女的不认得男的，媒婆儿跟她嘀咕：

"瞧，来啦，进口儿啦，穿什么衣裳，戴什么帽子，瞧瞧成不成，不成作为罢论，成就放定。"

那位说：她枉费心机呀，成不了！男的打女的门口儿走，瘸子！女的瞧不上；女的在门口儿瞧人这么瞧，吊线，男的瞧不上。两边儿都不愿意，那不就吹啦！

媒婆儿这主意高哇！她叫男的骑着马——男的不是瘸子吗？他骑着马哪！手里拿着马鞭儿，打门口儿一过，一瞧媒婆儿跟谁站在一块儿谁就是：

"嗯，行！"

女的哪，在门口儿里头哇，开一扇门关一扇门，使门掩上点儿脸，把这点儿毛病就满挡上啦！

一相相停当啦！放定。老年间哪，放定，过礼，不见面儿；什么事儿没有。拜天地的时候儿女的盖着盖头，新娘也瞧不见他是瘸子，新郎也瞧不见新娘是一只眼。一入洞房，打起来啦！怎么？入洞房以后盖头撤啦！新郎一走道儿，"哟！"俩人都吓一跳：

"哟！你怎么是瘸子？你骗人是怎么着？我相的时候不瘸，这会儿怎么瘸啦？说实话！"

男的会解释——媒婆儿早教给他啦：

"是呀，相的时候不瘸呀！不是骑着马哪嘛，刚出你们胡同，洋车放炮，声音挺大，马惊啦，跑出十几里地把我摔下来啦，腿也摔瘸啦！先不瘸，这腿是摔瘸的！你这一只眼怎么回事？说实话！"

女的哪也会遮饰：
“是呀，我听说你摔瘸啦，我一着急把这只眼也哭瞎啦！”
多巧！
巧是巧，这媒婆儿的腰包可装满啦！

（张寿臣述　何迟整理　张奇墀记）

赞马诗

说说我们街坊的一档子事。

我小时候，我们街坊这家财主，是大地主，这老头儿哇跟前仨姑娘，全是门当户对聘出去的。老头儿哇做过两任外任官，是进士底子。大姑爷是干什么的？念书的呀——文举，门当户对吧？二姑爷哪？是拔贡，跟举人身份一般高。三姑爷呀，家里是财主，就三姑爷差点儿事，怎么哪？缺心眼儿，傻拉咕唧，傻子！那位说："不对呀，他为什么把姑娘给傻子哪？那么大的财主。"这就是父母之命，小时候定的亲哪，娃娃亲哪，瞧着小孩挺好，家里都趁钱，把姑娘给啦。当中间呀一发生变故，小孩儿有病，吃凉药吃多啦！老年间还不能退婚，这三姑爷呀，顶到三十多岁才完的婚哪，因为什么？也不愿意给，不给不行啊，退婚退不了哇。整天浑吃闷睡，胖，这么老奘，你瞧我们团里头拉弦子的王殿玉了没有？比王殿玉还胖！一上秤约哇四百八十多斤！这还不要紧哪！他三十多啦扎着大围嘴儿，流哈拉子！哈拉子哗哗的！鼻涕下来呀他不会擤，他往里"呲儿"呀！"呲儿"会儿不回去拿袖子一抹就得啦，颟里颟顸！就数这三姑娘长得美丽，就是她呀这个丈夫这么缺德！您瞧这不是害人吗！没有法子，已经做了亲！这叫什么哪？旧社会都讲究"命"，什么都认命。

这天老头儿七十岁生日，三位姑奶奶头好几天都来啦，三位姑爷到正日子得来到寿堂拜寿。底下人到里进一回报，说："大姑爷到啦。"旧社会，姑老爷来啦得禀报，老泰山得迎接出来。老泰山就是老丈人，这老泰山呀迎在大门的外头，嗬，那个讲究多啦，在门口翁婿这么一行礼，往里边这么一走，老头儿跟大姑爷一边走道一边说话，走到大门里头二门的外头，靠墙种这么一片竹子，茂盛！这老头儿无心中说出这么句话来：“姑爷，你看这竹子，头年还不大哪，今年都过了房啦！哈哈！怎么这么高哇！”大姑爷说：“这种东西呀它的心空啊，故此长得高哇！”老头儿一听有理呀，竹子是空心呀。一进二门哪，过来一个鹅，这么高，雪白，脑袋上有个包，这么一叫唤。老头儿说：“这东西爱叫，怎么这么大嗓子？”大姑爷说：“这种东西脖长啊，脖长声音高。”“嗯，对嘛！哎，大姑爷，这鹅跟鸭子它怎么在水里漂着？”“它有分水掌、利水毛哇，故此飘摇着。”“有理。”一拜寿，老婆儿在旁边伺候着，这老婆儿呀害眼，眼都红啦，拿手巾直擦眼哪。老头儿一问：“你岳母的眼睛不知是怎么啦？”大姑爷说：“不要紧，心火上升，赶紧买牛黄清心丸，吃了就好。”这儿说着话，二姑爷来啦，二姑爷是拔贡啊，老头也迎接他呀，到门口哇行完礼，往里让，走这一道儿，跟大姑爷说的话又问二姑爷，二姑爷回答的话呀跟大姑爷大同小异，差不了多少。

三姑爷来啦，老头儿也得去迎接，要是不迎接他呀，怕三姑娘回头挑眼。老头儿迎接出来一瞧，三姑爷下车啦，走道儿哇，呼哧呼哧，哈拉子流得一大串，老远就作揖：“好哇老头儿！老头儿老头儿玩火球儿！”这老头儿还得拉他，那俩姑爷都拉手进来的嘛，你不拉他怕回头三姑娘挑眼。“三姑爷来啦，走。”拉他胳膊，老头儿一皱眉。怎么？他手上净是鼻涕，回头洗去吧。进大门啦，走到竹子这儿问他：“三姑爷。”“干吗老头儿？”“我这竹子怎么这么高哇？”“它怎么这么高哇，问它，你问它！”老头儿说：“不像话，你俩姐夫说啦，‘它是心空啊长得高’。”“心空就高哇？杉篙哪？”“噢，你说得对！哎，这鹅怎么这么大嗓子？”“它要那么大嗓子！”“不像话！你俩姐夫说呀，它脖长就声高。”“脖子长声就高哇？火车头呢？没有脖子声音更大！”“那么它在水里怎么漂着？”“它要漂着！”“这不对它有分水掌、利水毛。”“分水掌、利水毛哇？蛤蟆没有毛，也在水皮飘摇着！”到了寿堂上，老头儿说：“你看你岳母眼睛怎么那么红？”“她要那么红！”“要那么红？你俩姐夫说，‘心火上升就红啦，’”“心火上升？猴屁股哪？它怎么老红着？”

吃完了饭啦，要听戏的听会儿戏，不爱听戏的陪老头儿这儿说话。老头儿忽然间想起一件事，自己也是高兴：“众位亲友，今天朋友送我一个玩意儿，众位看看，这很有意思！走。”大伙儿不知道是什么玩意儿，跟着老头儿出来啦。嗬，一匹马，在门口儿一拴，头至尾呀够一丈，浑身上下一根杂毛没有，紫缎子一般，马头上有一个白光儿，名字叫玉顶紫花骝。老头儿说："众位看看。"大伙儿都说好。"我骑趟马呀众位看看脚程。"这老头儿七十啦，一时高兴，长年岁人都爱卖卖老性子。打底下人手里拿过鞭子，门口一上马，俩脚一蹬马兜子，这马一塌腰，嗒嗒嗒，走了这么一趟。到门口刚要下来呀，大姑爷过来啦。大姑爷是文举，一牵马缰绳哪一抱拳："岳父这马好！不但这马好，您骑得也好！千里马千里人。小婿在您跟前不能说这个，这叫班门弄斧，今日今辰情景俱佳呀，我有四句赞，赞您这个马，可实在是丢丑。"老头儿爱听啊，宝剑赠与壮士，红粉赠与佳人哪，他是念书人就爱听这诗、词、歌、赋。"哎，好，大姑爷有赞，赞完了哇我再走一趟，酬谢你这赞！"大姑爷说什么哪？说："岳父上马身，水碗撂金针，马走八百里，金针还未沉。"这就是表示那马快。老头儿："谢谢，谢谢！"又走了一趟。二趟啦，要下来，二姑爷一想："人家说完了，我要是不说，让人家笑话我！"过来啦，一揪这缰绳一抱拳："老泰山，这马实在好，您骑得也好！大姐夫这赞也好！这么好的赞，小婿这叫狗尾续貂哇，我要不说几句哪心痒，说哪丢丑。""错不了！错不了！完了哇我再走一趟。"二姑爷说了四句，说什么哪？说："岳父上鞍鞒，烈火燎鹅毛，马走八百里，鹅毛还未焦。"更快啦！老头儿又走了一趟。走完不就完了吗！他找别扭，勒住马一回头，一瞧傻姑爷在那儿啦："三姑爷也能说几句吗？"别瞧他傻呀，他不是也得说嘛，过来啦："说什么哪？溜口辙罢来！"一揪这马缰，一皱眉，这眼睛越睁越大，哈拉子哗哗直往下流。大伙儿瞧这傻相儿！人家那二位呀，这手揪着缰绳哪，这手按着马毛，就把赞儿说上来了。他呀想不出词儿来，攥着拳头，给这马腮帮子来了一拳，咚！马一尥腿，差点把老头儿扔下来！老头儿说："你怎么回事呀？你没有词儿你打它干吗呀？"亲友瞧着，谁也可乐，就是不敢乐，一乐那三姑奶奶挑眼，不乐就得憋！丈母娘在旁边儿看三姑爷这傻相儿，不乐不成，一乐一憋，坏啦，放了个屁！咚！响屁。三姑爷一回头，一瞧是丈母娘放的："行啦，有词儿啦！"老头儿说："有词儿你就说呀。""岳父上坐骑，岳母放响屁，马走八百里，肛门还未闭。"这更快啦！

（张寿臣述）

三瘸婿

说相声以说当先。你们这嘴能说呀？提不到，这“能说”俩字呀我可不敢说。为什么哪？有比我们还能说的！那个能说的是什么人哪？各行业都有。旧社会买卖人里头哇数鞋铺最能说！怎么哪？一进门买鞋，穿着合适给钱，他给您开发票，这用不着能说；什么时候能用着能说呀？穿哪双鞋也不合适！连换了三回不是大就是小，换换这种式样，这位不要，要那种式样；挑了这尺寸，不合适，又换那尺寸；要不就赶上这尺寸的鞋没有啦！没有怎么办哪？他要是这么说哪：

“您明儿来吧，现在这尺寸的没有啦！”

“好吧！”

这位一出门他明儿不来，他上别处买去啦！鞋铺一家挨一家，哪儿买不着啊，非你这儿不可？所以他不这么说。怎么说哪？他变着法子非让你把这双鞋拿走！说不合适，不合适也得拿走！褒贬是买主哇！你褒贬它绝对跑不出七样儿去，哪七样儿哪？大啦，小啦，肥啦，瘦啦，底儿薄，底儿厚，不好看。七样。你说哪句，他拿哪句回答你，这位就把鞋拿走啦！拿走穿着不合适，明儿再换来；赶来换的工夫儿，他这尺寸的鞋也就有啦！要没有呢，一等一个月也得等，换钱，换不了去啦！好比说吧：

“这个底儿呀，厚！”

“您现在穿底儿厚的最好，怎么哪，走道儿哇不硌脚！”

您说：“底儿薄！”

“您穿着脚底下图轻！”

“肥！”

“肥，您脚不受屈！”

“瘦！”

“瘦哇，您穿着利索，跟脚。”

“小！”

“小哇，您穿两天儿它就松啦！一松您穿着就合适啦！”

“大！”

“大，一着潮气呀它回楦！”

“不好看！”

“嗐，这是新样子，最时兴啦！”

怎么着你也得把它拿走。这是鞋铺，鞋铺的人能说。

还有一行最能说，能说是最能说，可现在这行没饭啦！哪行啊？就是说媒的媒婆儿。

“父母之命，媒妁之言”，这句话耽误人！婚姻大事父母说了算，媒人就那两片嘴，只要把父母说得心一动，这就能结婚。夫妻两个人，这是一辈子的事，生同床，死同穴嘛！旧社会结婚的时节谁也不认得谁，俩人脾气谁也不知怎么回事，隔山买老牛，好也这辈子，不好也这辈子！旧社会不能离婚，就得这么着，一辈子算完啦！

老年间不正常的婚姻多啦！您听过那出戏——《小女婿》，男的十一岁，女的十九岁，不合理！还有骗买来的，男的七十六、女的十五！这事情旧社会很多很多的，他钱多呀，随便他想怎么办就怎么办！还有这么句话：“好汉占九妻”，您瞧，他饶着玩弄女性啊，还落个“好汉”！

还有这个哪！小孩儿娃娃亲，抱着就定亲啦！这俩小孩儿呀，一个太太抱着一个，都是街坊，两位太太呀一块儿哄小孩儿凉快，说话越说越投缘，跟家里先生一说呀，先生也同意，怎么样哪？

“得啦，咱们结个亲吧！”

这两个小孩算定亲啦！这俩老太太投缘，这俩小孩儿投缘不投缘她不管！

还有比这个更糟的，叫“指腹为婚”，这俩人还没出世啊就订婚啦！二位太太都有身孕；说得挺投缘；跟家里先生一说，先生也愿意。

“得啦，咱们定个亲吧，养下来瞧，养下来要是一个小子一个姑娘啊，就是夫妻两口子，定下吧！”

定下啦！

“等着吧，养下来瞧。”

过了半年多，这位太太养了个小孩儿，等那位太太养下来再说吧！又过了半年多呀，没信儿；一年多啦，还没信儿，十个月怀胎呀，她十四五个月啦！细一了解呀，那位太太是水臌！这不是糟践人嘛！

说老年间婚姻全不好吗？也有好的，好的少。有那么一个典故，形容这夫妻和美呀就用这句话，叫“举案齐眉”，“举案齐眉”是怎么回事呀？汉朝的事。离如今两千来年，这男的呀叫梁鸿，女的叫孟光，夫妻一辈子相敬如宾，到吃饭的时节呀把案举起来，夫妻对让。这是千古的美谈。案是什么呢？跟托盘似的，有三四寸长的四条桌腿儿，漆的，搁饭菜用。

如今“举案齐眉”的有没有？古时不就有梁鸿、孟光吗？“举案齐眉”可多了去啦！怎么？新社会婚姻自主啦！

我们街坊出了这么档子事——逢这特别的事都是我们街坊！我们街坊啊有个老头儿，趁钱！跟前有几位姑娘，大姑娘二十二,二姑娘二十,三姑娘十八，挨肩儿的亲姐儿仨，这姐儿仨感情很好啊，不愿意出阁。为什么不愿意出阁呢？姐儿仨这么想：出阁不是嫁三姓人吗？内中如果要有位外省人，一回家，姐妹见面的时候就少啦！

后来姐儿仨一合计，怎么办啊？出阁也成，嫁亲哥儿仨，错了亲哥儿仨不嫁。这就难啦！亲哥儿俩不成，亲哥儿四个也不成！亲哥儿四个怎么也不成哪？姐儿仨嫁给老大、老二、老三，剩下老四不还得再娶一个吗？娶一个妯娌就有外姓人啦，一烦心，不还得分家？故此哥儿四个的也不成。

旧社会都讲这个：“门当户对”；她要是给穷人好办，亲哥儿仨二十多岁没有成家的有的是！可是不嫁给穷人哪，得跟她家财产相当啊，这就难了！

让媒人给说去，要说停当了谢两块现洋。这媒人姓酸，叫酸梅。这酸梅呀满世界给找主儿，过了半年啦也没合适的！有一天酸梅呀住娘家去啦，她娘家表嫂也是个媒婆儿，叫烟儿煤。烟儿煤那村儿呀离我们那村儿五十多里地，这村儿有亲哥儿仨，家里是财主，开着烧锅、木匠铺、大粮行。大爷呀二十三,二爷二十一,三爷十九，年岁相当，财产相当，这哥儿仨还都是念书的人。女方这老头儿哇，在前清是个进士，这不是门当户对，挺好嘛！有一样儿麻烦，什么麻烦？这哥儿仨呀都有点残疾。有一个相不上就不行啊，这哥儿仨呀都有残疾！什么残疾？哥儿仨都是瘸子！

这哥儿仨还是三样儿瘸！大爷呀是抽筋儿腿。什么叫抽筋儿腿呀？走道儿哇这条腿迈不出去，他得把浑身力量使到腿上往外抡，抡出去画半拉圈儿再落地。这二爷哪？二爷这点儿病在脚面子上，脚尖儿立着，一走哇高起一块来。顶三爷这瘸瘸得寒碜，三爷这病在大胯骨上哪，走着道儿哇这腿抬不起来，拉拉着，拖着走！

这酸梅、烟儿煤一想：错过这哥儿仨还找不着合格的，这不要命嘛！

找女方老头儿天花乱坠一说，老头儿得相相啊！上哪儿相去呢？上烧锅相去。这哥儿仨在柜头里瞧着账，旁边搁的算盘大爷喝着茶，二爷点着烟卷儿，三爷瞧着报，老头儿由酸梅、烟儿煤陪着进来一给引见：

"这是某某老先生，这是三位东家，大爷、二爷、三爷。"

哥儿仨站起来一抱拳：

"老伯，请坐请坐。"

老头儿坐下了，他们也坐下一齐谈话。老头儿一听：

"好学问，好谈吐！"

临走，临走要一迈步可就露啦，他们不迈步哇，站起来装着要往外送，老头儿一说"留步"，这哥儿仨说：

"好好，恭敬不如从命，您慢慢走。"

又坐下啦！说什么也瞧不见他的腿呀！

这门亲事老头儿愿意，回来跟老婆儿一说，老婆儿不放心，要亲自相相这三位姑爷。这麻烦啦！这三位姑爷离这儿好几十里地，老婆儿不能上烧锅那儿去，又不好意思让那哥儿仨上这儿来，怎么办呢？老婆儿出这主意挺好：老头儿不是个进士吗？让老头儿立一回诗社，出帖请些个年轻学生，把这哥儿仨呀也请到里头，拿别的学生衬着这仨人，老头儿当社长出题，让大家呀来篇文章，一来看看这哥儿仨的相貌，二来也试试这哥儿仨的才学。这哥儿仨呀接到请帖也知道是为这档子事，就是不能来，怎么？一来就吹啦！大爷抽筋儿腿，二爷踮脚，三爷拉拉胯，不行啊！可娶媳妇儿心盛，不来也不行啊！怎么办哪？嗬，酸梅、烟儿煤这俩媒婆儿主意太高啦！来的时候呀，这酸梅呀跟着一块儿来，烟儿煤在女家这头儿等着，这哥儿仨呀特意地迟到一个来钟头，哥儿仨来的时候坐一辆车，老年间没汽车、马车，坐那种一对菊花青骡子拉着的轿车，大爷坐在尽前边儿，二爷坐在大爷脊梁后头，三爷在尽里头。烟儿煤在这儿等着，酸梅骑着驴跟着轿车。

到村口儿这驴先进村儿，车慢慢走。到门口，酸梅呀冲里头一嚷：

“老太爷、老太太，人家可来了啊，迎接迎接！”

亲友都在这儿，一听说新亲来啦，得看看，嗬！全出来啦，门里门外，台阶上都站满啦，要瞧瞧这仨人什么模样儿！

这仨人到门口儿下不来车，怎么？一下车这瘸子就露啦！大爷抽筋儿腿，二爷踮脚，三爷拉拉胯，那哪儿成啊！车一到，烟儿煤几句话呀，好比一只大手把大伙儿的眼都给盖上啦，能让大家瞧不出这哥儿仨是瘸子来，这主意多高！

烟儿煤说：“哟，大爷，二爷，三爷，这会儿才来呀，人家亲友早就到啦，连我们也来了半天啦！回头我们得开开眼。这老太爷呀出题，大家作文，我们也没念过书，不懂什么叫文；回头我们得看看，见识见识。”

这位大爷还跨车沿儿哪，不能下来呀，一下来腿就露馅儿啦！冲老头儿一抱拳：

“哎呀，老伯，您可千万不要听烟儿煤的话，作文呀我可实在作不好，我写几个字还能勉强凑合，正、草、隶、篆、魏碑、蝌蚪文都能写，不但双手能写，连我的脚都能写，今天众位亲友到这里赏光，我要献献丑，我把袜子扒了，用两个脚趾头夹着笔，写几个篆字请众位给指正指正。烟儿煤，取文房四宝，找纸！”

说话就解腿带儿，要扒袜子！其实他写不了哇！烟儿煤赶紧跑过来：

“大爷，您先别忙，您写得多好哇，我们没念过书，也不懂，也就是让老太爷给指点指点，再说，大街上扒袜子，当着这么些人不老好看的，您既能写呀写地下就成啦！我搀着您下来。”

烟儿煤、酸梅把大爷架下来啦。

“好好，那么就不用扒袜子啦，恭敬不如从命，写几个众位给指点指点，众位，我可要献丑啦，哈哈哈哈，写几个篆字！”（学瘸子抡腿）

写了没仨篆字他蹦进去啦，一百多口子愣没瞧出来！这老头儿注意瞧着地，理着胡子：

“哎呀，我怎么不认得哪？”

那哪儿认得哪，谁也认不得呀！

酸梅、烟儿煤又把二爷搀下来啦！二爷下车不说别的话，往地下一看：

“众位众位，您看我哥哥这一笔够多好（以脚尖点地），这笔多足，最好是这一笔……”

他也进去啦！

再把三爷搀下来，三爷站在车旁边呀跟大哥嚷：

“大哥大哥，哎呀，这什么道理！您怎么把字写地下让人踩着，这不是毁谤圣贤吗！岂有此理！我给您都划拉了吧！”（学拉拉胯）

三爷也进去了！

您说这种骗人的事够多缺德吧！

（张寿臣述　何迟整理　张奇墀记）

三怪婿

就在我小时候——头五十来年，有一家财主，这老头儿哇做过两任外任官，趁钱。他有仨闺女。做外任官的时候他没往外聘，怕聘出去呀见面的时候少，回家啦，三个姑娘都成年啦，同时聘出去了。这老头儿哇对于儿女亲事四个字口语："麻痹大意"。听媒人的话，媒人说怎么回事，他也不调查调查。应当调查什么哪？调查调查那边儿那男的跟姑娘是不是般配，这人的人格、脾气，你调查调查这个。他不调查这个，调查什么？调查人家家当。他不是财主吗，做过两任外任官，要门当户对。这句话害人可害多啦。您听《双蝴蝶》，如今叫《梁山伯与祝英台》，那两人要做夫妻多美满哪，皆因什么不成啊？梁山伯家里穷，祝英台家里是财主，不能做亲。门当户对，不行，害人。这三位亲戚都是门当户对——财主。把姑娘聘出去啦。聘出去之后一回亲哪，哎呀，差点儿把老头儿烦死。因为什么？仨姑爷是仨怪物。那位说："怎么跟怪物结亲哪？"人中之怪。怎么仨怪物哇？一个一个说给您听啊：这大姑爷是一脑袋秃疮，说秃疮，现在叫皮肤病，到医院治呀有这个药，那阵儿呀不懂，科学没有那么发达，头五十来年呀。秃疮啊越来越多，这脑袋呀是有头发的地方全没啦，长这么一个秃壳，一手指多厚的秃疮嘎渣。顶缺德的是什么？他在跟前讨厌哪，味儿搁一边，他在人跟前挠，他痒痒啊，里头净细菌哪，一掉好些秃疮嘎渣。尤其夏景天这个月份不敢抠。怎么不敢抠呀？夏景天不是热吗？一热他出汗，出汗这秃疮嘎渣悬起来啦，一抠，掉下一整个的来，露着鲜红肉，更寒碜！夏景天怎么弄？夏景天他拍。拍呀比那抠还讨人嫌，他拍不要紧，旁边看的受不了，先出相呀后出声（拍脑袋），"哎……啊……"就有这么说的："张寿臣，你夸大其词。拍就得啦，干吗还出相出声啊？”差不多的都有这经验，是有脚气的都知道，晚上睡觉哇，坐到炕上把袜子一拉，有把手指头搁脚缝的，有拿袜子、包脚布子的，您瞧他拉两下，先出相后出声：“啊——嗬——”这二姑爷哪？这二姑爷呀流鼻涕。小孩儿还可以，三十多啦，鼻涕下来啦，他不擤，往里吸溜。实在吸溜不回去，他用袖子擦，这成绸子袖头啦！怎么，鼻涕啊，挺亮。夏景天一看，嗬，这姑爷两撇胡，其实不是，那是鼻涕嘎渣上落苍蝇了。这三姑爷？三姑爷是倒长眼睫毛。这种病搁现在能治，到医院一拉就得。那阵儿不懂，头五十来年。打害眼起，把眼睫毛倒啦，怎么办？拿热水闷闷。千万别拿镊子往下摘。越卷这眼皮子越松，它疼嘛，老往一块儿就合，摘完了还长啊，过两天长出来小锥子，正刺眼珠，得老往下拔。流脓嗒水，珊瑚子镶边儿。夏景天，连眵目糊带嘎渣，苍蝇往眼上飞呀，哪儿请客它能不去吗？苍蝇去了他睁不开眼，他得轰，一轰，苍蝇飞啦。苍蝇缺德呀，手刚过来，它又落下啦。怎么办？这手什么也干不了，老在这儿（眼前）用手这么轰。在您跟前来一个人，老这么样（用手在眼前来回摇做赶苍蝇状），您受得了受不了？

这仨姑爷这个样，老头儿没办法，生米做成熟饭啦。过了二年，坏啦，老头儿七十大寿啊，高朋满座，胜友如云，来了八百多位亲友。这日子厉害呀，六月底七月初哇，正热的时候，仨姑爷拜寿来，带着苍蝇来啦，离着二里地就听见嗡嗡嗡啊。要命的是什么哪？这吃饭的时候呀，这老丈人得陪着仨姑爷一块儿吃饭。说不陪着，不陪着不行，旧社会这是规矩，姑爷是贵客，不陪着姑奶奶挑眼。陪着吃饭没法吃。这桌饭摆上啦，爷儿四个四面一坐，大姑爷冲老头儿拍脑袋：“哎呀——吓！”二姑爷那儿（用鼻子抽鼻涕状），三姑爷那儿（用手在眼前来回做赶苍蝇状），你还吃不吃啦！你绝不能冲三姑爷脑袋上喷滴滴涕呀，也没这道理呀！老头儿一想啊，这饭吃不了，回头一打苍蝇，啪，把苍蝇打菜盘子里，你还吃不吃？我得把他们仨人弄走，这桌饭我也不吃。老头儿想了半天想出一个主意来：“今天哪咱们爷儿四个吃饭，我这儿立个规矩，大姑爷不准拍脑袋，二姑爷不许擦鼻子，三姑爷的手不许往眼睛上晃悠，往眼前轰苍蝇不成。你们把这规矩守好了怎么样哪？明天哪每位府上送上一桌燕菜席，可得把我这规矩守住，要犯了我这规矩，不用说给你们送燕菜席呀，你们哥儿仨做东道请客呀，燕菜席呀吃一年！还不是咱们爷儿四个吃，所有来的亲友八百多号完全奉陪！”嗬，这罚约大啦！

老头儿那意思：你们守不了就走，一走人我也不吃啦，得啦，省得这添恶心。这俩人全瞧着大姐夫，大姐夫明白。大姐夫这么一瞧：老丈人损啦，他不让我拍不行啊，不拍痒痒啊！一拍就输啦！我站起来一走，亲友一乐，以后还见不见人哪？大姑爷一想：成，这规矩我守哇。赶紧吃，吃不了两样菜就要上饭，吃半碗饭就饱啦。酒量不拘，饭量不拘。回头一边儿拍去，躲开他一边儿拍去没事啦。“成，成，我遵着您这个，遵您这个约。”“那么你们哥儿俩哪？”二姑爷、三姑爷说：“随着吧！”老头儿说：“你们全随着啦？我这话可算有效啦。大姑爷不许拍脑袋，二姑爷不许擦鼻涕，三姑爷不许往眼睛那儿轰，现在就开始，来，换酒杯！”老头儿缺德啦，应当啊使这么一点儿的酒盅，他拿走啦，换这么大四两的酒斗，喝花雕也好哇，完全二锅头老白干呀，这玩意儿一盅四两，老头儿这儿逼着，“来来来，咱们先把它干了哇，不许剩，亮底，满福满寿哇！”大伙儿一举杯，干啦。又斟上啦，“来个双福双寿！”两杯下去啦。又满啦，“来来来，喝完这杯随便喝，连中三元！”还连中三元哪，两杯下去就受不了啦，大热天，这白干酒它串皮呀！大姑爷脑袋上跟虫爬似的受不了，急得汗哗哗往下流，一拍就输啦，这手到脑袋这儿又回去啦，不敢拍。老头子那儿还举着哪：“来来，把这干啦，干啦！”大姑爷一瞧，不能喝啦，把酒杯放下啦：你说不吃完了饭走，这不像话，还没吃哪就饱了吗？“老泰山，大热天要喝酒可没意思，我想啊，席前有酒，无令不成欢哪。”老头儿说：“划拳？”“划拳，天热，一嚷一出汗也不好，最好说个故事，咱们爷儿四个每人说一个，说完了再喝，您看好不好？”老头儿说：“这也有意思。大姑爷先说，怎么个故事呀？”“嗬，有一年哪，小婿跟着朋友哇上吉林省啊，去打围去啦。”老头儿说：“那有什么特别呀？”“嗬，这个围场里可是特别新鲜，野兽哇成群哪，什么四不像啦，野猪哇，熊瞎子，狼啊，豹子这都不算，最要紧的那回我瞧见出奇的野兽，鹿。一身梅花点，跑得快着哪！”老头儿说：“那个动物园常见哪，梅花鹿那不算新鲜。”“是呀，您看不算新鲜，您看那个跟我看那个不一样啊，您看那鹿是俩犄角，我看那鹿犄角多，不但多，方向啊长的不一个地方，这地方呀长的犄角，这地方又出来啦（趁机把脑袋拍了个遍），可是这地方的长，哎呀，它脑袋上啊净犄角啦！”他把痒痒劲儿过去啦！老头儿没明白，二姑爷懂。二姑爷在旁边坐着，心里说："大姐夫，你缺大德啦，你要不拍呀，我这鼻涕还能忍一会儿，这一拍呀，都过河啦！擦是擦不了，想词儿没词儿，这怎么办哪？你顾你啦，你顾着点儿我呀！"正赶上老头儿来送题目，老头儿不信，老头儿说："我今年七十啦，我没开过眼，没见过这么些犄角的鹿。"二姑爷有题目啦："是，您没见，您没见，吃亏呀那天我没跟大姐夫一块儿去呀，我要跟大姐夫一块儿去您就信啦。"老头儿说："怎么哪？""我有一手儿功夫，叫百步穿杨箭。"老头儿说："那是黄忠。""我比黄忠强，黄忠一手开弓啊，我左右开弓啊，我一拿弓箭，梅花鹿过去啦，我左一箭（用左手擦鼻涕）右一箭哪（用右袖子擦鼻涕），就逮住俩！"擦净啦。这苍蝇啊都上三姑爷眼睛那去啦，三姑爷说："老泰山，您不用听大姐夫胡说八道，据我想啊，没有这个事！"（用手在眼前来回做赶苍蝇状）

（张寿臣述）

吃西瓜

不易，哪行也不易！就拿我们说相声的说呀，俩人好办，一个装傻，一个装机灵，俩人背道而驰，说着说着您就乐啦！实在不成啊俩人来了装不认得，这个问那个：

“贵姓啊？”

那位说：

“不敢，贱姓什么。”

“您才来呀？”

“我来了会儿啦。”

“我怎么不认得您呀？”

“没人给介绍。”

这是俩人。一个人不成，一个人我自己问我自己：

“我贵姓啊？我不敢，我贱姓张。我早来啦？我来了半天啦。我怎么不认得我啦？”

这我怎么活来着！我要不认得我，回头我怎么家去！这个呀，一个人就得慢慢地说。还有一样啊，出我们的口，得入您的耳，难！站在这儿呀，要紧的是人缘儿，没人缘儿不成，往外一站八个字口语，完啦！哪八个字呀？“头脑各别，面目可憎”，人越瞧越恶心，一点儿爱人肉儿都没长，长点儿爱人肉长脚心上啦，管什么哪，谁瞧见啦？不易呀！

说做生意难哪，做生意怎么难哪？他得变着法儿赚人家钱，难哪。

拿鲜货行说，这行呀就难，正叫“鲜货”呀，也可以叫“险货”。怎么？赚钱哪也是它，赔钱也是它。好比说吧，鲜货，越大果局子越赚钱，越摆小摊儿的越不容易。旧社会那阵儿送礼的多，坐着汽车，带着底下人，打这儿一过就站住啦，“约多少多少斤苹果，约多少多少斤蜜柑。”这个那个的这么一要，连价儿都不问。约的时节呀，分量小点儿那位也不争。他外头摆着的这个呀全是好的，猴儿顶灯。什么叫猴儿顶灯？上头是好的，破的、烂的搁底下啦！给那头儿送礼，那头儿收礼不能当时就吃呀，绝不能当着朋友就吃呀！再说收礼的人比送礼的派头儿还大呢，就搁一边儿啦。过些日子烂啦，不说这东西原先就烂啦，说它呀搁日子多，搁烂啦！其实打根本就是烂的！那个能赚钱。街面儿上摆摊儿的那个小贩，坐汽车的人不上他那儿买去，他这价钱哪，买来的贵。大果局子是整筐买来的，他卖得贱。摆摊儿的没那么大本钱，得打他们手里买，这头层利让他们赚了去啦。这一摆摊儿，好比卖苹果吧，这儿摆着，走道儿的吃不起的不吃，连瞧都不瞧。这位呀吃得起，拿起来呀先掂掂：“这苹果不老瓷实的！”这位一掂那位一攥哪，这苹果一会儿就黑呀，黑了怎么卖呀？一说价钱，“嗬！那么贵！”往摊儿上一扔，摔着的地方一个大坑，他走啦！这卖东西的能把他叫回来吗？“你回来，你为什么不买？攥了半天，你给我摔个大坑！”净麻烦。可他也能变着法儿赚钱，一带生意口就赚钱啦！

卖枣儿，卖葡萄，刚下来的时节呀他吆喝甜的，他老说好的，其实这葡萄哇是酸的！枣儿哇是抄枣儿！在我们北京啊，他一吆喝就这个味儿：

“甜葡萄哇，嘎嘎枣儿哇，吃枣儿吧，又贱又甜！”

甜葡萄，你买去，不甜哪也得算着！刚下来呀，它不甜哪！要说实话哪？说实话，就卖不出去啦！

“酸葡萄来抄罗枣儿来，买枣儿来，连吃带吹！”

里头净虫儿，谁吃？他得把它夸好了！生意口嘛！

最难是卖柿子的，乍下来好卖，乍下来嘣焦酥脆砚口儿甜。柿子不是涩的吗，为什么才下来倒甜哪？是啊，这种柿子它涩呀，吃一口就张不开嘴，嘴就木啦，拉不开舌头，怎么办哪？怎么就甜啦？

他在柿子店拿开水过了一回，可不是搁锅里煮，搁锅里煮就烂糊啦，把柿子摆在大缸里，缸底呀有窟窿，有竹子筛子，缸盖儿呀是这么厚的毡子，弄开水呀往缸里这么一浇，倒到里头一盖盖儿，底下有筛子，水打底下流出来啦，拿热气一闷，顶到晚上啊把柿子拿出来，搁炕席上这么一摆，当院这么一晾，拿露水这么一打，明儿早晨哪柿子上一层白霜，吃到嘴里嘣焦酥脆砚口儿甜，那个涩劲儿没啦；就在八月节前后，柿子最好吃。就怕什么月份呀，九月，一过霜降，要命啦！这柿子熟哇，是打里头往外熟，外皮儿呀还是涩，要拿开水一冒哇，外皮儿倒不涩啦，里边儿馊啦！吃了拉稀。不见开水它是涩的，卖不了。卖这种柿子带生意口的能卖，不带生意口的他是这么吆喝：

“不涩来，涩啦白吃来！”

这是规矩的卖柿子的。要遇上那号儿净想赚钱的哪，他就不这么吆喝啦，他吆喝价钱，不吆喝别的。

“一毛啊，八分啦，这边儿一毛，这边儿八分啦！”

来一位吃柿子的：

“怎么卖呀？”

“大个儿一毛，小个儿八分。”

拿起来先问：

“涩不涩？”

卖柿子的怎么说？说：“这涩！”说涩人家走啦，不吃，有钱不吃涩的！说：“不涩”不涩人家咬一口，涩，说瞎话冤人不成。这位问涩不涩，要不怎么叫生意口哪，一问：“涩不涩？”

“先生，您尝，您尝！”

听这话了没有？你问他涩不涩，他任什么没说，他让你尝，他不负责任，“您尝”。这位也听话，拿起来就咬！

“嗬！涩呀！涩呀！”

“是，先生，是这么的，现在过霜降啦，里边不涩啦，您把皮儿啃去，吃瓤儿，瓤儿不涩。”

这位也听话，一啃皮儿，把皮儿全啃了去啦，再试瓤儿，试也试不出来啦，因为什么？舌头全木啦！拿起又一咬：

“里边儿也涩呀！你给换吧！”

“先生，是这么的，我们一个小买卖，这一个柿子卖您一毛，八分多钱的本儿，您啃去半拉，再卖卖给谁呀！”

这位一听：“对呀！”把柿子扔啦，给一毛钱。堵心哪！

“我哪儿也不去，反正我也没事，我跟你摽啦！”

到隔壁儿杂货铺买把刮舌子。

“哪儿摆我哪儿刮舌头！”

这儿是柿子挑儿哇，他在这儿刮舌头。来一位呀吃柿子，一瞧刮舌头，躲开啦！又来一位呀，倒霉，没瞧见刮舌头的，净瞧见柿子啦，拿起一个一问：

“怎么卖？”

“这个一毛，这个八分。”

“涩不涩？”

他不说你尝啦，一说你尝，那个人就说啦：“别尝啊，我可上当啦！”

他往那儿指：

“你问问，那儿有吃主儿。”

他往那儿支。这位不知道怎么回事呀，拿起来就问：

“先生，涩不涩？”

那人憋了一脑门子官司，刮得喘不上气来。

“啊？不涩！”

一说不涩，咬一口。咬一口涩，他跟他嚷嚷上啦：

“哎，你不是说不涩吗？”

“不涩我刮舌头？”

这就是生意。

还有一行，这行是什么行道哪？卖西瓜。写的是三分、五分，您要不问价儿，吃哪块哪块五分。您得问完了到底哪种三分哪种五分，问完了再吃，要是不问，您是吃哪块哪块五分，这种事可实在有。我上过这个当！卖西瓜的跟卖西瓜的不一样，规矩主儿卖的着吃，可您瞧着块儿小，我告诉您哪，瞧着块儿小可块儿大，您瞧着块儿大那个可块儿小，同是一个西瓜，到规矩主儿手里切出来能跟奸商差二十块西瓜，小块儿显着块儿大的还是先卖完，那个大块儿显着块儿小的得剩下。那位说：“那怎么讲哪？”奸商卖西瓜呀他是齐着切，瓤儿高发薄，打老远来你瞧是瞧一面儿，绝不能瞧八面儿呀！“嗬，这西瓜挺大块儿！”拿起来就咬，要是咬了一口，一瞧块儿小，你也不好意思搁下啦。怎么拿起来就小了哪？他立着瞧啦，瞧八面儿了，不就小啦！至少你得吃一块呀，一吃好吃，你把那上当就忘啦，就许连着吃好几块。规矩主儿切西瓜，船形，当间儿宽两头儿尖，那个西瓜着吃。那么他不会按人家那么切吗？那么切它站不住哇，他往那儿一搁，吧唧！躺下啦，再一立，西瓜瓤儿全掉了，净剩西瓜皮啦！奸商切西瓜有技术，凭这技术骗人，吃东西上当不上当就在这儿。还有一样儿：奸商能卖生西瓜。一刀下去，夹刀，一夹刀准是生的，切出来也没人吃，怎么办哪？这底下没切透哇，起出刀来俩半拉连着，搁桌子底下啦！切好的卖，这个先不切。切好的可是切好的，可最好的那种脆沙瓤儿哪且不切哪，往当间儿那么一摆，拿那个做幌子，号召。你听他吆喝，到我们北京啊，一分钱他吆喝“一个大”。他吆喝“俩大”呀是两分钱，“五个大”呀是五分钱，吆喝这个“大”，他不吆喝几分钱。一吆喝这个味儿：

“斗大的西瓜切成船大的块儿来，两个大来，白冰糖的味！”

白冰糖！白天净卖好的，顶到晚上啦，就把这个生葫芦头儿的拿出来啦。拿出来，他把它切四分之一，不全切，往案上四个犄角儿一摆，有红瓤儿啊白瓤儿啊衬着这个。有种西瓜叫三白，这路生西瓜就有两白。那位说：“怎么两白呀？”三白是白子儿、白瓤儿、白皮儿，他这个呀是白子儿、白瓤儿、黑皮儿！还没有菜瓜好吃哪，吃了就拉稀，酸的！那么谁瞧不出来它是生西瓜——两白呀，白子儿、白瓤儿卖不出去呀！别忘啦，他骗人哪，电灯上啊弄个红灯泡，没有红灯泡哇他糊点儿红纸，拿这红纸一照，这西瓜全是粉红瓤儿，专蒙近视眼，近视眼上这个当！

我有个大爷是近视眼，吃完了饭，打家里出来溜达，夏景天，穿着小衣裳，穿双拖鞋，拿把团扇儿，上街上兜风。

“天可真热啊，哎呀，嗬！”

一听那儿吆喝：

“白冰糖的味儿来……”

“西瓜。”

走过来啦。

“个儿不小啊！”

一伸手就拿起这么一块来，生的。逢吃西瓜都找块儿大的，这路西瓜它比别的块儿大。拿起来呀他往灯头那儿凑合。

“红瓤儿。”

灯照的，离灯越近它越红啊！

“怎么卖呀？”

“两个大来！”

拿起一块一咬：

“嗬！呸，呸！掌柜的，这怎么酸的？”

卖西瓜的怎么说？说那是生的，生的麻烦啦，人家找地方跟你说去："你卖西瓜卖生的，我们吃了拉稀！"满打人家不跟你怄气，给你三分钱不就完了吗！可哪儿就等一位近视眼来哪，好容易来了个近视眼，能让你走吗！少说得吃几块，吃一块不能让你走！话跟得紧，要不怎么是生意哪！

"哎哟，先生，这哪儿的事，您避屈呀，您避屈呀，您甭给钱，这是哪儿的事！这是我们那伙计耽误事，刚才买卖忙，他一边儿收钱哪一边儿吃饭，我说：'你先吃吧。'他不价，他站在那儿一边儿收钱哪一边儿拌炸酱面，吃面他往里倒醋，一倒醋哇洒到西瓜上啦！西瓜洒上醋，它不就酸了吗？您扔了吧，您扔了吧，您甭给钱！"

人是一口气呀，立刻我大爷这气就消了，攥着这生西瓜：

"完啦完啦，我没听说过，我今年差两岁七十啦，没听说过醋泡西瓜！"

"哈哈，是是是，算我的！"

"算你的干什么，一个小买卖人，哪儿就赚出块西瓜来啦，完啦，算我的！"

"您吃这边儿的。"

往他这边儿让。我大爷打他这边儿拿起一块来。

"也是红瓤儿！"

它跟那块是一个瓜嘛，它不红瓤儿！一咬：

"嗬！呸！"

一口全吐。

"我说，这块怎么也是酸的？"

"哎哟！您避屈，您避屈！您吃那犄角儿的……怎么也洒上醋啦！"

我大爷把西瓜扔啦，赌气给四分钱走啦！一边儿走，一边儿骂。

回到家里睡不着，怎么哪？越想越堵心：四分钱不要紧，他欺负我的眼神儿呀！你卖生西瓜告诉我洒醋！我应当找地方跟他说说去，拿那块西瓜找好眼神儿的瞧瞧去，是洒了醋？是生的？明儿找他去！

第二天下雨，连着下了四五天，这四五天雨呀，市上的西瓜少啦，一晴天哪，西瓜摊儿少啦。那位说："怎么啦？"北京啊跟咱们天津不一样，北京啊，连雨天，城外水挺深，西瓜车进不来。天津啊多咱也来西瓜，有船。北京全凭西瓜车，城外那么深的水，没（mò）有车啦，那西瓜来得了吗？来不了。果子市存着的西瓜涨行市，一个西瓜涨多少多少钱。规规矩矩卖西瓜的就不能卖啦，切不出来本儿来呀。他们这个哪，还卖，卖可是卖呀，嗬，厉害呀！这西瓜怎么切呀？这西瓜块儿比往常大了一倍，大一倍可是二分不成，四分也不成，不够本儿。卖两毛，两毛一块。那位说："两毛一块说不下去呀！"讨厌、缺德就在这儿啦，不说这是"一块"呀，要说两毛一块，谁给定的行市呀？他说"一牙儿"，您听见了没有？"一牙儿"。他拿这个把"一块"呀就遮啦！一牙儿的这种呀，一块切成三小块，连四块都切不了，把这小块儿的西瓜搁当间儿几块，四外净大块一牙儿的。这小的卖多少钱哪？卖二分哪。干吗又是小的又是大的？他吆喝哇不吆喝两毛哇，他吆喝二分：吆喝二分哪，可是摆着两毛的，当中间儿那几块您瞧不见。老远一瞧，块儿挺大，西瓜不错，到跟前儿拿起来就咬。

"嘿，挺好！"

吃着这块西瓜还瞧着那块西瓜好，打算再吃两块，一瞧当间儿那么大的那个。

"掌柜的，当间儿那个怎么卖？"

"当间儿那个二分。"

"当间儿那个二分，那么我这块哪？"

"您那不是一块，那是一牙儿，那是两毛！"

哈哈！我大爷去啦，近视眼。晚上出来吃亏呀，他白天出来。

"不行，跟他找地方说说去，生西瓜告诉洒上醋，我嚷一通儿，把桌子给他掴了，我们俩人找地方说理去！"

一听那儿吆喝：

"白冰糖味儿！"

"是这儿，是这儿。哼哼，这么大块儿，怎么卖？"

卖西瓜的也不理他，老吆喝：

"两个大来！"

"嗯嗯，这么大块儿二分，合不上价，生的吧！"

心说：咬一口要是生的，我跟他打架。

拿一块边儿上的一咬。

"嗯！"

吃着好吃，这气就消啦！吐吐子儿，把皮儿扔在大筐里，又拿起一块来。这块吃了，又拿起一块来。吃过五块去呀这才心平气和，冲着卖瓜的：

“哈哈，真有你的，我今儿找你打架来啦，这，完啦！”

又拿起一块来：

“生西瓜告诉我洒醋，真是生意人，真惹不起！”

又拿起一块来：

“卖点儿好的成啦，像话。那么骗人哪，发不了财！”

一咬：

“卖好的就得！”

他这一边儿吃一边儿聊天儿，卖西瓜的也不理他。我大爷，您倒少吃呀，吃着好，吃了十八块儿，十八块儿西瓜皮往那儿一扔，拿手绢儿擦嘴。卖西瓜的明白，嗬，比谁都聪明，一瞧他擦嘴——那是不吃啦，你要容他把钱掏出来给你钱，“我吃十八块呀，二分一块，给你一块钱，找钱”，这就麻烦啦，再说两毛钱一块不成啦，那就办不了啦！他呀，不容你掏钱哪，他改，让你这手拿钱拿不出来，你按二分一块给呀，是你吃不起跟他找麻烦，他把这错误搁到你这头儿。这么一吆喝：

“赛冰糖来！”

这儿一擦嘴：

“这当间儿的？”

“两个大来，外头的一牙儿都是两毛钱一块啦！”

十八块全是外头的！

（张寿臣述　何迟整理）

熬柿子

在旧社会里，做买卖的都是想要发财。讲究投机倒把、买空儿卖空儿。要不怎么有这么一句话呢："无官不贪，无商不奸。"就是在街面儿上一个做小买卖的，他都想尽办法骗人。

久做小买卖的讲究抢先儿：春秋四季，什么东西先下来他先卖什么。到了春天，他卖青菜。什么韭菜啊，蒜苗啊，豌豆啊……一样一样都刀尺[①]得挺漂亮，摆在蒲包里。这么一吆喝，出来一位老太太买菜来啦："卖菜的，有韭菜没有？""有啊您哪。""怎么卖呀？""您买多少钱的吧？"瞧！他不告诉人家多少钱一斤，先问人家买多少钱的，这个地方就要骗人啦。老太太一瞅，这韭菜还挺好，打算吃包饺子："好吧，你给我拿两毛钱的吧。"卖菜的赶紧顺蒲包底下抽出一个纸条，打蒲包里拿出来三根儿韭菜来，用纸条一裹，得，双手捧着，递给老太太啦："给您哪。"老太太一瞧，三根儿："哟，这是多少钱呀？""两毛的。"老太太一愣："嘶！我说你这是卖人参哪？""老太太，这韭菜不是咱中国的，这是进口货。你想，连过关带上税，就合十二块钱一斤。也就是您吃得起呀，贵人吃贵物嘛！"

老太太听他这么一说呀，也不好意思不要啦，原本打算吃饺子，这么一想："得了，吃面汤拿它做作料吧！"两毛钱卖出三根儿韭菜去，您想他得赚多少钱哪！

在庙会上做小买卖的，还有一种卖"山里红"的。到天津叫"红果儿"。他不论斤卖，用细麻绳儿串成挂儿，做个圆圈儿形的，连肩膀儿带胳膊上一齐挎着。在胳膊上挎着那挂儿呀，把大个儿的都搁前边

---

① 刀尺——指裁衣的剪刀与尺，借喻整理。

儿，小个儿的都搁后边儿，啧，擦得锃光瓦亮。一吆喝出来是这种声调：“还有两挂儿咧唉唉唉，大山里红啊啊啊。”其实呀，他身上挂着好几挂儿呢！他就吆喝还有两挂儿。是卖“山里红”的全是这么吆喝。过来个买主儿：“怎么卖呀？”

“五毛一挂儿。”

买主儿一看不值呀：“两毛怎么样？”

“哼，不够本儿啊您哪。”

其实呀，一毛五他就卖。买主儿走了，他又往下落价儿：“您给四毛吧！”

“不要。”

“三毛怎么样？”

“两毛你要卖，我就拿两挂儿。”

“您拿两挂儿去吧！”

在这个时候哇，他的戏法儿已经变好啦：大个儿的呀早就跑后边儿去啦，小个儿的哪，也就自动地上前边儿来啦。结果卖出去的还是两挂儿小的。您说这不是骗人吗？

到了秋天卖柿子。是卖柿子的都这么吆喝：“好大个儿柿子咧，涩了哟，管换咧唉。”涩了管换，谁买柿子都要问这句：“涩不涩呀？”他要是说涩，那人家就不买了；他要是说不涩，涩了得给人家换。他这句话回答得好：“您尝！”

买主儿一听他的话呀，一定不涩。拿起来，“康昌”就是一口：“嗬！好涩家伙！哎，你给换换吧，这是涩的。”他更会说：“您别带皮儿吃呀！现在已经过了霜降了，这柿子不漤了（即不用开水焯了），保不齐有点儿皮儿憨（即涩的意思）。您把皮儿啃了去，它就不涩了。”这位还真听话，拿起柿子来转着弯儿这么一啃，把皮儿都啃下去了，就是中间儿再涩，也吃不出来了；怎么？舌头都麻了：“这不能吃，你给换换吧！”

“这我怎么给您换哪？这一个柿子剩了多半拉啦，皮都没了，我卖给谁去呀？”

“哎，你叫我啃的呀！”

“是啊，我没叫您全啃了去呀，您哪怕掐一点儿呢，我还能把它卖出去，你说这个谁要？得了，您凑合着吃得了！”

“好好好！多少钱哪？”

“得了，您甭给啦。”

“不，我吃得起柿子，就花得起钱！”

“得了，您就给一毛钱吧！”

“好嘛，一毛钱就吃个涩柿子呀！”这位呀，越想越别扭；一赌气儿，得，进了百货店，买了个刮舌子。心说了：今日我叫你开不了张！这位就蹲在他的摊儿旁边儿刮舌头（做刮舌头姿势）。正在这个时候，又过来一个买主儿：“涩不涩呀？”“您问吃主儿！”（指刮舌头那个人）这位还真听话，过来就问刮舌头的：“先生，这柿子涩不涩呀？”

那位心里说啦：“你是个瞎子！没瞅见我这儿刮舌头吗？”拿白眼珠儿一瞅他：“这柿子呀，不涩！”其实呀，他这是气话。这位当真的啦，拿起来，“咔嚓”一口：“嘆，好涩家伙！你给换换吧！”

“怎么啦？”

“涩！”

“我没告诉您不涩呀，您问的是他呀。”（指刮舌头的）

这位一想：“对呀！”又过来问那位刮舌头的：“哎，你不是告诉我这柿子不涩吗？”

“啊！不涩我干吗刮舌头哇！”

“嘶，噢，你们俩勾着呀？”

还有那么一种做小买卖的，专研究“杀熟”，就是越和他熟识的人买他的东西，他越多算他的钱。买主儿明知道吃亏，也不好意思说什么。还有一种做小买卖的，不熟假充熟。就拿卖柿子的说吧，在街上摆个摊儿，用这手儿就能多卖钱，我们那儿有家儿街坊王先生，就上过他的当。有一天早晨起来，领个小孩儿，拿着一块钱出来买菜。刚走到柿子摊儿这儿，这个卖柿子的就赶紧过来给王先生请了个安：“好啊您哪！老没见了！您可发福了？噢，您还带着小少爷哪？来来来！拿几个柿子吧！”这就把人的手绢儿抢过来，捡那大个儿的柿子给兜了十个。王老先生一见，说：“哎哎！吃不了这么些个！”“嗐！您拿吃去吧，搁着也坏了。”“多少钱？”“怎么，您还给钱哪，这是哪儿的事！我这是送给小少爷吃的。”“唉，不，你要是不要钱哪，这柿子我也不要。”“吃几个柿子算得了什么，得了，我收您个本儿吧——您就给一块钱吧。”王老先生一听，心说：“嗬！这下子叫他克上了。”明知道吃了亏啦，满脸带笑地说：“够本儿吗，伙计？”“嗐！什么够本儿不够本儿的，咱们自个儿吃呗！”王老先生一赌气，拿起来就走。他还说哪："明儿见，您哪！"王老先生心话儿：明儿个呀，你勒死我也不打你这儿走了！到了家，刚一进门儿，王老太太就问："吃什么菜呀？"王老先生把柿子包一举："吃什么？熬柿子！"

（郭启儒述）

庸 医

旧社会呀，嗬，有些位大夫先生就知道要钱！任什么学问也没有，托人情来个执照，来了病人之后任什么也没诊出来就给人家下断语。这儿诊着脉：“哎呀，你心里不舒坦。”这不是废话吗？他舒坦找你干吗呀！

有这么一种医生，又赚钱又不负责任。

病人哪眼看不行啦，大夫来了哇一诊脉，要死！不能开方子，一开方子回头活不了，怕负责任哪；不开方子白来一趟。这位大夫又拿钱哪又不负责任。

这儿诊着脉。

“哎哟，先生，您瞧我怎么样？”

“不要紧，你没什么病。”

“别人都不给开方子啦！”

“别人他诊不出你的病，我告诉你呀，你真正的病没有，你这肚子里头药吃杂啦，我呀，给你下这服药先别治你这病，先开开你的胃，吃点儿东西，明天哪就比今天强，再吃几剂药就能下地啦，过不去三剂药我保你好，你只管放心，死了我给抵偿！”

嗬！这病人一听，痛快！

“噢，谢谢先生，这才是神医哪，给先生倒茶！”

倒茶，这儿开方子，脉钱也拿走啦。临走本家儿往外送，送到门口儿要上车啦：

“这病人赶快给预备呀，现在都见了绝脉啦！依我看——也许我看不到，可以请别的先生再给看——依我看得预备啦，省得临时抓瞎！刚才我开的那药哇，没有什么别的，就是几样鲜货，吃不吃都可以。”

"谢谢您哪！"

钱拿走啦还得道谢！因为什么呢？"省得临时抓瞎"呀！

有这么一号砸锅匠的大夫，他一诊脉——这病人原本就害怕，好几个先生不给开方子啦才找的这位。一诊脉：

"哎呀！"

这个人一哆嗦！

"啊啊啊，怎么样您哪？"

"不行啦！"

"啊——"

他还没撒手哪病人就咽气啦！这算谁的？算他吓死的，算人家病死的？这种事也有。

我有个街坊——逢这个特别事都是我们街坊——您瞧这位先生砸多大的锅！这还是我们院儿里一档子真事，就出在解放的前两年。

我们院儿里这家儿呀三口人儿，三十多岁的哥哥呀，三十来岁的嫂子，二十二三岁的妹妹——没出阁的姑娘。哥哥在银行里写字，小职员。住两间房，里外间儿，哥哥和嫂子在里头屋哇，妹妹在外间屋搭铺，一早儿哥哥上班儿哪，还得拆铺做饭。这些日子嫂子坐月子，养活了个小孩儿，小姑子伺候月子。半个来月嫂子下地啦。嫂子才下地，妹妹受感冒，病啦！哥哥疼妹妹，说这个：

"外头屋不能睡呀，病人，发冷发烧，开门关门多大风啊，你跟你嫂子炕上睡，晚上我外屋搭铺。"

昨儿晚上妹妹折腾了一宿，哥哥临走的时候儿说：

"请先生瞧瞧吧！"

他上班儿没工夫，托街坊老太太把大夫请来啦。这位先生派头儿可不小，提溜大皮包，戴这么个大光儿的墨镜，一进门儿瞧屋里没有男人——男人上班儿啦，就这俩女的，地下站着一位呀，炕上躺着一位。病人盖着被卧，旁边儿呀拿被子裹着小孩儿，拿小被卧盖着，先生倒霉就倒霉这孩子身上啦！一进门瞧了瞧这孩子。

"小孩儿多少日子啦？"

地下这位太太搭茬儿啦：

"十八天啦！"

倒霉呀！十八天，你倒问问是谁的呀！没问。挨炕这儿有凳子，就坐那儿啦。把皮包搁桌儿上。这位太太在炕头儿上搁个枕头，把她妹妹的手搁到枕头上。诊脉吧，这儿一诊脉，还理胡子哪！

“不要紧。”

什么也没诊出来，他给人开方子啦，开完方子拿脉钱，他走啦！这姐儿俩是文盲，不认字。没人抓药去，嫂子在月子里不能出去，妹妹病着不能出去，等哥哥下班儿。

顶六点多钟，哥哥下班儿啦，太太这儿催：“抓药去吧！”

“先生哪？”

“先生走啦。抓药去！”

把药方儿拿过来啦，这位大爷一看哪，差点儿把鼻子气歪喽，先不用说药哇，先说头里那脉案，写着：“产后失调，淤血不净。”人家是姑娘，他告诉人家产后失调、淤血不净。气得大哥不敢骂街！一骂街，回头妹妹一问怎么回事，非说不成，一说得把妹妹气死。这位太太还直催：

“快抓药去！”

“哎，抓去。”

出来，没法儿抓呀！花钱多少不提，这药不治她那病啊！在街上转了半天怎么回去呀？买点儿黄花儿、冰糖渣儿，一进门儿就说：“那屋大妈说呀先不用吃药，吃错了倒麻烦啦，说她没什么病，受点儿感冒，用黄花儿、冰糖渣儿呀熬点儿水，搬搬汗，好了就好了，不好上医院……我给熬。”

黄花儿、冰糖渣儿熬了一大碗，让妹妹喝，妹妹喝完了，盖俩被卧，又压上一件儿大衣，俩多钟头出了一身汗，妹妹好啦！

要吃他的药不就坏了吗？

正巧啦这天是星期日，大爷不上班儿，大爷说：

“咱们教训教训这先生！”

太太说：“别价！”

“别价可不行！”让他妹妹，“你上大妈那屋待会儿去，不叫你别出来。”又告诉太太：“昨天谁请的大夫，还托谁把大夫请来。请来呀，我躺在炕上盖被卧，让他给我诊诊脉，把脑袋盖上，千万别掀被卧，他问怎么的，就提我冷，昨天吃一服药见点儿轻，求您再瞧瞧。”

妹妹出去啦，把先生也请来啦。这先生进来一瞧，还是那个人，炕上还是小孩儿。

“天冷，他不让掀开。”

“那不要紧，吃药怎么样？”

“见轻。”

“行。”

坐在那儿，皮包放下啦，这位太太搁个枕头，把大爷手拉出来往那儿一搁。他第二个倒霉哪，倒霉这儿啦：大爷在银行里写字，没做过累活儿，这手伸出来细皮白肉儿。细皮白肉儿吧，男的女的摸不出来吗？这儿诊着脉，还理胡子。

“好，略见好转，往下打一打，淤血还是不净。”

这位大爷听到这儿，从被窝儿里蹦出来，啪！给先生一个大嘴巴！这先生一躲没躲利落，把鼻子给打破啦！

“哎，你怎么打人哪？！”

大爷说：

“打一打嘛，淤血不净啊！”

（张寿臣述　何迟整理　张奇墀记）

点痦子·拔牙

有一行生意对于人民有害处，就在这儿，您往南一溜达就有。干吗的呀？点痦子的。他们跟相面的是一行，不相面了就点痦子。桌儿上头哇搁着小匣子，上头搁俩瓶儿，这儿呀挂着一张画儿，这张画儿上画着俩大脑袋，脑袋上啊净是黑点儿，一个黑点儿底下写几个字，单有几个红点儿，红点儿底下也写字；一个黑点儿呀代表一个痦子，红点儿哪，代表好痦子。人没有脸上没有黑点儿的，打这儿一过他就叫：

“老弟，老弟！你往前点儿，我跟你说两句话。”

这个人不知道怎么回事呀，跟他一对脸，他眼睛快：

“你这个痦子可不好哇，一辈子老有亏空，你挣多少钱也不够花的，全是这个痦子的坏处。你瞧，我这儿写着哪，这个痦子长这儿是不是破财？给你小镜子，你照一照。”

这位把小镜子接过来啦。

“你看长这地方跟画儿上这地方一样不一样？一辈子老亏空，存不下攒不下，老有亏空等着你！你怎么样哪？拿药把它点下去；我这儿有药，点在脸上又不疼又不痒，它自己就掉啦！花钱不多——一分钱，打这儿往后净走好运，点不点在你。”

这位一想，破财是一辈子的事情，花一分钱点了去，便宜，买块糖不还得二分哪吗？

“好吧，你给点去吧！”

“哎！”

他一开小瓶儿啊，里头的药哇雪白，拿小铜勺儿一舀那白药膏儿，这手拿一支红骨头签儿。药膏是什么？我告诉您哪，他这种药膏儿杂货铺卖，叫“大白”呀，又叫“白土子”，一分钱买这么一大块，和上凉水搁他那瓶儿里头，一分钱能买八瓶儿，八瓶儿才合一分钱的本儿。拿这骨头签儿一挑：

“你这个痦子也不好，这个痦子犯口舌！”

他一说呀就点上啦，一碰就一个白点儿呀。

“这个痦子有是非；这个痦子以后有牢狱之灾；这个痦子克妻，你娶八个也到不了头儿；这个痦子克父；这个痦子克母；哎，你看这个痦子了没有？这个痦子你给我现大洋一百万我也不给你点，因为什么？我不缺那个德！你这个痦子，往后发财、走运、娶妻生子、有好儿子好子孙，全在这个痦子上哪！你看这儿写着哪：大富大贵，富贵寿考。”

得有一个好的，有这么个好的这位好爱听。要没这个好的，这位就蹿儿啦：

“怎么，我这一脸没有好地方儿吗？”

“这个痦子克长子，这个痦子克少女……”

反正啊他慢慢儿找，是黑点儿他全给点上，最末没地方儿点啦，才把这个破财的给点上。一分钱一个呀，你数去吧，一个、俩、仨……一数数儿哇九十八个，一分钱一个，一块钱找你二分，把钱先把过来，找你二分。

“你绕弯儿去吧，哪儿玩去都成，半拉钟头回来，回来我给你换药，换药可就不花钱啦！”

“哎！”

钱也花啦，顶着一脸白米饭，溜达半拉钟头回来啦：

“先生，这时候儿成不成？”

“成啦，成啦，我给你点！”

这回呀又打开一瓶儿，这个瓶儿跟那个瓶儿一样，可药不一样，药哇发点儿粉红色儿，这是什么药哪？这是烧酒和石灰呀里头加镪水，往脸上点这个啦。扒拉下一个白点儿呀，往上点这个。那位说：“不对，要是烧酒、石灰和镪水，他打底根儿就点这个不得了吗？那白土子不发生作用啊，何必点两回呀？”这个算盘您没打过来，不点那个不成，那个不疼又不痒，他要一伸手就点镪水和石灰呀，九十八个呀他点不上，一过仨这儿就受不了啦。您瞧扒拉一个点一个，点到五六个那儿，头一二三个就变色啦，肉色儿呀四外发红，紧跟着就发紫，您再瞧这个人，五官挪位！这儿刚点六七个。

"嗬，哎呀，先生，你这药劲儿怎么这么大呀？"

"不要紧，忍一会儿，说话就好。"

他是这么想的：你就是不点啦，钱你拿不回去啦，九毛八归他啦。这位咬着牙全点上啦。

"明天哪，别洗脸，后天就好啦！"

回家吧。明天别洗脸哪？俩礼拜也洗不了脸！怎么？它愣往下烧哇，烧肉哇！过俩礼拜——半个多月这才掉疙渣儿。再拿镜子一照，痦子没啦；痦子没啦，可一脸麻子！

还有一行啊比点痦子还厉害，诸位可千万别上他的当。什么哪？拔牙的。牙要有病怎么样哪？上专门牙科，或是上医院，保险，多花少花没关系，有好处，没坏处，该拔的拔，不该拔的不拔，让南市摆摊儿的牙医给拔呀，可有性命之忧！您听他说话可了不得！嗬！在南市一摆摊儿，搁一洋面口袋儿，上头这么一大堆牙，这堆牙少说有八九千个，"这人好大能耐呀，他要没能耐能拔这么些牙吗？"您哪儿知道哇，那不全是人牙，有狗牙。您听他说话可了不得，他到过二十多国，科学家都不如他，他是老科学家，天花乱坠！

来一位，捂着腮帮子，脸也肿啦，找他摘牙来啦，一边捂着一边嚷：

"哎，先生，您给瞧瞧吧，喝水也不成啊，凉的不成，出入气都疼！"

"不要紧，不要紧，来到我这儿就好啦，张嘴，张嘴！"

这位一张嘴，他打口袋里拿出一根铁棍儿来，一尺来长啊，手指头那么顸。

"张嘴，张嘴！"他把铁棍儿塞到嘴里，一扒拉，"哪个疼啊？"

"嗬，哎呀，你这么一和弄都疼啦！啊，就这个。"

"嗯，哎呀，坏啦！"

"你这病啊没在牙根儿上，在牙筋上——神经上哪！这里头发了炎啦，要不摘下来，在里头它烂哪！这一烂，神经系统全传染，这一烂，你这一口牙靠不住。栽不住是小事，牙床子烂啦，腮帮子烂一个大窟窿！喝水流水，吃饭流饭，你就残废啦！我这儿给你摘了哇最省事。"

"哎呀！先生，摘，疼不疼啊？"

"你放心，我这儿摘牙不脚（觉）疼！"

你听这话缺大德啦，他摘牙不"脚"疼，谁摘牙也不脚疼啊！牙是牙，脚是脚，摘牙脚当然是不疼，摘牙碍不着脚哇。

“不脚（觉）疼啊，你放心吧！”

“哎！”

“来吧！”

“多少钱哪！”

“两块钱一个，官价！”

“两块钱不行，我刚打医院来，医院也两块钱，我没有那么些钱，我这儿还有四毛，您受点儿累给摘下来得啦。”

“四毛不成啊，净手术费就一块呀！”

磨烦半天，一块二。两块钱拿出来给他。

“您这不是有两块钱？您说瞎话！”

“我还没吃饭哪，得留八毛钱饭钱哪！”

“好，找你八毛！”

找八毛，那一块二收下啦。收了之后哇，打他口袋里拿出一把老虎钳子——这么顸的钉子一夹就折的那个。拿老虎钳子一举：

“张嘴！”

吓得这位：“哎呀！嗬，我瞧见就哆嗦！这哪儿成啊，我拿舌头一碰就疼，你拿这钳子我受得了？你给上药哇，不上药一块二你……”

“你说得对呀，我也知道上药好，这钱不够哪，这种药现在是进口货呀，药得多少钱哪！你再拿两块！”

“我没有那么些钱哪！”

麻烦半天，八毛钱又给他啦，这不是倒霉吗？还合两块钱哪！两块钱花啦，这个主意呀比老虎钳子还缺德，打口袋里拿出一根儿弦来——二弦。把这根儿弦哪拴一个套儿——越抻越紧的套儿。

“张嘴！”

把弦套在牙根儿上啦，他拿着这头儿。这位算走不了啦。

“哎，你把我拴这儿啦？”

“给你摘牙嘛！”

他把这头儿拴桌脚儿上啦，这位两块钱花啦，拴在那儿啦，走也走不了，站也站不起来，蹲也蹲不下，腮帮子离地半尺多高。

“先生，把我拴这儿怎么回事呀？得多咱掉？”

“你等着，我给你上药哇！”

打口袋里拿出一个瓶儿来，把盖儿拿了去，他往桌子上磕，磕这么一个小坟头儿似的。这药什么颜色儿？漆黑。这是什么药哇？就是年下放那个二踢脚哇、麻雷子、爆竹里的炸药。他年下买来不放，搁着，他做这个生意。把这瓶儿带起来啦。

“就离这么远，啊，别近了，近了可受不了，药力太大，一会儿就掉。”

“得多咱掉？”

“用不了五分钟就掉！”

这阵儿钱也到他手里啦，这位拴着也跑不了啦，药也磕上啦，他可自由啦，把烟卷点上这么一抽。

“哎，先生，你不管我，你那儿抽烟怎么回事呀？我这儿牙疼……”

“等着，还没到五分钟哪，到时候就掉啦，你只管放心，绝不让你‘脚’疼。”

他抽了几口，一弹这烟卷儿灰，弹完灰往下一耷拉手，拿烟卷头儿碰这炸药：轰！

这位：“哎，嗬，哎呀！”

这阵儿嘴里不觉疼啦，因为什么？疼木啦！捂着腮帮子一瞧，牙在弦上拴着哪。

“嘿，先生，你这主意可真缺德呀！我要知道你用这种手术，我还在医院摘哪！我这两块钱花得多堵心哪！”

走啦。

这位走啦，没有半个钟头又回来啦，脸都青啦，捂着脸：

“先生，不行，咱俩找地方说理去！疼的牙没动，你把好牙给我摘下来啦！”

（张寿臣述　何迟整理　张奇墀记）

小神仙

风鉴先生惯说空，
指南指北指西东。
若是真有龙虎地，
何不当年葬乃翁！

这四句呀，可不是现在编的，打老年间就有。这四句话是什么意思呢？我给您解释解释。“风鉴”就是阴阳二宅啦，巫卜星相啦，全在内。“风鉴先生惯说空”，这就是说瞧风水的先生说的完全是假的。“指南指北指西东”，就随便这么一乱指，不乱指他怎么能要钱哪，说“龙虎地”哪。这块地呀有龙穴，把爸爸埋在这儿呀，晚辈儿就能出皇上；这块地是虎穴，把爸爸埋在那儿呀，晚辈儿就出元帅——这全是假的。“若是真有龙虎地”，要是真有这种地方，“何不当年葬乃翁”，当初为什么不把你爸爸埋在那儿，叫你当皇上当元帅，为什么你当个看风水的混饭儿吃呢？

这种事情啊，都是假的。说“风鉴”这行生意，这年月呀，完了！为什么呢？因为剥削人的人越来越少，再过些年就没啦！原先那个社会呀，他们瞧风水的可赚钱，怎么呢？因为有人想发财，他们就全从想发财的人身上找钱！拿商人说吧，这个买卖呀，本来成本不大，过几年，起来啦，两三层楼，九间门脸儿。这个买卖一赚了钱，商人就这么想啦：这是运气好！从这儿起，给人家的东西老嫌多，赚的钱哪老嫌少，甚至于偷工减料，以假当真，越来越不实在。买主儿呢，这一方就这一个铺子，别处买去太远。“得了，将就着买吧！”

好！在这家儿铺子对面儿呀又开了一家儿，跟他这买卖一样。人家那个买卖给得挺多。为什么给得多呢？东家、经理这么想：我要跟他斗斗，我这儿货要比他强，价钱要比他公道，自然就能把他顶回去。

那家掌柜的不这么想。嗬，跟我比着！我这儿运气好，根深叶茂，你比不过去呀！

过俩月他这买卖就见衰落了。怎么？他的买卖还是这么个做法儿，人家那边儿给得多，货又好，自然他的买卖就少啦！买卖不好啦，他可不说他偷工减料，以假当真，他说这个：“哎呀，对门儿夺了我的风水啦！找瞧风水的给瞧瞧。”

把瞧风水的先生找来了。这先生一进门儿呀，找不出毛病来！找不出毛病怎么拿钱呢？院儿里弄这么个罗盘一支，定南针这么一摆，红头绳儿满处一拉，这就出主意啦：

“不错，你这儿正气让人给压下去啦！这个主房应该往高里长！”

“嗬！这一长高，拆了重盖，钱可多了！”

“不要紧，房脊上啊来十五趟砖，弄个影壁，这个厨房挪到茅房，茅房挪到厨房，这个门朝那边儿，把窗户堵上。”

胡这么一出主意，他就把钱拿走了。过了两天，买卖不但不见强，更坏啦。还得找瞧风水的！风水先生来啦。

“嗯，不见效呀！”

“我再瞧瞧。正气倒起来啦。这么办，你花俩钱儿，用朱砂笔画一个山海图，冲着那个门儿这么一挂！”

给那边儿下了个镇物！

这掌柜的心里痛快啦，对门儿那位掌柜的堵心啦：怎么？没影儿的事，那小子给我下镇物！也得找瞧风水的——斗法呀！他要找哪，可就不是这个瞧风水的啦。找到这儿弄罗盘一支：

“嗯，不错。这可不成，他画张画儿，咱找块镜子，后头来道符，对他这么一照。”

“这起什么作用呀？”

“他这张山海图压着咱们哪，咱们镜子一照呢，把他的山海图给照回去了，压他自己！”

好！等他把这镜子一挂上门，那位掌柜的害怕啦！

“不成啊，他他他他怎么挂个镜子，跟咱斗法啦？这咱们……”

“有主意呀，弄个八卦！”

那家儿一瞧：“八卦。”又找瞧风水的，瞧风水的说：

“咱们弄个老虎脑袋！”

老虎脑袋搁在这儿了。

这家儿："咱们弄三支箭跟他比画着！"

那边儿："我来个瓶，平升三级！"

这边儿又来个"姜太公在此"，那边儿又来个"泰山石敢当"。实在没主意啦，这掌柜的在房顶儿上搁个夜壶！

唉！你说这是图什么的！说，这个事有没有呢？绝对不是瞎话。

今天这个目录叫《小神仙》。听完这一段儿您就知道风鉴这码事完全是迷信。咱们说说算卦的。

你要是按生意人道儿这么一说呀，这里头门类很多，叫"金、评、彩、卦"，"金评彩卦"是四门儿生意，每一门儿又分多少多少类！要是背名儿呢，打这儿一背背到天亮也背不完！咱就说个大概吧。这个"金"是什么呢？就是相面这一门儿。这个"金"哪，又分七十二门儿哪，七十二档金，就是七十二样儿相面的。那位说："都什么呢？怎么还有七十多样儿？"您听啊：住在旅馆里撒传单登广告，那叫"座子金"；串胡同儿打那两块板儿，梆梆梆的，那叫"梆金"；提溜黄雀儿，那叫"嘴子金"；拿三根竹竿儿，那叫"竿子金"；在街上摆卦摊儿，穿得挺阔，带俩底下人；那叫"伙金"；穿着蓝布大褂儿，补着好些个补丁，脸可洗得很干净，手指头伸出来葱根儿嫩笋，拿着管破笔写字，写出来有体儿，说出来四六成句儿，你这么一瞧像念书的，现在落魄了，相面，这个叫"水金"；摆奇门，叫"八岔子"；六爻叫"老周"；拿着这么一捆儿席篾儿——秫秸皮儿——量人家的手指头，临完撅下来比，比个长虫啊，比个龙啊，这叫"条子金"；抓石子儿数数儿，那叫"子儿金"；拿着草根儿，那叫"草儿金"；坐在地上，写上"余非哑人，坐地不语"，那叫"哑金"；打这儿一过呀，"请过来我送你两句。"那叫"揪金"；有这么一种相面的，相面要钱，不给不行，口硬，那叫"抢金"；先说，说了半天别的，临完往相面那儿一岔，接着找纸条儿，"我给你相"，这个名字叫什么？叫"倒插符"；还有一路叫"花褡子"。那位说："什么叫花褡子？"南市就有哇，顶缺德的就是这"花褡子"！他坐在地上，地上铺这么个包袱皮儿，这包袱皮儿上净是小口袋儿，一共是七十二个口袋儿，十二辰呀，一样儿是六个；当中间儿十二个开着一个册页儿。他往那儿一坐。那阵儿使铜子儿，现如今得使几分票儿买一个钢墩儿，扔在哪儿打哪儿起。先得问你："是本人儿的，是替人占的？"这个人一说，他就拿着签儿这么一数："数到你的岁数儿言语声儿啊！一岁、十一、二十一、二十二……”那位说：“到了。”打口袋儿里夹出来就是你那个属相。愚人就这么想：“怎么这么灵呢？”不能不灵啊，他按着天干地支往下推呀，那是绝对差不了的。他那册页子也画着七十二样儿，十二辰嘛，也是一样儿六种，分上、中、下，最缺德的在这儿，人嘴两张皮，他瞧这位来算卦的穿着、相貌，这位穿得阔，阔人，他这一数就是上等；这位是劳动人，一数就是中间儿；穿得破衣拉撒，一脸晦气，怎么数他也是下等，绝对好不了！那天我站那儿瞧着，有这么个人花五分钱买一个钢墩儿扔那儿了。

“是本人儿的，是替人占的？”

“本人儿的。”

“数到你的岁数儿你言语。”

“你数吧！”

“一岁、十一、二十一、三十一、四十一、四十三……”

这位说：“到了。”

夹出来这么一张纸。

“四十三岁属鼠儿的。”

“对了，属鼠儿的。”

“壬子生人？”

“是。”

他瞧着这位穿得阔呀，打开了一瞧：哦嗬！画得好！有几囤粮食，粮食上头哇趴着一只大耗子，这个耗子吃得挺肥，吃着粮食，流地上好些；地上还有好些小耗子。

“你这个好哇，这叫仓内之鼠有余粮啊。你属鼠儿的就是耗子呀，生在仓内，一辈子不少吃不少喝呀！你看，就你吃剩下的，拉拉(lála)的、糟蹋的，就够你子孙晚辈吃的呀！下面的这都是你子孙呀！九月生日呀？”

“九月。”

“更好啦，锦上添花！怎么说呢？九月时候好，新粮进来啦，陈粮食还没吃完哪，丰衣足食富贵乡！”

这位花五分钱，一听，挺痛快地走啦！

旁边那位呀是劳动人，也瞧出便宜来啦，花五分买一个钢墩儿一扔。

“本人？替人占的？”

“本人。”

“数到你岁数儿言语一声儿。”

“你数吧！”

“一岁、两岁……”

数来数去，数到三十。说：

“到了。”

夹出来这么一张纸。

“三十，乙丑年生人，属牛的。”

“啊。”

“海中金命。”

打开一瞧就堵心啦！怎么呢？画的是庄稼地里站着这么个牛，这牛啊，套着夹板儿耕地，后头一个人揪着它拿鞭子轰！一瞧，不痛快啦！算卦的说：

“你这个牛是自创启立呀，奔忙劳碌，自己流血流汗，为他人辛苦啊！所赚的这个代价就够你一天用的，没多大富余。几月生日？”

那位说：“三月。”

“嗐，更坏啦！三月的牛正在受累的时候——耕地呀。老年得福，子孙昌盛。”

这是收口儿，逢赶上穷命的，这个卦末尾都有这么两句：“老年得福，子孙昌盛。”干吗？为的是好叫这位有盼望呀，受了一辈子累啦，老年好啊！要是没这两句，这位蹿了！怎么？“一样花五分钱呀，怎么我一点好儿都没有！”

这位走啦。我瞧出便宜来啦，我也花五分钱买一个钢镚儿往那儿一扔。

“本人？替人占？”

我说：“本人。”

“数到你的岁数儿言语声儿。”

我说：“你数吧！”

“一岁、十一……”

数来数去，数到五十七，我说：“到了。”

夹出来这么一张，说：“五十七岁，你属狗的。”

我说：“我是属狗的。”

“戊戌年生人。”

“对。”

打开一瞧:拧啦！太堵心了，别人都画一个呀，我这张画着群狗！

“这么些狗！我属哪个狗的？”

他拿手一指：

“最头里那个。”

这可讨厌哪！

“你几月生日？”

我说:“我是二月。”

“好狗。”

到我这儿没好儿！这路生意千万别信，你要是拿它当金科玉律呀，那是脑子里的油泥没擦干净哪！

还有一路金，叫什么呢？叫“票儿金”。“票儿金”是什么呢？就是我说的这个“小神仙”。

这段儿《小神仙》哪，是咱们北京的事，民国初年哪，有个相面的在哈德门外花市大街摆摊儿，夏景天，支着把伞，摊儿上头搁着好些个硬木棋子儿，有一盘墨，一碗凉水，还有这么一个白油漆的盒子盖儿，这干吗用？“圆黏儿”。什么叫“圆黏儿”？就是招人。拿这个招人，得在这盒子盖儿上画画儿。他因为什么画画儿呀？凡是在街上相面的，他别瞧谁，他一瞧谁，这人得赶紧跑！因为什么哪？都知道他这个毛病，他让谁相面谁也得相，谁要是不相，回头他说出话来转着弯儿骂人！可是又得有人围上他他才能赚钱哪！怎么样？他嘀咕，他画画儿，拿这画画儿招人，画画儿不拿笔，拿手指头蘸墨，在这个白油漆的盒子盖儿上画。画个什么对虾呀，画个海螃蟹什么的。我学这个劲儿你瞧，他老低着头——抬头人就走啦——低着头画，只要有人这就一聊，有十几个人这就说起来了。那位说:“他不抬头，有人他怎么知道？”往下瞧哇，往四外瞧，瞧腿呀！有六条腿，仨人啦！有十二条腿，六个人啦！二十四条腿，十二个人啦！没错儿。手指蘸着墨画着那个盒子盖儿，一瞧四外有八条腿，四个人，成啦！这就说开了：

“画山难画山高，画树难画树梢，天上难画仰面的龙啊，地下难画无浪的水，美貌的佳人难画哭，庙里的小鬼儿难画肉。”

一瞧四外有三十多条腿啦，十几个人，这就该抬头啦！这画儿呀且不放下哪。怎么？一放下人家就知道他不画啦，就走啦！手里老拿着这画了一半儿的盒子盖儿，人们站在这儿为瞧他画画儿，谁也没想到要相面啊，他往这相面这儿带。

“那位说，你是干什么的？”

其实谁也没说，他自个儿说。

“我是相面的。刚这么一提相面的，那位老兄把嘴这么一撇，撇得跟烂柿子一样，‘二哥，咱们走吧，生意！’哈哈哈……小伙子，你是少见多怪啊！不错，相面的是生意，他们是生意。”

其实他们煮在锅里一个味儿！

“他们是生意，你怎么不是哪？你也是相面的！我相面，我这相面的今天挣了一天的钱啦，前半天挣的钱哪，五天花不了。我也没事，怎么样哪？画几张画儿，人都围上我啦，咱们都算有缘哪！同船过渡都有缘，何况在这儿站会儿？每位我都送一相，不要钱。”

先拿这不要钱哪把人心稳住。

“这位老兄啊，我知道他有几个儿子，将来得谁的济，受谁的累！啊，这位老弟呀，我能知道他父母全不全；这位老弟有妻无妻；这位老兄啊现如今有事无事；就这四位，全送。一位对是蒙的，两位对算碰的，三位对啦是巧劲儿，四位要全对了，算我对相学有研究。你们四位也别花什么，我也不要什么，咱们是哈哈一笑，大家一散。还有一位。别瞧人不多，二十多位，内中有一位要发财。”

这叫什么哪？这叫拿发财把人心扣住，人们就不动啦！

“谁要发财呢？嗬！这人财可大啦！如今他还没有辙哪，打这儿往后说，七天哪，平地一声雷，陡然而富。可是内中有个小人暗算他，他不但不发财，而且要生气，回头我给他两句话，让他趋吉避凶。要什么不要？等他应验之后，买包茶叶瞧瞧我来，我还许请他吃顿饭，交个朋友！还有一位呀要打官司，打官司啊，他可是败诉，我回头给他一出主意，几句话他就胜诉。”

再说几句就有人抽签儿，只要有一个人一抽签，跟着就相好几面，算好几卦，一天的挑费就有啦！可是在这个节骨眼儿上最怕有人走，只要走一个人就坏，走一个人这一场子人全得散！那位说：“不至于呀，围着好几十人，怎么走一个全散？”

独单相面摊儿上到这时候儿走一个全散。为什么呢？走人跟走人不一样，好比吧，街上看见有变戏法儿的，唱曲儿的，不论干什么的，谁要是不爱看啦，不爱听啦，就走啦。走是这么走法，好比眼前这儿是场子，这位不爱看不爱听想走，回头：“借光借光。”他正大光明就走啦。独单相面摊儿上没有这么走人的。在相面摊儿上他要是这么走哇，他怕相面的骂，他得慢慢儿往后退。好比这是那个摊儿吧，这位站在这儿，退了一步，他心想着往后一挤，后头的人往前一拥，不就走了吗？他忘啦，脊梁后头的人也憋着跑哪！“我们瞧你画画儿，没瞧你相面哪！”谁都想走，可谁也不敢走，怎么？回头一走，他骂街呀！这位往后一退，脊梁后头的跟他一块儿闪哪，旁边的人也跟着闪，这就成了一条胡同儿，再一闪哪，不就到便道上啦！到便道上，走道儿的一撞，呼啦！这边儿一散，他眼神往这边儿一瞧，那边儿全得走，一点儿办法没有！怎么办哪？这相面的厉害，他说两句话让谁也走不了，就仿佛用一尺多长大钉子把你的脚钉在地下，他多会儿钱挣够了数儿，你多会儿走！他这儿正在说着，有一位要动……

“嘿，众位，今天哪，你别瞧人不多呀，哈哈，齐全！内中还有一位特别，因为什么？他心里有难说的事情，这话不能见人哪，什么事情哪？告诉诸位，这人哪，他女人哪已经跟他变心啦，又有了情人啦！他现如今这么着……王八大爷，我指实了众人看哪，谁是王八大爷！”

大伙儿心说：“这得瞧瞧啊，瞧他指谁。”

指谁谁打他。

“那位说：你指。指，一定指。那位说：这可是危险，人有脸，树有皮，众目之下，你这么一寒碜他，说他是王八大爷，他一气许给你俩嘴巴呀，你们打起来，你不怕他打你吗？不怕，众位，绝对不怕。因为什么不怕啊？我说他是王八，他要敢翻脸，我给他指实了。我说出来他女人这个情人，多大岁数，什么相貌，跟他有什么关系，都给说清楚了！再不承认，我把名姓都给指出来，指实了他能打我吗？那位说：你指。一定指呀，指可是指呀，可有一节，人有脸，树有皮，众目之下，我指明了他是王八，他一害臊就许跳河、上吊，人命关天哪，虽然不用抵偿，我也缺德呀！你别忙，他这就走，等他走了，我再告诉您是谁。”

谁也别走啦，该走的也不走啦，谁走他说谁，受不了！这路生意人就这么厉害。再说几句呢，就有算卦的啦！就这工夫，卦摊儿前头瞧热闹儿的跟瞧热闹儿的打起来啦！

独单相面摊儿，瞧热闹儿的一打起来，他算枉费心机。怎么哪？大伙儿心里全憋着走哪！这一打架，呼噜！“不是我们不瞧你相面的，我们瞧打架的去！”这两人一打架，警察一来，大伙儿跟着全走光了，这可没有办法！

打架跟打架不同，这回谁跟谁打起来了哪？一个老头儿跟一个年轻的。这老头儿七十来岁，耳朵聋啦，这只耳朵还能听见点儿吗？这只耳朵放麻雷子都听不见！他在外头瞧先生说得挺有趣儿的，听不很清楚，他打算挤到里头，歪着身把他那耳朵搁在先生嘴唇那儿才合适哪！他往里挤。往里挤倒没有关系呀，他拿着的一个玩意儿讨人嫌，他爱，他爱呀，别人嫌。什么玩意儿呀？宜兴壶。怎么叫宜兴壶？出在宜兴县哪，旧社会里老头儿都讲究拿这个。嗬！镶着铜底儿，铜嘴儿，盖儿上镶着好几个铜玩意儿，天天儿擦，用心哪，这把壶擦得锃光瓦亮。这老头儿七十来岁，这把壶在他手里用了就顶五十年啦！夏天儿拿热水烫着它，越擦越亮。正三伏，老头儿使手托着可托不住，他把壶底下垫着寸数来的这么一个毡子垫儿，手托着，这手拿着块干手巾擦。往里这么一挤哪，头里站着一个小伙子，二十多岁，光脊梁。茶壶过来啦，正贴到他胳膊上，烫得小伙子直嚷："哎！”一回胳膊，老头儿怕把壶摔了哇，一抱壶。这壶把小伙子的胳膊粘下这么大一块皮去，立刻往外冒黄油，疼得小伙子直跳汗！

“我说你怎么回事，你怎么烫人哪？”

这老头儿要是会说话哪，赶紧搁下壶，说两句好话，道道歉，不就完了吗？他不道歉；不但不道歉，还要找理由说你碰他啦！要不怎么打起来了哪！

“这小伙子，怎么这么愣啊？往壶上碰，这壶摔了哪儿找去？这是我爷爷的东西，在我手里就顶五十年！一百多年的壶，去哪儿找？”

挨烫的这个人哪："哎，老帮子，我这胳膊没有你这壶值钱怎么着？”

“那是呀，你这胳膊烫坏了我给你治得好，我这壶摔了哪儿找去？没有这年候儿，有这年候儿没有这东西！”

小伙子过来要给他一个嘴巴，这一嘴巴要是打上，老头儿就得趴下，老头儿一趴地下，壶也碎啦，谁劝也劝不了，就得打官司。这一打官司还不把卦摊儿的买卖吵了吗？别人劝不了哇，摆卦摊儿的给劝开啦！他怎么劝？他拿这相面给劝开啦，劝开架不算，从这儿他享了名啦。

摆卦摊儿的先说这年轻的，年轻的要打人哪！

“哎，老弟，往前站，往前站，往前站！我送你两句话，你可要忍。这忍字怎么讲，知道吗？上头一个刀刃儿的刃字，底下搁一个心字，心尖儿上搁着把刀刃儿，要不忍可就危险啦！你有牢狱之灾，刚才说要打官司的就是你。”

这年轻的慌啦：“怎么样，先生？”

他小声跟他说，他小声儿说是怕老头儿听见哪！其实老头儿听不见，他耳朵聋嘛：“老弟呀，你脸上冒暗气[①]，今天明天后天这三天哪，晦气太重，哎呀！你可要忍哪：你跟那老头儿可不是现在的事呀，你们俩前世的冤家今生的对头哇。你把手一举，他可就躺下，他躺下你给抵偿啊！因为什么？那辈子他把你打死啦，这辈子你打死他，下辈子他打死你，你们俩一连气儿对打六十多辈子啦！你就挨一下烫不是？哈哈，得忍且忍，冤仇可解不可结！老弟，你给他作个揖，牢狱之灾可就躲开啦，过去这三天你交好运，要发财呀！道歉，作揖作揖，道歉！”

挨烫的一听这意思满对呀，过来就作揖。

“老大爷，您烫得对，应该烫，我这点儿倒霉劲儿您给烫没啦。哈！我现在没有钱，过两天有钱我请您吃饭，我走我走。”

小伙子一边儿去啦！摆卦摊儿的想算卦还算不了，怎么？老头儿开讲啦，抱着这壶说：“我这壶值多少钱？五十多年的工夫，这里头有多厚的茶山……”

他还是算不了卦呀！两句话，又把老头儿说走啦！

“老者，别嚷啦，看你这壶吧，你这把壶出了古啦！今天明天后天这三天要碎呀，这三天要是不碎，你保存到第四天哪，跟和氏璧一样价钱——价值连城，赛过聚宝盆哪！可就怕你这造化压不住哇！”

这老头儿说：“对嘛，对嘛，一百多年啦，可不是赛聚宝盆嘛，我走啦，我哪儿也不去啦，我看着壶去。”

他也走啦！

这件事呀，瞧热闹儿的半信半疑：“真的假的？”

第二天这老头儿来啦，没容三天，当天晚上这壶就碎啦！那位说：“不对啦，怎么当天晚上就碎啦？”要没有他这句话呀，这壶碎不了，他这两句话说得老头儿回去睡不着，嘀咕哇，给嘀咕碎啦！老头儿怎

① 暗气——所谓“印堂发暗”的意思。

么把壶嘀咕碎啦？嘻！这事太巧啦。这老头儿光棍一个人，没儿没女，有一个侄儿一个月给他几块钱，刚够挑费，自己住大杂院儿，一间北房。这老头儿是天一黑就睡，天一亮就起，天天晚上把壶搁在八仙桌儿上。这天老头儿睡啦，睡到九点来钟啊，老头儿做梦，梦见什么啦？梦见这壶啊长翅膀儿飞！梦是心头想啊，这老头儿的心思全都搁在壶上啦，这壶过两天就是聚宝盆哪！一瞧这壶长翅膀儿飞啦，老头儿蹦起来啦！

“哎哟！”一睁眼，没飞！还在那儿。睡觉吧，再睡睡不着啦，耗神啦，上年纪人就是这个样儿。坐起来：“哎呀，这三天不好看哪，白天成，哪儿不去，看着它；晚上，可是天天得搁那儿，回头我要睡着了，借因由它就许走哇！猫拿耗子就许给蹬到地下，我得搁一个地方——猫拿耗子走不到的地方。”

他屋里又没箱子又没有柜子，搁哪儿都不合适。找了半天也没合适的地方儿，一瞧东墙呀，砖活动——在北京啊，小房子都是砖头儿房。他扽出几块砖头儿来，拨拉拨拉土，抓了这么大一个洞，把壶往里这么一塞。

“正好，哈哈，猫拿耗子，说什么也走不到这儿。”

找张报纸，弄俩按钉儿一按！

“睡觉吧！”

他睡啦。东隔壁这家儿街坊是干吗的？拉房纤的。拉房纤这行是十纤九空，拉上一纤就不轻啊，拉着一纤就能吃一年半载的。这个拉房纤的半年多没开张，存俩钱儿都没啦，衣裳都当啦，现在，挺热的天儿就剩一套裤褂儿，穿得跟地皮颜色差不多，换哪，没有第二件，洗呀，没有法儿洗——大杂院儿，院里小男妇女多，脱了上身可以，裤子怎么办哪？可巧拉成了一档子，明儿早晨在茶馆儿写字儿，这一写字儿哪，他就把钱把过来啦，买房卖房成三破二，他一人靠两家儿。可就是这个呀，挺脏的裤褂儿，怕买房的瞧着不信任他，定钱不敢交给他。怕这个怎么办哪？洗没法洗啊！想出一个主意来，早晨买来一块日光皂，顶到快黑啦，跟街坊借块搓板儿。街坊都睡啦，十点多钟啊，他这才把裤褂儿全脱了，脱下来呀怎么办哪？围着一个褥单子，拿裤腰带把褥单子一系，合着全光着，穿着一个裙子，把裤褂儿搁在脸盆里头拿水一冲，稀里哗啦，对着搓板儿一揉，搓胰子，换了几盆水，洗得挺漂亮。

“行啦，明儿早晨穿！”

不行啊，湿的怎么穿啊？得把它弄干了哇，夏天夜短，说话就天亮。他有主意呀：找根竹竿儿，把小褂儿穿在竹竿儿上，头里弄根绳儿系个扣儿，这裤子哪，把竹竿儿伸进裤腰，穿上一条裤腿儿，也系上点儿，抡着竹竿儿呼噜呼噜一兜风，等干了拿进屋来，在凉席上摩挲摩挲，喷点儿水，一叠一折，在屁股底下一坐。

“得啦，明儿早晨一穿哪，跟新的一样，哎呀！还得把它晾起来……”

找绳儿，绳儿找着啦，没有钉儿，现找哇，找不齐全哪，找着俩钉子：一个一寸的钉子，一个八寸五的大铁钉。拿大砸煤锤子在东墙上钉这一寸的，找砖缝儿，“乒乓！”钉上啦。西墙上钉八寸五的大铁钉——他这西墙就是老头儿那边的东墙。

“啊，找不着墙缝儿，就这儿吧！”

大铁钉往这儿一搁，大砸煤锤子，咔！

“这儿还是块砖头哪！”

啪！扑哧！壶碎啦！拉房纤的也没敢说话，那屋里老头儿蹦起来啦：

“哎哟！壶走啦！”

老头儿一宿也没睡，第二天大早儿抱着这碎壶找相面的来了，这先生啊刚摆摊儿。

“先生，哎哟，你还说三天哪，昨儿晚上就走啦！高低碎啦！”

那挨烫的小伙子不是也在那边儿住吗，全是那边儿街坊啊，胳膊上贴着膏药，过来一瞧老头儿的壶真碎啦，心想：哎哟，嘀！真灵！哎呀，昨天先生拦我打人，救了我一条命啊，要不然我非得给抵偿不可呀！这我得报报先生的恩，没有钱哪，请不了客呀，给先生传说传说吧！

就这么一传说呀，大伙儿都管这算卦的叫小神仙，嘀，红极一时呀！本来算一卦一个大子儿，谈一相五个大子儿。打这儿起涨行市，四个大子儿一卦，不多日子，四个大子儿改十个大子儿，改两毛，两毛改四毛，四毛改一块。直顶到谈相啊，口谈就是五块，批八字儿啊，二十。这一下儿，五间门脸儿的买卖也干不过这一个卦摊儿，一天哪老是一百多卦，风雨无阻，除非下大雨他算歇啦，刮大风人都围着他，他还没摆摊儿哪就有好些人等着，净等他一摆摊儿抽签儿算头一卦。您瞧这些人迷信到什么地步。不是一天两天哪，这么一说呀就是十来年呀，小神仙发大财啦！

他不是赚钱吗，有一个倒霉的生意人瞧着他有气。这倒霉的生意人是干吗的？卖野药的。在外头摇串铃啊，满世界卖切糕丸哪，赚了俩钱儿，他一想：五十多啦，还老在外边儿跑腿儿吗！安个座子吧！

什么叫安座子？就是开个买卖。他在花市大街这儿赁了一间门脸儿，四间一条龙儿，连住带做买卖，起个字号，上点儿草药，配点儿丸散膏丹，安个拦柜，门口儿是玻璃门，当中间儿一个风门，夏天挂上帘子，挺好。他心想：瞧个外科，又会下药，又会扎针，针灸也能来一气，花市大街这儿又繁华，这不比外头跑腿儿强吗？

倒霉啦！怎么回事呀？两边儿好几个大药铺夹着他，人家抓药全上大药铺，小药铺人家不去。丸散膏丹也卖不出去，丸药经了一个六月都酸啦，长毛啦！请先生啊，谁也不请他，你多好的能耐呀，没有名誉没人请！打四月开张，直到十一月，一个子儿没卖，他这个药铺里头一个人不进。原先还有个学徒的，如今连学徒的都散了。你说关门吧，一关门儿账主子全来，倒哇倒不出去。这药铺掌柜的天天坐在柜里头生气：嘿……哎呀……我倒霉倒在小神仙身上啦，这小神仙堵着我门儿摆卦摊儿！嗐，我就纳闷儿人就这么愚！他一来就把他围上，一天二天这儿围着，一天一百多卦，把我这一间门脸儿全挡上啦，让他一挡上门儿我还卖什么钱？我想把他轰走又轰不开……生意人哪！是生意人的事我全都懂啊，他怎么能灵啊！不就两句话一说就一块钱吗？我这药铺是生意——卖切糕丸；切糕丸我也有本儿呀！切糕也是买的，多吃点儿不治病还饱哪！他这玩意儿我轰都轰不开，这不是倒霉嘛！

这位掌柜的老冲着小神仙鼓肚子。十一月天气刮大风，小神仙总是顶十一二点钟摆摊儿，今儿都一点啦还没摆哪，外头挺冷。药铺掌柜的这儿坐着，隔着玻璃窗户就瞧见啦，来了俩人，直要进他的药铺。心里痛快啦：啊，怎么样？小神仙没摆摊儿我这儿就进人嘛！都怨他挡着我的门脸儿。

一瞧，俩人进来啦。

“辛苦，掌柜的！”

他得欠身儿呀！

“哦，二位二位，请吧请吧！”

拦柜外边儿一边儿一条凳子，两人坐下。

“喝茶！”

“谢谢，谢谢，不喝不喝！”

坐在那儿呀不提买药。他半年多没开张啦，他绷不住啦，就问：“你们二位打听什么方子？”

“不打听什么方子，我们没有病。”

没有病不买药。药铺掌柜的一听，心想：“没有病！没有病上药铺来干吗呀？”

“今天凉啊，小神仙没摆摊儿哪，我们等他摆上摊儿算卦，先上你这屋里暖和暖和。”

药铺掌柜的这个堵心哪！“上我这屋暖和来啦！”你说把这俩人轰出去吧，不知道这俩是干什么的，不敢得罪；把门开开冻冻他们两人吧，自己也冷啊！没法子，等着吧，等到一点过去啦，小神仙才摆摊儿。小神仙一摆摊儿哪，这俩人也出门儿算卦去啦！

药铺掌柜的也没有什么可丢的，就这床被卧啦，他出来，站在小神仙脊梁后头，把这腔子火儿都搁到小神仙身上啦，跟他打架！一推小神仙肩膀：“哎，小神仙，我说你干吗叫小神仙？你叫活神仙真神仙，神仙他祖宗！小神仙怎么讲哪？……怎么你算卦就这么灵哪！你要真灵啊你给我算一卦，你算算我这霉倒到多会儿算完，倒到多会儿就倒死，算真了算对了给你传名，你算！”

小神仙知道药铺掌柜的是穷急生疯带饿嗝呀！我跟他一打架，挺好的生意，一天二百多块钱没啦。他这药铺半年多没开张，你骂我我都忍着，忍财，穷不跟急斗，给你两句好话让你躲开，临完我还赚我的钱。小神仙满脸带笑：“噢！街坊，小神仙这名儿也不是我自己起的，是算卦的众位送给我这么个外号儿。说算卦灵，我怎么就灵？别人哪，别人算卦有马虎的时候，我给人算卦的时候诚心，诚心给人算，按书上数，一个字一个字抠，上我这儿来算卦也没有取笑的，也都是诚心来的，两方面的诚心哪凑一块儿啦，这叫心诚则灵。你要问你倒霉走运哪我不知道，我也是人哪；你要算卦我就知道啦，我按卦上给你断。算一卦一块钱，这么着，咱们是街坊，头一卦我送给你，谁也不给算，我先给你算一卦，看看多会儿转运。你抽根签儿，我不要钱，我送你一卦。”

这药铺掌柜的憋着打架哪，一伸手抽签儿：“好，要钱我也给，算，只要灵。”

小神仙把签儿接过来往那儿一放，大铜盘子来回这么一推，把方位对好了，硬木的大棋子儿往盘上这么一摆："哎呀，好哇，为什么抽签哪？先把这意思跟你说说。我这筒子里头哇是六十根签儿，按天干地支一个甲子，这叫占时，占个什么时辰，你看这根签儿，这两个红字认得吧？庚午，庚午的占时，今天这个日子还好啊，今天是庚子，庚见庚啊，逢庚必变，变；子逢午，子午相冲啊，这卦很有冲啊。这个冲卦有好有坏呀，分什么运气，好运气占这卦就坏啦，坏运气占这卦就好啦，就仿佛那个太极图上的阴阳鱼转过来啦，这名字叫'否极泰来'呀。逢庚必变，让庚不让金哪，打今天说你这倒霉的运气全没啦，往后啊，子后生，是一步比一步强。你问你的生意好坏，这个八卦呀，按开门看，你看这开字了没有？这念开呀，你再看底下，底下这四个字呀，是'有贵人扶'，扶者扶助哇，有贵人扶助你呀，逢庚必变，两层庚啊，打今天说呀，一天比一天强，转运啦！"

把签儿往筒里一撂："得啦，你还不走吗，好运啦，好啦，不倒霉啦不就完了吗！"

他这套跟这位说不过去呀，这主儿也是生意人，全懂，这位掌柜的叉着腰："嗯，嗯，打多会儿转运？"

"打今天，逢庚必变，今天。"

"嗯，今天转运啦，我可没有别的，就这个药铺，我这药铺半年多啦，一个子儿没卖，没开张；今天我要是还一个子儿不卖，没开张，那就是不灵，没有冲。那么今天我能卖多少钱？你算算。"

"噢，卖多少钱哪？那根签儿也不用找啦，我还记得，这卦还这儿摆着，今天是个庚子，那签儿是庚午，两层庚，庚辛为金哪，两层金哪，卖两块钱哪，回去等着去吧，一会儿就卖两块钱。"

"众位街坊都听见了啊！我这药铺今儿卖两块钱。今儿要卖两块钱哪，明儿你就别这儿算啦，到我屋里算去！我这个铺子归你，我不要啦，我连被卧都不拿，干出身儿，完全是你的，要不卖两块钱，你怎么样？啊？灵啊，我这铺子归你，不灵哪？"

当着好些个算卦的，小神仙不能输嘴，一输嘴栽跟头啦！

"噢，你要这么说呀，两块钱往外，一万块钱也算我灵，十万也对，许多不许少，要是卖一块九毛九，那就算我经师不到，学艺不高，后半辈儿不算卦，哪儿算卦你哪儿给我砸卦摊儿——那还是日后的事；当时有你的便宜，要不卖两块钱哪，你瞧我这摊儿啦没有？哪一天都是二百多块，这二百多块完全归你，这个归你啊，连这棋盘带签筒，连这棋子儿的铜片算在一块儿六十多斤铜，你拿走，暖水壶我也不要，全是你的！”

“是那么着，街坊可都听见啦！罄其所有。要是我卖两块钱干出身儿，被卧都不要啦；不卖两块钱，这摊儿有什么都是我的。完啦，咱们晚上见！”

小神仙那儿算卦，这药铺掌柜的往柜里一坐：“小子，今天让你栽跟头，豁着这倒霉的买卖不进人，即便进人，我这儿没有东家，自己做主，该收一块钱哪，我收六个子儿，顶多不过一毛钱，一过四毛钱我就舍，说什么我也不让卖上两块钱。小子，你这摊儿不归我，咱们俩吵！”

在屋里一坐，人家买卖都盼着进人，他不盼进人！十一月天最短哪，四点啦，他这药铺一个人没进，掌柜的心里痛快：怎么样，没进人！一个子儿没卖！小子，你这摊儿归我，反正我瞧着，今儿个带批八字儿三百来块，得啦，钱归我！

他痛快啦，小神仙呢，堵心啦！这一天哪嘴里净吃栗子，什么叫吃栗子？嘴不利落。说着说着说错啦，说着说着说错啦！怎么回事？走心啦！他那心哪，全在药铺身上哪！一边儿给人算卦，一边儿回头瞧，他这脊梁后头不就是药铺吗？一瞧，没有人！每天三点半就收，今儿个四点也不敢收，怎么啦？他一收，那药铺掌柜的就该问他啦：

“我可一个子儿没卖啊，你怎么样？”

这怎么办？他那意思是等着，哪怕进去一个串门儿的哪，回头我好跟他矫情矫情啊，我好有说的。连个串门儿的都没有，狗都不上那屋撒尿去！四点啦！外头还亮，屋里都掌灯啦！就这个时候儿，他再不收摊儿，药铺掌柜就要出来问他啦：“你这儿还带灯晚儿吗？”就这个工夫，打东头儿来了一个老头儿，七十多岁，穿着大襟破棉袄，还戴着豆包儿毡帽，到这儿就作揖：

“先生，你是小神仙吗？”

“啊，是我！”

“对啦，对啦，找你来啦！小神仙算卦灵着哪，我们街坊都说你灵。”

老头儿抽了根签儿递给他，小神仙接过签儿来算卦，把签儿放在这儿，把盘子一推，棋子儿一摆：

“问什么事呀？”

“丢东西啦，问问丢得了丢不了，哪里找去？”

算卦的就是这样儿，你丢了东西他怎么能给断出来哪？拿话这么一带，丢什么东西他就知道啦。这回他走了心啦，没问这一句，短一句话就差远啦！

“丢不了，回家找去吧，屋里头哇，墙犄角啊，炕席底下呀，炉坑里头哇，水缸后头哇，小抽屉里头哇，你回去找一找就找着啦！”

“先生，我丢了个驴！”

水缸后头找驴？小抽屉里？瞧热闹的一听都乐了！他得把错误搁到算卦的身上：“这个老头儿，说话不明啊，你丢什么我不知道，我按卦上给你找，你要丢个小物件儿啊，不就找着啦？驴不是东西呀，驴是四条腿的呀，是活物哇。哎呀，怎么丢的？”

老头儿说：“我们两口子，开个豆腐坊，头年哪买的驴，三十块钱，新近哪又花了一块二毛钱买的笼头，夜儿后晌啊，也不知道是有贼呀，也不知道是溜了缰啦，到天亮要磨豆子啦，驴没啦，找也没找着，买卖也没做，找了一天也没有。我们街坊都说你灵啊，你给算一卦，你知道这驴到哪里找去。”

“嗯嗯，噢，昨天晚上丢的，三十块钱买的，一块二毛买的笼头，嗯嗯，我按卦里给你断……我说话你听不听啊？”

“你看，不听你的话听谁的话呀？算卦嘛，你说吗儿我听吗儿呀！”

“嗯，这驴你还要不要？”

“不要怎么着？不要怎么磨豆子？”

“嗯，好哇，你得吃药哇！”

老头儿一听：“先生，我没病。”

“是呀，没有病也得吃药，你听我的话没有错儿，你拿两块钱买药，可还是当时就买，待一会儿一掌灯可就不灵啦，你要是没有钱不用回家取去，我这儿给你两块钱。”

怎么回事呀？小神仙怕他回家拿钱，这儿关门啦。

“别的药铺不灵啊，得上我脊梁后的药铺买去。进门儿给他两块钱，让他给你抓药，不论什么药，拿回去就吃，吃完了就睡觉，睡觉可别关门，把门对上，别扦着，天不亮驴就回来啦！驴回来啦怎么样哪？今儿这卦钱你别给，明天，你牵着驴到我这儿来给我送卦礼来，给我传传名。驴要不回来你也来，来到这儿呀，三十块钱买的驴，一块二毛钱买的笼头，连药钱三十三块钱，我给你五十块钱，让你有赚儿。听不听在你。”

这老头子听说驴不回去他这儿赔，希望挺大：“好好好，听你的话，你这卦钱今天不给，我腰里还有钱，我也不拿你的钱，抓药去！”

老头儿进药铺啦，药铺掌柜的才要瞪着眼出来问小神仙：“你怎么还不收摊儿呀？”小神仙那儿来了个算卦的，药铺掌柜的一听：“怎么着？丢驴吃药！”嗬！再一瞧，这算卦的真进来啦，他不能出去啦，在拦柜里头这么一坐，故意不理他。老头儿从腰里掏出两块钱来往拦柜上一扔：

“抓药！”

“嗯，药方子哪？”

“没方子。”

“什么药哇，丸药汤药？”

“全行。”

“我说你治什么病？”

“丢驴。”

“丢驴吃药？老者，多大岁数啦？”

“七十二啦！”

“怎么活来着？”

“这是什么话？”

“哎，你活了七十二岁，见天都吃两顿饭，你就听小神仙那个胡说吗——他让你吃药你就吃药？丢驴你不找驴去，你赶紧找去，药是不能抓，这要吃出娄子来谁负责啊？出去，出去，出去！”

他要把老头儿轰出去，这老头子不走，坐在板凳上冲着他瞪眼。

“我说，有你这样儿的买卖人吗？你这是什么买卖规矩呀？见财神爷往外推，像话吗？你抓药不就完啦？你管哪，你抓什么我吃什么，小神仙说的，小神仙算卦灵着哪，言必有中，你……你抓啊，驴不回来他赔五十块钱啊，你管哪？你抓药！”

药铺掌柜这么一想：这药不能抓呀，一抓我输啦！又一想：没有错，我不收他两块钱还有事吗？我这儿没东家，我收多少是多少哇！好好，我卖！

拿起一块钱来，拿这手指头扒拉这一块：“哈哈哈，老朋友，把这块钱带起来，今儿你来巧啦，今儿是药王爷生日！”

药王爷生日是四月，怎么会跑到十一月去啦？

“今天是大减价呀，二八扣，倒二八，一块钱只收二毛，你这不是两块钱吗？你把那块带起来，我找你六毛，你花四毛就是两块。啊！”

这老头子不明白呀：“那一块多钱不能省啊，一省，驴回不来就麻烦啦！”

“哎，我这儿减价。”

“减价你多抓药不就完了吗？倒二八呀，你按十块钱的给抓呀，反正钱我不省啊，钱一省这驴回不来就麻烦啦！”

嗬！药铺掌柜的这个烦，心说：绝不能再进来第二个倒霉人啦，把他轰出去就上门！不抓不成啊，抓！抓什么呀？他没有病我给他抓什么呀？又一想：噢，老头子没有病，他一肚子净是大粪，七十多啦，小神仙说什么他信什么，我给他打打！

嗬，抓了一包：黑丑、白丑、红片、紫花、地丁、鸡爪、黄连、泻叶，余外搁上四个巴豆，一大包。

“拿走！”

他们这儿捣乱不提呀，单提豆腐坊内掌柜的。豆腐坊的内掌柜的一看掌灯啦，老头儿没回来，在门口儿等他：“哪里去啦，还不回来？”

一瞧老头子提了包药回来。

“啊，怎么样，老头子？”

“丢不了，小神仙说的，吃药就回来，煎药吧！”

“吃药干啥？”

“你不用管，驴子不回来他赔五十块钱。”

他这儿吃着饭哪，老婆儿弄个小沙铫儿，在煤油灯底下打包儿，一打包儿哇把老婆儿吓着啦！因为什么？这老婆儿娘家是安国县人，她们家里开药铺，一瞧：泻叶、紫花、地丁、巴豆。心里犯怵：哎呀，老头儿到年七十三岁，大肠搁不住哇！吃完了巴豆拉肚子，他拉呀！你说不给他煎药哇，老头子又是这个脾气，回头打起来啦！煎药，没儿没女，老夫老妻，疼啊，哎呀！背着老头儿给煎了一半儿，搁了俩巴豆，把那俩巴豆一包哇，搁在抽屉里了，要是一问，就说“全煎啦”。顶十点多钟，老头儿吃完了饭，药也煎得了，一摸药碗呀挺温和，一对口，一仰脖儿这碗药就下去啦，直扎嗓子。嘿！连鞋也没脱，躺在炕上，头冲里：“老婆子啊，你给我盖上被，你可别睡啊，你把门对上，别扦着，你一宿看夜儿，天不亮驴就回来，明天咱也不做买卖，给先生传名去啊。我这儿睡啦！”

他那儿睡啦。老婆儿哪？给他盖上被卧，点盏煤油灯在旁边儿纳底子。十点躺下的，顶十一点钟，就听老头儿肚子里跟开火车似的，呼噜呼噜……十二点，一点，两点，到两点半，四个多钟头，这老头子打炕上平着就蹦起来啦，差点儿掉在地下，占便宜的是没脱鞋呀！

“不成！我去拉去。”

手纸也没拿呀，出门儿就往茅房跑！

到这地方儿咱得说说他这儿的方向：他这门口儿是南北的这么一个小马路，他这两间门脸儿在路东里，斜对过儿偏北路西就是个小死胡同儿。这个茅房啊在北口儿外头，老头儿出门往北跑，刚到小死胡同口儿就跑不了啦，再有两步就得来一裤子，解开裤腰带。一蹲，哗！这泡稀屎呀！老头儿的耳朵里直叫唤，眼前冒金花。两点半拉的，顶到三点啦，这泡屎拉净啦，冷啊，回家吧。站起来呀一提裤腰，不行，肚子疼，又来啦，又蹲在那儿拉；拉到三点一刻起来啦，又蹲下啦；十分钟一起来，五分钟一蹲下，起来蹲下，起来蹲下，二十多回；拉到五点这泡屎没拉完。

巧哇，该着小神仙成名，他要不拉屎呀这驴丢啦；一拉稀，驴回来啦！那位说：“这话不对，这驴跟吃药跟拉稀挨不上啊！怎么这驴就回来啦？”该着哇，他这驴前天晚上没拴好，溜了缰啦，夜里头一刮风啊，这风门子开了，驴跑出来了。它跑出来哪，一直进了街西这小死胡同儿啦。这小胡同里有个顶头门儿，就一家儿，是车厂子，有二十多辆洋车，两口人。这两口子好耍钱，两口子对着这么一耍，车份儿收进来胡吃海塞呀，家里不做饭净耍，输了他也亏，赢啦也是亏，再置车置不了，越来越少，车也都卖没啦，如今没有辙。没辙，两口子怎么活着？这样儿好哇，赌友儿多呀，弄个小局吧，晚上抽个头儿哇，两口子对付着吃饭。前儿晚上打了四圈儿牌呀，有一个人家里有事走啦，剩三家儿打不了哇，他得找人去，找人找不齐全，这三家儿也走啦！赶等这三家儿都走啦，车厂子内掌柜的出来关门，把门往上一推，还没关严哪，外面一撞门，跑进一个驴来。嗬，车厂子内掌柜的把这驴耳朵这么一揪哇，拉着缰绳就把驴牵进来了，把门这么一关，叫她爷们儿：“嗨，嗨，嗨！出来，出来，出来！”

她爷们儿出来一瞧：“哪儿来的驴呀？”

"豆腐坊的，豆腐坊的，小白驴儿！"

"这可活该呀！啊，这老两口子挺倔，赊块豆腐都不赊！拴到后院儿，别告诉他啊，明儿给卖喽！"

拴到后院儿啦。第二天哪跟口儿外头一个汤锅说好了，来人到这儿看了看，一看驴挺肥，十块钱讲定的，先给两块定钱，拉了去再给他八块钱。人家汤锅不拉，得让他们拉；他呀；没有后门儿，就这一个门儿，出了这个门儿是挺长的胡同儿，斜对着豆腐坊，怕豆腐坊这老两口子瞧见。就是瞧不见也不成，这两口子人缘儿不好，豆腐坊老两口子人缘儿好，让街坊谁瞧见这也是娄子，这得晚上啊才能往外拉，白天拉不出去。还有个麻烦，这驴啊饿了它叫唤！它一叫唤挺大嗓子，怕豆腐坊老两口子听见喽要驴来，再一打官司。还落个偷他。买草料喂，一买草料得打豆腐坊门口儿走，又怕豆腐坊老两口子疑心！"没有牲口你买草料干吗呀？"你喂它得买去；不喂它它叫唤。没法子，喂了一个枕头，还有俩草帘子，对付着吧！整天老关着门，谁也不让进来。顶到后半夜四点啦，两口子一合计："成啊，这会儿街坊正睡得香哪，拉到汤锅去咱们就来钱啊！"

爷们儿牵着驴，贼人胆虚，告诉内掌柜的："你先牵会儿，我出去瞧瞧，咱们俩人缘儿不好，回头有小孩儿瞧见，明儿说破了可是麻烦，日后丢什么东西都找咱们啦！"

"不不，我出去，你牵着，你牵着我瞧瞧。"

男的牵着驴呀跟在女的后头，女的出了门口儿到死胡同里啦，男的往外迈步，这驴也迈腿儿，再一步就全出来啦，一瞧，女的打外边儿跑回来啦！

"拉回去，拉回去！"

这爷们儿赶紧拉着驴退回来啦。这女的把门一关，拿屁股一倚门："坏啦，坏啦！"

"怎么啦？"

"坏啦！豆腐坊老头子知道啦，老头子在胡同口儿蹲着哪！"

"不能啊！"

"不能？他在那儿蹲着哪嘛！"

"驴也没叫，他怎么知道了呢？绷绷劲儿，绷绷劲儿！"

两人心口直扑腾。

"这么着，我门口儿遛遛去，这老头儿他见着要是骂街说闲话，那是他知道啦，不说闲话那是误会，啊！”

说着，爷们儿出来啦。他要是上老头儿跟前去，就瞧见老头儿拉屎啦；可他不敢上前去，他贴着墙边儿溜——这要是白天呢，他也就瞧见老头儿是拉屎啦。他一瞧哇，老头儿站起来啦，又蹲下啦，站起来蹲下还不要紧，他说出话来吓人哪！一站一蹲："嗨，小子，我让你拉，拉到天亮吧小子！”

“要命！天亮，天亮也拉不出去！”

老头儿说的是那泡屎，他误会到驴这儿来啦！赶紧进来。

“坏啦，他骂街哪，他骂街哪！拉到天亮也拉不出去呀，这不是要命吗！咱们落一个偷他的驴呀！”

“这邪行啊，你看着门，我瞧瞧！”

女的出来了，女的出来也不敢上跟前去呀，也是贴着墙儿溜哇，一瞧老头儿站起来啦，又说了句："完得了吗？小子，天亮叫巡警，告你兔崽子！”

他拉得受不了啦，等天亮啊他要告小神仙。女的跑回来啦！

“了不得啦，天亮他要告哪！”

爷们儿说："这不是倒霉吗！”

“哎呀，给他轰出去吧，轰出去吧！”

“你说轰出去，这阵儿不能轰啊，他在那儿蹲着怎么轰啊？反正他得回去，他一回去咱们就把驴弄出去，我也不能白喂它一天哪，凭什么喂它一个枕头，俩草帘子？把刀磨快了！”

“干吗？”

“拉块肉，炒着吃！”

“你这可不成，回头你一拉肉，它这么一踢，再踢死你，这不是麻烦吗？”

“反正我也不能便宜他呀！我跟他一点儿交情没有，凭什么喂它哪？把笼头给解下来！”

“笼头咱们没有用。”

“没有用啊，铰碎了搪炉子，当麻刀，不能便宜他。揪着耳朵，把门关上，他多会儿进去，咱们多会儿轰驴，把驴轰出去，跑到哪儿去咱不管。”

把笼头给解下来了。揪着驴耳朵，趴门缝里看，老头儿只要一进去，把驴轰出去就算完。

十一月里不是夜长吗，这老头儿直到五点半钟这泡屎才拉完，一掖中衣儿，腿也木啦，扶着墙儿往家里走，一迈步，门坎儿一绊，呱唧摔了一个大跟头，老婆子过来搀着他靠墙一站，再一瞧可就不是样儿啦，腮帮子也白啦，眼也掉坑儿啦，抬头纹也要开，直抖下巴颏儿。

“老婆子，不行啦，你把大棉袄给我穿上吧，办不了啦，你可想着告那小神仙！”

老婆子说：“你看，到年七十三，搁不住，不让你吃药……”

这时候驴进来啦！驴饿了一天，吃枕头不饱哇。那儿一把它轰出来，驴在这儿待了一年多，它认得呀，呱嗒呱嗒跑回来啦，使脑袋一撞风门子，当！进来啦！呱嗒呱嗒往驴圈那儿跑。老婆儿正说到不让你吃药，“……当家的，这药真灵啊，驴回来啦！”

老头子一听驴回来啦，嗬，这精神大啦，靠着墙：“好先生，给先生传名。老婆子，别管我，把驴拴上。”

老婆子过去拴驴，一摸，光屁溜儿啦。

“哎，当家的，驴可回来啦，笼头没有回来。”

“啥？”

“笼头没有回来。”

“不要紧，你把药给我煎上，吃二遍，吃完了我好门口儿蹲着去！”

他还要吃二煎哪！老婆子问：“你还要命不要？你呀，这药我给你煎了一半儿你就拉成这样儿啦，你要再吃二煎，还活得了哇！”

老头子一听煎了一半儿，过来给老婆子一个嘴巴，啪！

“这不是耽误事吗！你要是全煎上，连笼头也丢不了哇！”

（张寿臣述　何迟整理　张奇墀记）

八大棍儿

古董王

治罗锅

天上下雨稀里哗啦，下到地上乒嘣乓唧。说相声，我得招您乐。招您乐呀，就得说歪曲的，说正经的您不乐。歪曲的那才招乐。说招乐有什么好处哪？好处大啦。您这么一乐，清气上升，浊气下降，舒畅脑筋，多进饮食，身体健康，青春常在，与卫生有益。每天哪，大笑三声啊，是百病不生，这也是卫生。招乐儿哪，也是不一样。您拿这小花脸也招您乐，说相声的也招您乐，一个人说相声叫单口相声，也离不开招乐。把招乐刨了去，有什么意思哪？没有意思。您瞧我站这儿一个人说，啊，您那儿坐着，我这儿站着，三十分钟一位乐的没有，我这儿嚼舌哪？那位说："我不乐呢？"不乐我也没有主意呀。不乐我能下台挨位胳肢胳肢？绝不能。也不易！说这招乐，就靠说话。这也是一门技术。那位说："你是夸大其词呀，说话有什么技术。谁不会说话呀？"您瞧这说话呀，有让人爱听的，有让人不爱听的，这就在有技术没技术。这说话呀，说出来有条有款，津津有味，滔滔不断，哎，神气完全贯穿。这就是艺术哇！说一句想半天，车轱辘来回转，就没意思啦。您瞧我们吃张口饭的，说书的也罢，说相声的也罢，这一句话没招乐来回说，听众就腻啦。一腻，人家嘴里就要骂街！说骂街这是不雅呀！哪有骂街的？您这么一听啊不是骂街，没骂人哪，可说出这句话比什么都厉害，把说相声的说书的给骂苦啦！这说相声的说完了这句话来回说，这位就说这么一句："怎么净倒粪哪！"您听着没骂人，其实骂苦啦！"倒粪"，这粪怎么会从嘴里出来呀？那么说话有什么规矩？规矩大啦。见什么人说什么话，到什么地方说什么话。

这个话呀有时间话，有地方话。什么叫时间话？住街坊哪，那就用时间话。分什么时间说，早晨见人吧，必须说："您刚起呀！"那么要到晌午呢，就是这个了："您吃过饭啦？"到晚上呢，又换了："您还没睡哪？"这就是时间话。不这么说，把那个掉过来！掉过来说，不像话，不是那个时候说那句话不受听。这人一早儿刚一出门："嗬，您还没睡哪？"这位说："我这一宿偷人家去啦！我干什么大清早才睡呀？"什么叫地方话呀？什么地方见人说什么话。好比在街上见人："买东西您哪？"这位说："可不是嘛。""我给您雇车！""我头里到啦！""您带着零钱哪？""富裕！""回见！"这是在街上。您要到茶饭馆、酒馆，这儿位吃着，又进来几位认得；这儿位就要站起来："噢，刚来？""一块儿吧，一块儿喝。"那位得说这个："不价，我这儿还有人哪，您几位回头一块儿！""两便吧，两便吧！""我给您添几个菜！""吃饱啦，哈哈，不客气！"这几位坐在这儿，要来酒要来菜，站起来："来吧几位，一块儿再找补点儿！"找补点儿是再吃点儿。这几位："不客气，吃饱啦！"就这话。要到茅房，这位蹲着，那位进来，蹲着这位先说，一抱拳："有罪有罪！"拉屎有什么罪呀？他不能行礼啦，叫"有罪"。那位说什么没有罪，恕你无罪！蹲着这位说谢主隆恩？在茅房就开戏啦。这位必得说尊便，一抱拳："尊便您哪！""尊便"怎么回事？您爱怎么拉怎么拉，拉多拉少没关系，没人管。把饭馆子的话搁茅房里头，这位蹲着，那位进来，蹲着这位一抱拳："嗬，刚来呀！一块拉吧！"这位说："您拉吧，这儿蹲不开！"这位还让："您拉多少回头我给。""不让啦，回头咱们算一块儿！""两便吧！"这位蹲下，"来吧，再找补点儿！""我吃什么呀，我找补点儿？"规矩，说话呀得有规矩；我们说相声的逗个哏，就是玩笑。我这段儿也是说位好玩笑的人，叫什么哪？叫"古董王"。"古董王"是怎么回事呀？这人好玩笑，一肚子古董。古董怎么回事呀？说北京话就是古玩。他呀好玩笑哇，得这么个外号叫"古董王"。这人住家在东安门里。这话在前五十多年，是民国初年的事。他在茶馆喝茶，古董王坐在这桌儿喝，在那桌上有甲乙二人正说闲话，俩人越说越抬杠，因为什么？因为听戏。那阵儿最享盛名的是谁呀？余叔岩。光绪末年[①]，余叔岩唱得好，这甲

① 光绪末年——著名京剧演员余叔岩，少年时期以小小余三胜艺名在天津初露头角，因病回北京后，于1915年重新登台，时为民国初年。

某人说这个："昨天哪听余叔岩这出戏真好，失街亭、空城计、斩马谡，全部《失空斩》。余叔岩哪，去诸葛亮，跟活的一样！"这个乙某人一撇嘴，乙某人说："你别说啦，我也去听啦。你是道听途说。《失空斩》啊，余叔岩唱正角，他不能去诸葛亮！"甲某人说："他去谁呀？""他去孔明！"甲某人说："诸葛亮不就是孔明吗？不是一个人吗？"乙某人把眼睛瞪得灯泡那么大个儿："谁说的，诸葛亮跟孔明是俩人。诸葛亮姓诸，孔明姓孔！"俩人越说越僵。甲某人说："这么着，咱俩也别抬杠，咱们赌两块钱。诸葛亮跟孔明啊要是俩人，我输两块钱，要是一个人呢？""我输你两块呀！"一个人掏两块钱搁这儿啦。喝茶的全听见啦，谁也不管这个碴儿。这王爷心里说："问别人我不管，问我再说。"这俩人说："咱们问一个人哪，诸葛亮跟孔明是一个人还是两个人，问这句话。"一回头看见古董王啦："王爷，跟您打听件事儿！""什么事儿？""诸葛亮跟孔明啊，是一个人，是俩人？我们俩人赌两块钱！"王爷沉住了气说："这个就不好说啦。我一说，你们二位我必得得罪一位。我放俩人不交，我何必交一个人哪！"这俩人同时说："没关系，就听您这句话，我们俩明白明白。""那么说，我可不向着谁了啊，哈哈！不是三国那档子事儿吗？""啊。""诸葛亮姓诸哇，孔明姓孔啊，两档子事儿呀！"这乙某人逮着理啦："怎么样您哪？您听明白了没有？"这甲某人肚子快要气破了："好好好，您赢啦，您走！"这乙某人连本带利拿着四块钱走啦。输钱的这个把茶壶茶碗一拿，上古董王这桌上来啦："来吧您哪，咱们俩一块儿喝吧。咱们打听别人，诸葛亮跟孔明是一人，是俩人？诸葛亮跟孔明要是俩人呀，我把脑袋输了都成！要是一个人的话，甭废话你赔我两块钱。"古董王啊，一瞧那赢钱的主儿走啦，沉住了气："你呀别着急，诸葛亮啊复姓诸葛名亮，字孔明。一个人，诸葛亮就是孔明。""为什么刚才你不那么说？""为是让你呀花两块钱，让那小子糊涂这一辈子！"大伙儿一听乐了："嗨，你可真古董啊！"打这儿叫的"古董王"。让这人花两块，两块钱小事呀，那人得糊涂一辈子！在那犄角也坐着一个人，跟别人那儿闲聊，他一撇嘴，冲着这位茶座一摇头："这人哪，缺德，短寿！"这位呀瞧他一眼，也没敢搭茬儿。因为知道古董王爱开玩笑，一骂他呀，回头他跟你开玩笑受不了，这人一低头。古董王顺着声音一瞧骂他这主儿，认得。也是姓王，是个罗锅儿，这人四十来岁，身量比别人矮，因为罗锅残废长不高啦。前头是鸡胸脯，后头是大罗锅儿。王爷瞧了瞧他。要是别人一听这话，准得生气："你怎么知道我缺德？我这缺德哪儿写着呢？"俩人得分辩分辩。好开玩笑的主儿他不分辩，他骂我哪，骂我缺德，记着这碴儿吧。什么没说，走啦。过了两天，打家里写出这么二十几个纸条来，写什么呢？都一样的字："祖传专治罗锅，分文不取，不领道谢。某处某处。"把他的门牌呀写到上面。是这一方啊，有电线杆子就贴一张，胡同口也贴一张，贴完啦就不管啦。这王罗锅喝完茶回头一瞧，这儿写着祖传专治罗锅儿，分文不取，不领道谢。"嘿！这可是个窍道！万幸，遇见这个啦！我是个残废人，做事不能做，就得吃哥哥一口饭。吃哥哥不要紧哪，嫂子跟我不对劲。看着哥哥面子可也不好说什么，我给买东买西，刷家伙洗碗，这都不要紧，还给嫂子哄孩子。这孩子太娇，连抓带咬。我不哄这孩子不行！我把罗锅儿治好了哪，我能找个事由哇，说什么我也得把孩子躲开，连抓带咬受不了哇！"赶紧回家，换衣裳。正是伏天呀，就这个月份，您瞧这罗锅儿他有什么特别的好衣裳？不就是吃嫂子一碗瞪眼食吗？有件衣裳啊舍不得穿：头蓝大褂，这种布哇现在没有啦。头五十多年，叫什么哪？叫大碾。嘿，泡到水里站着；说现在呀比夹袍还厚。在前清的时候上哪儿去，规矩人家穿短衣裳不喜欢，总得穿大褂儿。里头呢一身新裤褂儿。他这身脏的破的就脱啦，这新裤褂儿呀，白裤白褂舍不得穿。那玩意儿，老布全顶一个子儿厚哇。连这小褂、大褂带裤子，新鞋新袜子，穿上双脸儿鞋，五分厚毛布底；这新袜子是夹袜子，那阵儿不穿洋袜子穿夹袜，里头打包脚布，三层。打家里出来啦，一出来就拿手巾抹汗。"热啊，这才十点来钟！"瞧瞧这条儿，顺门牌找来啦，一找这地名叫南湾子，到古董王这门口，一瞧墙上也贴这个条，上台阶一叫门："回事！回事！"北京的规矩，不敢说找人，得说"回事"。王爷打里边出来啦，穿着小褂儿，拿着一把芭蕉叶儿，一开门：嗬，街坊！"嗬，二爷您这儿住哇？""可不是嘛，请里面喝水。""不价不价，跟您打听点儿事，二爷。""什么事？""这条儿是您贴的啊。这治罗锅儿是哪位治呀？我麻烦麻烦这位。""不是外人，就是我。""噢噢，您就治这个！受累吧！""行啦，没有错，是人都治，何况咱们是街坊，你说是不是，贵姓啊？""我姓王，哈哈，都管我叫王罗锅儿。""我可有一样啊先告诉您，有几样罗锅儿不能治，有治得了的，有治不了的。""什么能治，什么不能治？""胎里带的不能治。""我这个不是胎里带。我这个，我这个是三岁呀我姐姐抱着我呀闪着腰啦，打这儿得的罗锅儿。”“不是胎里带呀，半路得的那也分两样，活罗锅儿能治呀，死罗锅儿治不了！”他一听这话不对：“二爷，我是活人哪，是活人绝不是死罗锅儿呀！”“人是活的，死的那还治什么？这罗锅儿有活有死的，我摸摸，一摸就知道。”“好，好，您受累吧。”一转脸，王爷这么一摸，“嗯！”“怎么样您哪？”“你这罗锅儿特别呀！”“怎么您哪？”“也像活的，也像死的，让我摸不清。”“二爷，那么这怎么办呢？”“活的能治，八成活罗锅儿能治，七成五哇治不完全，要是六成就甭治啦，治不了！这么着吧，我带你去瞧一瞧吧，活罗锅儿咱们就治呀，死罗锅就甭费事了。”“好好好，您受累，您受累！”“你这儿等一等。”回身进去啦。古董王上里边干吗？换一身儿旧绸子裤褂，旧鞋旧袜子，这手拿着一把旱伞，这手拿着一把芭蕉扇，打里面出来啦。“走走走，咱们瞧瞧去。”“好好，您受累。”一出南湾子，“上哪儿去？我给您雇车。”“不用，一出城就到啦。”“好，您哪！”带他出城。这是光绪末年，跟现在可不一样啊，现在把豁子全拆啦，从前没有南池子那豁子，打东安门出去，现在连东安门都没有啦。二位一出东安门，天气是越走越热呀。十一点钟来的，现在过十一点啦。走到马路中间，古董王把旱伞一支：“你跟着我走。”王罗锅儿呀后头就跟着：“二爷，这不出城了吗？在哪城啊？”“哪城啊？”一指前门：“出前门就两道城啦。”“哎呀，那么咱们就雇车走吧。”“你要走不了干脆就回去得啦，走不了就是死罗锅儿，要走得了就是活罗锅儿。”这个怕是死罗锅儿呀，死罗锅儿治不了啊。咬着牙跟他出前门了，一出前门，走马路中间，快十二点啦，地都晒烫啦，王罗锅儿穿的大褂比夹袍还厚，里头一身裤褂，完全溻透啦，脚底下走着这个烫；一边走，一边往下擦汗哪。“出前门了，哪溜儿您哪？”“告诉你这不出城嘛，去永定门。”“永定门离这儿还有五里地哪！”“那不能说呀，非得走不可呀。活罗锅儿走得了，死罗锅儿走不了。走！”这时候过十二点正晒。出永定门了：“哪溜儿您哪？”“这不告诉你出城吗，往南！”“大红门哪！大红门可不成您哪，大红门离永定门还有八里地，那我可……”“谁说大红门了，大红门是南苑啦，就这儿，就这儿。”他这一指，可离永定门四里多地啦。街西头儿上坡有个坟地，松柏林枝叶茂盛。这里有石桌，当中间大坟头，这儿凉快。“得啦。”古董王把旱伞一落，“就这儿，就这儿治。”他坐这儿了，这罗锅儿把小褂、大褂没顾得脱呀，越解越解不开，它湿啦！愣往下撕呀！撕下来，把鞋也脱啦，袜子也扒啦，坐在地上瞧了瞧脚，脚板上好儿个大泡！裤腰带解啦，提溜裤腰抖搂抖搂风，往地下一躺："哎呀，我的祖宗！太远啦，二爷，您看是活罗锅儿，死罗锅儿？""别忙啊，咱们凉快凉快。"王爷把小褂儿也脱啦，拿芭蕉叶儿呼打风，拿手一指。这一指呀那边有棵大杨树，三丈来高："你呀，抱这棵树往上爬一爬，我瞧瞧你呀能不能爬得上去。""哎呀，二爷，我这残废人，我那可爬不了！""爬不了就是死罗锅儿。要爬得了哇咱就能治！""这不要命吗？"试试吧，他已经到这儿啦。裤子挽了挽，系上裤腰带，光着脚丫子，过来就这么一抱这棵树哇，他前头碍事，这儿有个鸡胸脯哇。王爷地下那儿坐着："使劲，使劲！盘！捯！哎！"罗锅儿搂住这棵树哇，拿脚夹着往上一捯，捯上有四五尺去，这胸口这都破啦！直往下流血。"嗯，再来来，再来来！"咬着牙又往上爬，顶七八尺："二爷，怎么样？""嗯，六成多像活的啦，再使劲，再使劲，顶八成可就能治。你来！使劲咬牙这可就成功啦啊。"这个一听有六成多，顶八成就能治啦，噌噌噌，往上就三下，也不管这疼不疼啦；把上头的树杈呀抱住啦，离地两丈来高啦。"哎哟，嗬！"他一瞧眼晕哪，"二爷，您瞧我这个是活罗锅儿、死罗锅儿？"王爷往地下这么一躺，拿着芭蕉叶儿："嗯，活罗锅儿。"说话他坐起来啦，把芭蕉叶儿扇打着："是活的。""活的你给治！""不能治！"穿上小褂儿，拿起旱伞来："你这个罗锅儿呀够十成十，够百成百呀是活罗锅儿，活罗锅儿可是不能治呀，你想这个情理呀，你这么大罗锅儿，还能爬两丈多高的树哪，把罗锅儿治好了，你还不上房偷人家！这么着吧，你这儿待着，咱们城里头见吧！"拿起旱伞，他下坡走啦。这王罗锅儿："二爷，别走，您这一走我怎么办？！"一着急一松手，呱唧！掉地上把罗锅儿摔直啦！

（张寿臣述　陈笑暇整理）

买鸡子儿

在旧社会卖什么东西都往里掺假，拿假的当真的卖。他欺骗人哪，还骂街，还玩笑！那位说："哪儿有这路人哪？"我说完了我负责。有这么一路估衣铺，谁打他门口过，他瞧着不顺眼，他就拿谁开心，你要问他呀，他说买卖话，你对证也不行，哪个对证也帮着他说，绝不帮着走道儿的说。他在门口一站，这位打他门口一过，您听他是让人哪："买什么，里边瞧，瞧估衣，买衣服！"买卖话。"瞧估衣，买衣服。"打门口走，头脑各别，他要占人便宜："买什么？里边瞧，瞧姑爷，买姨夫！""瞧姑爷，买姨夫！"你要一问什么话呀，他说："我们是买卖话呀，瞧估衣，买衣服哇！"这路买卖欺骗人。我们北京还有一行，这行是什么？卖鸡子儿的，谁叫他是谁照顾他呀，谁照顾他，他跟谁开玩笑。门口挑着挑儿一吆喝："鸡子儿——"好比我在门口站着，我叫他，一叫他可倒了霉啦。"鸡子儿。"你过来不就完了吗？他不过去，回头："谁叫鸡子儿？"我说："我！"哎，我这么大个子叫鸡子儿！我怎么啦？

这话在头四十来年，还在民国初年的时候，我那阵儿二十来岁。我们那街坊好俚谐，姓王啊，叫王慎斋，这个人俚谐特别，他拿事由俚谐，你要不招他呀，他不跟你俚谐。外号叫古董王。他住家在什么地方哪？这地方叫南湾子，路北的门，东西的胡同，五月天呀，天气一天比一天热，他在门口站着，十一点多钟，打这面过来一个卖鸡子儿的，一吆喝："鸡子儿来——"这王爷这么一想啊，夏天吃什么都不合适，油腻不成，买点鸡子儿把它腌上，顶到六月也有油啦，拿那个就饭挺好。"鸡蛋！"他过去不就得啦？倒霉嘛！挑着挑儿，"谁叫鸡蛋呢？"王爷乐啦，一想："好小子啊，班门弄斧，我要是吃你的亏，我还叫古董王吗？"他那儿还问："谁叫鸡蛋？"王爷说："你过来吧，鸡蛋！"过去吧，他不过去不成啦。把鸡蛋在门口一放。我得说这方向，他这方向是路北的门呀，四合五的房——四间哪盖五间，门口哇一门楼，有马踏石。什么叫马踏石呀，现在没有啦，有碍交通，以先哪，要是一间门道，门口是上马石，下马石，蹬那个上车，上马。比桌子矮，门东西一边一块。要是局势小哪，半间的过道，就是马道石，马道石也是石头的，在地下埋着半截，外头露着半截，外头露着半截呀造出个玩意儿来，一个座，上头是秧歌鼓，夏天门口坐那儿凉快凉快也成，踏那个上车上马都成。王爷就站在马道石当间儿："放这儿，放这儿。"他把挑子一横，放这儿啦。"打开瞧瞧。"这卖鸡子儿的一掀这个筐，逢这卖鸡子儿的，全是这么大的荆条筐哪，里头拿毛草纸呀围着，底下垫秫秸。上头有毛草纸，盖一管箩，一翻个，连纸带管箩往地下一放。买哪，数数儿就往管箩里数。一瞧上下一色，这么大个。

王爷看了一眼："我说，猴顶灯吧？"这卖鸡子儿的一听啊，这人是行家，猴顶灯，内行说的话。那位说："什么叫猴顶灯啊？"逢买鸡子儿都是这个意思，买的主哇他要挑挑，卖鸡子儿的把大个的搁在浮头，小的在底下。那位说："不对呀，小的搁头里，从上边拿不就完了吗？"不，人人有这么个心理，认为底下有大的，一样花钱，买大的不买小的，一翻，大的上底下去啦，小的上来了。单独鸡子儿，一数一看眼就花，买的时节净买小的，不买大的，这叫"猴顶灯"。王爷说："猴顶灯吧？"卖鸡子儿的说："大爷，没有错，绝没那个。我这做买卖多少年啦，上下一样，您拿分量称都成，有一个小的您白吃！""怎么卖呀？"那阵儿使现洋哪，一块现洋能买一百二十多个，"我也不要谎，一块钱哪您就数一百了。"王爷说："好，就依你这价吧。"卖鸡子儿的痛快，赚儿大，一百二十多个他都赚钱，这一百更成啦。"好啦，我给您数。""别忙，碎的是你的啊。"卖鸡子儿的心想，这哪有碎的，全是整的。"大爷，您放心，一个碎的没有，有一个碎的您白吃十个，那算罚的！"王爷说："我也不罚呀，这么办，整的我就许包圆。破的是你的，整的是我的，你应了这话我就要，我要整的不要破的。"卖鸡子儿的一想：这句话不说呀，我这买卖做不成，赚儿大，原本没有破的嘛！"好！大爷，整的是您的，碎的是我的！""是那么的啊？""我给您数。"古董王一扒拉，"您别数哇。天气热，手是热的，您数一回，我回头再一数，来回一扒拉，搁两天搁不住啦，就泄黄儿啦！""多少个儿你还没有数儿吗？回头我买完了剩多少，你一查数不就得了吗？你不信你再数一回。"卖鸡子儿的一听这人挺开通，绝不能多数几个鸡子儿。"是啦是啦，您数吧，您数我数一样，哈哈哈！"王爷一挽袖子一哈腰，打筐里就抓起六个来，一手拿呀，应当抓起来往前一探身，就搁笸箩里啦，没有，他这么一扭身就往马踏石上搁，六个，撒手之后哇连看都不看，回头就往筐里抓。这鸡子儿搁到八仙桌上还骨碌哪，马踏石是秧歌鼓，它鼓肚儿，这鸡子儿掉下就碎，这算谁的？这不是麻烦嘛！卖鸡子儿的一哈腰就把马踏石搂住啦："大爷，这不能搁呀！"这么一搂啊拿胳膊围着没掉下去，这儿搁三回啦，"十二个，十八个……""这搁不了啊！""二十四个，三十个，三十六……""哎，大爷，这不能搁呀！"他说他的，这儿数这儿的。数到八十九个呀！这鸡子儿到鼻子这儿啦，再搁没地方搁啦。王爷把袖子往下一放，"待一会儿，我进里头拿个家伙，说话就来。"一转身上台阶，推门，回手把门一关。

他拿家伙去了吗？他睡觉去啦！他走啦，这卖鸡子儿的可罪过大啦！怎么哪？站哪站不起来，蹲也蹲不下，这脊梁啊冲着南，南边是太阳，十一点钟，快到十二点，一会儿比一会儿热，腿也酸啦汗也流下来啦，浑身哪儿都不合适。“哎呀！受不了啊！大爷，您快拿家伙来呀，我这儿受不了啦！”汗直往下流，他也不敢往下擦。这是活胡同啊，有走道儿的，走道儿的打这儿一过全纳闷。“哎，我说你干吗的？”“哎呀，大爷，我卖鸡子儿的！”“你这是什么功夫啊？”“啊？”“什么功夫，要了命啦！”“这鸡子儿怎么上去的？”“您可说呢，哎呀，劳驾劳驾，大爷，您给帮帮忙，您给捡下来搁筐里。”这位呀也好俚谐：“我给你捡下来把它搁筐里，白捡吗？”“哎呀，不白捡哪，我受不了啦！您回头捡完了拿几个去得啦。”这位一沉脸：“胡说！我拿你鸡子儿吃去。我想吃我拿钱买，你不是卖鸡子儿的？你是拿鸡子儿雇人怎么着？”“哎哟，哎哟，大爷，我说错啦，我浑身不合适呀，不知道说什么好，劳您驾大爷，您给捡一下，您说怎么着都成。”“这不结啦，我捡完了你酬谢我。”“是啦是啦。您说怎么酬谢？您快说，快说！”“你先给我作个揖！”他俩手抱拳比画个作揖的样子，石鼓上的鸡蛋全滚下来摔碎了。

（张寿臣述　陈笑暇整理）

糊　驴

天怕乌云地怕荒，花怕风吹草怕严霜。

长虫怕猫猫怕狗，小鸡子专怕黄鼠狼。

溜口辙。干什么说什么，卖什么吆喝什么。您拿我说，就逗您一乐，逗您一乐还得有份儿人缘儿，没有人缘儿逗不乐您哪。我在天津没动窝儿四十来年的过程，这四十来年实在各位听众哇捧我，听玩意儿帮什么忙啊？我这是说呀，您哪帮着乐呀，这不就是帮忙吗？这显着火炽。原先哪我是两个人，现如今是一个人，说相声原本是两个人，说、学、逗、唱，以说当先哪，俩人是逗哏，还是俩人好啊，怎么现在就是一个人啦？这也很难，怎么说难哪？您算，我们那伙计死啦，再搭一个呀搭不上。怎么哪？就仿佛您哪揉核桃，揉一对核桃呀揉着顺手，丢了一个，丢了一个再配，一般大呀它颜色不一样。我们说相声的跟核桃不差什么的，您算，俩人站在这儿都得合格，找一个二十多岁的呀，站在一块儿不合适，找六十来岁的没有。说相声的活不到五十,三十多岁就弯回去啦，嘴缺德啦！我不死有什么主意呀，不得老活着吗？就是这么敷衍着。大众捧场，有份儿人缘儿，往这儿一站哪您就喜欢啦，这就成啦。往这儿一站，八个字考语："头脑各别，面目可憎。"越看越堵心，一点爱人肉儿没长，有点儿爱人肉儿长脚心上啦！管什么哪？谁也瞧不见，也难哪。要不怎么说不易呀。

今天我说的玩意儿呀叫《糊驴》。有个人姓王，是我们北京的，在东华门里头住家，名叫王慎斋，外号叫古董王。那位说："怎么叫古董王呢？"这古董王啊，在北京姓什么都带个小栓儿，好比呀找这个姓张的，这胡同姓张的好几家哪，您找哪个姓张的！他们是粮行的，粮行张。这就好找啦，谁家谁家，哪个门。卖酒的酒张，厨行的，厨子张，我哪儿住，说相声的，相声张。一有这个他就好找啦。这个古董王哪？古董王啊，是这个人好玩笑，不是古董行。他太太是京西门头沟的人，这年夏景天来了封信。干什么哪？乡下唱戏呀，接姑奶奶家去听戏。您想：在旧社会的时候，一提住家特别的喜欢，这位二奶奶呀打头天就去啦，他是姑爷，也得去，不去趟不合适。乡下的戏，天气挺热，应酬应酬就回来。北京啊，那阵儿跟现在不一样啊，现在哪，坐火车去得了，原先不成。原先哪？您要是雇车，雇轿车，在民国初年有胶皮车，直拉到门头沟没有去的，太远。就得雇车到彰仪门，打家里头哇吃完早点，溜溜达达地雇个车到彰仪门，到彰仪门哪，城外头吃点儿点心，吃饭也成，回头往京西去呀得再雇驴。那年月上哪儿去在这儿有脚力。也不算很热呀，就四月底这么样，天儿呀十一点多钟，在彰仪门关厢街北有个茶馆，搭着天棚，外头都拿秫秸扎这么一个花墙，里头哇一张桌一张桌的有人在那儿喝茶。在花墙外头有一根绳，拴着有六七头驴。这驴呀论头。单独这雇驴，跟雇车一样，您雇好车，瞧哪个车干净要哪个车。要雇驴哪，哪个驴好看雇哪个驴。他怕这驴不好看，就许打前失。找这小驴儿好看的，一瞧哇这五六个小驴儿里有一个小驴儿，嗬，这小驴儿好看：中流个，小黑驴儿、浑身上下满黑的，粉嘴，粉眼儿，白肚囊儿，四个银蹄儿，打鼻子尖儿直到尾巴梢儿哇，这么一道锃亮锃亮黑线似的，比别处毛都黑。一瞧这驴挺好，这驴绝对不打前失。先拿手按一按，他干吗按按哪？这驴呀你要是喂得好，一按按不动，绝没错。这一按就往下虚晃，那是赶驴的喂得不好，那驴走远道它就要趴下。一按这驴呀，挺鼓溜，拿扇子一拍这驴屁股："我说，这驴是谁的？这驴是谁的？"问了三声啊没人搭茬儿。这王爷直纳闷儿："哎，怎么这驴拴着没有主儿哇？"一说没有主儿，有人搭茬儿啦。这花墙里头哇坐着一个老头儿，五十来岁，穿着蓝裤子，光着脚丫子，上身一个白小褂儿，戴着托肩，这两只脚丫子穿两只夹鼻鞋，实纳鞋帮。说话特别，他那儿正喝茶哪："没主儿啊？没主儿可不行，你要一拉就有主儿啦。"王爷一瞧，这人一定是赶驴的。"你驮座儿不驮呀？""不驮座儿，驮西瓜。""这怎么回事呀？""夏景天什么都驮呀，驮瓜，西瓜呀，倭瓜呀，山药豆、茄子呀，全驮呀。"嗬！王爷这么一听啊，这赶驴的爱玩笑：哼，你也不认得我，我也不认得你，一见面不驮座，驮西瓜？西瓜、倭瓜、山药豆全驮，得啦，咱们开个小玩笑！这玩笑人遇见玩笑人啦。"好，我可不是山药豆，我骑你这驴呀，打现在说，顶到黑，这算一天，我上京西去趟，半天呀也算一天，一天多少钱？""啊——你给一块钱。""一块钱啊，打这儿到黑，一块钱？""是呀。""你要这个价不多，我也不还价，依着你，咱就给一块钱。你别跟。""不跟人哪？不跟人一百五十块钱！""怎么那么贵？""怎么那么贵呀？好家伙，我这驴倒是不值一百五十呵，不跟人，你骑着走啦，骑完一天你送汤锅啦，我哪里找人去？我不多多要成啊？""就这么着嘛，你拿我当骗事的啦！为什么不让你跟着，不跟着省事呀，省得跟着跑，多热呀！我呢，骑这驴呀到乡下出个份子，行个人情啊，没有人跟着，手里拿着鞭子落个好看，一瞧是自己的驴，跟着它不是像雇的吗？我多给四毛钱，给中一块四，晚上啊你取驴，给你找个保人，还不成吗？多花四毛钱，你也省事，我也落个虚荣，多给四毛钱行不行？"这主儿坐着说："成啊，有保人成，有保人哪；可是远了不成，就这方近左右，天黑了我取驴去，这是一个。第二个，这个保人得值我这个驴呀，摆摊儿的不成，他回头一收摊儿，我没地方找人去啦，挑挑儿的也不成。只要有个门脸儿，比我这驴值钱就行。""好啦，我给你找；一定得有门脸儿，没有门脸儿的成吗？挑挑儿的、摆摊儿的回头搭完了话他走远啦，哪儿找人去？"打腰里掏出一块钱来，现洋，"来，给你一块钱。""不说好了就给钱呀？""这是定钱哪，我去找保人去，我爱你这驴，回头我走了你驮别的座儿啦，怎么办？现在十一点多啦，顶十二点我回来，你就等我，这块钱哪算我的，我呀再给你四毛啊，咱们俩对保去。要过了十二点，我没回来，你驮座儿，这块钱算完啦。过十二点我回来啦，我回来啦你没驮上座儿，这块钱也算没啦，我就重新再给一块四，怎么样？”“行，行，那没有错。”“怎么样，咱们对个保？”“让跑堂的说话吧，我等你十二点。”“好啦好啦。”一块钱给他啦。给完他，这王爷心想：“白花这一块钱！”怎么哪？没地方找保人去，他住家那地方离这儿太远，他住家在东华门，隔着两道城哪，这是外城。转悠了半天哪，哪儿找保呢？一进彰仪门哪，该着，路北里有一个冥衣铺。这冥衣铺哇可是隔里不同风啊。在天津不叫冥衣铺，叫什么？叫扎彩铺。冥衣铺糊烧活儿：纸人呀，纸车呀，纸马呀，纸箱子，糊这个。路北里头，门口哇挂着幌子。他一掀竹帘子进来啦：“辛苦，辛苦！”掌柜的站起来啦，掌柜的说话是哑嗓子，花斑秃，六十来岁，有几根儿呀断毛胡子。说话这个味儿：“请坐您哪，请坐请坐！”“贵姓啊？”“贱姓宋，姓宋。”“宋师傅！”“您别那么称呼，这一方啊都管我叫哑嗓行子宋。您贵姓啊？”“姓王啊，行二。”“啊，二爷！您家里糊顶棚啊？”逢这冥衣铺啊一说买卖先说糊顶棚。糊顶棚啊没有关系。绝不能那么说：“您哪糊什么呀？家死人啦？”它不好听。“您糊顶棚啊？”“不是，我不在这儿住，我在城里边。我有个朋友，哈哈，跟我挺要好的，死在外头啦。昨天晚上给我托了个梦，今儿个哪我到天黑呀给他烧点纸，天黑哪城外头烧，隔着城，城外头烧他不是就得着了吗？”这都是迷信的事，城里烧他怕得不着。“城外烧，他活的时节呀爱骑小黑驴儿，他死了，我尽朋友之道，我给他糊个小黑驴儿。您给赶一个，多少钱？”赶呢是赶得出来，做买卖的人他拿一把：“二爷，这麻烦啦。今天活儿挺忙。”其实他一听这驴呀，当时就好讲，怎么哪？昨天他们学徒给一个死人糊一个马，那个马的架子他给扎小啦，把那架子拿出来，把嘴那秫秸往外一撑，耳朵长着点就是驴。这不是说话就得吗？特意拿一把：“得后天。”“不行，我给加钱，咱们加一工活儿，您要多少钱？”“那么得啦，您给两块钱吧。”其实呀块数来钱他就糊，一要要两块，“您赶着点儿糊哇，毛皮呀要黑的，鞍鞯呢都要挺鲜明的，粉嘴儿，粉眼儿，白肚囊儿，四个银蹄儿，糊漂亮点儿啊，咱给加四毛钱酒钱。”这掌柜说：“哎，啊，行啊。”打腰里头一伸手就掏出两块钱来，“给您这个驴价啊——两块钱的活儿钱，还有四毛钱啊，这四毛钱是酒钱，回头取驴的时候再给四毛钱。”“行啊，行啊。”“可有一样啊，我事情挺忙，我怕晚上来不了啊，我有底下人，让他来取怎么样？”“也可以。只要说对了就成啦，这回头给错了不合适。”“我让他给您瞧瞧相，您跟我底下人瞧瞧相，取驴的时节呀再给四毛钱。”“就是吧，就是吧，您喝水吧！”“不喝，不喝，回见！”一掀帘子，送出来啦。王爷心想：“成啦。”一出城，到茶馆一瞧，这赶驴的还在那儿坐着哪，一瞧那表，十一点三刻，“怎么样，伙计？”“成，没过十二点哪，钱算你的，保对了没有？”“对啦，我说伙计，贵姓啊？”“姓何。”“啊，姓何。”“行二。”他还有个外号，都跟他玩笑，叫他话把儿何，说话爱找话把儿。“啊，何大哥，我带你对保去。”“就是啦，就是啦。把驴解下来吧。”把驴解下来啦。“一块钱驴钱给啦！”“给啦。”“还欠四毛钱。”“欠四毛钱。”“欠四毛钱哪，晚上取驴的时候再拿四毛钱。”“就是啦，就是啦。”一骗腿儿，上驴啦，“你把鞭子给我。”“给你鞭子，给你鞭子我可得揪着点驴，把保人对了我就撒手啦。”“就是，就是。”王爷拿着鞭子，话把儿何呀就赶着这个驴，这手打着缰绳，溜溜达达进彰仪门。进彰仪门不几步就到冥衣铺啦，这是马路哇，街北是那买卖，站在马路上就嚷开啦：“宋掌柜！”这边一掀帘子：“二爷，二爷！您里边歇会儿。”“不价啦，不价啦，挺忙，您晚上把驴交给他吧。”“哎哎哎，晚上把驴交给你呀？”“对啦，晚上把驴交给我。”“交给你的时节还带四毛钱？”“对啦，取驴呀带四毛钱。”谁给谁四毛钱哪！

（张寿臣述　陈笑暇整理）

硕二爷

奇异的鼻烟壶

如今哪，这个社会太好啦！人民群众团结一致，社会秩序安定，打架的很少。旧社会不行，那阵街面上常有打架的，就因为蹬鞋踩袜子，也能打得鼻青脸肿，值当的吗？旧社会是人压迫人，有欺负人的，就有受欺负的。贪官、污吏、土豪、劣绅，他们是一头儿的，有贪官就有污吏，上梁不正下梁歪啊！土豪跟劣绅都挨着，专门欺负老实人。有这么一路人，走在街上属螃蟹的，老横着！腆胸叠肚的，横冲直撞。当！正撞对面这位一膀子，把这位撞得一趔趄，撞完了他跟没事人儿一样，大摇大摆地走啦！赶上那位是老实人，吃个哑巴亏散了，一低头，走！可要碰上横的，麻烦了，你撞完人想跑哇？办不到，你不是大模大样地走过去吗？这位追上来一把就把你揪住了："你往哪儿走？这么忙，慌里慌张的，是奔丧去吗？""哎，你这是怎么说话呢！""你还有嘴问我，我问你吧！你得说说你长眼是干吗用的？专往人身上走，你撞在我身上啦，知道吗？"您说这事这么办，对方要是一认错，说两句客气话："对不起，没瞧见！"这不结了吗？得分碰上谁，要碰上横的，你越跟他说好话越糟。为什么哪，土豪不说理，一天到晚恶吃恶打，就靠着胡搅过日子，一说话就瞪眼，那嘴老撇着，要没有耳朵挡着真能撇到后脑勺去！七个不服，八个不在乎，你一撞着他，他更逮理了！赶上撞人的这位家里有事，得奔钱去，跟他一麻烦，把家里的事耽误啦，犯不上！跟他说好话吧："对不起，我实在是没看见，您多原谅吧！"一连作了三个揖。可遇上对方不说理，你不是怕事吗，他专门欺负你。

“你说得倒轻巧，没看见，多原谅！哼！你也不打听打听，这一方谁不怕我？”说完话一拍胸脯，憋着打架哪！这位一看这架势，赶紧服软：“得啦，大爷，我怕了您啦？”“怕我？怎么怕啊，就这么怕？”“那您说怎么叫怕？”“这……把你的大棉袍脱下来给我穿！”“给您穿我穿什么？”“你不是怕我吗？快脱！”这条大棉袍归他啦！

要赶上两个横的碰上啦，争强好胜，互不相让，这位刚一说：“你打听打听，这一方谁不怕我？”那位一瞪眼：“哼！谁不怕你啊？我就不怕！”“谁敢惹我？”“我敢惹你！”过来就把这位的脖领子揪住了！这位一看马上改口：“你敢惹我啊？谁敢惹咱俩！”他把话拉回来啦！在旧社会有这么一种人：打老实人，踹寡妇门，刨绝户坟。多缺德！

还有些地痞、无赖，游手好闲。走到街上不但时时想着找便宜，还专门干些损人利己的事。什么强买强卖，白吃白拿，简直是家常便饭。有时候碰上卖切糕的也找麻烦，还不光是白吃，他啊，跟你起腻，拿穷人打哈哈：“喂，我说，切糕多少钱一斤？”“好您哪，两毛。”“多少钱半斤？”“一毛啊。”“多少钱四两？”老秤十六两一斤，四两就是现在的二两五……人家回答是五分。他还往下问：“二两多少钱？”这不是闲的吗？卖切糕的一笑，没理他，人家不敢得罪他啊！他一看没法儿往下问了，掏出来一毛钱：“掌柜的，给我来一毛钱的薄片儿。”卖切糕的一听纳闷儿啊，吃切糕的都爱吃边儿，边儿上压得实在，薄片凉得快，嚼着也没有口劲。“您爱吃薄片儿？”“对，越薄越好。”“哎。”切薄片儿得打中间儿切，面儿大点，薄薄的切一片儿，一称半斤多，拿荷叶这么一托：“给您哪。”他接到手里掂了掂，又看了看哪，跟卖切糕的讲理：“刚才你说两毛钱一斤，一毛钱合半斤了，你看这有半斤吗？”“我给您称过了，半斤还多呢！”“这么薄，哪儿够半斤？”“薄也有分量管着。”“你自己瞧瞧，看，这有半斤吗？”他一边说着一边往前凑合，拿眼盯着卖切糕的两眼，一反手，啪！给扣在眼上啦，还就势用手一按。这下可坏事啦！卖切糕的什么也看不见了，又热又黏，急得直喊：“大爷，这可不对，我什么也看不见啦！”他得双手往下抠，还是抠不下来，这切糕黏哪！等把切糕抠下来呀，再找这人，没了，往摊上一瞧，糟啦！卖的钱没了，刀也抢走了！案子上光剩下了一块切糕！“哎呀！这不要命吗？”追他去吧！又怕切糕让人端了去，卖吧，卖不了啦，没有刀哇！

旧社会里这种人很多，搅得社会秩序不安定。我今天说一档子清朝的事。在道光年间有这么一位，专管人间不平事，专治街面上的土豪、地痞。这位是谁啊？您先别忙。不知道哪位爱这玩意儿，什么？鼻烟壶。这鼻烟壶上画着一辆车，赶车的在旁边儿站着，地上躺着一个人，这儿还站着一位揪着这人的辫子，手里还拿着棍子，这棍子呀可特别，上头是一只小脚，穿的是小红鞋，白袜子，绿带儿。拿棍子打人干吗还带小脚哇？这就是我要说的事。拿棍子这人叫永硕，都叫他硕二爷，为什么叫底下的那个字啊？他是个宗室，比道光皇帝大一辈儿，所以到哪儿都受人尊敬，他并不仗势欺人。可是专管土豪、恶霸欺负人，坏人坏事让他遇上是非管不可。怎么回事呢？那年月坏蛋多，存心欺负好人。年轻的妇女最好在家里待着，可别上街，一出来就得受人欺负。好比逛灯逛会去，这可最容易出事，年轻妇女逛不得，一逛灯吃亏的很多。吃什么亏啊？什么丢钱啦，镯子让人给扒了去啦！还有让人踩掉了鞋的，这事太多啦。小偷跟坏蛋都勾着，到时候使坏琢磨人，他们弄一个大爆竹，个个儿在家里用黄泥呀做这么个坨子，跟水缸似的，上头拿红纸糊好了，也缠上爆竹那皮儿，扎个窟窿，里头塞个“滴滴金儿”。俩人扛着个大竹竿子，竹竿子里头有这么顸的香，哪儿人多往哪儿去。“借光各位，我这儿放爆竹来啦！啊！”往那儿一蹲，大伙儿瞧见一哆嗦：“嗬！我的姥姥，那么大的麻雷子多崩手啊！这玩意儿跟水缸似的，好家伙！”人们都爱瞧热闹，好奇嘛。“往后退，快往后退！崩着可不管！”这个竹竿子有一丈多长，上头有鞭杆子香。他往那儿一递呀，还特别的哆嗦。旁边的小孩儿一起哄：“哎哟！着啦！着啦！”其实没着，他们扔下竿子就跑。跑到那头：“你们别嚷，没着嘛！”又过来啦，又跑，来回跑这么好几趟，大伙儿都往后退。这回呀真点着啦：“张嘴呀张嘴，堵耳朵！堵耳朵！”大伙儿都堵耳朵张嘴，都这么瞧着。就看见“嗤……”着完啦，可没响。它里头没药嘛！“哎，怎么回事不响啊？”拿竹竿子一扒拉。“奇怪，花这么些钱买的爆竹会不响？我找他去！爆竹店赚人！”他夹起来走啦。他走啦，这儿位一摸——皮包没啦！怎么回事，趁火打劫，您往后这么一退，一堵耳朵，这地方（指兜儿）不全给他了吗？这是趁着乱劲儿偷东西。坏门儿啊！

女人出门儿更容易吃亏，可哪儿能总不出门啊，住娘家，串亲戚这是常事啊，夏景天儿不是坐轿车吗，敞着车帘儿，得，招事啦！只

里边站着个老头儿，看模样儿得有七十来岁，穿着件破棉袄，一脸寒酸气，像个念书的人。硕二爷一想：今天二十六了，再有四天就过年了，这老头儿像个有学问的人，可是穿的棉袄露着棉花。满面泪痕，挺长的胡子，脸上像是焦急的样子，这是怎么回事呢？旁边还有个中年人，穿一身湖绉的棉袄棉裤，像个买卖人，站在那儿冲老头指手画脚，看样子"矫情"半天了，他已经口吐白沫了，可还是不依不饶的。旁边的人你一句，我一句，有向灯的，有向火的。硕二爷不明白这是为的什么事，他要问一问。

咱先让硕二爷纳着闷儿，我把这事的来龙去脉说一下。怎么回事呢？这胡同口有个茅房，这茅房是南北两个门儿，老头儿进南门儿解手，起来一整理衣裳，瞧见地下有个包儿，老头儿赶紧弯腰捡了起来。打开一看，当时就一愣！那阵儿还兴银票呢，这包里是四十两银子的银票。老头儿当时有想法：这可是我的财运，年关到了，拿它可以过个肥年哪！孩子大人的都得高兴，哈……可又一想啊：不能，我捡着这钱是乐了，可是丢的怎么办呢？大年底下的，他这钱必有急用，不是过年就是还账，把钱丢了他不得急死啊？我过了个肥年，他要是为丢钱上了吊，我不是缺德吗？不能这么做！老头儿把银票点完了照旧包上，往怀里这么一揣，本来还要往南纸局应点儿写春联的活儿，他也得找饭门哪！可就是为了捡了这钱，决定不去啦！就在手帕胡同里头，对着茅房的石阶上一坐，拿眼盯着南北两门，干吗？净等丢钱的人来找。上午十一点捡的钱，也没顾上吃饭，就这么不动地方地等，一直等到下午四点多，这才看见从胡同外慌慌张张地跑来一人，满头是汗，从南门进去又从北门出来，两眼发直，一边走道一边甩手，说话是山西口音："嗯，我的奶奶，完啦！完啦，活不了啦！要了命啦！"老头儿一看是个商人打扮的中年汉子，赶紧过去搭话："大哥，怎么啦？""取货的钱。我开了个杂货铺，过年要进货，今天拿银票去取货，上午十点多钟我在这儿上茅房，出去碰上个朋友，又请我去吃饭，吃完饭去澡堂子洗澡，喝了两壶茶，连说带笑的，下午三点要走的时候，我才发现银票丢了，所以赶紧跑来找。可是谁捡着还能给我？所以我说活不了啦！""噢，是这样啊，你别着急。"这人一听有门儿："怎么着老头儿，你看见啦？""对，你就放心吧！"老头儿一片好心，可招惹了是非，他错就错在没问清丢了多少钱，把数目说对了再给他，这就对啦。他太大意了："大哥，我上午十一点在茅房捡了一个包儿，等了半天还没来失主，你瞧瞧是不是？”当时从怀里拿出包儿来：“给你。”这掌柜的接过来先掂了一下，一边看着一边沉气，打开包儿一看，没错儿，就是自己丢的那包儿，仔细一点这票子整是四十两，一点儿不差，人家原包没动，还在这儿等了多半天。这位掌柜应当好好向人家道谢，说什么也得请人家吃顿饭，问问人家姓名，在哪儿住？有时间去道谢。这就对啦！没有，当时这位掌柜心里就转开弯了，他看这老头儿，穿件破棉袄，这是穷人哪！捡了钱一直站在这儿等我，我得拿钱谢谢他呀！谢贺少了他不答应怎么办？怎么说也得十两银票。可这十两我得提多少货，卖多少钱，到年下顶多大用呀！不能谢他。这人真有一套，他来个倒打一耙，攥着这钱，皮笑肉不笑地说：“啊，谢谢您，大爷，我丢了钱就够着急的了，您可千万别跟我开玩笑。”“你这是什么话？我等了这么半天，谁跟你开玩笑啊。”“哎呀！如果您不是跟我闹着玩儿，那可真要关系到我全家的性命了！”“这不全给你啦？还有什么难处？”“这钱数儿不对，我丢了八十两，你这是四十两，差一半儿。那四十两我找谁要？那是我的性命啊！你快把那四十两给我！”老头儿一听，当时脸就红啦：“大哥，这可是没有的事，我要是昧心，捡完钱一走你哪儿找去？我等你这半天，难道是为了昧你一半钱吗？”“不能，您不是那样的人。可是我明明丢的是八十两，你还我四十两，那一半让谁拿去啦？”“是啊！这也不怪人家着急！”旁边有人搭茬儿，他一看有了帮腔的，胆子更壮了，过来一把就把老头儿揪住了：“快把那四十两还我，今天不给我四十两银票，我跟你没完！”看热闹的又有人搭话啦：“不许这样！这位大爷要存心不给你，他一走谁知道哇！我晌午出来就见他老在这儿站着，你可不能冤枉人家！”“对！是这么个理儿。”老头儿一听，众人是圣人，他当局者迷，人家旁观者清，心里一阵发热，眼泪掉下来了：“众位，我是真捡了四十两，他硬说是八十两，我要真有钱就再给他四十两，可我是个穷念书的，平时就靠写字养家糊口，今天我要到南纸局揽点儿活儿，就因为捡了钱等失主也耽误了，现在全家还等着我能揽着活儿过年呢！这可真是没有的事，把我的性命加上也不值四十两银子！这位大哥要不信跟我回家去看看你就知道啦！”“你家穷不穷我管不着，我就要那四十两银子。”“这……”大伙儿看法也不一样，看街的过来问了问也没断清。永硕站在人群里，听了个一清二楚，他一边看一边想：这事该怎么办？既然碰上了我就要管。正想着呢，看街的过来了：“硕二爷您怎么这么闲在？”差不多在地面上当差的都认识永硕，他又问了问看街的，然后挺和气地对老头儿说：“老者，怎么回事？倒是四十两还是八十两，你可得说实话。”“爷，我说的都是实话，一句瞎话也没有！他这样挤对我，我简直是有口难辩哪！”硕二爷点点头，转身又问失主：“你说的都是实话吗？”“实话，我实在丢的八十两，给我四十两还差一半儿。”“嗯，把钱给我！”接过来打开一数，不多不少，整四十两，当时在手一攥，没还给失主，那位商人直嘀咕，大伙儿也不知道硕二爷这葫芦里卖的什么药！他还问老头儿：“我数过了，这包里整四十两，你别亏心，再说一遍，到底捡了多少？看见没有，太阳还没落，太阳对着嗓子！”“我就捡了四十两，我敢起誓，说瞎话太阳一落我就吹灯！”“噢，你说的都是实话，那么你呢？你再说一遍，到底丢了多少？太阳对着嗓子啊！”“哎，我说，我说，我……确实丢了八十两……”“好，你说的也是实话，这就好办了！”失主一听高兴了，老头儿心里可直扑腾：哎呀，那四十两我上哪儿给哭去啊！就听硕二爷叫他：“老者，你捡的是四十两，人家丢的是八十两！”“啊，您信他？”“对，我也信你。”就看硕二爷把这纸包递到老头儿手里说：“拿着，快回家置办年货去，这是你的一点财气，一年到头也不容易，跟孩子大人一块儿过个肥实年吧！没你的事了，快走你的！”“这……我能走吗？”“走你的，让他朝我说，我不走！”把老头儿给放走了！大伙儿拍手称快。这位掌柜的哭丧脸说：“爷，这可不成，怎么让他把钱拿走啦？”“他捡的四十两，你丢的八十两，那钱跟你没关系！”“我怎么办哪？”“你站这儿等着，有捡八十两的，你跟他要！”“二爷，说实话，我丢的是四十两！”“有这么句话你为什么不早说？唉！你是个买卖人，过年还得使这钱，来，我给你四十两，快进货去吧！”“谢谢爷！”“甭谢，我再奉送你一句话。”“什么话？”“往后可别这么‘琉璃球儿’啦！”

（张寿臣述　陈笑暇整理）

谁也别走邪道

硕二爷他住旧帘子胡同南头儿那个门儿，胡同北口路东有个大杂院儿。他每天早晨起来遛弯儿总从这儿过，对于院里各家的情形也比较熟悉，这院里住着六户人家儿，北边儿三家儿，南边儿三家儿。北边儿靠里是一明两暗的房子，住着这么小两口，都是旗人，这男的姓和，叫和器，这倒好，和气生财嘛！就在地方官“协尉”手下当差，成年累月换着班地查街，除了当差以外，再一贪玩儿，所以不常在家。和器并不和气，他回来晚了还不许媳妇儿过问，一问急了就得吵架。媳妇儿娘家姓满，小名儿叫满月。长得有几分姿色，没事爱站街。说话娇里娇气的，言谈举止有那么股子媚劲儿，一说话还爱挑眼眉：

“好小子，这么晚才回来，你又上哪儿玩儿去了？说！谁把你的魂儿勾去啦？我把你这个拿家不当家的玩意儿……急了我可揍你！”

居家过日子也不能总吵啊。日子长了，和子先是抹稀泥：

“别闹，别闹，我有事，哪儿也没去，用不着你这么审问我。”

“别废话，快说你上哪儿去啦？”

“你管不着，也管不了！”

“哼，你啊，准是又让哪个狐狸精迷住了，这可瞒不了我。你口头儿上说得蛮好，什么跟她一刀两断，永不来往。说得板上钉钉，可心里满不是那么回子事，只要人有空儿，钱有空儿，你那两条腿就往她家溜达。”

“我……我没去！”

“你骗人！”

“那……我去了，你敢把我怎么样？”

“怎么样啊？我揍你！”

“你敢，我先杀杀你的威风！”

说着话把笤帚抄起来了。满月也不含糊，伸左手把和器腕子掐住了，右手把笤帚夺了过去。不能让他打上啊。然后赌气地往床上一坐，腿一盘：

“好小子，你敢打我？你外边儿有相好的了，回家就这么欺负我。咱也别吵，也别闹，你小子有志气，打今儿个起，别上我的炕！”

“不让上炕，我……搭地铺。”

这就是半真半假找台阶儿啦！

这两口子时常吵闹，硕二爷早有所闻，他明察暗访，要弄清是非，总想着有机会劝劝他俩。这天早晨遛弯儿回来，一进胡同口就看见满月往外送和子，说出话来挺脆：

"和子，你顶这班儿，正午可回家来吃饭，不许上你表妹那儿去。"

和子一边儿系衣裳扣儿，一边儿赌气地说：

"你别管着我！"

"告诉你说，你再跟她勾搭，咱就散伙！"

和子没理她，低着头跑了。满月还站在门口嘟囔：

"哼，你爱上哪儿上哪儿，你不回来更好，可得事先说准了！"

硕二爷一听，话里有话，心中一动，听见假装没听见，原地踏步猛一抬头：

"噢，这不是和子媳妇儿吗？你这是干吗，大清早儿地站在门口儿卖呆儿啊！"

"哟，我当是谁呢？二叔啊，我们这儿给您请安啦！"

"侄媳妇儿，别多礼，我问你站在这儿干吗？"

这满月专爱倚门卖俏，爱在门口儿跟别人搭讪。这女人语音很甜，跟长辈说话还眉来眼去的呢。

"二叔，我不瞒您，实话告诉您吧，常言说：心好命也好，富贵直到老，可是心好不如命好，我就是个苦命人。打过门后，整天伺候和子吃喝穿戴，家里的活儿我都包了，就这样儿还不落好。这日子有什么意思？我真跟他过腻了！和子出去早回来晚，一盘问，他还挂不住，所以我们常矫情，这可不怨我！"

硕二爷一直用心听她说话，还拿眼看着她说话的神气，听到这儿点头微笑，还是没言语。倒把满月给看毛咕了：

"二叔，您怎么不说话呀？"

这一问，二爷搭茬儿了：

"嗯，不怨你怨谁呀？事从两来，莫怪一方啊！"

"二叔，您这可不对，怎么一点儿也不向着我呀！"

"我呀，一碗水得端平了，这可犯不上洒汤漏水。居家过日子，没有马勺不碰锅沿的，单巴掌拍不响，要都宽宏大量不就没事了吗？"

"您不知道，和子这人一点儿不厚道。"

"他不厚道你厚道啊，他有所长，也有所短。所以我说怨你！"

"您干吗老向着他？"

"我谁也不向着，他要跟我叨唠你，我照样儿说他。"

"本来就怨他嘛！"

"可我听你刚才这一说，还不怨他。"

“怎么不怨他？反正不怨我！”

“不怨他，不怨你，噢，合着怨我呀！”

“哪能说怨您老人家呢。”

“那，您说这事怨谁？”

“怨谁呀，反正有那个人。二叔，我要跟您说了，您可得帮我拿主意啊！”

“倒是怨谁呀，这里边儿还有个人吧？”

“对，对！这事儿就怨他表妹，有这么个人儿在我们中间儿一搅和，和子跟我变心了，不，他压根儿跟我就不是一条心！”

“听你这话音儿，和子跟他表妹不清楚？”

“嗐！我真不愿意说这事儿，家丑不可外扬啊！好在二叔不是外人。”

“你说得详细点儿。”

“告诉您吧，他们表兄妹从小就在一块儿玩儿，长大了也挺好，这事儿从打我过门那天就看出来了。想起来真让人憋气，他们俩见了面儿，先是变颜变色的，过了一会儿就凑到一块儿说话，真比两口子还近乎呢！表面上看随随便便，一点儿不拘礼节。可是俩人一使眼色，一抻袖子，一努嘴儿，嘿，敢情都是暗记儿。在人前还这样呢，这要到了一块儿那还用说吗？”

“这可不能多猜多想，更不能随便乱说！”

“反正，他俩就是一对儿野鸳鸯！”

“哎，哎，别胡说，耳听为虚，眼见为实。”

“我看见了他俩嘀嘀咕咕的，还不行？”

“不行！他俩的接近不合适，怕出事儿，这只能提个醒儿，慢慢儿劝，要断定他俩的关系，还得有真凭实据。拿贼要赃，捉奸要双啊！”

“您没看见我追出来问他上哪儿去吗？其实他上哪儿我心里明白，逢关饷的日子准不着家，先给人家送去，我早就看出来了。他那小荷包谁给绣的？他身上那香水手帕哪儿来的？都是他表妹给的。可是他那金戒指哪儿去啦？还不是当人情表记送给人家啦！”

“瞧你说得有鼻子有眼儿的，看来这事儿有八成儿啦？”

“干吗八成儿，足有十成儿！我要真去抓他们，多寒碜啊，他不要脸，我还要脸哪！”

“他表妹住在哪儿？”

“就在顺治门外路东，旗杆底下那个小院儿。那是她娘家，她妈是和子的大姑，到了那儿还不跟到家一样吗？”

“噢，他大姑知道这事儿吗？”

“嘻！那老太太也就是睁一只眼闭一只眼吧。”

“他表妹的丈夫呢？”

“买卖人，跑两广，一年得出去十个月，这可给他俩大开方便之门啦！”

“嗨！真有这事儿，男人经常出门儿在外，抛下年轻的妻子寄居在娘家，长了可不是个事儿。这就叫‘商人重利轻别离’啊！”

“看，您也信了吧，这事儿就怨他俩，不该勾搭到一块儿。”

“话是这么说，既然遇上这事儿，就得耐点儿性，不能着急，更犯不上吵架，得慢慢开导和子，让他明白过来就好了。要饱家常饭，要暖粗布衣，知疼着热结发妻啊，真有个灾啊病的依靠谁呀！”

“他不明白呀。二叔，您可得开导他啊！”

“我既然知道了这事儿，绝不袖手旁观，更不会人前说去，背后乐去。”

“二叔，您真好，您可得给我做主啊。”

硕二爷一想，趁这机会我还得规劝满月儿句儿。当时把脸一绷，说：

“侄媳妇儿，这里边儿可还有你的事儿哪。我有两句话，说出口来，说重了，你可别恼我……”

“哟，二叔，您这是什么话呀？您是长辈说也该说，管也该管，我哪儿能恼您哪？”

“好，那我就说了。你也有不对的地方，你干吗老腻歪？别认为夫妻过日子没意思，更不能有散伙的想法儿，就是闹着玩儿也别说这话，俩人有媒有证，拜了天地，入了洞房，结了百年之好，这可不容易。‘一日夫妻百日恩，百日夫妻似海深’，至亲者莫过于父子，至近者莫过于夫妻，有什么事儿俩人慢慢合计，谁家的烟筒不冒烟哪？他把心收回来，你们是一家好日子，往后你也用不着跟他吵……”

满月这儿一听，合着我说的话他都听去了。

“二叔，我听您的，您真有高的！”

“不敢说高，我今年四十多了，吃盐也比你们吃得多，我过的桥比你们走的路多，我希望你们在做人的道儿上，别出什么闪失。有点儿闪失，我会拉你们一把，反正不能往沟里带你们！”

“您的心真跟绸缎一样，我记住您的话，和子这事儿您可得管哪！”

“当然要管，我知道了就要管！”

“您多说说和子，可别让他走邪道儿。”

“那一定，不是告诉你了吗？谁也不许走邪道儿！”

“那我们两口子谢谢您啦！”

“甭谢，你的事儿我也要管。”

“我有什么事儿啊？”

“我问你一句话，刚才你冲着和子的背影儿嘟囔什么：‘你不回来更好，你可得事先说准了。’这是什么意思？”

“这……二叔，我没说这话啊？”

“我听见了，还是你自己说说是什么居心吧！”

“您这话可……”

满月当时脸就红了。从心里倒挺佩服硕二爷，二叔可称是观其外，知其内，如见其肺肝然，他能看透我的心事，真不简单，听话听音儿，他盯上我了，要管管我啊。嗯，我给他来个不认账。满月一边儿想着，一边儿还摇头晃脑的，身子摆来摆去，硕二爷一瞅：

这不是招蜂引蝶吗？这妻碰上浪荡子弟还不啰唣你？想到这儿，他正言厉色地说了：

“侄媳妇儿，站好了，记住了，行不摇头，站不倚门，这是规矩。”

满月一听倒是不敢摇摆了。从口袋儿里把手绢儿掏出来了，先是轻轻地擦鼻子两边儿，跟着又拭嘴角儿，那股风流劲儿真让人看着肉麻。硕二爷一看心里就明白了，你呀，有嘴说男人，怎么不看看自己呢？嗯，这是贼喊捉贼呀！我呀，抓住刚才的话把儿不能放：

“侄媳妇儿，你干吗要说那两句话，你得告诉我。”

“我不是告诉您了吗？没说，没说，就是没说嘛！”

她就势儿把手绢儿打开，往左手的食指上套，拿眼看着自己的鼻子尖儿。这一来，除媚劲儿外，还冒出一股子酸劲儿来。硕二爷也不拿正眼看她，一边儿往自己家门口走，一边儿念诎着：

“别嘴硬啊，你们俩谁也不许走邪道儿！”

往下二话不说，回家了。

这两句话不要紧，可把满月的病根儿勾上来了，一阵儿一阵儿地心口疼——这话正戳在她心窝子上。别看嘴硬，架不住心虚，一连儿天无精打采的，见着和子也不那么直眉瞪眼的了。可是没过十天，她又故态复萌。老追问和子明天什么时候走，什么时候回来，后天是不是又该会表妹去？表面儿上看是管着和子，其实目的不在这儿，这叫欲纵故擒，就是要问准了男人什么时候不在家。这天，和子临出门告诉她：协尉派自己一连三天走遍了地段的买卖家儿，从上午摘门板，一直到天黑关门，挨门挨户地收钱，一年一度的地皮捐，三天之内得收齐了，所以回家晚，你千万别多心。满月听完这话好像吃了一服顺气丸，表面儿上大大咧咧：

“嘻，去吧，我哪儿管得了你？你真有公事，可得把赏钱拿回来啊！”

“你就婧好儿吧，哪回我有‘外找儿’没分你一半儿？”

“这你可说漏了，分我一半儿，那一半儿孝敬谁啦？你呀，就是有外心！”

“别瞎说，我在外边儿不得交朋友吗？到哪儿吃喝不也得用钱吗？”

“你说实话，是不是要陪你表妹吃喝唱去？”

“行行行，我把钱都交给你，还不成吗？”

“去你的吧，我也不知道多少是整数儿，多少是一半儿啊！”

送走了男人以后，这就忙着上街买菜，回家点火做饭，买了点儿鲜肉青菜，还有下水。这满月手巧，切出那腰花儿来，挺好看，炒得了喷儿香。今天她干活儿透着麻利、带劲儿，可能是对这种日子有兴趣。不一会儿饭菜做得了，摆在里屋炕桌上，烫好了酒，拿了俩酒盅儿，两双筷子。又洗脸，又擦粉，对镜梳妆，嘴里还唱唱咧咧的：

王二姐，泪滴答，

思想起张廷秀，老没还家！

你走了一天，我墙上画一道儿，

……

她这是等人哪！

到晌午头儿，还真来了一位青年男子。俩人嘘寒问暖，又说又笑，又吃又喝，那份儿亲热劲儿就甭提了。男的还试探她：

“我走吧，待会儿撞上。明天来，还是后天来？”

“你快坐下吧，他得天黑后才回来呢。一连三天，去买卖家儿收税，你就放心吧！”

“那可太好了，先不忙着走。”

这位胆子也放开了，欢声笑语的，越说越高兴，吃完饭又在这儿睡了个午觉，完事儿俩人又斗了一会儿纸牌，男的输了点儿钱，这才走。满月还恋恋不舍地让他明天再来，可又不送他出来。这男的也是轻手轻脚的，低头一溜小跑出了院子，拐过胡同去，就找不见人影儿啦！

就因有这个人常来，外屋住着的老太太早就注意上了。有一次差点儿拿他当了偷鸡贼，站在院儿里，直甩咧子：

“怪事儿，养了三只鸡，现在就剩下一只了，丢的还都是下蛋的母鸡，也不知道谁家把贼招来了！”

这一说，满月出屋了：

“大妈，不就丢了两只鸡吗？我赔您！干吗犯‘三青子’啊！”

“哎，好说。那个小伙子，是上你们家串门儿的吧？”

转过天来，满月送走和子，照样儿买菜做饭。今天特意买来几尾鲜鱼，做了红烧鱼，都是蒜瓣儿肉，铲到盘子里肉都散着，直冒香气儿，真馋人。照样儿摆好杯筷，对镜梳妆，心里盼着那人早点儿来。想着想着昏昏然，飘飘然，有点儿不舒服了。不由得暗骂：“没良心的，你可该来了！”正在这儿嘟囔呢，就听门一响，这回真来了：

“你个没良心的，怎么来的这么晚？让我好一阵傻等……”对方不言语。细一看，进来的不是她要等的人。敢情是和子！这可把满月吓坏了，和子也是有意回来的，站在那儿不说话。这个满月转得也快：

“和子，虽然你说一连三天回来得晚，可我还是做好饭菜等着你，快吃吧！”

和子冷笑了一声：

“哼，得了吧。你这是给我准备的吗？告诉你吧，我知道昨天就有人来过，摸准了我一连三天不在家，跟你约定好了还来，这还瞒得过我吗？”

满月一听，当时恼羞成怒：

“合着你这是成心琢磨我呀！这是谁给你报的信儿？”

“那你就管不着了！”

“不行，今儿咱们得把这事儿撕掳清楚了，我不含糊你！”

满月怀疑街坊把她的丑事告诉了和子，她要敲山震虎，一推门出来，站在院儿里一通嚷：

“这是谁串老婆舌头，闲得没事儿干了，挑拨我们家务不和，你好看哈哈啊！姑奶奶可不吃这一套，咱们找明白人给评评理，谁家也备不住来客，来个人就是野汉子呀？你告诉我男人干吗？他大忙的，这不是折腾人吗？让他回来捉奸哪，有人影儿吗？没有吧，今天没人来，我谢谢你操这份儿心！”

她这么一嚷，街坊邻居大人小孩儿都来看热闹。硕二爷也在人群当中，听到这儿，他走出来慢条斯理地说：

“不要吵，不要闹，说得这么难听，也不怕人家笑话。”

“哎哟，二叔来啦？这可让您见笑。”

和子连忙搭讪着，脸上的神色很难看。满月一看硕二爷来了，也不再数落了。二爷早就从邻居嘴里知道了一切。他上次劝满月那些话也是有的放矢，提醒她别做对不起丈夫的事儿。现在他假装不知道，就问了：

“和子！你媳妇儿这是为什么吵？”

“嗐！二叔，这事儿……我说着都嫌寒碜！”

“什么事儿啊？”

“二叔，这事儿我还真得找您，您给评评理吧，我不背您，可是……”

“哎，站在院子里怎么说呀……咱进屋去吧，消消停停的，谁也别嚷，一嚷人家不都听见了吗？就是有外人来，他也不敢进屋啊！”

“二叔说的对，咱们进屋慢慢说，您请。”

“不，让满月先进屋。”

“二叔，您还怕我跑了哇！”

满月心说：他这主意对我可损点儿。

当时看热闹的都散开了。硕二爷跟他们进了屋，坐在椅子上。

和子先是递茶，跟着又低声嘱咐：

“二叔，这事儿您可不能不管哪！”

“你快说是怎么回事儿吧。”

“她趁我不在家，偷男人！”

“这事儿哪能随便说呀，你有什么证据？”

“反正……有人常往家里来，他弄清我什么时候当班儿，就来鬼混。我刚说‘一连三天不在家’，昨天这男的就来了，俩人一起吃吃喝喝，所以我今儿个请了半天儿假，故意回来堵他们。”

“堵上了吗？”

“没有。”

“那人没来？”

“人虽然还没来，可是我一看满月那喜气洋洋的样子，炕桌上两副杯筷，我一问她，她还说是给我准备的。”

“那也合乎情理啊。”

“可我说好了出去一天，晌午不回来吃饭哪！”

“留着你晚上吃啊。”

“满月也这么说，可我压根儿就不信，她这是给那个人准备的！”

这工夫，满月搭话了：

“给谁？你血口喷人可不行！”

硕二爷借劲儿使劲儿地问：

“对啊，和子，那人来了吗？”

“您等着吧，一会儿就来，说话就到饭口了，那个人上午当班儿，他到这儿吃午饭来。”

“你胡扯，根本没这回事儿！”

“他要来了怎么说？”

“根本就没人来。”

“就是昨天来的那个人！”

“昨天也没人来。”

“你不该这样儿！”

“你不该那样儿！”

“你有外心！”

“你才有外心呢！”

又过了一会儿：

“噢，真来了！”

谁呀？就是昨天来的那位，这人跟和子也认识，在一块儿当过差。和子一抬头：

“哦，德子来啦！”

这位兴冲冲地推门一瞧，就愣了！他是个迷症，没想到事情的变化。还以为就是满月一人儿在家等他呢。等看见了和子，先是有点儿难为情，再一瞅硕二爷也在这儿，这小子心里更发憷了，哎呀，这事儿要麻烦。

当时，屋里的人都不说话。满月红着脸站着，和子气哼哼地坐在一边儿。德子一看没人理他，只好在那儿戳着。还多亏了硕二爷打破了这暴风雨前的沉默。

“三位，干吗这么愣着，说话呀！你们不是落屉的馒头——早就熟了吗？有什么过不去的，有什么碍口的，当着我的面儿，咱们别拐弯儿，照直说。”

他这么一说，仨人互相看了看，都想张嘴，可又找不着话头儿。还是硕二爷脑子快，把话头儿递给刚进屋的德子了：

“我说德子你，干吗这时候来，你知道和子在家吗？”

这话问的，和子听了挺高兴，以为二爷向着他哪。德子可吓了一跳：

“这……我知道，不，不知道……”

满月也挺担心，直用眼看二爷，她知道有这么个公正人在，和子不敢撒野，就是琢磨不透这老头子的心思。这工夫，硕二爷一看和子，和子果然说话了：

“德子，咱们哥儿们可不错，你可不能缺德啊！”

这一问，德子更没话可说了。

“说呀，德子，你到底安的什么心？”

德子还是不言语，和子也问不下去了，没有口供怎么顺藤摸瓜呀！还得说是硕二爷，一句话把帘儿挑开了：

“德子，听说你常帮和子家干活儿，对不？你也没什么太坏的心眼儿，是吧？”

这一来，德子有说的了：

“我可没少帮他们家的忙，什么盘灶、脱坯、修门窗、粉刷墙壁……哪样儿我没干？”

他说的都是实情。这一来，满月也活泛啦：

“对！德子是实打实的人，他没有坏心眼儿，总想着跟和子多亲多近！”

他是要跟和子亲近吗？和子知道这是借口，不过也没法子，这里头还关乎着自己的媳妇儿哪。便不冷不热地说：

“行了，咱们也别亲近了，要亲近上外边儿，别总是趁我不在家的时候来帮忙！”

“好，好，就这么着。”

德子来了个光棍儿不吃眼前亏，顺坡下驴了。满月还要矫情两句：

“别、别，人家帮咱干活儿也是好心哪！”

“好心？哼！好心早让狗吃了！”

和子一听媳妇儿这话音儿，气又上来了！硕二爷一看火候儿到了赶紧收场：

“行，就这么办，以后有事儿外边儿谈，你们谁也别着急，别生气，遇事往宽处想，这气可不是好生的。德子不是来帮忙吗？还真有点儿活儿。打刚才我就留心了。院儿里有一堆煤末子，你给和和，打成煤砖吧！”

这句话给解围了，德子马上说：

“那好办，一会儿就齐活儿。”

说着话就出门来到院儿里，他刚抄起铁锹，和子也过来了：

“这哪儿行，我来吧！”

“不用，我一个人儿行。”

“那咱俩来。”

“好，你去提水。”

这二位一个浇水，一个和泥，在院儿里打开煤砖啦。

硕二爷一看打不起来了，趁这机会赶紧劝满月。解铃还须系铃人嘛！硕二爷当时把脸一沉：

“侄媳妇儿，这事儿我了结啦。往后可得规规矩矩的，别让我下不了台，跟那个断了吧，听见没有？”

“听见了，二叔，我从心里感谢您！”

“可别‘口不应心’哪。今天答应得挺好，过后又忘了，俩人‘暗度陈仓’可不行！我告诉你，隔墙有耳，变戏法可瞒不了敲锣的。街里街坊的，到时候，我可抓你们归事。今天是私休，再犯可就得官断啦！”

满月一听是这么个理，只有点头表示认可。可她还想败中取胜：

“二叔，这事儿可都得下不为例。实话跟您说吧，就因为和子迷上了他表妹，我才胡来，我这是气的！”

“这事儿可不能比着来。人要是不要脸，就什么也不顾了，那样儿可就活着没劲了！”

“和子要再找他表妹怎么办？”

“这事儿交给我了。我跟和子他姑妈家还沾亲呢。只要你跟德子一刀两断，我也绝不让和子跟他表妹藕断丝连，你们好好过日子吧。”

煤砖也打成了。和子再留德子也留不住了，他恨不得赶紧离开这地方。硕二爷跟他一块儿出了门，还嘱咐他：

“德子，以后可别旧病复发啊，是不是？你小子记着，别再上这儿打煤砖了！”

“嘟……不来了！”

（张寿臣述　陈笑暇整理）

牛黄清心丸

这事儿不是了结了吗？硕二爷可不闲着，回家吃完了饭，换了身衣服就奔和子的姑妈家去了，到顺治门外，找到了旗杆底下的那座小院，一敲门，姑妈给开门了！这是一位四十多岁的妇女，眉梢眼角虽有不少皱纹，可透着那么秀气。他们是远亲，有两年没见面了，老太太挺亲热：“哎哟，这不是二哥吗？怎么把您给惊动来了，快请屋里坐。”进屋后递烟敬茶一通儿忙。硕二爷赶紧起身相让：“您别忙活，近来挺好啊！秀姑在这儿住吧？”“啊，在东屋里刺绣哪。您有事吗？”“咱们是长话短说，我是无事不登三宝殿，今天特地来找您合计点儿事。”“二哥，有什么事您尽管说，我是能帮且帮。”“哈哈，你以为我是求财借当哪。”“别是人情份子吧？”“不用您花钱，我是帮你们来的。”“那您给我们点什么？”“什么也不给。我帮忙就得给钱哪？我是想帮你们娘儿俩处点事。”“什么事？”“事不大，可关系着你们娘儿俩的尊严，姑爷的命运；可不能粗心大意。”“哦，到底是什么事啊？”“我问你句话，咱可有一是一，别含糊。”“那一定，您就说吧！”“和子常往这儿来吧？”这句话一出口，姑妈心里就明白了。噢，这别是和子家里托出来的说客吧？这位爷为人正直，爱管人间不平事，大街小巷没有不赞成人家的，他一插手管这事还得多加小心。当时满面带笑地说：“和子是常来，他是我的内侄，我们两家有来往，这您知道啊！”“那就好说了，我也不管你们亲戚往来，咱就单说和子跟他表妹这事吧？”“您这是什么话？我不懂。”“明人不做暗事，你可别装糊涂！”“您也别听风就是雨，也别多想。和子跟秀姑小时候常在一块儿玩，青梅竹马，两小无猜嘛！长大后各自成了家，现在一个是有夫之妇，一个是有妇之夫，他俩还能有什么事？”“可是秀姑的丈夫经商在外，秀姑常住娘家，和子又常往这儿来，这样日子长了难免有闲话，得避点儿瓜李之嫌哪，未雨绸缪，得早想防范的法子啊！”

“早想防范的办法。”这么一说，老太太从心里佩服硕二爷，一样的事有好儿样儿说法，这话人家说得有德，不是张扬扩散，而是防微杜渐，引起你的注意。这一说老太太当时就站在他一边了：“好，还是二哥想得周到。”硕二爷一看光来甜的不行，还得加点辣的：“您先别高兴这事还不算完。”“怎么哪？”“您详情啊：秀姑她男人出门在外，把媳妇儿托给了您，这要出点闪失，岳母老泰水可就成祸水啦！”“真那样倒是对不住人家。”“还不单是讨不住您姑爷，这里边还欠着一份人情呢！”“欠什么情？”“您想，和子媳妇儿能不知道这事吗？平时她也常问长问短，和子只说到这儿来为看姑妈，可他身上有表妹送的荷包、手绢，每逢关饷的日子准往这儿跑，他们两口子常为这事抬杠。和子媳妇说了：‘姑妈不但不管还护着，和子到了那儿比在家里还方便哪！’这话不大好听吧！”“哎呀，二哥，您快说这事该怎么办吧？”“没别的，让秀姑跟他一刀两断，千万别藕断丝连。”“哎呀，这事让我可怎么说呀，干脆，二哥您跟她说去吧！”“我也不好开口啊！你得给我唱个帮腔。”“那好办，走，咱们上东屋去找她。”正要往外走，就听门外有人搭话，“甭去了，我自己来了！”一掀帘栊，秀姑进来了！这是一位端庄安详的少妇，穿戴挺本分，为人大方知礼。进屋后先向二爷万福，然后冲她妈一使眼色，老太太明白了，姑娘这是暗示自己要有所避讳，当时口气就变了：“秀姑，你站在门外都听见了？这事可真冤枉人！她二叔，孩子这不来了吗？您可以当面问她，和子跟她就是表兄妹，又有什么可断的呢？和子他媳妇儿要疑惑我在中间儿图了什么？那可真是莫须有，他们见之当见，避之当避，也用不着我给穿针引线，这事望风捕影可不行。”二爷一听老太太话口又硬了，心想我这口风儿也别软了：“秀姑啊！为人做事可要讲良心，一切要实实在在，来不得半点虚假，夫妻就是夫妻，表兄妹就是表兄妹，这可不能往一块儿掺和，要瞒心昧己，可是自酿苦酒。你有丈夫，人家有妻子，现在和子不顾家，满月常跟他吵架，你说这是为什么呢？”良药苦口利于病，话虽然不好听，可是烫心，秀姑是个明白人，当时嘴就软了：“二叔，我可从来不知道和子闹家务，我还生怕他对媳妇儿不好，我老嘱咐他。”“这也用不着你嘱咐，你只要真心退出来，他们家里也就太平了！”“我怎么才算退出来呢？和子应该疼他媳妇儿啊！”“不对，一个人的财源、工夫空儿、精神头儿都有限，只能往一边归，他心疼谁，人就有空，钱也有空，见了面还特别高兴，可回到自己家里就备不住笤帚歪，簸箕斜，鸡蛋里头挑骨头。善男信女们，可不能夺人家夫妻之爱啊！”“嗳……”听了这番话，秀姑不由得五内如焚，肠子肚子乱转，阵阵隐隐地心痛，可以说是愧悔交加。“二叔，我可无心作恶，您指我一条明路吧。”二爷乘势又拧上一扣：“姑娘，你插在人家夫妻之间也不体面呀！和子虽说不承认，可他媳妇看见过你送给和子的信物，把她气得够呛！提起这事就生气，昨儿个为这事两口子又吵架，把他媳妇儿生生气死了！”“啊？”秀姑当时就觉得天旋地转，头重脚轻，手扶着桌子，用颤抖的声音说：“二叔，这是真的吗？”二爷一看把她急成这样，暗暗点头，心说这女人还算有良心，她并没有幸灾乐祸。她跟和子也是从小在一块儿有那么点儿缘分，要从现在断了，也还不晚。想到这儿倒忍不住地乐了：“秀姑，别着急，满月没死，让我给救活了！”“哎呀，您是活神仙哪，居然能起死回生？”“我有顺气丸哪。本来她是气堵咽喉，把药灌下去气就消了。”“那好，谢天谢地。”娘儿俩都拿二爷当神仙，从心里感谢他。硕二爷说：“我是来给姑娘看病的，秀姑啊，你也得吃服药。”“我可不用吃顺气丸。”“我可不给你顺气，我给你来服断情丹怎么样？”“这……二叔，您可别开这么大的玩笑！”“不是玩笑，这药你还是非吃不可！”硕二爷起身从腰里掏出一服丸药来，秀姑一时摸不清是怎么回事，赶紧说：“我不吃，我用不着吃药。”“不行，你是吃也得吃，不吃也得吃，你是非吃不可。”老太太一看也急了：“二哥，您给她吃什么药啊，可别害了她啊！”“得了吧，我还懂得害人的罪过，我不过是帮她清醒一下。”说着话打开盒盖儿，剥去蜡皮儿，取出药丸来放在桌子上让老太太给分成小块儿，对了一杯温开水，给秀姑把药送了下去。

这是什么药啊？秀姑刚喝下去就觉得一阵肠鸣，苦、辣、凉、香、甜，余味无穷。吸口气再往下一沉，心里豁亮得就跟一条胡同似的。这是什么药？细一打听，敢情是牛黄清心丸。这服药下肚以后，秀姑冷静地想了一会儿，明白了二爷的用意，倒有一种轻快之感。硕二爷问她：“怎么样，欲断情必先清心哪！”“二叔，这药真好，治我的病对症，可是和子也得吃一服啊？”二爷一笑：“那你就甭管了，我会给他准备。”“喂，二叔，就用这个蜡丸给他捎点东西去吧！”秀姑往里装了点东西递了过去，挺不好意思地说："烦二叔给和子捎去吧。秀姑虽然无才，可并非寡廉少耻之辈，时刻提醒自己不可失德，我深谢您的一番美意。"

做了件好事，硕二爷心里挺痛快，赶紧回到旧帘子胡同，见了和子夫妇，说明自己找着了秀姑娘儿俩，磨了半天嘴皮子，人家也挺牵挂他们两口子，以后见之当见，避之当避，当断必断，都和和美美地过日子。临走的时候把药丸递到和子手里："看，秀姑给你捎东西来了！""她还惦记着我？""嗯，惦记着你别上火，给你！"和子接过来一看，敢情是一服牛黄清心丸："哎呀，我是有点头昏脑涨，该清心明目啦！"拿手一掂，还有点分量，打开蜡丸一看，和子愣了："干吗，让我吞金？"里边有一枚金戒指，和子拿出来一看："这是我的东西啊！上边还有我的名字呢。这可是一服良药啊，她把我送给她的戒指都退回来了，这回她对我可是九丸搭一丸——十丸（实完）啦！"

（张寿臣述　陈笑暇整理）

出卖东安门

咱还接着往下说。这位硕二爷住哪儿呢？这个旧帘子胡同就在北京前门跟顺治门当间儿。还有这宗室怎么讲哪？就是皇上的本家，这叫正黄旗，他呀系黄带子，从生下来就吃钱粮。前清时期，这宗室可了不起，一般人瞧着都害怕，皇上的本家嘛。永硕又比道光皇帝大一辈儿，他是皇上的二大爷，所以到哪儿都称他为硕二爷。他这个宗室不但从来不会仗势欺人，还专门济困扶危，专管街面上的不平事。上段说的那档子事，人家给调解得多好！他自己那四十两银子花得是地方。把这钱给商人不行，硕二爷看出来他说的是瞎话儿，绝对不能帮他难为那老头儿。有的同志会问："他说丢了八十两都找回来了，他就不会难为老头儿了！"不行您哪！硕二爷能让他把钱讹去吗？再说他看出来老头儿挺贫苦，可是心眼儿那么好，这心哪值金子，我得周济他，让他过个肥年。为什么不把自己的钱给他哪？这叫隐柳扬花，借劲儿使劲儿，周济他，还得警戒那个掌柜的，让他一时摸不着头脑，可硕二爷高在不是借花献佛，慷他人之慨。他要是仗着自己是宗室，这么做了，那位掌柜也没辙。可人家自己从腰里掏出四十两，这就高了，你承认丢四十，我赔你，就为挤对你说实话，别瞒心昧己。

硕二爷腰系一条黄带子，那颜色好看，上边绣着龙头凤尾，就说明了这是皇上的本家。可是今儿个出来也兴许不系黄带子，就穿平常衣裳，不暴露自己的身份。好比说吧，他家是路北的门儿，这天一出门儿，就看见门口哇跪着一个人，二爷赶紧猫腰把这人搀起来："为何行此大礼？""给您磕头，小的有罪，我爸爸死啦！""噢，还没成殓呢！""是，跟您求个吊儿八百的，买领席呀把我爸爸卷出来！""好，你跟我走吧！"说着话就把他带到了棺材铺。一进去，大伙儿都认识："喲，二爷啊！您请里边喝茶。"唯独棺材铺让顾客，从来不直接说您用点儿什么？总是让里边喝茶，里边歇着。绝不能说："您买棺材啊！"绝不能说："您家谁死了？"所以这家棺材铺也是让二爷里边喝茶。二爷说："不喝茶。我这儿有个朋友，他爸爸过去了，给他瞧口材。有薄皮的吗？""薄皮没有。""柳木的呢？""也没有。""再好一点的是什么？""黄柏。""我看看，就这个吧。多少钱？""六十两银子。""行。给你爸爸来这个你看怎么样？"这人一看跪下啦："不行您哪，二爷，我爸爸没有这么大的福，这材太贵重。""嗐！百年大事，也就这么一次，黄柏是中路材，可以啦！""哎呀，二爷您想，我们就哥儿俩挣钱，这么大的材我们弄不出去，雇人又雇不起，这还不得二十四杠啊！""噢，还是没钱哪！这好说，再给你二十两办白事，够了吧！""二爷，这让我们怎么报答您哪！""嗐，别说了！"

净周济穷人，他那进项不够花的啊！他也讹人，可从来不讹老百姓，专讹那些为官不正、贪赃枉法的人。先说一个吧！他用钱的时候，在家里用红纸写字，让底下人拿着，搬着一个座儿上街啦！他住家在南城啊，早晨起来他奔东城，东城有个东华门啊，东华门外还有一道城，就是现如今的东安门。逢是做官的上朝都得打这儿过。"朝臣待漏五更寒"嘛，皇上天不亮就升殿，大臣上朝全是打东安门进东华门。不论在哪城住也得走这儿，等到皇上办完事，"卷帘朝散"嘛！大臣们还得打东安门出去。这硕二爷弄张报子，到下朝的时候，冲里边儿贴上啦！贴完报子，弄条大绳子把门拦上，东安门有仨门洞儿，他拴上三条绳子。走道儿得从底下钻，有这绳子拦着，车马过不去。他就搬个凳子在这儿一坐，沏壶茶一喝。那位说：这报子上写的什么哪？"出卖东安门，有愿买者，价钱面议。"他把报子贴好，净等着为官不正的人。做官的一看车轿过不去，一打听怎么回事？硕二爷出卖东安门。差不多的官员都吓跑了！别碰这个钉子啦，绕弯儿打景山那儿转过来，出地安门吧！哎，又来了一位，谁呀？九门提督。他坐着轿在这儿一过，轿子站住啦，引马的过来请安。九门提督在轿子里问："怎么不走啦？""走后门吧。"这个官儿在东安门外住，一出东安门他到家啦："啊？为什么绕道而行？""东安门卖啦？""什么？"他是武职官，说话嗓门儿大点儿："什么人如此大胆，敢卖国家的产业？"这一喊，硕二爷听见了："噢，是九门提督大人哪！二爷我卖的，你要买，咱商量个价儿。"九门提督隔着轿帘一瞧是他，赶紧吩咐落轿，过来就行礼请安。这一来，硕二爷也挺和气，过来一伸手："老贤侄，这是回家啊？请绕两步吧！""二爷，您这可是取笑。""什么叫取笑哇？我如今没有花的了，又有用项，跟人家借吧又磨不开，没法子，卖点东西吧，还不算寒碜啊，所以卖东安门。""哎呀！您这口气可真不小，拿东安门当东西卖？卖的这钱要花完了哪？""我再卖西安门，地安门，我是有哪儿卖哪儿！"啧！九门提督听着一吐舌头："二爷，您别取笑了，不就是缺钱花吗？您要用个三千五千的，我孝敬您啦！""哎呀！这东安门就值三千五千的，三千加五千就是八千哪。""好，好，八千就八千。""这个价儿可差点儿，要是别人我可不卖，谁让咱们是自己爷们儿，得啦！把报子揭下来，卖给你啦。带着钱了吗？""我上朝来哪儿能带这么多钱？""那没关系，先赊账，明天给我送家里去吧！"有这几千两银子，他又能解救不少穷人。

（张寿臣述　陈笑暇整理）

剃辫子

硕二爷大事小事什么都管，可以说是关心民间疾苦。这天早晨出门遛弯儿回来，就看见自己门口站着一个小伙子。也就二十来岁，长相倒不寒碜，可是这小伙子穿的这身衣裳特别：紫色带绣花的裤褂儿，那年月倒是有这么穿的，可也就是穿一身紫。他不是，他不单穿紫裤褂儿，连鞋带袜子全是紫色。一条大辫子，这条大松辫儿在头里耷拉着，都过膝盖啦！挺着个脖子，七个不依，八个不饶，手里托着鼻烟壶儿，就在硕二爷门口哇，一边儿走溜儿，一边儿唱。唱什么呢？小调，尽是淫词浪语。这可不许。您想，好人哪儿有唱这个的？哪条胡同里没有大闺女小媳妇儿啊！硕二爷一听不像话，过来一拍他："哎，你胡唱什么呢？"这小伙子抹着鼻烟儿正往鼻子里吸，回头一瞧硕二爷呀，他把鼻烟儿抹到嘴里啦！当时把大辫子往后一甩，两手往下一耷拉，垂手站立，装得挺老实。其实这人可不老实，他是个地痞、无赖，整天蒙吃骗喝，专欺负老实人。这人姓什么哪？姓倒叫倒霉！怎么叫这名字，他要不倒霉哪儿有这事呀！这种人也好对付，好听奉承，遇上有人阴他："大少爷，您可了不起，您可是咱这一方的人物，我们惹不起您哪。您要是真横，把您唱的这小曲啊，上硕二爷门口唱一段，一拉腔儿呀！我就让您吃一辈子！就怕您不敢去唱。"您想，当着好多人这么一阴他，他脸上挂不住。心想：我要是不敢唱就栽跟头啦。赶明儿在这一方混不住啦。可是要在硕二爷门口唱，碰上他本人我可受不了，兴许关我十年。他可是皇上的二大爷啊！这可不是闹着玩儿的，不能去！可是又一想，他那院子挺深，大清早的我在门口小声唱两句，末尾一拉腔儿，里边也听不见，在街面上我可就是人物字号了！"我说，我到硕二爷门口唱小曲，临完一拉腔，吃他一辈子，这事儿谁担保？""我保！我保！"这不是跟着起哄吗！"行啦！明儿个早上咱们去，我就堵着他的门口唱。"就这样，打赌的连同保人站在边儿上看着。这小伙子呀，脸冲北，抹着鼻烟儿得意扬扬地唱上了！他真没想到硕二爷起得这么早，遛完弯回来正赶上他在门口唱。就硕二爷这么一拍他的肩膀，他这么一回头，再看保人跟那打赌的全溜啦！碰上硕二爷，这事没法儿管。这小子一看就剩下自己了，您想他能不规规矩矩的吗？赶紧过来："二爷，您起得真早哇！""你也够早的，上这儿来干什么？""没干什么？""没干什么？我听见你唱小调呢！""啊，随便唱唱，没什么。""你嘟嘟囔囔，哼哼唧唧，还摇摇晃晃地在我的门口胡唱些什么？说！""这……我也不知道唱的是什么？""不知道像话吗？不是从你嘴里唱出来的吗？""啊……是啊，昨儿个我做小买卖儿，在城外听俩小孩唱，我也不知道唱的是什么，跟着瞎哼哼，今儿个早晨走到这门口，又把昨儿个的事想起来啦，心里一叨念，嗓子就出音儿了，实在对不起您哪，您放了我吧！""你不知道这是淫词秽语吗？你不说我也听见了，往后可不许唱这个，谁家里没有妇女啊？让妇道人家听见可不相宜。""是，是，下次改啦！""那就走吧！""谢谢您哪。”要走，他应当转身哪，他不转身，一步一步地往后退，脸儿跟硕二爷对着：“是，谢谢您哪！”退了几步扭脸就跑，就在他要跑没跑的当口儿，硕二爷这么一瞧：嗯，这人不是做小买卖的，他是真正的地痞。刚才没瞧见他的辫子，我来的时候他这大辫子在头里，我一拍他，他先把辫子甩后头去啦。这是怎么回事？现在才瞧见这辫子又粗又长，还挺松，长辫子过腰眼儿，编那么三四个花儿，这还不算，底下那辫梢儿也够一尺多长，可是往上这么撅着。这叫“蝎子钩”。清朝时节，逢是土豪、地痞就留这个，就为把辫子这钩往上撅，让人瞧：“我多横，不单是人横，连辫子都横！”留这么个辫子准是地痞，二爷把他叫住了：“回来，我有话问你。你这辫子为什么编得这么松啊？”这小子要这么说就没事啦：“回头我到剃头棚里把它编紧点儿行不？”这一说也就没事啦，他呀还要找个理由：“二爷，我这辫子松为图凉快。”“哼，这怎么讲哪？”“晌午头儿我要往北去，不是晒着脖子吗？编得松点儿就把脖子挡上啦，就为晒不着。”“这不像话，一天到晚不能总是晌午啊？你就是往北吗？夏景天你要是把辫子编紧了，外头透风那才凉快呢。把脖子都盖上了还凉快什么劲儿？你绝对不是好人，是个地痞、无赖。”“不，二爷，我是做小买卖的。”“哼！你不是图凉快吗？走，我带你凉快凉快去。”这小子也不知道去哪儿凉快，反正跑是跑不了啦，他拔腿一跑，硕二爷在后头一嚷，头里得截住他，那样儿更吃亏，还是跟着。二爷带着他出了帘子胡同，奔绒线胡同，出口就是西单牌楼南大街，在街东里有一个剃头棚——现如今叫理发馆，那晚儿就是剃头棚，门口挂着半截竹帘子：“进去。”“哎。”这小子一掀帘子进屋啦，永硕可没跟着进去，他站在外边听了听，一听啊，嘿，这小子人缘真好，屋里边掌柜的、手艺人、伙计都让他，那份儿客气劲儿就甭提了，听着特别亲热：“嗬，大少爷来啦，快请坐，喝水吧？徒弟，快倒茶。您吃饭了吗？还给您叫点烧麦怎么样？哎呀，这茶您喝着要不是味儿，再重沏……”硕二爷一听：这是个好人吧？要不人缘这么好，一定错不了！我啊也进去看看。他一掀门帘也进了屋：“众位辛苦，忙着哪？”大伙儿抬头一看，认识，这是皇上的二大爷，就在门口住。掌柜的赶紧迎了过来：“敢情是二爷来啦？您这可是贵人踏贱地，您老人家是剃头，还是刮脸哪？”“哈哈，不剃头，也不用刮脸，是我有个朋友要图个凉快。”掌柜的听不明白：“二爷，天挺热，我们就是这么一间门脸儿，后边又有个大灶，虽然开了个天窗，可也不凉快啊！要图凉快，得上您家的花园啊！”“嗯，固然哪，你这屋里不算凉快。我是说他这么长的辫子，要是剃剃头，重新打打辫子不就凉快了吗？”“噢，是这么回事，那好说。您这个朋友在哪儿住？我们跟您去，还是把他老接到这儿来？”“还用接，这不是自己来了吗？”“在哪儿？”“就是他。”拿眼这么一瞄，掌柜的明白了，身上直打冷战：“我的姥姥！无怪这个主儿平时老欺负我们，不但做活儿不给钱，还要吃要喝的。敢情跟硕二爷相好，哎呀，多亏过去没亏待他，要错待了，这小买卖兴许得封门，我呀，跟二爷表表功吧！”这都是掌柜的心里的话。一表功倒坏了。“二爷，我们知道这位跟您相好，不敢慢待，他常说认识很多阔人儿，跟您是把兄弟吧！”二爷一听心说：“好小子，你到处蒙事。”掌柜的还想送个人情：“二爷，他在这儿做活儿不要钱，我们还请他吃饭，我们给他叫饭吃，他也没花过钱。赶上他老手头儿窄巴，还找我们要钱，上次柜上没钱，他老把我们的铜盆夹着走啦……”这一说，那小子可坐不住了，心里直打鼓：好啊！你这是把我送下来啦！就看二爷拿手一指他：“嘿，你倒挺不错，跟我把兄弟，认识不少阔人，干吗就为蒙吃骗喝欺负手艺人哪！来呀！你们受点儿累，给他拆辫子！”“是。”

旧式理发棚没有大躺椅，墙上挂的是小圆镜，挨着墙边仨座儿，那边仨座儿，有这么个小凳，挨着凳有个茶儿，坐在那儿剃头打辫子，可以把手放在茶儿上，墙上有一溜小钉子，这干吗？挂辫穗子啊！什么是辫穗子？就是假头发。女人的假发是一绺，男人的假发是三绺编在一块儿，编出来好看。这掌柜的过来让他坐下，先在脖子后边呀给他垫条毛巾，打开辫子这么一拆呀，好嘛，一个辫帘子，又一个辫帘子，一连拆出三个辫帘子来，最末还有一根铁丝。这铁丝儿干吗？您想，辫梢儿怎么会撅着哪？它是里头有铁丝顶着呢。敢情真头发并不多，要的就是这个样儿。硕二爷坐在旁边看着，忽然一伸大拇指：“啧！你这是为图凉快呀？这辫子里头仨辫帘子，你这脖子算有劲儿，你还以为好看哪！挺大的小伙子就喜欢这个？今天我让你凉快凉快吧！来！给他洗头！”这一说洗头，这小子心里一哆嗦：我这个辫子怕落不住，这往后见了一抹子的多不好看哪！真舍不得，可又不敢驳回。听到这儿，掌柜的心里也明白啦：敢情这人跟二爷不是把兄弟，他啊是地痞、无赖，平常总欺负好人，搅得街面儿不安，二爷这是要治他。我啊，再给他添点儿菜吧：“二爷，他素常在这儿做活儿，一不对心思就打我们，上次打我一个嘴巴到现在牙还活动呢！他还摔东西哪！借了钱也不还，我们都以为他是哪位大官的少爷，还是哪位爷的把兄弟，不敢惹他，刚才我还认为您是替他说话呢，细一瞧不对劲儿，您一进门这小子吓得脸都变色啦，我还以为他肚子疼呢？哎呀，大少爷！素常你把我们欺负苦了，今天该你受受啦！”伙计过来打水，掌柜的拦住了：“慢，你不中，你哪儿伺候得了大少爷，哪次他都点我给做活儿，今天哪，还是我来吧！”掌柜的走到大灶旁边儿，那儿有个汤罐，昨天晚上对的水，今儿个早起就开了，在这儿打了一盆，端回来放在盆架上，你可倒是下手给他洗啊，一摸太烫，他找了个瓢，又拿了块手巾：“来，低头，低点儿头。”这小子做梦也想不到是开水，老老实实这么一坐，掌柜的过来一掐脖子，这手拿起瓢，舀了瓢水往头上这么一浇，这小子都岔了声啦：“哎哟，好……烫，要了命啦！”“怎么啦，大少爷？”“你这是洗，还是煺呀？太热！”“水热呀！别忙，慢慢就凉啦？”“啊？等水凉了我脑袋也熟了，太热，这是开水吧？你拿手摸摸。”“不行，你想啊，我要下得去手还拿瓢舀吗？”“那我这脑袋受得了吗？你给兑点儿凉的吧！”“兑凉的不费事，你早说呀！”哗，把热水倒桶里了。门口有卖酸梅汤的，掌柜的端着盆去弄了盆冰水，往盆架儿上一搁：“得啦，这个合适。”这小子一低头，掌柜的舀一瓢往他头上就浇，当时就打了个冷战：“哎呀！这怎么回事？刚烫完又来凉的了，太凉啦！”“热又太热，凉又太凉，你说，这可咋儿好呢？”“你给兑合适了！”“兑得不凉不热，好，再换一盆。”换来了水，稀里哗啦一洗，拿胰子这么一搓，刚要剃，二爷这儿说话啦：“哎，你们谁手快给他剃，我还得吃饭去。”“我来，我来，我的手快。”一听说二爷吩咐，谁不献殷勤哪！这准得有好处。刚要剃呀，二爷从腰里掏出一个制钱儿来：“给你，掌柜的。”“谢谢您哪！”“什么谢谢，你当这是给你哪？剃头钱回来给。我还是告诉你，连长带短的一块儿给他剃，也不能全剃了，得给他留个小辫，就照着这个制钱儿留，留大了我不答应，留小了我也不答应。剃好了我给十两银子。”掌柜的接过这制钱儿来：“中啦，中，您老放心吧！我让他大不了也小不了。”小子一听：“这可损点儿，回头留那么一点儿的小辫，走到街上成淘气儿啦！哎呀，二爷，你可别让他们给我这么剃。”“别剃呀，非剃不可！你要捂脑袋；我可让他们拿刀子剁，你要拿手一捂，可留神把你的手指头剁下来！快给他剃。”掌柜的一看：剃吧，把制钱儿往耳朵里一塞，拿起剃头刀来，噌！噌！噌！什么叫刺口儿，哪个叫片肉，全不管啦。剃着剃着，坏啦，全剃下去啦！一瞧在耳朵后边还剩一点儿，又给编了个小辫子，弄根儿红线给系上啦。这小子低头瞧呀："嘿，我这是歪毛儿淘气儿啊！"赌气地自己往下揪，又揪不下来。心里头恨得慌，可又不能带出来，惹不起这位二爷呀！勉勉强强，凑凑合合地说："谢谢二爷。""说，你觉着凉快不凉快？""凉快凉炔，凉快大发啦！二爷，您就剃我这辫子，还剃别人的吗？""怎么讲，要挑事呀？告诉你，像你这辫子里絮仨辫帘子，还有一根儿铁丝，走在街上唱淫词说浪语，还欺负手艺人，无论谁，我看见了照样儿剃！我要不剃他的辫子，算我对不住你。""好，谢谢二爷，我这辫子小哇，您可别恼我说呀！""什么事，你尽管说。""在顺治门里这一方，都知道您哪，您剃谁的辫子也没关系。也甭往远处说，到东城您就不灵啦。东城灯市口那儿有个人物，开宝局专门欺负人，有钱的没钱的他都敢欺负，无论谁都怕他三分！""啊，有这路人，他叫什么名字？""您到东城一打听'小霸王'全知道，他那辫子又粗又长，里头絮三根铁丝。您要给他剃了辫子，这可是除暴安良的好事，就怕您不敢去！""你怎么知道我不敢去。""我自己这么寻思。""哼，这事我也得寻思寻思。"硕二爷想：东城有没有这个"小霸王"还不一定。他这是拿话将我，罚我去趟东城，大热的天儿，我中了暑，他看哈哈笑："好啦，我这就去东城。掌柜的，把这小子交给你，你要看住他，我回来有重赏，他要走啦，有什么罪名你可得担着。""二爷您放心，他走不了，叫学徒的把幌子挑啦，买卖不干啦。拿绳子拴住小子的腿，绳子头儿在我手里拿着，他一跑我就扽，一扽他就趴下！"

（张寿臣述　陈笑暇整理）

不许上甬路

咱们接着上回往下说。上回说的是硕二爷给一个地痞流氓把辫子剃掉，因为这小子行为不端，净欺负人。这家伙表面上服了，可是心里不服，他还想败中取胜，乘机搬弄是非，说东城有个"小霸王"，辫子比他还长，专欺负买卖人，问硕二爷敢不敢治他，这不是成心斗火儿吗？永硕一向除暴安良，你把“小霸王”说得越横他越敢碰。马上让剃头铺掌柜看住那个“倒霉”，自己决心去东城访访这个“小霸王”。回到家里换了身衣服，再出来就是老百姓的装束了。穿一身青布裤褂儿，戴一顶草帽儿，新鞋呀他特意在底儿上帮儿上抹了点黄土，袜子上也洒了点儿黄土面儿，就为了招惹坏包欺负他。谁要是一欺负他，那可就是自己跳出来了！他顺藤摸瓜，又能抓些坏蛋。那年月对乡下人看不起，只要看你是土里土气的，有些流氓、地痞就变着法子琢磨你，闹得农民都不敢进城，生怕吃亏上当挨冤枉揍，路上人都很少。

硕二爷走着走着抬头一看，到东城灯市口啦。现如今您看那是一片柏油马路，街道宽阔整洁；在道光年间可不是，直到一九一〇年，我十二岁的时候，还是土甬路哪。原来北京是“无风三尺土，下雨一街泥”啊！说到这儿，我还得把土甬路说一下。逢是上年纪的大爷、大娘们都知道，四十来岁的弟兄姐妹们就不知道了。什么叫土甬路啊？就是在当街上拿土垒起来这么个土道，约摸有一人来高儿，当间儿平着，两边儿坡着，就是高出那么一块来。要是上这甬道，下这甬道啊，在这街口儿都有马路嘴儿，这儿能上能下。在甬路上头哇，走官轿、轿车，甬路底下走大车，走载重大车啊，轧了挺深的践窝，在两边儿有便道走行人。灯市口哇是东西的街，西口外是南北的街啊，这边儿叫“八面槽”，再往北就是“王府大街”。永硕戴着个小草帽儿，这会儿快到晌午了，在甬路底下挨着这路边儿走着，就在拐角的地方，甬路下边围着人。就听里边“哗！”“哈！”硕二爷这么一想啊：这里头必有什么热闹！不是变戏法儿的，就是练把式的。我得上这儿访一访，有没有“小霸王”，是真是假我得看看。当时钻进人群到里边一瞧，不是变戏法的，也不是练把式的。是什么呢？敢情是一辆破旧的驴车。那年月出门儿要坐三轮儿可没有，胶皮车也谈不到。都是带篷子的轿车——骡子车、马车、驴车都有。这儿是一辆驴拉的车。嗬，这驴长了一身癞，大牛子眼，浑身那个瘦，净是骨头没肉，这驴像是缺食短料。这驴还有一样特别，一个耳朵冲上，一个耳朵耷拉着。这驴要卖呀，说现在的钱卖不了一百元，就这么一头驴，还拉车啊！嘿，真能对付。怎么哪？杂巴凑。没有车围子，围着一领炕席；没有缰绳——就是车把式揪的那个绳子，他弄两根裤腰带；套车的夹板呀——就是驴脖子上套的那个，拿一个擀面棍儿劈开了，烫一个窟窿给套上；没有套包子，弄一条棉裤凑合着；没有草筐箩，兜着个瓷盆；没有油瓶啊，挂着个夜壶。这份儿寒碜劲儿就甭提啦！赶车的把式呢，瞧那模样儿不到七十，连鬓胡子，头发挺长，穿着小褂露着肩，这裤子挺短，裤子像裤衩儿，裤腿都破啦，拿绳子系着，光着脚丫，穿着这么两只夹布鞋，打着包头儿，钉着后掌，拿绳子拴着。瞧这个穿戴真穷得不得了！他手里拿着个支车棍儿，这边腮帮子上一个大手印儿，脊梁上头啊，一个鞭子印——手指头这么硬啊，全是紫杠子，头上也破了，直往外流血。赶车的拉着这驴啊使劲一按，一拉这缰绳，这驴要回头回不过来，跑是跑不了啦，走又走不开。这手哇拿这支车棍儿打这驴，一边儿打驴啊，一边儿嚷，一边儿哭："驴呀！驴呀！你是头好驴啊！"啪！过来就一棍子，这驴是跑不了哇，它往起一蹦！"好，你还敢撒野！"啪！又一棍子，"你吃着我喝着我，让我挨揍哇？我没地方出这口气！我就揍你。"啪！"揍死你，送你进汤锅！"啪！"吃驴肉！"啪！他是一边儿哭，一边儿唠叨，一边儿打驴！看热闹的也弄不清这是怎么回子事。永硕看在眼里，心中暗想：这里边儿有事，看这样儿，老头儿受欺负啦。这是个窝囊人！他啊，没处发泄去，所以才打这驴，豁着打死送汤锅，这样，驴的性命难保。再说这人哪，老头子快七十了，受人欺负以后，大热的天儿，心里憋着气，身上带着伤，回头就许得夹气伤寒！病了没钱治，准得死。家里扔下好几口子，生活没个着落。唉，这里边可是好几条性命！八成儿是"小霸王"欺负他啦？我得打听打听。二爷估计到这儿，不由得搭茬儿啦："我说，别这么打驴呀！你打它顶什么事？到底是为什么，说出来大伙儿给拿个主意。"这位老者一回头："唉，你管不了哇！"啪！啪！"我就揍驴，你甭管！""嗐！你这是为吗许的？打死了把它送汤锅，你可拿什么拉座儿啊！""我不在乎，这一下我们一家子都活不了，都得上吊！"啪！"慢！不许打，不论遇上什么事也得往开处想，你先说说是怎么回事？兴许我能给你出主意。"永硕说着话，他的草帽儿可没摘，就扣在前脸儿，他怕遇见熟人，一认出他来就不好访事啦！他这几句话，再加上谦恭和蔼，倒是把赶车的给打动啦。"嗯，这位大爷，你不知道我的苦处。"其实这老头儿比永硕年纪大，他从心里感激永硕，所以说话挺和气："这个事儿啊，我跟你说说，管不管的没关系。怎么回事呢？我啊，在这儿搁车。这位看街的大老爷啊！他实在是……"一提到看街的还带仨字儿"大老爷"，永硕就不爱听。清朝没有交通警，地面上也得有人管理啊！拿城外头说，分五营二十三巡。城里头哪，分左右两翼呀，左边四旗，右边四旗，这旗的头儿叫“协尉”，说满洲话叫“喳连嗒”，他底下有看街的，分地段管理。这老头儿一说“看街的大老爷”，永硕就想到可能是看街的欺负人啦。“看街的怎么样啊？”“嗐！他出了告示，不许驴车走甬路！”这一句就把看街的送了忤逆啦！怎么呢？这看街的不能出告示不让驴车走甬路，这是步军统领说过的话，当小差事的就得听着，可也不能狐假虎威，仗势欺人。这统领住家在交民巷台基厂，他呀拜客在这儿过，走到灯市口儿，甬路不是土的吗？这车不是压了车辙印儿了吗？骡子车、马车呀，它这档儿一般儿大，压的车辙一般儿宽，驴车它档儿小，在甬路上边儿走，一个轱辘在车辙里头，一个轱辘在车辙外边儿，就这么穿着走，来回一穿哪，把甬路给压得乱七八糟。步军统领在这儿一过，说了这么句话：“瞧这甬路压的，这都是驴车走的，要不让驴车走甬路就好啦。”就这么句话，哎，让协尉听见啦！就告诉看街的：“以后别让驴车上甬路。”这赶车的老头儿过来，就让看街的给拦住了：“回去，驴车不准上甬路。”“啊？是今天不许，还是明天、后天都不许？”“快回去，驴车永远不许上甬路，走！”这可坏了！把赶驴车的老头儿坑得够呛，他也不知道是怎么回事，以为看街的出告示啦。“你看，他不让走甬路上边儿，我走下边儿。又没有座儿，把车放在这儿，我去那边儿吃干粮，喝碗老豆腐。有几个小孩子淘气，拿着根棍子捅驴的眼睛。这个驴啊，一抹头，噌！它上甬路啦。我赶紧放下豆腐碗，过去就揪车，一揪这驴车呀，看街的大老爷过来啦，手里拿着个鞭子：‘不许上甬路，你怎么还上甬路？’叭[①]！过来就是一鞭子！你打驴也好，打车也好，我眼看着，不能言语。我过去一揪车，叭！这鞭子抽我身上啦！您看连脖子带脑袋全破了，直冒血！我一问他为什么打人？叭！过来就是一个嘴巴！跟你说，我今年六十六啦，能经得住这么大的委屈吗？我惹不起看街的大老爷，越想越别扭！这口气老横着，这驴给我惹的祸，我只好揍驴，打死它送汤锅，我们一家子没了进项，也得饿死，干脆上吊一死完了！”永硕一听：这老百姓的生活够多苦哇，你不让驴车上甬道，闭他的饭门，他们全家都活不了啦！“这太不对啦！甬路就是走车的，驴车不让走，甬路上走什么车？”“走骡子车、马车啊，独单驴车不让走！”永硕心想：这一定是骡马店在地面上花钱啦。让驴车

① 相声演员习惯用“叭”字，表示声音强，演员的习惯当然也因人而异。

走甬路底下，那么深的踋窝怎么走啊？不让走可以善说啊，干吗拿鞭子抽？快七十的人了，还挨你一个嘴巴，难怪老头儿难过，我得给他出出这口气。“哎呀，别生气了，打坏了这驴你吃什么？还拉座儿不拉？”赶车的老头儿连句整话都说不上来啦，“啊，拉座儿啊。不拉座儿我拉茄子！”“哎，你这是怎么说话？”“我是说不拉座儿得拉货啊，什么茄子、豆角儿、西瓜、山芋、黄瓜、土豆全得拉呀！”

（张寿臣述　陈笑暇整理）

坐驴车

硕二爷听着要乐可没乐出来，琢磨着这话怪可乐的，好在老头儿快七十了，说几句气话也没什么，我得想法儿帮他：“老大爷，你还得拉座儿，你这车我雇了，打现在起我包天儿，顶到天黑算一天，你要多少钱吧！”“哎呀！我可碰上好人啦。这才半天，你说算一天。好吧，你给六百钱得啦。”六百钱不算多，在那年月可是除了一家人的吃喝，连驴的草料全有啦！可硕二爷还想多给：六百钱？嗯，苦人哪，又这么大的年纪，让他多挣几个，我哪儿省不出来啊！他要是一高兴，也就把挨嘴巴的那碴儿给忘啦。“噢，拉一天要六百钱？”“怎么，多啦？六百钱不值，你就看着给吧！五百二、四百八、三百六、二百四……实在不行你就白坐。”“那还行？”“怎么不行？坐完了驴归你。”“老把式，你干吗这么客气？”“我是穷急啦，干脆，你给多少钱都行。”“老哥哥，你拉我一天哪，我给你六吊钱。”一听说给六吊钱，老头儿直往后退：“哎哟，我的天哪！怎么给这么多，噢，你是要买我这辆车啊？我还得拉货呢，这车可不能卖！”“嘻！您想到哪儿去了，你卖我也不买啊，我要这车也没用。”“那干吗我要六百钱你给六吊？”“我爱毛驴车，瞧见这驴车我愿意多给钱。”老头儿这才当真：“好啦，没想到我是遇上财神爷，快上车吧！”永硕一扶这车沿，上车啦！

这一来，老头儿不闹啦，看热闹的也就散开啦！二爷上车往里边一坐，行，车上倒挺干净。“老把式！”“您有什么事，财神爷？”“有帘子没有？”“有哇，没顾得挂。”“把帘子挂上吧！”“哎！”为什么让挂帘子呢？为访事啊，在车里能瞧见外边儿，外边儿可瞧不见车里。帘子在哪儿搁着哪？车上有褥子，应该是掀褥子好撤出帘子来。他不这样儿，老头儿是打车底下往外拿，拿出来这帘子一挂，二爷瞧着都新鲜，是草帘子。“哎，你怎么挂草帘子？”“挂这个好处大了，可以一当三用？”“怎么个一当三用？”“您瞧，有座儿挂上，晚上睡觉铺着，没钱买草料我拿它喂驴。”“这主意倒好，别让驴断了顿儿。”挂上帘子车就要走，刚一转动车轮，二爷在里边就偏着身子：“哎呀把式，快出踒窝，在踒窝里这可受不了！”“没有踒窝啊！”“没踒窝怎么车是偏的呢？”“您没瞧见我这车一边儿轱辘大，一边儿轱辘小。”“这不要命吗？我就老这么歪着？”“里头不是有块儿砖吗？”永硕一回头，车上是有块青砖。“要砖干吗用？”“哪边儿矮呀，您把哪边儿垫上。”“这怎么垫？”“您垫屁股底下啊！”

硕二爷坐这车也得跟着对付，心想：咱到哪儿说哪儿，只有享不了的福，没有受不了的罪，这不也挺好吗？哎，不行！“把式，这车可碰脑袋！”“没关系，上边有绳子。”“用绳子干吗？”“您把脖子套上。”“我花钱上吊玩儿啊！”干脆，扶着点儿就碰不着啦。又走了一会儿，二爷乐啦。为什么？他得问问我去哪儿啊？就这么稳稳当当地往前赶。八成儿是让看街的连打带气，给气糊涂啦！“哎，老哥哥，你心里明白吗？”“您就放心吧，我心里一点儿都不糊涂。”“噢，不糊涂。你知道拉我上哪儿？”“不知道……可不是有点儿糊涂吗？我忘记问了，您上哪儿？”“哪儿也不去，咱们打这儿上灯市口东头儿，到东四牌楼南大街……”“啊啊，由南大街还去哪儿？”“哪儿也不去，抹头再拉回来！”“噢，花这么多钱就为来回折腾啊！”

硕二爷坐这车也没打算往远去，就是由八面槽奔东四牌楼，来回走遛儿。赶车的不明白啊：“合着您坐我这车就为这么溜达啊？”“对，就这样，太阳一落你就收车，我给你六吊钱。”“您有这个瘾哪？”

为什么要这么来回遛呢？这是一个地段儿。“协尉”是五品官，他办事的地方在灯市口当间儿，既然是在这儿出的事，硕二爷想找那个看街的。车往前走着，他往外一瞧：“嘻，白费事，不用说半天找不着，这么走一年也碰不上，因为这驴车不走甬路上边儿，看街的不到底下来啊！”硕二爷心想：我正要找看街的，还是得走甬路上边儿。“咱们上甬路，打东头儿到西头儿来回溜达，好不好？”老头儿拿着鞭子一听：“哽、哽、哽！”赌气地把鞭子往驴脊背上一搭，那地方叫三岔骨，一伸手就把车帘子给揪下来了，卷了卷，往车底下一塞，冲硕二爷点点头。“把式，你要干吗？”“快下来！”“干吗？”“我不拉啦，我说的哪，要六百你给六吊，你说可怜穷人，爱坐驴车，你这是爱坐驴车吗？你这是爱看打人的，今天我刚一上甬路就挨了一鞭子，还打我一个嘴巴！我还上甬路啊？你拿穷人打哈哈啦！”二爷暗暗点头：嗯，他还不明白我的用意，我不说明了，他也不敢上甬路。“哎，老把式，你放心吧，上甬路不要紧的。”“是啊！我死了要什么紧！”“没关系，因为你拉着我哪，没人敢打你啦！”“拉着你管什么？看街的照样儿打我，碰巧了可连你一块儿揍。”“不会，我坐在你这车上，看街的要是敢打你，他可就要嘬瘪子。”“我不信，就知道我还得挨打。”“哎，不要说看街的不敢打你，比他大的协尉官也不敢打你，再往上说步军统领、兵部尚书，无论他是谁，敢打你一鞭子，我给你要一百吊钱，打你一个嘴巴，我管他要五十吊！要是拿六指打的，还外加十吊。有一个嘴巴算一个嘴巴，有一鞭子算一鞭子。”“得啦，得啦，别在这儿说大话啦，我说牛肉贵哪，全是吹死的。这图什么？把我打死不就是臭块地吗？我这穷命还值一百吊？你呀，快下车吧。”一揪腿，硕二爷在车里坐不住了：“老哥哥，我就是要雇你这车上甬路，找着看街的，好好说说他，给你出口气，往后得让驴车跟骡马车一样上甬路。”“哎呀，我知道你是好意，给我宽心丸吃，可是你说的这事怕办不到。”“噢，你还是不信哪！这样吧，拉不拉在你，坐不坐在我，我先在车上坐一会儿，跟你打听个人？”“打听谁？”“顺治门里头有个旧帘子胡同，知道吗？”“知道，我还去过呢。”“那儿住着个永硕，行二，听说过没有？”“听说过，那是皇上的二大爷。”“行啦，这就好办啦！那个人怎么样？”“听说是个大好人，人家不欺负老百姓，还专管街面上不平的事。”“看街的敢惹他吗？”“看街的干吗？连九门提督见了他也得毕恭毕敬的。”“这就好说了，你见过他吗？”“没见过，咱没那缘分。”“想见他吗？”“想见上哪儿见去？”“实不相瞒，我就是永硕。”“啊？”“我看见你在那儿打驴，就知道一定受了窝囊气，这才雇你的车，想给你出出气，咱们一块儿去找地段官看街的。你拉不拉？”嚯！老头儿当时比吃牛黄清心丸还痛快，立刻满面赔笑，连连作揖：“二爷，久闻大名，想不到今天能遇见您，这可是我们一家人的造化。您原谅我眼拙，说话也着三不着两。您多包涵吧。”“哎呀！没什么，我这装束也难怪你不相信。”“哈……”俩人当时相对大笑。

笑着笑着就看见这位赶车的老头儿脸上煞白，眉毛也拧上了，眼珠子也瞪上啦。拳头攥得咯咯咔咔的，倒把硕二爷吓了一跳："这是怎么啦！霍乱，快去买十滴水。""不用，不是霍乱，是刚才憋的那口气出来啦！""火儿上来了还得往下压压。""压不住啦，刚才受了欺负真没处发作！"说着把辫子往脖子上一挽，二爷赶紧解劝："咱们找他讲理，可不能打架啊！""打架干吗？我拉着您上甬路。以后啊，驴车还得走甬路。""你敢去吗？""怎么不敢，甭说拉着您上甬路，就是上太和殿找皇上我也敢去。""找皇上干吗？快把帘子挂上吧！""哎，挂，挂，这就挂上，刚才就不应该摘。""谁让你摘来着！"

老头儿挂好帘子，鞭子也不拿了，就拿着支车棍儿，找着马道口儿："上甬路！"啪！又一棍子，这驴还真灵，刚才因为上甬路，挨了半天揍，再让它上甬路哇，它也不去啦，直往后退，打了好几下，还不上去。这老头儿有主意，拿棍子顶驴的肚子，噌！这下儿上甬路啦，坐车的可受不了啦！脑袋正撞在车的棚顶上："这是怎么回事？""上甬路啦！""你可倒是言语一声啊！""哎。言语一声。我们上来啦！""上来了你还言语个什么劲儿？快走吧！"这老头儿手里攥着个支车棍儿，跨在车沿上头，这高兴劲儿就甭提了，一边儿走，一边儿嚷："驴车又上甬路了，看街的过来吧！我拉着硕二爷呢？""嗐，这不是胡来吗，你一喊拉着我，他还敢过来？""对，我怎么把心里的话喊出来啦？我可没拉着硕二爷！""没拉着也不用喊。"

（张寿臣述　陈笑暇整理）

打一鞭子一百吊

咱们接着说这段硕二爷跑车。那时候，一个是贪官污吏欺负人，一个是土豪地痞欺负人。有势力的欺负没势力的，势力大的欺负势力小的。就拿坐车来说吧，那阵儿只要坐上马车，就比坐驴车的趾高气扬，坐驴车的又比地下走的派头儿大，地下走的哪，又比推车的会摆谱儿。推车担担凭力气吃饭，可还处处受人欺负。像硕二爷坐的这么辆破驴车，上下辙呀他不走，单走当间儿走轿子那地方，这可容易出娄子，当间儿那地方有厅儿。在清朝时期，北京城里头左右两翼，东城这块儿为镶白旗，五嘎拉为一段路。这个协尉官厅在哪儿？就在马路当间儿。怎么在马路中间儿呢？就这个规矩，街道宽嘛！当间儿拿土垫起来的土道，叫甬路。两边儿呀都凹下去，那是便道。在甬路的当间儿靠北，那儿出这么一块舌头，这儿有三间房，头里拿竹子搭起个障子来，上头搭着天棚，里头搁儿盆石榴树啊，夹竹桃啊。这老爷呀，穿着便衣，没事的时候在里边耍钱，旁边放着新沏的茶。那位说啦："怎么地方官还耍钱？"在旧社会，这耍钱上可了不得，名堂多了。他们玩的是纸牌"斗十和（hú）"。老爷托着一手牌，这把呀眼看着他和啦，就这工夫儿打东边儿传信来啦！"大人到！"这厅有三堂，正堂叫提督，左右两翼俩总兵，这仨人儿管地面儿，时常出来巡查，他们不论走到哪个巡地，哪个地面官儿得穿官衣，戴白顶儿，瘦袖马褂儿，大开气儿袍子，挎着腰刀——这腰刀把儿朝后，带着十个兵，在厅门口这么一站班，回头大轿来了，冲大轿请个安，这是清朝那阵的旧礼儿。那位同志说："那时候又没有电话，他怎么就知道谁来了哪？"地面上看街的给传信哪！好比说吧！大人由打住宅里一出门儿，车班轿班一预备呀，看街的就凑过去打听："大人上哪儿呀！""上某处某处。"他听着就琢磨上啦，这个路怎么走，打哪儿走，经过哪儿？好比一出门往南，他这儿先喊话，往南边儿传信儿，这个厅往那个厅喊："南边儿的——"南边儿的听见了："干什么？""大人来啦，上某处某处。"这儿一听，再往那面传信。那面一听知道啦，大人上哪儿就是他管这个地段。上哪儿？东四牌楼有个史家胡同，上那儿去拜客，打史家胡同出来，又上南小街，再打东四牌楼那边转回来。这厅知道大人要来，赶紧准备，戴上帽子，穿上袍子，套上马褂儿，系上带子，挎上腰刀，蹬上靴子，带十个兵在厅口这么一站班。往东边儿这一瞧哇，大人还没来哪！协尉就把牌扔下啦，在这儿站会儿吧！打腰里把鼻烟壶掏出来，打开盖儿，往手心里一磕鼻烟儿，脚哇蹬着街石，撇嘴咧腮，指挥看街的："去，挑两桶水，把甬路当间儿泼泼，都冒烟儿啦！哼，吃完饭就睡觉，什么事儿也不管！"往东一瞧，大人还没来，再往西一瞧："哎呀，糟啦，这不成心吗？昨天步军统领打这儿过，一瞧甬路不平，车辙轧得乱七八糟——驴车轧的！今天走当间儿，又往东。回头大人要往西，正碰上，这个沉重我可担不起，看街的！""在！""把驴车轰开！"这看街的姓德，外号叫醉德子，今天早上打这赶车的就是他。他打完人以后就上堆子里睡觉去啦！官厅后边有间小房，那叫堆子。大人一叫呀，手下的人现叫醒了他：“快起来，上边有吩咐。”“哎。”穿上号坎儿，上头有个“勇”字儿，脚底下的靴子是老虎大张嘴，夹着大蟒鞭，足有五尺长，这把儿就有一尺，还有一尺的鞭梢儿，连鞭梢带把儿整七尺，打人的时节得会打！不会打就把脖子缠上啦。他夹着这个蟒鞭到头里见官，先请了个安：“老爷，有什么吩咐？”协尉正闻着鼻烟儿呢：“哼，又喝醉了？”“没有，没有。”“大白天睡的什么懒觉？”“头昏，头昏。”“我问你，昨儿个正堂交代什么来着？啊！不是不许驴车走甬路吗？今儿个怎么又上来了啊？”“今儿个早上小的打了一个啦！一个老头儿赶着驴车上甬路，我过去就是一鞭子，又给了一个嘴巴，让小的打下去啦！他不敢再上来啦！”“哼，你自己瞧瞧。”这看街的扭头一瞧啊：“哟！老爷！你瞧这个赶车的，我今儿个早上打的就是他，怎么又上来啦！一个劲儿地往当间儿赶，看这样儿他还不服！”协尉抹着鼻烟儿：“不服！轰他去，他要是快下去没事，敢不下去，拿鞭子抽他，坐车的要是说闲话，连他一块儿抽。他要是不服，拿蟒鞭往他脖子上套，把他带到我这儿来，让你看着，我打他个二十七。”什么叫二十七啊？就是打二十七鞭，能了且了，了不了，就得送到提督衙门。这看街的一听：“老爷，您别生气，还用您打他二十七，我一鞭子就把他抽下去啦！”醉德子拉着这蟒鞭，噌！连蹿带蹦地出去啦！到甬路当间儿高喊：“驴车，站住！”赶车的一听就哆嗦，吓的，打上是真疼啊！大三伏天儿！受不了！赶紧回头冲车里：“又来了啊！”二爷问：“什么又来啦？”“打人的又来啦！”“嗨！咬紧了牙冲过去，都有我哪！别忘了，打一鞭子一百吊！”这老头儿听着犯财迷了，那年月一百吊钱能买五十亩地，再有这头小驴儿，一家子甭愁过活儿。他高兴啊，精神挺足，一抽这驴，直奔看街的来啦：“嘚，哦喝！”看街的一瞧：我这儿喊着他倒来劲儿了，这还行？“走，快下去！”“嘚，哦喝！”“赶车的，说你哪！”“哎！嘚！哦喝！”“你太可恨了！”就这样一递一句，越走越近，眼看到跟前了。看街的一捋这鞭子，丁字步一站：“下去！”你再看这老头儿，不慌不忙，就这个劲儿，一勒这驴：“吁——”车站住了，拿支车棍儿往地下一拄，这手搁在支车棍儿上，那手一托腮帮子，拿眼跟看街的吊线：“哎，归齐你这是说我呢？”“不说你说谁！”“哈哈，你可说不了我啦。”“怎么说不了啦？”“我有了婆家了。”“去，我这儿说媳妇儿哪！别贫嘴，快下去！”“下去？哈哈，不下去！”“下边儿走去。”“下边儿地不平整。”“上边地可不是给你准备的！”“那么你给我准备了点儿什么呢？”“嗯，我为你准备了鞭子，你要再对付我可抽你！”“早晨见面就打，现在我还让你打！”“这……”打不了。现在怎么不打了呢？早上他不是醉了吗？他抽的是车，赶车的要是不躲，就抽车棚子上啦！赶车的一躲，正抽在他脊梁上，这儿破啦！人家走道的看不惯，撇着嘴议论：“这是干吗？不让走驴车就打人，这不是仗势欺人吗。”看街的一听，挂火儿了：“谁仗势欺人，我就打！”过来，叭！又一嘴巴子！那阵儿啊他带着酒兴，如今哪，酒醒了，他得先说理，赶车的要是下去，他就不打了！所以说：“你要不下去我可拿鞭子抽你！”这一说拿鞭子抽，赶车的倒稳当了，他拄着支车棍儿，假装没听见：“你说什么来着？”“你要是不下去我拿鞭子抽你！”“噢噢，那好啊，你要打我！你也不打听打听，里九外七，皇城四门，大小当差的谁敢打我？”“啊？谁敢打你？我就敢打你！我就敢打！”“你打我？成啊，知道价儿吗？”“什么？打你还有价儿啊？”“当然有价儿了，咱先说明了拿什么打，拿鞭子打，有一下算一下，打一下一百吊钱。拿手打呀，五十吊。我还得看看你有没有六指，要是有六指外加一吊钱，咱是公平交易，货真价实。”一个是地面官，一个是赶车的，现官不如现管哪，看街的能听他这个：“嗬！好大的口气，打一鞭子一百吊钱！我看你是穷疯啦！今天我打你一百鞭子，把你打死了也就是臭块地，我看跟谁要钱！你接着吧！”这看街的往后退了三步！攥着鞭子找目标。干吗要往后退三步哇？打人得分拿什么打？拿这蟒鞭打人得会打，不会打的把自己的脖子套上了。他为了把胳膊抡直了，所以往后退三步。这一退呀，闪出有一尺多远来，再一找目标，往前一上步，那不正打上吗？这会儿赶车的要是抹头下甬路也就完了，他抡起鞭子抽到车棚子上，回头见了官儿也可以说：“让我抽跑啦！”其实没打着人。可是这个赶车的是恨病吃药，生怕他这鞭子打不上，那还找谁要一百吊啊！“好啊，你朝这儿打！”他闭着眼，咬着牙，就等着挨鞭子啦！“嗬！你真能斗火儿！”叭！这鞭子打上啦！当时就破了皮，见了血，他应当哭哇，没有，他倒乐啦！回头冲着车里伸出一个手指头来：“有一鞭子啦！”这是告诉硕二爷，让他给记数儿，有一鞭子算一鞭子。他挨了打还不输嘴：“好小子，打我一鞭子了，你要有胆子，再打九鞭子，给我凑一千吊，我也不用赶车了，回家种地去。”“这……”看街的举着鞭子没有再往下抽，硕二爷在车里也直皱眉。

这仨人哪，有三种想法。赶车的想的是硕二爷有话，打一鞭子一百吊钱！我乐不得地让他打，这事儿百年不遇啊！看街的是这么想：这赶车的他怎么这么横？这么大岁数了，怕他经不住打，再说我的差使是把他赶下去，不是把他打死啊！坐车的呢？可另有一种想法：打一鞭子一百吊，这事儿办得到，再打多了可就不行了，这钱我找谁要去？就是我给垫钱也不能让老头儿挨打啊！我哪儿能拿穷人寻开心，花钱买乐儿呢！硕二爷这想法很对，虽然是看街的打人，可这钱不能找他要！他一个月才挣一两五钱银子，要了他的命也拿不出一百吊钱来。这钱得让地方官花，让协尉拿一百吊给这老头儿。虽然他拿这钱也得咬点儿牙，可是关着永硕的面子他也不敢不拿。这样让地面官出点儿血，让老头儿富裕一下，也算给他出了气。所以硕二爷不等看街的再打第二鞭，就在车里说话啦："什么人这样大胆，敢打我的车夫？"这嗓子倒是把看街的镇住了！可是你先瞧瞧车厢里是谁呀，没瞧，为什么？他也有想法：坐这破驴车的还有什么阔人！他举着鞭子来了三声哟："哎哟，哟哟哟！你还觉着怪不错的呢！坐这破驴车还臭美，你美个什么劲儿啊？不错，抽了你的赶车的啦！我呀连你这坐车的也一块儿抽！"为什么这么横？刚才协尉有话："坐车的要是说闲话一块儿打！"他一摇这鞭子，硕二爷从车里出来啦。就这样儿往外一探身："噢，德子啊！怎么着，你要连我一块儿抽？""这……我……"立时间口就软了，连鞭子也举不起来啦！认识啊，这是亲王啊！把鞭子往旁边一扔，过来就请安："哎哟！老爷子，您怎么跑这儿来啦？""你不是要打我吗？""那是信口开河，我不敢，您借给我个胆子，我也不敢打您哪！""固然你不敢抽我，可是你打我的赶车的，这不跟打我一样儿吗？""老爷子，我要知道是您的家人，吓死我也不敢，再说我也没打！"他一说没打，这赶车的老头儿，不愿意啦："你再说没打，看！我这是怎么啦？你没打就不给一百吊啦？"看街的一听：得，这下儿可麻烦了！不能跟他废话，还得跟硕二爷对付："二爷，我实在不知道这是您的车，要知道绝对不敢轰，我是为轰车才失手打了他，您别怪罪我。""你好大的胆子！我来问你，凭你就敢出告示，不让驴车上甬路？""我可没出过什么告示，连我们地面官也不敢出告示啊！不让驴车走甬路，这是堂官的口谕。""哪个堂官？""正堂啊。""噢，和子！"就是前边说过的买东安门的那位步军统领，九门提督。"跟爷回，统领大人一会儿在这儿过，您可以当面问他！”“我刚才就听说‘大人来啦’，敢情是他啊！这就好办啦，我跟他说去，不应该呀！马车、骡子车都能上甬路，怎么驴车就不能呢？你是正堂，可也不能出言成法啊！”“二爷说得对，老百姓对这事有议论，小的身上有不是。”“你是当小差事的，这事不能怪你。”“爷您圣明。”“和子说不让驴车走甬路，你就打了我这赶车的，打他可有价儿，打一鞭子一百吊钱。我也用不着跟你说，和子来了我跟他讲理，赶车的！”“二爷！”“有胆子没有？”“有哇，凭啥没胆子？拉着您，更有胆子啦！”“你把车横在甬路当间儿。等着九门提督来，跟他要一百吊钱。”“好，就这么办啦！”一揪这驴，把车横在路上啦！这看街的一想：坏了，这下儿要了命啦，连协尉也吃不了兜着走，待会儿九门提督在这儿一过，他一嚷，九门提督过来一请安……这下儿他反过来还得埋怨我们，他一不承认说不让驴车上甬路，可就把我跟我们老爷全给装在套儿里啦！我得给协尉送个信儿去。他不再说什么，夹着鞭子回来啦。回到厅里啊，在协尉的背后直哆嗦，这老爷倒是挺有派头，坐在那儿托着鼻烟壶：“去再挑两桶水去，把那儿泼湿了，大热的天儿别冒土气，拿耙子搂搂，使扫帚扫扫，清洁要紧啊！”站起来往东边一瞧啊，那大轿还没来，往西边儿一瞧哇，驴车横上啦：“哎！这驴车怎么回事？看街的上哪儿去啦！”看街的在他脊梁后头答话啦：“在这儿哪！”“你怎么直哆嗦？”“啊，哆嗦半天了！”“为什么哆嗦？”“啊，这天儿啊，太冷！”“三伏天儿还冷啊，你发疟子了吧？”“没有。”“还不给我轰车去！”“啊，轰车，这不轰出娄子来了吗？要轰你去轰吧！”“我轰还用你干吗？拿鞭子抽他！”“一抽更坏啦！”“怎么？”“抽一鞭子要一百吊钱。”“这是哪儿跟哪儿啊！抽一鞭子就一百吊，这是谁说的？”“就是坐车的那个人。”“噢，坐车的说闲话了，我不是早就告诉你了嘛，一块儿打啊！”“打不了，他是王子。”“王子干吗，难道他比蜜蜂还厉害？”“蜜蜂啊？还蝲蝲蛄呢？这下儿糟啦！”“怕什么？他要是不下去，把他带这儿来，我打他二十七。”“二十七，这账好算，两千七啊。”这都什么乱七八糟的！

老爷一看纳闷儿呀，什么事把醉德子吓得这样，一边儿说一边儿哆嗦，这腿啊，简直不听他的使唤。这是为什么呢？“你别大惊小怪的，当差嘛，什么人都难免碰上。你先沉住气，告诉我车上坐着的是谁？”“这……噢……”“你这是怎么啦？哆嗦起来没完啦。怎么连牙都哆嗦上啦？”“告诉您吧！人家啊，说话做事都在理，这才吓得我哆嗦。”“噢，那值得哆嗦吗？”“我要告诉您他是谁，连您也得哆嗦。”“胡说，我是地面官，放着官不做我哆嗦着玩儿，哪儿领俸银去？快说！”“我说，您可沉住了气，站稳了，听我告诉您，要说这赶车的老头儿虽然说话倔，可也算不了什么？”“废话！谁问你赶车的了，我是问你这坐车的！”“坐车的啊，这人有四十多岁，穿一身蓝布裤褂，布鞋上边儿净是土。”“嘻，这就至于把你吓成这样？”“您往下听啊，这个人家住顺治门里旧帘子胡同。”“旧帘子胡同，这……”又一想那儿住的人家儿多啦，也不见得就是他。“快说，这个人是谁？”“谁呀，这位爷名永硕，行二，专爱管人间不平的事。”“这……闹了半天敢情是他呀！这硕二爷怎么……德子，快关窗户，我觉着脖子后头直冒凉气！”得……他也哆嗦上啦。

（张寿臣述　陈笑暇整理）

山羊喝茶提督喝汤

今天咱们说这段《山羊喝茶》，是怎么回事儿啊？在北京宣武门里路西，有一家大茶馆儿，字号叫海丰轩。这家茶馆儿到清末光绪年间正开着哪，清早儿啊卖茶、卖点心，都卖什么点心呢？有肉馒头、烧麦、包子什么的，也卖饼，也卖面，还有炒菜。前边是茶馆儿，后边带饭馆儿。这种茶馆儿自打民国以来就很少见了。清代那阵儿不是旗人多嘛，早晨都上茶馆儿摆谱儿。进茶馆儿别看一样儿花钱，可待承不一样。怎么呢？比如，都是花两个制钱儿喝茶，得分在哪儿喝。这种茶馆儿一进门啊，左边是个柜，右边是灶，这边是二柜，二柜那儿搁着个酒坛子。过了这柜，过了这大灶啊，这儿有八张长桌，两边儿是凳子。在那儿喝茶呀使那种沙碗、瓦壶，是两个钱。过了长桌子啊，这儿有方桌，四面儿四条凳子，坐那儿喝茶呀使瓷茶壶、绿豆茶碗，也是两个钱。打这儿进去，尽后头款式啦，桌子全是油漆的，不是长凳子啦，全是独凳儿，一个桌子坐六位，在那儿喝茶呀使盖碗儿，还是花两个钱。这是怎么回事呀？他就这规矩，什么人哪上什么地方。都是卖苦力的，他吃上一斤面，进门儿就吃，图的是快，吃完还得干活儿哪！把挑子搁门口都成。坐这方桌子的是拉房纤的、各行的行口儿，找人哪，谈“公”事都在那儿。尽后头是雅座，有钱的人哪在那儿摆谱儿。茶钱虽然不多，可是饭里费了钱，能把赚儿也搭在里边儿找回来；所以呀待承这么高。

这天哪，硕二爷上海丰轩来了，他每天早晨出来遛弯儿，然后喝会子茶。每天上西四牌楼，那儿有个羊市茶馆儿，今天那家儿修理炉灶，所以到海丰轩这儿来了。

这硕二爷穿的什么呢？穿这么个蓝褡裢的大褂儿——手工布机织的，挺厚。现如今这种东西没有卖的了，把它放在水里洗洗，它能立着——光头没戴帽子，脚上穿着两只双脸儿布鞋。硕二爷往方桌旁边儿一坐，这跑堂的一看就不愿意伺候。要不怎么那时候凡是买卖家用人都不能要“三爷”呢。有人问了：什么“三爷”呀？就是姑爷、舅爷、少爷。亲近的人要做事上别处，打学徒开始，好好地干，学几年再回来，那就行了，要是在本柜上呀，不但学不出来，反倒把买卖给耽误了。怎么呢？谁也不敢支使他呀。这位同事刚一让他扫地倒水，另一位就得给拦住：“别价，那是少掌柜的呀！”姑爷也不行。那是门上娇客，让他踩着板凳擦桌子，这要是摔着，那里边的姑奶奶可就不答应了！舅爷也不成，那是内掌柜的娘家人呀。海丰轩这个跑堂的就是掌柜的内弟——小舅子！一看他这相儿就不像个买卖人。剃得锃明瓦亮的头皮儿，梳着个小辫儿，脑袋一点儿也不疼，可太阳穴这儿一边贴一块儿小膏药，剪成这么一点儿的方块儿。还抹了一鼻子鼻烟儿，穿一件漂白的小褂儿，底下是青洋绉裤子，双脸儿缎鞋——猪皮脸儿，实纳帮儿，白布袜子，敞着袜口，系一个干靠色儿的围裙，四个犄角儿有四个云字头，当间儿还有寿字儿……您瞧这像跑堂的吗？把“带手”也就是抹布啊，叠成一条儿，往肩膀上一搭，托着个鼻烟壶儿，靠着搁茶壶茶碗的桌子这么一站，拿眼斜睖着硕二爷，来了一嗓子：

“嘿，刚来啊，乡亲！”

一进门儿叫“乡亲”，这是三青子[①]话，就是藐视乡下人，如果这被叫的要是一还言：“你老家是哪儿？我老家是哪儿？怎么会是乡亲哪！”哎，就得打起来了！

可是硕二爷呢，没理他。

---

① 三青子——无赖汉。

“喝茶吗？”

硕二爷心说：不喝茶我上这儿干吗呀！这句话可没说出来。

“哽。”

跑堂的拿过一个盖碗儿，一个茶碗儿，一共是三件儿，往这儿这么一搁：

“带茶叶了吗？”

“带了。”

硕二爷从腰里掏出个盒儿来，倒出点儿茶叶搁在碗里了。他呢，提着开水壶过来给硕二爷沏茶。这沏茶可也有规矩，沏盖碗儿的跟沏茶壶的可不一样。要是沏茶壶的，壶嘴儿对着茶壶口越高越好。哗！拿开水这么一砸，茶叶就沏开了！这样沏盖碗儿的可不行，盖碗儿里放上茶叶，得拿壶嘴儿对着茶碗边儿，让水往里头流，水下去了，茶叶漂着，把盖儿盖上，这叫泡茶。可他拿起开水壶，提得挺高，往里一倒，哗！水下去啦，茶叶都冲出来了弄了一桌子，再瞧碗里，就剩下三根儿了。像这样你应该赶紧道歉哪：“哎哟，对不住，把茶叶给糟践了，要不，我给您换换。”这才像买卖人应当说的话。可他呢，嘴一撇，连哼都没哼一声。硕二爷也没言语，又拿出盒儿来倒上茶叶，把盖儿盖上了。

按说，你这就赶紧躲开吧。不，他瞧着硕二爷这人好欺负，还想叫横，拿脚一蹬这桌子掌儿，跟硕二爷脸对脸儿，把鼻烟壶掏出来了。您瞧他这态度：

“我说，刚来呀？三河县的吧？住哪店儿里？瞧大奶奶来啦？”

嘿！怎么个话儿呢？旧社会三河县出老妈子嘛！他拿硕二爷当老妈儿男人[①]啦！这下儿硕二爷可忍不住了，脸儿也就沉下来了。

“我说你是干吗的？”

“跑堂的呀！”

“还是的，你不就是管沏水吗！我续水的时候叫你你再过来，这儿又没叫你，你这儿练的哪门子贫呀！”

像这样，你还不赶紧走开，可他这还没理会，提着水壶还接着说：

“噢，嫌我贫哪，这你管不着！”

---

① 老妈儿男人——旧时，妇女在北京各“宅门儿”佣工称为“下人”、“老妈儿”，老妈儿男人是轻视人的称呼。

硕二爷一瞅这小子看不出个眉眼高低来呀，也就再懒得理他。跑堂的提着水壶走到那边儿，有几个茶座儿，他过去跟人家唠叨：

“各位，告诉您哪，跑堂的（低），跑堂的（低），这话一点儿都不假，跑堂的比什么都低，什么人都得伺候呀。看见没有？俩制钱儿喝碗茶，还摆谱儿，哎，瞧这个……”他左手往硕二爷这儿一指，右手比了个王八。嘿！硕二爷假装没看见，没搭茬儿。怎么哪？不能跟这路人一般见识呀！

就这工夫，外边来了一个老头儿。看样子有七十多岁，挺精神，领着个小孩儿，也就五六岁儿，小胖小子儿，梳着一个冲天锥小辫儿，两只老虎鞋。这是爷爷带着小孙子。这小孩儿呀拉着个山羊羔儿，一边走一边磨人。

“爷爷，走不动啦，我累了，吃点心吧！吃完点心再走吧。”

老头儿一看小孩儿累了，说：

“干吗磨人哪，看，这不是到了吗！”

这爷孙俩进来，就在硕二爷对面这张桌子边儿上坐下了，把羊羔拴在桌子腿儿上啦，拿脚一拨拉，山羊钻到桌子底下了。老头儿一伸手把这小孩儿抱起来，往凳上一放。

像这个，老头儿哄着孩子往这儿一坐呀，跑堂的你赶紧拿茶壶茶碗儿就对了。这跑堂的没动窝儿，站那儿闻着鼻烟儿，上上下下打量着这位老者：

“刚来啊，老头儿？”

您听这像话吗？老就得了吧，还来个“头儿”！这老头儿没理会。

“啊，刚来。”

“喝茶啊？”

“啊！”

“喝茶，喝几个呀？”

“嘿！这是怎么说话，什么叫喝几个呀！”

应当是来一个人，给拿过一个盖碗儿，一个小茶碗，这就要两个制钱儿；来俩人哪，一个盖碗，俩碗，多要一个碗钱。人家老头儿带着小孩儿，老头儿喝茶呀，小孩儿不喝，给拿一个碗也就行了。可是他哪，拿过一个盖碗，仨茶碗。老头儿一看就问了：

“我上你们这儿来喝茶，我这个小孙子不喝，他吃点儿点心，拿一个碗儿就行了。”

这跑堂的一听，把眉毛往起一立：

"什么？一个碗！那回家喝去吧。"

"哎，你这是怎么说话？"

"要喝就仨碗儿，不喝就走。"

"啊？这我一个人能喝仨人的茶吗？这叫什么规矩？"

"这叫'有一得一'，懂吗？你喝不喝？"

"喝呀！"

"喝不喝的我不管，坐这儿就是俩制钱儿！"

"这才俩呀？"

"还有羊哪！"

"什么？羊喝茶？"

"那是。您想这情理啊，这座儿都卖俩制钱，我们卖给你这羊也俩制钱，本来就亏着哪！要喝一个碗儿的，干脆回家喝去。"

老头儿一听这个气呀：

"我今年七十二啦，还没见过这羊喝茶哪！咱们不怄这份儿闲气！我走！"

老头儿这儿怄气要走啊，可小孩儿不懂事呀，他不乐意走，一个劲央求：

"爷爷，爷爷，咱不走，我累了。喝仨就喝仨吧。我不走，等吃完了点心，歇歇腿儿再走。"

这老头儿气归气呀，可又心疼孙子。唉！为了孙子，这口气就忍了吧。只好说：

"好好，来仨就来仨吧！"

这跑堂的更得意了：

"哎，这就对了，干吗费那么大劲呀，早这样不就结了吗！"

他拿来一份盖碗儿，仨茶碗。

"带茶叶了吗？"

"有。"

老头儿拿出茶叶来，搁在碗里，又掀开盖儿，等他给沏上，倒出三碗来，又把水兑上，他走了。老头儿把这碗哪放在自己跟前一个，又把另一碗往小孩儿脸前一放，叮嘱一句：

"等凉点儿再喝啊。"

又端起另一个碗搁桌子底下了，瞅瞅那羊：

"得，这个你喝吧，打有羊那天起，喝茶的，你是头一份儿。"

这羊一见把茶碗给它放地上了，挺高兴，伸着脖子就过来了，一喝，嚅，给烫着了。你可急个什么劲儿呀！

硕二爷坐在一旁边瞧着，心说：这跑堂的可太欺负人了！嗯，这事我得管管。起身，来到那位老头儿的桌旁边儿上一坐，说：

"这位老者。"

老头儿一看，站起来了。

"您坐下，坐下。他这跑堂的有点儿欺生。方才我一进门儿哪，他也说了些三青子话，还说我进城瞧大奶奶来啦，哎，拿我当老妈儿男人了！我要是跟他一辩理，虽然是他的不对，可也显着我没有容人之量。他欺负我没关系，可欺负老人不行！羊也喝茶，合着人跟羊一样啦？您别动，我去去就回来。"

"嗐，您也犯不上生这份儿气！"

"我也不是跟他生气。这路不平得有人铲，事不平就得有人管。您别走，您要是一走，我可就找不着对证了。您先在这儿坐一会儿，什么气您都忍着，我一会儿就回来。"

硕二爷打老者这桌子这儿起身，奔后头了。那年月的大茶馆儿啊，不光是卖茶，它前头卖茶，后头带饭。

硕二爷刚到后头，卖饭的跑堂的赶紧过来了：

"您吃饭呀？"

"啊！"

"您吃点什么？"

"你这儿都卖什么吧？"

"哎哟，那可多了。米的面的，炒的煎的，荤的素的，酸的甜的，也不知道您得意哪口儿，这儿有张菜单，您看着点点吧。"

硕二爷把菜单拿过来，问：

"有笔吗？"

"哎，有，有。"

跑堂的把笔拿过来了。硕二爷把笔接过来。

"你先忙别的去吧，等我点得了叫你。"

不大一会儿，跑堂的又过来了。

"您这菜，点得了吗？"

硕二爷把菜单递过去，说：

“凡是我画在圈儿里头的菜，全要。”

“哎，好咧！”

跑堂的翻开菜单一看，好家伙，满满当当，合着有菜单那么大个的圈，把这广篇儿上的菜全圈里头了。

“我说这位爷，这篇儿这几十道菜，您都点哪？”

“废话，你没见我画的那个圈儿吗？”

“那您一共几位呀？”

“管得着吗？告诉你，就我一个人！吃这些菜，也就对付个半饱儿！你少这儿跟我废话，赶紧给我上菜，大爷我还是个急脾气！”

“好了，您哪！”

这跑堂的赶紧往灶上跑。要按平时呀，这跑堂的得喊，像什么：“爆三样儿，熘肉片，外加二两老白干！”可这回他没法儿喊，怎么呢？那好几十道菜呢，怎么喊呀？喊“全包圆儿了，您哪！”这么喊不像话呀。跑堂的来到后灶，说：

“大师傅，跟您商量点儿事。”

“什么事？”

“前边来了个吃饭的。”

“来了就卖给他吧。”

“这位爷可特别。”

“怎么呢？他想吃什么？”

“他……您会炒多少样菜？”

“那菜单上写的我都会。”

这跑堂的把菜单拿出来，翻开第一篇儿：

“您瞧，他画了个大圈儿，这圈儿里的菜他都要。”

“啊？他一共多少位呀？”

“就一位。”

“就一位他要这么多？”

“人家可说了，这些菜兴许只落个半饱。”

“啊？那什么，赶紧动手炒吧。”

简断截说，灶上几位大师傅手没闲着，这跑堂的腿没闲着，炒一个端一个，总算把菜都摆上了。摆了多少？咱们现在饭馆里头用的那大圆桌子，整整摆了三桌。这硕二爷，手里拿了双筷子，这个桌前走一走，那个桌前站站，这个盘子里夹一筷子，那个碗里来一勺。跑堂的旁边一看，心说：这不是钱多烧的吗？

硕二爷问了：

“都上齐了吗？”

“上齐了。”

“不对呀，菜还少哪。”

跑堂的心说：您一个人儿吃，还少哪！

“您在那篇菜单上画的，这不都给您做了呀。”

“都做啦？”

“都做了。”

“那第二篇儿菜单你瞅了吗？”

“第二篇儿？”

跑堂的拿过菜单翻开一看，噢，这儿还画个大圈儿呢！

嗬！

硕二爷整整儿要了三桌菜。卖饭的跑堂的一边儿看着直发呆，硕二爷说：

“别这么傻站着呀，把这三桌菜给我看好喽，我去请个朋友来。”

硕二爷由打茶馆出来了。他心想：嗯！你不是让羊喝茶吗，行了，我呀，到羊肉铺牵羊去。那阵儿北京还没有屠宰场，凡是羊肉铺都有羊圈，自己宰羊、卖肉。哪个羊肉铺也得有几百只羊。打宣武门到北城根儿呀，十里长街，不用说胡同，这大街上就有十几家羊肉铺。硕二爷心想：我借它两千只羊来喝茶，一个羊要一个盖碗儿！他要没有那些碗，我封了他茶馆的门！

刚走到斜对过石驸马大街口儿上，就见路西有个羊肉铺。硕二爷过去了，一进门就道辛苦：

“各位，辛苦！辛苦！”

羊肉铺的人认识这位爱管闲事的硕二爷，忙说：

“嗬，二爷呀，您用点什么？招呼了声我们给您送过去就是了，干吗您还亲自跑一趟呀！”

“别客气，别客气！我不用什么，只是来跟你们借点东西。”

“您说，您打算借什么？”

“你们这儿有多少只羊啊？”

“有二百四十多只呢。”

“借给我用用吧。”

“行呀，您多咱用？”

“现在就用。”

掌柜的一听：

“哎哟，二爷，现在可不行。现在要，我得出城给您找去。”

“怎么呢？”

“羊不在圈里，一早儿出城放青去了。”

“那得多咱回来呀？”

“怎么着也得在关城门以前回来。”

硕二爷一想：要是让老头儿在茶馆那儿等到天黑可不像话。得，走吧。出来一琢磨：别家的羊也得放青啊，看来这羊是弄不着了。这怎么办呢？哎，猛一抬头，他看见隔着三个门有一家儿买卖——奶茶馆，挤牛奶的。得，就用这牛吧，只要是四条腿儿的就成。一掀帘子，他进去了。掌柜的一看，认识，连忙迎上来了。

“二爷啊，哈哈，您喝碗鲜奶呀。”

硕二爷一摆手，说：

“不喝奶，跟你们商量点儿事，你们一共多少人？”

“八个人。”

“几头牛啊？”

“一大一小为一对儿，我们这儿，后头一共有二十一对儿，四十二头。”

“好，我请你们吃饭。”

“太谢谢啦，劳您破费。”

“咱们这就吃去。”

“哎哟，我们还是晚上再扰吧。”

“不，现在咱们就走，连牛一块儿牵着，一块儿吃去。”

“二爷，这牛……它不吃饭呀。”

“你甭管，叫你牵着你就牵着，咱们一块儿，去海丰轩吃饭。”

也不知道怎么这么巧，正赶上这家儿掌柜的跟海丰轩有点过节儿，一听是拉着牛上那儿闹腾去，心里这个美：

“好咧，牛奶也别挤了，上门板儿，买卖今儿不做了，牵着牛，跟二爷上海丰轩吃饭去！”

伙计们一听更乐了，马上关门儿上板儿，拿着轰牛的鞭子，有拉仨的，有牵俩的，闹闹嚷嚷，就奔了海丰轩了。到了门口儿，硕二爷上前一步，一把把长帘子掀下来了，往里就闯。说：

“来，让牛进去。先进四个。”

伙计们也不问青红皂白了，赶着牛就进。前四个，俩大俩小，前一个后一个，大的进来了，小的更好办，在大的肚子底下就钻进来了。后边那位拉着俩大的，也没算计好，人家那四个进去了，他这俩进不来了。门窄呀，牛肚子大呀，这脑袋进去了，肚子卡那儿了。

“这不要命了吗，快进去！”

他使劲这么一拽，牛鼻子疼呀，往里一挤，喀嚓！门框折了！

哗！茶馆儿里头当时可就乱了！喝茶的，吃饭的都站起来了，谁也不知道是怎么回事呀！大伙儿一乱，硕二爷怕这牛犄角碰着人哪，赶紧说：

“先别拉了！”

等伙计们都停住了，硕二爷冲大伙儿一抱拳：

“众位街坊，别乱！该吃饭的吃饭，该喝茶的喝茶。在下家住旧帘子胡同，姓硕，行二。我啊，爱管闲事。你们各位看看，那老头儿带着个小孩儿，桌子底下拴着羊羔儿，羊旁边儿搁着个茶碗。各位请想，这茶是人喝的，干吗让羊也喝呢？说明他这茶馆儿特别，羊能喝茶！既然羊能喝茶，就许我来个牛吃饭！今天连人带牛在这儿吃顿便饭。诸位，爱瞧热闹的，明儿来，明儿可多，有一万头哪！咱们在这儿大摆饭局！”

哗！这下儿里头更乱了！账房先生正写账呢，一害怕，手一哆嗦，把账全勾了！厨房大师傅一瞧牛进来下，一扔炒勺，他从后门跑了。吃饭的人也赶紧往外挤。那规矩的主儿，把跑堂的叫过来：

“算账，多少钱？”

跑堂的全吓傻了：

“算账？算……算不上来了。”

“算不上来啦？明儿再说。”

这是规矩的。那不规矩的呢？你乱我也乱，以乱裹乱，趁着乱劲儿他走了！这个一走，那个瞧出便宜来了，也走，他还不白走，把烙饼跟炸丸子拿手巾一包，揣起来走了。旁边儿这位一瞅：嘿，行，我也带点儿。连碟子都揣起来了！这个揣碟子，那个就揣碗，拿过碗就往怀里揣，你倒是分清楚吃什么呀，那位要的是一碗热汤面，上边儿一层油，三伏天儿挺热，要揣碗也得把汤倒了哇，他连汤带碗一块儿揣，刚往怀里一揣，又拿出来了：

“可烫着了我啦！”

那还不烫你呀！

饭座儿当中有人认识硕二爷，告诉茶馆儿的人：“还不赶紧给老掌柜的送个信儿！”奶茶铺掌柜的全听明白了，硕二爷要管教海丰轩跑堂的叫羊喝茶，这才借我的牛来吃饭。回头茶馆儿掌柜的来到，人家的事该怎么了怎么了。虽说我跟海丰轩有过节儿，也就别再掺和啦。“伙计们，轰牛走！这顿饭我请啦！”牛出茶馆还挺顺当，怎么？门框早就折啦！

海丰轩老掌柜的来到茶馆，一瞧，硕二爷就在桌儿旁边坐着——老者带着小孙子牵着山羊早走了——桌上一份儿盖碗儿，一个茶碗，桌子底下还搁着一个茶碗。甭问，这是刚才给羊喝茶的。老掌柜的抢行一步跪下了：

“二爷，这都是我管教不严，得罪了主顾，得罪了您。您放心回头儿我就让这小子夹铺盖卷儿滚蛋。”

那个跑堂的吓得爬着就过来了。

“二爷，二爷，您消消气儿，消消气儿，刚才是小的不对，我有眼不识泰山，您老饶了我吧！”

硕二爷说：

“别价！我也没别的意思，就是想让你们记住这档子事，以后做买卖别再欺生。既然你们知道过错又能改，好吧，起来吧，算算后头那三桌菜多少钱。”

“哎哟，二爷，您来就是赏我们脸了，哪能算钱呢。”

“别这样，要不人家还以为我是为了赖饭账，想不花钱，才把牛牵到这儿来呢。”

好吧，算吧，这一算呀，不多不少整整五十两。硕二爷一琢磨：这五十两银子……嗯，得找个人来掏。他这儿正合计着呢，就听见外面有铜锣响——鸣锣开道，过当官的。硕二爷一听，这主意来了，冲跑堂的说：

“哎，把屋子拾掇拾掇，我出去再请个朋友来。”

“啊？您还请啊？”

“别害怕，别害怕，这回没你什么事，你只要把椅子给我搬到当街去就行了。”

跑堂的一听，明白了，这是要当街挡官哪。这不比刚才还邪行吗？这位硕二爷呀，是嫌今儿事儿闹得还小呀。心里这么想着，椅子还是给搬过去了。硕二爷出了茶馆往当街一坐，等着。

这锣声也近了，当差的喝散闲人哪，过来一瞧：嗬！真有不怕死的，敢拦我们的轿子！那么说，这是谁的轿子呢？是九门提督的轿子——九门提督相当于今天的城防司令——您瞧硕二爷拦的这个人！

前边儿开道儿的气势汹汹地过来了，抡起鞭子要打，旁边儿那位给拦住了：

“别价，瞅清楚了再打，先看看这是谁，再下手。”

那位一看，咕咚！跪下了：

“二爷，是您哪？刚才我没看出来。这儿给您赔罪了。您……您在这儿凉快着哪？”

“废话，一大清早的我凉快什么呀？”

“噢，那您这是……”

“我呀，在等你们大人呢，有事找他，把他叫来。”

这当差的忙跑过来了：

“大人，这轿子咱们走不了啦。”

“怎么啦？”

“有人坐马路当间儿挡着呢。”

“什么人这么大胆，给我轰走！”

“大人，这主儿，小的不敢轰。”

“谁呀？”

“硕二爷，您说这主儿我轰得了吗？”

“啊？”

九门提督一听，硕二爷，心里咯噔一下，汗都下来了。怎么呢，因为平时这当官儿的都特别怕硕二爷，他这人太厉害呀，指不定哪句话就把你绕进去，你还得是“哑巴吃黄连”，没地儿说理去。怎么呢？他是皇上的二大爷，谁惹得起呀？可今儿碰上了，不见也得见呀。这九门提督赶紧下了轿奔前边儿来了。

“二爷，给您请安了。”

“噢，提督大人呀，你怎么这么闲在呢？遛弯儿哪？”

提督心说：谁遛弯儿哪？咱俩这是谁闲在呀。可嘴上还得说：

“我这是刚下了早朝。二爷您忙呀？”

“我不忙，这不是等着你哪嘛！”

“噢，二爷，您什么事？”

“没什么大事儿，我打算在这儿请你吃个便饭。”

提督心说：这位没事儿请我吃饭，指不定要怎么绕搭我呢。我呀，还真不能进去。想到这儿，一抱拳：

“二爷，卑职家中还有些琐事，我改日再扰吧！”

“别价！怎么着？我坐这儿等你老半天，合着不给面子！”

说着就要翻脸，可把九门提督吓坏了：

“不，不，二爷，您别生气……卑职不敢。”

心说：吃就吃吧，反正吃亏上当也就这一回了。硬着头皮进了海丰轩。硕二爷还挺客气：

“来，提督大人，你上坐。”

“王爷面前，哪有卑职的位子。”

“哎，客气什么呀，老没见了，今儿咱们哥儿俩在这儿好好儿聊聊。”

提督心说：什么时候又成哥儿俩了？他越这么说呀，我越得倒霉。心里这么想，嘴上可不能这么说。

“噢，二爷，咱们从哪儿聊起呢？”

“咱们哪，就从这三桌子菜聊起。你看我一个人点这么多菜，哪儿吃得完呀，得你帮着一块儿吃。”

提督一听：噢，敢情把我当饭桶了！忙说：

“二爷，我刚刚用过早点，实在是吃不下。”

“怎么着，又不给面子？”

提督一见又要急，赶忙把筷子拿起来，瞅了瞅，又放下了。怎么呢，实在吃不下呀。心说：今儿我也不是哪炷香没烧对。硕二爷一看，说话了：

“看样子你真是吃不下去了，也不勉强了，这么着吧，你喝口汤吧。”

九门提督一听，可有个台阶儿了，就用勺舀了勺汤喝。硕二爷一看他喝了，心说：行了。就说：

“本来呢，是想请你在这儿好好儿吃一顿，聊一聊。既然你这样儿嘛，那咱们只好改日了。”

九门提督一听乐坏了：

"啊，改日吧，改日吧。"

刚想着站起来，硕二爷喊上了：

"来呀，算账。"

跑堂的一听：算什么呀，刚才不是算过了吗。忙说：

"一共五十两银子。"

硕二爷说：

"五十两银子。我说，提督大人，这五十两银子，是你给呀，还是我给呀？"

九门提督一听：什么？谁给？啊！我说他怎么想起来请我吃饭呢。可也没办法，已经挤在这儿了。

"啊，王爷，那当然是卑职……我给吧。"

硕二爷说：

"好，既然这样，我就不客气了。谢谢！"

"嗨，您这是说哪儿的话呀！"

硕二爷一听，心说：我要的就是你这句话。九门提督这儿赶紧掏靴掖儿[①]，点出一张银票来递给跑堂的了。

人家给完了钱也就得了吧，硕二爷还想问他个心服口服，就说：

"我问一句，你说实话。本来这是我请你吃饭，五十两银子饭钱让你花，你不觉着窝心吗？"

九门提督心说：我够窝心的了。可嘴上还不能说。

"卑职请王爷吃饭，是小的的荣耀。"

"好，我再问你，花五十两银子，你就喝了一口汤，你觉着贵不贵？"

九门提督差点没让这话给气哭喽，心说：喝口汤花五十两银子还不贵哪！可脸上还得赔着笑：

"王爷，这汤好哇！五十两银子，不贵！一点儿不贵！"

硕二爷一听：

"噢，既然不贵，好，再来一碗！"

啊！还来哪！

（般文硕搜集整理）

---

① 靴掖儿——钱夹。

姚家井

今天咱们说这么一档子实事，这档子事出在我们北京，在北京广安门里，地名叫姚家井；这是光绪年间的事，是一档子很出奇的事。

姚家井这村子里头住了这么两个朋友：中间儿住的这位姓刘，叫刘子清。南头儿住的这位姓李，叫李子清。这两个人哪当时都当练勇。练勇是什么哪？在光绪年间有乡团，在乡团里当兵就叫练勇；当练勇的都挣秤斤馒头，所以又叫馒头勇。这两个人是从小一块儿长大的，又在一个村儿里住，又在一块儿当差，感情别提多好啦。

这俩人家里都有太太。刘子清这位太太娘家姓王，李子清这位太太娘家姓刘。刘子清跟前一个小男孩儿，这小男孩儿名字叫小瑞子。李子清跟前一个小姑娘儿，小名儿叫招弟儿。

这招弟儿呀跟小瑞子他们两人是同岁，俩小孩儿长得好看，一对儿玉娃娃似的。他们俩哪老在一块儿玩，谁有什么吃的谁都惦记着给谁，打小时候儿两个人就没打过架。李子清跟刘子清这么一合计，说：咱们哥儿俩都到四十多岁才得儿子得闺女，咱们都跟前就这么一个儿，孩子又挺亲密，咱们交情又挺好，就做个亲吧。合计着就把这门亲事给定下啦。

谈定了之后，马上就放定。小孩儿是娃娃儿亲，放什么定哪？就是两个银戒指——白的，为什么不用金的哪？吉庆话儿呀，叫白头到老。戒指上头有两个柿子，一个如意，那叫什么？那叫事事如意。也是句吉庆话儿。这两家儿把小帖一过，就算是定了亲啦。

这两个小孩儿到七八岁的时候就都懂事啦，也就知道这两个人是夫妻啦！有人的时候俩人就不在一块儿玩儿啦，没人的时候儿俩人还在一块儿，可是一有人过来哪，俩人脸一红，就躲开啦！一过七八岁俩人就见不着啦，怎么哪？在旧社会，姑娘最晚到七八岁呀就得缠足啦；小男孩儿一到七八岁就上学啦，小瑞子哪就上学啦！

这姚家井啊没有学房，到哪儿上学哪？上老君地。老君地在哪儿呀？牛街南头儿。老君地那儿有学房。这孩子呀由打九岁念书，顶到十五岁，很好，都念经书啦。这天老师没在家——有应酬出门儿啦，让大学长看着孩子，给小学生上课。您想，孩子管孩子哪儿成啊！大学长才十六岁，他先领头儿玩儿。这就叫：阎王不在家，小鬼儿登殿！干什么玩哪？要钱！这大学长啊家里开宝局，他身上老带着骰子，把小孩儿聚到一块儿，来“吊猴儿”，赌真钱的。小孩儿光有点儿点心钱，没有多少现钱啊，赌账！嗬，这瑞子倒霉，掷来掷去老输！不大会儿工夫，就输了不少钱。好容易骰花儿刚变过点儿来，要往回捞啦，这位大学长说话啦：

“别来啦，别来啦，老师快回来啦，算算账，算算谁输谁赢！”

这一算哪，小瑞子输了四十一个钱，就属他输的钱多，把账全折他身上啦！大学长当时就要钱，小瑞子说：

“现在我没有这么些个钱，慢慢儿还你吧！”

这个大学长挺厉害：

“慢慢儿还可不成！我六百多钱都输没啦，净赢你的账；你要不给钱，我就找你爸爸要！”

小瑞子一听就害怕啦，怎么哪？他爸爸管得太严。说好说歹应着三天还钱。三天？三天他也没有指望啊，十天他也没有法子啊，又怕他爸爸知道，可就偷他爸爸二两银子——那阵儿使银票，偷了二两银票。小瑞子也不知道二两银子能换多少钱，就都给了人家还赌账啦。

晚上快睡觉的时候儿，这刘子清跟太太王氏两个人说话儿，这工夫儿小瑞子出去解手儿去啦，刘子清问：

“你拿了我二两银票去？”

“没有哇！”

“没有？我怎么短二两银子？”

“也许你花忘啦。”

“没有的话，我怎么会花忘啦！”

“要不就是丢啦！”

“丢啦？要丢全丢哇，怎么这一卷银票就短这二两哪！不用说，瑞子偷了去啦！”

“咱们把他叫过来问问。”

“别问，别问！你一问他呀他也不认账！回头越问越生气，一打他，他一嚷，街坊过来一劝，这孩子可就管不了啦！从这么大儿就偷，偷来偷去偷得胆子大了，可就成了贼啦！今天别理他，等他回来睡觉，明儿早晨堵在被窝儿，光屁溜儿打！他要不说实话，嗨嗨，我把他的腿打俩窟窿，让他在炕上躺半年！他再不说实话，我把腿给他打折了！”

单独管小孩儿，对待儿女，千万不要说横话。其实做父亲的绝不能把自己儿子的腿打折了，他是气头儿上说的这句话呀，哈哈，这句话可招了事啦！

这瑞子偷了他爸爸二两银子，他心里害怕呀，嘀咕哇，就扒在窗户外头偷听，一听：犯案啦！他爸爸明儿早晨要把他的腿打折了！这孩子没敢进屋，出大门就跑啦！

等到睡觉的工夫儿，这孩子还不回来，两口子在外头这么一嚷，把街坊都喊起来啦！

“哪儿去啦？没有啦！”嗬，这王氏可急啦：“这一定是你说横话叫他听见啦，一害怕就跑啦！不是投河就是觅井！找吧！”

整找了多半宿，没有。等到天亮，是苇塘全找遍啦，没有。哈哈，满世界贴条儿啊，找了多少日子还是没有。因为这件事，刘子清把差事也辞啦，上了趟通州，上了趟天津，各处贴条儿满世界找孩子去。找了两年半，没有一点儿音信。一回家两口子就打架。连想儿子带着急，不到三年的工夫儿，刘子清得了场病死啦！刘子清一死，王氏更着急啦，天天儿哭，没有几个月把眼睛也哭嗐啦！整整齐齐六年哪，六年之中毫无音信，连个口信也没有，老婆儿的眼也瞎啦，日子一天不如一天，有点儿产业也吃干啦！

这天哪，老婆儿正在炕上擦眼泪哪，李子清来啦。李子清一进门儿：

“嫂子！”

“哎，子清来啦！坐下坐下。”

“噢，您吃饭啦？”

“嗐，我也做不了饭哪，街坊帮着给蒸锅窝头哇就吃几天，喝点儿水就得啦！”

“跟您打听点儿事：瑞子有信儿吗？”

“哪儿有信儿哪！……大概其这孩子没啦！我也不指望啦！我应当

是这么个受苦的命啊，老来贫，如今老了没人管！”

“您先别着急，咱慢慢儿打听。可有一节呀，嫂子，您得给我想一想，您想瑞子这一走六年，您侄女招弟儿到现在二十一啦，我家里养活这么大姑娘，这不像话！哪怕瑞子有个口信哪，等十年我也等，连个口信也没有，我得等到多咱哪？”

“嗐，子清啊，别耽误孩子啦，我哪，也没有使唤儿媳妇的福，这么办：您转聘吧！”

“那合适吗？”

“没什么不合适的，您转聘吧！”

李子清来了好几趟，这老婆儿呀让人家转聘。转聘是转聘啊，这李子清没把定礼——那两个小戒指退回去。李子清本来要退，老婆儿说这个：

“嗐！算一块儿能值几个钱哪，让孩子戴着吧，爱戴就戴，不爱戴把它卖了买糖吃，我不要啦！瞧着更难受！”

就这么着，俩小戒指没退，就把招弟儿另给了主儿啦！

嗐！给这主儿太糟心啦！这招弟儿出息得好看，一朵花儿似的，长相、身量儿，瞧哪儿有哪儿，二十一岁，挺规矩的一个姑娘。给了一个货郎儿——就是卖绒线儿的，这卖绒线儿的都四十多啦，大麻子，一辈子没进过澡堂子，人没到味儿先到！这都不要紧哪，还是个老缝——豁子！嗬，牙床子、门牙都往外龇龇着，这份儿难看哪！

怎么会给他啦？这件事才巧哪！这老缝啊姓王，行三，叫王三。这王三有个姐姐，在宅门儿里当女佣人。跟宅门儿这位厨子俩人不清楚。这件事让本家儿知道啦，把他们两人都散啦！散了之后，这厨子一点儿办法也没有。这厨子姓什么？姓赵哇，叫赵三丰，这赵三丰啊是顺治门外头车子营的厨子头儿。您想，他有这个毛病——净跟女佣人胡闹，谁还找他哪？都不找他，他就总没有事。没有事怎么办哪？这女佣人养活他。——这女佣人家里本来有男人，生叫他们俩给气死啦！就这么着，这女佣人挣多挣少完完全全交给赵三丰，合着赵三丰这一家子吃这女佣人吃了十来年。

近来赵三丰啊一步升天——有阔事啦！什么阔事呀？有个礼亲王把赵三丰找去当大厨房，这赵三丰手艺好哇，礼亲王吃他的菜吃得对味，因此赵三丰很得宠。这些日子礼亲王又当了一份儿得意的差事，什么得意的差事呢？他当了总理各国事务衙门的大臣（总理各国事务衙门就是外交部哇）。礼亲王啊常请外国人吃饭，外国人最爱吃中国饭，是吃过赵三丰做的菜的外国人哪都夸这厨子的手艺，赵三丰这一下子就抖起来啦！哪一天都得摆多少桌酒席，他手下的厨子就用了二三十个，嗬，这赵三丰就算一步登天、发了财啦！

赵三丰发了财之后不久，老婆也死了，就把这女佣人王氏接来啦，两个人就算正式的夫妻啦。接来之后，赵三丰一想："这十几年全仗她养活着我，如今我得报答报答她！她有个卖绒线儿的兄弟，给他娶个媳妇吧。"

两口子一商量，把王三找来一说：

"兄弟，我打算给你说个媳妇，你愿意不愿意呀？"

这老缝啊说话这个味儿：

"行啊，姐夫，姐姐，好啊！娶媳妇可是娶媳妇，别瞧我今年四十二啦，我是初婚，我可要挑人儿，不好我可不要！"

"好好好，你挑，只要这个人是那么回事，姐夫就给你娶！说，你要谁吧？"

"叫我说啊，姚家井有个李子清，李子清他姑娘叫招弟儿，我就要她。除了招弟儿，我谁也不要！"

老缝要这招弟儿。

这王老缝啊打二十来岁就在那儿做买卖，在那边儿挺熟，他就爱这招弟儿。招弟儿十八岁的时候儿买针买线，常跟他打交道，一买线的时候儿呀，他特别给得多：

"招弟儿呀，你吃饭啦？"一边儿说着话儿呀，一边儿捯着线，"你今儿的辫子梳得挺好哇，你这辫子是你妈给你梳的啊？"一边儿说，一边儿捯线，"你……十几啦？脚裹得挺周正啊！"这招弟儿不理他。招弟儿不理他，他那儿捯线哪老捯，他这线要是捯完了，招弟儿不就走了吗？越说越没有完哪，招弟儿买两个制钱儿的线，这一团线半斤多全捯完啦！

我瞧出便宜来啦，我也那儿买线去。

"啊，张寿臣买呀，买多少钱的？"

我说："买一吊钱的吧。"

花一吊钱哪给了我也就是三尺线，赚我的钱补招弟儿的亏空！

这招弟儿讨厌他不是？他可爱招弟儿，非她不娶。赵三丰哪，有钱有势力：

“不要紧，咱们托人，打听打听。”

这一托人哪，宛转周折，好几个朋友这么一找，就找到了一位在姚家井住的媒婆儿啦。这个媒婆儿姓左，叫左大脚，两只老大的脚，专管说媒拉纤儿。这左大脚当媒人哪，跟李子清一念叨，她不说这老缝不好，净夸这赵三丰：“他姐夫怎么怎么趁钱，怎么怎么有势力，现如今礼亲王府大厨房……”嗬，足这么一夸！

这李子清啊正赶上手里头紧：等用俩钱儿。说：

“我这姑娘要给一个四十多岁的主儿，我可得使钱。”

“你使多少只管说。”

“我使一个礼。”

这一个礼是多少钱哪？那阵儿光绪年间，说银子，九十六两啊就算一个礼。这媒人哪跟赵三丰一念叨，说李子清要一个半礼，半个礼是四十八两啊，合着她自落四十八两。赵三丰满不在乎，一个半礼当时就拿出来啦，这还不算，放定的时候儿还是四大金——金镯子、金镏子、金首饰、金兜肚链儿，嗬，这么一铺张，春夏秋冬四季的衣裳，花了不少的钱，这么一放定。这一放定，净是食盒呀就八抬，讲究嘛，给内弟娶媳妇嘛！又给内弟开的绒线儿铺，在广安门大街报国寺买的房子，嗬，很讲究！定日子可就要娶啦。

这招弟儿哪，不愿意嫁给这个人。没有法子啊，父母的专制，可就定规好在九月底娶啦。好比这么说吧，九月二十六娶，九月二十五哇，嘿嘿，瑞子回来啦！您说这不是巧吗！要不是这么巧怎么会有这出奇的案子哪！

瑞子这几年上哪儿去了哪？皆因他爸爸要打他，他一害怕呀，出了大门往南去就是城墙啊，上了城墙，打那边儿就下去啦。那位说：“城墙那么高，他能上得去吗？”凡是我们北京的孩子全如是，上城墙下城墙那是方便之极啦。怎么回事呀？小时候都爬城墙摘酸枣玩儿，凡是挨着城墙住的孩子，谁也不花钱买酸枣儿，都上城墙上摘去。这瑞子顺着城墙就下去啦。下去之后，从护城河广安门桥那儿过河，过了河撒腿就跑。跑到哪儿啦？跑到马家沟。在马家沟蹲了一宿，等到天亮，找那边儿住户要点儿吃的，吃完之后也不敢回家，那么怎么办哪？正赶上有打着旗儿招兵的，他就报了名啦。

报了名，到哨官那儿得问。哨官是什么？那阵儿的哨官哪就好比现如今的连长。到他那儿一点名。这哨官问：

“你多大哩？”

“我十五啦。”

“十五岁的孩子能当兵吗？”

“我——我在家里偷了我爸爸二两银子，我爸爸要打我，我就跑出来啦！”

“嗯，因为啥偷二两银子？”

“因为我在学房里头要钱！”

“学房？噢，你还认得字儿！”

“认得不多。”

“啊，好好，你写一个条儿，把你的履历、姓名、年岁、住址都写上，我看看。”

这孩子就写了这么一个条儿，写完之后，双手递给哨官。哨官接过来一看哪，乐得闭不上嘴儿啦：

“嘿，你这个字儿写得太好，好！真他娘的有意思儿！”

“是，哨官，您看哪个字写得好？”

“啊，都不错，全是黑的！”

多新鲜哪，墨笔写的不是黑的！这哨官不认字。哨官还有不认字的？那个年月呀统领都有不认字的。从这天起这孩子就在这儿当书记，吃一个兵的饷。当书记每天没有多少事，天天儿吃完了饭就跟着练——下操，什么叫杠子啊，哪叫皮条啦，全来着。这孩子呀吃松心饭，这么一摔打，几年的工夫长成人啦。长成人啦，上司挺赏识，这么一保举他，说现如今跟着谁哪？跟着两江总督哇刘坤一，在刘坤一手底下当“戈什哈”，“戈什哈”是满族话。什么叫“戈什哈”呀？就是副官哪。刘坤一挺喜欢他，保举他四品军功，能戴三品顶儿，是刘坤一跟前的红人儿。

刘坤一坐镇南京啊，这年西太后调他进北京来议论什么事情，这刘坤一就带着他手下人来到北京啦，住在贤良寺。贤良寺在哪儿？就在东安市场后身儿煤渣胡同那一溜儿，是外任官来啦都住那儿。

这年瑞子二十一岁。从十五岁离家，到现在整整齐齐六年啦，今天回到北京，想请假去看望自己的父母。刘坤一正在书房坐着哪，瑞子进来请安：

“回事。”

“什么事？”

"跟帅爷您回呀，跟您请三天假。"

刘坤一一听就不乐意啦，说：

"什么事呀！什么事请三天假呀？我刚到北京，挺忙的，明天还得面圣，还得拜客。你有什么事？"

"是，我也知道您忙，皆因我呀离家六年啦，始终没回来，连个信都没有，今天到家啦，我想我的父母，父母年岁都六十多啦，我回家呀看看父母。"

"嗯，哪儿住哇？"

"我家就在姚家井。"

"姚家井在哪儿呀？"

"广安门里头。"

刘坤一说：

"这也不至于请三天假呀，即便你今天去，夜里头关城，进不来城啦，也就是明天回来呀；到家里瞧瞧，何必三天假？"

说到这儿呀，这瑞子脸一红。在老年间青年人一提完婚，脸必红。

"是，还有一件事，因为我呀自幼定下一门亲，也在我们一个村儿，跟我同岁，也二十一啦，要能够择个好日子完婚哪，就得三天工夫。"

听到这儿，刘坤一乐啦：

"好哇，这是人间大道理呀！好吧，我给你两天假，回到家定了日子，赶紧回来报告我，一切一切的我这儿给你预备。好吧，先到账房儿拿五百两银子吧。"

这孩子道完了谢，领了五百两银票。同事们都给他道喜：

"好哇，定规好了日子我们喝您的喜酒！"

"您众位这儿辛苦吧！"

说话就把自己的小包袱拾掇起来啦。包袱里头有点儿银票，这是这些年他存的。这些年这孩子可规矩呀，连烟他都不抽，人家要钱，他在旁边儿睡觉，绝对没要过钱，因为什么？他受过要钱的害。这几年自己存的有二百多银子，连这五百多银子搁到一块儿，腰里还带着点零的——有四十来两，一共有七百多银子，包起来之后，把衣裳换好了，回家。

穿的什么哪？穿的是缎子面儿旗呢的这么个夹袍儿，青咔啦马褂儿，大绒的套裤，底下是皮底缎靴，腰里头系着一根蓝色的带子，挎了把绿鲨鱼皮鞘腰刀。腰刀把儿冲后，把儿上啊挂着他那顶大帽子，帽子上头是线穗子，亮蓝顶儿——三品。

要雇车一直到姚家井可不行，因为什么？那阵儿是轿车儿不往那边儿拉，那边儿拉捎不回座儿来。要到姚家井得先雇到牛街北口儿。瑞子到了牛街下了车，天在什么时候哪？太阳啊快落啦。他就顺着牛街一直往南，到南头儿老君地，再往西南一偏就回姚家井啦。

赶进了姚家井村口儿，太阳已经落啦，迎面来了一个老头儿，他一瞧这老头儿，认得呀，这是比他长一辈儿的老街坊。赶紧站住啦，把腰刀摘下来在手里提着，过来请安：

"您好哇，老叔！"

瑞子一请安，这老头儿瞧着他一愣：不认得！怎么哪？小孩儿变模样，老头儿不变。一瞧他大帽子蓝顶儿三品。这老头儿就还礼：

"噢噢，嗬，这位大人，您认错人啦吧，您认错人啦吧？"

"没有，我哪儿认错人啦！您不是某人某人我老叔吗？"

"啊，我是呀，您是哪位呀？贵姓啊？"

"嗬，老叔，您都不认得我啦？我叫瑞子，我出外六年啦，今儿个回来啦。"

这老头儿一听，一吐舌头：

"啊啊啊，噢，你是瑞子啊，哎呀，我这眼可太拙！我有事情，改天见吧，改天见吧！"

这老头儿没说几句话，言语支吾，抹头就走啦！

老头儿一走，这瑞子心里怎么想哪？"唉！人哪可千万要学好哇，我偷我爸爸二两银子，就这么一点事情，虽说过了六年啊，老街旧邻的见了面儿还不爱理我哪！"其实不是那么档子事。

那么这个老头儿因为什么不跟他说话呀？这老头儿啊知道他们这门亲事：招弟儿呀跟他是从小一块儿长大的，明儿一早王豁子就给娶走啦，招弟儿就归王豁子啦。王豁子他姐夫是赵三丰，有礼亲王的人情，惹不起。瑞子戴这么个大帽子——三品顶儿亮蓝，我们这儿顶大的官儿是守备，守备是白顶儿。这明儿早晨准是娄子，碰巧就许出人命！我跟他说话说的工夫儿大了我有嫌疑，明儿早晨这场官司我受不了！凡是老年人把官都怕在心里，故此不敢跟他说话。

这个事情啊瑞子不知道，瑞子进了村儿见了老婆儿也是这个样子。见老婆儿是婶子、大娘，过来一请安，一说话儿，这老婆儿一问明白他是谁，抹头进去，咣当，就把门关上啦！"这是怎么档子事？"瑞子莫名其妙！

不会儿来到自己家啦，一瞧住的这三间北房啊，旁边儿拿杠子支着，房头儿的草长得挺高，篱笆墙啊歪七扭八，窗户纸呀破破烂烂，瞧这样子呀心里又难过又凄惨，在外边儿就叫：

“妈！妈！”

这么说，他知道他爸爸死了吗？他不知道，不知道他为什么不叫爸爸哪？人之常情啊！

叫了两三声，里头才搭茬儿：

“谁呀，谁这么缺德呀？干吗在这儿恶心我呀！别叫啦，这儿都死绝啦！”

说话的声音是他妈的声音，直生气。这是为什么哪？这里头有原因：瑞子回来的工夫儿，李子清刚出门儿。瑞子要是不跟那老头儿老婆儿说话呀，回到家来正碰上他丈人李子清。李子清干什么来的哪？李子清上这儿来是一份好意啊，一进门儿瞧见这老婆儿把被卧也铺好啦，坐在被卧上啊，低着头发愣，李子清一进门儿，老婆儿就问：

“谁呀？”

“嫂子，您还没睡吗？”

“哎哟，子清来啦！”

“嗯！”

“我坐一会儿就睡。”

“哈……有点儿事！”

“什么事呀？”

“明天请您喝杯喜酒，您早点儿去，送招弟儿上轿！”

嘀，老婆儿蹿啦！

“子清啊，你……你……你这是成心气我呀！”

“哟，嫂子您这是怎么啦？”

“怎么啦？我老头子也死啦，儿子到如今一点儿音信没有，一朵花儿似的媳妇儿明儿早晨让人娶了走，我……我还送她上轿？我出殡吧！我送三吧！这是哪儿的事？你……你这不是成心嘛……”说着说着老婆儿就哭啦。

“我是好意！”

“我不管你好意歹意，你给我添麻烦，你……你出去！”

李子清也不能再跟瞎老婆子说什么啦，走啦。

李子清走啦，这瞎老婆子坐在炕上就哭。正这儿哭着哪，一想："我哭管什么呀！"擦了擦眼泪，要睡觉。就在这时候儿外头"妈，妈"地叫，这一叫，给老婆儿叫烦啦！

"啊，这是谁恶心我？别叫啦，这儿都死绝啦！"

瑞子进来啦，进屋一瞧：屋里漆黑，这份凄凉啊！又定了定神一看，他妈在那儿坐着，眼睛大概是瞎啦！屋里破破烂烂，瞧了半天没瞧见他爸爸，骨肉情长，把腰刀跟包袱往炕上一扔，过来把妈妈抱住了，往地下一跪，连哭带叫！

"妈，妈！"

这老婆儿哪：

"哎哟，你是谁呀？"

"我是瑞子呀！"

一说瑞子，这老婆儿把手指头搁嘴里就咬。干吗咬哇？一咬要是疼哪就不是做梦，不疼啊就是做梦。把手指头往嘴里一搁，牙也不对口儿啦，还得歪着嘴找俩对口儿牙。你倒是慢着点儿咬哇，"咔嚓"一下子，嗬，真疼！老婆儿也顾不得手指疼啦，把孩子一抱：

"哎呀，孩子，你哪儿去啦？到今儿你才回来！"一边儿哭，一边儿摸这孩子，嗬，一摸身量也长成啦！再一摸身上的衣裳挺滑溜："孩子，你哪儿去啦？"

"我呀……"如此这般这般，瑞子把经过呀这么一说。

"哎呀，你怎么不往家里写信哪？"

"我不敢来信哪，皆因为当兵不知道开到什么地方儿去，我往家一写信，我爸爸准得找我去。我要在那儿还好，要不在那儿，开到别处儿去啦，我爸爸到那儿就扑空啦，故此呀没往家来信……我爸爸哪，上哪儿去啦？"

"你别问啦！你爸爸呀皆因你走啦，我们俩净打架，他上趟天津卫也没找着你，连想你带着急，他死啦！我的眼睛也瞎啦！"

瑞子哪，父子情长，一听爸爸死啦，急得自己直跺脚，放声痛哭，妈妈倒劝他：

"得啦，得啦，你回来啦就算行啦，你爸爸呀也到年岁啦，父母不能跟你一辈子，总算我没白瞎眼睛，我把你盼回来啦！好啦，好啦，哎，你吃饭了吗？我给你做饭去。"

"您别做饭啦，我饿了回头上街买点儿什么得啦。"说着话儿就把包袱打开啦："给您哪，这是七百四十两银子。"把银票就递过来啦。

老婆儿接过来就闻。闻什么哪？那阵儿银票跟如今不一样，那阵儿银票印的都有油味儿。老婆儿这么一闻哪：

"哎哟，嗬！这是多少哇，孩子？"

"这是七百四十两。"

"哎呀，我跟你爸爸过了这么半辈子啦，我也没有见过这么些钱！好，我给你收起来，哎，过些日子拿这笔钱，我给你说个媳妇儿！"

这瑞子一听这句话啊，不对劲儿，"怎么……不是有媳妇儿吗？怎么还说媳妇儿？"不好问，到这时候儿又不能不问。

"妈，干吗还说媳妇儿啊？不是……小时候儿定的我李叔他们那儿的姑娘——招弟儿吗？"

"哎哟！嗐！我走嘴啦，你就别问啦，你就别问啦！——你吃什么不吃呀？"

"我不吃呀，您干吗不叫我问哪？"

"嗐，别问啦！"

"您得说呀，到底是怎么回事呀？您说说，我明白明白，是招弟儿死了怎么的？"

"死了也……嗐，孩子你别问啦，这个事情啊可不怨人家啊，这怨我：你出去六年连个口信都没有，人家那么大姑娘，二十一啦，搁着不像话呀，我让他们转聘，明儿个就娶啦！你要是爱瞧哇，明儿早晨起来瞧瞧轿子得啦！"

嗬，瑞子这么一听啊，万丈高楼失脚啊！一想："嗐！小时候不学好，就捅这么大娄子！就为要钱、偷了爸爸二两银子这么点儿事，害得我爸爸也死啦，妈妈眼睛也瞎啦，媳妇也归了人家啦！嗬！……这事情我得打听打听，打听招弟儿嫁这个人是干吗的，比如这个人跟我年岁相仿，人品比我强，这样儿我心平气和；要是年岁比我大，相貌不如我，又没有好事由儿，招弟儿以后受了罪，她得骂我一辈子！我得打听打听是嫁给谁。"

"这不要紧，妈，您只管放心，招弟儿嫁了人，我再娶算什么！"

"哎，这话我爱听。"

"那么她嫁给谁啦？您知道不知道？"

"嗐，我怎么不知道哇！嫁的这个人你也认得，他在这儿做了多少年的买卖啦！"

瑞子一听：

“做了多少年的买卖……我也认得，一定比我年岁大呀，是谁哪？”

“就是卖绒线儿的，那个摇铃儿的王豁子！”

“王豁子？……”

他想了半天才想起来。因为小男孩儿呀对于卖绒线儿的不接近，小女孩儿都认得。

“哎呀，王豁子！人没到味儿先到！我们小时候儿他就三十来岁啦，如今得过四十！”

“可不是他嘛！”

瑞子这么一听啊，心里头一盆火似的：这不是糟啦！招弟儿得骂我一辈子！怎么嫁这么一个人？说什么我得到她家，把我心里话：为什么不往家写信，怎么个意思，对她说说。让招弟儿明白明白，别让她骂我！心里想：我怎么去哪？不去不行，非去不可！

“妈您睡觉吧。”

“我说话就睡，这不是擦油灯哪吗？这灯净是油泥，多少年不点它啦，你去倒点儿油，搓根棉花捻儿，好照亮儿，你也睡吧！”

“您先睡，我出去一趟。”

“你上哪儿去呀？你出去上哪儿去？可不许找寻人家李子清去！”

“我上人家那儿干吗去呀！”

“那么你出去上哪儿呀？”

“我到街坊四邻家里，给人家道道谢呀！”

“有什么谢可道的？”

“您瞧，我爸爸死啦，人家帮忙没帮忙？”

“帮忙啦！”

“您眼睛瞎啦，挑挑儿水都得街坊给您挑，我不得给人家道道谢吗？婶子大娘人家照顾您，我回来啦不给人家道道谢，那对吗？”

“对不对的也得明儿去呀！”

“明儿去也行，其实我就是永远不去，人家也不能说什么，可得分怎么回事：我要是要了饭回来啦，我哪儿也不去，人家也不能挑我；如今大小我是个官儿呀，我要不给人家道道谢去，回头人家撇嘴，说我一做了官儿就瞧不起老街坊，这个骂名咱担得起吗？我得给人家道道谢，跟人家说几句人情话。”

“哎，这也对，快点儿去，别耽误着，我这儿给你铺炕，赶紧回来睡觉。”

“是啦，是啦。”

这老婆儿一边说着话，一边儿摸着就把腰刀拿过来啦，怕他拿着凶器。

这孩子打家里出来一看，街坊们都开着门探头儿往外瞧着。怎么？他这一回来，在街上见了几家老街坊，一个传一个，全村儿都知道啦，都探头儿往外瞧着。等见他一出来，乒当咣啷，全都把门关上啦！

瑞子到了南头儿，来到李子清的门口儿。李子清住了这么一座小三合房儿，棋盘心儿，北房三间，一东一西，这么个起脊的小门楼儿。家里头明儿聘姑娘，可连棚也没搭，就在墙垛子上贴了两个喜字儿。

瑞子到这儿一想："我叫门不叫门哪？叫门我跟他说什么呀？不叫门我干吗来啦？"刚要上台阶儿，这工夫儿门开啦，打里面出来个老头儿。谁呀？李子清。那位说："他怎么这么巧，出来啦？"我还没说招弟儿家里这档子事哪！

这门子亲事招弟儿根本不愿意，说死说活不嫁王豁子，天天儿哭哭啼啼，眼睛都哭肿了，脸也不洗，头也不梳！她妈呀就催：

“洗脸吧，洗脸吧。”

“我洗脸干吗呀！”

“梳梳头。”

“我不梳头！梳头干吗呀？！”

“你把那戒指戴上。”

“我戴它干吗呀！”

“你总得戴呀，那是定礼呀，到时候儿怎么不戴呀！”

“哎，戴！”

戴可是戴呀，她把刘家那俩小戒指戴上啦！圈口儿小，拿剪子撑啊，她给戴上啦！

老婆儿一瞧：

“嗐，这俩戴它干吗呀！戴黄的呀！”

“我不戴，这俩就是我的装裹！”

嗬，她说刘家这俩小戒指是她的装裹！

老头儿跟老婆儿到一块儿一嘀咕，老婆儿可就骂老头儿："你瞧你办这缺德事，我就这么一个女儿，我四十挂零才生这么一个姑娘，咱们俩六十多啦，就这么一点儿指望；她要是因为这门子亲事心里一窝囊，这孩子要是死了，我可跟你拼命！”

老头子也没法子：

“已经到这时候儿啦，我有什么主意呀！哎，晚上她要投河觅井这可要命！看着她吧——咱们俩倒换班儿看着，反正到娶的时候儿别出事，就完啦！”

谁看着哪？这刘氏娘家有个侄女，十三岁，小姑娘叫玲儿，把这玲儿找来跟她表姐呀一块儿做伴儿，告诉玲儿：

“我们两口子睡觉的时候儿你可别睡，等我们睡醒了，你再睡觉，倒换班儿看你表姐，多咱上轿，就完啦！”

天天儿这么看着。今天李子清这么一想：“今儿晚上是要紧的关头哇，明儿早晨轿子一来，一上轿就完啦。得弄点儿酒喝提提神。”找了把酒壶，上小酒铺儿打酒去。才推开门儿一瞧，门口儿站了个小伙子，这老头儿就不愿意。因为什么？在老年间，家里有大姑娘，门口儿站着小伙子，他不愿意。

“你找谁？”

瑞子往前一抢步：

“您好，岳父！”

这个人一请安叫岳父，老头儿他不爱所。

“嗨，你怎么胡认亲戚呀，你是谁呀？”

“您不认得我啦？岳父，我不是瑞子吗！”

这儿一说瑞子呀，这老头儿就觉得脑袋一阵发晕！

“啊！瑞子？哎哟！”到跟前一瞧，可不是瑞子嘛！“哎呀！你哪儿去啦？”拉着瑞子的手。

这瑞子说话声音特别大，他为的是好让院儿里听见，说：

“您要问哪，我呀皆因小时候儿没有出息，偷我爸爸二两银子，我爸爸要打我，我跑啦，当了兵，这几年哪差事不错，跟两江总督刘大帅呀当戈什哈，我们大帅呀保举我四品军功，三品顶戴，这回跟着大帅呀到北京来，住在贤良寺……”老头儿这么一听：

“啊，啊，啊，你这……”

“我这不是回来啦吗？就为的是完婚回来的，先知会您一声儿，这两天我要完婚！”

嗬！老头儿一听啊，脸也白啦，腿也颤啦，这下子可要了命啦！一个姑娘给了俩主儿，两边儿都有势力，这位是三品，那边是礼亲王府的红人儿，这不是要命嘛！老头儿一肚子话，没地方儿说去。那位说："怎么会没地方儿说？上茶馆儿说去。"茶馆儿说不成，天什么时候儿啦？定更来天，茶馆儿早就关门啦！再说这儿是姚家井乡下，没有茶馆儿。那么就在门口儿说吧，不行，这儿家儿街坊全把门打开，露着一道缝儿，有把脑袋伸出半拉的，有把耳朵搁在外头听的。这李子清也知道：把姑娘给了王豁子，这边的街坊都反对，大伙儿都不愿意理我，我在这儿跟他一说，旁边儿要出来几位街坊一多嘴，一加盐儿，就许出人命！……别处？……苇塘？苇塘怎么说去！菜园子？菜园子怎么说！这不是要命吗！

李子清就怕瑞子进院子，还是非往院里让不可。

"嗐，这是哪儿的事！你进来，你进来。"

这瑞子正想进去哪："好好！"进来啦。

进了大门，拐过影壁，这老婆儿可就打上房屋里出来啦。因为什么？听外头说话声音挺大。老婆儿可就问："谁呀？"

他往前一抢步：

"岳母，您好啊！我是瑞子，我回来啦！"

"哎哟，瑞子，你怎去回来得这么巧哪！今儿个你回来啦，明儿晨你媳妇儿就让人娶走啦！屋里坐。"这就往屋里让。

急得李子清要咽气：

"你往哪儿让啊？往哪儿让啊？"

往北屋一让，跟他闺女就见着啦，他不让往北屋让。

"来来来，东屋里，东屋来！"往东屋让。

这间东屋原先没有人住，如今糊了糊，炕上铺上领席，把被卧摆上，屋里搁一张桌子，俩凳子，就为明天来了亲友好有地方儿坐。

"来来来，屋里来，屋里来！"一拉风门儿，把瑞子让这屋来啦，"坐下，坐下。"

瑞子坐下啦，老头儿也坐下啦，把酒壶往桌儿上一放。这老婆儿也进来啦，老婆儿进来拉着这扇风门儿，小脚儿哇，跷着一条腿，这条腿往这儿一别，一瞧这瑞子，越瞧越爱，越瞧越爱，右手指着老头子：

"哎呀，老缺德呀，你瞧你办的这叫什么事！这位姑爷多好哇！这么好的姑爷不给，你给那王豁子！你这才叫扔了金条收炉条哪！”

“老帮子，你就别抱怨我啦！这就够我受的啦！你别搭茬儿呀，让我跟瑞子——我们爷儿俩说几句话。瑞子，这个事情啊，我这一肚子苦处我跟你念叨念叨。可不是我不愿意把姑娘给你，我愿意给你，小时候定这门亲事的时候也是我先说的，我愿意！谁让你走了六年，一点儿音信没有哪！你爸爸也死啦，你妈也瞎啦！我哪，跟你妈合计了好几回，你妈愿意让我找主儿，我才给你妹妹另找的主儿。阴错阳差，你今儿回来啦，明儿人家娶！如今哪就看你积德不积德，你要是积德哪，你往开里想，明儿个呀让人娶，别让我为难，你哪算救我这条命！你妹妹让人娶了之后，你怎么办哪？往后哇挑着样儿说，你想说谁家的姑娘我给你说去，我这儿还有五亩园子，四亩苇塘地，我全把它卖了，这座三合房儿也卖了，卖了之后哇，这笔钱完完全全都帮着你成家！这个哪，是你的一份德行！你要是不做德行哪，你是非要招弟儿不可哪，也就是让我急死！两条道儿由你挑，做德行不做德行在你！”

要说李子清说的这番话是有理的话，人家有理，转聘是他妈的主张。瑞子到了这个时候儿，低着头是一句话也没有啦，怎么哪？跟人家说不出理去呀。他来的那份儿意思呀，也就是想把自己的肺腑之言说说，让招弟儿知道知道。

就在这个时候儿发生变故啦！发生什么变故啦？外头有人。谁哪？这里这么一嚷一说，玲儿这孩子来啦！把窗户纸捅一个窟窿，往屋里这么一看，一看她这个姐夫，嗬，长得漂亮，穿的衣裳也整齐，缎子袍子、咔啦马褂儿。就埋怨她姑父：哼，老缺德，这么好的姐夫他不给，给那么一个王豁子！她看了一会儿，可就上北屋去啦。

这招弟儿听说有人来啦，也不清楚怎么回事，正在屋里抹眼泪儿呢！

“姐姐，你别哭啦，这个姐夫来啦！这个姐夫可漂亮啊，可比那豁子姐夫强！走，我带你瞧瞧去！”

招弟儿跟玲儿出来啦。来到这儿，这玲儿一指窗户上的窟窿，意思说：你不用捅啦，我这儿捅了一个啦。这招弟儿从窟窿里一瞧自己的丈夫，打小时候就漂亮，到这时候儿出息得更好看啦；一听她爸爸说的话，她反对，她在外头咬牙：活该，活该！气死你，气死你也不多！嫁豁子？我是不嫁他！反正我是绝对不上轿，即便上轿我也死在轿子里！今儿他回来正合适！

再一瞧哇，这瑞子一低头，看这个意思呀瑞子要点头，招弟儿可就急啦，到这时候儿可就憋不住啦，一拉风门，使劲大啦，把门拽开啦，把她妈扔一跟头！——她妈正在这儿跷着一条腿，拉着门站着哪，咣当一下子，门也掉下来啦，老婆儿也摔倒啦：

“哎哟！”

招弟儿不管她妈，一步就跨进来啦，沉着脸，屋里人就一愣！她就说：“小瑞子！到这时候儿废话甭说，有用的话再说，你干什么来的咱们说什么。我就问你一句话：你要我不要？”

瑞子站起来说：

“我为什么不要？”

“要哇？要哇咱们俩走！”

到这份儿上，这瑞子：

“好，咱们走！”

“我走不动！”

“我背着你！”

这招弟儿说话就上炕，一上炕，这瑞子一转身儿可就把招弟儿背起来啦，招弟儿一跪腿儿，瑞子拢着她磕膝盖。

李子清这么一看，一阵冷笑：

“嘿嘿，好好好，哎呀，儿大不由爷呀，不用说女的啦！走？走可不行！瑞子，我告诉你，如今我也没有主张啦！一个姑娘绝不能给俩主儿，到这时候儿没有别的，咱们官断民服：就这一个姑娘，官说给谁就给谁。咱们手拉手儿打官司去！”

这瑞子一听：“打官司？不能去呀！”他知道一经官司他准输，可到这时候儿绝不能让啊！这儿背着：

“岳父，今天无论怎么我得把人背走。刚才您说的那话，也甭管对是不对，谁说转聘也甭管啦，反正我是要人！别人的话不听！您是老的，方才您说把这儿间房、几亩地卖了，帮我娶媳妇儿，这份儿意思我领情啦！我把人接走了哇，我包赔那边儿的损失！人算我接走啦！养儿得济，养女也得济，养活你们老两口子，养老送终全是我的事，我那儿还有一个妈，我把你们老两口子跟亲生父母一样看待。人不让我接走，咱们爷儿俩就不是翁婿啦，可就是对头啦！我可不客气啦！”

“哈！”李子清一乐：“好小子啊，你跟我对头！你不客气！不客气怎么样哪？我就是不让走！你敢把我怎么样？！”

招弟儿在后头：

“你是娶媳妇来啦还是打架来啦？快走不完啦嘛！”

这瑞子哪：

“好！老爷子您躲开，我们走！”

“我不能躲开！”老头儿过去堵着门儿，“我不能躲开，你非把我弄死，我才能躲开哪！活着不能躲开！”

这瑞子急啦，这手拢住了招弟儿磕膝盖，腾出这只手来一扒拉他岳父。老头儿六十多啦，身上没劲儿啊，他二十多岁，天天儿净练，老头子一歪就倒到桌子上啦，呱嚓！桌子躺下啦，凳子也趴下啦，连酒壶带茶碗稀里哗啦满碎！

“哎哟！”

哎哟了一声，咚！老头儿就摔到那儿啦！

就在这么个工夫儿，瑞子背着招弟儿一步就蹦出去啦。

这老婆儿哪，摔了个跟头起来之后，在院子里听着，不管！这小丫头也在院儿里瞧热闹儿！

瑞子把人背走啦，这老头子：

“哎哟，这不要命吗！老婆子，你追去，你追去呀！”

这老婆儿就追出来啦。按说老婆儿说什么也追不过年轻的啊，可就仗着这样儿啊，瑞子身上背着一个人哪，跑得就慢多啦！老婆儿在后头追：

“招弟儿，招弟儿！站住！我跟你们说句话！”

街坊哪，关门闭户，谁也不往这里掺和。

“招弟儿！瑞子！你们站住！我跟你们说句话！”

这会儿可就追出来不近啦。招弟儿一拍瑞子的肩膀儿：

“放下放下，看她说什么。”

瑞子把招弟儿放下啦。老婆子走到跟前儿直喘：

“哎呀，招弟儿，你放心啊，我跟你爸爸不是一个心气儿。你爸爸站不起来，他让我追；要不我不追，我追呀有我的事情：我愿意你们俩人走，可我不放心，我问问你们俩人上哪儿？”

“上哪儿？到我们家去呀！这您只管放心，您先回去。刚才我不对我岳父那样儿就出不来！往后我再给他跪着赔不是。您回去把我岳父扶起来，看看伤着哪儿了没有？”

“我问你们上哪儿？”

“上哪儿？回我们家去，我们有家呀，这不快到了吗！”

“哎哟，傻孩子，我追你们来呀就为这个！你们家去可不成，你那儿有一位瞎妈，什么事也办不了！这媒人左大脚哇可就在北头住，这儿一闹她就知道啦，回头就给那头儿送信，那头儿赵三丰可有势力，他准带人抢亲来！到你们家里一抢，这不就麻烦了吗！”

瑞子一声冷笑：

“岳母，您只管放心，他们来了更好啦，哈哈，我弄死一个够本儿，弄死俩赚一个！”

“嗬！傻孩子！你是回家完婚来啦，是跟他们拼命来啦？弄死人你得抵偿啊！即便你跟他们拼命，到那时候儿他们来的人多，都有家伙，你跟他们一打，谁顾招弟儿啊！七手八脚把她弄走啦，你不是白落一场空吗！”

“嗯，不回家，我们哪儿去呀？”

“招弟儿，上你老舅那儿去吧！她那儿房子多，先在那儿躲避几天，别出来。打听好了怎么回事，我给你们通个消息。这场官司反正得打。先上你老舅那儿躲躲再说！”

招弟儿搭茬儿啦：

“好吧，您瞧我爸爸去吧，我们上老舅那儿去啦，您放心吧。走走走！”

“哎，上你老舅那儿去我就放心啦！”这老婆儿回去啦！

那位说：“她老舅是谁呀？”她这位老舅哇不是男的！那位说：“叫舅舅怎么会不是男的哪？老舅是女的，这怎么论的啊？”她老舅哇是个尼姑儿。当姑子的向例是这个毛病，你要说她是女的她不爱听，其实她是女的！比如说这位姑娘出了家啦，她哥哥兄弟要有了孩子，应当叫她姑姑哇，啊，她恼了，得管她叫叔叔，叫大爷，她爱听；姐姐妹妹有了孩子应当管她叫姨呀，叫姨她恼了，得管她叫舅舅，她算男的！

这刘氏呀有个老妹妹，这老妹妹出家啦，法号叫广顺——广姑子。在哪儿住哪？在南下洼子官菜园，官菜园上街有个白衣庵，广顺是白衣庵的住持。

瑞子问：

“老舅在哪儿呀？”

招弟儿一瞧她妈走远啦，轻声儿说：

“咱们不用听她的，听她的准砸！我老舅是姑子，叫广顺，住在官菜园白衣庵；她让咱们上那庙里忍着去，回头那头儿来人一逼问她，她就许给说出来；她一说，那头儿抬轿子一抢亲，吃亏的还是咱们。咱们哪，家也不去，老舅那儿也不去！”

“那咱们到哪儿呀？”

“另找地方儿！”

“对，咱们住店去！”

那位说：“他们不会进城吗？”进城可进不去，这是在城外头，在光绪年间夜里关城，这时候儿进不去城。怎么办哪？城外头西河沿那儿有栈房。

瑞子背起招弟儿就走。瞧见头里有人啦，放下慢慢儿走；没有人，就背着走。打那儿奔牛街，出牛街就是土地庙，再往那边儿走是菜市口，到菜市口有车，雇车到西河沿，西河沿那儿有旅馆啊，这一夜，他们就住旅馆里啦！

等到天亮了，进城到煤渣胡同，煤渣胡同有公寓，住公寓，让公寓掌柜的找一个老太太来给开了脸儿，这就算正式的夫妻啦。什么叫开脸儿？老年间姑娘出门子得开脸子——用线绞脸，一开脸儿，一梳头，这就是媳妇啦！

瑞子这头儿咱们先搁下，回头再说。咱们说这老婆儿。这老婆儿回来啦，老头子就问：

“你追上了没有？他们上哪儿去啦？”

老婆儿说：“我追？我追不上！他那大脚丫子我哪儿追得上。早跑没影儿啦！这全是你办的好事，你瞧这可怎么办！”

老头子说：“你就别埋怨我啦，这不是要命嘛！我有什么主意！赶紧给媒人送信吧！”

老婆儿出来上北头儿，到北头儿找左大脚，这左大脚已经睡觉啦！叫门：

“左嫂子！左嫂子！”

“哎哟，谁呀？”

“啊，我！”

“噢，李嫂，我明儿给您道喜！”

“嗐，甭喜啦，喜不了啦！人已经没啦，不能喜啦！”

"怎么回事？"

"你开门，我跟你说！"

左大脚把门开开啦：

"怎么回事呀？"

进门儿来怎么长怎么短这么一说。

"你跟我去瞧瞧吧！"

左大脚一想啊："真糟，这不是要命吗？"

"哎，去吧！"

到这儿一瞧哇，桌子也倒啦，摔了好些个家伙，老头儿的腿也磕伤啦！老头儿说：

"你瞧，这怎么办？赶紧给人家送信儿吧！人家有什么损失咱们赔吧。不然明儿轿子一来，娶不走人，这不更糟吗！"

"哎，哎，赶紧去，让我们孩子给鞴个驴。"

左大脚回家叫儿子给鞴了个小驴儿，左大脚骑着，她儿子牵着，打这儿一直往北，奔广安门大街，到报国寺那儿就是王豁子家。

王豁子那儿，头里是绒线儿铺，后头挺大的院子。王豁子四十二岁，要成家啦，初婚儿，嗬！他美的了不得呀！把他姐夫穿剩下的那些衣裳，他拾掇起来穿，穿了这么一身儿宁绸摹本缎的大袍儿，猛这么一瞧哇是新衣裳，留神一瞧哇，就跟装裹差不了多少！戴个硬壳帽头儿，大红帽疙瘩……就是豁子没法儿办！来了不少把兄弟，人一有钱就有朋友，什么猫三、狗四、猪五、羊六、牛七、马八，这些人都是把兄弟，在院子里这么一耍钱：推牌九的推牌九，摇摊的摇摊！

头天晚上坐夜，大门口儿一亮轿子，三只轿子——一红两绿，二十四只金执事，嗬！门口儿有吹鼓手，吹吹打打呀！搭这棚讲究：起脊，过街牌楼，大鼓锣架，门口儿搭一大牌楼似的，上头写仨大字："当大事"。写完一瞧不对，又拆了——那是死了人！

院儿里头，他姐姐穿几件好衣裳，在那儿张罗女眷，赵三丰也跟着忙活，厨子都是他们自己人，大伙儿吃完了喝完了，这么一耍钱！

这王豁子乐得嘴也闭不上啦——原本就闭不上，豁子嘛！东摇西晃满世界这么一瞧耍钱的！

就这工夫儿，门口吹鼓手这么一响，那儿有人嚷嚷：

"太太们到啦！"

院子里人往外这么一接，一瞧：是媒人。这驴不能进来呀，她儿子拉着这个驴。女人得招待呀，他这姐姐穿着新衣裳过来这么一拜：

“哟，左大嫂子，您请进来，哈，您大喜啦，大喜啦！”

“哎哟，姑奶奶，喜不了啦！”

“您请坐请坐，明儿要去接您哪！”

“甭接，我这不是来啦！”

“嗯！”

“我这外号儿叫左大脚，这档子事又左啦！”

“什么事呀？这有什么左的？大喜的日子！坐下，您坐下！”

往这儿一让，王豁子他姐姐在旁边儿陪着。

“姑奶奶，我对不住您哪！”

“怎么啦？”

左大脚由头至尾这么一说：

“他们这姑娘啊原先定下一个，六年哪没有音信，想不到今儿回来啦，把人抢走啦，把李子清的腿也打伤啦，屋里家伙也都摔啦！这事情啊我赶紧给您送信儿，明儿别发轿啦，发轿娶不着人那不丢人吗！这件事情啊……您有什么损失您说出来，划道儿当河走，让他们包赔！”

这王豁子在旁边儿这么一听啊，气得下嘴唇也要裂开，差点儿背过气去：“媳妇儿没啦，这事怎么办？”王豁子姐姐一甩手——没有主意。

这赵三丰啊在旁边儿站着。赵三丰穿着摹本缎子夹裤夹袄，绛绒的套裤，绛绒大坎肩儿，这儿带着跟头褡裢，里头是烟壶儿，小辫儿盘着，托着鼻烟盘儿，闻着鼻烟儿：

“家里的，家里的！”

“啊，干吗？”

“给我引见引见。”

这赵三丰给他小舅子说媒的时候儿，把这件事完全交给他女人啦，他没跟左大脚见过面儿，到这时候儿得给引见引见。

“哎，我给你引见。左嫂子！这是我们那口子——赵三丰！”

“哎哟，姑老爷！”一行礼。

“左大嫂，请坐请坐，别着急，别着急。把酒摆上，摆上！”

“都睡了一觉啦，不吃饭，不吃！”

“不吃饭也摆上。上酒。多炒几个菜！门口儿拉驴那个小孩儿是谁？”

“那是我们孩子。”

“好，好，少爷。哎，把驴接过来，拉后头院儿给喂上。少爷！来来来，一块儿吃饭，哈哈哈……坐下坐下，我们两口子陪着！”

这就摆上啦！跟着就上了不少菜。

“斟上酒。”

“我喝不下去！”

“没有什么，您只管吃，只管喝，没有关系，别着急，哈哈哈……小事一段，什么叫包赔损失呀，提不到。我们花了这一个半礼呀，是李子清手紧等钱用，我们也不跟他要啦！跟李子清我们可是没见过面儿，世界上有没见面儿的朋友，没有没见面儿的冤家，是朋友绝不是冤家，损失不用包赔啦，那谈不到！这棚啊是朋友送的；轿子是朋友送的；厨、茶两行全是我们自己人——除了我们师兄弟儿就是我徒弟，谁也不要工钱，不但不要工钱，还都送份子；招待亲友哪，要钱抽的这个头儿钱都使不清；我们办这棚事，哈哈哈……不但没有损失，还赚了钱啦！一点儿损失也没有，也不用李子清包赔。就是有这么一点儿小损失：我们的面子不好看，面子的损失他怎么包赔啊？我们是明媒正娶，有三媒六证，龙凤大帖，这时候儿没人啦，我们不好看！那么这点儿损失怎么办哪？世界上的事都明摆在这儿啦，你瞧瞧手心，瞧瞧手背，搁谁身上谁能咽得下这口气？别人咽得下去，我们就咽得下去！您千万别提他是什么四品军功三品顶戴啦，什么刘坤一啦，这个别提，刘坤一我也知道——南洋大臣；他要提刘坤一，我要提礼亲王，那不就大了嘛！刘坤一给他支使着吗？礼亲王听我的话吗？绝不能的！——老缝！”

王豁子在旁边儿：

“是！姐夫。”

“这事你是主角儿，我们是帮腔的，帮腔的上不去台，这就看你呀愿意爬着走不愿意爬着走啦！你愿意当王八，这没办法！我们两口子站起来一走，我们没有王八的亲戚！你要不愿当王八，你说，待会儿我有主意！”

“姐夫，我不愿意当王八呀！”

“不当王八！好，罢了！这是我的兄弟！内弟——至亲嘛。好啦，你不用管啦，有我这口气，你当不了王八！哈哈哈……这个……你们娘儿俩可得受点委屈！”把茶房叫过来，“给他们上酒，上菜。回头哇您随便添菜，您说添哪个菜，添一个，上四个。可有一样儿，对不住你们娘儿俩，不能走！可是呀，你们娘儿俩好意歹意我们不知道，哪怕回来再给您跪着哪！先不能走。——众位老哥们儿，先别要钱，有捧我姓赵的没有？”

嗬！到这儿出份子的，除去猫三、狗四、猪五、羊六、牛七、马八，那是老缝的把兄弟，剩下的全是冲赵三丰来的，大伙儿站起来，那位说：“三哥！”这位说：“三叔！我们就冲您来的！”

“好，好！是捧我的啊，到这时候儿出了人命有我姓赵的顶着！帮个忙，咱们把人接来！拿家伙！”

赵三丰一说拿家伙，大伙儿稀里呼噜都站起来啦！拿家伙？他这儿是娶媳妇儿，也不是预备打架的，哪儿有家伙呀？家伙铺倒霉啦：大伙儿把桌子弄翻啦，把腿儿拽下来啦！什么凳子腿儿呀，桌子掌儿呀，一人儿这么一条！

赵三丰打厨房抄了把劈刀，锃光瓦亮，往腰里一夹：

“老哥们儿，走哇！抬轿子——不用三台，一台就得；八人抬的她不配，四个人；执事也不要；可是钱花啦，钱花啦不能那么办！因为什么？她不要脸！要好好端端娶来，给她一个好看；这个我们抢来啦，就四个人的轿子！要是用绿轿子接她去，我们不好看；用红的，四个人，一个鼓，一个号，别的不要！”

仗着夜里有顶班儿的，叫来了四个人，抬这顶红轿子。

“鼓号跟着，别吹，也别响，把人接到轿子上啦，大伙儿再吹打；吹一下儿，打两下儿就得！人不上轿，别吹打！走，走！老缝带路！”

王豁子拿着根棍儿，头里带着路，——他这边儿熟哇！赵三丰押着轿子；大伙儿都拿着桌子腿儿、板凳腿儿。

“到啦，到啦！姐夫，就这个门儿，就这个门儿！”

“就这门儿？好啦好啦，包围！”

这所房子四不靠，大伙儿几十口子，呼啦就把院子包围啦！

“叫门！”

“岳父！岳父！”

叫了几声里头没人开门。

“踹！”

过来，噔噔两脚，就踹开啦，门插关儿也折啦，人，呼噜就进来啦！

老头子拄着棍儿：

“哎，怎么回事呀？怎么回事，黑更半夜的？”

“怎么回事呀？老东西！他就是李子清，打他！”

这一说打，过来，啪一个嘴巴，老头子一趔趄，斜着身儿吧唧躺地下啦！

“捆上，捆上！哎，这老婆子也不是好东西，捆上！”

老两口子都让他们给捆上啦！吓得小姑娘玲儿直往被窝儿里钻！

“把姑娘藏起来啦！翻！”

各屋都找遍了，没有！连炕带茅房都拆啦，没有！

“没有！藏到别处儿啦，没在这院儿里！”

“问他，问他！”

“岳父，岳父！你把姑娘藏哪儿啦？岳父，你说吧！你说上哪儿啦？”

“不是给你们送信儿去啦？你们娶媳妇也没有这么娶的呀！你把我捆上怎么回事？打官司！”

“你跟他说不行，我问问他！”赵三丰过来，攥着这把刀，“嗨！李子清，你今儿是找死呀！你要说实话，咱们是亲戚，姓赵的手下留情，你要是不说实话，我宰了你！——把姑娘藏哪儿啦？”

这老头儿还真不含糊：

“哎，你就叫赵三丰啊？我耳朵里见过你这个人，可是眼睛没见过！你今儿个这儿来啦，我不佩服你！”

“什么？姑娘哪儿去啦？”

“让人抢走啦！我就一个姑娘，你要说好的，咱们打官司，有什么损失我们赔！今儿个你拿着刀来啦，小子，你要不给老太爷来个痛痛快快的，我可骂你！你只管剁！来吧！”

赵三丰怎么样？他拿刀也不敢往下剁，杀人得抵偿！

“你不用撒赖，回头再问你。问老婆子，你说，你把姑娘藏哪儿啦？剁她！剁她！剁她！”

这老婆儿呀吓得没魂儿啦！

“哎哟，不是我的事情，我不管！”

“不管？剁啊！先拉她耳朵，先拉她耳朵！”一揪耳朵，明晃晃的刀往这儿一比画，老婆儿就闭眼，他用刀背儿在老婆儿耳朵上蹭：“说不说？说不说？”

这老婆儿：

“哎哟！大爷，大爷饶了我！没在家，上她老舅那儿去啦！”

“啊？老舅是谁？老舅是谁？快说，快说！”

“她老舅哇，就是官菜园南头儿白衣庵那住持呀——广顺。”

“广顺怎么是老舅？”

“她是我妹妹，我妹妹出家啦……出家就算男的……我们孩子管她叫舅舅……在她那儿……她那儿房子多……”

“哦，官菜园？老缝，有这么个庙吗？”

“有，有！白衣庵，不错，那儿当家的叫广顺，我认得！”

“好啦，知道你姑娘在那儿就成啦！来，二位，你们二位帮忙，把他们两人扶起来搁炕上；我们走了之后，你们俩把门关上，我们接人去；接人回来还打这儿走。你们要听鼓号一响，那是把人接来啦；鼓号没响，那是人没来。鼓号一响啊，把他们俩人的绳子解开，咱们一块儿喝喜酒去，明天再给他们道歉！走啦，走啦！”

大伙儿呼噜都走啦！

这俩人把老头儿老婆儿搁到屋里啦。把门对上，拿根棍子顶着。

大伙儿一直奔白衣庵，到啦。这老缝认得呀：

“就这儿，就这儿！”

“好好！叫门，叫门！”

山门厚，踹是踹不开，赵三丰用刀背子拍门，梆！梆！梆！

“开门，开门！好，出家的姑子，庙里藏人！”

坏啦！怎么回事呀？这广顺哪有一个姘头，是个和尚，这和尚啊是菜市口财神庙儿的和尚，叫德源——德源和尚，跟这姑子相好，今天晚上正在这儿睡觉哪，俩人正在西配殿里甜甜蜜蜜，一听外头叫门：

“……好，出家的姑子，庙里藏人！”

广顺一听：

“哎呀，这可糟啦！有人上这儿捉奸来啦！这可要命！咱们两人全是出家人，你是和尚，我是姑子！”掀开窗户帘儿往外一看，“了不得啦，进来啦！”

怎么进来的？外头踹门踹不开，上着闩哪，他们人多呀，赵三丰那儿指挥着，挨着墙根儿蹲下俩人，肩膀儿上站上一个人去：

“起！”

这儿一起，跨墙头儿，一骗腿儿，就进来啦！进来一个人把山门开开，这群人呼啦就进来啦！

这广顺：

“这可要命！这怎么办！”

广顺慌手忙脚起来穿衣裳，一着急，她把和尚袍穿身上啦！这和尚也赶紧穿衣裳。

“没工夫穿啦，全进来啦，你别动！”

广顺就把和尚连被卧带褥子这么一卷，卷起来之后，弄根带子一系，顺着炕往下一出溜，就戳在屋门口儿啦！

“这儿先待会儿，千万别动！”

“嗯！”

这工夫儿人都进山门里来啦，进来一瞧，别处都没亮儿，就西屋里有亮儿：

“就这屋里，就这屋里！”

到西屋这儿，一脚就把隔扇踹开啦，呼啦就进来啦！

这姑子穿着和尚袍起来啦：

“众位施主，众位施主，有什么事？”

“什么事？”赵三丰攥着刀，过来就一巴掌：“说！姑子庙里为什么藏人！”

啪！又一个嘴巴。

“哎呀，施主，我是出家人，我庙里绝不能藏人！”

“不能藏人？翻！”

大伙儿一翻，这和尚塞在铺盖卷儿里，在门后头戳着，吓得直哆嗦。门一开，这扇门正挨着铺盖卷儿，和尚一哆嗦，这扇门也打战，门钉铞儿呱啦呱啦直响！

“哎，哎！哈哈，没藏人，没藏人这铺盖卷儿里头是什么？”

“没有什么，哎呀，施主，这是怎么……”

“打开！”

有人就过来要解这个带儿。这王老缝啊他不让打，因为什么哪？他知道里头是招弟儿，这屋里都是男人，要打开了大伙儿一逗招弟儿，招弟儿受不了，这王老缝他挡着：

“这个不能打开，打开了不合适，连铺盖一块儿弄走得啦！”

“弄走？这份儿被卧褥子哪？”

“回头再给她送来！”

“对，弄走！”

把轿子抬到屋门口儿，大伙儿七手八脚，连被卧卷儿，腾！就扔轿子里啦！

“响家伙！”

鼓号一响，这姑子一听：“这是哪儿的事情啊？”

“走，走！”

赵三丰手里攥着刀，有拿桌子腿儿的，有拿板凳腿儿的，一窝蜂似的，呼——出来啦！打这儿奔姚家井，一边儿走一边儿敲这面鼓，夜静，声音挺大，咕咚！咕咚！

花轿从李子清门口儿过，在这儿看着老头儿老婆儿的这俩人一听：

“行啦，解开解开！”一边儿解，一边儿乐，“亲家爹，亲家娘，对不住啊，哈哈，明天给您道喜呀，明天请您喝喜酒，给您赔不是！”

这俩人也就出去啦！

花轿来到报国寺大街，在王豁子家里待着的吹鼓手们一听：“嗬，赶紧得迎接呀！”连吹带打带举执事，往前这么一迎接。嗬！棚里头的人都出来啦！

“啊，道喜道喜！”

到门口儿啦，到门口儿轿子落平，抽杆搭顶，往里搭轿心子，搭轿心子是四个轿夫抬着：

“慢着，别碰着，别碰着！”

一进大门哪，得有一个火盆，这火盆干什么的哪？嗬，这里头有讲究：这火盆里头搁点儿炭，一听轿子快来啦，这儿就扇这炭，扇得旺旺的，把火盆端到大门道里，轿子打这上面一过？过的时候儿茶房还得来个手彩儿：茶房手里拿一碗白干儿酒，等轿子过来了，正打两个轿夫当中间儿把这碗酒泼过去，酒得正泼到炭盆里，炭盆里的火一见酒，火苗子往上一冒，有二三尺高，正扑这轿底儿。这叫什么哪？这叫：往后哇，日子过得火火炽炽，旺旺腾腾！

到二门哪有一个马鞍子，上头搁一个苹果，轿子打上头一过，这叫平平安安。

到了洞房啦，进洞房啊，新人不露天，轿门儿得正对屋门儿，上头弄块红毯子遮着，王豁子哪就上洞房里头来啦。入洞房啊得射三支箭，这是怎么个讲究哪？这叫：“桃花女破周公。”

洞房里人是不少，可全是女的，除去王老缝，没有男的，这为什么哪，闹洞房嘛！老缝的亲戚，什么姐姐呀，姑姑哇，姨儿呀，嫂子呀，妹妹呀，每人拿一个碗，拿一个碟儿，里头盛着胭脂粉，把胭脂粉搁在里头，倒点儿凉水，拿手这么一和弄，这儿一掀轿帘儿呀，拿手指头往新人脸上这么一乱抹，抹得寒碜着哪！一道红的，一道白的……这叫什么哪？这叫添胭脂粉。为的是一会儿新媳妇儿洗完脸显着更漂亮。

这老缝拿着一张弓、三支箭，冲轿子里头射了这么三下儿。

"老缝！躲开，躲开！我们添胭脂粉啦！"

嗬，这些女的全过来啦，每人拿一个碟、一个碗儿，使手往轿子里这么一抹！

轿帘儿打开啦，女人们不能正脸儿对着轿子里头——怕里头有"煞气"，往里抹得扭脸儿；一扭脸儿往里这么一抹，找这尺寸：新人腮帮子上脑门子上这么一抹。女人们一抹："哟，不像脸哪！"再往里一瞧：铺盖卷儿！

"哟！豁子，你怎么娶了个铺盖卷儿呀？"

"大姐，老妹妹！人在铺盖卷儿里哪！大伙儿帮忙，把她先弄到炕上吧！"

女人们过来，七手八脚就把这铺盖卷儿搭到炕上啦。

"哎哟，还没穿鞋！不是小脚儿吗？怎么两只大脚？"

解开呀再这么一瞧：好，是这么一个大和尚！这下子，可把大伙儿吓着啦！

"哟！老缝，你怎么娶一个和尚来？"

碟子碗儿也撒手啦，往外这么一跑，门框也折啦，窗户也掉啦，大伙儿这么一乱哪！

老缝也吓得动不了窝儿啦：

"哎，大师父，你上这儿干什么来啦？！"

这么一乱哪，赵三丰问："怎么回事？怎么回事？嚷什么？"众位姐姐们，这怎么啦？"

"哟，您哪，娶了一个大和尚来！"

赵三丰一听这个，急啦！进门儿一瞧这和尚：

"嗬！你上姑子庙干什么去啦！这不是要命吗！"

啪！就是一个嘴巴，噔！就是一脚。抢亲没抢来，抢来了一个和尚，这脸没地方儿挂呀！

这和尚倒了霉啦！您想情理：把他弄在轿子里头一闷，他也不知道怎么回事啊，鼓号一吹一打，和尚提心吊胆，更糊涂啦！到这时候儿女人们瞧见他一跑，紧跟着让赵三丰一个嘴巴一脚，哈哈！西方正路，这和尚算是“西方接引”哪！

“哟！”

这可就不好办啦！因为什么？人命关天！

虽说已经三更多天啦，这媒人还在这儿哪！

“左大嫂，对不住啊，咱们一块儿观音寺儿吧！”

观音寺儿怎么句话？北京土语，就是咱们一块儿打官司吧！

先报街面儿。他们这地方儿属菜市巡管，一报菜市巡，菜市巡来人一瞧，拿筐就把和尚扣上啦。这是怎么讲哪？这叫“死尸不离寸地”，得把菜市巡的师爷找来写这尸格。尸格是什么哪？这和尚怎么死的，怎么躺的，屋里头有什么东西，一切一切都得写明了，明天好验尸。

赵三丰哪，究竟有个面子，这和尚是他踹死的，可是他不到案，让这老缝到案；他哪，在外边儿活动。

这老缝到衙门里头，就把一切一切的经过，打怎么定亲说起，直到怎么送信，怎么到姑子庙接人，把这件事说完了写完了口供。又问媒人左大脚，左大脚说的话跟老缝说的完全相符。

天亮啦，传人。传人传谁哪？可多啦，头一个得传姑子庙的广顺，第二个得传李子清夫妻。广顺和李子清夫妻都到啦，供词都一样。

传刘瑞子，到他们家传去啦，一传，他没在家，就一个瞎妈妈在屋里待着哪，等儿子等一宿没回来，坐在那儿一宿也没睡把瞎老婆子传来啦！把刘瑞子的大帽子、腰刀也带来啦！

一问刘王氏的口供，刘王氏就把儿子怎么定的亲，怎么偷他爸爸二两银子走的，直到回来的事都说啦。口供都对，可就是没有刘瑞子到案。刘瑞子是两江总督刘坤一的戈什哈，甭问，抢完人天亮进城啦！得传刘瑞子。

明知道刘瑞子在贤良寺，到贤良寺就把他传来，可就是不敢去。因为什么？这里头有个大官儿——两江总督，刘瑞子是他手下的。不敢去！

南城司的司官儿为难啦。这位官姓什么呀？姓齐，年纪不大，才三十来岁，刚到任，是个五品的御史。这位齐御史带着底下人，拿着手本，坐车，到了城里贤良寺，递手本，拜见两江总督刘坤一。

刘坤一接着名片，不知道什么事，——他是南城御史，拜望不着啊。——下了一个“请”字儿：

“请！”

御史可就进来啦。小官见大官，规矩大啦！这儿一说“请”，进来啦，进二门，弯着腰，鞠躬而入；等到了书房，从人这么一掀帘子，刘坤一在迎面坐着，御史瞧见刘坤一赶紧请安行礼，刘坤一站起来，往前迈了迈步，一弯腰，用手往前一伸，这是赏面子不小：

“哎呀，贵官，免礼免礼。”

在前清的时候儿官见官，进门儿呀倒茶：“看茶”这一说“看茶”呀，这位得谢茶，这茶来了之后，喝一口放下，再谈话。进门儿给碗茶喝，这就是很大的面子啦！进门儿要没倒茶，说公事，这茶可别露面儿，再说“倒茶”，这就不能坐啦，这叫：下逐客令——端茶送客，别管事情办完没办完，站起来就得说：“晚生跟您告假！”

刘坤一让这位齐御史坐下，没倒茶。这御史坐这个座儿才难受哪：得斜着身儿、拿屁股蛋儿找这个椅子角儿，手扶着磕膝盖儿，还得低着头，眼睛往上翻着，瞧刘坤一的嘴唇儿，他一说话就得站起来。

刘坤一可就问：

“贵官，今日光临，有何见教？”

御史赶紧站起来：

“是，大帅来到北京，晚生早就应当拜遏，皆因公事过忙，抱歉得很，今天有一件为难的案子，请大帅您过目。”就把底案拿出来啦，那个意思想让刘坤一瞧瞧。

刘坤一怎么样？大官儿，没工夫瞧这个！把底案接过来，往茶儿儿上一放：

“我也不必看，究竟什么事，请您明白见教。”

“是。”就把这个案子由头至尾说了一遍，“……这内中啊，有大帅一个戈什哈——刘瑞子，他是主犯，卑职不敢冒昧捕人，故此请示大帅！”

“噢——”又点了点头，“嗯，嗯，这是瑞子的事情，好，叫！”这一说叫，就把瑞子叫进来啦！瑞子进来，见刘坤一行完礼，在旁边儿一站。

刘坤一就问：

“有这么一档子事吗？……”由头至尾问了一遍。

这瑞子倒也不瞒着，知道出了事啦：

"是，接人这倒是有！"——可不敢说抢——"……皆因是从小儿定下的夫妻，这事求帅爷您恩典！上姑子庙抢亲这档子事，我是完全不知。"

"下去。"

这儿一说下去，刘瑞子请完了安，下去啦。

刘坤一说：

"贵司，这个事情啊是事实，事实可是事实，贵司打算由我这儿把瑞子带走，这事可不成！既然这里头出了一条人命，人命关天哪，我可也不能护他，贵司请回，回头哇，我必把这个人给你送到你的衙门去就是啦！"

"是，多谢大帅！"齐御史站起来要走。

"贵司请留步。"

"是。"

"这个案子虽说是由瑞子那儿起的祸根，可也正如贵司所说的，一个姑娘给了两个主儿，那一方啊是一个其貌不扬的丑男子，年纪又大；常言说得好哇：'能拆十座庙，不破一门婚'，刘端子跟招弟儿他们俩既是先定的婚，两个人又心投意合，如今已经成了事实啦，要再把他们拆散了，未免于道德上有差呀！啊，我也不说别的话啦！倒茶！"

一说倒茶，齐御史赶紧行礼：

"晚生跟您请假。"退出来了。退出来之后，回衙门。

顶到过午，刘坤一就派人把刘瑞子夫妻送到齐御史那儿啦。

人送到啦，这个案子也就更难办啦！怎么哪？这御史官儿小——五品，要按刘坤一这个主意办哪，不行，出了事啦！出了什么事啦？这赵三丰没到案，回到礼亲王府见了管家，羊羔儿吃奶——咕咚一跪，磕头掉眼泪。

管家一问：

"老赵，什么事？"

"这您得帮忙，我有个内弟……"如此如此这般这般，把这个事情这么一说，"……这件事无论如何您得关照！您要不关照哇，我没有脸活着！"

"行，我给你办！"

见王爷一句话就得。这王爷是爱者欲其生，恶者欲其死，赵三丰是他手下的红人儿，就叫管家给齐御史写个条儿：说什么也得把招弟儿断给王豁子。这个案子麻烦啦！

这边儿是礼亲王，这边儿是两江总督刘大帅，御史才五品，撞着谁，他也不敢。为难哪！只可打本人儿嘴里问。问这案子可不是一天的事，因为这里头有条人命哪！

这和尚，虽然说死得有点委屈，可是也得怪他不守清规。

这祸头哪，本来是赵三丰，可不能找赵三丰抵偿，因为什么哪？他有人情；这条人命王豁子完完全全给应承下来啦！应承是应承啦，可罪名也不能搁他身上，得给他择清了。——那么就先将这和尚埋啦！

这姑子哪，交给僧录司——专管和尚、姑子的衙门——治理她的罪，也就完啦！

齐御史过堂，先问李子清，李子清说：

“我就这么一个姑娘，不错，以先许的是刘瑞子，皆因他走了六年毫无音信，问他母亲，他母亲主张让给另找主儿。”

“定礼退了没退？”

“我退定礼去她不要。”

“这就不好办。你把定礼退回去就好办了，你没退，人家指着定礼，这就是凭据；退婚的时候儿一草一木都得给人家退回去。这是疏忽。”

问瞎老太太，瞎老太太说：

“不错，是我的主张让人家退的婚，我儿子回来闹这个事我不知道！”

“嗯！”

问刘瑞子，对瑞子说：

“我已经跟她成亲啦，我得要，我们夫妻不能分离！”

一问王豁子，王豁子说：

“说什么招弟儿也得归我！”

“她已经跟人家成亲啦！”

“大人恩典。她成过亲啦我也要，说什么我也要！”

两头儿都要这个人，这个事情不好办！

大堂前边儿站的人很多，内中有刘坤一派来的人在这儿旁听，也有王府的管家在这儿旁听；赵三丰在旁边儿看着！这还不算，当地的绅士们在大堂头里都站满啦！急得这位齐御史满头大汗，把大帽子摘下来往桌儿上一放，光着头站在这儿：

“这个事情啊，叫本司实在为难哪！问谁哪谁也是要，问刘瑞子刘瑞子要，他们已成了亲啦；王三哪也是非要不行！定礼哪全在这儿摆着哪，刘家的是两个银镏子，王家的是四大金，一女不能受两家聘啊！让我问这案子，我实在是才疏学浅，我问不了！众位绅士，众位父老，看这案子应当如何办理？哪位有学问能问这案子，哪位请升到这儿帮助学生我问，如果能把这案子办妥了，我情愿辞官不做，退位让贤！哪一位能帮忙？请说话！哪一位父老，哪一位绅士能帮助学生我把这事办理完善？请说话！”

问了十来声也没人搭茬儿，谁也不蹚这浑水！

那位说：“这是干吗呀？”嗬，这御史高哇！可别瞧他年纪轻，他先把口舌压住啦！因为什么哪？这个地方绅士多，要是问案，哪句话出了规则，别人就搭茬儿呀！一搭茬儿就来个不好看！北京绅士多，绅士之外还加了这么种人更不好办，什么？宗室。宗室是什么哪？皇上的本家。腰里系着黄带子，有出奇的案子，他瞧热闹儿去，官儿问案子，他一搭茬儿就不好办：“你这案子问得不对，躲开躲开！”要是问：“你怎么搭茬儿？”“你做的是我们家的官儿啊，我怎么不搭茬儿？”

今天在这儿瞧热闹儿的，宗室不少，这案子不好问，因此先得把大伙儿的口舌压住了：“你们哪一位能问哪？哪一位帮忙？”问了十几声，没人搭茬儿，这位齐司官说：

“众位：你们是全不管哪，这是瞧我的笑话儿！没有别的，我可就要问案啦！今天在我问案子的时候儿，要是问偏了，要说出了法律之外的话来，众位可要原谅！哪位要听我说的不对，哪位就上这儿问这案来！”

谁搭茬儿谁上来问这案子！大伙儿谁也不搭茬儿啦。

“今天，这帽子我不戴啦！为什么哪？因为我说话有离开法律的地方儿！——这么一个姑娘，你要，你也要，这怎么办哪这么办：招弟儿啊！祸可是由你身上所起，现在哪，有两个法子：头一个法子是你不死的办法：打今天起，半月为期，这半个月呀你住在这边，下半个月让王三把你接走，在王三家里再住十五天，到初一那天哪刘端子再给接回来，一个月呀，一边儿过半个月，这是头一个法子；第二个法子是你死！你死也不白死，我给你抵偿！不但我这官儿不做啦，我连命也不要啦！你死之后我怎么断哪？把你由头至脚劈两半儿，归他们两家发送，全要好棺木、好装裹，还得入祖穴，按嫡妻待承，哪一头儿发送你呀，都得花两千两银子，一共是花四千两，因为什么？这里头还有本官一条命哪！这是第二个法子。我就是这俩办法，没有别的办法。你愿意活，愿意死，你自己挑！”

这不像话！大伙儿听着都咧嘴呀，可是谁也不搭茬儿，谁一搭茬儿，谁得替问这个案子！

这招弟儿呀，为人挺烈性，也不哭啦，站起来一挺身儿：

“大人，我愿意走第二条道儿，我愿意死！”

“噢，你愿意死！好吧，你死了我给你抵偿！预备！”

这儿一说预备呀，跟班儿的就打屏风后头拿出这么一个小茶碗儿来——这茶碗里头通红——递给御史。御史把它接过来往桌子上一放：

“这是仙鹤顶上红，你把它喝了吧，喝了就死！”

这招弟儿走过来接过茶碗，咚！一口就喝啦！喝完了不大会儿工夫，伸腿咧嘴，大堂上一躺，气绝身亡——招弟儿死啦！

招弟儿一死，嗬，李子清这位太太前仰后合，抱着尸体放声痛哭！

御史当时一沉脸：

“不要哭！她死之后，本官替她抵偿！退！”

衙役把老婆子给拉一边儿去啦，紧跟着当差的过来用席子把死尸一盖，弄大筐一扣，就等劈两半儿啦！

御史说：

“人已经死啦。王三！”

这豁子过来：

“是！”

“招弟儿已经死啦，我把她劈开呀一人分一半儿，好好发送她，用什么棺木，用什么装裹，你当场说，这儿给你写，到时候儿可得照办，最少得花两千两银子，还要入祖坟，入正穴。”

这王豁子一点儿主意没有，回头应他姐夫——赵三丰。赵三丰站在那儿呀冲他摇头，那个意思呀：活着要，死了还要个什么劲儿！

王豁子摇头：

“她死了我就不要啦！”

“噢，她活着要，死了就不要？”

“死了我要她干什么呀？我不要啦！”

“啊，既然不要啦，这个定礼哪可得退回去。”

叫李子清把定礼连婚书都退回去啦。

“具结！”

“是！”

这儿把结具啦，捺了手印儿，这头儿算完啦！

“你没有什么反悔吗？”

“没有反悔。”

“嗯，退！”

退一边儿啦。

“刘瑞子！”

刘瑞子往堂边儿上一站，他不跪着，因为什么？他也是官儿。

“这招弟儿已经死啦，原本你分一半儿，王三哪不忍得把她劈开两半儿，这你算便宜了，你要发送就发送她整的啦！你用什么棺木，用什么装裹，你说，这儿给你写。你要是不要哪，官家发送她，发送完了，我再给她抵偿！要不要哪？”

刘瑞子往前一上步，请了个安：

“跟您回，我们俩是自幼儿定的亲，我走了六年哪，她等了我六年，这一次我回来完婚哪，她一点儿也没变心，不用说我们两个人已经成了婚啦，就是没成婚，她死了，我也愿意发送她！”接着又说用什么棺木，用什么装裹，入正穴。

“噢——好！都写上。”又叫王三，“王三！他发送入他们家的正穴，你有什么说的没有？”

“没有，没有。他发送他的吧，与我一点儿关系没有，我不管啦。”

“好！再具个结。”

又具张结。

“归他发送啊。你也没有什么说的，一切就算完啦。——揭筐！”

这儿一说揭筐啊，当差的当时就把筐揭开啦，紧跟着把席也揭开啦！御史吩咐：

“弄凉水喷！”

拿凉水一喷，这招弟儿活啦！

直到如今，这药叫什么名字我叫不上来，可准有这种药。

招弟儿这么一活呀，瞧热闹儿的人一愣，真有想叫好儿又不敢叫的！

招弟儿活了之后，当堂让两个人重新拜堂，拜堂之后就在御史衙门后院儿入洞房！

这赵三丰啊，到这时候儿冲豁子一努嘴说：“这可不成！死了他发送成，又活了不成！”赵三丰一嘀咕，王豁子又跪下啦：

“大人您恩典。死啦他发送，入他们家坟地我不反对，成亲这不行！”

这御史就乐啦，说：

“成亲不行，要不成亲，怎么入他们家坟地哪？啊？他发送一定是他发送啦，等她再死二回之后，他一定发送她呀，这与你没有关系啦，你已经具结啦，具结的时候儿你不要，到这时候儿你又要，你这是成心打搅哇！我罚你二百两银子，让招弟儿拿这二百两银子买花儿戴吧！”

（张寿臣述　何迟整理　张奇墀记）

对口相声

八扇屏

甲　您念过书吗？

乙　没念过书，倒是认识几个字。

甲　你们应当念点儿书啊，省得说出话一嘴的白字。

乙　您别瞧没念过书，识字虽然不多，用字倒也不错。白字可没有，要有白字您给挑出来。

甲　现在这白字就出来了。

乙　哪个是白字？

甲　我问您这“给”怎么写。

乙　啊！就是提手儿一个“手”字。

甲　怎么讲呢？

乙　就是拿这手递给那手吗？

甲　不对，是乱绞丝一个“人一口”的“合”字，正字念给（jì）。山东都说正字，比如在饭馆候饭账，“二哥，你吃多少钱我‘给’（jì）啦。”正字念给（jì）。

乙　嘁！保不齐有一个俩字。

甲　什么叫“俩”呀？一是一，两是两。到钱铺去换钱：“掌柜的，您换我两块钱。”有说“俩”块钱的？

乙　嘻！一个俩就是仨呀？

甲　什么叫“仨”呀？正字是“三”，前门外有三庆戏院。有说仨庆戏院的吗？

乙　明儿我改了！

甲　什么叫“明儿”呀？正字念“明”。电影明星有叫电影“明儿”星的吗？

乙　今儿我倒霉！

甲　什么叫“今儿”呀？正字念“今”。当今万岁。有念“当今儿”万岁的吗？

乙　你别较真儿。

甲　什么叫“较真儿”？正字念“真”。

乙　您净琢（zuó）磨。

甲　什么叫琢（zuó）磨呀？正字是琢（zhuó）磨。如切如磋，如琢（zhuó）如磨。琢（zuó）磨琢（zuó）磨，小贫骨头！

乙　照你这样我就甭说话了。

甲　什么叫“甭”呀？

乙　我们就这个，什么仨不仨，六不六，跑啦，开啦，挠（nāo）鸭子啦，就这个！

甲　你们生意人就是用大言欺人，有白字愣说没白字，限你三分钟答复我，否则取消你的营业！

乙　得啦，您别生气，您别生气，您原谅我无知，我不过是一个江湖人。

甲　哈哈！呸！啐你一脸香水精。你敢比江湖人？

乙　江湖人怎么啦？

甲　我说说，你听听。在想当初，大宋朝有一江湖人，此人姓苗名训字广义，不遇之时，在洒金桥旁，摆下一座卦棚。巧遇未遇时的赵太祖打马从此经过，见桥旁人烟稠密，围着一座卦棚。迎面有一副对联。上联写：“一笔如刀，劈开昆山分石玉。”下联配：“双瞳似电，观透沧海变鱼龙。”横批：“断事如见”。匡胤一见心中不悦：“何处狂生，敢出此浪言大话？待我下马访之。”想罢翻身下马，将马拴在卦棚以外柳树之上，分开众人，走进卦棚，向先生躬身言道：“先生，你看某后当如何？”广义一看，吃惊非常，原来是开国太祖！急忙站起，口称：“万岁，草民接驾来迟，望祈主公恕罪。”匡胤闻言，大吃一惊：“先生你莫非有疯癫之症？”广义言道：“我主不必惊慌，看我主双眉带煞，二目有神，左肩头有一朱砂痣，后必有九五之尊。”匡胤闻言，心中暗想：“我左肩头有朱砂痣，他人怎能知晓？莫非到后来果应他言。”想罢对先生低声言道：“某日后如登九五，当将你宣入朝中，封为护国军师。”广义谢恩。匡胤走出卦棚。向众人道：“列位听真，此人乃江湖人，江湖口，江湖术士，不过奉承而已。”说完上马，遘奔他方而去。到后来，陈桥兵变，黄袍加身，果将广义宣进宫去，封为护国军师；执掌三军司令。到后来，湖北韩龙进来他妹韩素梅，太祖酒醉桃花宫，带酒斩三弟，醒酒免去苗先生。广义去后，太祖后悔，说出：“可惜我那先生，他乃洒金桥旁卖卦之一江湖人也。”苗广义——江湖人，你比得了吗？

乙　我比不了！

甲　我看你也好有一比。

乙　比什么呀？

甲　你好比面茶锅里煮皮球。

乙　此话？

甲　我说你浑蛋，你还一肚子气！

乙　我没敢有气呀！得啦，您就拿我当个小孩子！

甲　哈哈，呸！我啐你一脸花露水！你敢比小孩子。

乙　又怎么啦？

甲　我说说，你听听。在想当初，大宋朝文彦博，幼儿倒有灌穴浮球之智。司马温公，倒有破瓮救儿之谋。汉孔融，四岁就懂让梨谦逊之礼。十三郎五岁朝天。唐刘晏七岁举翰林，汉黄香九岁温席奉亲。秦甘罗十二岁有宰相之才。吴周瑜一十三岁拜为水军都督，统带千军万马，执掌六郡八十一州之兵权，使苦肉，献连环，借东风，烧战船，使曹操望风鼠窜，险些命丧江南。虽有卧龙、凤雏之相帮，那周瑜也算小孩子中之魁首。这些小孩于你比得了哪个？

乙　哪个也比不了！

甲　你也有一比。

乙　比从何来？

甲　好比面茶锅里煮灯泡，我说你浑蛋，你还一肚子火儿。

乙　我没火儿呀！得啦，你把我当个乡下人。

甲　哈哈！呸！我啐你一脸冷面蜜！你敢比乡下人？

乙　怎么啦？

甲　我说说，你听听。在想当初，自秦王夜探白壁关，敬德月下赶秦王，打三鞭，换两锏，马跳红泥涧。自降唐以来，征南大战王世充，扫北大战雷世猛。跨海征东，月下访白袍。唐王得胜，班师回朝，鄂国公因救白袍，在午门外拳打皇亲李道宗门牙两齿。唐王恼怒，贬至田庄，后来白袍访敬德，那尉迟恭正在船头独自垂钓，忽听身背后人又喊，马又叫，言道："吾乃征东薛平辽，特地前来访故交，你若金殿去交旨，保你为官永在朝。"敬德闻听说："吾乃山野村夫，耕种锄耪一乡下人也。"这是一个乡下人，你比得了吗？

乙 我比不了！

甲 你也有一比。

乙 比从何来？

甲 你好比面茶锅里煮茄子，简直是浑蛋大紫包！

乙 你这面茶锅里什么都煮哇？这也不能比，那也不能比，你把我当成莽撞人行不行？

甲 哈哈，呸！

乙 又啐我一脸什么？是香水精？是花露水？还是冷面蜜？

甲 我啐你一脸马屎！嗐！

乙 这回怎么马屎啦？

甲 你把我气糊涂啦。你敢比莽撞人？

乙 哎。

甲 乙 （合说）我说说，你听听，在想当初。

乙 今儿个我倒霉就倒霉在这"想当初"上啦！

甲 后汉王国出了一个莽撞人。自从桃园结义，大哥姓刘名备字玄德，家住大树楼桑。二弟姓关名羽字云长，家住山西蒲州解梁县。三弟姓张名飞字翼德，家住涿州范阳郡。后续四弟，姓赵名云字子龙，家住真定常山县，百战百胜，后封为常胜将军。只皆因长坂坡前，一场鏖战，赵云单人独马，闯进曹营，砍倒大纛两杆，夺槊三条。赵云马落陷坑，堪堪废命。曹孟德在山头之上见一穿白小将，白盔白甲白旗号，坐骑白龙马，手使亮银枪，实乃一员勇将。"我若收服此将，何愁大事不成！"心中就有爱将之意，暗中有徐庶保护赵云，徐庶进曹营一言未发，见赵云马落陷坑，堪堪废命，言："丞相莫非有爱将之意？"曹操言道："正是。"徐庶言道："何不收留于他？"曹操急忙传令："令出山摇动，三军听分明，我要活赵云，不要死子龙。若有一兵一将伤损赵将军之性命，八十三万人马，五十一员战将，与他一人抵命。”众将闻听，不敢前进，往后而退。一仗赵云怀揣真龙，二仗常胜将军实在骁勇，杀了个七进七出，这才闯出重围。曹操言道：“这员勇将，焉能放走，后头紧紧追赶！”追到当阳，张飞赶到，高叫：“四弟不必惊慌，某家在此，料也无妨！”放过赵云的人马，曹操赶到，不见赵云，见一黑脸大汉。“他是何人？”夏侯惇言道：“他乃是张飞莽撞人。”曹操闻听，大吃一惊，言道：“想当初关公在白马坡斩颜良之时对我言道，他有一三弟，在百万营中，取上将之首级如探囊取物一般，今日一见，果然英勇，撤去某家青罗伞盖，观那莽撞人武艺如何？”青罗伞盖撤下，只见张飞豹头环眼，面如润铁，奓里奓煞一部黑钢髯，犹如钢针，恰似铁线，头戴镔铁盔，二龙斗宝朱缨飘洒，上嵌八宝，轮、罗、伞、盖、花、罐、鱼、长，腰系丝鸾带，身披锁子大叶连环甲，内衬皂罗袍，足蹬虎头战靴，胯下马万里烟云兽，手使丈八蛇矛。桥头之上，咬牙切齿，大骂：“曹操听真，现有你家三爷在此，尔等或攻或战，或进或退，或争或斗；不攻不战，不进不退；不争不斗，尔匹夫之辈。”大喊一声曹兵退后；大喊两声，顺水横流；大喊三声，当阳桥折断。后人有诗赞之与曰：“当阳桥前救赵云，吓退曹操老奸臣，姓张名飞字翼德，万古流芳莽撞人。”这个莽撞人，你比得了吗？

乙　我比不了！

甲　你也好有一比。

乙　比从何来？

甲　面茶锅里煮铁球。

乙　此话怎讲？

甲　浑蛋到底带砸锅！不成，跟你没完！

乙　你骂我两句就得啦！

甲　得啦你不吃去！

乙　你瞧喂！

甲　你瞧谁练哪？

乙　你听啊！

甲　你听谁唱啊？

乙　别价。

甲　别价，别价过得去吗？

乙 算啦。

甲 蒜辣？蒜辣你吃韭菜。

乙 我们算啦。

甲 金瓶在我手里，你包啦！

乙 哟？

甲 幺，翻过去里六。

乙 嗬！

甲 喝呀，带汤扒拉吧！

乙 我错啦！

甲 锉呀！到铁铺买去。

乙 你让我小。

甲 小先童养着。

乙 我算岁数小。

甲 大了再娶你。

乙 我不是东西！

甲 我倒没瞧出来！

（清·佚名）

（传统相声《八扇屏》在演出中可以轮换使用的部分内容，以及一些可以参考的资料，附录如下）

八扇屏梁子*

斜街鞋铺协成美；
前门钱店乾泰昌。

南通州，北通州，南北通州通南北；
东当铺，西当铺，东西当铺当东西。

蚕池口，养蜂夹道，不见吐丝酿蜜；
喇叭口，烟袋斜街，哪瞧吹气冒烟。

道旁麻叶伸青掌，所要何物?
岸上芦苇总白头，不知让谁!

红山石稀烂棒硬；
黄河水翻滚冰凉。

药芽蒜上药压蒜；
鸡冠花下鸡灌花。

石重船轻轻载重；
地长尺短短量长。

---

* “梁子”，术语，即“主体结构”的意思，是一段相声内容中重要组成部分。

睁眉涂撕眼；
甜嘴吗打舌。

姥姥喝酪，酪落姥姥捞酪；
舅舅架鸠，鸠飞舅舅揪鸠。

沙马行沙，沙打沙马腿；
草驴驮草，草压草驴腰。

风吹水皮层层浪；
雨打浮萍点点青。

忠厚人

上古来有位忠厚人，后汉三国鲁子敬。他也曾携孔明过江东，舌战众公卿。曹操妄想铜雀台上乐晚景，因此周郎聘请孔明进帐中。七星坛，借东风，周瑜心不公；差遣丁奉和徐盛，追赶先生到江中。赵子龙，射篷绳，因此先生才逃命。到后来，索荆州，竟自难坏鲁子敬，方显鲁肃人志诚，志诚乃忠厚人也。

愚　人

想当初有配享颜、曾、思。那孔夫子与颜回彼此盘道，圣人所说话，颜回一概不懂。说："徒儿真乃愚人也。"

渔　人

想当初有位渔人，姓姜，名尚，字子牙，道号飞熊。渭水河边垂钓，到后来文王父子亲扶车辇拉了八百单八步。到后来，扶保周朝八百余年，斩将封神之后，每遇妖邪之处，必贴"姜太公在此，诸神退位"。

莽撞人

想当初有位莽撞人，姓张，名飞，字翼德。当阳桥边大喊三声，桥梁折断，河水倒流，曹操在马上说："此人真莽撞人也。"

浑　人

想当初有位浑人。霸王行至乌江，前进无道。看见江中有小舟，霸王点手呼唤："你将孤渡过江去，定有重谢。"那渔人有道："渡枪马难以渡人，渡人难以渡枪马。”霸王将枪马放在船上，那船行在江心，渔人高声言道：“多谢大王枪马，我乃是只贼船。”霸王听后，仰面长叹：“我乃浑人也。”霸王因此自刎乌江。

王八乌龟不是人

想当初后汉三国有位不是人，姓曹，名操，字孟德。自赤壁一败，行至华容道小道，忽听一棒铜锣，闪出一哨人马。当先一将，卧蚕眉，丹凤眼，胯下赤兔马，手持青龙刀，乃圣贤关公也。曹操说：“我今狭路相逢，放我一命。”圣贤全其大义，放他一命。曹操在马上回思旧景：“想当初在我帐下，三日一小宴，五日一大宴，上马金，下马银。到如今落得叫他放我一命，我真乃不是人也。”

畜　类

隋炀帝傍水行舟，行至中途，忽见一地穴，命狄去邪探地穴。忽见一处：似庙非庙，似府非府。庭前拴定一物：似禽非禽，似兽非兽。有一神人，手掌铜锤在那物身上打了一锤。次日，狄去邪上来，见隋炀帝身上着一搭背，他乃猪婆龙一转，你敢比隋炀帝？

你是：似人非人，似鬼非鬼，似禽非禽，似兽非兽，冬天不冷，夏天不热，寒暑不侵，节前扔账，杖打八十，实在可恶，恶贯满盈，迎面长疔，钉砸木烂，乱棍打死，死中求活，活活要命，命里该当，当定五八。

（清·佚名。孙玉奎、席秀远据北京傅氏所藏清升平署钞本整理）

八扇屏入话

忠厚人

后汉三国有一位忠厚人，此人姓鲁，名肃，字子敬。只皆因刘备当阳大败，夏口屯兵。鲁肃同孔明过江东，舌战群儒，对周瑜念《铜雀台赋》，言说曹操下江东所为二乔，以乐晚景。气坏周公瑾，那周瑜才与曹操势不两立。阚泽下书，怒打黄盖，庞统献连环之计，周瑜用火攻。只皆因欠东风，周郎身染重病，南屏山借东风。周瑜密差丁奉、徐盛去杀孔明。赵子龙箭射篷绳，孔明才得活命。火烧战船，曹兵大败，荆襄九郡，俱为刘备占领。到后来屡讨荆州，刘备总是不还，竟自难为鲁子敬，那金圣叹老先生批三国说："鲁子敬是一位忠厚人也。"

不是人

隋王二世，次子杨广，杀父夺权，鸩兄图嫂，欺娘戏妹，宠奸臣，灭忠良，下扬州，观琼花。纳黍行舟，选来民间美女，赤体拉纤，船至中途，割断纤绳，使美女个个跌倒，以博昏王一笑。到后来，狄去邪探地穴，棒打白利将，靠山王定计扬州夺印，雄阔海力托千斤闸，放走十八路反王，灭名山小罗成枪挑杨林，隋朝江山落在宇文化及之手。这一日，炀帝病卧东宫，那无敌大将军带剑上殿，逼索玉玺，炀帝曰："朕何罪之有？"无敌大将军言道："你这昏王，贪酒色，逆人伦，荒淫无道，真乃不是人也。"

渔　人

三皇治世，五帝为君，传到纣朝，出了一位渔人。此人姓姜，名尚，字子牙，道号飞熊。时不至，太公无时卖过面，算过卦。在渭水河边钓鱼，愿者上钩。文王夜得一梦，梦见飞熊入帐，郊外打猎，必得贤臣。那一日文王郊外打猎，偶遇武吉拦路，将文王引至渭水河边，见一道长白发白须，真有仙风道骨之样。文王拉辇，太子拉套，拉了八百单八步。到后来，扶保周朝八百零八年。斩将封神姜太公在此，诸神退位，斩将封神姜太公称为渔人。

愚　人

在列国时，卫国出了一位愚人，此人姓宁名俞，人称武子。自从元角丧命，叔武被杀，元咺对狱，子虎旁听，铖庄子刖足，士荣斩首。而宁武子周时其奸不比奸险之奸，真乃大智若愚。孔子有云："宁武子邦有道则知，邦无道则愚。其知可及也，其愚不可及也。"宁武子是个愚人。

哮天犬

南瞻部洲，北俱芦洲，东胜神洲，西牛贺洲，傲来国正当中，花果高山水帘洞，有一块石头，分三百六十五度，按乾、坎、艮、震、巽、离、坤、兑，休、生、伤、杜、景、死、惊、开。偶一日，红光崩现，刷拉拉从石内跳出一位美猴王。拜天拜地拜四方，拜的是菩提山菩提老祖。学的是九九悬空脚，驾筋斗云，蹿天入地，七十二变。他也曾到过东洋大海，得到定海针如意金箍铁棒，只皆因大闹天宫，偷了蟠桃寿酒，外带十粒金丹，天兵、天将、金吒、木吒、哪吒、托塔天王诸天众神，俱不能拿，二郎杨戬撒下哮天犬直奔美猴王腰节骨咬去。那行者在海眼之中取下绣花针，迎风一晃，扁担粗细当间，两头两道金箍，直奔哮天犬打去。直打得哮天犬大叫数声，败阵而归。二郎杨戬一见，一棒未曾打上，说是："真乃一条好狗。"

浑　人

秦始皇命王翦并吞六国，在夜间偶得一梦，梦见黑娃娃白娃娃双夺日月，惊醒后心中忐忑不安，恐怕江山落于他人之手。修下旨南修五岭，西建阿房，东填大海，北造万里长城以防匈奴。不想江山传至二世胡亥之手，就有楚汉相争之事。自鸿门宴刘邦赴会，项伯、项庄拔剑助舞。鸿门宴多亏大将樊哙，保走刘邦。楚、汉两路进兵，以咸阳为定，先到咸阳为君，后到咸阳为臣。此时有一人姓韩名信，投到霸王那里，霸王只以执戟郎授之。后来张良卖剑访韩信，叫他投奔到刘邦那里。果然登台拜帅，在九里山前，设下十面埋伏之计，困住楚霸王。前有乌江拦路，后面韩信追兵甚紧。霸王正在危急之中，只见江面漂来一小舟。霸王摆手唤之曰："我乃西楚霸王是也，你将孤渡过江岸，见着父老乡民，孤家二次领兵征讨。那时我若成事，必封尔公伯之位。”船家闻听，抱拳当胸，口称：“千岁听真，只因我这渔船窄小，您那枪沉马大，渡千岁不能渡枪马，渡枪马不能渡千岁，望千岁酌量之。”霸王笑道：“那有何难，先渡孤家枪马过岸，再渡孤家不迟。”说话之时，小船拢岸，将枪马牵于船上，船篙一支，船离江岸，船奔江心，船家高声喝道：“呔，西楚霸王重瞳项羽听真：休拿某家当一打鱼之人，我乃韩元帅帐下大将吕马童是也。奉我家元帅将令，在此等候于你，所为骗你枪马，你虽有恨天无把恨地无环拔山之力，掌中无枪，胯下无马，如失去手足一般，难道说你要死在韩信之手乎？还不拔剑自刎，更待何时？”霸王闻听，顿足捶胸：“想当年悔不听亚父范增之言，今日处此地位，看来我真乃一浑人也。”

苦　人

金宋交兵，北圣人扫南将军昌平王四太子金兀术，率领三八二十四洞蒙都督，与精忠岳元帅大战朱仙镇，兀术连打数十败仗。事出无奈，才把二世子完颜兀河龙调至军前。世子年不满二十，身高八尺，膀阔三停儿，面如美玉，头戴虎头盔，身穿大叶连环甲，内透大红袍，足蹬战靴，手持一对双枪，真乃是威风凛凛，杀气腾腾。由清晨战至日没，杀败金银铜铁八大锤，狄雷、岳云、严成方、何元庆四将俱都大败而归。岳帅一见心中大怒说：“何处小将如此猖獗，明日待本帅亲临战场。”话犹未尽，由左班中闪出一人，此人姓王名佐字文成，走上前去，探打一躬，口称：“元帅，昨日战场小将，非是兀术亲生之子，乃是我国将门之子，名臣之后，昔日兀术兵困潞安州之寸，潞安州总镇姓陆名登字子敬，人称小诸葛，只皆因失陷城池，全家尽节。陆将军自刎身死，头掉死尸不倒，受兀术三拜，许他不伤子民，抚养孤儿，与他夫妻并葬，陆将军死尸栽倒尘埃。兀术将陆文龙带到番邦抚养，至今更名完颜兀河龙，此子骁勇异常，不宜强战，只可用计收服，须用离间计、诈降计、苦肉计。”岳帅言道：“贤弟你要见机而作。”这一日，王佐故意冒犯军法，岳帅大怒，令下将王佐扯到军前，重打四十军棍。只打得皮开肉绽，鲜血直流，逐出营外。王佐回到自己营中，用剑将左臂断下，右手拿着左臂。偷出宋营，来到金营去见兀术；口称：“王爷，我家元帅不仁不义，劝他归降，他不归降，将我重责，又将我左臂断下，逐出营外，无处投奔，望求王爷开天地之恩，将我收归帐下，巡更守夜，当一小卒。”兀术一见，心中不忍，传令下去："将王佐收留帐下，命他与大家说些南朝风俗，讲些南朝故事，王佐所到之处，不准难为于他。皆因他乃是六根不全断臂一苦人儿也。"

骂王朗

后汉三国，诸葛亮一出祁山，计取三郡，兵临渭水之西，与魏军曹真两军相迎在祁山之前。王朗乘马而出，孔明自思曰："王朗必下说词，吾当随机应之。"令小校传曰："汉丞相与司徒会话。"王朗纵马而出，孔明在车上拱手，王朗在马上欠身答礼，朗曰："久闻公之大名，今幸一会！公既知天命，识时务，何故兴此无名之兵？"孔明曰："我奉诏讨贼，何谓无名？"朗曰："天数有变，神器更易，而归有德之人，此自然之理也。曩自桓灵以来，黄巾倡乱，天下争横，降至初平、建安之岁，董卓造逆，傕、汜继虐，袁术僭号于寿春，袁绍称雄于邺上，刘表占据荆州，吕布虎吞徐郡，盗贼蜂起，奸雄鹰扬，社稷有累卵之危，生灵有倒悬之急，我太祖武皇帝扫清六合、席卷八荒，万姓倾心，四方仰德，非以权势取之，实天命所归也。我世祖文皇帝，神文圣武，以膺大统，应天合人，法尧禅舜，处中国以临万邦，岂非天心人意乎！今公蕴大才，抱大器，自欲比于管乐，何乃强欲逆天理，背人情而行事耶？岂不闻古人云：'顺天者昌，逆天者亡'，今我大魏带甲百万，良将千员，谅你腐草之萤光，怎及天心之皓月，公可倒戈卸甲来降，不失侯王之位，国安民乐，岂不美焉？"孔明在车上大笑曰："吾以为汉朝元老大臣必有高论，岂期出此鄙言。吾有一言，请君静听：昔日桓灵在世，汉室凌替，宦官酿祸，国乱岁凶，四方扰攘。黄巾之后，董卓、傕、汜等接踵而起，迁劫汉帝，残暴生灵。因庙堂之上，朽木为官，殿陛之间，禽兽食禄。狼迹狗行之辈，衮衮当朝；奴颜婢膝之徒，纷纷秉政。以致社稷丘墟，苍生涂炭。吾素知汝所行：世居东海之滨，初举孝廉人仕，理合匡君辅国，安汉兴刘。何期反助逆贼，同谋篡位，罪恶深重，天地不容。天下之人，愿食汝肉。今幸天意不绝炎汉，昭烈皇帝继统西川，吾今奉嗣君之旨，兴师讨贼，汝既为谄谀之徒，只可潜身缩首，苟图衣食，焉敢在行伍之前妄称天数耶？吾把你这皓首匹夫，苍须老贼，汝即日将归于九泉之下，何面目见二十四帝乎？老贼速退。可叫反臣与吾共决胜负。"王朗听罢，气满胸膛，大叫一声，撞死于马下。后人有诗赞之曰："兵马出西秦，雄才敌万人，轻摇三寸舌，骂死老奸臣。"诸葛亮骂王朗，是你比王朗，是我比诸葛亮。

（清·佚名）

八扇屏垫话

甲 昨天我上北海玩儿去啦。天气很好。我站在海边上，清风徐来，吹得神清气爽，我看风刮在水皮上，吹得一层一层的浪头，当时我的诗兴发作。

乙 作首诗？

甲 我绊了一个坐蹲儿！

乙 闹了一身泥。

甲 作诗来不及了，作了一副对子。

乙 以什么为题哪？

甲 风水为题。

乙 什么词句哪？

甲 不能提。

乙 怎么哪？

甲 这是高尚的娱乐场所。座上的客位，大多数是知识分子，跟你说没关系。倘若有一个错字，或是平仄不调，大家要耻笑我，（上韵）那便如何是好呢？

乙 你要干什么呀？

甲 要有人笑话我哪？

乙 我替你担待。

甲 你可要注意听。有什么不明白的地方，可以问我。再向听众声明，要是有不对的地方，希望各位指正。

乙 您说吧。

甲 “风吹水面千层浪。”

乙 好。

甲　见笑，见笑，太粗糙。
乙　不，很好，很好，您再说下联。
甲　“风”就是刮“风”的“风”。
乙　我知道，下头哪？
甲　下头就是“吹”呀！
乙　是呀，底下哪？
甲　还是“吹”呀，就是吹灯拔蜡的“吹”。
乙　是呀，那个下联哪？
甲　那是“层”就是尸字头加个“云”字念“层”。
乙　您等等，您住的那房几个门框呀？
甲　两个呀！
乙　在上首的门框贴上啦：“风吹水面千层浪”，下边那个门框哪！
甲　是呀！
乙　士让炮打啦！
甲　这叫什么话呀？
乙　我问你下边的门框贴的什么？
甲　你这人真死脑筋。
乙　怎么？
甲　你不会再写一张贴在下边吗？
乙　噢，上下一样呀，横着贴的是横批，斜着贴的是春条。
甲　都成啊！
乙　都成？您别受这份儿罪啦。让大家看看，哪有这样的学生？一望而知就是偷煤的。他是抱着一块煤，走在河边上，有一个念书的正念这句哪，让他听见啦。人家念下句的时候，挂钩的追上来啦，他跑啦，下句没听见，拿一个上联蒙我来啦。你听我告诉你：生意肚，杂货铺，买什么，有什么。天不言自高，地不言自厚，人不言自能，水不言自流。金砖何厚，玉赞何薄，自大加一点念个“臭”。圣人说过：“知之为知之，不知为不知，是知也。”“不患人知不己知，患不知人也。”看您这个样子，下驷之才，不可造就：“朽木不可雕也，粪土之墙不可圬也。”我不能白说你一顿，给我作个揖！
甲　我又不跟你求婚，作揖干什么呀？
乙　我给你对上下联。
甲　这倒可以。

乙　我给你对：“雨打沙滩万点坑”。想着拿这下联唬别人去。

甲　您这个怎么讲？

乙　就是下雨下在沙滩上啦，雨点打了一万个坑。

甲　高才！高才！佩服！佩服！真是何处无贤！您跟他们后台各位一比，真是鹤立鸡群。乱石之中，您是块美玉。乱草蓬蒿之中，您是棵灵芝草。狗食盆里有您这么大块儿的坛子肉。浅水坑子里会有您这么大的甲鱼。

乙　喂！您怎么出口伤人？

甲　我问你，龙王跟你相好？海怪是你们亲戚？下雨谁给您打电话来着？就下一万点儿，不许多下一点儿，少下一点？都下在沙滩上，马路上一点没有？下在石头上现钻一个坑，不许雨点儿下一块儿？

乙　可说是哪？

甲　什么叫可说是哪？

乙　啊，比你没有下联强啊？

甲　呸，你准知道我没有下联吗？

乙　有你不说？

甲　我看着你讨厌，我才不说。你听你这一套：“生意肚，杂货铺，买什么，有什么。”你这是大杂货铺？是小杂货铺？

乙　小杂货铺。

甲　拿盒烟。

乙　没有。

甲　来包洋火。

乙　没有。

甲　那是什么杂货铺？我看你是粪场子。语言无味，面目可憎，什么东西！我要是打你两嘴巴，还得上一边洗手去。我要是骂你吧，我又是个念书的人，不能跟你这浑蛋一般见识。我越说越有气（拿茶碗喝水），没完！你得给我个答复，否则不然，取消你的营业。

乙　把我取消，您也甭吃！

甲　没完！

乙　这是我的不对，放着相声不说，给他对对子做什么。得啦，给他赔个不是，把他对付走了得啦。先生，您拿我当个江湖人。

（于俊波述）

莽撞人

后汉灵帝之时，在涿州有一人姓张名飞字翼德。为人慷慨，禀性刚直，身高八尺，膀阔三停，面如润铁，浓眉环眼，声如巨雷势如奔马。时年方二十岁，恰黄巾作乱，国家挂榜招贤，张飞正欲投军之际，巧遇刘玄德、关云长。三人一见，意气相投，随后在桃园结义。自结义以来，招募义兵，大破黄巾。到后来，讨董卓，战吕布，失徐州，依袁术，败汝南，投刘表，兵屯新野，收徐庶，取樊城，徐元直走马荐诸葛，刘玄德三顾茅庐。卧龙出山，博望烧屯，夏侯惇十万大兵，片甲不回，与曹操结下仇恨。曹操带领八十三万人马，亲下江南，欲图报复。刘玄德因寡不敌众，乃弃新野，走樊城，且战且走。这一日，败至当阳县，长坂桥前只有张飞一人殿后。张飞传令下去，随行二十余骑砍下树枝，拴在马尾之上，在树林之中来往奔驰，所为搅起尘土，故作疑兵。张三爷匹马单枪，桥头之上等候曹兵，少时曹操带兵追到，见桥头之上只有张飞一人，后面树林之中尘土大作，疑有埋伏，不敢轻举妄动。传令压住阵脚。只见张飞圆睁环眼、厉声大喝曰："我乃燕人张翼德也，谁敢前来与我决一死战？"声如巨雷，曹军闻之，尽皆胆寒。一个个目面相观，并无一人讨令出马。曹操一见，回顾左右曰："昔日白马坡前，曾闻关公言道：'张飞千军万马中取上将首级，如探囊取物。'今日相逢，不可轻敌。"言还未尽，张飞又喝道："燕人张翼德在此，谁敢来决死战？"曹操闻听，心中害怕，颇有退意。张飞遥见曹军阵脚移动。挺矛又喝曰："尔等战又不战，退又不退，是何道理？"喝声未绝，只吓得曹操身旁大将夏侯杰肝胆俱裂，坠马而死。曹操拨马便走，众将一拥而退，人如潮涌，马似山崩，自相践踏，死者不计其数。后人有诗赞之曰："长坂桥头杀气生，横枪立马眼圆睁，一声好似轰雷震，独退曹家百万兵。”张飞见曹军大退，不敢去追，传令随行二十余骑，摘去马尾松枝，把长坂桥拆断，回见玄德，述说以往。玄德叹曰：“贤弟勇则勇矣，可惜失于计算，那曹操素多好诈，汝今拆断桥梁，他知你无兵胆怯，势必卷土重来，彼率百万之众，虽涉江汉，可填而渡，岂惧一桥之断耶？”张飞闻听，后悔不及，顿足言道：“我真乃一莽撞人也！”

（戴少甫述）

暗八扇*

甲　真格的，你怎么说相声了呢！

乙　我喜欢这个。

甲　你家里过去了不起，你可称宦门之后。

乙　怎么个“宦门之后”？

甲　你爸爸换过娃娃。

乙　这叫“宦门之后”哇？

甲　“有破瓶子换娃娃！”

乙　别吆喝啦！家里有做官的，才叫宦门之后呢。

甲　啧，就您家里还出做官的呢？别逗了！

乙　我让你捧我啦？

甲　也别说，人家家里底儿厚。

乙　这话对！家底厚。

甲　就是“帮子”都破啦！

乙　鞋底儿啊！

甲　根底厚，有钱，就门口外边那辆“包月车”，那就是——

乙　我坐来的。

甲　他拉来的！

乙　说相声还带拉车？

甲　不然不够挑费啊！

乙　你再说！

甲　说真格的，您家可称是家大业大，有的是洋蜡。

---

* 一名《反八扇》。

乙 净存洋蜡干吗？

甲 停电的时候好卖啊！

乙 做买卖啊！那是家大业大，有的是骡马。

甲 对。您家可称是礼乐之家，挂过两次千顷牌，您家那真叫良田千顷，树木成林，米面成仓，煤炭成垛，金银成帑，钞票成刀，现钱成堆，骡马成群，鸡鸭成栅，鱼虾成池，锦衣成套，彩缎成箱，簪环成对，珠宝成匣，好物成抬，美食成品，妯娌成恨，兄弟成仇。

乙 都“成”一块儿啦！弟兄们和美。

甲 我说说您家的房子吧！你们家要没钱能住那么好的房子吗？

乙 这话对。

甲 那房子太讲究啦！门口有双刁斗的旗杆，汉白玉的狮子分为左右，金砖琉璃瓦，稳兽的门楼，十三层的高台阶，红油漆的广梁大门，上有无数铜门钉。门前有一副对联，还有一块横匾。

乙 上联写着什么？

甲 “兄玄德弟翼德德兄德弟”。

乙 下联？

甲 “师卧龙友子龙龙友龙师”。

乙 横匾？

甲 “亘古一人”。

乙 这是我们家？

甲 这是关帝庙。

乙 我说听着不对劲儿呢！

甲 这回我说您家。关帝庙跟您家一比可差远了！

乙 好！那您说吧！

甲 你们家是洋式门楼，夏天挂竹帘子，冬天挂棉帘子，穿堂才能入室，屋子里宽敞豁亮，硬木窗户满是五色花玻璃，洋灰墁地，洋瓷砖儿墁墙。冬天有暖气，夏天有电扇，电灯光半明半暗，一年四季总是热气腾腾，楼上比楼下更加清洁卫生。虽然每天宾客盈门，可是男女不能同座，进门后须要脱衣，小作水战，然后身围大毛巾，落座喝茶，海阔天空，在门外也有一副对联，一面横标。

乙 上联？

甲 “身有贵恙休来洗”。

乙 下联？

甲 “酒醉年高莫入池”。

乙 横标？

甲 “天香浴池”。

乙 澡堂子？我家又改澡堂子啦！

甲 晚上还可以改旅馆。

乙 嘁！谁让你说澡堂子，说我们家。

甲 说您家，您家好说。门口有一棵槐树。

乙 这一说就对啦！

甲 那真叫古树冲天，浓荫洒地，门庭壮丽，金匾高悬，大有官宦之风。前有高楼大厦，后有小院泥轩，金碧辉煌。千门万户，左龙右凤，横搭二桥，以备来往操练水军，有意征南。

乙 这是我们家？

甲 这是三国曹操大宴铜雀台。

乙 你提铜雀台干吗？

甲 提您家，提您家，拿铜雀台这一比，才显出您家阔来。

乙 怎么？

甲 您家讲究啊，那真是殿宇重重，高接银汉，七步一阁，八步一宫，外有千山万景，内有锦绣华堂，宫内摆设精奇，装饰华丽，真是象牙为床，锦绫为幔，走穗提钩，锦屏花幛，内有美女充庭，一个个霞帔霓裳，云鬟珠翠，貌美无双，娇容绝世。晨起梳妆，粉水如渠，呵气成云，一阵阵香风扑面，翠滴滴娇音入耳。

乙 这是我们家？

甲 这是秦始皇的阿房宫。

乙 怎么又扯到阿房宫去啦？

甲 这回一定说您家，您家可称是绝地。

乙 你家可称是荒山！什么叫绝地啊！

甲 乃是绝妙之地。可真是山不高而青，水不深而秀，花不多而艳，竹不密而屏，室不宽而雅，朋友不多而俊，行同管、鲍，义似关、张，未出茅庐，先定三分天下，真乃武侯发祥之地也。

乙 这是我们家？

甲 这是诸葛亮住的卧龙岗。

乙 又不是？

甲 （唱）“我本是卧龙岗散淡的人……”

乙　再不说我们家我可急了！

甲　我这就要说你们家啦！

乙　那你说卧龙岗干吗？

甲　卧龙岗风景好不好？

乙　好啊。

甲　赶不上您家的花园儿。

乙　那您把我们家的花园儿说说。

甲　好。要提起您家的花园儿，不禁令人神往，那真是依山靠水，自然优美，画栋雕梁，鬼斧神工，园庭宽阔，内外精致，中间有透壁花窗，绫门绣户，分外优雅。树木丛丛，楼阁隐隐，奇花异草，香气扑面，山石林立，处处可观，光滑如洗，细草如毡，藤萝碍路，鸟叫虫鸣，小苑微风，沁心怡情，通幽曲径，其乐无穷，绕过假山，见前面高搭秋千一架。

乙　这是我们家？

甲　这是《聊斋》上的陈明允巧遇西湖主。

乙　又跑《聊斋》上去啦！让你说我们家的花园儿！

甲　说你们家的花园儿，那可真是天工人巧合于一处，景色宜人，不让苏杭，真乃是山石高耸，细水长流，上有楼台殿榭，下有水阁凉亭，左是小河流水，右是峰峦叠翠，抄手游廊，玉石为镶，芳草如茵，山虎爬墙，藤萝绕树，青松合抱，鹤鹿往还，玉带桥竹栏护岸，月牙河碧水沉流，一望无边，恰似水晶世界，大有仙府之风。

乙　这是我们家的花园？

甲　这是《红楼梦》上的大观园……

乙　又拧啦！你可太难啦！再不说我们家你就甭说了。

甲　你少安毋躁，不要呶呶不休，要夸你家之富，可与石崇相比。

乙　这回错不了！

甲　您家可称是谈笑有鸿儒，往来无白丁，家里的庭训规则，无比严明，井井有条，条条有款。出有虎将侍卫，人有美妾相陪，内有艳女娇童，外有虞侯谋士，恰似锦上添花，犹如众星捧月，真是堂上一呼，阶下百喏，欢声如潮，鼓声如雷。

乙　这是我们家？

甲　这是吕蒙正夸官！

乙　走！

甲　让我上哪儿去？

乙　快走！

甲　别推！你让我上哪儿去？

乙　上你说的仙府之国。

甲　怎么又生气啦！

乙　你太可气啦！

甲　这不是捧您吗？

乙　有你这么捧的吗！

甲　干吗，又挂不住了？

乙　你别理我！

甲　我这回提你们家还不行吗？

乙　噢，这回提我们家啦，哈……

甲　行了吧？

乙　不行！

甲　不行你乐什么？

乙　这是冷笑！

甲　我说怎么怪吓人的呢。

乙　你别说了，再说也不是我们家。

甲　这回要再不提您家，您罚我。

乙　怎么罚？

甲　我请客。

乙　那行。

甲　你花钱。

乙　这是罚你啊，这不是罚我吗？

甲　都一样。

乙　不一样，再不说我们家一定罚你。

甲　这回准说你家还不行吗？

乙　说出来可得是我们家，不许再往别处串。

甲　要提起您家那真是天水相连，山水相依，天山碧水，一脉相承，仙府仙洞，瀑布常流，美不胜收，其乐无穷。这种美妙的景致，舞台上常见，画报上常登。尤其是你们全家每天必然登山瞭望，操练武艺，你父亲头戴金盔，双插雉尾，身穿蟒袍，足蹬战靴，兴致勃勃地观看子孙们各献本领，不由得雄心大振，技痒难熬，当场脱袍摘帽，霎时间铁棒翻飞，逞神威，显智勇，面对高山而舞，笑迎水府而歌，歌舞已毕，子孙后代们热烈鼓掌，连声称赞，你父亲一高兴还要喊一嗓子——

乙 怎么喊的！

甲 “众猴儿兵！回山去者！”

乙 花果山水帘洞啊！

（本篇结尾已作修改，传统节目结尾的原文附后）

甲 这回说您家，您家那地址好，在繁华的市中心，四通八达，交通便利，您家里是电灯电话，电铃电扇，样样齐备。你爸爸好交朋友，所以你们家是朝朝迎宾，日日会客，高朋成群，胜友如云，一位位风度翩翩，腰缠累累，谈心会意，讲今比古，论寸说俗，滔滔不断。贵客微发一言，朋友群声赞贺，客人高兴了立刻叫来成桌筵席，色香味形，四者兼备。热气腾腾，动人的目、鼻、口、心，立时就座，吃个酒足饭饱，哄然而散。哪天您家也得去个几十拨儿朋友，朋友多了就得论拨儿，这屋一拨儿，那屋一拨儿，这屋倒那屋，那屋倒这屋，院里还有一拨儿，等送走一拨儿，倒进来这拨儿，又迎进来一拨儿。您家底下人也多，招待客人特别周到：有刷墙的，有扫地儿的，有撮土的，有掸尘儿的，有擦桌子的，有抹椅儿的，有铺床的，有叠被儿的，有沏茶的，有倒水的，有打更的，有守夜的。再说，你们家姑奶奶多，有大姑奶奶，二姑奶奶，三姑奶奶，一直排到你们老姑奶奶，这些姑奶奶们平常是大门不出，二门不迈，你爸爸家规严，她们姐儿几个买东西都不让出门，把做小买卖的叫到院子里来买，所以每天晚上做小买卖的轮流到院子里来，吆喝起来这个好听啊：“果仁儿，栗子，胶皮糖啊！”“肥卤鸡！”“话匣子！”“大红果的糖堆嘛！”你爸爸一高兴在院子里也喊上啦！

乙 怎么喊的？

甲 “多包涵没有屋子咧！”

乙 窑子啊！

（常宝方述）

开粥厂

甲　听您说话这口音像北京人哪？

乙　对啦！我是京里人。您贵处是哪儿？

甲　您听说京西有个“馒头包”，我是那儿的人。

乙　您是馒头包！那咱们哥俩一样。

甲　您也是馒头包？

乙　我是“糖三角”。吃上啦！

甲　不，我是京西“人头狗”。

乙　我“把儿上弦”。钟表呀！这不是乱弹嘛！京西有个门头沟。

甲　对啦！对啦！我是门头沟的人。

乙　您那贵处煤窑多，解放前净出财主！

甲　财主是人家！

乙　您呢？

甲　我是靠天吃饭，量地求财，土里刨粮食吃。

乙　噢！您是一位农民？

甲　对啦！对啦！

乙　您解放前种着多少地呀？

甲　不能说，说出来怕您笑话。

乙　哪儿的话，您哪！种得再少，也比我们过去说相声强多啦！

甲　我种那点儿地，收了粮食换成钱，还不够您抽根烟卷儿的哪！

乙　您太客气啦！您种着多少地呀？

甲　我们家种着九千九百九十九顷九亩地。

乙　嚯！我抽多长的烟卷儿呀！

甲　要说九千九百九十九顷九亩地，又不够九千九百九十九顷九亩地。

乙 怎么不够呀？

甲 靠山种着四千四百四十四顷四亩地，靠河种着五千五百五十五顷五亩地，共凑一块儿这才够九千九百九十九顷九亩地。

乙 好嘛！您这是绕口令儿呀！我们说相声的专门讲究说绕口令，不信我说给您听听：您家种着九千九百九十九顷九里地。

甲 九里地？

乙 不是，九千九百九十九顷九亩地。是有点儿绕脖子啊！要说九千九百九十九顷九亩地，又不够九千九百九十九顷九亩地。靠山有七千七百七十七顷七亩地，靠河有六千六百……这，嗐！反正您地不少就是啦！

甲 说不上来啦不是！

乙 不行您哪！

甲 您别看地多，收下来的粮食还不够喂牲口哪！

乙 您那儿养着多少牛、马、驴、骡呀？

甲 我们那儿不养活牛、马、驴、骡！

乙 养活什么？

甲 养活骆驼。

乙 养活多少个骆驼呀？

甲 骆驼不论个儿。

乙 论什么呀？

甲 五个为一串儿，六个为一贯儿，七个为一把，八个为一帮。

乙 您是串儿、贯儿、把、帮？

甲 我这儿把着哪。

乙 唉！我这儿也没落子！

甲 我这儿拴着把子哪！

乙 您那儿有多少骆驼呀？

甲 我们家养着八千八百八百十八把子大骆驼。

乙 又来啦！

甲 要说八千八百八十八把子大骆驼，又不够八千八百八十八把子大骆驼！

乙 怎么？

甲 上山驮煤去了四千四百四十四把子大骆驼，我家后院拴着四千四百四十四把子大骆驼，共凑一块儿才有八千八百八十八把子大骆驼。

乙 这个比地可好说。

甲 您说说。

乙 您家种着有九千九百……

甲 八千八百。

乙 噢噢！您家种着八千八百八十八把子骆驼。

甲 什么？种骆驼？我哪儿找骆驼种去呀！

乙 不不！您家拴着八千八百八十八顷八亩地。

甲 拴着地，干吗？怕跑了啊？

乙 不不！您家拴着八千八百八十八把子大骆驼。

甲 唉！这还差不多。

乙 要说八千八百八十八把子大骆驼又不够八千八百八十八把子大马猴！

甲 大马猴？

乙 不不！大骆驼。上山驮煤去了四千五百九十……这您爱有多少有多少吧！

甲 我说你说不上来不是！

乙 您既然有这么多的产业还不在家里享福？解放前我碰到过您一次，您上北京干什么来啦？

甲 是啊！来这儿看看生意。

乙 噢！您北京还有几个买卖！

甲 对啦！有几个小商店。

乙 哪个买卖是您的呀？

甲 生意太小，也就是卖点儿零七八碎儿的。

乙 什么字号？

甲 小得不能提。

乙 您就甭客气啦！贵宝号是？

甲 总号在天津，分店在北京。

乙 噢！是……

甲 中原公司。

乙 （讽刺地）干吗呀？

甲 我的！

乙 （咬牙说）中原公司是你的？

甲　你咬牙干吗呀？
乙　我听着有点新鲜。
甲　照您这么一说仿佛不是我的？
乙　干吗仿佛呀，简直就不是你的。
甲　你不信。
乙　当然不信。
甲　你要不信，你不是人养的。你信不信？
乙　信，信！
甲　中原公司谁的？
乙　您的，您的！
甲　这回你怎么信啦？
乙　是呀！不信我不是人养的嘛！
甲　别看我有这么大的生意，过去我一年都不查一回账。
乙　噢！买块手绢查人家的账呀！你查得着吗！
甲　账房我向来都不进去。
乙　您一进去人家就报抢案。
甲　那中原公司着那么大的火，我在马路对面站着，连心疼都不心疼。
乙　是呀！有你的什么呀？
甲　照这么说你还是不信呀？
乙　我信，我信！
甲　还有几个小布店。
乙　什么字号？
甲　瑞蚨祥、瑞林祥、广盛祥、义合祥、谦祥益，这几个小布店。
乙　干吗呀？
甲　我的！
乙　噢！你的！
甲　还有几个小饭馆儿：全聚德、便宜坊、同和居、砂锅居、那家馆儿、厚德福、东来顺、西来顺、南来顺、萃华楼、丰泽园，这几个小饭馆儿，都是我的。
乙　您的，没错！
甲　还有几个小煤铺。
乙　噢！
甲　鸿义永、义和成、同兴号，这几个小煤铺，我的。

乙　对！您的。

甲　还有几个小客店：远东饭店、六国饭店、东方饭店，这几个小客店……

乙　您的！

甲　还有几个小药铺：庆仁堂、永仁堂、怀仁堂、西鹤年堂，都是我的，就连那东西南北四家同仁堂……

乙　您的！

甲　乐家的！

乙　这回您怎么不要啦？

甲　都知道是乐家的，我就不要啦！

乙　好嘛！（旁白）差点儿也归他！

甲　你就拿街上跑那电车来说，那都是……

乙　您的！

甲　电车公司的。

乙　这不是废话吗！

甲　我说那电车是电车公司的，上边那电线，下边那轨道……

乙　那是您的！

甲　他们一事。

乙　走！（旁白）他要给电车公司分家。

甲　怎么样？生意不少吧！

乙　（讽刺地）倒是够瞧的。甭拿别的说，就拿那几家大绸庄来说，您就吃不尽喝不尽喽！

甲　当然啦！

乙　那甭说，您穿呢绒绸缎甭花钱啦！

甲　那还用说嘛！打个电话就送几匹。

乙　既然打个电话就送几匹，（看甲大褂）哎呀！您这大褂怎么不换一件呀？

甲　这个……嘿嘿！我不是不爱捯饬嘛！

乙　是呀！再爱捯饬就光眼子啦！

甲　这个绸缎庄是我的你不信呀？你不信可是……

乙　我信，我信！鸿义永那几个煤铺都是您的？

甲　啊！

乙　那您烧煤甭花钱啦！

甲　当然啦！一个电话就送几吨，硬煤、烟儿煤，随便烧。

乙　好！既然您烧煤不花钱，怎么没解放那会儿我看见您拿个小簸箕买一毛钱的煤球儿呀？

甲　啊？

乙　啊什么呀？

甲　不，不是。有人跟我说，我们煤铺卖的那煤球儿有点儿掺假，不经烧，我买一毛钱的回去试验试验。

乙　您要试验，试验一天呀！您怎么天天试验呀？

甲　这……啊！我不还没试验好哪！

乙　对啦！试验好啦您那窝窝头怎么熟呀！

甲　这几个煤铺是我的你不信？

乙　我信！（笑）那些饭馆儿也是您的喽！

甲　那用说嘛！

乙　您吃饭甭花钱啦！

甲　当然啦！山珍海味，鱼翅海参随便吃，吃完了一抹嘴就走，连账都甭记。

乙　既然吃饭不花钱，怎么解放前我老看见您在天桥吃老豆腐呀？

甲　啊？我不……我不是天天吃鸡鸭鱼肉嘛！吃点老豆腐换换口味。

乙　噢！换换口味。那人家掉了块白薯皮你怎么捡起来啦？

甲　这……我以为是块陈皮哪！

乙　那怎么地下有个青果核你给捡起来啦？

甲　我以为是个藏青果哪！

乙　那有个烟头儿你怎么也捡起来啦？

甲　噢！全让你看见啦！

乙　我跟着您呢嘛！

甲　你跟着我干什么呀？照这么说你还是不信呀？

乙　您别着急，我信，（自言自语）好嘛！我不信，我不是人养的呀！您到北京来光为着看看生意呀？

甲　不！顺便还买点儿东西！

乙　买什么东西呀？

甲　买点儿汽车。

乙　噢！买辆汽车！

甲　买两打。

乙　啊！您要开运输公司呀？

甲　干吗开运输公司呀！自己还不够坐的哪！

乙　自己坐那么多的汽车？

甲　阴天下雨上个茅房不得坐汽车嘛！

乙　上茅房坐汽车！您府上有多大呀？

甲　我那周围方圆八百里。光住的房子就有八万多间，院子中间修的有公路，花园里的龙睛鱼赛过叫驴，蛤蟆骨朵儿比骆驼个儿大。

乙　我都没听说过。

甲　我们那种的玉米棒子都有一丈多长。

乙　那怎么吃呀？

甲　两人扛着，中间一个人昂着脖子啃。

乙　这是吃棒子哪吗，简直受罪哪！

甲　高粱都十丈来高。高粱粒儿跟柚子差不了多少，走在高粱地里您得留神，万一不小心，掉下个高粱粒儿来，把脑袋就能打个包，过两天您到我们那儿可以注意嘛，您看见脑袋上有包着纱布的，那就是……

乙　撞伤了的。

甲　高粱粒儿砸的。

乙　啊？

甲　蚂蚱比狗都大，不留神叫蚂蚱咬一口得歇仨月。我们那儿逮蚂蚱不用网。

乙　用什么？

甲　用机关枪扫射。过两天您到我们那儿去，听见机关枪响，那就是……

乙　打靶哪！

甲　逮蚂蚱哪！

乙　嚯！玄啦！哎！我问您，过去您那儿这么大的地势，住八万多间房，有多少人呀？

甲　八万多人，每人一间。

乙　府上有八万多人？

甲　不！我家里就我一个人，八万多人都是难民。我那儿开了个粥厂，施舍。

乙　噢！这么说您过去还是个善人。您那粥厂也是天天舍粥呀？

甲 我那儿不舍粥，一天三顿，早晨炖肉烙饼，中午炸酱面，晚上包饺子。初一十五吃犒劳，八个人一桌燕菜席。吃完了，会打麻将的，给二十块钱打八圈麻将；不会打麻将的，坐着飞机遛个弯儿再回来。

乙 嚯！

甲 这是平常日子，逢年过节还要单舍。

乙 是呀！您五月节舍什么呀？

甲 五月节呀！舍点儿应节的东西，八万多难民每人一份。

乙 都有什么？

甲 江米粽子一百个。

乙 嗯！

甲 蒲子两把儿，艾子两把儿。

乙 噢！

甲 黑桑葚儿一盘，白桑葚儿一盘，带把儿甜樱桃一蒲包，山樱桃一蒲包，大杏儿一百，雄黄二两，五毒饽饽四盒，玫瑰饼、藤萝饼一样儿五斤，“山海关”汽水两打，两打灵丹，两打双妹牌花露水，还有三十五斤大头鱼，这凉水……那您就自己挑去吧。

乙 行了您哪！舍得还是真不少。

甲 什么话呢！

乙 六月间舍什么？

甲 六月天热啦！一人两套纺绸裤褂儿，一件横罗大褂儿，巴拿马草帽一顶，三双缎儿鞋。

乙 是呀？七月呢？

甲 七月天下晚儿有点儿凉啦！每人一套软梢儿夹裤夹袄，一件春绸大夹袍儿，倒换着穿。

乙 噢！那八月呢？

甲 八月麻烦啦！

乙 八月怎么麻烦啦！

甲 八月中秋节，普天同庆嘛！

乙 您还得单舍。

甲 当然啦！

乙 八月节您都舍什么？

甲 八万多难民每人一份。

乙 都有什么？

甲 五斤一个的团圆饼两个。

乙 有一个就行啦！干吗舍俩呀？

甲 一荤一素，有那吃斋念佛的咱们不落包涵。

乙 嘿！想得真周到。

甲 白素锭一股。

乙 噢！

甲 大双包一封。

乙 啊！

甲 三十自来红，五十自来白，鸡冠花一对，毛豆枝儿一枝，白花儿藕一只，蜜桃、苹果、石榴、柿子、槟子、白梨、虎拉车一样五个，甜梨、沙果、沙果梨，一样儿十斤，一斤樱桃枣，二斤嘎嘎枣，二斤红葡萄，五斤白葡萄，三白西瓜一个，老白干儿、状元红、葡萄绿、莲花白，一样儿五斤，螃蟹八斤半，大个团脐满是活的，外有姜汁一盘，这醋……您就自己打去吧！

乙 噢！一个子儿的醋谁还打不起呀！您九月舍什么？

甲 天冷啦！每人一件驼绒袍儿，一套棉袄棉裤，全是丝棉的。

乙 噢，十月呢？

甲 该穿皮袄的时候啦！每人一件皮袄，可没什么很好的。

乙 也就是老羊的。

甲 狐腿的凑合着穿。

乙 啊？狐腿的还凑合着穿哪！十一月呢？

甲 每人一件礼服呢水獭领子的大衣。

乙 噢！腊月呢？

甲 忙啦！过年啦！

乙 净舍什么？

甲 从腊八儿那天起。

乙 噢！您那儿还熬腊八儿粥？

甲 熬？八万多难民每人一份，甭说多，每人一碗，我哪儿找那么大锅去。

乙 那怎么办呀？

甲 舍点粥米，自己拿回去熬去。

乙 噢！都有什么？

甲 米豆一份。

乙 嗯！

甲 粥果全份，小米儿一斤，黄豆一斤，江米半斤，豆角半斤，大麦米半斤，五斤小枣儿，三斤栗子，半斤桃脯，半斤莲子，四两乌豆，四两白豌豆，薏仁米、荔枝肉、梭子葡萄干儿，一样儿二两，青丝、红丝两样儿二两，瓜子仁、榛子仁，一样儿二两，金糕二两，半斤冰糖块儿，三斤黑糖，五斤白糖，玫瑰蜜供一样儿二两，高香一股，随带二十三祭灶供礼一份。

乙 噢！真不少。还是真全和。行啦！您这一年到头总算舍完啦！

甲 完啦？过年还没舍哪！

乙 过年还要舍呀？

甲 什么话呢！圣人有云（晃脑），“君子遵道而行，则能耐其善，半途而废，乃力之不足也”。

乙 行啦！您别晃啦！再晃就散了黄儿啦！

甲 这叫什么话！

乙 过年您还舍什么呀？

甲 八寸宽五尺高蜜供五盒。

乙 噢！

甲 圆子苹果二十五个为一堂。

乙 啊！

甲 面筋五盒，素菜五盒。

乙 是！

甲 红罗饼二十五斤，神祇老佛供、天地供、灶王供，一样儿三碗。祠堂供三堂，大干春橘二十五个为一堂，白蜜供五碗为一堂，佛花一对，金橘一对，大殿香一把，檀香四两，降香四两，炭饼二十五个，万寿香无数，白素锭五封，五斤通宵蜡一对，套环白蜡一对，大双包四对，小双包四对，钱粮对四副，万字鞭一挂，五把儿麻雷子，五把儿二踢脚，挂钱一百张，街门对、屋门对、灶王对、横批、福字、春条全份，黄白年糕共十斤，硬煤三百斤，煤球五百斤，两包白米，四袋白面，五百馒头，猪头一个，鲤鱼一尾，红公鸡一只，五十斤猪肉，六十斤羊肉，二十斤牛肉，四只肘子，两挂大肠，五斤猪油，下水全份，三斤羊肚，五斤肺头，五香作料一包，十只小鸡，十只鸭子，一对野鸡，一只野猫，汤羊肉二十斤，黄牛肉二十斤，鹿肉十五斤，野猪一口，鹿尾一对，冰鱼一包，五只冰鸡，淮河银鱼一斤，半斤鱼骨，四两鱼肚，五两江瑶柱，五十鸡子儿，三十鸭子儿，十个松花，二十个鸽子蛋，半斤口蘑，一斤贡蘑，四两黄花儿，四两木耳，四两金针，四两鹿角菜，四两大虾米，五斤供菜，一斤胡椒面儿，半斤芝麻酱。

乙　可完啦！

甲　一斤紫菜。

乙　还有哪！

甲　半斤片碱。

乙　噢！

甲　二两白矾，一斤海带。

乙　是！

甲　三十张油皮儿，三十张粉皮儿，香干儿、方干儿五百块，面筋五十条，软筋三十块，饹馇五十块，二十块鲜豆腐，五十块冻豆腐，五斤大盐，一斤磨盐，五斤黄酱，二斤黑酱，一斤白酱油，二斤黑酱油，一斤料酒，十斤米醋，十斤香油，五百斤白菜，两百把儿菠菜，青椒五十斤，青蒜二十把，老蒜三挂，一斤鲜椒，十斤山药，五斤芋头，豆角儿、豌豆苗儿，一样儿半斤，两篓酱菜，五斤萝卜干儿，三十块酱豆腐，五十块臭豆腐，一副麻将牌，两筒老炮台。

乙　嚯！可真够瞧的，照这么看您一天开开门，没有个千儿八百的，可过不去呀！

甲　可不是嘛！那年把钱给花秃噜啦！

乙　噢！

甲　没办法！我把我那裤子当了五毛钱。那年头钱可真不禁花！吃了顿饭，买了盒烟卷，没啦！

乙　嗨嗨嗨，您不是施舍吗？

甲　我打算那么舍，可我还没发财就解放啦！

（马三立　张庆森述）

暖　厂

甲　现在的人眼皮太高啦！

乙　可不是嘛！

甲　做买卖的不论大小，全都看不起人。

乙　现在就是势利眼的年头儿嘛！

甲　记得有一件事，大概是民国十三年的冬天，那一年我正在城南游艺园听戏。去了一位“老赶”，年纪五十多岁，里边穿的毛蓝布的棉裤棉袄，脚蹬大棉鞋，头顶白色的破毡帽，身上还披着一件没有吊面儿的大白老羊皮袄，一听这个捯饬，您就知道这位先生是不是一个怯当当儿了！

乙　真有一点像怯八邑！

甲　你别看他怯，他去了一屁股就坐在池子中的包厢里边了。

乙　他还坐包厢哪？

甲　你也看不起人不是！

乙　不是我看不起人，就听您这么一说，他实在的不够坐包厢的资格！

甲　错了错了！包厢是干什么用的？我先问问你。

乙　包厢是听戏用的！

甲　谁应当坐谁又不应当坐？

乙　有钱的人就可以坐，不管是谁。

甲　还是呀，只要有钱就可以坐，不管是谁！又什么叫够资格不够资格呢？

乙　这个……

甲　哪个呀？

乙　他是这么回事，听你说他那个穿的衣服不像有钱的人，所以我说他不够资格，不够资格者，就是没有钱的意思。

甲　你这话越发不对了！

乙　怎么？

甲　听你这话口是这样，有钱的人必定是穿身湖绉、扣绉、花儿洋绉，咔啦、哔叽、鹅缎绸，就不能穿粗布、蓝布、大白布，月白、灰市、浅毛蓝，是不是？

乙　是啦！有钱的人一定是穿好的，谁又爱穿不好的呢？

甲　你这话似乎很对，其实不然，却是大大的错了！

乙　怎么会错了呢？

甲　因为一个人一副眼光，有的爱红，就有的爱绿，这话你总应当知道哇？

乙　这话我倒是知道，不过是爱穿好的人多，不爱穿好的人少。

甲　爱穿好的人自然是多，不爱穿好的人自然是少；但是有的不得已他又不得不穿坏的。

乙　你这话太不对了！穿衣服还有什么得已与不得已的一说呢？

甲　当然有哇！

乙　你说一说，我倒要听听！

甲　可以可以！我先问你一句话，乡间的人喜欢穿什么？

乙　乡间的人喜欢穿布衣服。

甲　有穿绸缎的没有？

乙　穿绸缎的少！

甲　乡间有钱的人家呢？

乙　有钱人家也是穿布衣服。

甲　那么他要是穿绸缎有人管没有？

乙　穿衣服人人全有自由权，谁也不能管，不过是一样，要是穿好的，旁人笑话。

甲　嗷！那就是了！这就是不得已才穿不好的。

乙　好哇！你在这儿等着我哪！你有理我没理！你接着往下说吧！

甲　那个人坐在包厢里了，那看包厢的也是与你一个样的见解，走过来就说：“请您那边坐吧。这边是包厢。”那位怯先生也说得好。

乙　他说什么？

甲　他说：“这包厢怎么不叫坐？”看厢的说：“并不是不叫坐。”他说：“那你为什么叫我上散座去呢？”看厢的说：“散座就不必花钱了，包厢另花钱。”怯先生说：“那么我也花钱可以不可以？”看厢的说：“花钱怎么不可以！”他说话的那种神气，好像他看着那位花不起钱坐包厢的样子。

乙　不用他看不起，我也是看不起呀！

甲　他问要花多少钱。看厢的一字一板地说：“三块钱。”你猜那位怯先生怎样？

乙　站起来一走，怎么样！

甲　人家慢慢地一伸手，由腰中拿出来一卷洋钱票，拿出一张来，交给看厢的，叫他找钱，一看原来是五十元一张的。看厢的这才另换了一副面孔对待人家。叫人家可说了一顿呢！你看，看不起人有什么好处！

乙　倒是做买卖不应当看不起人。

甲　你看我像做什么的？

乙　我看您哪？像在哪个大学里……

甲　当校长！

乙　当听差的！

甲　得了吧！你也看不起人，我告诉你吧，我在某某大学中的职任很大，全学堂的人，不管教员学生全要听我的。

乙　嗬！您这个职任不小哇！

甲　谁又说小来着呢！

乙　是校长吧？

甲　不是不是！

乙　是教务主任？

甲　不是！

乙　那么是什么呢？

甲　是摇铃的！

乙　我以为是什么呢，原来是一个摇铃的呀，别挨骂了！

甲　教员学生上堂下堂，哪个不听我的呢？

乙　倒是全听你的，别往脸上贴金了！

甲　打哈哈是打哈哈，说真的，你也不知道我是怎么回事吧？

乙　我倒不大知道，不过是您也绝不太高贵。

甲　方才说了半天，你还是这样的看不起人。

乙　对啦，我有一点儿木头眼镜看不透您。

甲　你别瞧我这个样，我有不少的买卖呢。
乙　噢！您有什么买卖？
甲　电灯公司，电话局，自来水公司，全是我的。
乙　嚯！这三个大买卖是您的？
甲　对啦！光这三个买卖也不够我花的，还有呢！
乙　这三个买卖还不够您花的，您的花费可也太大了！
甲　花惯了嘛！
乙　您还有什么买卖？
甲　有十个旅馆，两个饭店。
乙　哪一家是您的？
甲　金台旅馆、迎宾旅馆、中西旅馆、第一宾馆、中华旅馆、宴宾旅馆、泰安栈、新华旅馆、中和旅馆、长发栈。饭店有六国饭店、北京饭店。
乙　哦，还有吗？
甲　有！多着呢！
乙　何妨你全说给我听听！
甲　对啦！南菜馆子有两家，一枝春、厚德福。福建馆子有一家，小有天。广东馆子有一家，天然居。教席馆子有两家，元兴堂、华宾楼。小菜馆有两家，六必居、王致和。糕点馆有两家，稻香村、桂香村。茶叶馆有八家：东鸿记、西鸿记、广茂、翠芬、张一元、汪正大、中国茶栈、庆隆。这是关于吃食方面的。
乙　这全是你的？
甲　对啦！还有十家戏馆子，五家电影院，中和、开明、吉祥、三庆、广德、广和、庆乐、华乐、第一舞台、城南游艺园、中天、中央、平安、光隆、大观楼。
乙　这全是你的！
甲　对啦！中国、交通、保商、边业、汇业、中南，这几家银行。
乙　也全是你的！
甲　对啦！还有天宝、天丰、天聚兴、宝善、开泰、三阳、恒利这几家金店。
乙　也是你的！
甲　对啦！还有同兴、天保、恒德、西恒肇、东恒肇、南恒肇，这几家当铺。

乙　也全是你的！

甲　对啦！还有开滦、井陉两个矿务局。

乙　也全是你的！

甲　是我的！还有北平、小小、飞燕、飞龙几家汽车行。

乙　也全是你的！

甲　是我的，还有万丰、天顺、祥顺、元兴、振亿这几家大木厂子。

乙　也全是你的！

甲　全是我的。还有商务印书馆、中华书局、大东书局、世界书局、有正书局，也全是我的。

乙　是你的！

甲　还有瑞蚨祥、瑞林祥、广益祥、祥顺成、三益祥，这几家布店。

乙　也全是你的！

甲　对啦！还有东西南北四个庆仁堂、南山堂、鹤年堂、同寿堂这几家药铺。

乙　也全是你的！

甲　对啦！还有同仁堂药铺。

乙　也是你的！

甲　那是乐家的！

乙　全都是你的，怎么唯独同仁堂不是你的呢？

甲　那全知道是乐家的嘛，我就不要了！

乙　你看你多大方呀！

甲　那个买卖我不愿意要，所以只差两个铜子我没倒过来！

乙　别挨骂了，那么大的买卖就差两个铜子就会没有倒过来！

甲　可不是吗！你不信去打听啊！

乙　我打听什么呀？

甲　你别看我有这些个买卖，也不过是将将的够我家里的花销。

乙　怎么着，将将的够花销？

甲　可不是吗！

乙　您家里一天得过多少钱的日子？

甲　一天一万多块钱吧！

乙　什么！一天一万多块钱？（咬着牙说）

甲　可不是嘛！这也就是这二年的年头儿不好，俭省着花，要不然是不够的。

乙 嗬！这还是俭省花呢，要是好年头儿不俭省您一天得多少钱的开销？
甲 也就是三万多块钱！
乙 这一说您现在俭省了多一半了？
甲 可不是吗？
乙 您的花销可也太大了！
甲 还大吗？
乙 简直的大嘛！您等一等，我听您说话有一点儿云山雾罩！
甲 怎么？
乙 有点儿新鲜，我请问您家几口人哪？
甲 你问我家里呀？家里的人口儿倒是不多，才两口儿人！
乙 有多少听差的？
甲 下人一个没有！
乙 那么怎么会那么大的花销呢？越说越不对了！
甲 这些花销全不是我的家里花的！
乙 那么是谁花的？
甲 因为我有一个暖厂，凡是住暖厂的人，无论春夏秋冬，全是我养活着。
乙 这一件事公德可真不小，大概有多少人？
甲 从前五百多人，现在只有三百多人了。
乙 三百多人一天吃得了多少？哪儿花得了一万块钱呢？
甲 你净知道说，你知道他们吃的是什么，穿的是什么呀？
乙 穿的也不过是粗布、蓝布、大白布；吃的也不过是些玉米面，一个暖厂还吃得出什么好的来？
甲 不！不！我这个暖厂可与众不同！
乙 怎么不同？您说一说我听听！
甲 先说穿的吧，无论男女老少，夏季是每人夏布大褂两件，华丝葛大褂两件，洋绉大褂两件，纺绸裤褂两身，串绸裤褂两身，暑凉绸裤褂两身，丝线洋袜子一打，礼服呢鞋三双，皮鞋两双，巴拿马草帽两顶，冬天是每人哔叽大棉袄两件，公司缎大棉袄两件，灰鼠皮袄两件，羊皮袄两件，狐腿皮袄两件，呢大氅两件，绮霞缎棉袄裤两件，毛衣毛裤两身，白布裤褂四身，毛袜子一打，棉鞋两双，皮帽子两顶，毛线围脖一条，皮手套两副，西服两套，到了春秋儿，每人库缎大夹袍四件，贡缎夹袍四件，绿缎小夹袄四身，板绫小夹裤四身，礼服呢小夹袄裤四身，洋袜子两打，缎子鞋四双，美国帽四顶。被褥是每人五斤重鹅绒被褥两条，三斤棉子被两条，全是大红缎子的被面，驼绒被里。大绒毯子两条，印度绸的蚊帐两个，你看看他们这三百多人，净是穿，一年得多少钱？

乙　真不得了！那么吃呢？

甲　说起吃来更不得了！不论春夏秋冬，天天早晨起来，每人一碗人参汤、一碗咖啡、一碗牛奶，早晨每人有四碟点心，正午六个人一桌燕菜席，晚饭是六个人一桌西餐，临睡觉的时候，每人还有四碟点心，这是平常的饭食，一年中的节令还加吃食。

乙　全加什么？

甲　那就分是什么节了！

乙　先说大年初一吧！

甲　大年初一的东西可多了！

乙　全加什么？您说一说！

甲　大年初一每人加羊肉、牛肉、猪肉一样儿二斤，海参四两，黄花四两，口蘑四两，小鸡一只，鱼一斤，鱼翅四两，豆腐五块，木耳四两，豆芽六两，豆芽菜一斤，千岁米四两，老干团粉半斤，葱、姜、蒜各四两，火腿一只，鸭子一只，烧酒五斤，黄酒五斤，白兰地五瓶，另外加上好西贡米十斤，洋白面一袋，这是大年初一加的东西。

乙　正月十五灯节呢？

甲　灯节每人加元宵一百个，南糖五斤。

乙　五月节呢？

甲　五月节与八月节全与大年初一一个样儿，不过五月节又多添上了每人粽子一百，五毒饼每人二斤。八月节添上了每人自来红、自来白各五十个。九月九每人加花糕二斤。到了腊八加的东西又多了。

乙　全加什么？

甲　每人加白米、粳米、糯米、大麦、小米、籼米、元麦、高粱米、稷米、黄豆、绿豆、豌豆、青豆等各一升，小麦、栗子、花生、核桃、青丝、红丝等等全份粥果，还有黑糖、白糖各一斤，这是腊八加的东西。

乙　嚯！

甲　除此以外，每年中每一个人还要给许多的东西。

乙　这还不成！还要给东西？

甲　还得给！

乙　还要给什么？

甲　一年中每人还要给羊一只，猪一口，牛一只，肋条十斤，腰子五十个，脂油五斤，风肉十斤，火腿十个，熏肉十斤，腌鸡十只，风鸡十只，蒸鸡十只，酱鳝十只，海参五斤，鱼翅五斤，虾米、青鱼、白鱼、鲤鱼、黄鱼、黑鱼、鲫鱼、鲋鱼、甲鱼、团鱼、黄鳝、大蟹、蛤蜊，一样儿十斤。茄子、萝卜、韭菜、芫菜、芥菜、荠菜、菠菜、白菜、青菜、芹菜、山药、山芋、香芋、豆芽、豆芽菜、雪里蕻、香椿等物各二十斤。葱、姜、蒜各五斤，川椒、胡椒各半斤，冬笋、芦笋、笋尖、笋干各二斤，黑木耳、白木耳各一斤，豆腐二十块，茶干儿五十块，粉皮三十张，面筋一百条，黑酱油、白酱油各十斤，醋五斤，黄酱十斤，团粉五斤，盐十斤，胡桃、柿饼、桂圆、荔枝、龙眼、樱桃、梅子、橄榄、杏儿、李子、红葡萄、白葡萄、山楂、枇杷、甘蔗、荸荠、黑枣、菱角各五斤。石苹果、沙果、蜜柑、橘子、鸭梨、柿子、西瓜各五十个，香瓜每人五排。

乙　这么些东西？

甲　还有呢！

乙　还有什么？

甲　还有春饼、薄饼、月饼、方糕、粽子、烧麦、馒头、汤包、馄饨、包子、水饺、烘糕、麻团、汤团、麻糕、蜜糕、橘饼、梅酥、核桃酥、油酥饼、油炸糕、状元糕、松子糕、鸡蛋糕、绿豆糕、火炙糕、云片糕、山楂糕、茯苓糕、太史糕、薄荷糖、寸金糖、印花饼、玫瑰饼、桂花糕、香糕饼、芝麻饼、烘片糕、五色饼、玉兰片、黑糖、白糖等，随便要，想什么吃什么。

乙　嚯！这是点心！

甲　对啦！中国菜厨房里还有软炸鸭腰、炸青虾球、软炸鸡、炸胗肝、炝青蛤、卤牲口、火腿片、炒鱿鱼、炒冬菇、芙蓉鸡片、软炸里脊、烩鸭条、烩三冬、烩虾仁、烩三鲜、烩什锦、烩肝尖、糟熘鱼片、虾子笋、烹断鳝、五柳鱼、酱汁鲤鱼、红烧鱼翅、红烧鱼片、红烧鸭、红烧肉饼、菜心红烧肉圆、锅烧肥鸭、锅汤鱼、东洋三片、清炖燕菜、清汤银耳、锅贴金钱鸡、草帽鸽蛋、蘑菇汤、鲍鱼汤、蛋花汤、三片汤、鸡杂汤、鸡血汤，这是中国菜厨房预备的几样，也是随便想吃什么就要什么，还有西菜厨房呢！

乙　还有西菜厨房？

甲　对啦！

乙　那么西菜厨房又全预备什么呢？

甲　西菜厨房所预备的东西，有焗鱼、炸鱼、烧鱼、烩鱼、牛扒、羊排、咖喱鸡、烧山鸡、烧竹鸡、童子鸡、扒里脊、烩白鸽、烧鹌鹑、法国猪排、番茄汤、鸡丝汤、鲍鱼汤、虾仁汤、玫瑰冻、牛奶冻、红白烩鸡、番茄烩鸡、青豆蘑菇汤、葱头蘑菇汤、提子布丁、蛋奶布丁、猪肝布丁、香蕉布丁、咖啡多士茶、牛奶多士茶、各样的番茄饼，这些东西全有，也是想吃什么要什么。

乙　噱！这个样子的优待，我请问您，您的这个暖厂在什么地方呀？

甲　就在这北平市呀！你不知道哇？

乙　对啦，我不知道！在北平市的哪一个地方呀？

甲　就在城里头东北角上。

乙　噢！您府上在哪儿住哇？

甲　我住的地方你全不知道？

乙　对啦，不知道！

甲　冬天我住粥厂，夏天打游飞，没有准地方！

乙　有这么大势派怎么冬天住粥厂，夏天打游飞呢？

甲　我有多大势派呀？

乙　不是您有许多的买卖吗？

甲　没有哇！那全是人家的！

乙　说了半天没有你的呀？

甲　对啦！

乙　那么那个暖厂呢？

甲　那个暖厂现在也没有开张呢，我是打算我一个人办一个！

乙　别挨骂啦！白说了半天，空吹了半天，闹了半天没有那么回事！

甲　要真有那么回事我就不穿这个了！

乙　穿什么呢？

甲　披麻包了！

乙　还是穷说了半天穷话！

（张笑侠搜集整理）

洋方子*

甲　我往这儿一站，您看我这身儿穿章[①]打扮，举止，听我这言谈话语，我是干什么的？

乙　您恕我眼拙，看不出来。

甲　我是位大夫。

乙　失敬，失敬。您在哪个医院哪？

甲　不在医院。

乙　哪个医馆？

甲　也不在医馆。我开了一个药铺，自己坐堂自己卖药。

乙　您开的药铺是什么字号啊？

甲　您到南市一打听，没有不知道的。

乙　叫什么？

甲　“相交堂”。

乙　香蕉糖！那我跟您打听打听，这个薄荷糖、茶膏糖离您那儿多远哪？

甲　那是我的分号。

乙　卖药糖来了！

甲　什么“相交堂”啊？

乙　不是吃的香蕉糖吗？

甲　唉，我这“相”啊，是相逢的“相”，“交”是交朋友的“交”。

乙　噢。那您上这儿干什么来了？

---

* 又名《洋药方》，单弦名家德寿山曾将相声《洋方子》的未完成稿赠与张寿臣，张寿臣于 20 世纪 20 年代后期丰富了作品的内容，改编演出。

① 穿章——指服饰的款式、色泽等的组合方式，章即章法。

甲　我印了点儿广告，上这儿撒传单来了。

乙　给我一张好吗？

甲　您早说呀，撒完了。您要想知道，不要紧，我给您念念。

乙　那好。

甲　上写“相交堂，祖传八辈儿五……”

乙　您先等等。或者八辈儿，或者九辈儿，这八辈儿五是怎么回事？

甲　我们家是世医，祖祖辈辈都是大夫，从我们祖上传到我父亲那儿整八辈儿；到我这儿哪，半辈儿。故此叫八辈儿五。

乙　我听着都新鲜。

甲　下面是原文。

乙　您念念，我听着要是好，有亲戚朋友病了，给您介绍介绍。

甲　“夫天地之间，人生以命立命，以心居心。若不将方寸放置于中正之处，则作为令人罕见罕闻也！盖为人之要地，作生命之良田，诚于中，形于外。此心不可亏，不可屈，不可瞒，不可昧。若亏心天良必损；若屈心天理必伤；若瞒心人格必丧；若昧心寿命必夭；此乃为人之四大纲目也！今本堂诚修此丹，为诙谐之词，不足与君子听，实嘲笑小人之品行，乃济世之良方，医人之圣药也。此药专治男女老幼一切诸虚百损、心经反复、令人不测等症。常服此药，大有功效，妙难尽述，用当通神。”

乙　嚯！您说得这么好，那您看病是内科还是外科呀？

甲　也不是内科，也不是外科。

乙　妇科、儿科、正骨科？

甲　全不是。

乙　那您是哪一科哪？

甲　我是特科。

乙　特科？我还真没听说过这个特科。特科治什么病啊？

甲　专治人身上的毛病。

乙　都治什么毛病呢？

甲　广告上全写着哪。

乙　您受累再往下念念。

甲　第一种治“儿”症。

乙　噢，小孩儿得的病。

甲　小孩得病是儿科，我说的是“儿症”。

乙　怎么个“儿”症啊？
甲　每一种病都带一个“儿”字，共五十五种。
乙　您念念。
甲　“一治软柔儿……”
乙　软柔儿！
甲　有没有这种毛病？
乙　有，有，您接着往下念吧。
甲　“一治软柔儿、蔫拱儿……”
乙　我听着都新鲜。
甲　“……呲毛儿、试步儿、岔道儿、记仇儿、格扭儿、玩招儿、使空儿、撒娇儿、小性儿、抓愣儿、择毛儿、泥缝儿、念秧儿、买好儿、比粗儿、偷油儿、转轴儿、吊猴儿、吃熟儿、种毒儿、等漏儿、抻弓儿、熬僵儿、要苍儿、蹭楞儿、卖嚷儿、干号儿、斜巷儿、生根儿、按脏儿、插圈儿、弄套儿、肉头儿、僵豆儿、端肩儿、摆尾儿、摇头儿、晃脑儿、要三青儿、叠四折儿、脑袋核儿、牙疼咒儿、小鼓捣油儿、大谎皮流儿，一切虚儿、漂儿、横儿、蹭儿、醋儿、酱儿、气儿、棒儿、翻眼猴儿等症尽皆治之。”
乙　得了这种病吃什么药呢？
甲　吃伸腿瞪眼丸。
乙　啊！一伸腿一瞪眼人就完了？
甲　病就完了。
乙　人呢？
甲　好了。
乙　用什么药引子呢？
甲　四两滴滴涕冲八个卫生球把它喝了。
乙　烧耗子啊！
甲　还有一种“没症”。
乙　噢，梅毒啊。
甲　那是特科治的病吗？
乙　那怎么个“没”症呢？
甲　每一种病都带一个“没”字，共五十五种。
乙　您再给念念。
甲　“没根基、没品行、没良心、没厚诚、没人味儿、没德行、没材料、没准性、没廉耻、没正经、没实话、没信用、没王法、没见证、没蔼和、没谦恭、没拿手、没把柄、没真章、没恻隐、没身分、没尺寸、没通融、没活便、没恩典、没情面、没心胸、没志气、没出息、没教育、没亲戚、没朋友、没家里、没外头、没耐烦儿、没好脸儿、没血性、没心眼儿、没大小、没深浅儿、没碴儿找碴儿、没事找事、没话找话、没理搅理、没缝下蛆、没好主意，一切没上没下、没皮没脸、没气、没囊、没羞、没臊、没准稿子等症尽皆治之。”

乙　这种病吃什么药哪？

甲　吃绝命丹。

乙　吃下去就绝了命了！

甲　绝对保住命了。

乙　用什么药引子呢？

甲　两包臭虫药、煤油冲服。

乙　我越听越别扭。您这药铺开了几年啦？

甲　刚开张。

乙　我送您四个字。

甲　“开市大吉”。

乙　“赶紧关门”。

甲　您这是怎么说话！

乙　您刚才说的那些病啊，都是人身上的毛病。得了这种病，瞒还瞒不住哪，谁肯往外说呀？没听说来了一位看病的到您这儿：“大夫，您给我看看，我有点儿转轴儿，还有点儿没羞没臊。”有这种人吗？

甲　您这意思我明白，这种病是人身上的毛病，谁有这种病也不肯往外说呀！

乙　就是啊！

甲　我不用他说。

乙　他不说您怎么看哪？

甲　有这种病的人从我眼前一过，我一看就知道他有病没病。这叫“观其外而知其内”，这是能耐。

乙　您有这本事？好，您今天就在这儿看看，谁有这病。

甲　你让我看看在座的各位谁有这病？

乙　啊。

甲　在座的各位都是正人君子，一个得这种病的没有。
乙　没有啊，哈哈，有你也不敢说，说谁谁也不答应。
甲　根本就没有嘛！
乙　我就不信，这么些位哪，一位得这种病的没有？
甲　（看乙）嗯！真有一位。
乙　谁呀？
甲　你。
乙　我！你这可是胡说，我也不少吃也不少喝的，有什么病啊？
甲　我是特科，吃得越多喝得越多病越厉害。诸位，您看，耳朵梢儿都干了。
乙　我要玩儿完哪？
甲　您别害怕，遇见我就好了。
乙　您快受累给我看看吧。
甲　行，咱找个没人的地方儿。
乙　就在这儿看得啦。
甲　这可不行。
乙　怎么？
甲　您这病不是一般的病，是您身上的毛病。我给您诊脉不诊脉哪？
乙　诊脉呀。
甲　诊完脉，您得的什么病我说不说哪？
乙　当然要说啦。
甲　诊完脉一说您的病症，大伙儿一乐，您脸上一定挂不住啊。明明有这种病，你愣说没有。知道的，说你有病不说实话；不知道的，说先生我没能耐。您的病也耽误了，我的名誉也损坏了。
乙　您放心，我绝不能讳疾忌医。有我一定说有，没有就说没有。
甲　好吧，您请坐。
乙　（坐在椅子上）
甲　（摸乙的头）
乙　别玩笑。
甲　谁跟你开玩笑啦？
乙　那你摸我脑袋干吗？
甲　给你诊脉呀。
乙　诊脉？诊脉诊脑袋？

甲　诊脉诊哪儿呀？

乙　诊脉诊这儿（指手腕）。

甲　噢，您说的是寸、关、尺，大方脉。左边心、肝、肾，右边脾、肺、命门。

乙　对呀。

甲　那是内科，我是特科呀！

乙　特科诊脉？

甲　特科诊脉诊脑袋。

乙　这特科诊脉也特别呀！

甲　你要是不相信大夫就甭看了。

乙　相信，相信，您受累吧。

甲　（吸气）哎呀！

乙　怎么啦？大夫。

甲　你这病不轻啊。

乙　是啊，没病也让你吓出病来了。

甲　你这病由打气上得。

乙　好！大夫，冲您这一句话，我佩服您。我这个人就是爱生闷气儿，看见不公的事就生气。

甲　嗳！你不是那种气，你是“气人有”的气。

乙　我……我怎么会有这种气哪？

甲　没有？没有就甭治啦。

乙　（到甲耳根旁小声说）有点儿。

甲　啊，怎么样，有点儿吧！

乙　你别嚷啊！

甲　又勾出别的病来了。

乙　还有什么病？

甲　气人有，笑人无；敬光棍，怕财主；对浑汤，下臭雾；乱社会，败风俗；缺公德，少公理；敲竹杠，拍马屁。扯疯狗，咬傻子，长处掐，短处捏。又种谷，又卖饭；锅里吃，锅里拉。一马勺坏一锅，软的欺，硬的怕。捧臭脚，抱粗腿。敲锣边儿，站缸沿儿，说大话，使小钱。架势力，吹牛腿，不顺南不顺北，翻过来掉过去，一片嘴两片舌。借风使船，隐恶扬善，成事不足，坏事有余，破坏公益，恬不知耻，吃昧心食，拉硬角屎，口是心非，见钱眼开，食亲财黑，六亲不认，血口喷人，瞪眼撒谎，笑里藏刀，吃里爬外，借钱如白捡，还账认丧气，瞒上不瞒下，卖脸不卖身，朋友当冤家，翻脸不认人，骑脖子拉屎，得便宜卖乖，拍、打、吓、唬、嚇，坑、崩、拐、骗、蒙，促狭、短见、狠，霸道、厉害、怪，奸巧曲滑，阴毒损坏，偷、摸、抢、拿，扒、豁、蹬、踹，贼手毛脚，你是人面兽心。

乙　这些病怎么都让我得了！

甲　这是你的病源。

乙　我的病呢？

甲　你的病是三个字。

乙　哪三个字？

甲　伤、勾、破。

乙　伤？

甲　伤风败俗，伤天害理。

乙　勾？

甲　勾通外洋，卖国求荣。

甲　破坏国家，破坏公益。你这病我可治不了。你另请高明吧。

乙　那您把我送医院吧！

甲　医院也没办法呀。

乙　那怎么办哪？

甲　哎，还有个偏方儿。

乙　什么偏方？

甲　枪毙！

（本篇中甲所介绍的“儿症”、“没症”，也可以在演出时用以下所附各“症”轮换。）

不症

不公道、不体量、不憨厚、不认账、不抢阳、不斗胜、不留情、不护众、不服劝、不听教、不识交、不妥靠、不开面儿、不出血、不吃将、不接帖、不齐心、不努力、不架局、不明理、不义气、不克己、不拾碴儿、不上前儿、不拉线儿、不顾面儿、不合槽儿、不抱把儿、不下本儿、不挂火儿、不但沉儿、不碴泥儿、不吃亏儿、不饶人儿、不容份儿、不让过儿、不够格儿、不使劲儿、不分垄儿、不认错儿、不知自爱、不知好歹、不认交情、不识抬举、不顾名誉、不守规矩，一切不伦不类、不管不顾、不吃不斗、不依不饶、不通情理等症尽皆治之。

一　症

一面黑、一头沉、一包坏、一根轴、一本账、一铺张、一洒汤、一挂浆、一扫光、一条枪、一翻秧、一上气、一卖味儿、一条绳、一宠性儿、一道辙、一手活、一刹车、一砸锅、一支瓜、一反赞、一溜边儿、一漏馅儿、一条线、一棵菜、一抓尖儿、一扬脸儿、一犯嘎、一装傻、一硌牙、一打耙、一把糟、一锅熬、一发膘、一冒梢、一道号、一条道、一面理、一便之见、一己之私、一面之词、一人见喜、一身箭眼、一心鬼胎、一抬脑袋一个见识、一转眼珠一个主意，一切一推一搡、一拉一撂、一勾一搭、一答一和、一脸的天官赐福、一肚子南道沙果梨等症尽皆治之。

假　症

假慈悲、假道德、假作情、假热脸、假维新、假公议、假连心、假忠厚、假爱戴、假人情、假热心、假信实、假文明、假义务、假搪塞、假对付、假推辞、假躲避、假从权、假屈己、假公平、假耿直、假应诺、假骨力、假豪横、假硬朗、假开通、假大方、假活便、假爽快、假细心、假胆小、假窝囊、假老实、假亲近、假稳当、假嘀咕、假哈张、假含糊、假做作、假传圣旨、假冒字号、假装糊涂、假不指着、假出来啦、假到家啦，一切假情、假义、假好、假厚、假模、假式、假哭、假笑、假充好人等症尽皆治之。

心　症

安黑心、生坏心、起疑心、毒辣心、绝人心、没好心、一狠心、血迷心、刀子心、秤砣心、铁了心、疯子心、假没心、假孝心、挖着心、攒着心、不在心、真忍心、安私心、瞎了心、使碎心、费尽心、没准心、起贼心、浑着心、有外心、转轴心、变了心、丧良心、生邪心、不虚心、假善心、长脏心、孱头心、势力心、耍奸心、假慈心、装窝心、屈着心、昧着心、二意三心、总不留心、说话扎心、转脸变心、狗肺狼心、人面兽心，一切勾心、猪心、狗心、亏心、负心、多心、抓心、见钱动心等症尽皆治之。

（张寿臣述　陈笑暇　张立林整理）

洋药方治病

甲　辛苦，先生。
乙　先生。
甲　像你们这说相声的，得好好研究外国语。
乙　可不容易呀！
甲　我就会外国语。
乙　您哪国话有拿手？
甲　英语。
乙　那我领教领教，英国人戴帽子叫什么？
甲　戴帽子叫盖发。
乙　穿鞋呢？
甲　叫挨地。
乙　吃枣呢？
甲　是吐核吃。
乙　吃葡萄呢？
甲　是吐皮儿吃。
乙　吃橘子呢？
甲　剥皮吐核儿吃。
乙　噢，剥皮吐核儿啊！
甲　耶司耶司。
乙　别挨骂啦！
甲　我真到过美国，研究一种医学，能治病。
乙　都治什么病？
甲　专治人身上的毛病，分为三科，头一科是“不症”。

乙　什么叫不症?

甲　是病都有个不字，有五十多种。

乙　那你说说。

甲　一治不公道、不体谅、不憨厚、不认账、不抢阳、不斗胜、不留情、不护众、不服劝、不依好、不识交、不妥靠、不开眼、不出血、不吃将、不齐心、不努力、不架局、不明理、不义气、不克己、不拾碴儿、不上前儿、不拉线儿、不顾面儿、不合槽儿、不抱把儿、不下本儿、不挂火儿、不但沉儿、不碴泥儿、不吃亏儿、不饶人儿、不容份儿、不让过儿、不够格儿、不使劲儿、不分垄儿、不认错儿，不知自爱、不知好歹、不懂交情、不识抬举、不顾名誉，一切不伦不类、不管不顾、不吃不斗、不依不饶、不通情理等症，并皆治之。

乙　得这病得吃什么药?

甲　伸腿瞪眼丸，引用贼骨头、臭骨头、损骨头，每样四两，煤油冲服。

乙　还治什么病?

甲　还有一种“没症”，是病都得有个“没”字，有五十多种。

乙　那你说说。

甲　一治没根基、没品行、没良心、没厚诚、没人味儿、没德行、没材料、没准性、没廉耻、没正经、没实话、没信用、没王法、没见证、没蔼和、没谦恭、没拿手、没把柄，一切没上没下、没大没小、没气没囊、没心没肺、没好主意等症，并皆治之。

乙　得这病得吃什么药?

甲　八步骂不散。引用七个卫生球冲服。

乙　还治什么病?

甲　还有一种“子症”，是治钱狠子、猩架子、牛脖子、歪脸子、装聋子、当傻子、假瞎子、充嘎子、胎乏子、拣渣子、使耙子、下夹子、编筢子、苦拉子、冲壳子、日拿子、生坯子、浑坛子、窄肠子、阴面子、扒豁子、磨坨子、无赖子、拉皮子、豁鼻子、揭根子、兜底子、避黍子、架堆子、玩胆子、碰钉子、对嘴子、认扣子、死脑子、捅娄子、惹吵子、四棱子、青饼子、溜沟子、扎猛子、捉秋子、拢空子、照影子、还绷子、生拱子、打快勺子、没准稿子、放火搬梯子、脚底下使绊子、一切钉子、帽子、棍子、棒子、轴子、苍子、扒子、牙子、抽冷子、犯嘎杂子等症，并皆治之。

乙　像你们所说的这些病，什么人能得呀？

甲　以你们这生意人为最多，你就有这病！

乙　那你治给我看看。

甲　不能治给你看。你所得的这些病，都是见不得人的，我说出来，你不承认，你撒谎怎么办哪？

乙　只要你说对了，我决不撒谎。

甲　那我就治给你看看。先诊诊脉。哎呀，你这病不轻呀！得的是杂症，初起由气上而得。

乙　对啦，我爱生闷气。

甲　你这不是生气的气呀！是泄气的气，这叫气人有的病，是瞧人有钱，你就有气，不但气人有，而且笑人无，敬光棍、怕财主；对浑汤，下臭雾；乱社会，败风俗；缺公德，少公理；敲竹杠，拍马屁。扯疯狗咬傻子、长处捏缺处掐、又种谷又卖饭、一马勺坏一锅。翻过来，掉过去，不站南，不站北，奸狡油滑、阴毒损坏、血口喷人、绷脸撒谎、贼手毛脚、人面兽心。

乙　哎呀！怎么这病全叫我得啦？

甲　简直没法子治呀，我给你开个偏方吧！

乙　谢谢你。

甲　你这病得枪毙呀！

乙　别挨骂啦！

（焦德海　刘德智述）

夸讲究*

甲　想当初您不是这行。

乙　对。

甲　家里头有钱。家大业大，骡马成群，金银成库，米面成仓。堂上一呼，阶下百喏。

乙　老街旧邻全知道。

甲　你爸爸吃喝穿戴没有一样儿不讲究。

乙　对呀，要将就就别讲究，要讲究就别将就嘛。

甲　首先，你爸爸对于卫生上讲究。

乙　那是主要的。

甲　每天早晨，你爸爸用两瓶滴滴涕冲半斤卫生球把它喝了。

乙　这是讲卫生？

甲　这是烧耗子。

乙　跑嘴里烧耗子去啦！

甲　完事之后要喝三碗汤。

乙　第一碗要喝什么汤？

甲　要喝木香汤。

乙　这为什么哪？

甲　分分气。

乙　对，清气上升，浊气下降。多进饮食。

甲　第二碗要喝燕窝汤。

乙　这为什么哪？

---

*　《夸讲究》是张寿臣20世纪30年代后期的作品。

甲　补补气。

乙　光分不补也不成啊，第三碗？

甲　要喝迷魂汤。

乙　这为……

甲　咽了气。

乙　玩儿完。

甲　要喝人参汤。

乙　为什么哪？

甲　助助气。

乙　对。

甲　你爸爸吃饭可讲究。

乙　怎么讲究？

甲　三餐成桌，顿顿成席。哪顿也离不开山珍海味。

乙　山珍？

甲　猴头、银耳、焦梨、火枣、虎脯、驼峰、熊掌、鹿尾、凤髓、龙肝、狼心、狗肺。

乙　不要这两样儿！海味哪？

甲　海参、燕窝、鱼翅、鱼腹、鱼肚、鱼头、鱼尾、鱼骨头、鱼刺。你爸爸蹲在桌子底下吃着美。

乙　这是我爸爸？

甲　猫。

乙　我说越听越不对哪！

甲　你爸爸穿衣裳也讲究。

乙　怎么讲究？

甲　穿的完全是湖绉、杭绉、花洋绉、春绸、潞绸、印度绸，法兰绒、华达呢、哔叽、礼服呢；没有那粗布、蓝布、缸靠儿布，月白、灰市、浅毛蓝，头蓝青市布、布头儿什锦白。

乙　瞧这两大套。

甲　讲究穿，一天三开箱。

乙　什么叫一天三开箱？

甲　就是说你爸爸一天要换三回衣裳。

乙　那怎么换哪？

甲　比如说冬景天穿灰鼠的时候，筒子是一样的筒子，面儿是一样的面儿，一天换三回。

乙　看不出来呀？

甲　要是菊花，全是菊花。

乙　那怎么分辨哪？

甲　早晨是个花骨朵，中午是大花朵。

乙　晚上哪？

甲　太阳一落，花是掉把儿的。

乙　多讲究！

甲　第二天再穿，筒子是一样的筒子，面儿是一样的面儿，花儿不一样了。

乙　嘿！

甲　你爸爸穿完了，把它叠起来，不穿啦，到了明年的今天哪……

乙　再穿。

甲　还指不定穿不穿哪。

乙　我爸爸衣裳多。

甲　怕活不到明年。

乙　要死啊？

甲　你爸爸睡觉也讲究。

乙　睡觉怎么讲究？

甲　要睡一夜五更被。

乙　什么叫一夜五更被？

甲　就是你爸爸睡一宿觉啊……要换五回被卧。

乙　那怎么换哪？

甲　比如夏景天吧，天气热。定更的时候你爸爸就睡了。

乙　养养神嘛。

甲　不铺怕硌得慌，不盖怕着了凉。

乙　那怎么办哪？

甲　定更的时候你爸爸铺竹席，身上盖个被单儿。

乙　噢。二更哪？

甲　换了，铺温州席，盖条毛巾被。

乙　凉点儿了嘛。

甲　三更又换了。铺巴拿马席，身上盖个洋绉夹被。

乙　越来越凉了。

甲 四更又换了。铺台湾席，席上铺绒线毯，身上盖厚夹被。

乙 夜深了。

甲 五更又换了。

乙 是啊？

甲 铺狼牙草席，席上铺厚绒毯，身上盖缎子棉被。

乙 我爸爸多讲究，睡一宿觉换五回被卧。

甲 讲究是讲究，你爸爸一宿没睡觉。

乙 怎么哪？

甲 净换被卧啦。

乙 这不是折腾嘛！

甲 这一折腾可坏了。

乙 怎么了？

甲 把你爸爸折腾病了。

乙 这不是自找嘛！

甲 你大哥赶紧请来中西医给你爸爸看病。你爸爸吃药全讲究。

乙 吃药怎么讲究？

甲 讲究吃地道药材。

乙 什么叫地道药材？

甲 你没看药铺门口那通天招牌上写着嘛。

乙 怎么写的？

甲 “本堂自制川广云贵各省地道药材”。

乙 对。

甲 要吃暹罗犀角、非洲羚羊、广西肉桂、吉林野山人参、关东鹿茸、云南豆蔻、四川黄连、贵州橘红、东阿贡胶、龙崖官燕、杭州菊花、西藏红花、东陵益母膏、外馆八宝坤顺、赵家妇女金丹、广东乌鸡白凤丸、一小堂开胸顺气、刘家保赤一粒金、虎牌儿万金油、汀州眼药、长春堂避瘟散、德国六〇六、法国九一四。

乙 这全是治什么病的？

甲 你爸爸吃错药了！

乙 那还不吃错。

甲 一命呜呼，身归那世。

乙 死了。

甲 你大哥赶紧把你们叫到跟前，张罗着办白事。

乙　家有长子，国有大臣。

甲　“爸爸生前讲究，死后还要继承他的遗志，接着讲究。”

乙　对。

甲　衣衾棺椁就甭说了。搭这棚，讲究。

乙　怎么讲究？

甲　北京六合棚铺请来的技师，搭的是起脊大棚，一殿一卷，五脊六兽。过街牌楼过街棚，门口大鼓锣架，左梆右点，钟鼓二楼，肃静、回避，明镜大牌。每天有僧、道、番、尼四棚经对台念，有广济寺的和尚、白云观的老道、雍和宫的喇嘛、三圣庵的尼姑。停七七四十九天，待客不收礼。

乙　您听多讲究。

甲　对待亲友们周到。

乙　怎么周到？

甲　先说喝的茶，太讲究了。

乙　沏一壶大伙儿一喝，不得了嘛。

甲　那还叫讲究，讲究喝各省名茶。

乙　您说说。

甲　要喝杭州龙井、徽州六安、广东红茶、福建砖茶、云南普洱、铁叶大方、大叶小叶、雀舌、雨前、铁观音、大寿眉。亲友们爱喝什么喝什么。

乙　多讲究。

甲　抽烟也讲究。

乙　怎么讲究？

甲　抽关东台片、易州叶子、兰州水烟、福建皮丝、埃及吕宋，粉包儿、前门。亲友爱抽什么抽什么。

乙　多讲究。

甲　喝的酒也讲究。喝四川大曲、贵州茅台、陕西西凤、山西汾酒、衡水白干、浙江陈绍、金奖白兰地、莲花白、五加皮、茵陈露、葡萄酒、啤酒、汽水。爱喝什么喝什么。

乙　多讲究。

甲　席面上讲究。

乙　怎么讲究？

甲　六个人一桌。

乙　还是官席。

甲　所用的羹匙、酒盅、酒杯、酒斗；中间大盘、小盘、合碗、高脚碟、高脚碗，大件鸭池，整桌瓷器满是江西硬五彩一级官窑。

乙　美食不如美器。

甲　先上果子十六样儿。

乙　全有什么？

甲　深州蜜桃、沙营葡萄、北山原字苹果、河南鸭梨、西山白梨、南口沙果、山西柿子、蚌埠石榴、河南大荸荠、海淀果藕、广东荔枝、汕头蜜柑、福建橙子、南洋菠萝蜜、新疆哈密瓜、天津卫小刘庄的青萝卜。

乙　连萝卜全有。

甲　中间有个冰碗儿。

乙　都有什么？

甲　有万寿山的菱角、什刹海的鸡头米、北海莲蓬子儿、大扁儿杏仁儿、鲜核桃仁儿、乐陵小枣儿、八里庄的香瓜儿、郎家园的嘎嘎枣儿。

乙　嘿！

甲　有四干、四冷荤、四碟咸菜。

乙　四干？

甲　苏州瓜子、泰安蜜枣、湖南莲子、新疆葡萄干。

乙　四冷荤？

甲　四川腊肉、金华火腿、糖心松花、俄式灌肠。

乙　四碟咸菜？

甲　北京六必居的黑菜，东阳号的甜酱萝卜，铁门八宝菜，王致和的臭豆腐。

乙　臭豆腐也上席呀？

甲　再上点心十六套。

乙　有什么？

甲　正明斋的月饼、致美斋焖炉烧饼、同聚成馅儿饼、同福居锅贴儿、鼎和居炒面片、穆家寨炒疙瘩、全芳楼奶卷羊羔、登瀛楼炸元宵、鹿鸣园烫面饺儿、杨村杜家糕干、耳朵眼儿的炸糕、永元德炸羊尾、北京南花市奶酪、都一处炸三角儿、十八街炸麻花儿、狗不理天津包子。

乙　亲友们吃饱了吧？

甲　这还没上席哪。

乙　是啊，上什么席呀？

甲　先说厨房用的菜也讲究。

乙　都有什么？

甲　有京西六郎庄的大毛豆、张家口的苤蓝、平地泉的土豆、马驹桥的山药、安徐大白菜、济南大葱、保定府的春不老、天津韭黄、八里庄的野鸡脖儿、南西门的黄瓜、豌豆、南苑蒜苗、四川冬菜、广东桂皮、川椒、广料、独流米醋、宏中酱油、豆瓣黄酱、营盘口蘑、小磨香油、绍兴酱豆腐、定兴疙瘩头、锦州卤虾小黄瓜、松江鲈鱼、镇江鲥鱼、海河刀鱼、卫河银鱼、台湾海参、吴淞凤尾鱼、胜芳大螃蟹、关东哈什蚂、烟台大虾扦儿。

乙　啧！这得花多少钱哪！

乙　席面才讲究呢？

甲　怎么个讲究法？

甲　全出奇了，你爸爸生前爱吃什么，今天给亲友们做什么。这不算，哪家饭庄子，哪家饭馆子，哪位大师傅做哪样菜最有名，把他请到您家来，单另预备一间屋子，就做这样儿菜。这路菜就有二十四样儿。

乙　都有什么您说说。

甲　全聚德的烤鸭子、稻香村红焖鸡、森春阳板鸭、普世斋筒子鸡、同兴堂糖醋鱼、致美斋烧鱼头、致美楼烩爪尖儿、丰泽园糖莲子、汇丰堂清蒸江米鸭子、新丰楼狮子头、砂锅居猪八样儿、会仙居炒肝儿、登瀛楼扒海参、天和玉九转大肠、白魁烘羊肉、同和轩它似蜜、两益轩锅烧半支、西城楼炖牛肉、馅饼周包煳、晋阳楼过油肉、泰丰楼烩三鲜、周家食堂全家福、六味斋素杂拌儿、万顺成的锅巴菜。

乙　还有锅巴菜呀。

甲　出殡那天讲究。门口亮北京永利杠房四十八人杠，到大街换六十四杠，杠夫剃头洗澡穿靴子，三十二人抬着大明镜，前头有僧、道、番、尼四棚经送殡。有秦琼、敬德、神荼、郁垒四大门神，羊角哀、左伯桃、伯夷、叔齐四大贤，开路鬼、打路鬼、喷钱兽、镇海牛，英雄斗志白鹤图，缰马单鞴，鹰狗骆驼。

乙　还是清朝的执事。

甲　开道锣，肃静、回避牌，催押旗。纸糊的烧活，中军、刽子手。全份儿的鼓手音乐。有飞龙旗、飞虎旗、飞熊旗、飞彪旗、飞鹰、飞鳌、飞狗、飞豹，二十四孝旗，影亭、魂轿，领魂大安儿车，八堂座伞全是湘绣的。有香伞、花伞、歪脖儿红罗伞，提炉、盘炉，戈林粉棍，二十四对金执事，金瓜、钺、斧、朝天镫，指、掌、拳、横四大槊，一双大手攥冰镩，砍刀、象刀、青龙偃月刀、三尖两刃刀，金灯、串灯、二十四对牛角灯，四十八对官衔牌，四十八对小男儿，前呼后拥。有松狮子、松亭子、松鹤、松鹿、松八仙、松幡、松伞、松轿子、花幡、花伞、花轿子。拉长了八里地，绕了四条马路，又给抬回来了。

乙　怎么不下葬啊？

甲　哈哈！没坟地。

（张寿臣述　陈笑暇　立林整理）

庙游子

甲　您是什么地方人哪?

乙　我是北京人。

甲　好啊，北京这个地方是首善之区，五方杂处，哪省都有在这儿做事儿，开买卖的。

乙　可不是嘛。

甲　我哥哥就在您这地方做点儿小事由儿。

乙　他在这儿做什么事儿?

甲　说出来不怕您笑话。

乙　我们可不敢笑话人，他在这儿做什么事呀!

甲　给人支使着。

乙　这不算寒碜呀!在哪个馆呀?

甲　不在公馆里头，在庙里头。

乙　噢，伺候当家的。在哪庙里头?

甲　这个庙名让我给忘了。所以我到这儿就没找着他。

乙　那可不好找，北京这个地方庙很多，分庵、观、寺、院、宫。

甲　不错，是个带宫字的庙。

乙　雍和宫?

甲　不是。

乙　九天宫?

甲　不是。

乙　万寿宫?

甲　不是。您等我想一想……叫上了工。

乙　那是有事了。

甲 不对，叫……下了工。

乙 那您就卷铺盖吧。

甲 叫出大恭。

乙 那您上厕所，哪儿有叫这名儿的！您说说这庙有什么特点？在什么地方？我也许能知道。

甲 我听我哥哥说过，说这个庙每年在三月初一开，开到初五，三月三是正日子，庙里供着一个老太太，叫什么娘娘？

乙 噢，我知道啦！您说这个庙，每年是三月初一开，开到初五，三月三是正日子，庙里供着是王母娘娘，有天兵天将，挂着九头鸟，庙里头有卖眼药的，庙外头有茶棚子，有杂技场，有跑车跑马的，是这个庙不是？

甲 对！就是这个庙。

乙 这庙叫蟠桃宫。

甲 哎，我上蟠桃宫。

乙 您去吧！

甲 我不认识呀，劳您驾您告诉我吧。

乙 好吧。您起这儿出哈德门，下吊桥顺着河沿儿一直往东，您多咱瞅见便门了，就到了这个庙。

甲 对，这庙在便门外头。

乙 不，在便门里头。

甲 在便门外头！路北了的大庙。

乙 不，路南了的小庙。

甲 七层殿哪。

乙 两层殿。

甲 七层！这庙每年是正月初一开开到十九，是个老道庙。十八舍馒头，燕九儿会神仙。

乙 好嘛，我让他奔东便门，他奔了西便门了。您说这庙是个老道庙。庙里头有窝风桥，避风洞，老猪、老羊，挂着整部的西游灯。邱祖得道在那儿，还有老人堂。拿钱打金钱眼，打着有造化，打不着没造化。对不对？

甲 对！

乙 这庙不叫蟠桃宫。

甲 这庙叫什么？

乙 这庙叫白云观。

甲 哎，我上白云观。

乙 那您出西便门，过了铁道往西北走，您就瞅见这个庙了，在庙的后头，有一对瓷瓦山，在山上有个小白塔儿。

甲 不错，有个大白塔。

乙 不，小白塔。

甲 大白塔，听说这塔底下是个海眼，这塔还裂过一回，让鲁班爷下界给锔上了，锔大家伙嘛。

乙 又拧了，您说这庙那不叫白云观了。

甲 这庙叫什么？

乙 这庙叫白塔寺。

甲
乙 （合说）哎！我上白塔寺。

乙 您又上白塔寺了？

甲 啊！

乙 那您起这儿奔西四牌楼，往西，过了帝王庙那个牌楼，就是白塔寺。

甲 不错，有座牌楼，是个瓷牌楼。

乙 不，木头的。

甲 瓷的。上头还有四个大字："永延帝祚"。庙里头有七十二司，速报司、现报司，铜骡子、铜马、大算盘。供着"黄飞虎四太子"，"东岳天齐"嘛！

乙 这位满世界这么一扑忙子。您说这个庙那不叫白塔寺。

甲 您说这庙叫什么？

乙 这庙叫东岳庙。

甲
乙 （合说）哎，我上东岳庙。

乙 我说上哪儿你上哪儿呀，又东岳庙了？

甲 是呀。

乙 那您出齐化门，哎，这道儿我倒都认得。出齐化门一直往东，庙在路北里，紧对着神路街。

甲 不错，有神路街，一步三市嘛！有鸽子市、肉市、鸟市，庙里头有卖玉器的，有花儿厂子，庙后头还有杂技场。不错，就是那儿。

乙　嘿！又进城啦！您说这个庙是个喇嘛庙，每月逢九逢十开，一二号有加庙，对不对？

甲　对呀。

乙　这庙不叫东岳庙。

甲　这庙叫什么？

乙　这庙叫隆福寺。

甲
乙　（合说）哎！我上隆福寺。

乙　走！

（郭启儒述）

地理图*

甲　听您说话的口音不是本地人吧？

乙　我是北京人。

甲　咱们同乡。我离北京不远。

乙　您上这儿干什么来了？

甲　来找个人。

乙　您找谁呀？

甲　找我哥哥。

乙　您找着了吗？

甲　我找了一个多月了，也没找着。

乙　您的哥哥在什么地方呀？

甲　我把地名儿忘了。

乙　那可没法找，天津地方儿大了。

甲　我着急呀，想跟您打听打听。

乙　您跟我打听，没有地名儿也没办法。您要记个大概我还能帮忙。令兄哪行发财呀？

甲　我哥哥是个厨子。

乙　是什么字号？或者在哪个会馆？

甲　全不是，我哥哥在庙里。

乙　天津的庙可多了。叫什么庙名儿您记得吗？

甲　我记得好像有个宫字。

乙　有个宫字儿啊，有宫字儿的庙我知道几个。我给您想想，北马路

---

* 《地理图》是张寿臣 20 世纪 20 年代后期的作品。

有个万寿宫。

甲　不是。

乙　西北角有个文昌宫。

甲　不是。

乙　东马路有个崇仁宫。

甲　也不是崇仁宫。

乙　这庙全带宫字儿啊，您哪什么宫？

甲　大概是尉迟恭。

乙　尉迟恭？那您找敬德去。尉迟恭没这个庙啊。

甲　要不就是出大恭。

乙　出大恭您上茅房啊。没地方找去，出大恭、尉迟恭不是庙啊。哎，庙有什么迹址没有？

甲　迹址呀，我哥哥跟我提过，说这个庙啊，有卖金鱼儿的，有卖花儿的……

乙　啊，行了，行了。这您算找着了。您说庙里有卖金鱼儿的，有卖花儿的，还有卖抖的那个"空竹"。

甲　对，对了。

乙　那怎么叫尉迟恭、出大恭哪！那个庙叫娘娘宫。

甲　哎，我上娘娘宫。您受点儿累告诉我吧。

乙　这没什么。您打这儿奔东马路，东门北边儿有个袜子胡同，进了袜子胡同一直走，就瞧见这个庙了。对着庙有个戏楼，庙在路西，有两根大旗杆，那就是娘娘宫。门口儿可写着天后宫。

甲　谢谢，谢谢，我哥哥也这么说过，有旗杆，有牌楼，还有俩铁狮子，铁狮子脑袋上有犄角。

乙　错了，错了，您这么绕远儿怨谁，您说有牌楼，铁狮子头上带犄角的，那不是娘娘宫，那叫玉皇阁。

甲　哎，我上玉皇阁。

乙　您上玉皇阁啊？

甲　我上玉皇阁。

乙　玉皇阁也打那儿走，您到娘娘宫对过那戏楼，过那戏楼有个水阁大街，您往北走，门口有大牌楼，这个庙正对着大口，大口就是海河。

甲　对，这庙在高坡上头，四处是大开洼，听说是四月里开庙。

乙　又拧了！您说这庙在高坡上头，四月二十八祭药王。

甲　对呀。

乙　那叫蜂窝庙。

甲　哎，我上蜂窝庙。

乙　您倒是上哪儿？

甲　我上蜂窝庙啊。

乙　怎么我说哪儿你上哪儿？

甲　您受点儿累吧。

乙　好，告诉你，南门外一直的往南，过八里台儿、李七庄子还往南，庙在高坡上头，那里供着药王爷。

甲　对，庙里供着阎王爷。

乙　那儿没阎王爷。药王爷。

甲　怎么没阎王爷呀？十殿阎王爷哪，还有七十二司，后头有寝宫。庙热闹着哪。

乙　（冲观众）嘿，又给搬家了。啊，您说那庙里有阎王爷，有城隍殿，后头是寝宫，挨着自来水公司……

甲　对，老年间还过皇会，城隍还出巡。满对。

乙　那叫城隍庙。

甲
乙　（合说）哎，我上城隍庙。

乙　走！你这不是成心起哄嘛！我说哪儿你上哪儿，搅和了半天。我再说，天津的庙多了，这还有完哪！

甲　先生，您这可不对。

乙　我怎么不对呀？

甲　这个找人哪，最着急。找我哥哥找了一个多月了，我也没找着，皆因听您这口音咱们是同乡，跟您打听城隍庙，您要是认得劳您驾告诉我，不认得我再跟别人打听。我跟您打听城隍庙，您让我上蜂窝庙干什么去？又娘娘宫了，玉皇阁了，您这不是拿我开涮吗？我哪儿有闲工夫跟您逛庙啊！

乙　我倒带你逛庙了！这么一说，我倒不是东西了？

甲　我可没那么说。

乙　好啊，我说的。你是真找人哪，还是开搅啊？

甲　什么叫开搅啊，我找我哥哥呀。

乙　那么你哥哥到底在哪儿？
甲　城隍庙啊，您不认得吗？
乙　我认得呀。你还上别处去不去了？这儿还有个大悲院你去不去？
甲　我上大悲院干什么去？
乙　天齐庙你去不去？
甲　让诸位听，这不是拿我开心吗？我上天齐庙找谁去？
乙　那么我要是告诉你，还跟别人打听不打听？
甲　你告诉我，干吗还打听啊。
乙　好了。要不是遇见我呀，再打听半年你也打听不着。打这儿出门儿，雇车也行，上电车汽车全行。您奔老车站。
甲　老车站？
乙　买张票一直上北京。
甲　我上北京干什么？
乙　是啊，你不是上城隍庙吗？你要是不上北京怎么能到西北角哪！
甲　我上天津城隍庙。
乙　啊，天津城隍庙啊。你认得？
甲　不认得呀，认得就不打听了。
乙　你要认得你就去，不认得跟别人打听。
甲　这不跟您打听吗。
乙　这不是告诉你抄近儿的道儿嘛。
甲　好，劳您驾吧。
乙　你还省俩钱儿，丰台下火车，奔长辛店、良乡县、窦店、琉璃河、奔涿州。
甲　这才到。
乙　（拉长声）早着哪！这连十分之一还没走哪。你要忙跟别人打听。
甲　不忙了，我上城隍庙，都到涿州了，我还忙什么哪？
乙　听你这话你是认得？
甲　不认得，您慢慢说吧。
乙　你奔松林店、高碑店、定兴、徐水、保定府、石家庄、太原府，过黄河到陕西，过甘肃、新疆，有八百里地旱海，自带干粮自带水。
甲　不带干粮不带水？
乙　渴也把你渴死，饿也把你饿死。过了旱海有个火焰山，过了火焰山你上飞机，一直往西北，走四十七个礼拜，下飞机您就瞧见了，那儿有一个小庙儿，匾上写着仨字：城隍庙。

甲　我劳您驾，我这双鞋到得了到不了？

乙　有主意呀，你把它脱下来，提溜着走，回来还是这个样儿。

甲　您这主意好，磨脚不磨鞋。

乙　甭费话了，赶紧赶路要紧。

甲　我找位就伴儿的，您这儿还有去的没有？

乙　您甭找就伴儿的，我们这儿全认得。我刚打那儿来。走吧，走吧。

甲　这么说，咱们哥儿俩……

乙　回来见。

甲　下辈子见。

乙　见不见的没关系。

甲　（转脸走到台口）

乙　图什么的！

甲　（走回）先生。

乙　冤魂不散！

甲　我跟您说两句呀，世界上不怕没好事，就怕遇见不好的人。

乙　世界上净好人。

甲　好人有是有，少啊。没德行的人太多。我打听城隍庙不是一天了，打听一个多月了，没人告诉我。

乙　别人不认得怎么告诉你呀。

甲　今天遇见您这么一位有德行的人。

乙　这是您说我有德行。

甲　您的德行大了。诸位您瞧，这德行全出来了。

乙　这是什么话？我这儿散德行哪！

甲　您想啊，打听道儿费您多少话，耽误您多少时间。

乙　这没什么。

甲　昨天我也打听这个道儿来着。就在您这个地方，遇见这个人可没德行。

乙　怎么个长相儿？

甲　跟您长得不差什么的。

乙　这么说就是我呀？

甲　不，不是您，绝对不是您。可是那个人穿的衣裳跟您也仿佛，可不是您哪。他没德行，您有德行；他不是东西，您是东西。

乙　这是什么话！

甲　他不是玩意儿，您是玩意儿。

乙　怎么您出口不逊骂人哪！

甲　我可不敢骂人，我是为了让您给评评理。我找我哥哥找不着着急，我跟他打听道儿，他要是说不认得也没关系，他让我绕远儿。您想我能对他说好话吗？我能不骂他吗？

乙　噢，您骂那个让您绕远儿的？那倒是……

甲　可骂不可骂？

乙　那……那……您就骂吧。他怎么告诉您的哪？

甲　头一句就不像话，您头一句让我奔哪儿？

乙　我让您奔老车站哪？

甲　诸位您听听，上城隍庙奔老车站，多有德行。那小子让我奔北大关！

乙　哎呀，远了，北大关远了！

甲　远了不是？

乙　绕大远儿了，远多了！

甲　远多了？哈哈，你这也不近！

乙　（皱眉）还走哪儿？

甲　奔北大关，走河北大街，大红桥，杨村，蔡村，河西务，安平，马头，张家湾，奔通州八里桥，进北京齐化门，出北京德胜门。

乙　还怎么走哪？

甲　走清河，沙河，昌平县，南口，青龙桥，康庄子，怀来，沙城，保安，下花园，辛庄子，宣化府，沙岭子，榆林，张家口，柴沟堡，西湾，天镇，阳高县，聚乐堡，周氏庄，大同，孤山，宏赐堡，丰镇，苏集，集宁，三岔口，十八台，卓资，三道营，旗下营，陶卜齐，呼和浩特，西包头，甘肃兰州，西凉，凉州，永昌，甘州，嘉峪关，安西，哈密，吐鲁番，新疆乌鲁木齐，精河，伊犁，温宿进西藏。聂拉木，里拉，扎多木，扎什，拉萨，伦布，墨竹工卡，巴塘，理塘，雅砻江，四川成都府，岷江，简阳，重庆，丰都，宜昌，荆州，沙市，汉阳，汉口，孝感，武胜关，河南信阳县，郾城，许昌，荥阳，洛阳，渑池，陕县，灵宝，陕西华阴县，长安，西安，渭水，渭南到山西。平遥，太原府，寿阳，平定州，井陉，石家庄，新乐，望都，河北保定府，深，武，饶，安，河间府，沧州，南皮，东光，德州，平原，禹城，山东济南府，党家庄，张夏，万德，界首，泰安，东北集坡，大汶口，吴村，曲阜，兖州府，梅城，沙沟，韩庄，利国驿，柳泉，茅村，徐州府，固镇，新马桥，曹老集，蚌埠，门台子，安徽凤阳，临淮关，小溪河，石门山，张八岭、担子街，浦镇，浦口过江到南京。龙潭，下蜀，高资，镇江府，新丰，丹阳，吕城，常州，石塘湾，无锡，苏州，外跨塘，正仪，昆山，陆家滨，安亭，南翔，大场到上海。

乙　还怎么走?

甲　走松江，浙江嘉兴，绍兴，宁波，台州，温州，福建福州，南平，南昌，湖南长沙，常德，贵州贵阳，安顺，云南昆明，开远，广西桂林，梧州，广东广州，佛山，奔雷州半岛，海南岛过北部湾，走越南河内，高棉，寮国，泰国，缅甸仰光，印度新德里，再到阿富汗。

乙　到外国了!

甲　京城喀布尔，巴基斯坦，不丹，锡兰，伊朗，德黑兰，阿拉伯半岛出红海奔欧罗巴洲，走土耳其，俄罗斯，莫斯科，冰岛，芬兰，丹麦，荷兰，比利时，挪威，瑞典，德意志，奥地利，瑞士，亚得里亚海，意大利，法国巴黎，西班牙，葡萄牙，英国伦敦，罗马尼亚布加勒斯特，捷克布拉格，阿尔巴尼亚地拉那，保加利亚索菲亚，匈牙利布达佩斯。

乙　嘿!

甲　出欧洲地中海，奔阿非利加州，走埃及开罗，阿尔及利亚，莫桑比克，埃塞俄比亚，突尼斯，摩洛哥，奔大西洋到美洲，走纽芬兰，魁北克，加拿大渥太华，旧金山，圣弗兰，落基山，密执，美国纽约，华盛顿，墨西哥，古巴，马那瓜，巴拿马，亚马孙河，巴西，苏克雷，蒙得维的亚，拉巴拉他河。

乙　这都什么地名儿啊!

甲　出美洲奔澳洲，走新西兰，印度尼西亚，南洋群岛，菲律宾吕宋，台湾，朝鲜汉城，琉球，奔日本，对马，横滨，大阪，名古屋，北海道，库页岛，回东北黑龙江。

乙　这才往回走。

甲 齐齐哈尔，哈尔滨，双城堡，蔡家沟，虎市，布海，朱城子，长春，范家屯，陶家屯，刘房子，公主岭，郭家店，四平街，泉头，双庙子，昌图，马仲河，金沟子，开原，铁岭，八里庄，新城子，虎石台，沈阳，皇姑屯，裕国站，马三家子，兴隆店，巨流河，新民县，大虎山，高山子，青堆子，赵家屯，沟帮子，大凌河，双羊店，锦州，女儿河，高桥，塔山，锦西县，兴城，白庙，沙后所，绥中县，前所，山海关。出喜峰口，奔赤峰州，走热河，巴沟，喇嘛庙，草地，库伦，买卖城。穿过西伯利亚到了北冰洋，坐飞机再走十七个星期，这才到天津城隍庙。（少数地名改用今称）

乙 才到啊！

（张寿臣述　立林　陈笑暇整理）

老老年

甲 老老年那年月好啊。就说乾隆年间吧，“乾隆年乾隆年，遍地都是银子钱。乾隆年，笑呵呵，一个制钱儿俩饽饽。三日一风，五日一两，风不折（zhé）折（shé）林木，雨不打伤禾苗，马放南山，刀枪入库，太平景象。”那年月就是好过得多。先拿天气来说吧。

乙 天气怎么样?

甲 不是有那么句话嘛:“该冷不冷，不成年景;该热不热，黎民有祸。”在老老年天气冷是真冷，热是真热。

乙 怎么呢?

甲 冷的时候，三九天冷得你不敢出门。出门也行，像你这身体，得多穿衣裳，棉裤棉袄，皮套裤，小皮袄，大皮袄，外罩皮斗篷，皮帽子皮靴皮手套，还得揣着手，见人说话都不敢握握手。

乙 怕什么?

甲 怕什么?手上有汗，两人一握手，凉风一吹，冻一块儿啦。

乙 噢。

甲 要不怎么说“掰不开的交情”呢，就是那会儿留下来的。

乙 那怎么办呢?

甲 等过年开春儿再说吧。

乙 等不了。

甲 赶紧到茶馆儿，弄壶开水一浇，趁热儿，啪!开了。古语说“浇朋友”“浇朋友”的。这是冷。

乙 热呢?

甲 热真热，热得白天不敢出门。街上铺子挂的锡镴幌子，晒化了，往下滴答锡镴。放鸡放鸭子放羊都得赶阴天。要不，毒太阳一晒，呼——全给烧死了。

乙 那都扔了吧。

甲 哪能扔啊。那也能吃啊，烧鸡烧鸭子烧羊肉，都是那年月留下的嘛。

乙 人呢？

甲 人白天都不敢出门，有事晚上办。白天打太阳底下一过，呼啦一下，头发都没有了。大秃子就是那年月留下的。

乙 噢，那怎么有的这头里秃后头不秃呢？

甲 那也是烧的。这位看着阴天了，想趁阴天出门儿办点事。一拉门一迈步哇，太阳出来了，呼啦！把头里烧了，后头没烧着，所以头里秃，后头不秃。

乙 那头里不秃后头秃的呢？

甲 头里不秃，后头秃，那也是烧的。阴天，出去办事去啦；眼看太阳要出来，赶紧往家跑，刚迈进家门一条腿，太阳出来了，呼啦！把后头烧着了，前头没烧着。所以后头秃，前头不秃。

乙 那有的这块儿有头发，那块儿没头发呢？

甲 也是烧的。这位也赶上阴天，办完事往回走。走着走着，了不得了，云彩薄了，太阳要露头。怎么办，到树底下站会儿吧。说话太阳呼地就出来了，树叶儿挡着的地方没晒着，没挡着的就晒了去了。

乙 冷是这么冷，热是这么热，那年月不好过啊。

甲 那年月好过。下雨不是下雨，下香油。“春雨贵如油，黎民百姓不发愁”嘛。

乙 “春雨贵如油”，就那么句话，“春雨春雨，庄稼得意（读上声）”。

甲 好些东西都是那年月留下来的：油布，油靴，你说那年月要是不下香油，是使什么油的？

乙 下霜呢？

甲 盐啊，小盐（严）霜儿嘛。“小严霜单打独根草”，就是下盐。

乙 下雹子？

甲 疙瘩汤。

乙 下露水？

甲 醋啊，吃疙瘩汤不得搁醋吗？

乙 刮风？

甲　外撒胡椒面。
乙　打闪呢？
甲　打闪，溜面呢，把儿条。
乙　打雷呢？
甲　打雷您就甭吃啦，——锅碎了。
乙　锅碎了？
甲　打雷那是磨面哪。
乙　下雪呢？
甲　下雪下白面。
乙　下白面？
甲　不是有那么句话——一下雪，老太太出来：“撮白面来！”那年月真下白面。
乙　刚才您不是说打雷是磨面吗？这冬天不打雷呀！
甲　夏天磨完了，冬天往下下。
乙　真有的说啊，面也分三六九等呢。
甲　对，有好有坏。
乙　这头路高白？
甲　下在城楼子上了——九丈九，撮着费点儿事。
乙　二路面？
甲　下在房上了，次一点儿。
乙　伏地面？
甲　下地上了。
乙　黄面？
甲　下黄村了。
乙　豆面？
甲　下窦店了。窦店、窦张庄，过去都是接豆面的地方。
乙　荞面？
甲　下桥上了。天桥，前门桥，后门桥，卢沟桥，现在走车马走人了，从前都是接荞面的。
乙　江米面呢？
甲　下江米巷了。
乙　是交民巷。
甲　现在叫交民巷，那会儿叫江米巷。

乙　黑面呢？

甲　下煤铺了。

乙　棒子面呢？

甲　下劈柴厂了——劈柴棒子嘛。

乙　要吃点儿杂面呢？

甲　你倒什么全吃啊，我看你这病好不了啦，不忌口啊，又想吃杂面了。

乙　那么到底有杂面没有啊？

甲　有啊，你想吃不行，得赶上刮风。城门楼上的刮到房上，房上刮到地上，地上刮到煤铺，煤铺刮到劈柴厂，劈柴厂刮到江米巷，江米巷刮到黄村，黄村刮到窦店，窦店刮到桥上，掺和到一块儿，得嘍，吃杂面啵。

乙　他没的说了，叫老天爷刮风玩儿，粮食甭花钱，吃肉呢？

甲　看你吃什么肉。

乙　牛肉。

甲　大黄牛，仨制钱儿俩。

乙　羊肉？

甲　大尾巴肥羊，西口大羊，俩制钱儿仨。

乙　猪肉？

甲　初六啊？初六也卖。

乙　什么初六？——猪肉！

甲　大耳朵，小眼睛，小尾巴，一身黑毛，一走路，哼哼哼，就是它呀？

乙　多少钱？

甲　够六十斤一只那小猪，开锅儿烂，炖出来五花三层，炖这一锅肉，香这一条街，一制钱儿一个。

乙　那不够六十斤的呢？

甲　不够六十斤的为小猪秧子，五十九斤都算小猪秧子。

乙　多少钱？

甲　一制钱儿九十七个。

乙　那么要吃青菜呢？

甲　青菜，您给一个制钱儿就吃一年。冬天也照样能吃夏天的菜，洞子货嘛。黄瓜、扁豆、茄子、辣椒，你随便吃。

乙　那要吃点儿素菜呢？

甲　看你吃什么了。

乙　吃点儿饹炸。

甲　饹炸，做出来就被窝那么大块，一个制钱儿五百块。

乙　面筋？

甲　一个制钱儿一千条，电线杆子那么长，得俩人扛回去。

乙　怎么下锅呀！要吃点儿豆腐呢？

甲　豆腐？没人吃。

乙　卖得贵呀？

甲　白吃都没有人吃。豆腐坊掌柜的把豆腐做得了，站在门口儿等着。有上街买菜的半熟脸儿，掌柜的过去，先请安，后说话："二叔，您上街啊？刚得的豆腐，您来两块！"那位说了："怎么又让我吃啊！上回白吃你两块就面子事儿。""您捧捧场。""不吃不吃嘛，讨厌，岂有此理！"啪！一个耳刮子，打完就走了。掌柜的这个窝心啊，捂着腮帮子直哭。

乙　（对观众）嚯，这孙子胡说八道！（对甲）掌柜的白给人吃豆腐还挨嘴巴，你这话都没边儿啦。

甲　有边儿，你得早去，边儿也白吃。

乙　噢，豆腐边儿啊。我说你这话没边儿。

甲　你说话有边儿啊。哪是边儿，哪是当间儿，哪是棱儿，哪是角儿？你给我解释解释。

乙　我说你说话云山雾罩。

甲　就凭我说话云山雾罩？

乙　对了。

甲　哪点儿？

乙　我问问你，豆腐坊掌柜的是疯子？

甲　不疯。

乙　是傻子？

甲　不傻。

乙　为病许的愿？

甲　为病许愿也没有舍豆腐的啊。

乙　还是的。他不疯不傻，不为许愿，为什么做出豆腐来白给人吃啊？当初做豆腐就没本钱了吗？就满打他照本儿卖，不图赚钱，图个热闹，也不能白给人吃啊。人家不买，他不会不做吗？

甲　是啊。掌柜的不是疯子，不是傻子，他为什么要给人豆腐吃？说话得靠盘儿，出你的口，入人的耳，不能天上一脚，地下一脚，想说什么说什么。要不怎么你们这玩意儿没人听，连我听着都不入耳。我不听了（做欲下状）。

乙　（对观众）嗨，他搁我身上了。（对甲）回来！我问问你，这白给人豆腐吃，是谁说的呀？

甲　不是你说的吗？

乙　你说的！

甲　我说的？

乙　对了。

甲　我怎么不理会呀？

乙　你仔细想想。

甲　就凭我这么大学问，我能说出那话来？我没说。

乙　你怎么刚说完就不认账呢？

甲　噢，那么，照你说，这白给人豆腐吃，是我说的？

乙　是啊。

甲　那么我说了，你把我怎么样？

乙　干吗，要打架呀？

甲　干吗打架呀，说了不就说了嘛。

乙　说得说出理由。豆腐坊掌柜的为什么做出豆腐来白给人吃？

甲　当然有理由，还能让你问住。

乙　你说。

甲　我说，你听着。豆腐不是白的吗，这就白给人吃。

乙　煤球还是黑的呢。你这不像话！为什么白给人吃？

甲　为什么白给人吃啊？这个豆腐坊掌柜的不是掌柜的……说不是掌柜的又是掌柜的……

乙　你这儿折腾掌柜的啊！

甲　有一天掌柜的把伙计叫过来，说："你们为什么管我叫掌柜的呢？你们也是人，我也是人，不过是我拿出点儿本钱来，你们不用叫我掌柜的了！"掌柜的说完就走了。伙计一想，人家拿出来的本钱，为什么不管人家叫掌柜的呢？掌柜的回来还是管他叫掌柜的。掌柜的一想：既然管我叫掌柜的，我就是掌柜的了。

乙　我没问你这个，豆腐为什么白给人吃？

甲 你还没忘啊？

乙 忘不了。

甲 他已经做出来了，那有什么法呢？

乙 那也不行，你非说出道理来不可，豆腐为什么白给人吃？

甲 刚才我不是说了嘛，老老年间，东西全贱，牛是仨制钱儿俩，羊是俩制钱儿仨……

乙 猪是一制钱儿一个，不够六十斤的小猪秧子，一制钱儿九十七个。

甲 对呀，还有猪哇！

乙 我没问你那个。我问你豆腐为什么白给人吃？

甲 由猪身上就来豆腐啦！

乙 猪身上掉豆腐？

甲 不是，刚才我不是说了嘛，六十斤的小猪一制钱儿一个，小猪秧子一制钱儿九十七个。豆腐坊掌柜的不是卖豆腐的！

乙 干什么的？

甲 他是贩猪的猪客人。下乡买小猪秧子，一制钱儿九十七个。得喂它，好长个儿呀，喂它什么？

乙 豆腐渣。

甲 豆腐渣是地里长的，是天上下的？

乙 做豆腐出的豆腐渣呀！

甲 这不就明白了吗！他把豆腐做得了，出了豆腐渣，催那小猪秧子，到六十斤，卖一制钱儿一个，他是一制钱儿九十七个买来的，这不就赚了九十六个猪？他是由猪身上取利，故此豆腐白给人吃了。

乙 噢，是这么回事儿。……那也不对啊，他连豆腐一块儿催那猪，不比给人请安叫二叔强？

甲 那就随你了。

乙 随我？像话吗！

甲 你糊涂。豆腐不吃猪……什么豆腐不吃猪？

乙 你说的！

甲 猪不吃豆腐。

乙 为什么不吃豆腐？

甲 豆腐什么做的？

乙 豆腐浆，盐卤点的。

甲 还是的，豆腐不瓷实，一股水儿，水菜，吃了不上膘；豆腐渣瓷实，到这么大一约，六十斤足足的。净喂豆腐，这么大上秤一约：四两五！

乙　为瓷实，非喂豆腐渣不可？喂猪吃豆子，不比豆腐更瓷实吗？

甲　不行，猪嚼不动整豆子。

乙　怎么嚼不动？

甲　猪没牙。

乙　什么？猪没牙。

甲　老老年间，那个猪，没有牙。从道光年间猪才长牙。

乙　头回听说。

甲　你少见多怪。这历史纲鉴上都有，你查历史去。

乙　没牙不要紧。我给它磨成豆踖子。

甲　嘿，你跟我干上了。猪不吃踖子。

乙　怎么？

甲　你这人浑蛋，猪不吃生豆踖子。猪吃了它脑袋疼。

乙　不吃生的？我拿火把它烀熟了。

甲　浑蛋！它烀不熟。

乙　怎么烀不熟？

甲　那年没有火。

乙　啊？

甲　我浑蛋了。没火怎么做豆腐来着！

（郭启儒述）

磨豆腐

甲　你看这天气很冷的，算没地方去！

乙　可不是嘛！

甲　你瞧我，就是这样，不爱动弹。

乙　那么你天天以什么为消遣？

甲　也不过是在家里同几个朋友闲谈，要不然什么研究研究字呀，研究研究画呀，再不然就是着会子棋，抚会子琴，看看闲书，舞一舞剑。

乙　舞剑可是好玩意儿，活动身体增长精神，这一说您的造化真不小！

甲　舞完剑到马路上体操。

乙　什么马路上体操？

甲　啊！说俗了就是拉洋车呀！你别看我，我也是胶皮团一分子。

乙　我说您不是没有事的时候就研究字画、看书、着棋、舞剑吗？怎么又拉洋车啦？

甲　你没听清楚，研究字画与看书、着棋、舞剑的那是我们老爷，我在他那儿拉洋车。

乙　那你说他干什么！

甲　我这个人最好打哈哈，打搅打搅！

乙　没关系，全是自己弟兄。

甲　对啦，自己弟兄，从小一块儿长起来的。

乙　对啦，发孩儿，一块儿长起来的。

甲　你只知道说“发孩儿”，你知道“发孩儿”这俩字怎么讲？

乙　发孩儿是从小时候梳着小歪辫就在一块儿。

甲 不对不对！

乙 你说怎么讲？

甲 发孩儿就是说咱们俩都是法国人的孩子。

乙 你才是法国人的孩子呢！

甲 现在的这个年月，真叫不好混！

乙 怎么啦您哪？

甲 你瞧这米面，一个劲儿地往上长，杂和面儿全卖二十多个铜子儿一斤！

乙 可不是嘛！

甲 自从国都南迁以后，这北平市可一天不如一天了，您看那大买卖也关闭了许多，小买卖更不用说了！

乙 迁都是国家的事，与买卖有什么关系呢？

甲 你瞧，当然有关系呀！

乙 你说我听听。

甲 你想国都在北平的时候，北平有政府，有内务部、财政部、交通部、教育部、司法部、警备司令部、宪兵司令部、高等审判所、地方审判所、警察厅等等，还有都察院，有司衙门都督署……

乙 我说这也是现在的衙门吗？

甲 不是，是前清的衙门。

乙 我说呢！

甲 还有内外二十区，那是多少人哪！

乙 嗬！不能算计，那用人多了！

甲 哪一个当差事的家里没有几口人，统计起来那是多少人？谁家都得吃喝穿戴，此外还有那来往的客商，也是很多很多！

乙 是呀！

甲 现在把首都迁到南京去了，政府内务部、交通部、财政部、教育部、司法部、警备司令部、宪兵司令部、警察厅也全都搬到南京去了，那些当差事的老爷们，也全都带着太太、小姐、姨太太、少爷等上任去了！

乙 那是一定呀！

甲 北京先还有一个省政府，现在好啦！省政府也搬到天津去了。北平只留下几个小衙门，可用多少人？您想一想，人少了买东西的当然也少了，买卖不卖钱，怎么会不关门。

乙 对呀！

甲 我还记得有一年，大概是乾隆年间吧？

乙 是乾隆年间！

甲 不是不是，是嘉庆年间？

乙 是嘉庆年间。

甲 不是不是！是咸丰年间吧？

乙 是咸丰年间！

甲 不是不是！

乙 我说一个是的没有哇？这儿叫你唱《翠屏山》哪！

甲 是很老长的这么一年，也甭管它究竟是哪一年了！

乙 对啦，反正有这么一年就得啦！

甲 那一年的年头啊，真叫好混。

乙 怎么？

甲 那时候天下太平，万民乐业。这天下的二百多国，年年进贡岁岁来朝，这个太平啊，就不用提啦！

乙 嘿，真太平，真好！

甲 这还不算新鲜，还有新鲜的呢！

乙 还有什么新鲜的？

甲 就是那卖的东西，真叫贱。

乙 年头太平东西就贱吗！

甲 要刮风就是刮胡椒面！

乙 下霜呢？

甲 是下盐！

乙 下露水呢？

甲 是下冰片，要不然现在的人闹眼怎么使露水洗，一洗就好呢，就是由那年留下的。

乙 噢，那就是。

甲 到冬天，天上不下雪。

乙 那不糟了吗？

甲 不糟。

乙 不下雪第二年没有麦秋，怎么会好呢？

甲 你瞧你不知道不是！

乙 我不知道，请你说一说吧！

甲　下雪第二年才能到地里去收麦子，还要弄到家里，在场院里轧了，然后再用磨磨了才能成面呢，是不是？

乙　是呀，这谁不知道，俗语说得好，“粒粒皆辛苦”。言说是一个半粒全都是从辛苦得来的。

甲　那年就不这样了，也不用种，也不用耕，也不用轧，也不用磨。

乙　那不糟心！全没事干了，所存的米面一完，全都饿死为止。

甲　饿不死，饿不死！夏天虽不下雨可是下油。

乙　冬天呢？

甲　冬天不下雪下面。

乙　噢，真新鲜，不下雨下油，就是一种油吗？

甲　不是一种，一种还成？也分三六九等！

乙　噢，也分三六九等？什么地方下香油？

甲　房上下来的是香油！

乙　花生油呢？

甲　从花生儿上下来的是花生油！

乙　煤油呢？

甲　是从煤堆里下来的！

乙　那好极了，面也有分别吗？

甲　有。

乙　高白面是哪儿的？

甲　城门楼子上的是高白面！

乙　黑白面呢？

甲　是煤铺院里的。

乙　荞面呢？

甲　桥上的！

乙　豆面呢？

甲　窦店的！

乙　杂和面儿呢？

甲　在道上被来往的人一踩，扫在面袋上，就成杂和面儿了！

乙　还是真全，什么面都有！

甲　不全还成！那样的年头是真好混。还得告诉你，那杂和面儿、荞面就没人吃。

乙　当然哪，有的是白面，谁又吃那个东西？就是我也吃白面哪！

甲 当然！你看满地的面哪，全都没人去弄，等到了第二年哪，分地头的颜色好坏，全都长出来了。有的长高粱，有的长麦子、谷子、黍子、黑豆、黄豆、绿豆，简直我告诉你说吧，什么全有。

乙 嗬，我怎么不生在那个年头呢！

甲 现在的年月，人的心都坏了，绝赶不上那样年月。

乙 对啦，人心真有一点坏啦！

甲 最近我们住家的隔壁，有一家人家，这一家的姓氏，我们也不必说，先说说家里这件事。

乙 那你说一说我听听。

甲 我说说您听听，这一家子先是老两口子，跟前两个儿子一个女儿，这姑娘是最小的。大儿子长大了，给说了一个媳妇，这个媳妇长得很有几分人才，不想被这老先生爱上了，他打算与他儿媳勾搭，他儿子是怕他的，什么事也不敢言语，不想这位儿媳妇却是不怕他，他三番五次调戏她，她总是不理，后来他把她给逼急了，她便跳了井，所幸者捞上来给救活了。因为他有几个钱，各处一打点，所以也没出事，可是他便不敢再调戏她了。

乙 那是一定了！

甲 过了几年他死了，他的女儿同一个街坊小白脸儿勾搭上了。妈妈爱女儿心重，就把她许配给那个小白脸儿。不是他爸爸死了吗，他那小儿子又起来了。

乙 怎么又起来了？

甲 他那二儿子也爱上了他嫂子，因为他们是小叔嫂子的关系，他便甜言蜜语地哄嫂子，始而打打闹闹，继而动手动脚……

乙 这一家子真叫乱！

甲 一天他嫂子在炕上做针线活儿，他躺在他嫂子炕上，摸摸笑笑地闹，后来他给他嫂子解纽子，她把脸沉下来了，说了他一次，他跑开了。

乙 他嫂子还算不错，可惜他哥哥没有遇上好爸爸与好兄弟！

甲 他碰这一回钉子应该不敢了吧？

乙 那还敢？

甲 谁知他还不死心呢！有一次他给他嫂子跪下了，被他嫂子大骂了一顿，这一来他可恨上她了，便想着法子在他哥哥跟前给他嫂子使坏。说来也怪，他说一句他哥哥信一句，可是他说了以后，他嫂子也不过挨几句骂就完，接二连三地给他嫂子使坏。一天他又央告他嫂子，说你要是允许了我，我便不叫你挨骂了，他以为这么一说，嫂子一定认可，谁想这嫂子是铁打的心，仍旧骂了他，这一次他可真急了，一天他又对他哥哥说他嫂子与某某通奸。他哥哥一听也气坏了。

乙 那一定生气。

甲 当时他哥哥把媳妇儿叫到跟前问，媳妇儿答的更好，说你看见了没有？她丈夫当然没看见，她又问谁告诉你的？她丈夫到了此时也只好说是他兄弟告诉的，她说好，我不给他告诉，他反说我，好。她丈夫一听，这话里有话，就往下问，她便一五一十地把他兄弟的行为全说了。他一听啊，这才由谎言中钻出一个大悟来。心想：怪不得他常说他嫂子种种的不好，原来他没安着好心哪！就把他弟弟叫到跟前说了一顿，打算叫他走，可是他妈妈舍不得儿子，哭哭啼啼，只闹得他没了法子，你看这一家算怎么回事。

乙 好没起色了！这也是他们家的德行。

甲 从前下白面的年头从没这种事，我们中国是最讲道理的。俗话说得好，“老嫂比母，小叔是儿”，姐俩你恭我敬，连半句错话全不敢说，就不用说奸嫂子了。不但没有这事，就是连这种心都不敢起。

乙 是呀，礼仪之邦，出这样的人，真应该枪毙了他！我要是他哥非打死他不可（做生气状）！

甲 你干吗生这么大气？

乙 这样的人真能把人气死。

甲 得了，你别帮人家生这种气了，还说咱们的吧。

乙 好，您说吧！

甲 您看那年头的东西真贱！

乙 那一定贱哪！

甲 您就知道您家里那时候过日子，一年才用二十八个小制钱儿。

乙 你这可真是疯话。

甲 怎么是疯话。

乙 虽然说吃喝不用花钱，难道说我们一家子不穿衣服吗？

甲 怎么不穿？穿衣服也不过是布的。

乙 不，东西贱可以穿好的了。什么湖绉、花儿洋绉，驼绒、哔叽、鹅缎绸，也照样穿。

甲　不，你们家不讲究这个，净爱穿什么粗布蓝布大白布，灰市、月白、浅毛蓝等等的。

乙　你瞧这一套！

甲　那时候的布也贱得很！洋绉一个小钱儿十尺。哔叽一个小钱儿七尺，粗布、白布一个小钱儿一百尺。

乙　嗬，真贱！

甲　六十斤一口的大猪，一个小钱儿一口，小猪一个小钱儿四十七个！

乙　猪肉这么贱！羊肉呢？

甲　羊肉也是一样。

乙　青菜呢？

甲　青菜更贱了，一个小钱儿吃一年，你瞧豆腐房的豆腐，做出来全是一尺二见方，真好，拿起来一抛，掉在地上全不碎！

乙　真好，是鲜豆腐吗？

甲　不是，冻豆腐，鲜豆腐会不碎？记得有一家豆腐坊，把豆腐做得了，全都放在院里冻着，做得太多了，院里也放不下，那掌柜的就在门口站着，等着来往的行人！

乙　等来往的行人做什么？

甲　好给人家豆腐吃！站了半天，也没有一个人来，天到了下午三点多钟，好容易看到一位老先生从东边来，要往西边去，这位掌柜的忙忙地站了起来，迎上前去！

乙　为什么忙起来迎过去呀？

甲　一则怕那位老先生不走这门口，二则迎过去是恭敬的意思！

乙　噢，那就是了！

甲　他走上前去，忙忙地深打一躬，口称老先生在上，我小学生有礼！

乙　真恭敬！

甲　那位先生站住了脚步，忙忙地还礼，说道："这位先生何必这样的客气？"

乙　是啊，何必这样客气！

甲　那掌柜的说道："我不敢说，怕老先生不赏脸！"那位老先生说道："不必客气，请君道来！"

乙　请问什么事！

甲　那掌柜的说道："倒是没有别的事，就是舍下造了许多豆腐没有人吃，打算要……"

乙　卖给老先生一点儿！

甲　打算要送给老先生一点儿，不知道能不能要？

乙　不是卖，是要送给他！好便宜的事。

甲　卖呀！人家也得要哇，这人家还不愿意要呢！

乙　真有白送豆腐吃不要的人，真奇怪。

甲　这还算奇怪！我告诉你吧，那年的老玉米有一丈多高，一棵上长三十七个大老玉米，全有一尺半长，这样的年头，谁还吃豆腐啊？

乙　我还没有听见说过呢，今天是头一回听见您说，那位掌柜的那样客气，那位老先生说什么呢？

甲　那位老先生说："我家里没有多少人，全都吃不动豆腐！"

乙　豆腐全都吃不动？

甲　"请你另找他人吧！"

乙　白恭敬了半天，人家不要。

甲　那掌柜的一听，赶紧就给那老先生跪下了，说道："今天我在门口等了一天，好容易才看见你老先生，你老先生要不赏脸赐光的要一点儿，可叫我再找谁去呀？"

乙　这是那位掌柜的吗？

甲　不是！这是叫花子说的！那位老先生把脸一沉说道："我告诉你不要这是好话，你要是一定叫我要哇，我可就要……"刚说到这儿，那掌柜的以为他要了呢，忙忙地磕了一个头说道："谢谢您多要一点儿吧！"那老头儿说："一点儿我也不要，你如果再跟我起哄，别说我可打你。"

乙　哪儿有这新鲜事呀！人家赔东西不要，人家一定要给，他还要打人，真是没有的事！

甲　您猜怎么着？

乙　啊！

甲　那掌柜的一听这话，跪在地上哭起来了。

乙　是呀，人家委屈。

甲　哭哭啼啼地对那老先生说道："你要是打我一顿，可千万拿一点儿豆腐去，只要你要豆腐，不用说打我，就是你随便把我怎样全成！"

乙　我说老先生你等一等，您这话越说越没有边儿了！

甲　怎么没有边儿？早一点去就有老边儿，晚了一定没有，老边儿，也不要钱！

乙　不是说豆腐边儿。

甲　什么没有边儿？

乙　你这话没有边儿了。

甲　我说的话怎么会没有边儿了。

乙　当然哪，你想世界之上哪有这样的人，又哪有这样的事？

甲　那个时候就有嘛。

乙　我还要问你一问，他做出豆腐来既然没有人要，他早起晚睡点灯费烛的干什么呀？他有疯病吗？

甲　对呀！他早起晚睡，点灯费烛，做出来又不能卖，干什么呀？他有疯病吗！

乙　我问你哪！

甲　我问你哪！

乙　不是你说的吗？白搭豆腐。

甲　我没有说呀！

乙　刚才说了就不认账。

甲　啊！是我说的，就是我说的！你要怎么样我？

乙　我哪能够怎么样你，不过我问一问，因为你说的话太离奇！

甲　噢！你问我的是不下雪下白面哪？

乙　不是，我问的是做豆腐干什么呀？

甲　啊……不是那粗布、蓝布、大白布一个小钱儿一百尺吗？

乙　你不要打岔，我问的是豆腐不卖做它干什么？

甲　噢，你问的是那六十斤的猪啊？

乙　不是，我问的是豆腐。

甲　你别忙啊！

乙　我不忙，你说吧！

甲　那小猪不是一个小钱儿四十七个吗？

乙　啊！

甲　我先问一问你，猪吃什么？

乙　猪吃豆腐渣，谁不知道。

甲　对呀，做豆腐为的是要豆腐渣，好给猪吃，他一个小钱儿买四十七个猪来，养大了卖一个小钱儿一个，不是赚四十六个钱吗？那卖豆腐的是猪贩子，你怎么这么不明白呀？

乙　噢，那就是了，可是猪既然吃豆腐渣，为什么不吃豆腐呢？

甲　啊……它不吃豆腐嘛！

乙　给它绿豆吃也可以呀，何必非做豆腐呢？

甲　绿豆不磨嚼不动！

乙　它嚼不动绿豆不会磨碎吗？

甲　那时候的猪不吃生豆子。

乙　不会把它煮了吗？

甲　不成，它吃豆子脑袋疼，我说你是成心怎么着？

乙　你说的话太离奇。

甲　离奇又怎么样呢？你还能把我枪毙了吗？

乙　不敢，不敢。

甲　我看也不敢哪！

（张笑侠搜集整理）

大娶亲

甲　咱哥儿俩老没见啦！

乙　可不是嘛。

甲　您府上都好啊？

乙　承问承问。

甲　您那儿老爷子好？

乙　托您福。

甲　您今年高寿了？

乙　还小呢！

甲　还没满月呢？

乙　你爸爸还没洗三哪！

甲　你不是说小哪嘛！

乙　我这是一句谦恭话儿。

甲　谦恭画在哪儿挂着？

乙　哪儿也没挂着，这是一句俗话儿。

甲　俗雨儿几日下？

乙　多咱也不下。就是我爸爸呀……

甲　啊！

乙　他先抄一个去。六十啦。

甲　六十啦？哎呀一晃儿都六十啦？

乙　一晃儿？晃的时候儿还没你哪！

甲　您成家了吗？

乙　没哪！

甲　您给张罗着。

乙　我哪儿给他张罗去！
甲　你不是说您没成家哪嘛！
乙　你这小子也糊涂，我爸爸不成家我打哪儿来呀？
甲　你打你们家来呀！
乙　多新鲜哪！我可不打我们家来嘛！您成家啦。
甲　老太太好啊？
乙　好！
甲　您今年高寿了？
乙　跟我爸爸同庚。
甲　一块儿下夜去啦？
乙　好嘛！一个梆子一个锣啊。同庚就是一般儿大。
甲　噢！双棒儿啊！
乙　双棒儿？你爸爸跟你妈是一母所生啊？
甲　这么一说老太太也六十岁了？
乙　对啦！
甲　您出门子了吗？
乙　你这像话吗？我爸爸成家跟我妈出门子那是一档子事。
甲　搁到一块儿办为的是省钱？
乙　不省钱也得一块儿办。
甲　办事了吗？
乙　办了！
甲　办事了？我可要挑您的眼。
乙　我哪一点儿不对，您只管说。
甲　咱哥俩过份子不过？
乙　过呀！
甲　您家有个大事小事儿，我给您落（là）下过没有？
乙　没有啊！
甲　还是的，为什么你爸爸成家，你妈出门子这么大的事，你不请我？你这是瞧不起我呀。
乙　没有的话。这得请您原谅，我实在是落礼。因为事情办得不成样，所以没敢惊动亲友。我本应该去请您去……我哪儿请您去！
甲　你上我家请我去呀！
乙　我知道你在哪儿住啊！

甲　我家你不是常去吗，你怎么不知道啊！

乙　哦！那会儿还没我呢！

甲　那么那一会儿你上哪儿去啦？

乙　我哪儿也没去！他是事先没我。

甲　噢！事后让被告儿给拉出来啦！

乙　干吗？这儿打官司哪！

甲　你这么一说我是天亮下雪……

乙　此话怎讲？

甲　明白了。

乙　你不明白我也不说了。

甲　想当初你爸爸是独立成家，因为是上无父母，下无兄弟，光棍儿一个人儿，有个媒婆儿看你爸爸很不错，二十多岁儿，长得也不寒碜，是个漂亮小伙儿，也能挣钱；她打算给保荐这门子亲事，她好从中渔利。有这么句话嘛："媒婆儿媒婆儿，两头儿说合儿，不为赚钱，就为吃喝儿。"到你爸爸这头儿说，某处某处有个大姑娘，就说的是你妈，长得怎么好看，那真是头儿是头儿，脚儿是脚儿，裤子是裤子，袄儿是袄儿，真是晓三从知四德，德言恭貌，怎么手巧儿能做活儿，那真是炕上一把剪子，地下一把铲子，炕上这把剪子能够大裁小剪描龙画凤，地下这把铲子能做煎炒烹炸焖炖熘熬。你爸爸这么一听，很满意。然后她又到你妈这头儿跟你姥姥说：某处某处有个小伙儿，就说的是你爸爸，姓什么叫什么，长得怎么漂亮，怎么能挣钱，那真是个养家汉儿；如果您把姑娘给了他，绝对受不了罪，管保过门就当家。你姥姥一听啊，也很高兴。简断截说，这事就算成了。你爸爸要办事儿了，赶紧到杠房讲杠。

乙　出去！娶媳妇儿有上杠房的吗？应当上轿子铺去讲轿子。

甲　对！上轿子铺，一进门儿："辛苦掌柜的，我们家出点儿逆事。"

乙　你们家让人勒死六个！这像话吗？应该说要办喜事。

甲　哎！对，要办喜事。掌柜的说："您都用什么？""我用三十二人大亮盘儿，对儿尺穿孝，丧鼓锣鼓杆三件儿。"

乙　嘿！还是死人的那一套儿。应当用八人大轿，满汉执事，金锣九对儿，金灯，银灯，吉祥如意灯。

甲　对！讲完了轿子又到棚铺去讲棚。

乙 讲的是席棚啊是布棚啊？

甲 席棚，高搭起脊大棚，钟鼓二楼，过街牌楼。

乙 你把它拆了吧！你们家死惯了人啦？有搭起脊大棚的吗？

甲 那搭什么棚啊？

乙 应当高搭平棚，托仰扇，满挂花活，有彩墩子，彩架子，迎门盅儿，拦门盅儿。

甲 迎门盅儿里头不能空着。

乙 那是啊！

甲 里头摆着闷灯五供儿，香炉蜡扦儿，一碗倒头饭，一个盒子，一口杉木十三圆儿。

乙 嘿！他又给停上了。你们家是死惯了人了。

甲 那里头应该摆什么？

乙 里头摆着支着卮壶暖嗦，令杯令盏，椅帔椅垫，鹅笼酒海，一张弓三支箭。

甲 在这个时候儿进来九个和尚。

乙 接三来了？

甲 出份子来了。

乙 怎么那么巧，九个一块儿来呀？

甲 你爸爸说："齐了吗？"外边答应一声："齐了。"那就发引吧！

乙 出殡了？发轿！

甲 吹吹打打，鼓乐喧阗。轿子抬到你姥姥这头儿，你姥姥听说轿子来了，把大门一关，说："不给了。"

乙 嘻！那是关门哪，避避姑娘的兴。

甲 对！怕你妈犯性咬人。

乙 你妈才是狗呢！是吉兴之兴。

甲 里边儿有人隔着门缝儿要包儿，外边儿人说：没包儿了，你吃烫面饺儿吧！

乙 怎么跑堂儿的也来了？

甲 外边的人把包儿递进去，吹鼓手的吹打一个〔荷叶开门〕，把大门一开，轿子抬进去，你舅舅把你妈抱上了轿，抬回你爸爸这头儿。你爸爸也不对呀！

乙 怎么啦？

甲 把大门一关说："不要了。"我说："那不要紧，抬我那儿去。"

乙　去你的吧！那是避一避煞神。

甲　不错，还放了一挂鞭炮。送亲的人手拿一把小铜钱儿，往上一撒，这叫满天星。瞧热闹的小孩儿就抢，小孩儿没抢着还直骂街。

乙　铜钱不都撒出去了吗？

甲　上头拴着绳儿，又拖回来了。

乙　嘿！

甲　吹鼓手照样儿吹打一个〔荷叶开门〕，门分左右，大门一开，把轿子抬进去，新人下轿贵人搀，铺红毡，倒红毡，脚不沾尘，迈马鞍子，上头有一个苹果。

乙　这是干什么？

甲　为的是平平安安。再往前走迈火盆，地下搁着一个铁盆，里头有木炭，把它点着了，迈的时候儿旁边站着一个茶房，拿着一杯酒往上一泼，趁着火苗一起，迈过去。

乙　这又是干什么？

甲　为的是火火炽炽旺旺腾腾的。

乙　哪儿这么些论儿？

甲　你爸爸一看，赶紧跑到喜房把衣裳一脱……

乙　干吗？

甲　换新的呀。

乙　吓我一跳。

甲　穿戴好了靴帽袍套，手拿一张弓三支箭，往外就跑。亲友们瞧你爸爸出来了，大伙儿冲你爸爸哈哈一笑，你爸爸一低头，脸一红，又跑回去了。

乙　害羞了。

甲　没穿裤子。

乙　嗐！

（郭启儒述）

大上寿

甲　您是常先生？

乙　是我。

甲　咱们老没见了。

乙　可不是嘛。

甲　那天，我到你们家去了。

乙　是啊？失迎了。

甲　我一敲门，打里边叽里咕噜出来一个人。

乙　像话吗？出来的人穿高底鞋，那得说：叽得儿喀得儿出来个人。

甲　对，打里边叽得儿喀得儿出来个人。

乙　是坤道，是妇道？

甲　老道。

乙　嘻！是民装，旗装？

甲　道装。

乙　还是老道呀！是大脚，小脚？

甲　两只大脚，两只小脚。

乙　一个人长了四只脚！是爷们儿，娘啊们儿？

甲　是个娘啊们儿。

乙　什么打扮？

甲　三十多岁，花旗袍，烫着头，那是谁？

乙　那是我媳妇。

甲　拄着文明棍儿，提着画眉笼子。

乙　那是我舅舅。

甲　两只小脚儿。

乙　还是我媳妇。

甲　留着两撇小黑胡儿。

乙　还是我舅舅……这都是什么乱七八糟的！

甲　你媳妇跟舅舅一块儿出来了。

乙　没你这么说的！

甲　你媳妇认得我呀。

乙　那还有不认识的。

甲　“哟，我们当是谁呢，原来是爸爸呀——”

乙　啊？

甲　“他往东去了。二兄弟看见了吗？”我说：“没见着，我是打西边来的。”

乙　瞧这别扭劲儿！

甲　你媳妇说：“二兄弟，你怎么老不来了？”我说：“我妈不让我走邪道。”

乙　什么？

甲　往你们家去，净拐小胡同，不都是斜道吗？

乙　不像话！

甲　你媳妇说：“屋里坐吧！”我说：“是，我得先到上房去给老太太请安。”

乙　不错。

甲　你媳妇说了：“请安不行，得磕头。今天是我妈的生日。”

乙　是我们家老太太寿诞之日。

甲　进门一看，一个二十来岁的姑娘，长得跟你媳妇一模一样。

乙　那是我小姨子。

甲　正坐在板凳上，一位剃头师傅给她剃光头哪！

乙　啊？

甲　她怀里抱个小孩，剃头师傅给小孩剃光头哪！

乙　你说清楚了！

甲　她抱的是你儿子。我一看，得过去见见。

乙　是呀。

甲　“小姨子你好哇！”

乙　什么？

甲　那该怎么叫呀？

乙　叫亲家姐姐。

甲　“你好哇？什么时候来的？”（河北唐山口音）“我日儿个早半天来的。”

乙　这是我小姨子？

甲　那剃头师傅搭腔了。

乙　这个乱哪！

甲　我说：“我没问你，我问亲家姐姐呢。”你小姨子说：“姐夫——”

乙　什么？

甲　“他二兄弟，我们是昨天来的。”

乙　你别大喘气行不行？

甲　我说：“我得到上房给老太太拜寿去。”

乙　是啊。

甲　正这时，就听院里好几个人说话。

乙　谁来了？

甲　四位姑奶奶都来了。

乙　年年都来。

甲　买了不少寿礼。

乙　买了些什么？

甲　大姑娘买的是羊，二姑娘买的是鹅，三姑娘买的是鸭，老妹妹买的是鸡。

乙　哪回来都不空手。

甲　我赶紧拎着大姑奶奶，抱着二姑奶奶，提着三姑奶奶，夹着四姑奶奶——

乙　啊？

甲　她们的寿礼。

乙　你别大喘气行不行！

甲　姑奶奶进屋拜寿，还要说上几句吉祥话。

乙　是啊？

甲　大姑奶奶说：“我以寿礼为题，从羊上找出套吉祥话来。一边一只羊，炕上坐着我的娘，今天吃了长寿面——”

乙　怎么样？

甲　“面长福寿绵长！”

乙　真吉祥。

甲　老太太说：“谢谢，谢谢！”这会儿二姑奶奶过来了。

乙　二姑奶奶怎么说的？

甲　也是以寿礼为题。她送的是鹅，她说了：“一边一只鹅，炕上坐着有寿的婆，今日吃了长寿面——”

乙　怎么样？

甲　“面长福禄寿三多。”

乙　好！

甲　老太太说：“谢谢，谢谢！”

乙　该三姑奶奶的了。

甲　三姑奶奶也以寿礼为题，她送的鸭，她说了：“一边一只鸭，炕上坐着我的妈，今日吃了长寿面——”

乙　怎么样？

甲　“面长富贵荣华！”

乙　也很吉祥。

甲　老太太说：“谢谢，谢谢！”该老姑奶奶了。老姑奶奶念过书。

乙　有文化。

甲　还有毕业文凭。

乙　有资格。

甲　她的词儿特别好。

乙　那是错不了！

甲　也是以寿礼为题，她送的是鸡。她说了：“一边一只鸡，炕上坐的……阎婆惜！”

乙　啊？

甲　“炕上坐着有寿的，今日吃了长寿面，面长寿与天齐。”

乙　好！

甲　老太太说：“谢谢，谢谢！”

乙　别谢了！

甲　全拜完了寿，该吃面了。

乙　长寿面。

甲　什么卤好呢？

乙　羊肉卤。

甲　往日羊肉卤行，今天不行。今天是你妈生日呀。

乙　那吃什么卤呀？

甲　给你妈两个油葫芦吧！
乙　给你妈两个三叫驴吧！
甲　什么叫三叫驴呀？
乙　什么叫油葫芦呀？
甲　油合卤。辣末儿、鸡丁儿、虾丁儿浸熟油。
乙　这卤子好。
甲　正在做饭啊，上房里打起来了。
乙　为什么呢？
甲　你儿子太淘气了，爬桌子上柜盖，啪！把老太太烟袋碰掉地下了，翡翠烟嘴摔了个粉碎。
乙　那是我妈心爱的东西。
甲　老太太心疼坏了，上去一巴掌，把孩子打哭了。孩子一哭，你媳妇在厨房听见了。
乙　快过去劝劝吧。
甲　你媳妇若是会办事呢，安慰老太太几句，把孩子拽出来就完了。她不会办事。
乙　她怎么办的呢？
甲　她往上屋一进，张开嘴——
乙　就喊上了。
甲　就唱上了。
乙　唱什么哪？
甲　唱〔打牙牌〕的调儿，老太太打孩子的词儿。
乙　她怎么唱的？
甲　“正在厨房来做菜，忽听上房吵起来，原来是老太太。叫一声老太太慢动手，小孩子年幼不明白，老太太想不开，咿呀咿子哟……”
乙　别“哟”了！
甲　老太太一听不乐意了。什么，把我翡翠烟嘴给摔了，还说我想不开？她撸撸袖子，顿顿拐棍儿，把嘴一张——
乙　就吵上了。
甲　就唱上了。
乙　也唱上了。她唱什么哪？
甲　京剧的调儿，数落儿媳妇的词儿。
乙　怎么唱的？

甲　“听一言来气死咱，儿媳妇说话实在太野蛮，不说孩子反说我不对，摔碎了我的烟嘴儿，我拿什么抽烟哪！”

乙　你别挨骂了！

（常宝堃　常连安演出稿）

吃饺子

甲　那天哪，跟我们街坊打起来了。

乙　因为什么呢？三辈子修不着好街坊啊！

甲　我也知道，远亲不如近邻。住在一个院儿，关上门一家子一样，那才对哪。就我们这院儿，真正九反之地。

乙　怎么了？

甲　跟您说，我们院儿是大杂院儿，他们都欺负我。

乙　您说说，倒是因为什么？

甲　我要是说出来，不但我有气，连您都得生气。

乙　你们家的事情，我何必生气哪？

甲　那天早晨哪，他们那屋炖肉，那屋就包饺子。过日子吃饭比个什么劲儿哪，那屋炖着，那屋包着，那屋就涮着。

乙　您这屋里哪？

甲　就愣着。

乙　怎么就愣着？

甲　没饭。

乙　那没法子，您出去奔饭去。

甲　奔来就吃，奔不来没法子，就饿一顿。紧紧裤腰带出去，腆胸叠肚让人看不出来。

乙　这对。

甲　小孩子不懂那个，上人家那儿瞧嘴，看包饺子怎么包，怎么煮，怎么吃，让人多讨厌。

乙　没法子，孩子没吃饭。

甲　好比咱们住街坊，我这屋没饭，您那屋包饺子，我孩子上您那屋里去，您应当怎么办？

乙 那没什么说的，把孩子抱到炕上，捞一碗饺子："宝贝儿，这儿吃吧。"

甲 您听听，这还像句人话。

乙 这怎么句话？

甲 我生气。

乙 生气别冲我来呀！

甲 我们这街坊不这么办，他就让我们这孩子瞧着，连理都不理。可惜这老帮子这么大年纪，我们孩子管她叫奶奶！我们那孩子直问她："奶奶，您那饺子什么馅儿呀？好吃吗？"这老帮子说不好吃，这不是亏心嘛！不好吃你吃？那还不算，往外轰我们孩子："宝贝儿，家去吧，回头烫着。"我们没吃怎么烫着？你们吃不怕烫着？

乙 您这孩子人缘儿也不老好的。

甲 你说咱听着多难过。什么话咱也不能说，咱要一说落个咱穷的。把咱孩子喊过来，没错了吧？

乙 这是正理。

甲 "过来，干吗瞧嘴呀！没见过？那叫包饺子。有什么新鲜的，吃过嘛！小宝贝儿，那玩意儿吃完了转腿肚子怎么办？"

乙 这可不像话。

甲 不像话我也说了。

乙 您孩子哪？

甲 喊过来了。

乙 过来就完了。

甲 我完了，老帮子那屋骂闲街。

乙 你招的嘛！人家说什么？

甲 指着她们孩子："吃吧，宝贝儿。这叫包饺子，羊肉白菜，小磨香油，头号白面。明儿还吃这个，剩下给你炸着吃。吃饱了好顶着转腿肚子！我吃了六十多年了，一回也没转过。吃不上一着急就许转了。"

乙 招出来了没有？这要是打起来怨谁？

甲 我什么话也不说，我们也吃包饺子。

乙 这个对。

甲 吃。

乙　吃吧。
甲　吃什么吃？没钱！
乙　没钱就别吃了。
甲　到我亲戚那儿借来一块钱。
乙　不借没办法，先吃一顿吧。
甲　先买五毛钱羊肉。
乙　干吗买那么多肉？
甲　孩子大人的，总也摸不着顿饺子吃，好容易吃顿饺子，还不让它肥着点儿。
乙　这话也对。
甲　一毛钱香油。
乙　这就六毛了。
甲　两棵大白菜，葱、姜、醋、蒜又去了两毛五。一块钱？
乙　八毛五了，还富余一毛五。
甲　这一毛五我得摆摆谱儿，打一毛钱酒，买两根儿烟卷儿。
乙　怎么买两根儿？
甲　多买没钱了。买仨子儿花生米，给孩子买块糖。还有四个铜子儿。
乙　得，全花了。
甲　把门开开，让我女人剁肉，跟街坊比着。
乙　比着干吗呢？
甲　他们六口人不就买一毛钱猴儿肉嘛！我们四口人吃包饺子五毛钱肉怎么样？
乙　何必哪，各人吃各人的。
甲　这叫斗气儿。让我女人剁肉，使劲剁。
乙　这是干吗哪？
甲　炕上放个小桌儿，斟上酒，喝一盅儿吃俩花生米。再斟上酒，喝两口，搁着。
乙　快喝吧。
甲　不能喝了，再喝就没了。
乙　对，一毛钱酒不禁喝。
甲　点根儿烟卷儿。蒜砸得了，对上醋，筷子一放，和弄和弄，嘲了嘲头儿，喝口酒，净等吃饺子。
乙　吃吧。

甲 没面。

乙 这可没办法，都让肉钱占去了。买面去吧。

甲 这儿还有四个铜子儿。包几个？

乙 那怎么办？

甲 赊面去。

乙 除了借就是赊。

甲 把面口袋往腰里一围，到面铺跟掌柜的客气："掌柜的，买卖好。刚从老家回来？家里庄稼都收了吧？家里好？您这买卖多兴旺。您这气色多好，满面红光，要发财走运的人看得出来，今年准开分号。内掌柜给您生个大胖小子，双喜临门。家里阖家欢乐，您的买卖日进斗金，内和外顺，诸事顺心，招财进宝，黄金万两。"掌柜的乐了："好，好，借您吉言，不赊账。"

乙 得，得，大概齐您都闹熏（xùn）了。

甲 我说："后天我给钱。"掌柜的说："这您原谅，不是我们死秧，我们东家有话儿，谁也不赊，谁赊谁得往外垫钱。我要有富余我给您垫，我一点儿富余也没有，我拿什么给您垫？对不住您哪！"

乙 说什么话也不行了，这话关门儿了，您别处赊去吧。

甲 别处更赊不出来了。

乙 这怎么办？

甲 回家睡觉，明儿再吃，两顿搁在一块儿并头吃。

乙 那睡得着吗？

甲 都睡不着，我倒睡着了。

乙 都睡不着，你怎么睡着了？

甲 我不是有点儿酒跟这两根儿烟卷了嘛！

乙 一毛钱酒，两根儿烟卷儿，那怎么会饱？

甲 这是学问。你要是喝完了酒抽烟卷儿，越来越饿。

乙 您这怎么研究哪？

甲 两根儿烟卷儿接上一块儿抽，一点儿烟儿别让它冒。烟憋下去，赶紧喝酒，酒不够来两碗凉水，躺下睡觉就饱了。

乙 怎么哪？

甲 烟在底下哪，酒跟水不就在上边了嘛。

乙 啊。

甲 在肚子里晕晕乎乎，这点儿酒叫烟托着下不去，这叫云彩饱儿。

乙　嘿！
甲　后半夜儿放俩屁，坏了。
乙　怎么？
甲　云彩就是阴天，阴天怕打雷。雨过天晴，更饿得难受。不到四点就起来了。
乙　怎么起这么早？
甲　弄面去。
乙　你没钱。
甲　自然有主意。有我孩子玩的五六个小铁钱，手里一攥，到面铺门口一蹲，六点多钟门开了，他一下门板儿，我冲里边喊，念喜歌儿。
乙　怎么念的？
甲　“噢！子丑寅卯太阳开，卧龙岗上盖宝宅，协天大帝当中坐，五路财神进宝来。一送金，二送银，三送摇钱树，四送聚宝盆。摇钱树拴金马，聚宝盆站银人，银人手托八个大字：‘招财进宝，日进斗金。’大发财源掌柜的！”小钱儿往柜里一扔：“买一万六千袋白面！”掌柜的一瞧我：“你扔进什么来了？”“一万现洋，八捆金条，一百块钻石。”
乙　这不是穷疯了吗！哪儿找去？
甲　这么说吉祥，为好听，学徒的拿洋蜡还找哪。
乙　那哪儿找去，小铁钱儿。
甲　掌柜的说：“你瞧，昨儿个赊面不赊，今天早晨这儿撞柜来了，你说不给他面，他扔进这么些东西来。大早晨找麻烦！徒弟，给他扤五斤面，甭写，回头我给钱。”我把面口袋交给小徒弟了，小徒弟向着我，昨天赊面他不搭茬儿，今天掌柜的有话，徒弟做人情。每次我约面，他都有一个制子，那个大勺往面上一扤，上头带个尖儿，拿秤杆一平制，也是五斤。
乙　那都制好了的了。
甲　这回他拿身影影着掌柜的眼睛，带这么高的尖，这够七斤半。
乙　您算抄上了。
甲　提了面，到家一进门：“面来了！和面，咱们吃包饺子！”我媳妇和面，一边和面，一边儿说闲话：“你穷了心了，瞎了眼了，这面吃包饺子，我可没这手艺，没法儿包。”

乙　面黑呀?

甲　棒子面。

乙　啊!没法包,那有什么办法,蒸窝头吧。

甲　这要没点儿化学研究,包饺子别吃了。

乙　还碍着化学什么了?

甲　昨儿个买完东西不还剩四个子儿了吗?

乙　啊。

甲　让孩子拿着,到口儿外头砖瓦铺买四个子儿麻刀。

乙　买麻刀干吗?

甲　和面里。

乙　唉,这可胡来。麻刀和石灰抹墙搪炉灶,你这是和面?

甲　抹墙为什么掺麻刀?

乙　为什么?石灰干了裂口儿,有麻刀较劲。

甲　是啊,这包饺子也如是,棒子面发散,麻刀和匀了,照样拿劲。

乙　这主意好。

甲　包这么大个儿。

乙　挺好,煮吧。

甲　煮啊,外行。

乙　怎么了?

甲　一煮,马勺一搅,成粥了。

乙　不煮怎么着?

甲　锅贴儿。

乙　也不错。

甲　贴得了,开饭了。我们老娘拿起一个来,蘸点醋一咬,赌气子扔那儿了。我说:"怎么了您哪?老太太。"我妈说:"怎么了?你们爱吃什么弄什么,老弄韭菜馅子。"我说:"这是羊肉白菜。""白菜?白菜怎么塞牙?""对不住您,将就点儿吃吧,里头有麻刀。"我们老娘连吃带择麻刀。我们老娘吃了俩,我女人吃了仨,我们孩子吃了俩半。您说这叫什么日子,你说不吃点儿?饿;吃?真咽不下去。一咬一塞牙,拿手往下揪。一咽扎嗓子。我一边儿吃,一边儿掉眼泪。

乙　真难。

甲　我跟咽药似的……

乙　吃了两三个儿。
甲　我全包圆儿了。
乙　还咽药似的哪！再有你还吃。
甲　馅儿好吃。吃完了坏了。
乙　怎么了？
甲　拉不出屎来。
乙　吃存食了，干脆，吃多了。
甲　哪儿啊，麻刀到肚里不化。
乙　哪有吃麻刀的！
甲　疼得我打滚儿。第二天我到开洼地儿解手儿，吓了我一跳，拉出来四把连儿绳。
乙　怎么拉绳子？
甲　麻刀在肚子里接上了。

（张寿臣述　立林　立禾整理）

醋点灯

甲　嗬！咱们哥儿俩老没见了！

乙　可不是嘛。

甲　您还在那儿住哪？

乙　没搬家，还在那儿住哪。

甲　在哪儿住哪？

乙　不认识啊，还在 ××× 住哪。

甲　您贵猪圈？

乙　贵猪圈？

甲　称呼您家里人哪，不是问……

乙　称呼人有问贵猪圈的吗？称呼贵宝眷。

甲　瞎掰，珠、宝不是一样嘛！

乙　您这都不像话。

甲　这个请您多原谅，我说话有点儿颠三倒四的。

乙　您的事由儿不好？

甲　我是刘备的媳妇——

乙　怎么讲？

甲　没事（糜氏）。又没事，家里人口儿又太多。

乙　您家里有多少口儿人？

甲　我家里要论个儿论口儿就论不过来了。

乙　那您家论什么呀？

甲　论“打”。

乙　您那儿都是洋袜子？

甲　你们家才是背心儿哪。

乙　人有论“打”的吗？

甲　人多可不就得论“打”嘛。

乙　您家有多少“打”呀？

甲　九“打”，一百零八口儿。

乙　您这是说瞎话，哪儿有那么些人的呀。

甲　您不信，我算算您听听。

乙　您算，我给您记着。

甲　头一“打”吧，我母亲有没有？

乙　有。

甲　这么说你也有？

乙　谁没有母亲呀。

甲　这有一口儿了吧？

乙　有，您往下算。

甲　我娘、家慈——

乙　这么算哪！

甲　我的生身母、我爸爸的媳妇、我媳妇的婆婆、我孩子的奶奶、我丈母娘的亲家、我大舅的妹妹、我二舅的姐姐、把兄弟的干妈、外甥的姥姥，这不就一“打”了吗？

乙　就你妈一个就算一“打”呀！您再算这第二“打”。

甲　我媳妇有没有？

乙　有。

甲　我的老婆、贱内、拙荆、糟糠、我们内助、我们屋里那口子、大姨子的妹妹、小姨子的姐姐、我兄弟的嫂子、丈母娘的闺女、我妈的儿媳妇，这不就两“打”了吗？

乙　您可真能算啊。这第三“打”呢？

甲　我爸爸。

乙　几个？

甲　这就一个。

乙　这个你怎么不算一“打”了？

甲　算一“打”呀，算出俩来就得打起来。说真的，我家才四口儿人。

乙　都是谁呀？

甲　我、我妈、我们孩子、我媳妇您……大嫂子。

乙　您别这儿喘气行吗？您家人口不多呀。

甲　人口不多，事情可不少。

乙　怎么？

甲　我们这一家子，没有一个讲理的。您拿我妈来说吧，越老越糊涂，让我养活着！

乙　多新鲜呀！不让你养活着，让谁养活呀？

甲　就算让我养活着，您拿这吃饭说吧，隔长不短吃顿就得了，有天天吃的吗？您说这事多新鲜。

乙　这事不新鲜。谁家也是一天两顿饭。

甲　我也得挣得来呀？我媳妇也跟着凑份子，不老不小的也吃我。

乙　不吃你吃谁呀？

甲　最可气的就是我们这孩子，睁眼就饿，不是要吃就是要钱，一睁眼就“爸爸给我一大子儿，我饿了”。“你又饿了，头五月节你没吃饭吗？”

乙　头五月节吃饭到现在呀，那哪儿受得了哇！

甲　像我那个家庭，逢节过年吃顿就够瞧的了。

乙　好嘛！我都没听说过。

甲　这孩子还麻烦。“您给一大子儿。”“你不知道这两天没钱吗？”

乙　你就给他一大子儿。

甲　一大子儿一大子儿的要？

乙　一个小孩子。

甲　你还小哪，你站这儿比我也不矮呀。

乙　我呀？

甲　“去去！当院玩去。”孩子到当院子玩去，我生了一肚子气，街坊在当院正吃早饭。你们吃饭就吃饭吧，没事儿吃饭还比赛。东屋那个寡妇老太太带着儿媳妇吃包饺子，还是加大馅的饺子。

乙　你见过什么呀？

甲　西屋里吃炸酱面。北屋里的也跟他比粗——炖肉烙饼。要说我们这屋子也不含糊。

乙　氽丸子，大米饭。

甲　就这么愣着。

乙　怪不得瞧人家吃好的你生气。

甲　大人愣得起，孩子饿不起。您拿我们这孩子“盐汤儿”来说吧。

乙　您这孩子怎么叫盐汤呀？

甲　流到哪儿哪儿咸（嫌）。

乙　甭问，这孩子人缘儿够好的。

甲　跑东屋瞧嘴去了。他们刚一剁馅儿，我们孩子就在那儿站着。怎么擀皮儿，怎么包，怎么煮，怎么吃。馋得我们孩子俩眼瞪得跟包子似的，站在那儿直咽唾沫。

乙　这点儿起色。

甲　我们孩子嘴又甜，管东屋的老太太叫奶奶："奶奶，您锅里煮的那是什么？"您就知道我们这孩子多开窍儿，连包饺子都不认得。我们孩子问到这儿了，要像那明白的老太太，您给端过三百五百的那有什么呀。

乙　三百五百的呀，人家娘儿俩才包多少呀！

甲　就算你给端过几十个来，我们绝对不能嫌少。

乙　凭什么呀！

甲　不但她不给，说话她还惹你生气。"什么呀？包饺子，好吃着哪。去玩吧！留神烫着。"你说这话多可气。我们孩子瞧瞧还怕烫着，你们从锅里头捞出来往嘴里搁不怕烫着？

乙　嗐！

甲　咱们忍气，只好管管自己的孩子。我过去给孩子一巴掌："家去！你瞧了半天了，她不给你！没吃过是怎么着？"孩子说话给我露脸："是没吃过。"

乙　这话露脸呀？

甲　"那不是什么新鲜东西，不就是包饺子吗？外边是皮儿，里边是馅儿。那东西不能吃，吃多了拉稀。"

乙　您这叫什么话呀！

甲　我这是气她，反正是我不吃她也甭打算吃消停了。老太太一句话把我气坏了："姑娘，晚上咱们还吃这个，这两天上火了，泻泻肚也好。他倒打算拉稀哪，也得拉得了呀。"气得我半天没言语。一赌气揪起我们孩子："不是没吃过吗？走！跟我来，上北屋里去瞧吃炖肉烙饼的去。"

乙　这瞧嘴也换换！

甲　我媳妇在屋里直说闲话。"进屋来吧！别跟外边散德行了。瞧瞧，人家那屋里也不是[1]怎么啦，咱们这屋里也不是怎么啦。咱们这屋里倒不错，山后的蝎子——饿着（恶蜇）；炒葱——瘪了；洋车上马路——没辙。”我说：“饿着你还起哄哪？”我媳妇说：“嫁汉嫁汉，就为穿衣吃饭；不为穿衣吃饭，嫁你何干？”我说：“此言谬矣！娶妻娶妻，你就得挨饿忍饥；不能挨饿忍饥，怎么算鬏鬏儿夫妻？”

乙 你还穷出理来了。

甲 我妈这地方也不对呀，火上浇油，在旁边也说闲话：“瞧瞧，瞧瞧，没儿子我倒不挨饿，有儿子我倒挨起饿来了！”我说：“妈，您这地方就不对了，您别起头给您儿子熏呀！哪顿饿着您来着？不就……”

乙 不就今天做饭晚点儿吗？

甲 “不就这礼拜没吃吗？”

乙 嚯！一个礼拜没吃了？

甲 我一想我这男子汉大豆腐……

乙 大丈夫。

甲 到那时候我也就成了豆腐了。何必没事在家里穷吵恶斗的？我说：“你也别挤对我，我出去奔奔去。今天，明天，后天，我拿家一千块钱来咱是夫妻；要没有这一千块钱，咱俩是初七。”

乙 初七干吗呀？

甲 初七我的房钱。

乙 那你想着给人家。

甲 说完话我甩袖子往外就走。看起来还是鬏鬏（抓阄）儿的夫妻呀，比抽签儿的强得多。

乙 又要上了。

甲 我媳妇看我模样不好，紧追慢追追到门口，照着我后背就一把。

乙 把你揪回来了。

甲 把我推出去了。咣当！把门插上了：“三天？你想吧！今天晚上你不回来，明天我就打主意。”说完了我后悔了，三天挣一千块钱，泥钱儿也干不了呀！我越想越难过，我还活着干吗呀？不如一死！

---

① 也不是——即“也不知道是”，口语中省略了“知道”二字。

乙　往宽处想吧！好死不如赖活着。

甲　谁管我，谁不是东西。

乙　你不死你才不是东西哪。

甲　你让我怎么死？

乙　你爱怎么死怎么死。

甲　我抹脖子。

乙　抹脖子得有刀呀！

甲　没刀！我回家取刀去，那不是找麻烦吗？丧荡游魂地遛到天桥儿，真是冤家路窄！

乙　怎么？

甲　有一个摆破烂摊的老头儿，地下扔着破鞋破袜子，旁边搁着把切菜刀。这哪儿是刀呀，简直是我的对头！有心买又没钱，我真急了，过去把刀拿起来了，刃冲外背儿冲里搁在脖子上了。

乙　刃应该冲里。

甲　刃冲里要是拉着我哪？

乙　你没打算死呀？

甲　没打算死我拿刀干吗呀？

乙　我哪儿知道呀。

甲　问问这刀有主没主儿。要是有主儿，我死后让人家跟着打官司呀？冲老头儿一瞪眼："这刀谁的？"把老头儿吓得直哆嗦："那刀呀，没主儿。"我一听没主儿好办了，把刀一夹扭头就走。

乙　干吗呀，把人家刀拿走了？

甲　废话！人家那把刀也是将本求利来的。这是跟老头儿闹着玩。绕个弯儿再给——

乙　人家搁下！

甲　卖了！

乙　卖了？

甲　卖了四十枚。我这儿还饿着肚子哪，死也得落个饱死鬼？买了半斤烙饼，十六个子儿，买了十个子儿的羊头肉，两大枚买了串糖葫芦，买一大子儿卤虾，喝了一子儿豆汁，还吃了两碗老豆腐。

乙　您这叫什么吃儿呀？

甲　吃饱了，喝足了，还剩一大枚。这再死还晚？抹脖子！

乙　你就抹吧。

甲　抹不了啦。

乙　怎么？

甲　没刀了。

乙　是呀，刀你都吃了！

甲　我非抹脖子呀？我不会跳河呀！

乙　那你跳去吧！

甲　我出了永定门，站在桥头儿上一瞧这护城河呀，上边水往下边流，一眼看不到底。往后倒退三步，往前一跑一闭眼，就听扑通一声——

乙　你跳里了？

甲　我扔里一块砖头。

乙　扔砖头干吗呀？

甲　这么说您对跳河没研究？

乙　我研究这个干吗呀？

甲　这是试试深浅。

乙　那怎么知道？

甲　砖头往里一扔，水扑通一响，那是深；啪嚓，那是浅。

乙　您扔这砖头哪？

甲　就听扑通一声。

乙　深。

甲　就冲这深……

乙　跳。

甲　不跳！

乙　怎么不跳呀？

甲　那么大河我一个人死，那多闷得慌呀。找您做个伴儿您去不去？

乙　我不去，你临死还拉个垫背的呀！

甲　我非得跳水呀？我不会上吊呀？

乙　你拿好主意怎么死没有？

甲　我一直奔东南了，进了大沙子口。到了安乐林，有一片树林子。我瞧了瞧四外一个人没有。真倒霉！在我眼前扔着根儿连儿绳，找了棵歪脖树，把绳子往树上一搭，挽了一个扣。一揪绳我就哭了，我说："天哪，我的天哪！"（上韵）

乙　空！哐！你要唱呀？

甲　我不亚如万把钢刀攒于肺腑，扬子江心缆断舟崩，万丈高楼失脚，凉水浇头怀里抱着冰。

乙　你要唱《杜十娘》啊？

甲　我家有白发娘亲，结发妻子，未成丁之幼儿。我是母老、妻娇、子未成年。我娘今年八十多了，想不到（唱）“白发人反送黑发人”。

乙　又要唱。

甲　我媳妇不到三十岁，我死后不知道又嫁给谁了。

乙　那你就甭管了。

甲　我儿子今年刚七岁，什么话都会说了。先生，比您还聪明哪。

乙　他没我聪明。嗐！有那么比的吗？

甲　最让我伤心的，我今年都三十二了，我连一任总统都没做过呀！

乙　就是你呀，想瞎了你那两只好眼。

甲　吊吧！人不该死，五行有救。吊了俩钟头会没死，您说这新鲜不新鲜？

乙　你是脚没悬起来？

甲　悬起二尺多高哪。

乙　吊脖子上？

甲　吊脖子呀。

乙　您吊哪个脖子？

甲　脚脖子。

乙　脚脖子呀！吊四个钟头你也死不了。

甲　您说吊哪个脖子呀？

乙　吊这个脖子呀。

甲　吊这脖子多难受呀。

乙　不难受就死了？

甲　死了我还怎么吃饭哪！

乙　你没打算死呀？

甲　干吗呀，你惦着我死了好扒我这大褂呀？

乙　我干吗这么不开眼呀。

甲　常言说得好：“愣在世上挨，不在土内埋。”蝼蚁尚且贪生，何况我这人乎！

乙　您不用烀了，烤着吃吧。

甲　干脆不死了。

乙　根本就没打算死。

甲　好容易进了永定门，夜里十一点了，走到鲜鱼口口儿上，天就十二点多了，该着，我的运气来了。

乙　什么运气？

甲　鲜鱼口儿把口儿路东瑞林祥正卸货哪。净是皮的，都是直毛。狐脊的、狐嗉的、狐脑门、海龙、水獭。那位学徒的也搭着困迷糊了，一扛这包袱呀，从车后头掉下一卷皮袄来。这卷皮袄呀，扔着卖得卖四百块钱！

乙　那你就捡去吧。

甲　捡去？人都在那儿瞧着你捡？你刚一毛腰人家过来了："这是我们的。"你说你给人家不给？

乙　那就不给。

甲　不给人家，报你明火。

乙　那你就走吧。

甲　走？哪儿找这事去呀！我蹲在电线杆子后边瞧着，你们瞧见我认了，瞧不见就是我的了。我等了没十分钟，货卸完了，车往北去了，他们把门上上，电灯灭啦。嗬！我这喜欢呀！我过去双手一抱——

乙　抱起来了？

甲　喀哧就一口。

乙　皮袄怎么咬人哪？

甲　哪儿呀，一条大黄狗！这狗咬我了，我一嚷，正赶上厨子出来倒土，上来就给我一个大嘴巴。"咬你？是得咬你！它在那儿睡觉你抱它，它不咬你？我还告诉你，我们这儿三天丢四条狗了。"

乙　得，拿你当偷狗的了！

甲　我说："我不是偷狗的！"他说："你甭费话！"铆足了劲踢了我一脚，由鲜鱼口儿把我踢到大栅栏里去了。

乙　好嘛！这人成皮球了。

甲　我进了珠宝市，见着一个狐仙显圣。

乙　哪儿有狐仙呀？

甲　我看见了嘛。

乙　什么样？

甲　青袍白大领，尖翅乌纱，还掖个鞭子，直冲我点手①。我赶紧趴地下磕了仨头。"敬鬼神而远之"，此之谓也。

乙　您就别转了。

甲　一抬头，狐仙不见了！嗯，刚才没有，这会儿谁搁那儿的？

乙　什么呀？

甲　正通银号台阶上搁着白花花一摞现大洋，好几十块呀！我这份儿喜欢就甭提了，右手让狗咬了，拿左手捡。

乙　捡起来了。

甲　喀哧又一口。

乙　怎么洋钱也咬人哪？

甲　哪儿呀！黑狗白鼻梁儿。

乙　不对呀！不是狐仙吗？

甲　哪儿呀！就是那条狗。

乙　狗怎么会穿青袍呀？

甲　就是一条黑狗。

乙　那怎么白大领？

甲　它不是白胸脯儿嘛。

乙　不是还带着尖翅乌纱吗？

甲　那是狗的俩耳朵。

乙　还掖着鞭子哪？

甲　哪儿呀！狗的尾巴。

乙　不是还冲你点手儿哪吗？

甲　它啃骨头把牙塞了，拿爪子往外扒拉那块骨头哪！合着我给狗磕仨头。

乙　你都穷花了眼了。

甲　我越想越生气，捡砖头砍它。一摸软乎乎的。

乙　砖头？

甲　摸到屎上了！一生气把屎抹在鞋上了，拿鞋砍它。狗一闻鞋上有屎味，把鞋叼跑了。

乙　得！又丢一只鞋。

甲　光着一只袜底追狗，好容易把鞋追回来了。干脆回家，有什么话

---

①　点手儿，有诗云："人叫人千声不语，您叫人点手自来。"

再说。这可不是咱们哥们儿吹，我家街门我敢叫。

乙　这不新鲜，我们家门我也敢叫。

甲　到了门口："开门！"我媳妇一听是我的语声，吓得直哆嗦，没开门就央告我。

乙　怎么央告你来着？

甲　"等着吧，死不了的缺德！"

乙　这叫央告呀？这叫骂。

甲　一开门，我媳妇说："回来了，我的郎君呀！"

乙　我瞧你不像郎君，像狼狈。

甲　我瞧你像白眼儿狼。有这么说话的吗？我说："好说，小娘子。"

乙　你们俩要唱《断桥》呀？

甲　我媳妇说："回来了，我的女婿。"我说："我叫庞各庄。"

乙　我叫高粱桥。

甲　"回来了我的夫哇夫哇。"我说："你夫（孵）什么呀？你没瞧我这儿脱毛哪吗？"

乙　你们两口子怎么还开玩笑哪？

甲　您不知道，我们两口子就指着逗哏吃饭。

乙　你别理我了。

甲　一进门儿我说："媳妇，上屋怎么不点灯呀？""点灯呀，没油。""我给人家熬夜剩的那四根儿蜡头儿哪？""四根儿蜡头儿，妈吃了一根儿，孩子吃了一根儿，剩下的我吃了。"

乙　嗬！这家子饿得吃蜡头儿。

甲　我说："把油瓶子给我。"拿着油瓶子，摸了摸兜里还有一大子儿。出了门，一听小铺的钟打两点了。这钟点儿，别说打一大子油，打一斤他也不开了。飞起脚，顺我们门口儿往小铺跑，跑到门口儿一边说一边喘，嘴里胡说八道："掌柜的！掌柜的！快开门。"把掌柜的给叫醒了。"买什么明天买吧，我们都睡了。""掌柜的，您一半儿卖一半儿行好。我也不愿意这时候买，我媳妇坐月子了，我得了个大儿子，您得了一个大侄儿。我买的东西太多！五十斤小米，五十斤黑糖，一百个鸡子儿，三十个子儿挂面，五刀粗草纸，五刀细草纸。我先给五十块钱，差多差少明天再说。"掌柜的一听从铺上蹦下来了，三天也卖不出这么些东西去呀！掌柜的披着衣裳刚要开门，我说："您先把小洞开开吧，先把钱给您。我还得请人家去哪。”掌柜的刚一开洞，我把油瓶子送进去了：“先来一个大子儿油吧。那个鸡子儿、挂面、黑糖都不忙，我媳妇还没养哪，养的时候再说吧。”把掌柜的气得直哆嗦，这个骂呀：“这甭问，一定是隔壁 ×××、黑天半夜哪儿闯丧去了！”拿着油瓶子奔油海，插上漏子，四两一蹾，咚咚咚三蹾。我赶紧回到家，摸着油灯往上就倒，哗！洒了一桌子。

乙　这不是糟蹋东西吗？

甲　反正是白来的。划着洋火，滋、滋拉，滋、滋拉，两盒洋火全没点着。

乙　油不好？

甲　哪儿呀，掌柜的一生气给打了醋啦！

（高德明述）

梦中婚

甲 现在是无论什么都在变化，并且变化得还挺快，一天一个样儿。您就拿我们这相声说吧，今天您听是这样儿，明天再听又是一样儿啦。

乙 怎么呢？

甲 改啦。人的思想也是一样，您就拿我说吧，过去我净想发财，现在我就不那么想啦，这就是变啦。

乙 对！

甲 过去那个想法就不对，净想发财，这叫什么思想呢？

乙 就是嘛。

甲 发财的思想我可没有。

乙 你比他们强。

甲 还是钱多点儿好！

乙 你还不如他们哪！

甲 就你们这种思想，要不要两可！

乙 也就你有这种思想！

甲 提起这发财来是个笑话。

乙 怎么？

甲 我发过一回财，这话在前二十多年了，大栅栏三庆戏院散夜戏，我捡了个手提大皮包。打开皮包我这么一瞧啊，中、交票子有五十多万！我是陡然而富，平地一声雷，转眼富家翁。在旧社会有了钱讲究什么哪？讲究吃穿，讲究排场。穿衣裳得讲究，您想，我有了钱，一定要讲究。

乙 那是呀，您会穿吗？

甲　您算算，六月十三我就把西皮筒皮袄穿上啦。

乙　您先等等！六月十三穿皮袄不热吗？

甲　不热，使夏布吊面！

乙　那也不凉快呀！

甲　里边还有一身拷纱小棉袄裤哪。

乙　纯粹是搬汗哪！

甲　我一个人戴十七顶礼帽，老远一瞧跟烟筒成精一样。

乙　大串儿糖葫芦。

甲　我的包月车仨脚铃。

乙　人家都两个呀？

甲　我仨！一边一个。

乙　当中间那个哪？

甲　使文明杖戳着。我坐着比拉车的还累得慌。

乙　是呀！你手脚不时闲儿嘛。

甲　早饭吃烧鸭子蘸点儿臭豆腐。

乙　有那么吃的吗？

甲　喝冰激凌，凉的不敢喝，得回勺热热，来点儿芝麻酱，加仨卫生球儿，搁四个鸡子儿，端上来……

乙　你把它喝了？

甲　我把它倒了！它不是滋味！

乙　没法儿是滋味。

甲　闹得我神经错乱，我跑到上海去了。

乙　你上上海干吗去了？

甲　到上海住在黄浦滩那儿最大的饭店，每天每间就六十块钱。我一个人留了八间。

乙　有两间还不够用的？

甲　不！八间都有用。饭厅一间，客厅一间，沐浴室一间，厕所一间，这就占去四间。

乙　还有四间哪？

甲　那四间轮流着睡呀。

乙　一屋睡一宿。

甲　不！这屋睡五分钟，那屋睡五分钟。睡的时候，拿着表。进门铺被卧，脱衣裳，钻进去。一看表还差一分钟，赶紧地穿衣裳，叠被卧，嗞溜再跑那屋去。

乙　纯粹折腾！

甲　天天儿这儿走走，那儿逛逛。全好，就是一样不好，不懂方言。

乙　噢！不懂当地话。

甲　身在他乡思故土，到了上海又想北京。哎！遇见北京一个熟人，也是咱们说相声的，这人您认识。

乙　谁呀？

甲　×××，这人心都坏了！

乙　怎么？

甲　那年他困在上海，走到广西路碰见我了："××，我到这儿找我们亲戚来了，没找着，他们搬了，我困在这儿啦，你能给我找个事吗？"我说："我哪儿给你找事去呀？连我还在这儿住闲哪。你不就为吃饭吗？没关系，走！上我店里去。"当时给他剃头洗澡换衣裳，由头上换到脚下。

乙　够朋友！

甲　"你先来个狐腿儿皮袄。"

乙　这是几月呀？

甲　六月二十几儿。

乙　六月二十几儿穿狐腿儿皮袄啊？

甲　我这儿捂着，也叫他陪着我捂着。

乙　俩汗包！

甲　我把店里人全叫过来了。"我给你们介绍介绍。××先生是我至近的朋友，他的即是我的，我的即是他的，出入谁也不准限制。"让您说，咱们交朋友怎么样？

乙　不含糊！

甲　唉！慈心生祸害。

乙　怎么了？

甲　那天我出去了，等我回来一瞧啊，我那屋里什么都没有了！我问店里的人，人家说："您问不着我们哪，您说过，他出入不准限制他。"我问他上哪儿了？店里人说："他把户口销了，说您有信儿要回北京。"嗬！这句话，我是说不出来，道不出来，夹气伤寒！手里剩了无几俩钱儿，那么大的饭店还住得起？

乙　怎么办哪？

甲　搬吧！搬到旅馆。旅馆也住不起了，搬到公寓。公寓也住不起了，搬到小店。后来一落千丈，跟乞丐同眠。先生，我都不愿意说了，说出来我心里难过！

乙　说出来也没关系。

甲　转眼间腊月二十几儿啦，我就穿着一件空心大棉袄。

乙　是啊！六月你都把皮袄穿过去了！

甲　那倒甭提。应名儿是棉袄还是三样儿。

乙　怎么三样儿？

甲　前边是夹袍，后边是大褂儿，就是袖口上有二两棉花。

乙　这种衣裳我都没瞧见过。

甲　哪儿都有好人，店里掌柜的看见我了："×××呀，看你这个样子，还是赶快回北京吧。"我说："掌柜的，您净知道说了，我身上无衣，肚内无食，手里分文无有，我怎么回去呀？""早就给你预备好了。"一开保险柜给我拿出两个大数儿。

乙　二百元？

甲　两毛钱！

乙　两毛钱哪！

甲　人家哪是给我钱哪，比打发要饭的强点儿。咱们在外边跑了会子这事还不明白？我说："掌柜的你先等等，你给我两毛怎么算哪？噢，你拿我当要饭的了？告诉你，姓×的有钱的时候挥金似土，仗义疏财，三百五百我不在乎，你别瞧我，人穷志不短！"一咬牙，一跺脚，一狠心："不就你那两毛钱吗？"

乙　不要？

甲　"我拿着吧！"

乙　拿着啦？

甲　外行。到那时候一分钱谁给呀？买点儿烤白薯吃也是好的呀。

乙　这时候知道钱是好的了？

甲　你说人要倒霉吃白薯都不捧场。

乙　怎么？

甲　越吃越少！

乙　是啊，再吃还没有了哪！

甲　往北走走了好几天，下着大雪，上边淋着，底下踏着。身上无衣，肚内无食，冻得我上牙打下牙，前思后想越想越难过，我还活着干吗？不如跳井一死！你说人要倒霉，说话就应验，说跳井就有井。

乙　哪儿没井啊。

甲　一上土坡是个菜园子，当中间这么大一眼井（手势），三个人往里跳谁也碰不着谁。

乙　好大的一眼井呀。

甲　旁边儿有个窝棚，窝棚里有两个人正睡觉哪，甭问，一定是看菜的了。我一瞧四外没人，趁这时候神不知鬼不觉的——

乙　跳里啦？

甲　不能跳！

乙　怎么？

甲　你想，咱们是明人不能做暗事。我把看菜的叫醒了一个，我跟他商量商量，他让跳，我就在他们这儿跳；他不让我跳，我上别处跳去，没关系。

乙　我都没听说过，叫醒了人跳井啊？

甲　“二哥醒醒。”“你买吗呀？”“什么也不买，借您光，跳井。”吓得他颜色都变了，拉着我不撒手：“有什么为难事你只管说呀！我们这村子三百多口子就指着这眼井活着呢！你一跳里就完了。”他越拉我，我是越跳。

乙　真想死嘛！

甲　谁真死呀？我这是吓唬吓唬他，他一害怕，给我对付几十块钱，我不就活了嘛！

乙　您听，这叫什么行为！

甲　一嚷嚷，那个醒了：“第二的，嚷嚷吗呢？”“哥哥你快来吧，你看这人要跳井。”“撒手！要跳早跳了，还有叫醒了人跳井的！”

乙　人家这位明白。

甲　“我说，谁要跳井呀？”“借您光，我！”“就是你一人，还有别人没有？”这话可三青子，为跳井还拜盟把兄弟呀？“就是我一个人。”“就你一个人好办，咱这是自己的园子自己的井，开了三十多年了，一个跳主儿还没有哪。没别的说的，大兄弟你给开个张吧！”

乙　看你这回跳不跳！

甲　这地方他可厉害，他让我给他开张！“不为给你开张啊，还不叫你哪！死，就为死在明处，你说实话，这井甜水苦水？”
乙 你问这个干吗？
甲 找台阶儿好走。
乙 他说甜水？
甲 甜水我不死，我是苦命人不能逆天行事，我找苦的去。
乙 他说苦水？
甲 苦水我不死，我是苦命人，苦了一辈子，临死还不喝口甜水！
乙 嘿！他都有得说！
甲 别管他怎么说我也不死。他冲我一乐：“你问咱这水？”
乙 甜的苦的？
甲 “半甜不苦！”
乙 喝什么有什么。
甲 二性子水。哪是二性子呀？你这是三青子！见死不救，你敢立逼人命？光脚的还怕你们穿鞋的？说好的不行了，我可真急了！
乙 打他们？
甲 我就给他们跪下了！跪在那儿跟他们说横话。
乙 说什么横话？
甲 “我饿了三天没吃什么了，您有什么剩吃儿给我点儿吃？我活了绝忘不了您的好处。”
乙 这叫横话呀？你这是央告人家哪！
甲 就把那俩唬回去了！
乙 人家那是心软了！
甲 “年轻轻的学点儿好，早说这个呀。拿跳井吓唬我们？第二的，给他拿去。”一会儿工夫给我拿来两个贴饼子，半砂锅小米粥。“得了，您连这锅给我得了！”
乙 要这锅干吗呀？
甲 要饭好有家伙呀。
乙 这回是饿怕了。
甲 又给我一捆柴火，半盒洋火。“去，上北边土地庙忍着去吧，那是我们公共的地方。”来到土地庙把槅扇开开，掸掸供桌上的尘土，把柴火点着了，赶赶庙内的寒气。把锅坐上，吃完贴饼子，粥热了，把粥喝了。又把柴火灰搂扒搂扒搂在砂锅里头，抱着砂锅，把棉袄往身上一围，脑袋枕着香炉，我正在这么三睡不睡——

乙　似睡不睡。

甲　这怨我，我漏了一睡（税）！

乙　你漏税罚你！

甲　正在这儿似睡不睡，就听门外汽车响，噔！站住了。打汽车上下来两个人，一个说："找找！"那个说："你甭着急，他走不远，一定是进庙了！"

乙　没准儿是逮贼的。

甲　要是逮砸明火的回头再把我枪毙了！一害怕，跳下来钻在供桌底下往外瞧着，进来这俩人不像当官差的。

乙　像干吗的？

甲　都是跟班的打扮，穿着皮外褂子，手里拿着电棒儿："照照——在这儿哪不是，出来！"我说："不是我。"这俩人一拥而上，就——

乙　把你捆上了？

甲　就给我跪下了！叫得我这份儿好听就甭提了。

乙　叫你什么？

甲　"姑老爷，谁又把您得罪了？老太太给了我们三天限，今天是第二天，明天再要找不着您，非把我们送县里不可！姑老爷，您跟我们回去吧！"

乙　您在这儿有亲戚呀？

甲　谁有亲戚呀？

乙　那怎么叫您姑老爷呀？

甲　人家认错了人啦。

乙　对啦。

甲　我得给个台阶儿："您细细地看看有我这模样的姑老爷吗？"那个跟班的搭茬儿了："姑老爷，我这话值您个嘴巴，由一小儿我把您抱大的，剥了皮连骨头我都认得。"这俩人纯粹是认错人了。

乙　唉！

甲　他认错了人，你说我跟他去不跟他去？

乙　那就跟他去。

甲　跟他去呀？看他找什么了，找儿子、侄子能跟他去，到那儿一瞧不是，你们凭什么白我呀？怎么也得给几块。一说找姑老爷，到那儿一瞧不是，你瞧这顿打轻得了吗？

乙　那你就甭去。

甲　甭去？非饿死在这庙里头不可。

乙　你还有准主意没有？

甲　跟他打听打听，他们家男的多我就不去，男的打上没轻下儿。女的多没关系，打两下一央告一跑就完了。

乙　你这都不像话，你是人家姑老爷不知道人家有什么人？

甲　这地方就用着生意口了，拿我的话套他的话："既然你们哥儿俩来了，回去跟他说，我决没有自杀的心！"

乙　根本你也没打算死呀！

甲　"你们看，我的衣服褴褛，就这样儿回去，你说我对得起谁呀？等明天我找同学换件衣裳再回去！"那个跟班的搭茬儿了："姑老爷，您可真糊涂，您算算家里还有谁？老太太，是您的老家儿；小姐是您的人；其余我们都是您奴才，每月吃您稀的拿您干的，谁敢笑话您呀？"想不到是寡妇老太太带一个姑娘（露出很得意的样子）。

乙　你要干什么？

甲　头里走。夹着砂锅上汽车。

乙　您就把砂锅扔了吧！

甲　外行。扔了啊？到那儿一瞧，不是，轰出来再要饭去没家伙了！

乙　这回是给饿怕了。

甲　汽车开得还真快，拐弯儿到了。路北里广梁大门，四棵门槐，上下马石，拴马桩子。门口的电灯泡子这么大个儿（手势），都是八万四千六百多烛的。

乙　有那么大烛数的吗？

甲　照得跟白天似的。跟班的下车往里一喊："接姑老爷！"由里边出来二百多口子。大做活儿的，小做活儿的，传达处，使唤丫头，老妈子，站这么两溜，闹得我不敢下汽车了。

乙　怎么？

甲　土地庙里黑，两个人四只眼睛，怎么都好蒙。这一说二百多人，四百多只眼睛，有一个瞧出来："这不是咱们姑老爷呀！"麻烦了！不下？汽车到门口儿了！

乙　怎么办哪？

甲　我得要要派头，一夹那砂锅就跟夹着皮包似的，一甩袖子，一挡脸："不要这个样子！"进去了！手一抡，把袖口儿那二两棉花给抡出去了！

乙 这回成夹袄了。

甲 一进二门，瞧见本家老太太由上房出来了。

乙 你认识？

甲 我不认识。

乙 那你怎么知道？

甲 有理由呀，俩老妈儿当中搀着的那位准是本家儿老太太。没有吃完饭老妈儿搀老妈儿满院遛的。

乙 没听说过！

甲 到门口一跪，用手一捂脸："妈呀，我回来了！"

乙 你还害臊哪？

甲 谁害臊呀？

乙 那你挡脸干吗？

甲 我怕她瞧出来！

乙 对了。

甲 老太太说："哎！再有两天找不着，你非倒卧在外边不可，早晚你得把我气死。屋里去吧！"没瞧出来！在外头冻得我直哆嗦，进屋就一身汗。

乙 怎么？

甲 四周围是暖气管子，八个大火炉子，都是这么高，这么粗，这么大炉盘，这么大炉眼（手势），八吨煤倒里头才半下儿！火苗子一冒九丈多高！

乙 嚯！那房哪？

甲 房上都有窟窿！

乙 没有窟窿就全着了！

甲 一照镜子，就牙是白的。"带姑老爷上沐浴室沐浴沐浴去。"

乙 家里还有澡盆？

甲 人家给我拿过六块胰子来，我吃了三块，洗了三块。

乙 干吗吃三块呀？

甲 这名叫里外见光。

乙 这……洗肠子哪？

甲 洗完澡，这边有个小门儿，上头写着"更衣室"，进去打开箱子我这么一瞧呀，里边都是湖绉、扣绉、花洋绉、咔啦、哔叽、鹅缎绸、宫宁绸、摹本缎；里边没有粗布、蓝布、大白布，月白、灰市、浅毛蓝。

乙　这份儿贫哪！

甲　穿衣裳咱们会穿，穿出去不能叫人家笑话。

乙　当然了。

甲　软梢儿裤褂穿三身，夹裤夹袄穿三身，毛衣毛裤穿三身。穿上五丝罗大褂，纺绸大褂。驼绒袍，衬绒棉袍，棉袍外边穿大衣。大衣外边穿皮袄，皮袄外边套马褂，马褂外边穿坎肩。系褡包，戴草帽，穿毡趿拉。

乙　什么德行？

甲　我往沙发上一坐，老太太这份儿夸我就甭提了。

乙　还夸你哪？

甲　“真是人是衣裳马是鞍，姑老爷不捯饬不好看，这一捯饬——”

乙　好看了？

甲　“成狗熊了！”

乙　是成狗熊了！

甲　“吃饭了吗？”来到自己家里说话还不逞着点儿？

乙　吃了！

甲　“我三天都没吃什么了！”

乙　你倒是逞着点儿呀！

甲　它饿得难受哇。“给姑老爷摆西餐。”这可要了命了！

乙　怎么？

甲　西餐里没有筷子，净是刀子叉子，我也没使过。拿刀子在嘴里一和弄，把舌头也弄破了。

乙　你倒留点儿神哪。

甲　我正要喝酒，老太太叫老妈儿：“去！给小姐送个信去，说他女婿回来了，让他们见个面儿。”这可是个好机会，我得瞧瞧小姐。长得要是好看哪，我就跟她那儿忍着；要是长得还没我好看哪……

乙　那你就走？

甲　我也忍着啦！

乙　怎么也忍着了！

甲　这儿吃什么有呀！

乙　就瞧见吃啦？

甲 一会儿的工夫，四个小丫鬟挽着小姐来了，一拉风门，嗬！我一瞧这位小姐呀！长得气死四大美人。

乙 您说说。

甲 笑褒姒，恨妲己，病西施，醉杨妃。沉鱼落雁，闭月羞花，长得是摩其登，漂其亮，剪其头，烫其发！

乙 你还有法儿贫哪？

甲 一脚在门槛儿里头，一脚在门槛儿外头。瞧见我是先喜后忧，这劲儿让我难学！

乙 您学学？

甲 “噢！密司特儿 × 回来了？”

乙 这里还有英文哪？

甲 “谁把你得罪了？一来你走了，两来你走了，老太太在世还顾全咱们，老太太一死我们非跟你现眼不可！看你这路人，真是不堪造就，恬不知耻。讨厌得很，很讨厌，你太讨厌了！”

乙 你是够讨厌的！

甲 老太太说：“都别废话了，过年给你们完婚。”过年？八年都等！那个老妈儿在旁边给我说好话：“老太太，您可真是越老越糊涂了。姑爷一来一走也为了不完婚，小姐一来一病也为不完婚。您不如抓早儿办了就完啦。”老太太说：“好！查查皇历。”一查皇历，丁是丁，卯是卯，今儿的日子就好，就今儿了（露出得意的样子）！

乙 你要干吗？

甲 我又换了一身衣裳，十字披红双插花。大门二门悬灯结彩，拜完天地入洞房。到洞房我这么一看，糊得是四白落地，床上是闪缎褥子，闪缎被卧，倚枕、靠枕、鸳鸯枕。小姐坐在床上，扑哧儿冲我一笑。我往床上一迈步，可了不得了！

乙 怎么？

甲 使的劲儿太大了，喀嚓的一下子，我由供桌上掉地下了，砂锅也碎了，棉袄也着了，把脖子也踒了！

乙 您不是完婚了吗？

甲 哪儿呀，我在庙里那儿做梦哪！

乙 做梦啊！

（高德明述）

粥挑子

甲　来了。

乙　来喽。咱们两个说段对口相声。

甲　说这个玩意儿也有个规矩。

乙　讲究说、学、逗、唱。

甲　说太深的不行，也就说个家长里短儿什么的。

乙　可不是嘛。

甲　你就拿我家来说吧。

乙　啊。

甲　早晨起来，这孩子大人都有点儿山后的蝎子——

乙　怎么讲？

甲　饿（恶）。

乙　是呀？

甲　孩子没得吃呀，我媳妇就给逮俩耗子！

乙　嗐！

甲　光家里人还不要紧，我们那亲戚还常来，你说要命不？

乙　什么亲戚？

甲　我们家的娇客。

乙　噢，你们的外甥来了？

甲　不，是我丈母娘，孩子他姥姥。

乙　不对呀，应当你是她家的娇客，她怎成你家的娇客了？

甲　是呀，我们两头娇呗。孩子跑进来说："姥姥来了！"我一听心里咯噔一下子："是你肥姥姥，是瘦姥姥？"

乙　姥姥还有肥有瘦？

甲 姑舅姥姥家有钱，长得肥，亲姥姥家穷，长得瘦。
乙 到底是哪个姥姥来了？
甲 敢情是瘦姥姥来了。
乙 得！
甲 这姥姥一阵风似的就进屋了。我说：“姥姥您来了？”
乙 还满客气。
甲 你别瞧我家里穷，说话不能穷。
乙 可也是。
甲 我说：“姥姥，看您这意思是吃了饭来的吧？”
乙 有这么说话的吗？姥姥怎么说的？
甲 姥姥这一句话，我差点背过气去。
乙 怎么说的？
甲 “唉！要是能有点儿饭吃，也不上你这儿来呀！”
乙 得，又来个挨饿的。
甲 我说：“您既然没吃饭，就赶紧上炕吧。”
乙 怎么办？
甲 睡一觉吧！
乙 嗐！睡觉能睡饱吗？
甲 你知道什么！我家里有一铺宝贝炕。
乙 怎么个宝贝炕？
甲 我们家的炕，里头高，上头矮，你肚子里没食，头朝上一躺，一会儿就控饱了。
乙 这也太损了。
甲 你还别说，这老太太还真听话，躺了不到半个钟头就……
乙 饱了。
甲 就胖（pāng）肿了！
乙 没个不胖。
甲 正这时候，倒霉了。
乙 怎么啦？
甲 门口过来个卖点心的。
乙 对呀，北京有卖粳米粥的，天津有卖面条的，各样点心都有，还吆唤哪：“粥啊，卖粥来！”
甲 我媳妇也醒了，说话了：“我妈来了，给老太太买点儿点心吧。”

乙 你有钱吗?
甲 她不管有钱没钱，溜了。
乙 走啦?你怎么办?
甲 就奔门口儿水缸去了。
乙 干吗?
甲 钱在水缸后头呢。
乙 怎么放那儿了?
甲 从水缸后头拎出一条裤子。
乙 啊!
甲 钱都在裤子里呢。
乙 有多少?
甲 就把这裤子往炕上一撂，往兜儿里一掏。
乙 瞧这堆钱哪!
甲 瞧这炕水呀!
乙 水呀!
甲 等水流完，就瞧见一个黄澄澄的东西。
乙 金镏子?
甲 假铜子儿!
乙 假铜子儿?
甲 假的好啊。
乙 怎么?
甲 真的不早就花了吗!
乙 好嘛。
甲 正这工夫，我媳妇回来了。我说:“你拿这个去端儿碗粥去。”我媳妇说:“人家要是不要呢?”
乙 是呀。
甲 我有主意呀:先别给他钱，让他把粥盛到锅里，你先喝三口，他要是不要这假铜子儿，你就白喝三口粥。
乙 这招儿真损。
甲 我媳妇一想:左右这回事了!把我们那一品锅拿出来了。
乙 嚯!
甲 大大方方出得门来，美滋滋的。“卖粥的，过来，给我盛粥!”
乙 干吗这么美呀?

甲 这都是我训练出来的了。

乙 这也训练哪！

甲 卖粥的两眼发直，把粥挑子挑过来："大奶奶盛多少钱的粥？"我媳妇说："盛一个铜子儿的。"这卖粥的只顾瞧我媳妇了，没留神，这么大勺子，溜溜儿盛了六勺子。

乙 这回够你们全家吃的了。

甲 我媳妇拿过来，没用分说，咕嘟嘟就喝了三口半。

乙 她还真听你的话。

甲 等把铜子儿拿出来，卖粥的一瞧："你这钱是假的呀！"

乙 漏了。

甲 我媳妇说："假就假的你将就使吧，假的还就这么一个了呢！"

乙 这倒实话。

甲 卖粥的一看我媳妇挺横："行啦行啦，算我倒霉，假就假吧。"

乙 他认了？

甲 我媳妇一听他的话口挺松，又说了："这你算个明白人，再把你那馃子、炸糕给我拣四十、五十的。"

乙 啊！不知足啊？那能行吗？

甲 他一说不行，可就报应到了。

乙 怎么？

甲 正这时候，对门一个老太太也来买粥。这卖粥的只顾给老太太盛粥了，我媳妇端着粥锅可就过来了，抓两块炸糕就往嘴里填。

乙 偷人家呀！

甲 卖粥的看得清楚啊，过来就要打，咣啷一拳，他要打我媳妇没打着。打到粥锅上了。

乙 这还便宜。

甲 就听啪嚓又一声。

乙 又怎么啦？

甲 可能是我媳妇想用锅搪，这一锅粥，全扣到我媳妇脑袋上了。

乙 哎哟！

甲 脑袋也破了，连粥带血全下来了。

乙 出事了。

甲 我媳妇是不饶人的人哪，她两只手闲不住，紧往嘴里搂……

乙 还喝粥哪！

甲　这卖粥的也不含糊，把我媳妇头发揪住了，一伸脚给她来个大马趴；大脚丫子往我媳妇脖子这儿一踩。

乙　怎么？

甲　让那炸糕上不来，下不去。

乙　好嘛！

甲　这时才有人向我报告。我出去也打不过这卖粥的呀。

乙　那怎么办？

甲　我给他来个“秋风未动蝉先觉，暗算无常死不知”。往后倒退了两步，使了个“饿虎扑食”，抓四个烧饼弄到嘴里头。

乙　你也抢上啦！

甲　这卖粥的一看我抓他的烧饼，可就急了，一抬脚就奔我来了。他把脚一松，就听我媳妇哏儿喽一声！

乙　没气了！

甲　哪儿呀，她到底把炸糕咽下去了！

乙　别挨骂了！

（陈子贞　广阔泉演出稿）

粥挑子

甲 唉！这几天我不太好！

乙 怎么啦，大哥？

甲 说不尽！现在街面上的钱实在难挣。

乙 可不是嘛，不但您，也不只咱们这生意人，哪一行也难挣钱。

甲 真的，前两年我每天总可以挣一元钱上下，颇颇的够我们一家子的花费，现在可不成了；平常日子不挣钱，还可以说，就拿前两天新年说吧。按说应当多挣点儿吧？

乙 大新年的谁不走走逛逛，自然要多挣点儿。

甲 好，还多挣呢！更糟心！

乙 怎么糟心法儿？你说一说我听听。

甲 兄弟你听着。三十一日那天，家里自从早晨开开门，是一文钱没有，我睁开了眼跟着就出来了。

乙 干什么一早就出来？

甲 怕的是要账的见了我不放。

乙 噢！是了！你不见人家就成了吗？

甲 先叫我们孩子他妈你大嫂子搪一搪，我以为大年底下的一定可以多挣些钱，晚上还钱的时候再见他。

乙 那就是啦！

甲 不想晚上回家的时候，只挣了四百二十二枚，我前脚进门，好！紧跟着要账的也到了。

乙 还人家吧！

甲 我原打算元旦日吃一顿包饺子，这一来不成了。

乙 吃不吃的不要紧，还账去病。

甲　可不是嘛，把小零账还了还，下余钱还有十二枚，不用说吃包饺子，就是吃杂和面儿的窝窝头也不够。

乙　那该怎么办呢？

甲　没法子，只有喝杂和面儿粥。

乙　就是喝粥十二个铜子儿的面也是不够啊！

甲　多放点水呀！

乙　多放点水就够了？

甲　来个水饱儿呀！

乙　好！

甲　这十二个铜子儿的杂和面儿粥，当天晚间他们全给喝了，你看他们多饿。

乙　早晨没吃饭怎会不饿？

甲　是呀！我也是这么说，三十一日的晚间就算过去了，第二天元旦日，那两个孩子睁开眼就说饿。

乙　头一天喝了一肚子水，能不饿吗？

甲　年下了，没有人要账了，我也就不一早就走了，我跟我媳妇两个人，一起来就坐在炕上，脸对着脸，她看我，我看她。

乙　不用说你们夫妻是很恩爱了！

甲　不是，因为没有饭谱！

乙　嘿！好糟？那么你们俩对看着就能够看出饭来吗？

甲　当然看不出饭来，但是我看她长得好看，她看了我长得好看，也就把饿忘了。

乙　好法子。

甲　大人是忍得了，不，咱没有饭吃，紧一紧裤带就可以过去了，唉！小孩子可糟心，肚子饿了一点儿就乱喊！

乙　那是一定，小孩子懂得什么有钱没钱呢！

甲　一早起来，那两个孩子就喊："爸爸，我饿。""妈，我饿！"你说多可恨！我把他们拉了过来，每人给两个……

乙　大铜子儿。

甲　大嘴巴！铜子儿在哪儿哪？

乙　小孩子饿了，他一定要叫"爸爸，我饿"。

甲　噢！等我给你挣钱去！

乙　你给谁挣钱哪？

甲　你不是叫我哪？
乙　谁呀？你打了孩子怎么样？
甲　孩子哭着就出去了。（稍停顿）您知道我们院里连我们是三家街坊呀？
乙　知道呀！可不知道那两家是做什么的。
甲　我告诉你！北屋里住的公母俩，一个七岁的小孩子，男子现在公安局当科长；南屋里住的是两口子，也有一个孩子，男人在高等法院当推事。元旦日衙门里全放假，嗬！他们两家可足吃！北屋的科长吃的是馒头，做的菜，有米粉肉，熘丸子，炒木樨肉。南屋的推事吃的包饺子，另外也做几样菜，两口子喝酒。
乙　真叫不错！
甲　我们这两个孩子，叫我给打出去了，就跑到北屋去看人家吃馒头去了！那家也不开眼！
乙　怎么？
甲　你就给我们孩子一个吃算什么呢？
乙　没听说过！人家不给吃就叫不开眼哪！
甲　我一气，把孩子叫出来了。
乙　这才对呢。
甲　我说："你们两个人这儿来，人家又不给吃，看着干什么？"
乙　对！是这么说。
甲　"去，上南屋看吃包饺子的！"
乙　好没起色。
甲　好容易把那两天过来了！到了六日一清早，我丈母娘就来了。
乙　看姑娘来啦！
甲　哪儿是看闺女，简直是要命吗！
乙　怎么？
甲　三口儿人我还养不了，何况再加上一口儿呢？
乙　那也没有法子！难道还能把她老人家赶走吗？
甲　她一进门我就问："您吃饭了吗？"我丈母娘说："没有哪！"
乙　你应当说："没吃咱们一块儿吃吧！"
甲　我说："没吃咱们一块儿饿着吧！"
乙　怎么？
甲　可不是一块儿饿着，给她什么吃呢？

乙　那也不能那么说。

甲　我丈母娘就说啦："不要紧，我这儿还有二十吊（即二百枚）钱呢，你拿了去买吃的去吧！"我拿了钱买了三斤白面，又买了点儿肉菜，回家足吃足喝。早晨这一顿饭，就把二十吊钱吃了个干干净净，晚饭仍旧是没有希望。

乙　你吃饱了就该出来挣钱。

甲　吃饱了得睡觉，哪里能出来。一出来偶一不小心，被人碰一下，要是洒了呢！岂不是白吃了吗？

乙　你看这点儿德行。

甲　你别看我穷，我们家那个炕，可是宝炕。

乙　怎么是宝炕？

甲　我们那个炕，能够治饿，也能够治饱。

乙　噢！真奇怪！怎么能治饿又能治饱呢？

甲　因为我们那个炕是一头高。

乙　怎么一头高？

甲　炕的外边高，里边低，就好像一个坡儿。要是吃得太多了，就头朝外睡；要是没吃饭就头朝里睡。

乙　噢！就是这样的宝炕呀？好！

甲　当天晚上没吃饭，我们就头朝里睡了，第二天早晨起来，不饿了。

乙　怎么不饿了？

甲　头朝下睡一夜还饿什么？真可恨，一会儿心火下去了又饿起来了！

乙　你怎么办呢？

甲　这个时候卖粳米粥的过来了，想买点儿吃吧没有钱。我媳妇忽然间想起来了，说："咱们水缸底儿还有一个假铜子儿呢！"

乙　真是穷人瞎搜寻。

甲　我媳妇就把那个假铜子儿找出来，拿了一个大砂锅去买粳米粥。

乙　一个假铜子儿还拿一个大锅。

甲　我媳妇出去了，把假钱和砂锅给了卖粥的，卖粥的说："大奶奶，要不是看你长得好，假铜子儿一定不卖给你粥！"我媳妇说："得啦！就是那么回事，不给你钱跟你要点粥喝也不能不给呀！"说着，走到挑子后面，见有炸糕，她拿起来一个就吃，三口两口就吃完一个，跟着又拿了一个，卖粥的看见了，放下了砂锅，跑过一把拉住了我媳妇的手，去抢炸糕，我媳妇拿着炸糕就往嘴里放，卖粥的把我媳妇按倒地下，一手按住脖子，一手仍旧是抢炸糕。这个时候我出来了，看见我媳妇被卖粥的按住，我跑过去，一把就把卖粥的拉开了，就听我媳妇的嗓子眼儿里哏儿喽一声……

乙 死了？！

甲 炸糕咽下去了！

乙 好德行。

甲 我问卖粥的因为什么把我媳妇按在地下，他说抢了他的炸糕。我们说话的这工夫，我媳妇已经爬了起来，又拿了两块炸糕吃。

乙 真缺德。

甲 卖粥的一定要钱，说我媳妇吃了他的炸糕；我一定不答应，说他打了我媳妇。这个时候警察来了，我是因为他打了我媳妇，他是因为我媳妇吃了他的炸糕，非打官司不可。

乙 还打官司哪！

甲 不打官司还成！警察把我、我媳妇和卖粥的，全带到区里去，孩子交给我丈母娘，我们从区里又转到公安局。

乙 怎么过的堂？

甲 推事先问卖粥的：“你们因为什么？”卖粥的说：“这个大奶奶，她先拿着一个假铜子儿，要买粥，我看怪苦的，给她一点吧！谁想她看了我的炸糕，拿起来就吃，我就往回抢炸糕，这个时候这个小子出来了，拉着我不答应，说我打了他媳妇。老爷看这是什么事？吃了炸糕不给钱，还要打人。”问完了他又问我媳妇：“你是吃他的炸糕来着？”我媳妇说：“是呀！我并没有说不给他钱？他为什么不叫我吃呢？难道说他不是卖的吗？”

乙 真能说！

甲 问完了她，又问我：“你为什么打卖粥的？”我说：“他是卖的，我们是买的，他准知道我们吃了不给钱吗？他不问一问就打我媳妇，在公理上是说不下去的，请推事先生公判。”

乙 你们两口子真能说！

甲 推事先生听了我们三个人的口供，大发雷霆之怒，把惊堂木一拍，说：“好你个大胆的卖粥的，你的炸糕是卖的不是？”他说：“是！”推事说：“既然是卖的，为什么人家吃，你打人家？你准知道人家不给你钱吗？真可恨！混账东西！跑这儿来乱告！现在你是认打认罚？”卖粥的哭了，说：“老爷！你老说吧！认打怎么样？认罚怎么样？”推事说：“认打，打你二百嘴巴，二十天苦工；认罚把你的粥挑子给他们。”

乙　好厉害。

甲　卖粥的说：“二百个嘴巴哪儿受得了，还不打死，我还是认罚吧！”

乙　这一来你抖起来啦！白得一份粥挑子，又是粥又是炸糕。

甲　粥挑子可是判给我了，卖粥的反倒乐了。

乙　怎么没挑子倒乐了呢？

甲　把我的媳妇判给他了！

（张笑侠　搜集整理）

揭 瓦*

甲 这两天烦透啦。

乙 怎么?

甲 净怄气呀。

乙 为什么?

甲 他欺负我,因为我是老实人哪,他这是拣老实的欺侮。我向例没得罪过人,我在树底下走都怕树叶儿砸着,他欺负得我都喘不过气儿来。先生,法院在哪儿?我打官司,告他。

乙 您先别着急,我劝您两句。得忍就忍,得饶就饶,官司不是好打的。有这么句话:“衙门口儿冲南开,有理没理拿钱来。”一天的官司十天完不了。再说谁跟谁也没有杀父之仇,为了三两句话的事情,您也不至于想不开。

甲 对!您这话太对了。听您这么说话,您是个明白人。

乙 我可不敢说明白。

甲 您要是不明白,这话我就不跟您说了,没有过不去的河,席头盖还有个了哪,何况这个事情?是谁把谁的孩子扔井里啦?谁把谁的饭锅砸啦?没有!就为了一点小事儿,这就要打官司告状?那官司是好打的吗?那不是打官司,那是打钱哪。谁有钱,谁有理。您指身为业,您家有多少钱?您一天不挣钱,家里就着急,真的把您圈起来,您家的孩子大人着不着急?您是上有老,下有小,忍谁呀?忍您自己家里头。既然有人出来给您了哪,那就完了,何必没完没了地要打官司呀?我说完这话,您自己要考虑一下。

---

* 又名《卖房瓦》。

乙 嗳……谁打官司呀？

甲 你呀！

乙 这不是倒霉嘛！搜到我身上了，我说他直眉瞪眼劝上我了呢。不对，你打官司。

甲 是吗？

乙 是啊，你问我法院在哪儿啊。

甲 我？我怎么不理会呀？

乙 这位是气迷糊了。你要告状。

甲 告谁呀？

乙 我哪儿知道哇。

甲 那么，你让我告谁？

乙 噢，我挑词架讼啊？

甲 对！是我，我告他！

乙 这位神经病又来了。

甲 唉！我气迷糊了，是我告状。

乙 那么您说说您要告谁？

甲 告我们房东。

乙 房东怎么啦？

甲 你认识我们房东吗？

乙 不认识。您住谁的房哪？

甲 坛子胡同闷三爷。

乙 噢，听说过。

甲 我说说我们这房子这意思。我住在城里，九间瓦房，一个月三十块钱。

乙 嗬！房钱可不贵呀。

甲 我也知道不贵。您看看那房子多好，院子又大，房钱又贱，您想我能短他的房钱吗。每月是一号的房钱，有时候这老头儿上我这来，他要没工夫来呢，我就给他送去。这是上月二十六的事情，我早晨买东西去，一出胡同，正碰上老头儿。因为他跟我父亲总在一块儿下棋，也是老朋友，我见面就叫三大爷。我说："嗬，三大爷，您哪儿去呀？您家坐会儿吧。"老头儿说："不价啦，不价啦，过两天再来。"您听见没有？过两天再来，就是到一号拿房钱来！我说："您这是怎么啦？干吗过两天啊，非得拿房钱才上我这儿来，平常日子您不会进来坐会儿？我不住您的房，您也许进来坐会儿，咱们爷儿们有交情啊。”老头儿说：“好……里边儿坐会儿。”让到家里，叫我媳妇沏茶，咱们续那好茶叶。老头儿喝着茶哪，我告诉我媳妇给预备饭。那么大年岁饼嚼不动，焖饭，我给买几对对虾，又熬的黄花鱼，又炒俩菜，叫小孩打酒去。老头儿说：“干吗呀？你预备这么些东西？”我说：“您喝着，我不会喝酒，我可不陪着您喝。”老头儿说：“嗬，你这么费心，我就不客气啦。”老头儿那儿喝着酒，我就出去了。我到了砖瓦铺，进门找掌柜的：“掌柜的，给我拿二百块钱。”掌柜的说：“二百块钱够用的吗？不够您多拿点儿。”我说：“够了。”

乙 噢，您在那柜上存着钱哪？

甲 没存钱，咱们跟他交买卖。拿着钱我回来了，老头儿饭也吃完了。我说：“三大爷，给您这钱，我这是一百五十块钱。”老头儿愣了，说：“这是干吗？”我说：“咱们一个月是三十块钱，这一百五哪，给您五个月的房钱，省得您一回一回的来取来。往后天一热，阴天下雨，道儿不好，您这么大年岁，摔着碰着不好，有什么话，过五个月以后再见。”哎呀，老头儿这个乐呀：“我谢谢你，对我太好啦。又请我吃饭，这一给，给我快半年的房钱，这住房的我上哪儿找去呀？我走了。”“我送您吧。”我这么一送，送出娄子来了。

乙 怎么送还送出娄子来啦？

甲 老头儿不走，站在院里琢磨。

乙 人家应当看，有坏的地方给您修理修理，到雨水季里省得漏。

甲 老头儿看完了，脑筋也绷起来了，脸也红了，指着脸这么一骂我：“好！浑蛋！你这是什么行为？你是畜类！”

乙 嗳！这老头儿是怎么啦？

甲 许是喝醉了。我说：“三大爷，您少喝点儿好不好？咱们爷儿们有交情，别人要对我这样，我可不饶。”老头儿说：“甭他妈的废话，你给我找房搬家！”您听这是不是欺侮我？吃完了我，喝完了我，拿走五个月的房钱，叫我搬家。

乙 那你得问问他呀：“为什么撵我搬，我是聚赌窝娼啦？是勾串匪人啦？就算我做了，我这人犯法，你的房子犯不了法。打算撵我，别接我房钱，拿走五个月的房钱，叫我搬家呀，这叫欺负人！”

甲　那是，咱们问他了。我说："三大爷，您怎么啦？您骂了半天街我可没言语，您这么大岁数，我可让您老。叫我搬家，行！为什么？我不欠你房钱，我没聚赌窝娼。"老头儿说："废话，你聚赌窝娼，把你枪毙了，我管不着！我问你？我房上那瓦都哪儿去了？"你说他多欺负人，他的瓦没了他问我，我知道呀？你要怕瓦没了，你做个房套，你套上。要不然你找几个人，坐在瓦房上给你看着它，我是住房的，我不是给你看瓦的。

乙　他们这件事我听着乱，你住的是灰棚儿啊？

甲　不！瓦房。

乙　那么瓦哪儿去啦？

甲　是啊！可说哪！

乙　什么叫可说哪？瓦哪儿去了！

甲　你怎么也问瓦呀？

乙　当然啦，你住房，瓦没了不问你问谁哪？

甲　你问我，我问谁去？那要是刮风刮走了哪？

乙　不像话，刮风能把房上瓦都刮没了吗？你说吧，都哪儿去了？

甲　嗬！这人真死心眼儿，好糊涂，我在哪儿拿的二百块钱呀？

乙　砖瓦铺啊。

甲　我凭什么跟人家那儿拿钱？

乙　你们交买卖呀。

甲　是啊！我要是没有那瓦，我们怎么交买卖呀。

乙　噢，你把瓦给卖啦？

甲　不是倒个扁儿吗！

乙　这叫倒扁儿啊？你把人家房瓦卖了给人家房钱，你还怨人家着急骂你呀，人家那是产业。

甲　您还别那么说，你认为他们要我这俩钱儿不容易啊，我还不容易哪！

乙　你有什么不容易？

甲　对啦！我们孩子大人搬着梯子上房，那瓦是一块一块地往下揭呀，我们要摔着怎么办啊？

乙　你摔死都活该！

甲　我媳妇挺重的身子，这要打房上摔下来，谁负责呀？

乙　嗐！你没羞没臊！

甲 您说怨谁？

乙 怨你！

甲 就算怨我，他这样骂我，我还吃这个，我过去，啪！就是一个嘴巴！拐棍儿抢过来，撅折了！我把老头儿的衣裳也撕了，把一百五十块钱也抢过来了。我们孩子真有出息，把老头儿的烟袋藏起来了。我说："老小子，我打你啦！心里有什么不痛快，你来找我，打现在说限你三天，你不找我，我找你去！"开开街门，我一脚就把他踹出去了！你瞧我怎么样？

乙 人物！要成人物得跟你学，你能打老头儿！你呀，倒霉了！就你们房东那老头儿，你惹得起吗？人家有钱有势力，能跟你完得了吗？

甲 嗐，那吓唬别人。老头儿回家，他儿子一看急了："您这是跟谁？谁把您打得这样儿？"老头儿一说，我怎么揭瓦，我怎么打他，他儿子非要找我拼命不可。正赶上他侄子在那儿，他知道咱们怎么回事，急得直跺脚："老爷子，您这不是给我们惹事吗！谁呀？×××，我们惹得了吗？人家手眼通天！人家变个戏法儿，咱们爷儿们吃不了得兜着走。"老头儿说："他说过三天还要找咱们来哪。"他侄子说："别等人家找咱们来呀，咱们先请几位，买点儿东西，到那儿赔赔不是。人家是讲理的人，一央告就完了。"老头儿有四个儿子，几个侄子，又约请了十几位，还没空着手来，拿着各样点心，给我赔不是来了。

乙 嗬！什么事都有，他打人家，人家还得给他赔不是。

甲 他那大儿子一进胡同，就给我赔不是，这央告我呀。

乙 怎么央告你呀？

甲 "×××出来吧孙子哎！"

乙 这叫央告呀？这叫骂！

甲 我倒是直心软。

乙 那是心软呀？那是吓得直哆嗦！

甲 他骂我也骂。

乙 你怎么骂的？

甲 "我要出去我才是孙子哪！"

乙 嗨！您怎么不出去呀？

甲 我出去，外边二十多口子，都拿着礼物。

乙　什么礼物？

甲　有拿斧把的，有拿棍子的，我出去？一人一下我就碎了！

乙　是啊！刚才你怎么打人家老头儿来着？

甲　我一想不出去不行，我在那条胡同住那么些年啦，这么一来我寒碜啊。我出去，我是打不过他们，我跟他们玩儿命！一人拼命，万夫难挡。我们院里有块大石头，一百多斤，平常我哪儿弄得动呀，那天也是急劲，一伸手给举起来了。我举起石头一想：我砸死一个够本儿，砸死两个是赚的。托着石头往门道跑，一撒手，当的一声——

乙　砸死几个？

甲　我把门顶上了！

乙　对！顶上门怕人进来。

甲　我一想啊，我怎么办哪？

乙　跑啊。

甲　呸！凭我这人儿，我跑？我走！

乙　跑跟走一样啊。

甲　跑！我上哪儿去？

乙　哪儿没人你上哪儿去。

甲　您认为我真害怕哪？跑出去我报告去。

乙　你报告什么呀？

甲　他带着这么些人，我报告他抢我，我丢了四十多根金条。

乙　嗐！你真有四十多根金条，还揭人家瓦干吗呀？

甲　你怎么老提那个呀？揭瓦的事情，到时候我就不提了。

乙　是啊！你不提人家提呀。赶紧跑吧。

甲　前边儿我是跑不了啦，连大门带胡同都堵着哪，我跳后墙跑。我打后墙往下一出溜——

乙　跑啦？

甲　后边儿蹲着四个哪！

乙　把您的后路卡了。

甲　“就知道你小子由这边儿走啊，把他揪前边去，摁躺下打他。”把我摁到那儿，这回我倒不害怕了，打吧，光棍打光棍，一顿还一顿。哪一棍下来咱嘴里也不含糊，我说：“妈呀！”

乙　您怎么叫妈呀？

甲　我孝母！

乙　嗐！你单这阵儿孝母？

甲　那个人过来一下子，我说："祖宗！"

乙　嗐！应该骂他的祖宗。

甲　我不爱骂人。

乙　对，你怕骂了人家还打。

甲　正打着我哪，我们街坊出来了事的啦。

乙　谁呀？

甲　我们对门儿贾三爷。

乙　噢！贾三爷。

甲　分开大伙儿："诸位……这是怎么回事啊？这是谁跟谁呀？"一看都认识，坛子胡同闷三爷，跟我。贾三爷就问了："你们爷儿俩为什么呀？"嗬！这闷老头儿过去一说，我怎么揭瓦，我怎么撕他衣裳，我怎么打他啦。噢！这全是他的理，那我请他吃饭怎么不说了？

乙　嗐！说那干吗？

甲　贾三爷也不会了事，他说的话都是向着一面儿的话呀。

乙　他怎么说的？

甲　"三哥？咱们都这么大年岁了，能跟他们年轻的一般见识吗？您说他打您，撕您的衣裳，我们谁也没瞧见，可是您现在打他，这么些街坊全都瞧着哪。打了不罚，罚了不打。他揭您瓦，我们听着都可气，您让他把所有的瓦都买回来，恐怕他也办不到，尽他的力量来，给他一个月的限，叫他找房搬家。您这房子，一个月六十块钱也赁得出来，您何必跟他怄气哪。"您看这个了事的！

乙　好啊！

甲　好什么？你要是说他好，我告的时候连他带你一块儿告！

乙　我招你啦？人家这了事的是向着你呀。

甲　向着我，这叫一头沉！

乙　这怎么还一头沉哪？

甲　我钱也没落着，我还得搬家，我上哪儿找房去，你给找房！

乙　不敢！我给您找房，你把人家瓦都给揭了呢？

甲　这老头儿说完这片话，问我："你听着怎么样？你认为我了得不公，你有话也可以说说。"这阵儿可瞧我的了。好汉出在嘴上，好马出在腿上，您别看我这人叫他们打得站不起来，我的话可站得起来。这叫一鸟入林，百鸟压音。我就嚓……一片话，说得他们闭口无言，大气不吭，扭头全走了。

乙　噢，你说的是什么？

甲　“只要爷爷们不打，怎么说都好！”

（赵佩茹述）

［早年《揭瓦》的演出路数，还可以延续以下情节］

乙　叫人家打怕了！

甲　这可不是打的，这叫“大丈夫能屈能伸”，本来咱没理，就不能再犟了。

乙　是嘛，再犟，人家还揍啊！

甲　贾三爷[①]说完了，我冲大家一抱拳，我说：“贾三爷的话句句在理上，我心服口服。别看我挨顿打，倒让我长了见识。”

乙　什么见识？

甲　“我这才知道，没经过房东许可就揭人家的瓦——是不对的！”

乙　嘿！挨顿臭揍才明白过来。

甲　“我打了三大爷更是错上加错。有贾三爷了这事，不用一个月的期限，三两天之内找着房我就搬家。”

乙　是呀，你也没脸在那儿住了。

甲　“不过，贾三爷说不让我赔瓦我还于心不忍。再一说，我人搬走了，不能在街坊邻居里把骂名儿留下！”

乙　想不到你这么要脸哪！

甲　“现在天已经擦黑儿了，我买新瓦是来不及了。”

乙　还吹哪！你拿什么买呀？

甲　你甭搭茬儿。我心里有谱儿了，我说：“即便不买新的，今天晚上说什么我也把旧瓦原封不动地给三大爷还回来。”

乙　这口气也不小了。

甲　“这不是诸位把我人也打了，气也出了嘛，您可也别白打，这么

① 原本作“贾大爷”为了和上文一致，亦作“贾三爷”。

办，请各位先到我家歇一歇儿。这么些人，晚饭我管不起，喝点儿茶还行吧。晚上十点钟请大家帮帮忙，受点儿累，我借几副抬筐，咱们一块儿取瓦去。”

乙 真有这把握？

甲 大伙儿一听：“可也倒是，九间房的瓦一个人往回运也真够呛。得了，帮人帮到底吧。”一位没走，稀里呼噜都跟我进屋了。

乙 面子真不小。

甲 我给大伙儿沏上茶，喝了一会儿就快十点了。砸石头的二愣子[①]性子急，直催我：“走吧，早抬回来早歇着。”我说：“好。”扭脸问练把式的胡老道[②]：“道爷，您带着‘甩头一子’没有？”

乙 噢，绳子镖。

甲 “带着哪，干吗？你叫我跟着抢去，我可不干！”“哪儿的话呀，甭说动手抢，您连话都不用说，到地方儿各位也都甭搭茬儿，听我的。我只要一说‘搬’，您几位就去那捡瓦抬筐的。”“那你问我带没带绳儿镖干吗？”“您现在把镖头儿解下来，用那绳子把我五花大绑捆上！”

乙 我听着这事儿都新鲜。

甲 “您甭打愣儿，我叫您捆您就捆，要不，瓦回不来可是您的责任！”“好，捆吧。”真快，没用五分钟就捆好了，我在头里走，除了把老头儿留下，二十来口子缕缕行行（xīng）跟着我就出门儿了。

乙 上哪儿去？

甲 砖瓦铺，把瓦抬回来！

乙 我看你是穷疯了，拿了人家二百块钱，还往回要瓦？人家能给吗？

甲 你没有我清楚，砖瓦铺掌柜的姓温，外号儿叫温老蔫儿，胆儿最小了，是个三脚踹不出个屁的人。那年颜料店着火，其实离他那儿还隔着三家儿哪，消防队长愣说他是火头，要把他带走，结果花了六百块现洋才了的事。这次我也是唬他去！

乙 你就缺德吧！

甲 谁让他爱便宜呀。他那买卖前边是门脸儿，后院是仓库，院里放

① 闷三爷家请来助威的朋友，二愣子、胡老道都是北京天桥著名艺人，《揭瓦》中只说请朋友，未及姓名。

② 同注①。

砖瓦，屋里放石灰、麻刀、坛子、瓦罐儿。

乙　你倒都摸底。

甲　我卸瓦的时候看过。

乙　对了，你们“交买卖”嘛。

甲　到了门口，里边儿灯都黑了。

乙　十点多了，人家睡了。

甲　我绑着哪，拿脑袋撞护窗板：“温掌柜，开门出来呀！”一会儿灯亮了，护窗板小洞开了。“谁呀？咱这买卖不拉晚儿，买什么您明儿来吧。”我一听，正是温老蔫儿。我说：“您借着月亮光儿看看，是我 ×××，我绑着哪！原来咱不是商量好了，说那瓦是拆白衣庵的时候捡的吗？现在事犯了！让人家武术馆查出来是他们的了，您常逛天桥都认识，这不沈三爷[①]、二愣子、胡老道、大麻子都跟来了嘛！后边那几位……”我用嘴一努闷老头儿的仨儿子俩侄子，“是侦缉队的便衣儿，现在来起赃，刚才我已经挨一顿打了，他们不想打您，想跟您见见面，会一会，问问您，您这有门面有字号的买卖怎么竟敢销赃？是谁给仗的腰眼子？您放心，没您什么事，开门吧！”

乙　你可太损了！说不打，他敢开吗？

甲　这时候我就看门槛儿的缝儿里流出一道儿水儿来，甭问，温老蔫儿拉拉尿了！就听他在门里头说：“我不是温掌柜的，我是他表弟，他……下午出永定门催账去了……今天晚上回不来……求我给顶一宿。”

乙　吓得都不敢承认了！

甲　我说：“既然他没在，今晚上也没法起赃了。明儿一早儿他回来，您告诉他别出门，八点钟这几位侦缉队来，连封门带下传票！”

乙　嚯！越说越厉害呀！

甲　这话真管用，里边儿急得直嚷：“× 先生别价呀！那瓦都在后院儿，一片儿没动。您今晚上先把东西拿走，这事我还做得了我表哥的主。明天我让他摆两桌请客，这事就私了喽得啦！”

乙　上套儿了。

甲　“不行！请客人家还不一定扰你们哪，今天晚上黑灯瞎火的，你后

① 沈三是天桥著名艺人。

院儿门锁着，我们要砸了锁，明天你们反咬一口，我们怎么办？干脆，你拿着钥匙来亲自开门，我们起赃。”

乙　成心挤对人，他敢出来吗？

甲　温老蔫儿说：“我别出去了，钥匙给您，反正仓库里也没有珍珠、玛瑙、翡翠、钻石，院子是砖瓦，屋里是花盆、坛子、青灰麻刀，还有手推车儿，您别给抓乱了就行。我表哥回来有事我担着，这一嘟噜钥匙全交您了。”顺小洞把钥匙递出来了。

乙　真可怜哪，这就是爱小便宜的报应！

甲　他们把我绑绳解开，我拿着钥匙开开后院儿大门儿，然后开开屋门……

乙　瓦在院里！你开人家屋门干什么？

甲　废话！屋里有手推车儿，我省得用抬筐了！

乙　见便宜就上啊。

甲　大伙儿“齐下虎牢关”，没用几趟把瓦全推走了，我把钥匙送回去，回到家里一看，那瓦足足摞了半院子，十二点多了，大伙儿也太累了，没洗手就都走了。我送完他们，回到院里冲着这些瓦直掉眼泪。

乙　哭了！

甲　我说：“瓦呀，瓦呀，不因为你，我能这么倒霉吗？我一家大小顶风受冻把你一块一块地揭下来，刚卖了二百块钱就叫房东讹走一百五。”

乙　那叫讹呀？你应当赔人家。

甲　“虽然我留下五十块，可明儿还得买跌打丸跟膏药哪！得治我这闪腰岔气儿呀！再加上请老头儿喝那顿酒，这五十块哪儿够啊！起码儿也得赔进去十几块呀！”

乙　这叫“偷鸡不成蚀把米”呀！认赔吧。

甲　我越想越难受，越难受越哭，哭着哭着，往那摞瓦旁边儿一看，我又乐了。“不要紧，明天至少我还能有八十块的进项哪。”

乙　什么进项？

甲　刚才趁拉瓦的工夫，我扛出他四袋儿青灰来！

乙　还偷哪！

（张寿臣述传统相声《揭瓦》结尾部分，
原本系于世德记胡家弟整理）

福寿全

甲　您在这儿说哪。我最喜欢听您的相声。今天我特地来拜访您。

乙　您有什么事？

甲　我找一个堂会。

乙　那太好了。

甲　多找几档子，我们本家儿就爱听相声。

乙　那好，那好。说了半天您贵姓啊？

甲　还贵姓哪！贱姓甘。

乙　哪个甘？

甲　“甘、钭、厉、戎”的甘。

乙　台甫怎么称呼？

甲　还台甫哪，我小名儿叫老儿。

乙　叫您小名儿可不合适。

甲　没关系，打小儿我们家老太爷叫惯了。您叫我我打心眼儿里高兴。

乙　那我可要斗胆了。

甲　没领教您贵姓？

乙　贱姓陶。

甲　台甫？

乙　草字湘如。

甲　这么说陶湘如[①]。

乙　甘老儿。

甲　啊，咱们不是外人了。

① 陶湘如，著名相声演员，20 世纪 20 年代中张寿臣和陶湘如搭档演出。

乙　外人还叫你甘老儿吗？这么说甘先生。

甲　甘先生了？

乙　甘先生吧。您什么事？

甲　红事。

乙　娶媳妇？

甲　不，红事。

乙　姑娘出门子？

甲　哎，红事。

乙　生日？

甲　那叫寿日！

乙　您别着急，办满月！

甲　红事红事的。

乙　怎么个红事？

甲　入殓。

乙　入殓！死人找堂会。您拿我们开心？

甲　您听着新鲜？

乙　新鲜。

甲　不但您听着新鲜，哪位听着都新鲜。我们那是老喜丧。我们本家儿老太爷，今年八十多了。

乙　岁数不小了。

甲　您原籍这儿的人，可是久居国外。

乙　在哪儿？

甲　南洋一带。新加坡、马来西亚、爪哇、苏门答腊。有您不少产业，有一千八百里地的橡胶林……

乙　嚯！

甲　……有俩金矿，有俩房产公司，十几家银行，有仨轮船公司，咖啡园两千多亩。最近回来看看，没想到得了一场病，越来越重，我们老太爷没儿子。

乙　绝户。

甲　也不是绝户，有四个姑奶奶，大姑奶奶都六十多岁了。

乙　有了，老爷子都八十多了嘛。

甲　四个姑奶奶都在国外。老爷子病得这么重，赶紧给四个姑奶奶去电报，把她们接来，好主张着给老爷子办白事。

乙 对，办完白事，姐儿四个把家产一分，得了嘛。

甲 那是您这么想，哪位姑奶奶都比老爷子趁的多。分绝户产，人家不落那个。姐儿四个一商量，把这钱都办了白事，解疼！先说搭的棚，北京六部口六合棚铺请来的技师，搭的是起脊大棚，一殿一卷，过街牌楼过街棚，门口儿三根儿白杉篙，上写“当大事”。每天僧、道、番、尼四棚经对台念，停七七四十九天，待客不收礼。参完灵，燕菜席摆上了，坐那儿吃吧。

乙 没人管？

甲 亲友太多了。谁认得这么清！天天去也没人问。

乙 我一家八口了。让他们上您那儿吃燕菜席去行吗？

甲 好啊，您赏脸。有钱难买灵前吊，您看得起我们。就这么一折腾，拿算盘一拢，连四分之一都没花了。

乙 钱太多了。

甲 姑奶奶们一合计，把富余的钱给底下人分分吧。

乙 有多少底下人？

甲 百十来人。

乙 每人一份？

甲 不，大有大份儿，小有小份儿。

乙 最少的分多少钱？

甲 新去个老妈儿，姓常，常妈儿。

乙 常妈儿是谁？

甲 说相声的常连安他妈。

乙 我说常连安这几天花钱这么不在乎哪，他妈在您府上当老妈儿，去了多少日子？

甲 俩礼拜。

乙 分多少钱？

甲 现大洋四百块。

乙 四百块！要像您哪？

甲 我是总管。

乙 您得发财了！

甲 谈不到发财，反正比他们多弄几个。

乙 那当然。

甲 大姑奶奶一想不行，都分给底下人怕胡花乱花，都糟蹋了。

乙 也倒是。

甲 这姐儿四个脾气特别，谁不见谁老想，见面儿没几句话就吵起来。

乙 脾气古怪。

甲 可是都有一个共同的爱好。

乙 喜欢什么？

甲 姐儿四个都爱听相声。

乙 喜欢我们。

甲 让我找几个说相声的。

乙 我去吧。

甲 我们那儿办白事儿，到那儿也不用说，她看见说相声的就高兴。“这小子真哏儿，好，赏他两千块现洋吧！”

乙 这就两千块！

甲 中人产，发财了！

乙 那好，我去吧，您拉拔我吃饭。

甲 好，您去。您就穿这身儿去吗？

乙 这身儿很规矩了。

甲 我们那儿是白事棚，亲友、底下人好儿百号，都穿的跟白人儿似的，您为讨姑奶奶喜欢，您多少挂点儿孝。

乙 挂什么孝？

甲 来根儿带子扎上点儿就行。

乙 挺麻烦的，还得买去。

甲 买干吗？您扎不扎吧？

乙 要是扎呢？

甲 您赏话，告诉本家给您撕。

乙 您告诉最好撕宽点儿。

甲 撕宽点干吗？

乙 剩下补个袜子什么的。

甲 可以，要不够给您拿两匹去。

乙 两匹用不了。

甲 带子扎了？

乙 扎了。

甲 那么袍子也穿上点儿得了。

乙 什么袍子？

甲　白袍子。
乙　孝袍子？
甲　啊。
乙　这可不能穿，多丧气呀。
甲　您还在乎那个。
乙　这叫什么话？扎带子那勉强，袍子不能穿。
甲　您可别让我问住了。
乙　你问哪！
甲　你听过戏吗？
乙　什么戏？
甲　京剧。
乙　哪出？
甲　《虹霓关》。那个小花脸一上台，穿孝袍子，拿哭丧棒。那怎么回事？我不明白。
乙　您外行啊，那是唱戏。再说也不白穿哪，人家后台给彩钱。
甲　这也不能白了你呀！
乙　也给个三毛儿两毛儿的。
甲　三毛两毛我费这事。穿吗？
乙　要是穿呢？
甲　穿一天给两条儿。
乙　两条黄瓜。
甲　黄瓜干吗？两条儿金子。
乙　五两一条儿的？
甲　十两一条儿的，两条儿。
乙　二十两！
甲　您不穿？
乙　穿了。这就是逢场作戏。
甲　袍子既然穿了，鞋也绷上点儿得了嘛。
乙　还绷白鞋？
甲　不能全绷白的，得留个红后根儿。
乙　还是近人哪！鞋不绷，您刚说两条儿金子是袍子，您没讲鞋。
甲　鞋也两条儿。
乙　前后四条儿？绷了。

甲　鞋都绷了，帽子也戴上得了。

乙　戴什么帽子？

甲　白帽子？

乙　光是白帽子？

甲　上边儿安四个绒球儿。

乙　四个绒球儿！一个绒球儿是孙子，俩绒球儿重孙子，仨绒球儿提拉孙儿，四个绒球儿奋拉孙儿，我成孙末子了！我没辈儿了！

甲　这是笑话，不要绒球儿，有俩铜钱儿，两绺儿麻绳。

乙　那也不戴。

甲　光帽子就两条儿金子。

乙　不行。

甲　三条儿怎么样？

乙　够了，不戴了。

甲　完了，光帽子四条儿。

乙　不戴。

甲　帽子不戴？袍子也别穿了，鞋也别绷了，这事儿吹了！我找别人。

乙　别价！这帽子戴了，要不头齐脚不齐不老合适的。

甲　帽子戴了？

乙　戴。前后是八条儿金子。穿个三天两天……

甲　三天两天干吗？由倒头穿到出堂。

乙　出堂，到圆坟儿都干。钱下来我不能白了您。

甲　干吗？

乙　咱们是二八账，我八成您二成。

甲　坏了，这事儿您甭去了，吹了。

乙　我这是好意。

甲　您踹我饭锅，这不是胡来嘛！

乙　我这是好心。

甲　我知道您是好心，我说话您别介意，我分的钱比您多着好几倍，我从您身上找利？让我们姑奶奶知道了："这小子给他多少钱也没够，贪而无厌，还从人家身上找利，把他轰出去！"得，我饭锅砸了。

乙　是这么回事：我在您身上发财，心里过意不去，我要报答报答您。

甲　谈不到报答，往后日子长了，我有事还得求您多帮忙。

乙　您有什么事用我，我是万死不辞！

甲　罢了，这朋友我交着了。

乙　买东到西我去。

甲　不敢劳驾，底下人百十来号哪。

乙　厨房我也内行。

甲　中西餐厨师十几位。就是出堂那天有点儿东西。您受累给拿着点儿。

乙　拿不了。

甲　怎么？

乙　太重的东西我拿不动。

甲　没分量，轻松极了。

乙　值钱也不行，翡翠白菜，摔了我赔不起。

甲　不值钱，扔到街上多穷的人都不捡。

乙　什么玩意儿？我拿得动吗？

甲　我看你足能胜任。

乙　什么玩意儿？

甲　小玩意儿，小孩儿玩的哗啰棒儿看见过吗？

乙　看见过。

甲　这么大的棒儿，头上有个钩儿，钩儿上挂着剃头房子的幌子似的，上边儿四个字……

乙　“西方接引”。幡儿？

甲　啊。

乙　打幡儿？

甲　对。

乙　走！找打幡儿的。我说给这么些金子哪！不去。找别人。走！说了半天，找当儿子的。

甲　就是找当儿子的。赚钱哪。

乙　赚钱哪，你怎么不去？

甲　我倒想赚，人家不要。都知道我是底下人，到出殡那天，我一打幡儿，老街旧邻戳脊梁骨：“看见了吗？打幡儿的是底下人，花钱雇的，老头儿没儿子，老绝户。”知道吗，怕人笑话。

乙　怕人笑话找外人。我们后台那么多说相声的哪，为什么不找？

甲　他们？他们都不像。

乙　我像！我像我不去。

甲　打幡儿给人当儿子能白当吗？父母的财产儿子有合法的继承权。

乙　我父母双全，多丧气。

甲　你还在乎那个！

乙　我怎么不在乎，再者说人格要紧。我给人打幡儿。同行同业笑话，叫人点脊梁骨，不去呀。

甲　老头儿光橡胶林一千八百多里地。

乙　不稀罕。

甲　商船队货轮二百多艘。

乙　少废话。

甲　房产地业，家里古玩玉器、珠宝钻石不计其数。

乙　走走走。

甲　这还不算，老爷子还有四个贴身丫头。

乙　丫头不得有六十多岁。

甲　六十多岁干吗？最大的二十一二，都是天姿国色，姑奶奶一高兴，赏俩丫头，不但继承财产，还娶姨太太。办完事，搬到南洋一住，享不尽人间……

乙　还有丫头，办完事人财两得，哈哈哈……干落儿！

甲　啊。

乙　我还爱叫他。您说这档子事我去了。

甲　您去合适吗？

乙　怎么不合适？

甲　您父母双全，多丧气。

乙　父母？那如同倘来之物。

甲　您怕同行同业的笑话。

乙　他笑话？那是他生气。咱有钱。

甲　您的人格儿要紧。

乙　人格儿卖多少钱一斤！甭听那个。

甲　不行，您别去了。

乙　又怎么了？

甲　都知道老头儿没儿子，怎么好没影儿的又出来个儿子哪？

乙　那……

甲　就说老爷子年轻的时候有个外宅儿。

乙　好嘛，我姨太大生的！那也行。
甲　不行。
乙　又怎么了？
甲　你给人家当儿子。那儿办白事，你这儿老嘻嘻哈哈的。
乙　您可不知道，我能逢场作戏，到了本家儿，当时我就声泪俱下，跟真的一样。
甲　你就这么一说，到那儿给我砸了怎么办？
乙　我怎么说您也不信了。
甲　这样吧，咱们先演习演习。
乙　怎么演习？
甲　这儿好比灵堂，就演习出堂那一点儿。我看着像，马上见姑奶奶去。
乙　好，没有孝服。
甲　您这大褂儿就好比孝服。
乙　没有幡儿啊？
甲　这把扇子就好比那幡儿。
乙　棺材哪？
甲　（拿醒本）这是棺材。
乙　这么点儿小棺材！
甲　将假比真。
乙　我爸爸哪？
甲　在里头躺着哪。
乙　我爸爸是蛐蛐啊！
甲　我是茶房，搀着您。“孝子少恸！”
乙　（欲哭）是有橡胶林哪？
甲　有。哭啊。
乙　（欲哭）轮船公司都归我？
甲　啊，哭吧。
乙　（欲哭）有俩丫头？
甲　你还有完吗？
乙　（哭）爸爸哎！
甲　“孝子行礼！”
乙　怎么样？眼泪都下来了。

甲　蛮好。

乙　像不像?

甲　像。

乙　行吗?

甲　行啊。

乙　有包涵吗?

甲　没包涵。

乙　走。

甲　上哪儿?

乙　见姑奶奶去。

甲　老头儿还没死哪!

乙　我白忙活啦!

（张寿臣述　立禾　立林整理）

倒扎门儿*

甲　先生，您是哪儿的人哪？
乙　我是北京人。
甲　那么您瞧我像哪儿的人？
乙　那我可看不出来。
甲　我住家离您这儿不远。
乙　哪儿啊？
甲　北京东边儿。
乙　通州？
甲　东边儿。
乙　三河？
甲　东边儿。
乙　武清？
甲　东边儿。
乙　宝坻？
甲
　（合说）东边儿？
乙
乙　还往东哪？您是京东什么地方的？
甲　门头沟！
乙　门头沟？那是京西。
甲　京东！
乙　那怎么会是京东哪？

---

* 北京俗称招赘为“倒扎门儿”。

甲 你要是站在门头沟瞧北京不在东边儿吗?

乙 没听说过！那就是京西。

甲 对，京西门头沟。

乙 您在那儿做何营生?

甲 土里头刨点儿粮食吃，种点儿地，您可不要笑话我。

乙 那我们可不敢。若没有种地的，我们老百姓吃什么。您那儿种了多少地呀?

甲 太少，说出我种的那个地呀，还不够您抽棵烟卷儿的哪，您大大的一步就迈过去了，您要是在我地边儿喷一口漱口水，我那儿就遭水灾了！

乙 您这话可太谦了，您倒是种了多少地呀?

甲 我家种了九千九百九十九顷九亩地。

乙 九千九百……这么些地，我抽根烟哪?

甲 虽然是种了九千九百九十九顷九亩地呀，又不够九千九百九十九顷九亩地。

乙 怎么哪?

甲 靠山种着五千五百五十五顷五亩地，靠河种了四千四百四十四顷四亩地，共凑一块儿我家有九千九百九十九顷九亩地。

乙 您这哪儿是种地哪，你种绕口令儿哪！要说这个您可不行，听我给您说说，说您家种的是九千九百九十九顷九亩地，虽然是九千九百九十九里……地，哎，不是九里地。

甲 种地有论里的吗?

乙 哎，不是，九……九……九顷地，又不够九千九百九十九亩地，靠山种着是五千五百四十五亩……哎，不是，五千五百五十五顷五亩地，靠河种着是四千四百四十四个地，不是，四十五亩地，共凑一块儿，您家有九千九百九个……九个……你爱有多少有多少地吧，我说不上来！

甲 这还不算，我还养活点儿牲口。

乙 您养活着多少骡马牛驴?

甲 养活点儿骆驼。

乙 养着多少个?

甲 不论个儿。

乙 论什么哪?

甲　五个为一挂儿，六个为一串儿，七个为一把儿。

乙　您这是挂儿啊，是串儿呀，是把儿啊？

甲　现在我这儿把儿着哪。

乙　哎，我这儿熬着哪。

甲　论把子。

乙　您那儿养着多少把子骆驼？

甲　我养着八千八百八十八把子大骆驼。

乙　八千八百……又来了！

甲　虽然有八千八百八十八把子大骆驼，又不够八千八百八十八把子大骆驼，上口外驮羊毛去了四千四百四十四把子大骆驼，家里后院趴着四千四百四十四把子大骆驼，共凑一块儿是八千八百八十八把子大骆驼。

乙　你留神憋死，这比那地好说了。你听着，您家有八千八百八十八把子大骆驼，虽然有八千八百八十八个……大爸爸……

甲　你爸爸是大骆驼啊！

乙　哎，不是，大骆驼，八千八百八十八把子大骆驼，又不够八千八百八十八把子大骆驼，上口外驮羊毛去了四千四百四十四顷四亩地……

甲　地也遛弯儿去了？

乙　哎，不是，骆驼，家里后院趴着五千五百五十四把子……我……这说不上来！这么说您是个财主哇？

甲　这还不算什么，北京城还有几个小买卖儿。

乙　都有什么买卖？

甲　有个小杂货铺儿。

乙　贵宝号？

甲　劝业场。

乙　劝……劝业场？

甲　怎么啦？我的买卖！

乙　谁说的？

甲　我这儿还没说完哪。

乙　噢，那劝业场是您的？

甲　啊，看你的意思，好像这个买卖不是我的似的。

乙　干吗好像呀？简直的就不是嘛！

甲　说我的你不信哪？我给你个证明，你拿我一个名片儿，到劝业场找他们经理，你说我要点儿什么东西，你看人家立刻……

乙　就给我拿？

甲　就把你轰出来了！

乙　轰出来啦？

甲　你一个人去，人家当然把你轰出来了，咱俩人要是去呀……

乙　就行啦。

甲　人家就报抢了！

乙　不去啦！

甲　这是跟您取笑，这个买卖真是我的。

乙　那您还有什么买卖呀？

甲　还有几个小钱铺儿。

乙　字号是……

甲　中国银行！

乙　中国银行那叫小钱铺儿哇？

甲　交通银行，大陆、保商、盐业、劝业、中南、金城，这几个买卖都是我的。

乙　这些银行都归您啦？

甲　归我干什么呀？我的买卖呀。

乙　好嘛！还有没有啦？

甲　有，山东八大祥绸缎庄，那也是我的。

乙　山东八大祥那是孟家的。

甲　孟家在我那儿管事！

乙　噢……还有没有啦？

甲　有，七家正明斋饽饽铺是我的，东西南北四个庆仁堂药铺是我的，南山堂、永安堂、鹤年堂、千芝堂，这都是我的买卖！

乙　就这些家药铺也都是您的？

甲　啊。

乙　（对观众）这位这是闹汗哪！

甲　说这你都不信哪，大栅栏里头同仁堂……

乙　你的。

甲　乐家的！

乙　这个怎么是乐家的啦？

甲 大伙儿都知道是乐家的啦，我就不要啦！
乙 你要也得行啊！还有没有啦？
甲 就是马路上跑的这个电车。
乙 是你的？
甲 不是，这是电车公司的。
乙 好嘛，我当着又归你啦呢！
甲 上头那个电线跟那个车道那是电车公司的，那个车……
乙 这是你的？
甲 它们是一事！
乙 好嘛，他差点儿给分了家！
甲 就这么些个买卖，连我那地跟我那个骆驼，凑到一块儿……
乙 这都是您的。
甲 这都是人家的。
乙 人家的！我就知道你这儿胡说哪嘛！
甲 虽然是人家的，跟是我的也差不多。
乙 您这话我不明白，怎么会跟是你的差不多呢？
甲 我给本家儿管账。
乙 噢，这么说您是那儿的管事的？
甲 什么管事的，碎催！
乙 您这话太客气，这么一说您那儿的人口儿不少哪？
甲 敢情！就说我们底面的吧，厨子有三百多，老妈子有五百多，使唤丫头有二百多。打杂儿的六百多，跑上房的有一百多，管马号的有二百多，您算这有多少人啦？
乙 哎呀，这人可真不少，这么一说上头的人也不少哇？
甲 那是啊，您想啊，底下人就这么些个，上头当然少不了啦。
乙 那您那儿上边有多少人呢？
甲 这么说吧，男女老少，大大小小，共凑一块儿，这个数儿（伸一手指）。
乙 一千人？
甲 一个人。
乙 这么大的财主才一个人儿呀？真是啊，财齐人不齐呀。
甲 不但是一个人，而且还是个“半边人”。
乙 什么叫“半边人”哪？

甲　是个小寡妇儿。
乙　居孀啦？
甲　啊！
乙　这要是守着过，就这么大个财主，那得吃几辈子。
甲　那是您这么想啊，可是小寡妇她，她不这么想，那哪儿守得住哇。
乙　那怎么样哪？
甲　她要嫁人哪。
乙　要嫁人？好嘛，这要是嫁谁，谁不得发啦！那就在本乡本土找个相当的吧。
甲　不行啦，有这么句话呀，“蛐蛐不吃蚂蚱肉，兔儿不吃窝边草”，她也不嫁，人家也不要哇。
乙　这可不好办了，那怎么样呢？
甲　这不是让我上北京这地方来给她找个主儿吗。
乙　让您上这儿给她找来？
甲　是啊。
乙　那您找着没找着哇？
甲　没有哪，找了俩多月了。
乙　这是您没找着，我才说这句话，这路人您不好给她找主儿，这叫穷嫌富不要，北京这个地方，比她财主大的有的是，您想，有钱的主儿人家不要后婚儿，穷小子她又不跟人家。
甲　您可别那么说。寡妇说得明白，不嫁有钱的，愿意嫁给穷主儿，她那么大的财主，干吗还嫁有钱的？
乙　这个真新鲜，愿意嫁给穷主儿。
甲　对了，行当还不论，越是你们这做艺的，越合格。什么说书的，变戏法儿的，唱大鼓的，说相声的，哎，她最喜欢。
乙　说相声的？
甲　她最喜欢的就是说相声的。
乙　不行吧？
甲　怎么？
乙　说相声的，个顶个儿都没有好脑袋，长得寒碜哪。
甲　她不要长得好看的，长得越寒碜越好。这么说吧，这脑袋比倭瓜好看点儿就行，你想这人长的够多寒碜也比倭瓜强吧。要是真长得不如倭瓜那就不行了。

乙　（对观众）哎呀，真有点儿意思，这事儿我要是抓挠抓挠倒不错！来来，谋事在人，成事在天。真要是成了的话，那我就抖起来了，干吗还说相声，受这个洋罪呀？（对甲）您贵姓啊？

甲　我姓姑。

乙　姑？没这姓啊？

甲　我这是外姓，您贵姓啊？

乙　噢，我姓 ×。

甲　噢，× 爷！

乙　姑爷！

甲　哎，这么说咱们不是外人啦。

乙　是啊，咱们先做亲了！姑爷。

甲　啊。

乙　我还爱叫他！刚才您说这个小寡妇要嫁说相声的，我就是说相声的，现在我正打着光棍儿哪，您给我来来怎么样？

甲　噢，你打算让我给你介绍介绍，让这个小寡妇嫁你？

乙　对啦。

甲　行啊，告诉您说吧，这件事我还是为你来的，就冲您这个行当儿，您这个人的长相儿，我回去跟我们那个小寡妇一谈，准得……

乙　成啦？

甲　吹了！

乙　吹啦。您不是说寡妇愿意嫁说相声的吗？不要长得好看的，脑袋长得比倭瓜强点就行，那么难道说我这脑袋还不如倭瓜吗？

甲　您当瞎话哪？您这脑袋还真不如倭瓜！

乙　这么一说完了，我没希望了。

甲　那可别那么说，人是衣裳马是鞍，您捯饬捯饬，回头我给您拿一百块钱，您换换衣裳，做一件玫瑰紫的丝绒旗袍儿。

乙　您等等儿，就我这个样儿，穿玫瑰紫的丝绒旗袍儿，那好看吗？

甲　你甭管它好看不好看，寡妇她爱看哪。

乙　好吧。

甲　您再买它二双高筒丝线袜子，一双高跟儿皮鞋。

乙　我还穿高筒丝线袜子、高跟儿鞋？您这不胡捯饬我吗！

甲　那怎么会胡捯饬啊？寡妇她爱这样儿的。

乙　真新鲜哪！

甲 您再把您的头发烫一烫，脸上擦点雪花膏，淡淡儿的擦点红粉，抹个大红嘴唇儿。

乙 行了行了行了，我越听越别扭，就我这么一捯饬，这不成了妖精了吗！

甲 嗨，你管他妖精不妖精的，寡妇她爱看不就行了。

乙 真别扭啊！好吧，就这么办吧，哎，您净让我捯饬这么个花瓣儿似的，这寡妇长得怎么样啊？如果她若是长得寒碜，我还不愿意哪。

甲 你这人可真不知足，你想啊，这么大的财主能长得寒碜吗？我说她这模样儿你听听，先说身量吧：不高不矮，不胖不瘦，那真是圆身子骨儿，贴骨膘儿，细脖子颈儿，宽脑门儿，尖下颏儿，高鼻梁儿大眼睛，长眼睫毛，黑眼珠儿，两道柳叶眉，元宝耳朵，樱桃小口，不乐不说话，一乐俩酒窝儿，就这模样儿。

乙 行了。

甲 这是她们的街坊。

乙 你这不是废话吗！说小寡妇你说她们街坊干什么？

甲 拿她做个样子，小寡妇比她好看。

乙 那你说说。

甲 先说她这个头儿，比你高。

乙 这就不好，女的比男的高压运哪！

甲 你有什么怕压的？个儿高点儿有什么呀？

乙 行了。

甲 再谈她的模样儿，长的是方面大耳，四十多岁，两撇小胡子，精神，好练武术……

乙 您等等儿，我越听越别扭，寡妇怎么会长胡子？

甲 啊，头年大奶奶死了，直到现在还没续上哪！

乙 啊，男寡妇啊！

甲 是啊。

乙 您不说的是女的吗？

甲 女的呀，那我就留下了，还找你干什么呀！

乙 你这是涮我呀！

（郭启儒述）

哏政部*

甲　您看我像干什么的？

乙　这还用看，你像说相声的。

甲　这是怎么说话哪！就凭我往这儿一站，风度潇洒，谈吐文雅，怎么能像说相声的呢？

乙　噢，你不像？

甲　不像。

乙　干吗像不像啊，你就是说相声的。

甲　我不是说相声的，我是研究“哏学”的。

乙　哦，研究“哏学”——还是说相声啊！

甲　说相声跟说相声不一样，我说相声就是为了研究哏学，可称众所公认，有口皆碑，众望所归呀。

乙　这位是说胖就喘。

甲　这可不是“老王卖瓜，自卖自夸”，观众送给我的那些幛子上边都有哇。

乙　都是什么词儿啊？

甲　“淳于再生。”

乙　哦，把你比做春秋战国的淳于髡了！

甲　淳于髡是齐威王的乐人，滑稽巧辩，机智过人，以说笑话奉劝威王罢长夜之饮，那是我们哏学的老祖先。

---

*　《哏政部》是张寿臣青年时期创作的相声，无脚本传世，常宝堃、赵佩茹、刘宝瑞等据张所传授曾演出过，1962年张寿臣与刘宝瑞、赵佩茹共同回忆了主要内容和公文的“趟子”，本篇即据此资料，而在人物、情节、语言上略有弥缝，以见作品原貌。

乙 是啊。还有什么？

甲 “当代优孟。”

乙 那是楚庄王的乐人，常借着说笑讽刺楚庄王。

甲 对，楚庄王有一匹心爱的马死了，庄王要以上大夫的礼节埋葬。

乙 这马也太尊贵了！

甲 文武官员还没人敢劝他。优孟敢说话。

乙 就那么直说？

甲 不行。优孟上殿仰天大哭。

乙 哭什么？

甲 庄王一问他哭什么？他说：“我心疼您那匹马！”庄王一听可高兴了。

乙 对他的心思。

甲 “您心疼马，我也心疼马，这马您平时都舍不得骑，就那么好吃好喝地养膘儿，您知道它怎么死的吗？”

乙 病死的？

甲 “没病——肥死的！”

乙 光吃不干活儿嘛！

甲 “听说您要用上大夫之礼葬马，那可太——”

乙 太高了！

甲 “太低了！”

乙 低？

甲 是啊！优孟一提这事，楚庄王脸就耷拉下来了，可一听他说用上大夫的礼节还低，脸儿又圆了！

乙 他这脸变得快。

甲 “那么依你说用什么礼节好呢？”

乙 优孟怎么说的？

甲 “可用人君之礼！”

乙 什么意思？

甲 “那个讲究劲儿就跟你死了一样！”

乙 往哪儿指？

甲 这是指庄王哪！

乙 这话有劲！

甲 庄王倒糊涂啦：“你为什么要用人君之礼葬马呢？”

乙　为什么要用人君之礼葬马？

甲　优孟回答得好："为使天下得知大王贱人贵马也！"

乙　一针见血！

甲　庄王一想：要落这么个结果太失民心了，为一匹马犯得上吗？"爱卿，你说应该怎么葬马啊？""仍以六畜礼葬之"，"好！"庄王马上收回成命，"勿令天下闻也！"

乙　对！这事就别往外说了！

甲　你看，是不是讽刺？

乙　我还听说有名的是"优孟衣冠"。

甲　你知道什么是优孟衣冠？

乙　就是优孟假扮楚国丞相孙叔敖。

甲　他为什么假扮孙叔敖？

乙　这我说不好。

甲　孙叔敖做了一辈子清官，他死了以后，家里穷得吃不上，穿不上。优孟假扮亡人，穿着孙叔敖的衣服，学着孙叔敖的言谈举止，庄王一看就吓坏了："老丞相怎么又活了！"细一瞧，敢情是优孟。庄王说："你有这份才能，干脆做官吧！"优孟说："我可不做官，孙叔敖做了一辈子清官，死了以后，后代没人管。"这句话打动了楚庄王："以后要想着点儿老丞相的家眷——按月发一半儿俸禄。"

乙　好，说笑话也能办大事。

甲　要不怎么我爱研究"哏学"呢？

乙　还有什么幛子哪？

甲　那可多了："曼倩遗风"。

乙　就是汉朝的东方朔。

甲　还有："幽默大师""滑稽大家""笑林大全""诙谐大将""风趣大王""妙手回春"……

乙　"华佗复生。"这又到药房坐堂先生那儿了！

甲　说真格的，我研究哏学起过作用。

乙　起过什么作用？

甲　想当初我当过一任哏政部长。

乙　什么叫"根儿正不长"啊？

甲　就是哏政部的部长。

乙　当部长？做官啦！你不是研究哏学吗？

甲　别提啦！我靠说相声出了点儿名，挣了点儿钱，不少官僚、政客都跟我套近乎，有人就劝我说相声挣的钱买个官儿做。

乙　捐班儿啊！谁给你活动的哪？

甲　那时候就是无官不贪赃，无吏不受贿。当时国会有个内务长，姓关，叫泛指。

乙　关泛指——官贩子啊！

甲　这个人手眼通天，钻营有术，他想借我的名望，给我安个官衔儿，他们好领一大笔钱，安插一批人。所以在国会总长面前保荐我当哏政部部长，特先立了一份公事。

乙　什么公事，您给念念。

甲　这词儿乱点儿，要听，您得精神集中。

乙　干吗要精神集中？

甲　精神集中注意听。我念得慢点儿有不明白的地方您就问。

乙　好。

甲　"立哏政部公事：为呈请教育部应分设哏政部及遴员任命事：我国自古圣先贤倡导教育，陶铸群伦，后有诸子百家，争说立论，贯串至今，我国文风世代相传，既深且久。近欧风东来，我国国风日渐下降，科学不振，不振者——"

乙　什么原因呢？

甲　"实因哏学未见发达也。"

乙　是啊？

甲　"敝人——"

乙　就是官贩子。

甲　"有鉴于斯，故请教育部应即分设哏政部，为国为民，恳请批准。但该部部长一职亦应郑重遴选干员就任，以专责成。今有久负盛誉相声专家、哏学权威 ×××；此人学识宏深，见闻渊博，口齿伶俐，五官端正，眉清目秀——"

乙　这还清秀哪！

甲　"奋发有为，必能胜任，足以挽回我国文化不古，振奋精神，整顿风俗，辅助教育。办理哏政，提倡哏学，广见哏心，发扬哏志，务取哏效，大展哏图，真乃全国大哏，天下满哏也！"

乙　这都什么乱七八糟的？

甲　你听着乱哪，国会总长批准了！

乙　批准成立哏政部了！

甲　对！还批准由我担任部长。“命令！”

乙　你命令谁啊？

甲　当时国会下达了命令：“总长令十号。特命 ××× 为哏政部长。此令！年、月、日。”

乙　那你就上任了！

甲　不行，干不了！

乙　怎么呢？

甲　官贩子这是拿我当幌子，他为了升官发财，连搂带捞，我一没带耙子，二没带笊篱，我何必给他当傀儡呢！

乙　那就不干！

甲　不干？国会总长都批准了，我能抗得住吗？

乙　那怎么办好呢？

甲　写一份辞呈，婉言谢绝。

乙　怎么写的？

甲　“国会总长台鉴：昨接电令，任余为哏政部长之职，以余之愚拙，蒙邀任命，本应感激奋发，从令听命。然此席任重事繁，非雄才大略，学识宏深，口若悬河，心毒手狠者……”

乙　什么“心毒手狠”？

甲　心毒——心足，手狠——手稳。“非雄才大略、学识宏深，口若悬河，心足手稳者不能胜任。某乃一愚人，焉敢当此重任？且近来旧疾复发，病魔缠身，整天浑身脑袋疼……”

乙　这叫什么话？

甲　“病躯衰殆，已失当年之锐气，策驽骀以力峻坡……”

乙　就是病马爬高坡。

甲　“必有翻车之祸。言出至诚，毫无假意，惟望收回成命，另选贤能，恳请批准，恭祝台安。”

乙　真辞了！

甲　这一来官贩子不干了。他跟国会报了一百个编制，这能往里塞多少亲戚朋友啊！哏政部只要一成立，他每月少说也得多进个三万两万的。

乙　他这油水大了！

甲　所以啊，他还是一个劲儿地鼓动我上台。没几天，二号命令又下来了。

乙　跟得真紧哪！

甲　“命令！为分设哏政部事，前曾命令任 ××× 为部长，不料该员竟以疾病为因，拒不受任，有负国会殷切期望，顿使官家缺一栋梁。尚望念我政府建部之仁心，遂员之不易，通情达理，速速就任，以免贻误时机。此令！”

乙　这回看你怎么办？

甲　不理他。可是没过几天……

乙　怎么啦？

甲　不好意思说。

乙　还害臊呢。

甲　忽然……（与乙耳语）

乙　（推甲）你嘀咕什么啊！

甲　忽然有一位“窈窕淑女”给我来了一封信。

乙　有这事！写的什么哪？

甲　我拆开信一看。字迹清秀，文笔精深。

乙　你把这信念念。

甲　××× 先生哏下：

乙　不是阁下吗？

甲　我是哏学家啊！

乙　那就“哏下”吧！

甲　“××× 先生哏下，久慕音容，渴念殊甚，惜无良缘相会，只得不揣冒昧，致函相求。”

乙　什么事呢？

甲　“前见国会委任君为哏政部长，妾正为哏下庆幸……”

乙　“妾”是谁？

甲　说她自己。这是《聊斋志异》里的词儿。

乙　您往下听吧，这封信热闹啦！

甲　“以君之才定可为我国教育事业创立光明之新纪录，妾正拟请君代谋一席之地……”

乙　她也往哏政部里挤呀！

甲　“不料君竟婉辞，未免有负众望，更悖于安心。当此世风不古，国运坎坷之际，惟望君出山就任，挽回颓势。将倾大厦，惟赖君一木之支，雾海夜航，惟赖君乘风破浪。如蒙允诺，妾不惜花容月貌，豆蔻年华；情愿倒赔妆奁，以身相许。”

乙　要嫁给你啊，这可是美人计。

甲　“妾愿权充哏妇，助于哏侧，同理哏政，同进哏餐。”

乙　就说一块儿吃饭得了。

甲　“故请哏下为国家计，为人民计，为教育前途计，为哏学发展计，为妾终身计，速速就任，则喜甚，幸甚，盼甚，哏甚！”

乙　嘿！

甲　“如不应允，则怒甚，怨甚，恨甚，痛甚！”

乙　又哭啦！下款写的什么名字？

甲　“小翠儿”。

乙　真是个女狐狸。

甲　根本不是女的。

乙　那么是谁呢？

甲　官贩子的内弟！

乙　小舅子！他为什么装女人呢？

甲　这是官贩子给出的主意。

乙　嗯，那年月就是阴阳颠倒。

甲　官贩子一看我又没理这茬儿，一着急，给我下了最后通牒：“哏政部已筹备就绪，×××如不到任，一切严重后果由你负全部责任！”

乙　还让你包赔损失！

甲　对。

乙　这回看你怎么办？

甲　有办法，宣布就职。

乙　啊？还是做官了。

甲　反正是挂名，先去看看，多了解点儿官场黑幕，我好编相声讽刺他们。

乙　那“就职通告”怎么写的？

甲　“国会总长、各部部长、各省省长、各省督军、各军军长、各机关、各团体、各学校、各公议会、各报馆钧鉴：经国会总长命令任余为哏政部长，余本朽木难雕，蒙托。以重任，自虞不胜，盛情难却，暂且勉力而为。如有疏失，尚望时赐教言，协力相助，以期哏学能真正发挥哏学之作用，是为哏盼。× × 哏人哏语哏敬哏拜。”

乙　真够哏的。

甲　转天晚上，国会总长举行盛大宴会，军、政、商、学各界首脑人物济济一堂。官贩子穿着官服，迈着官步，撇着官腔，说着官话。

乙　还真有点儿官气。

甲　“大小官员们！志士同仁们！各部长、省长、军长、厅长、处长们！招待晚会现在开始！本人祝贺成立哏政部，祝贺大家官星高照，官运亨通，官官相惠……”

乙　嗐！

甲　不！官官相馈……

乙　互相送礼啊！

甲　“不！官官相卫……”

乙　连环保啊！

甲　“官……官官……”

乙　纯粹是官迷心窍！

甲　“现在，由新任哏政部长 × × × 发表就职演说。”

乙　让你讲。

甲　说就说吧！

乙　你说了些什么？

甲　我在这儿学一下，那天怎么说今天就怎么说。

乙　好。

甲　（咳嗽）

乙　毛病还不少。

甲　……准备笔记本。

乙　干吗？

甲　记下来，这是珍贵的资料。

乙　我得先听听，有保留价值再记。

甲　行。那天我还是联系哏学讲的，从滑稽开的头。“滑稽”二字，正读骨稽。滑稽列传，见于《史记》，淳于再生，为民献计。当代优孟，警世寓意。曼倩遗风，严肃法纪。发扬哏学，提倡哏艺。说学逗唱，四门口技。听我相声，大有利益。振奋精神，舒畅脑力。哈哈一笑，开胸顺气……

乙　这都挨不上啦！

甲　所以啊。总长一听，点头示意，拿起毛笔，立即批谕："从即日起，取消前议，后会有期，马上回去！"

乙　哎哟，你这部长完啦！

甲　完就完，我根本就没打算干！

乙　那哏政部撤销了？

甲　撤销？他们哪儿拿钱去？把我撤了，哏政部照旧成立。

乙　谁当部长啊？

甲　官贩子早安排好了！

乙　谁？

甲　小翠儿。

乙　噢，是他小舅子！

（张寿臣述　陈笑暇整理）

寿比南山*

甲 伙计。

乙 哎。

甲 你们说的这玩意儿有什么吉祥的话吗?

乙 有哇。

甲 吉祥的玩意儿有什么歌儿吗?

乙 念喜歌儿什么的。

甲 念喜歌你可念不过我呀。

乙 为什么?

甲 我有一段叫层层见喜。

乙 什么叫层层见喜?

甲 层层见喜,就是由一至十,由十至百,由百至千,由千至万,哪一个字头都有几句吉祥话儿。

乙 是吗,都有几句吉祥话儿?

甲 对呀。

乙 比如说一哪?

甲 一团和气。

乙 二哪?

甲 二家平安,二仙传道,和合二仙。

乙 三哪?

甲 三阳开泰,三五成群,三教九流,三杯喜酒。

乙 四哪?

---

* 一名《念喜歌》。

甲　四平八稳，四角齐全，事事如意，四季平安，一打牌呀抓四个红中，四个本门风，还有四个白板。

乙　你又要上啦，五哪？

甲　五是五仙过海。

乙　怎么是五仙过海？是八仙过海。

甲　那三仙烩啦。

乙　烩三鲜哪？

甲　五福临门，五世同堂。

乙　六哪？

甲　六六顺溜，六国封相。

乙　七呢？

甲　七子八婿，妻财子禄。

乙　八呢？

甲　八杰成名，八仙祝寿。

乙　九呢？

甲　九子十成，九族同居。

乙　十哪？

甲　十全福禄。

乙　十一呢？

甲　十一到了我的房钱。

乙　说房钱干什么？

甲　十完了到百啦。

乙　就是一百啦。

甲　十至百嘛。

乙　要是一百呢？

甲　百辆盈门。

乙　百辆盈门？

甲　哎。

乙　一千呢？

甲　千祥云集，千仙祝寿。

乙　一万呢？

甲　万国来朝，万年富贵，万年不足。

乙　二万呢？

甲　二万再来个三万，叫一个四万，平和。
乙　你这儿又打上牌啦？
甲　就到一万，没有二万。还有四句吉祥话儿。
乙　什么吉祥话儿？
甲　家有千顷靠山河，父做高官子登科，堂上一呼阶下百喏，还要寿活二百多。
乙　这四句有什么讲？
甲　头一句：家有千顷靠山河，是良千顷，靠山近河，旱涝保收。
乙　父做高官子登科呢？
甲　辈辈做官哪。
乙　堂上一呼阶下百喏呢？
甲　一呼百诺吗，使奴唤婢，底下人多。
乙　还要寿活二百多呢？
甲　人要活二百多岁多好哇。
乙　寿数嘛。
甲　人间五福寿为源。
乙　是啊。
甲　想当年有个彭祖。
乙　彭祖怎么回事？
甲　彭祖寿活八百。
乙　好。
甲　彭祖八百为寿嘛。
乙　这寿数可够高的啦。
甲　还有比他寿高的。
乙　谁呀？
甲　你爷爷比彭祖寿数还高。
乙　怎么？
甲　你爷爷是祸害嘛。
乙　祸害？
甲　“祸害一千年”嘛。
乙　你别挨骂啦。
甲　你说这千寿高不高？
乙　高啊。

甲 想当初清朝乾隆年间有一位高寿的。

乙 是呀?

甲 乾隆是高宗皇帝呀。

乙 是啊。

甲 乾隆下江南的时候，在江南遇到一位高寿的。

乙 这位多高?

甲 这位老者寿高一百四十一岁。

乙 啊?

甲 这可不是瞎说。

乙 是吗?

甲 乾隆爷给留下了一副寿联哪。

乙 还给留下一副对子?

甲 到现在我还记着上边的词儿哪。

乙 上联是什么词儿?

甲 上下联是双关语，暗含着一百四十一岁。

乙 暗含着内容。

甲 上联是“花甲重周外有三七岁月”。

乙 下联是?

甲 “古稀双度内多一个春秋”。

乙 这怎么是一百四十一岁?

甲 花甲重周，花甲是六十岁，六十花甲子嘛。重周就是两个花甲，一个花甲是六十岁，两个花甲，就是一百二十岁。

乙 外有三七岁月?

甲 三七,二十一,一百二十岁再加二十一岁，是一百四十一岁。

乙 对，下联怎么讲?

甲 下联是“古稀双度内多一个春秋”，人生七十古来稀，一个古稀是七十岁，古稀双度，是两个古稀，两个古稀是一百四十岁。内多一个春秋，是一岁，一共是一百四十一岁。

乙 真有才学。

甲 在民国时代，我还见到一位高寿的。

乙 在什么地方?

甲 在奉天有个宽甸县。

乙 他叫什么名字?

甲　这位老者姓阮，叫阮国栋。到奉天凡是照相馆门外都挂他的大照片做招牌。

乙　你看见过？

甲　我不但看到过相片，我这人好奇，我还到宽甸县去了一趟，见到这位老者本人啦。

乙　见过这位？

甲　这位老者鬓发皆白，耳不聋，眼不花，腰板不塌，留着小辫儿。

乙　还有小辫儿？

甲　没剪发，扎着红头绳。

乙　怎么这么大年岁还扎红头绳？

甲　要不怎么瞧着新鲜呢。我问他："这位老者您今年高寿啦？"

乙　他怎么说的？

甲　"我今年还小呢，一百六十五岁。"

乙　一百六十五岁还小啊？

甲　"你一百六十五岁怎么还扎红头绳呢？"

乙　他说什么？

甲　"我不愿意扎这样的小辫儿，这是我娘给我扎的。"

乙　还有老太太？

甲　还有老太太。我说："您这位是继母吧？"他说是生母。

乙　生母？

甲　"您的老太太高寿啦？"

乙　老母亲多大岁数？

甲　"一百九十七岁。"

乙　一百九十七岁？

甲　他一百六十五岁，他娘一百九十七岁。娘俩差三十多岁。

乙　差三十二岁。

甲　他还不是头生儿，还有仨哥哥。

乙　还有哥哥？

甲　我说："您老母亲真是神仙哪！"

乙　真是神仙啦。

甲　我说："您把我带到您府上去。"

乙　干吗？

甲　见了老太太我得行个礼，回到北京我好讲古哇。看见神仙啦，二百来岁的高龄人嘛。

乙　是。

甲　一百九十七岁的人谁见过呀！

乙　没见过。

甲　老头儿说："你来得不凑巧。"

乙　怎么啦？

甲　"我娘不在家。"

乙　到哪儿去啦？

甲　"给我姥姥拜寿去啦！"

乙　哟！

甲　还有姥姥哪！我问："您姥姥高寿啦？"

乙　嗯？

甲　"二百五十六。"

乙　二百五十六？

甲　我说："你姥姥吃亏没和呢，再下二十和就满贯啦。"

乙　别挨骂啦。

（张寿臣　陶湘如演出稿）

相　面

甲　咱们说一段儿。

乙　好哇。

甲　相声啊。相貌的相，声音的声，这两个字呀，咱们没做到。

乙　做得不够。

甲　声音难听，相貌很可气。

乙　长得不好！

甲　你看人这相貌，一人一模样儿。

乙　那当然啦。

甲　你说应当长什么模样儿为标准？这还没法儿说，一人一样儿。

乙　一人一样儿呀，有好看的，就有难看的。

甲　什么叫好看哪？我以为我这样儿就算不错。

乙　啊？

甲　我看我就不寒碜。

乙　你还不寒碜？

甲　你说谁好看？

乙　男人怎么样儿好看，这个我还真说不上来，女人长得怎么样儿好看，这我能说得上来。

甲　女人？

乙　哎。

甲　谁？

乙　谁……那我指不出来。女的长得怎么样儿为标准，怎么样儿为好看，这我能说得上来。

甲　你说，应当长什么样儿？

乙　最好哇，长得是柳叶儿眉，杏核眼，通关鼻梁儿，樱桃小口一点点，不笑不说话，一笑俩酒窝儿，杨柳细腰，说话要燕语莺声。
甲　谁告诉你的？
乙　我就这么说呀。
甲　词儿不对呀。
乙　怎么？
甲　没理呀。
乙　怎么没理呀？
甲　你说的这叫什么？这叫“美人赞”。
乙　什么叫美人赞哪？
甲　说书的先生都会这套——美人赞，一提说这人长得好，就把这套词儿用上啦：柳叶儿眉，杏核眼，通关鼻梁儿，樱桃小口一点点，不笑不说话，一笑俩酒窝儿，杨柳细腰，燕语莺声。说书就这么说，听书的哪，就以为这人好看。其实不是，不好看！
乙　不好看？
甲　哪个女人长这样儿呀？
乙　这不好看吗？
甲　哪个女人长这样儿就坏啦。
乙　怎么？
甲　要有女人把这几样儿长全了，那就寒碜啦。柳叶儿眉，先说这眉毛吧。
乙　说吧？
甲　柳叶儿呀，柳树叶子你看见过吗？
乙　看见过呀。
甲　这么窄，这么长，柳叶儿眉，由这儿起，到这儿！
乙　嗬！那么长的眉毛！太长，不好看。
甲　对呀。
乙　柳叶儿眉不好，杏核眼哪？
甲　杏核眼？
乙　哎，这个好看。
甲　眼跟杏核一样，滴溜儿圆？
乙　那不好看！
甲　通关鼻梁儿……

乙 这怎么样？
甲 这儿鼓着。
乙 一般儿高哇？
甲 嗯。
乙 不行不行。
甲 樱桃小口，像樱桃那么点儿嘴？
乙 哎。
甲 吃饭麻烦啦！
乙 怎么？
甲 老得吃面条儿。
乙 怎么？
甲 嘴小哇，长长的一根面条儿往里吸。
乙 饱啦。
甲 面条儿进去啦，酱哪？都糊到嘴上啦！
乙 酱没进去呀？
甲 嗯。
乙 这不好看！
甲 俩大酒窝儿哪？
乙 这个许是好。
甲 俩大酒窝儿，远看跟“大鬼”一样。
乙 哟！杨柳细腰？
甲 那活得了吗？长那样儿？
乙 也不好。
甲 最可气的是燕语莺声。
乙 怎么？
甲 说话跟燕子叫唤一样。
乙 那不好听嘛！
甲 莺声——黄莺的声音。
乙 多好！
甲 多好？谁懂啊？
乙 也不行？
甲 燕子那嘴多快呀，燕子叫唤：“唧溜儿唧……”太快啦！
乙 够快啦。

甲　莺声，黄莺的细声，谁听得出来呀？你媳妇儿跟你说话都那样儿？
乙　不行吗？
甲　燕语？
乙　啊。
甲　你呀由电台下班儿回家啦，到家你媳妇儿跟你说话："哟，你回来啦，喝茶吧，挺热的。吃饭吧，给你热热菜。"也得这么说呀。
乙　是呀。
甲　燕语，说话像燕子？
乙　不行？
甲　莺声，黄莺的细声？你懂？
乙　怎么？
甲　你由电台下班儿回家：（声音细、快）"你回来啦？"
乙　哟！
甲　"你吃饭吧。"
乙　嗐！
甲　怎么啦这是？
乙　不行。
甲　根本就没有。
乙　那么依你说怎么算好看？
甲　好看哪？
乙　嗯。
甲　这人哪，长得个儿不太高，不太矮，不太胖，身体健康，能工作，能劳动，这是叫漂亮，这就叫好看。
乙　咦？我记得有人说过这个话："瞧你长这模样——穷相。你看人家那相貌多好哇——富态。"
甲　那是骗人。
乙　怎么？
甲　什么叫穷相？哪叫阔相？
乙　都那么说嘛。
甲　你不懂啊。
乙　怎么？
甲　你说的这人长得穷相，富相，这是过去。

乙　过去？

甲　谁兴的这个？过去旧社会，封建地主阶级他们造的谣言，他们站在剥削人的立场上，他说他有福，他不承认他是剥削，他说他有造化，应当享福，命好；劳动人民吃不饱，穿不暖，受他们的剥削，他说那是没有福，没造化，穷命。

乙　噢。

甲　他老这么说，有些人也相信这一套啦，也认为这是对："噢，人家大员、大地主有福，人家有造化，我就是命苦哇，得啦，认命吧。"认命，就这一认命，得啦，反动统治阶级、封建地主阶级他们就以这个得意了嘛！认命啦嘛，没有斗争性啦嘛！认可他们剥削，认可他们欺负嘛，封建地主们就传播这个。

乙　我不是听封建地主他们说的，我是听街面儿相面的、算卦的他们说的："富贵贫贱，八字儿有关系。"

甲　那个呀？

乙　啊。

甲　你不懂啊。

乙　怎么？

甲　相面的、算卦的、批八字儿的他们是给谁服务哇？

乙　不知道。

甲　他们就是给反动统治阶级来服务的，不是给劳动人民服务的！随便说说，造这么一套，他这一说你就信啦！他们有他们的词儿呀——有书。

乙　有书？

甲　那书是谁编的？

乙　不知道。

甲　就是过去反动统治阶级、封建地主阶级编的，这叫相书哇，《麻衣相》啊，《原柳庄》啊，《水镜集》呀，《相法大全》哪，《相法全篇》哪，《揣骨相》啊，《摸骨相》啊，《大清相》啊，种种的，不是一个人编的，所以那书不一样，一个一样儿，看这本儿这个说法，看那本儿那个说法。编好了词儿啦，四六八句，上下联句，上下一辙一韵的，四句词儿，八句诗。我看过十三本相书。

乙　十三本？

甲　这词儿我都会，都背下来啦。我也给人相过面。

乙　相面怎么样哪？

甲　不行。

乙　灵不灵？

甲　不灵。

乙　不灵啊？

甲　给谁相，谁说不灵。闹得我简直有点儿消极。

乙　你呀，早就应当消极。根本就是不灵啊。

甲　啊？

乙　不灵。

甲　不灵？

乙　啊。

甲　可有一样儿。

乙　哪样儿？

甲　我要给你相面就灵。

乙　啊？

甲　就灵。

乙　给我相就灵？

甲　哎，就灵。

乙　噢——你要是给我相灵了要钱吗？

甲　不要钱。

乙　不要钱？

甲　就为让大家听听，为什么给张庆森[①]相面就灵啦呢？大家一听就知道啦，由于这种原因，所以就灵啦，要不是这种原因哪，不灵。

乙　那么你就给我来来吧。

甲　给你相面啊？

乙　哎。

甲　站好吧。

乙　行。

甲　眼往前看。

乙　好。

甲　给你相面，相得对你说对，相得不对你就说对。

---

① 张庆森，著名相声演员，马三立曾和张庆森搭档演出。

乙　啊？

甲　不对你就说不对。

乙　相对啦我说出来。

甲　嗯。

乙　相得不对嘛也说出来？

甲　是。

乙　好啦。

甲　甭客气。

乙　行。

甲　你呀，就是一个父亲，对不对？

乙　这个……他……

甲　对不对？

乙　这个呀，对，对。

甲　别犹豫，有几位就说几位。

乙　多不了，就是一个。

甲　就是一个？

乙　对啦。

甲　怎么样？

乙　灵啊。

甲　就是灵。第二样儿：你父亲跟你母亲在结婚以后有的你，对不对？

乙　可不是嘛，太对啦。

甲　第三样儿：你呀弟兄几位？

乙　弟兄几位？

甲　哎。

乙　我呀，哥儿俩。

甲　哥儿俩？

乙　哎。

甲　姐姐妹妹不算啊。

乙　弟兄哥儿俩。

甲　你不是有哥哥，就是有兄弟。

乙　那……可不是嘛，我有一哥哥。

甲　怎么样？

乙　对。

甲 你哥哥比你大点儿。
乙 对，太对啦。
甲 大，反正大不了多少，他怎么大呀，那岁数也超不过你父亲去。
乙 那……多新鲜哪！嘿！这灵，太灵啦。
甲 怎么样？
乙 对呀。
甲 第四样儿：你有媳妇儿没有？
乙 我呀？
甲 啊。
乙 有。
甲 你媳妇儿跟你呀，你们不是一母所生。
乙 这……可不是嘛。
甲 怎么样？
乙 对，她是她娘养的，我是我娘养的。
甲 怎么样？
乙 太对啦。
甲 灵吗？
乙 太灵啦。
甲 满对吗？
乙 满对。
甲 都对呀？
乙 啊。
甲 嘿嘿！看见没有？
乙 看见什么？
甲 这就叫能耐。
乙 这叫能耐呀？
甲 嗯。
乙 嘿嘿！这叫挨骂！
甲 怎么话儿？这是……
乙 怎么话儿呀？
甲 哎，别推呀！
乙 别推呀，这是什么相面的，我要有斧子抡你一斧子，我！
甲 没那么大仇哇。

乙 没那么大仇哇？有你这么相面的吗？这叫废话！
甲 这不是逗着玩儿吗？
乙 逗着玩儿？
甲 怎么这么轴哇？
乙 不是轴，本来我不相面，你说玩笑，那更不灵啦！
甲 别玩笑，再另来。正面吧。
乙 哎。
甲 把你的掌法伸出来。
乙 掌法是什么？
甲 手。
乙 非得看手？
甲 哎，相面的规矩！
乙 什么规矩？
甲 “相面不看爪（念 zhuǎ），一定没传法。”
乙 啊？我们这是手。你说什么，我们这是爪？
甲 这不是够那辙吗？
乙 什么辙？
甲 “相面不看爪，一定没传法。”
乙 哎，手哇。
甲 手就是差点儿啦。
乙 怎么？
甲 相面不看手，一定没传法，这不合辙呀！
乙 要是说“相面不看手，一定没传授”，这行不行？
甲 哎，这么样儿也行。
乙 也行啊？就为你赶辙，我手成爪子啦！
甲 行行。看手相吧。
乙 哎。
甲 看你的手相，天、地、人三才纹，你这道纹不好。
乙 哪道纹？
甲 这儿。
乙 就短一点儿的这道？
甲 哎，这叫冲煞纹。
乙 有讲儿吗？

甲 “掌中横生冲煞纹，少年一定受孤贫，若问富贵何时有，克去本夫另嫁人。”

乙 哎……啊？我得另嫁人哪？

甲 你呀，由十七岁过门。

乙 我？

甲 十七岁结的婚，过门以后哇，公公就死啦，婆媳不和，现在你的丈夫没有啦，你打算嫁人，对不对？嫁人哪，最好哇嫁给一个山东人吧。

乙 怎么？

甲 东方属木，木生火，夫妻必定美满。最好嫁一个胖子。

乙 这干吗呀？

甲 胖属水，水生木，更好。

乙 嘿！

甲 看吧。

乙 干吗？

甲 打春，多会儿一立春，立春以后，你丈夫就来啦。

乙 你等等儿吧，你看看我是男的是女的呀？

甲 女的。

乙 哎，我是男的呀。

甲 女的。

乙 怎么是女的？

甲 相面伸手，男左女右哇，你伸右手，这不是女的吗？

乙 谁说的？我伸的就是左……嘻！你告诉我伸错了手不行吗！我这手不对啦，什么告诉我嫁个山东人，还有大胖子，干吗我这么贱骨头哇！

甲 这手。

乙 左手。

甲 你这手不错嘿！

乙 怎么？

甲 你这手指头都离得开。

乙 多新鲜哪，离不开那不成鸭子啦！

甲 鸭掌。

乙 哎。鸭掌啊？人掌。

甲　指要长，掌要方，纹要深，手要厚，大指为君，末指为臣，二指为主，四指为宾，君臣要得配，宾主相持，八字高配，乾、坎、艮、震、巽、离、坤、兑，掌心洼必发家，掌心不洼不发家。把手心翻个个儿我瞧一瞧。（向外翻乙手）

乙　哎哟！干什么这是？

甲　这边儿，这边儿。

乙　翻手有这么翻的？

甲　不一样嘛。

乙　一样？那不掉碴儿啦！

甲　对。这边儿。

乙　哎。

甲　肤筋若露，老年必受苦，肤筋若不露，老年必享福，似露不露，平常而已。掌法收起，看看你的五官。

乙　看五官？

甲　相面相面嘛。

乙　噢！

甲　主要看你的脸上，分五官。

乙　什么叫五官？

甲　眼睛、鼻子、眉毛、耳朵、嘴。

乙　噢。

甲　眉为保寿官，眼为监察官，耳为采听官，嘴为出纳官，鼻为审辨官。五官有一官好，必有十年旺运，要有一官不好，必走十年败运。我瞧瞧你五官。

乙　你看看。

甲　好！

乙　哪点儿？

甲　五官哪？

乙　啊。

甲　都不挨着。

乙　哎，这……多新鲜哪！都长一块儿不成包子啦。

甲　包子脸儿。

乙　包子脸儿？

甲　包子脸儿值钱。

乙　有这么长的吗？
甲　少哇。
乙　多新鲜，一个也没有哇。
甲　你这眉毛不好。
乙　怎么？
甲　眉梢发散，兄弟不利。
乙　噢。
甲　准头不正，问贵在眼，富在耳嘛。看看流年大运吧。
乙　哎哎。
甲　你今年高寿，多大岁数？
乙　我今年四十五岁。
甲　四十五岁？
乙　哎。
甲　属牛的。
乙　哎。啊？谁说的？
甲　在你小时候儿……
乙　你等等儿再说，四十五岁，我怎么属牛的呀？
甲　啊？
乙　怎么属牛的？
甲　不是属牛的……
乙　不是。
甲　咦，你呀，属羊。
乙　属羊也不对呀！
甲　属马行吗？
乙　好嘛，现商量！我四十五岁，属鸡的呀。
甲　差不多少。
乙　差不多少哇？差远啦！
甲　四十五岁属鸡的？
乙　嗯。
甲　癸卯年生人。
乙　啊？
甲　你土命。
乙　不对呀！癸卯年生人哪？

甲　嗯。

乙　卯，那不是卯兔儿啦吗？我是属鸡的呀。

甲　属鸡的就是癸卯啊。

乙　卯兔呀！

甲　是呀，你不是癸卯啊？

乙　多新鲜！

甲　甲未。

乙　啊？

甲　甲未。

乙　甲未？

甲　啊。

乙　你那儿假喂，我这儿真吃，行吗？

甲　酉未？

乙　什么叫酉未！

甲　酉癸。

乙　有鬼干吗呀。

甲　没鬼吗？

乙　哪儿来的鬼呀？

甲　亥癸。

乙　什么亥癸呀！我属鸡的，是酉鸡呀。

甲　差不多少。

乙　又差不多少哇？

甲　你是八岁交运，八岁、十八、二十八，下至山根上至发有财无库两头儿消，三十印堂修在上。一岁至十岁走两耳，十五发髻，十六走天庭，十七、十八日月角，日角月角左右边称更不好，在你三十岁……哎，三十岁不错。

乙　三十岁？

甲　三十岁那年好运。

乙　噢，三十岁那年我娶媳妇儿。

甲　那就是交好运哪。

乙　是，是。

甲　我媳……

乙　啊？

甲　哎，你媳妇儿。说错啦。
乙　这能说错啦？
甲　你媳妇多大岁数？
乙　我媳妇今年三十六岁。
甲　三十六岁，比我小一岁，就算不错。
乙　啊？
甲　不知道脾气怎么样。
乙　你管得着脾气儿啊？她怎么比你小一岁？
甲　比你小一岁。
乙　怎么比我小一岁？
甲　你比我小一岁。
乙　我多会儿比你小一岁来？
甲　我比你小一岁。
乙　你比我小一岁干吗呀！
甲　小几岁呀？
乙　嘻！我媳妇儿比我小九岁。
甲　比我哪？
乙　碍你什么事呀？
甲　得，先不提我。
乙　多新鲜哪！
甲　你媳妇比你小，小得太多，不好，你应当娶大媳妇儿。娶小媳妇儿，夫妻命运相克呀，不好，打娶媳妇儿之后，你这运气不佳。
乙　怎么的？
甲　运不强。这些年你好有一比。
乙　比什么？
甲　万丈高楼往楼下走。你这个命啊，是一年不如一年，一月不如一月，一天不如一天，一时不如一时，一会儿不如一会儿，一阵儿不如一阵儿。
乙　我还活什么劲儿，我呀！
甲　命嘛。
乙　怎么那么倒霉哪？
甲　高一步矮一步，湿一步泥一步哇，蜘蛛罗网，被狂风吹半边，半边破来半边整，半边整了又团圆，挣多少钱也存不下，来财如长江流水，去财似风卷残云，虚名假利，瞎劳白扰，山根塌陷不赠（qíng）祖业，祖上根基挺好，到你这辈儿就没有什么啦。

乙 可不是嘛。

甲 打你三十岁娶媳妇以后，这些年也是劳碌奔忙，奔忙劳碌。

乙 对。

甲 三十一走凌云，三十二走紫气，三十三往下，三十四，两道眉毛，三十五、三十六大眼犄角，三十七、三十八两只眼，三十九、四十两个小眼犄角，四十一岁走山根，四十六七，年上，寿上，四十八、四十九兰合、亭玉，在你过去呀，以后，将来，看你老运怎么样吧。

乙 你给细看看。

甲 你咳嗽一声。

乙 （咳嗽）

甲 哟！

乙 怎么啦？

甲 没底气啦。

乙 我要死是怎么的？

甲 谁说你要死呀？

乙 怎么告诉我没底气啦？

甲 “富贵音韵出丹田，气实喉宽响腮间，贫贱不离唇舌上，一世奔走不堪言。语要均平气要和，贵人愚痴小人多，闭口无言唇乱动，不离贫贱受折磨。”按你这相貌说，奔忙劳碌一辈子。

乙 可不是嘛！

甲 没剩下什么。

乙 这倒对呀！

甲 不知道的以为你存了钱啦，存什么呀，什么也存不下呀。

乙 是呀！

甲 “蛤蟆来在养鱼池，自己为难自己知，有人说你心欢喜，委屈为难在心里。”你是驴粪球儿。

乙 怎么讲？

甲 外面儿光。外面挺好看，内里空虚，房子不趁一间，地没有一亩，还得赁房住，赁两间房。

乙 噢。

甲　你们家呀，打这个地方往南走二里多地，对不对？
乙　对。
甲　你们街坊好几家，是大杂院儿。
乙　是呀。
甲　三家街坊，连你们四家。
乙　啊。
甲　你们住那房子是北房。
乙　对呀。
甲　北房靠西头儿那两间，里头屋小，外头屋大。
乙　是呀。
甲　你们家就两口人，你、你媳妇儿。
乙　对。
甲　今儿早饭哪，你们吃的是烙饼，炒豆加辣椒，昨天剩的稀饭。
乙　对呀。
甲　出门儿呀没带车钱，走着来的。
乙　可不是嘛！
甲　对吗？
乙　对呀。
甲　怎么样？说相面不灵，你看看灵不灵！
乙　哎，你给我相面怎么这么灵啊？
甲　你糊涂啦，咱俩不是在一院儿住吗？
乙　废话呀！

（马三立　张庆森述）

生意经

甲　相声是民间艺术。

乙　是。

甲　也可以说是语言艺术。

乙　哎。

甲　过去在旧社会里，管说相声的不叫说相声的。

乙　叫什么呀？

甲　胡给起名，有叫什么“说瞎话的”；有管我们叫“拉瞎呱的”；还有管我们叫“骂杂烩的”；单有一班人给我们起出名来，让我们听着那么别扭。

乙　叫什么呀？

甲　管我们叫什么呀，叫“玩意儿”。

乙　玩意儿？

甲　他没事了：“走，咱们瞧玩意儿去。”我们挺大人成玩意儿了！

乙　实在不像话。

甲　还有管我们叫“生意”的。说我们是生意，你想我们怎么会是生意呢？

乙　不是生意。

甲　那么在旧社会有生意没有？旧社会生意太多了，是他认识得不够。像旧社会那种虚伪的宣传，为抬高物价，把一样东西夸得非常的好，还说回头他给每位送一点儿，结果拿话把人家绕搭住了，他不送给您了，让您花钱买，那都在生意之内。

乙　不错。

甲　在旧社会，连下街卖果子的里头都有生意。

乙　什么果子呀？

甲　卖柿子。刚下来的柿子，一层霜儿，黢青皮儿，咬一口拉不出舌头那么涩。不是涩柿子吗？在生意还能多卖钱。刚下来的柿子，无论谁买柿子都要问一句："这柿子涩不涩？"您说这句话怎么说？

乙　应该告诉人家涩呀！

甲　告诉人家涩呀，那一天也甭开张，谁买呀？

乙　那就说不涩。

甲　说不涩？吃了涩，你得给人换。

乙　那怎么说呢？

甲　他说出这话来绕搭那位："我要说这东西好哇，回头您说我冤您，您尝尝您就知道了。"他让那位尝尝，你这儿只要一尝，这柿子就卖给你了。这位没敢尝，拿指甲抠一点儿放嘴里了："嗬！不成，涩！"卖柿子的这句话又柔又好听："不是涩，这是皮憨！"

乙　皮憨。

甲　"您把皮儿啃了去，保准不涩。"那位还真听他的话，攥住涩柿子啃皮儿："嗬！噗！"这要早知道不买呀！皮儿啃去了，瓤儿涩你也吃不出来呀！

乙　怎么呢？

甲　把腮帮子都啃木了。

乙　嗐！

甲　一咬瓤儿啊，"嗬！比皮儿还涩！"这回你瞪眼，他比你瞪得还厉害："怎么着，还涩？还涩也没主意了，你抠一指甲我们有法换哪！这一个柿子你啃半拉了怎么换？涩？给你换换，这半拉卖给谁去？"

乙　就是的。

甲　气得这位，捧着那涩柿子直哆嗦，你说有心跟他打架吧，还找不出理由，不是我啃的谁啃的？赌气把涩柿子扔了："多少钱吧？""得了，您没吃，没关系您哪，小意思，算我的了。"这位说："你甭废活，我吃得起柿子就花得起钱，多少钱吧？""这么着吧，您没吃，我算您个本儿，我要赚您一分钱我是小狗子谁要还价谁不是东西！"

乙　啊？

甲　你说这叫什么买卖生意！“四千五[1]！”这位一听四千五，气得他把舌头咬得吱吱的：“啊，真够厉害的，啃啃柿子皮儿就四千五。好，你就照我这个卖！”这位给了四千五，可他这口气出不来。

乙　那当然了。

甲　隔壁儿是个百货店，这位花了五百块钱买了个牛角刮舌子，跑到这卖柿子的旁边刮舌头，那意思要给这卖柿子的添堵，心说，你也就卖我那四千五了，我瞧谁还买你的？

乙　一点儿不假。

甲　你想，这儿卖柿子，旁边还有一个刮舌头的，谁还买呀？

乙　绝没人买。

甲　又来了买主了。“卖柿子的，涩不涩？”你说怎么说？有心说不涩吧，那边蹲一个刮舌头的。这叫硬对嘴子，他往刮舌头的那儿指：“我要说好哇，回头您说我冤您了，这儿有吃主。”“就这位吃主吗？”“对，就是他。”“跟您打听，他这柿子涩不涩呀？”你想这位一脑门子气有好话吗？

乙　绝没好话。

甲　“他这柿子，不涩！”不涩是气话，这位没听出来，抓住愣咬：“噗！噗！我说你们俩是怎么的？刮舌头串联……”“你这人怎么那么糊涂啊？不涩我刮舌头干吗呀？”“你怎么买的？”“还价不是东西，四千五！”合着九千块钱卖了俩涩柿子。

乙　是啊！

甲　这位给了四千五要走，让先来的那位给揪住了：“大哥，你先等等走，那是百货店，你花五百块钱买个刮舌子，你在那边刮，我在这边刮。”

乙　一边一个。

甲　你说这是生意不是？

乙　纯粹是生意嘛。

甲　还有生意哪。

乙　还有什么呀？

甲　在那旧社会什么相面、算卦、卖膏药、卖丸药，传真方卖假药，那都在生意之内。过去呀，像这路生意一般都在庙会上，数天桥

① 四千五——国统时期的法币四千五百元。

儿最多。

乙 不错。

甲 在旧社会逛天桥儿有这么句话：在天桥儿那儿逛一趟，除了生意就是当。

乙 有那么句话。

甲 这话还是一点儿不假，现在逛天桥儿，买什么东西也吃不了亏啦。

乙 哎，新天桥儿了嘛。

甲 在旧社会，天桥儿有一路打把式卖膏药的，让你瞅着都怕得慌。一请人，先不说卖膏药。

乙 说什么？

甲 先说打把式。都二十多岁，太阳穴鼓着，眼睛瞪着，腩子肉翻着，翅子肉横着，光着膀子，攥着把单刀，说出话来瓮声瓮气的：（倒山东口）“列位，我使回吗呀？我练回呀叫剁单刀。我要练完了，我要练罢了，我可不要钱，众位先生不要给我钱。要值好，你给我叫声好，叫完好，我还不叫你白给我叫好，我临离‘镖局子’的时候，带点儿宝贝东西来，那位说什么宝贝东西？我带着点儿膏药来。那位又说了，你这膏药治吗病？我说给众位听听，咱治得着的治，治不着的不治。”嗨，他这药真新鲜。

乙 怎么？

甲 就没有不治的病。

乙 全治？

甲 全治。“专治吗呀？专治打着、压着、扯着、碰着、牛顶着、马踩着、车压着；闪腰、岔气儿、睡落枕；男人肾寒、妇人血寒，小孩的五痞八积、六脾七积、食积、奶积、大肚子痞积；跑肚、拉稀、红白痢疾，暴发火眼！”哪位听说害眼有贴膏药的？

乙 没听说过。

甲 “要有蹾着脚后跟的，扭了脚脖子的，掰了手腕子的，挫了手脖子的，你贴上咱这膏药吧，当时就好，分文不取，毫厘不要。”

乙 还不要钱。

甲 一听说不要钱，就有贪便宜的人，那位拄着棍儿就过去了：“哎哟，先生，给我看看吧，我这脚脖子崴了。”一瞧那位脚脖子肿得呀，比那腿肚子还顸。“坐那儿！有多少日子了？”“半拉多月了。”“你是打算除根儿呢？还是打算留点解闷儿呀？”

乙 啊？

甲 这句不像人话呀！谁留脚疼解闷儿呀？

乙 纯粹不像话！

甲 “先生，我打算除根儿。”“打算除根儿，今天你算好了。”拿起一张膏药来，把他那铁火炉子点着了，烤膏药。嘴里可不闲着，穷嘚啵。

乙 说什么呀？

甲 “真金不怕火炼，好货不怕试验，好货警明公，赖货警愚人，人叫人千声不语，货叫人不点手自来。”把膏药掰开了，这手托这位脚，这手托这膏药。最缺德呀，他这儿有多大劲儿使多大劲儿，就这一巴掌下去呀，那位差点没背过气去：“就这儿疼啊？”啪！这位直这样儿：“好家伙！”你当着这就完了哪？

乙 还没完哪？

甲 还得来两下子，捏着脚后跟，攥着脚尖翻揉：“你就这儿疼啊？”这位直这样儿：“哎……呀……”这位的意思是说，我要知道这样儿，说什么也不治。

乙 一点儿不假。

甲 “站起来吧。刚才一跺脚就疼，一迈步就疼，这回你使劲跺脚，有多大劲儿使多大劲儿，使劲使劲！再来来，这疼不疼咧？”这位：“哎，先生，不疼了。”

乙 好了。

甲 是不疼了，给蹴跶木了还疼？

乙 蹴木了！

甲 到家一个月也下不来地，让他给蹴跶肿了。

乙 这德缺大了。

甲 还有那相面算卦的。那么说，现在相面算卦的还有没有人去呢？哎，这话不敢说一定，在你的觉悟了。反正是上卦摊去的都有事，没事谁也不上卦摊。

乙 当然了。

甲 还有一路人思想模糊，他在家赋闲，上卦摊去找事去，可乐。“先生，您给我查对个事由。”他给你查对个事由？他哪儿给你找事去呀！再说他那儿也不是劳动局，他怎么给你找事？别说没事，有事也没你的份儿呀！

乙　怎么？

甲　他就去了，他找你干吗呀！

乙　哎。

甲　这相面算卦的，他们“掉侃儿”还不叫相面算卦。

乙　叫什么呀？

甲　他们叫金买卖儿。

乙　金买卖儿？

甲　您街上常见拿两块板儿的那个：“梆梆梆”的——

乙　那叫什么金？

甲　那叫梆金。抽签的那个——

乙　那叫什么金？

甲　叫八岔子金。数属性的那个——

乙　那叫什么金？

甲　叫花褡子金。先写后问——

乙　那叫什么金？

甲　嘴金。他在这边，跑那边把那位给揪过来了——

乙　那叫什么金？

甲　……那叫揪金。

乙　揪筋？

甲　揪筋完了就拔骨。

乙　啊！

甲　过去天桥儿就有这种揪金。拿着两张纸，攥着管笔，他那名儿叫什么呀？叫魁星点状元。

乙　净揪什么人哪？

甲　净揪那乡下跑买卖的。骗人钱没关系，抽冷子能把人家给吓住。这位顺脚儿头里一走，他那边：“站住！”这位：“嚯！”“印堂发暗，必遭官司，角儿八七抽根签，掏一千块钱。”这位心里说：我怎么了？他胆小怕打官司。

乙　谁不怕打官司？

甲　哆里哆嗦掏一千搁那儿了。“你这个人犹豫不定，心里头连一点儿准主意都没有，这话对不对？”

乙　不对。

甲　这句话还真对了。

乙 还对了？

甲 你想，但凡有准主意能把一千块钱给他吗？

乙 是啊。

甲 “老弟，我看你这两天要伤财呀！”这位是伤财，刚往那儿一站一千块没了。

乙 那还不伤财。

甲 “问什么事呀？”“先生，您说我在这儿好，还是回家好？”这位是没准主意。你应该给人家断哪！

乙 是啊。

甲 他不给人断，他问人家：“那么你打算怎么样？”啊，钱归你了，问人家打算怎么样？这位说：“先生，我打算回家。”“噢，打算回家吗？家去！”合着这位花一千块钱给轰回去了。

乙 好嘛。

甲 “家去！”完了。还有一路先写后问的，叫什么？叫嘴金。

乙 哎，那可灵啊。

甲 怎么灵啊？

乙 他先写后问不套口气呀。

甲 您认为那灵啊？

乙 啊。

甲 他那字里耍着便宜了。

乙 怎么耍便宜？

甲 您要不信，我告诉您那门道，您回家算去，算一位，一位灵。

乙 是啊？

甲 要知人弟兄几位，写这么九个字，你哥儿九十六个都对。

乙 哪九个字？

甲 “桃园三结义孤独一枝”。这个毛病就在这个孤独一枝上，由哥儿一个你说到哥儿一百个，也跑不出他这孤独一枝去。

乙 这我不信。

甲 不信，我写得了，说你哥儿几个全对。

乙 我哥儿一个。

甲 你哥儿一个，先生我就知道你哥儿一个。

乙 怎么？

甲 给你写得明白呀，桃园三结义呀，说你这人交朋友不亚如桃园三结义，可惜呀！命甲太孤，孤独一枝，上无兄下无弟，对不对？

乙　我这是捧着你说呢，我哥儿俩。

甲　哥儿俩？我就知道你哥儿俩，给你写得明白。

乙　怎么？

甲　桃园三结义，原本你是哥儿仨的命，咕嘟出一枝去，你这不剩哥儿俩了嘛！

乙　噢，咕嘟出一枝去呀！我哥儿仨。

甲　哥儿仨太对了，桃园三结义，原本你是哥儿仨的命，孤独一枝，你们哥儿仨咕嘟在一枝上了。

乙　在一枝上咕嘟着呀。我哥儿四个！

甲　哥儿四个更对了。

乙　怎么？

甲　桃园三结义，原本你是哥儿仨的命，那边又咕嘟出一枝来，你这不哥儿四个了吗？

乙　又咕嘟出一枝来呀！我哥儿十七个！

甲　这不，咕嘟出一枝来，那一个枝上说不定又有多少咕嘟出来呢。

乙　弟兄出杈呀！

甲　最厉害有一路相面的。

乙　哪路啊？

甲　叫票金。

乙　什么叫票金哪？

甲　那路相面的他比那绑票的都厉害。

乙　怎么？

甲　他要请上五十位，他一说相面，那五十位都得花钱。瞧，一位走的都没有。

乙　人家要走他有什么主意呀？

甲　你走不了，他那话里太缺。

乙　话缺？

甲　他请人不叫请人。

乙　叫什么呀？

甲　听“圆粘儿”。手里头拿块铜板儿，另一只手指头上蘸点儿墨，外人看像画画，嘴里瞎嚷嚷：“画山难画山高，哎！”

乙　这是干吗呀？

甲　这就是请人呢，你想他在这儿，你在那边走，抽冷子冲你那边，“哎！”你不知道怎么回事儿，你就过来了。

乙　自个儿就过来了。

甲　一会儿就围一圈子人。他一瞅有几十位了，把板儿撂下了：“那位说你是干什么的呢？敝人我是个哲学家，看过几套相书，像什么《麻衣相》《水晶集》《灯下术》《万相全篇》《揣骨相》。看过《麻衣相》一定把人瞧；看过《水晶集》心里似玻璃。今天每位我还要送一相，你看人位不多，事情不少。你的心中事，我的口中言，一看你的外表，如见其肺肝然，您看这边有三位……”也不是哪边有那么三位？说他们行话这叫“迷魂掌”。“您看这边有三位，老事由干不了啦，要谋新事由。对，就这三位一说就对；那边有两位车马星动了，打算要出门，不知道奔哪一方，老弟，我指给你一条明路；这边有两位打算鸳鸯合伙；这边一位家里边犯口舌；这边有两位家里有病人；这边有一位红鸾星照命，这月里小登科，老弟，哈哈哈哈，我得喝你的喜酒。嗯，其中还有三四位我就不能说了。”

乙　怎么？

甲　“说出来对他们面子上不好看，我一比画大家也就知道了，其中有三四位是这个。”

乙　这是什么呀？

甲　“王八。”

乙　啊？

甲　“他们本人也知道他是这个，那么我既说出来了，你要有这个毛病的人事先您可赶紧走，您要是不走的话，我回头相面的时候，把您说出来，您非跟我打起来不可。”你说这时候谁敢走啊？

乙　没人敢走。

甲　都得在那儿等着啊，这位要走，叫那位把他揪住了：“大哥别走，一走就王八啦！”

乙　嗐！

（高德明述）

女招待

甲　您这是相声？

乙　哎，相声。

甲　俩人说，对口的玩意儿。

乙　是这么回事。

甲　总是要逗大家哈哈一笑。

乙　不错。

甲　逗人一乐，这靠人缘儿。

乙　干什么都得靠人缘儿。

甲　得迎合人家的心理。

乙　哎。

甲　茶馆儿的茶房，饭馆儿的跑堂儿的，都得迎合人家的心理，待人要和气。

乙　总得和气。

甲　我怎么知道呢？我们这伙计 ××× 他爸爸年轻时候就是跑堂儿的。

乙　是喽。我爸爸是跑堂儿出身。

甲　那阵儿，你爸爸才二十多岁。

乙　是啊？

甲　说起那阵儿的事来，你没赶上。

乙　你赶上了？

甲　我也没赶上。

乙　废话！

甲　我听伯父对我说的。

乙 我爸爸跟您说过。
甲 他年轻的时候在山东馆儿跑堂儿，机灵极了。有一天，来了三位客人，下了洋车往门前一走，伺候座儿的全迎上来了。
乙 全迎上来了。
甲 “大爷您来了？上楼，上楼。”
乙 上楼。
甲 三位一迈楼梯，底下喊这么一嗓子。
乙 喊什么？
甲 “楼上六座儿！”
乙 哦，六座儿。
甲 楼上小力巴儿抢前一步。
乙 干什么？
甲 打帘子。侧身，从底下往上卷：“大爷，里边请！”
乙 是这个样子。
甲 三位进来，小力巴儿让座，抹桌子，递手巾把儿，倒茶。
乙 待客周到。
甲 看见三位说秘密话，赶紧退出去。
乙 不能听。
甲 若是两位说话，一位喝茶，小力巴儿得陪喝茶这位说几句：“大爷好长时间没来了？”
乙 总没来。
甲 这位大爷乐了：“什么好长时间没来呀？我这是头一回来。”
乙 不认识，这怎么客气呀？
甲 一样有话说：“大爷，您的差事忙吧？”
乙 找话说。
甲 “什么差事忙啊？我还没差事，在家赋闲呢。”
乙 还说什么？
甲 “您享清福，没拘没管，胜过活神仙，福气，福气。”
乙 这话说得好听。
甲 这位大爷一看小力巴儿会说话，他高兴了。他问道：“小力巴儿，你姓什么呀？”
乙 问他姓什么。
甲 “大爷，您问我姓什么呀？您看着办吧！”

乙　姓什么有看着办的吗？

甲　这位大爷一想，叫我看着办，是让我猜一猜。

乙　不错。

甲　“我说呀，你不是姓王就是姓李。”

乙　小力巴儿说什么？

甲　“对，对。大爷您圣明：我是又姓王，又姓李。”

乙　有这么姓的吗？

甲　“是这么回事。原来我姓李。过继给老王家了，一子两不绝。我是两个姓，又姓王又姓李。”

乙　这话倒现成。

甲　大爷又问了：“多大年纪了？”

乙　问他多大年纪。

甲　“大爷，您问我多大年纪呀？您看着办吧！”

乙　这也看着办呀！

甲　“我看呀，你不是二十，就是二十一。”小力巴儿赶紧说：“对，对，我又是二十，又是二十一。”

乙　这是什么意思呀？

甲　“它是这么回事儿，我头年二十，今年就二十一了。”

乙　废话！

甲　大爷还问：“你几月生日呀？”

乙　问他几月生人。

甲　“嘿嘿……大爷，您还是瞧着办吧！”

乙　还瞧着办呀！

甲　这位大爷一想，还让我猜呀，我难为你，“我看呀，你不是六月生的，就是腊月生的。”他前后离了六个月，心想：看你怎么顺竿儿爬。

乙　小力巴儿没词儿了。

甲　没的事。“对，对，我又是六月生的，又是腊月生的！”

乙　啊？

甲　“它是这么回事，我本该六月生人，那年太热了，我受不了哇，在我妈肚里躲了半年，到腊月才出来。”

乙　别挨骂了！

甲　你说这做跑堂的和气不和气？

乙　没有这么和气的！

甲　这么和气还不行呢。

乙　怎么了？

甲　这客人有好伺候的，有不好伺候的。

乙　不一样。

甲　比方说，菜咸了一点，将就点儿也能吃，可是有的人就是不将就。

乙　不将就。

甲　夹口菜一尝，嘴撇多大，脑袋晃得像拨浪鼓，连喊带叫："跑堂的，堂倌，你他妈给我快点过来！"跑堂的赶紧过去："大爷，怎么了？""怎么了？你说我怎么了，我他妈的这是怎么了！"

乙　谁知道啊！

甲　"大爷，怎么回事？您赏句话。""你这个菜没法儿吃，太咸了！"

乙　怎么办啊？

甲　堂倌说："我给您拿厨下去回勺！""不行！回勺还得添作料，不更咸了。""再咸，我再给您回勺，让他们添点儿水，就淡了。""你那么一来，我这炒菜就变熬菜了。""您只好将就着吃了。"

乙　也只好这么办了。

甲　一听"将就"俩字，这位啪地就给跑堂的一个嘴巴："我将就？我花钱就为吃个火候，我要将就不上这儿来了！"

乙　是不好伺候。

甲　这路人没事还找事，有事更是不依不饶，特别难伺候。

乙　是喽。

甲　要不现在时兴女招待，就是专为这路人预备的。

乙　是吗？

甲　比方说这菜咸了点儿，女招待端上去，大爷就不敢喊了。

乙　怎么呢？

甲　那女招待比他还厉害。他敢喊，女招待就敢骂。

乙　还兴骂？

甲　一骂，那位大爷骨头就酥。

乙　贱种啊！

甲　女招待打扮得漂亮，擦胭脂抹粉烫卷头发。

乙　还烫发？

甲　不是在理发店烫，天天自己拿火剪子烫。

乙 好嘛！

甲 左手拿烟卷儿，右手带粉扑儿。对客人带搭不理。那位大爷撇嘴拉舌头，她看见装作没看见。干脆不理。

乙 瞧这劲儿！

甲 那位大爷憋不住啊，他不敢喊，和和气气地哀告："面子事儿，请你过来，有点事儿。"

乙 还真客气。

甲 这女招待一张嘴就带骂的："他妈的，你不会吃，还得姑奶奶喂呀！"

乙 什么话呀？

甲 女招待话。那位大爷就爱听这个。"它不是，这菜我吃不了。""吃不了倒地下！""它不是，这菜太咸，不信你尝尝。"

乙 让她尝尝。

甲 "什么，我尝尝？美的你！一天到晚多少客人我挨个儿都尝，还不胀死啊！"

乙 这也是女招待话。

甲 "它不是，这菜实在是咸。""该着你倒霉，咸了将就着吃吧！光吃白饭不咸，谁让你花钱叫菜了！"

乙 这是什么理儿呀！

甲 这位大爷爱听。他瞅着女招待，眼睛也直了，哈拉子也下来了，抓耳挠腮。偷偷过去摸了一下女招待的小手儿，女招待这下子可急了："滚，挨刀儿的，缺德！"

乙 还不把大爷骂急了。

甲 乐了。"哈哈……她骂我，骂我缺德，哈哈……"稀里糊涂地把那盘菜全吃了！

乙 别挨骂了！

（常宝堃　常连安演出稿）

打牌论

甲 人们的爱好不同。

乙 对，有好动的也有好静的。

甲 有爱看电影的，有爱听戏的，有爱好曲艺的。

乙 有爱好钓鱼的，有爱好下棋的。

甲 您提起这个下棋来了，这方面的爱好也是多种多样的，有人爱下，有人爱看，有人爱多手，有人爱多嘴。就拿爱看棋的说吧，他站那儿一连看了十几盘，愣不累得慌！

乙 瘾头儿可真不小。

甲 站在人家身后头，摇头晃脑，点头咂嘴，人家这步棋要是走错了，他能出一身汗！

乙 至于着这么大急吗！您说的这是爱看棋的。那爱动手的呢？

甲 爱动手的？人家那儿下着下着，他把棋子抄起来了！其实他下得不怎么样，站人家身后头，拿膝盖拱人家后腰："跳马！跳马！跳马！"这几下，把那位后腰给拱得生疼，那位回头一看，心里话：你这个棋不怎么样，别支啦！他领会错了，认为是让他下哪。"让你跳马，你搿这儿不就……（使像儿）哎哟！他那儿还有车哪！"

乙 嗐！多这手干吗哪！

甲 还有一种打胜不打败的。比如说那儿有几盘棋，一看这盘刚摆上，他不管；一看这盘还看不出输赢来，他也不管；一看这盘，行了！那主儿还有两步要把这主儿赢了，他过来了，给这赢主儿支招儿。——其实他不说，人家也是这么走。

乙 这是为什么呢？

甲 为的是显他高明啊！"支士！""飞象！""拿炮打啊！你看死了

没有！”输的这主儿一听火儿就上来了。

乙 怎么呢？

甲 一连气儿他输四盘了！冲这多嘴出急了：“我跟他下跟你下？多嘴多舌地干吗？一边溜达溜达啊！”他不管人家急不急，还气人家：“得了，得了！输了再摆上，这有什么！跟他下跟我下，跟他你还不行呢，跟我你更不行了！这又不是赢房子赢地的，着急干吗！别脸红，给人把棋摆上！”这位一听更火了：“你活动活动吧！（拿胳膊肘捣支嘴的肋叉子）汗全下来了。”“嚯！你着这么大急干吗，早知你这脾气我不管，嗬，我这儿全要岔气了！这是为吗呢这是……”一扭脸，“老二，拱卒！”

乙 又跑那边去了！

甲 爱多嘴嘛。您看这下棋还不是赌输赢的，有的人还着这么大急，要是旧社会那要钱的，更了不得了。

乙 是啊，过去有这么句话：喝酒喝厚了，要钱要薄了。

甲 旧社会有明的赌博场，到上海那地方叫赌台子，到北方叫宝局。常上那地方去，能够倾家败产，有的去长了，拉了一屁股两肋债，逼得投河觅井。

乙 真是害人的地方！

甲 比如说不到赌台子去，在自己家里找几个人解解闷儿吧，那是解闷儿吗？也是拼命啊。

乙 怎么呢？

甲 全憋着要赢几个钱呀！

乙 对呀！

甲 尤其这打牌①，还最费脑子。

乙 怎么呢？

甲 花样特别的多。

乙 全有什么花样？

甲 缺，不吃，门前清，连六，八张，坎档儿，独一听，亲爷俩，喜相逢，四归一，前后碰，小鸡吃面条，孔雀东南飞，金钱豹，鸡鸽豆，老少副，一般高，捉五魁，一条龙，扣张、提溜带混子……您瞧这是多少“嘴儿”！

---

① 指麻将牌。

乙　真不少。

甲　尤其这扣张，最费脑筋了。讲究扣几个亮几个，扣三亮一，扣四亮二，扣五亮八……

乙　啊？扣五亮八？满盘十三张牌，扣五张亮八张，手里没牌了！

甲　这扣五亮八刚研究好就解放了。

乙　噢，没用上啊！您说“提溜”这嘴儿是怎么意思？

甲　摸来这张牌不许摔，一摔牌，这“嘴儿”就不加钱了。拿手指头一摸牌，冲三家一使眼神儿：“提溜！”那三位就知道他和（hú）了。您看这摸牌，有摸得好的，有摸得不怎么样的。一百三十八张牌，条子、筒子、万子、东南西北风、中发白、两颗花，摸得好的拿手一摸就知道是什么牌，摸得二五眼的那主儿可麻烦了，对门也有听了，他抓起这张牌来浑身的劲满使上来，冲三位一使眼神儿，他还吓唬人家：“兄弟哥们儿，这把要抓来，你们三位就活不了！”（使像儿）

乙　你和了，人家也不至于死啊！

甲　（摸牌使像儿）“嗯，不离儿，行，有门儿……”他这么一来，对门那位吓得一个劲儿哆嗦：“怎么样？怎么样？”怎么样啊，还没摸出来哪！

乙　还没摸出来哪，吓那位一跳，瞧这劲费的！

甲　根本摸得就不怎么样嘛。要有四家打牌，我站那儿十分钟就知道谁输谁赢了。

乙　那我也看得出来，钱多的就赢了，钱少的就输了。

甲　噢，您说从钱上看，不对。

乙　那看什么呢？

甲　看人的表情，赢钱的高兴，输钱的摔牌骂色（shǎi）子。比如说这位连坐了三把庄，还是小和，打这儿就高兴起来。

乙　您学学我看看。

甲　“嗯，今儿牌不错啊！麻将也有，搭子也够，一吃一碰这就算和了！想吗儿来吗儿，茶壶茶碗的没有了，完全是鲤鱼拐子的顺儿，今儿的牌可真不错啊！（学京剧胡琴过门）嘣咯哩咯嘣咯嘣……别忙！碰一个！二条！嘣咯哩咯嘣嘣咯嘣……”他这儿一高兴，上家不乐意了：“别拉了，别拉了！街坊邻居全睡觉了！这是大杂院你知道吗？把人家吵醒了，人家说闲话，人家骂街。咱也得听着，你敢还言吗！一还言打起来了！别拉了啊！”“完了，完了！怨我，怨我！我不拉了还不成吗！每天没毛病，今儿坐两把庄，拉胡琴也不好了！二哥，我说不来，你偏叫我来，你看见了吗？这我还没吃他一张。我要吃他一张，更活不了啦！胡挑鼻子乱挑眼！我这不是‘傻小子睡凉炕——仗着时气壮’嘛！你给我什么好张儿我全不要，咱抓一个去。拉胡琴不成，谁叫我长着嘴了！（边抓牌边唱）‘小东人……’”，“唉！不叫你拉，你怎么唱啊？”这是他赢钱啦，自觉全没了。

乙 他要是输了呢？

甲 两圈牌没开和，麻烦了！四家打牌三家不顺眼，色子也上房了，牌也全扔桌子底下去了，瞅哪儿哪儿别扭，闲话全来了：“今儿这牌不错啊，‘傻小子看画——一样一张’，谁也不挨谁！我和啊，我和啊，我净等糊窗户啦！我煳了打烧火的吧！也难说，跟你坐个对脸还和得了吗？咱哥俩犯相，你属狗我属鸡，‘鸡狗不到头’嘛！你这狗还不是好狗，长得就狗头狗脑，瞧你这德行！说你还瞪眼，你还不服呢！上回跟你坐个对脸，输我一万七，你知道吗？赶明儿再跟你坐对脸，我站起就走，我不来了！你太妨人了！瞧你这脑袋，要是翡翠可值钱——满绿了！要是青果也值钱，豆瓣绿！你也不拿镜子照照你这模样，大眼犄角儿也开了，鼻子也扇风了，耳朵垂儿也干了，下巴也耷拉下来了，抬头纹也散了，完了，完了！今儿让你赢点儿好啊，省得明儿给你买棺材了！”

乙 这要死啊？

甲 这是冲对门儿那家。

乙 那么上下家呢？

甲 也活不了！上家别顶他，一顶张儿就是闲话。他打一筒，上家也保不齐有啊，人家一打，他闲话就来了。“一筒。”“什么？一筒？好，我打一筒你也打一筒，顶着点儿倒不腰疼！咱哥俩的缘分倒不错，‘庙上不见顶上见’——拆对儿顶我！我跟你有什么过节儿？我把你孩子扔到井里了？我是挑拨你们家庭不和了？你把我的牌全拿死，不是你也和不了嘛！我哪点儿对不起你！我倒霉就倒这上家上了，张张老跟着我，倒落不下，跟得还挺紧，随娘改嫁过来的！……”

乙 嚯！骂人不带脏字啊！噢，这是上家，那下家呢？

甲 下家？他打这张牌：下家吃不吃？

乙 吃。

甲 活不了！

乙 不吃。

甲 活不了！

乙 你瞧哎！

甲 他打一个："幺鸡！""吃一个！""别忙！听明白了你就吃，幺鸡！""是呀，我这儿二三条不正吃吗！""唉，要不您这病好不了了呢，不忌口！大夫白瞧了，您这两剂药也白吃了。'小力巴撂跤——给吗儿吃吗儿'！您是诸葛亮转生的能掐会算！前知五百年，后知五百年！你这牌打得神出鬼没，四七万档子开了等幺鸡！这牌也是，在我手里没用，到他那儿就吃。这位是'小脚儿踢球——横划拉'！大小和你也连着来一回，赢一回！哎，我听说你现在任吗儿没干，就指这个吃了吧？至于吗！满盘全赢了才多少钱啊！"

乙 这是吃他一张。

甲 转过来又打一张："五万！"人家下家不吃，人家得抓牌呀，人家刚一抓牌，他照人家手上给一下子："别忙！""嚯！您这打牌怎么还带动手的啊！""别忙，牌我还不叫你抓吗，我先问问你，我这张怎么了？""我不要。""什么你不要，听明白了吗？这五万中心张你不要，你要什么？我倒想要呢，他那儿净一筒，我打一个他打俩！您这是'老爷刀——老扛着'！你愣吃一个也错错张儿，让我也和一把。""您瞧您多不讲理呀，我要不着，哪有愣吃的！""要不着啊？要什么，我瞅瞅。"哗啦！把人家牌给拨拉躺下了……

乙 这还怎么来呀！

甲 拨拉躺下这么一瞧哇，人家还真要不着。

乙 那他没词了。

甲 不！他还有话。"我知道你不要吗？我问你，刚才那四万你要不打哪？""我拿一张四万没用哪！""呸！废话！你要摸六万来哪，坎档儿五万不就吃上了吗！""那没缺一门啦！""你平和、断幺也两翻，再摸个小佛爷哪，不也满贯吗？净打这个悔牌！你拿钱这儿捐来了！你是秧子，我们陪你可受不了！说你你还不服呢！

不要就立起来吧！”“您要不给拨拉呢？我这儿打牌来了我这儿受气来了？”“可是我给拨拉的，你立起来不就完了吗！四家打牌，亮着还来什么劲儿呢！——我说您这烟卷别抽了！嚯，打得不勤，熏得倒挺勤，一根儿顶着一根儿，‘羊角风——老抽’！‘干个个[1]——老嘬着’！受得了吗！别抽了，留着这钱买块糖含着不也解闷儿吗？——这电灯也不亮，保局的哪儿去啦？换个大泡子！谁还点十烛的小泡子啊！哎，来个两万烛的换上！”“多大的？两万烛的？我没地方给您找去！”“你爱换不换哪！我知道有多大烛的泡子？我又不是电灯匠！买洋蜡预备着，留神半夜没电，摸着黑就别来了。这台布也不洗洗，六九条也分不出来，刚才坎六条没和，当是九条呢！这两天眼睛也上火，一劲儿长眵目糊；输钱的意思、倒霉的苗子全来了！给我打个手巾把儿来吧！沏点儿茶喝喝，嗓子全冒烟儿了！快天亮了，预备点儿点心，买点儿烧饼、馃子，打点浆子，没白糖我不挑眼。呸！痰桶哪儿去了，这儿放个痰桶，我爱吐痰你不知道吗？伺候好了，有你的便宜，这头儿归我打，把我伺候好了，多给你逗点儿吗儿；把我伺候不好我这儿干净，你那儿任吗儿也没有。坐这地方也是倒霉的一块地，八成儿埋死孩子了！”瞅哪儿哪不顾眼，“您瞧这房子怎么盖的，有旮旯儿……”

乙　没旮旯儿不成烟筒了吗！

甲　（看桌底下，冲上家）“您这儿别蹬着啦！要不我不开和呢，全给我蹬出去啦！狗溺尿才跷腿呢！后腿摘下来，把腰窝儿挂上吧！别哆嗦啦！吃烟袋油子了是怎么的？哪儿那么些毛病！（用鼻子闻味）嗯？哪儿又犯味儿了？刚才我闻一鼻子就没找着，这股子味儿可真受不了啊！哪儿这是？窗户敞开！蚊香点上！来一包仁丹吧！我要吐了！这房子怎么盖的，没窗户？好倒霉！我坐洋火盒里了！这股臭味打哪儿走呢！哎！咱把房顶挑了吧！”

乙　嚯！输俩钱儿他这儿拆房来啦！

甲　要是有看歪脖儿和的也受不了！

乙　全不对他心思。

甲　他身后边站着二位，一回头他看见了，跟这二位急了：“我倒丢不

---

① 指乳房。

了，这儿还俩保镖的呢！‘卖不了的麻秆儿——这儿戳着来了’！‘城隍庙的小鬼——这儿塑像来了’！二位活动活动吧！”“是，您哪！我没言语。”“没鲇鱼啊，还甲鱼哪！你一努嘴我就受不了！走吧二位！我赢了给你们吃喜儿行不行？饶命吧！伯伯！”咕咚！给这二位跪下了。这二位一瞧，走吧，再不走打起来啦，这二位全走了。全走也活不了。“别全走哇！回来一个呀！那黄瓜走，茄子回来呀！这风水全带走了！……”

乙 怎么叫茄子回来呢？

甲 黄瓜是绿的，茄子还有点紫色啊！“你看，你一回来，这把有听了吧？”

乙 和什么？

甲 二筒、发财对倒。您可听明白了：发财出来是一翻牌，二筒出来还是小和。可他和不了。

乙 怎么呢？

甲 他挂儿像啊！经不起大和。打这儿起，俩手就哆嗦。（学俩手哆嗦）这对发财不知搁哪儿好了，搁当间儿？瞅它别扭；搁边上？怕碰躺下；搁口袋儿里头，一想又没有规矩……

乙 怎么好呢？

甲 他有主意。站起来了，摁着这对发财，在桌子上这么一磨，瞅着这三位：“打什么说话啊！我可有听了。我要跟你对死，算我脾气背；你要拿着一张，你也和不了，我也和不了。别往幸家儿挤了，打什么说话，我这儿有听了。哎！我这儿嚷，你没听见？什么蔫出溜地拽那儿了？怕我和是怎么的？什么，南风？南风不要，发财才行呢……哎呀！说出来了！完了，完了……”

乙 差不点儿半身不遂呀！

甲 这发财真跟人对死了。那位一想，干脆让他和吧：“发财！”人家把发财打出来了。他一听高兴了，“别忙！碰一个！”翻牌瞧，他和不了了……

乙 怎么呢？

甲 发财磨得成白板了！

乙 嚯！这得多大的劲哪！

甲 您就知这人的品行怎么样了。

乙 耍钱也是真没好处。

甲 在天津卫还有这么一种耍儿，——斗十和。

乙 对，卫十和（hú）[1] 嘛。

甲 这牌手儿可不好找，大娘找二婶，二婶找四姨，四姨找六舅母，一找就是闲话。天津卫的老太太说话好听，语音甜。大娘找二婶去了，“我说二婶啊！吃饭了吗您老？吃完饭上我们那儿斗牌去吧！”“哎哟大娘啊！我可不来了，这两天牌气太背了，抓起这牌来，不是输就是赢，要不就够本儿。”可不就这个吗！“走吧您老，我们那儿三缺一呀。”“好，您头里走，我随后就到。”到家归置归置，带几个零钱就去了。“大娘！”“请坐您老，先搬搬牌。”

乙 怎么还搬牌呀？

甲 搬牌看看是谁的庄。

乙 噢，这是斗牌的规矩，庄家抓多少张？

甲 三十一张。

乙 旁庄呢？

甲 三十张。一搬牌是二婶的庄。您听吧，这不是斗牌，完全是斗话，一伸手这就张嘴，话跟手一块儿来。“大娘啊！给我上上牌。（以下边说边做抓牌、插牌的动作）哎呀真别扭，我就怕头一把庄，头一把庄别扭着哪，且不开和哪！大娘找我没提有六舅母，要提六舅母我可不来，六舅母老嫌我说闲话，不说话还活不了！姐儿们坐一块儿不就是玩儿吗？大热天您说干什么去呢？瞧电影怪闷得慌的，听戏又吵得慌，瞧话剧又不懂，听评戏又没有，姐儿们坐一块儿不就是玩儿吗？输赢搁一边，几位坐一块儿就得欢欢喜喜的，你绷着，我努着，还来个吗劲儿呢！哎呀四姨也来了，我爱跟四姨斗牌，四姨说话哏儿着哪！四姨呀，我跟您老搞搞：那天您老可不对，那天我们牌太背了，没零钱了，短你仨钱俩钱，找我们家去了；你那心气儿我知道：让我们爷们知道好管着我。他可管不了我，回家一说，我跟他打起来了！把大褂也撕了，饭也没给做；把我们孩子吓着了，半夜掉地下，叫耗子把脑袋给啃了！……”

乙 好大耗子！

甲 “大娘不找我我不来，家里还有好些活儿呢，吃完饭饭碗也没

---

① 博戏，斗纸牌。

刷，堆着好些衣裳也没洗……这孩子也是，老跟着我干吗呢！快出去玩儿去，听着点儿卖线的，卖线的过来买线，给你爸爸补大褂。我跟您说吧，那天我牌气太背了，但凡有零钱我们可不愿意短账，姐儿们坐一块儿全是有缘的。我在娘家做姑娘时候我就爱来；大娘不找我不来，这两天我牌气是太背了，我跟您老说吧。（数手里的牌）一十，二十，三十……哎呀了不得了！大娘啊，我包了！……”

乙　怎么呢？

甲　“四十八张了！”

（郭荣起改编）

歪讲《三字经》

甲　你会看，瞧不出来我是怎么个人吗？

乙　您恕我眼拙。

甲　我是个学生。

乙　学生啊！

甲　啊。

乙　咱们哥儿俩拉拉手。

甲　你也是学生。

乙　我是畜生。

甲　那差多啦！

乙　有你这样脑袋的学生？

甲　人不可貌相，海水不可斗量，我念过书。

乙　是啊！

甲　我还念过书，我还开过讲。

乙　还讲过书？

甲　就这《三字经》我讲过通本。

乙　《三字经》不过是一部《纲鉴》嘛。

甲　要那么讲起来，不成笑话了吗？得按照新闻讲。

乙　能讲出新闻来？

甲　啊。当初有一座山。

乙　叫什么山？

甲　你没有念过《三字经》啊？

乙　没有。

甲　叫“有连山”。

乙　有这么一句。

甲　你没有去过吧？

乙　我没有去过。

甲　你爸爸去过。

乙　我爸爸去过？

甲　光绪二十六年他逃难到那儿，在山底下藏着过。

乙　有这么一句吗？

甲　“有归藏”嘛。

乙　有龟藏，我爸爸在那儿藏着？挨骂！

甲　山左有一个地方。

乙　叫什么？

甲　叫“此四方”。

乙　唔。

甲　那儿住着亲哥儿俩。

乙　亲哥儿俩姓什么？叫什么？

甲　大爷姓人，叫“人之初”。

乙　哦！

甲　二爷姓人，叫“人之伦”。

乙　这是亲哥儿俩？亲哥儿俩呀怎么这样不挨着？

甲　分居，不在一块儿过。

乙　因为什么分居？

甲　大爷是个做官的，二爷是个混混。

乙　大爷做什么官？

甲　“著六官”。

乙　呀！

甲　二爷在前门里头后门外头混混。

乙　干吗在前门后门混？

甲　《三字经》上写着呢，“南北混”，南边踏实在南边混。

乙　北边踏实呢？

甲　在北边混。

乙　南北都不踏实呢？

甲　那就上青岛忍着去吧。

乙　青岛混？

甲　大爷“人之初”的太太娘家双姓。

乙　姓什么？

甲　复姓嬴秦，“嬴秦氏”，二太太娘家复姓有左，“有左氏”。

乙　哦！

甲　大爷跟前的少爷今年六岁，叫“人所同”，二爷跟前的少爷今年十二岁，叫“人所食”，大所、二所亲叔伯哥儿俩。

乙　叫你都给对付到一块儿去啦。

甲　不信你问问去。

乙　我问谁呀？

甲　“人之初”拜了二位把兄弟，大爷姓习叫“习相远”，没在北京，是外任的县知事。

乙　做哪儿的县知事？

甲　做“终于献”的知县。

乙　终于县属哪儿管？

甲　属于战国。

乙　走一天？

甲　一天到不了，坐火车不通，得坐船，坐“十八传”，借点儿“曰国风”，使上“当讽咏”，架上“曰水火”，走了“四百年”，才到了“终于献”。

乙　四百年才到终于县？

甲　一去四百年，回来四百年，凑到一块儿“八百载”。

乙　那怎么去啊？

甲　南苑有飞机，坐上飞机，四个钟头就到了。

乙　南苑有飞机呀？

甲　唔。

乙　《三字经》里没有飞机。

甲　有哇，“创国基”。

乙　创国基，是飞机？

甲　闯过那一国就过去啦。习相远上任了没携带家眷。

乙　是啊。

甲　“习相远”的太太在西河沿住家。

乙　习相远的太太是谁呀？

甲　“昔孟母”。

乙　昔孟母和习相远是公母俩？

甲　那是夫妻俩。

乙　好嘛。

甲　把兄弟二爷姓窦，叫“窦燕山”。

乙　窦燕山也是做官的吗？

甲　乡下财主，种地的。

乙　种多少地？

甲　“有义方”，就种一方。

乙　这么个一方啊！

甲　方才我讲的你听明白了没有？

乙　我听明白啦！

甲　窦燕山家中很阔呀！

乙　唔。

甲　人财两旺。

乙　怎么？

甲　跟前有六个儿子。

乙　这不对。

甲　怎么不对？

乙　燕山五桂，是五个儿子。

甲　不错，地根儿是五个儿子。

乙　怎么你告诉我六个？

甲　后来“长幼序”，又续了一个。

乙　长又续，又续了一个？

甲　你说的那五个的小名儿我都知道。

乙　叫什么？

甲　都叫扬：大扬、二扬、三扬、四扬、五扬。

乙　《三字经》有这么一句？

甲　“教五子，名俱扬”，小名都叫扬儿。

乙　是啊！

甲　六少爷不叫扬儿。

乙　叫什么？

甲　叫融儿。

乙　多大啦？

甲　今年才四岁。
乙　《三字经》有这句？
甲　“融四岁”。
乙　哦。
甲　知道“曰仁义，礼智信”，“讲道德，说仁义”。
乙　哦。
甲　买个梨呀，他都不吃。
乙　怎么样？
甲　有叔叔大爷让让，要不怎么圣人爱他，写上了“融四岁，能让梨”，让大家吃梨。
乙　要是吃香蕉呢？
甲　那就“融四岁，能让……”他不爱吃香蕉。
乙　不爱吃香蕉？
甲　那年请个教书的师爷，教这哥儿六个念书。
乙　教书的是谁呀？
甲　若先生。
乙　官印？
甲　“若梁灏”。
乙　若梁灏教学？
甲　若先生在东单牌楼裱褙胡同住，门牌九号，家里头新近还安了电话啦，电话东局“八十二”。
乙　东局八十二？
甲　“若梁灏，八十二”。这是电话号码八十二。
乙　梁灏八十二岁中状元。
甲　哎，那是错误，这是正根儿。
乙　不知哪儿是正根儿。
甲　窦燕山把若先生请了来啦，说：“六条小犬，恳求先生，教训成名，大展雄才。”
乙　唔。
甲　先生说：“不要客气，跟我念书啊，只要‘学且勤’，只要他们‘尚勤学’。”
乙　你听。
甲　“‘教不严’为‘师之惰’，‘幼不学，老何为’。”

乙 是。

甲 “后天上学，明天约你吃个饭罢。”

乙 吃饭？

甲 若先生说：“不要花钱啦，人多我去，人少我不去。”

乙 好热闹。

甲 窦燕山请客。

乙 请谁呀？

甲 “为人子”“乃曾子”“夏传子”“方读子”“身而子”“子而孙”“自子孙”“至玄曾”“乃九族”“人之伦”，一大群，全去啦。

乙 也不知道这都是谁跟谁。

甲 前门外头煤市街吃的饭。

乙 煤市街哪个馆子呢？

甲 叫“三易详”。

乙 三易详谁开的？

甲 三个掌柜的开的，因此叫三易详。

乙 三个掌柜的都姓什么叫什么？

甲 我认识一位姓周，叫周易。

乙 周易，这才俩字，不对呀！

甲 三个掌柜的不是有他嘛！

乙 是呀！

甲 “有周易”，开“三易详”。

乙 周易究竟是谁呀？

甲 煤市街馅儿饼周。

乙 馅儿饼周叫“周聚成”。

甲 北边分号叫三易详。

乙 由性儿糟改！

甲 大伙儿下了电车，进三易详，里头请坐吧。“友与朋”，刚落座又进来六位作陪的。

乙 哪六位？

甲 宋四爷、梁三爷、彼五爷、至六爷、金二爷、及老爷，进来了这么六位。

乙 宋四爷是谁呀？

甲 “宋齐继”。

乙　梁三爷是谁呢?

甲　“梁陈承”。

乙　彼五爷呢?

甲　“彼既成”。

乙　及老爷?

甲　“及汉周”，六十多岁，大胖子，有点儿近视眼。

乙　至六爷呢?

甲　“至孝平”。

乙　金二爷是谁呀?

甲　金二爷在东交民巷当过牧师。

乙　《三字经》没有那么一个金牧师。

甲　有，“木石金”。

乙　你给反了过儿啦!

甲　不反过来我哪儿找去呀？！

（焦德海　刘德智述）

歪讲《三字经》

甲 这回我给您讲一回《三字经》。

乙 哎呀,《三字经》可不好讲啊，别看上学头一本念它，这叫“开蒙小纲鉴”。

甲 因为难讲我才讲哪嘛。

乙 那好,《三字经》上我有两句不明白的，就是:“称五代，皆有由”，您给讲一讲。

甲 没法儿讲。

乙 怎么，不能讲啊。

甲 不是不能讲啊，你念错了字了。“‘什么’五代皆有由”？

乙 “称”啊。

甲 “称”？老秤称？新秤称？

乙 啊，怎么意思你？

甲 那不念称，南音念吃，北音念抽。“抽五袋，皆有油”，这就有讲儿了。

乙 那怎么讲啊？

甲 这是孔子的事情。孔子当初抽旱烟，他有个烟袋，一连着抽五袋呀，杆儿里就有油子了。这就叫“抽五袋，皆有油”。

乙 这么讲啊！抽五袋杆儿里就有油子了，要是抽六袋呢？

甲 那火儿大，杆儿就裂了。“抽六袋，皆裂杆儿”呀。

乙 那不会抽四袋吗？

甲 那不过瘾，还得加根儿烟卷儿。后录《三字经》上不是写着哪嘛：“抽五袋，皆有油；抽六袋，皆裂杆儿；抽四袋，加烟卷儿。”

乙 这……没念过。

甲　我这是跟您开玩笑，其实这有什么好讲的。梁、唐、晋、汉、周称五代，皆都有来由。正讲没意思，你要是喜欢听啊，我有一部“歪讲三字经”，能把它讲成一部大笑话：陈国娶媳妇，蔡国聘千金，孔子为媒，这里头有吃饭作乐、喝酒打牌、看电影。

乙　嗬，这么热闹哪。那您就给讲一讲吧。

甲　我讲可是讲，您叫我挨着讲：“人之初，性本善……”我讲不了。

乙　那怎么讲呢？

甲　反正我说一句话，只要过仨字儿，《三字经》上就得有这句。也许前两篇儿，也许后半本儿，《三字经》上难得有这句。

乙　行，那您讲吧。

甲　我说有这么一座山，这座山叫连山。

乙　连山。这才俩字儿啊。

甲　《三字经》上不是写着吗：“有连山”嘛。

乙　这“有连山”在哪儿啊？

甲　就在“此四方”。

乙　“此四方”？

甲　啊，不定东西南北，你慢慢儿找去吧。

乙　我哪儿找去啊？

甲　在山底下住着一家员外，姓人，号叫之初。

乙　噢，“人之初”是个人哪。

甲　这个人高个儿，两撇儿黑胡儿，爱听你的相声着呢。

乙　这……不认得。

甲　那他兄弟你许认得。

乙　谁呀？

甲　“人之伦”。

乙　“人之初”跟“人之伦”是哥儿俩呀？

甲　亲哥儿俩呀。

乙　那不对了。“人之初”在头一篇儿上，“人之伦”在第四篇儿上，亲哥儿俩他们为什么不挨着？

甲　啊，应当挨着？

乙　对呀。

甲　你哥儿几个呀？

乙　哥儿仨，我有俩哥哥。

甲 你哥哥在哪儿?

乙 在兰州呢。

甲 你干吗在这儿呢，你怎么不去挨着他去?

乙 嗐!

甲 嘿，你别搭茬儿，你听着我给你讲。人之初、人之伦哥儿俩都娶媳妇了，大爷娶妻复姓“嬴秦氏”，二爷娶妻也是复姓——“有左氏”，一位跟前一位少爷，大少爷叫“人所同”，二少爷叫“人所食”，大所儿、二所儿亲叔伯哥儿俩。

乙 连小名儿您都知道。

甲 “人之初”好交朋友，拜了一盟把兄弟，一共三个人。大盟兄姓习，叫“习相远”，他是做官的，是个知县，应名儿知县，可比知县大一品。

乙 您别说啦,《三字经》上没有知县。

甲 他做的是“终于献”的知县。

乙 那怎么又比知县大一品呢?

甲 知县是七品官儿，他做的可是“著六官”，就是六品官。

乙 六品官，怎么叫“著六官”哪?

甲 命中注定，做六品官。

乙 这都哪儿的事啊。二盟兄是谁啊?

甲 姓窦，叫“窦燕山”。

乙 他也是做官的呀?

甲 不，他是种地的。

乙 种多少地呀?

甲 种一方地。“窦燕山，有义方”嘛。

乙 “有义方”是一方地呀?那也不对呀，地是论顷论亩，论垧论田。

甲 你不懂啊。光绪二十六七年上，吉林省开垦，一百二十亩算半方，二百四十亩算一方。

乙 那又不对啦。“窦燕山”是涿州人哪，涿州有窦义墓啊，怎么会跑吉林去了?

甲 他不是逃反逃过去的嘛。

乙 多咱逃反哪?

甲 直奉交战，涿州不是在战线上嘛。

乙 这都多咱的事啊?

甲　“窦燕山”人财两旺，净少爷就六个。

乙　这又不对了。都知道燕山五桂，五个儿子嘛。

甲　对呀，先前是“五子者”，后来“长幼序”，年长了又续出一个小的来。

乙　嘿！真问不住他呀！

甲　这五个大孩子的名字我都记得呢。大爷叫“为人子”，二爷叫“方读子”，三爷叫“夏传子”，四爷叫“身而子”，老五叫“乃曾子”。五个人的小名儿我还都知道：大扬、二扬、三扬、四扬、五扬。

乙　怎么知道的呢？

甲　“教五子，名俱扬”嘛。小名儿都叫扬儿。

乙　好嘛，真热闹。那小不点儿叫什么？

甲　小的叫融儿，去年四岁——“融四岁”嘛。嗬，这孩子懂得“曰仁义，礼智信”，“讲道德，说仁义”，不论吃什么东西，按照尊卑长幼，都让过了他才吃呢。那天正赶上吃梨，让孔子看见了，就给写到书上了：“融四岁，能让梨。”

乙　得，把孔融给弄封窦燕山家去啦。

甲　你暂时别说话了啊！

乙　怎么了？

甲　你一说话我不好讲了。

乙　行行，您接着讲。

甲　窦燕山一想：儿子都大了，得让他们念书啊。请个专馆的先生。

乙　请的谁呀？

甲　“若梁灏”。

乙　若梁灏？

甲　赶紧给他家里打个电话吧。

乙　若梁灏家里还有电话哪？

甲　新安的。

乙　多少号啊？

甲　八十二。“若梁灏，八十二”嘛。

乙　“若梁灏，八十二”是电话号码儿啊？

甲　你这话说得可又多了啊。

乙　行，您往下讲。

甲　把电话打通了一问，若先生不在家。找知县“习相远”俩人下棋去了。

乙 那赶紧上那儿请去得了。

甲 哪儿那么容易？他是“终于献”的知县，离咱们这儿远着的呢。

乙 有多远哪？

甲 坐马车得走“四百年”，才能到“终于献”呢。

乙 要是来回儿呢？

甲 那就得“八百载”了。

乙 那哪儿接得来呀！

甲 接来了。

乙 怎么来的。

甲 坐飞机。

乙 《三字经》上有飞机吗？

甲 有！“创国基”，“创国”号的飞机。

乙 “创国基”是“创国”号的飞机呀？

甲 你……

乙 嗯，我这话又多了。

甲 把若先生请来了，大家很高兴，要给先生接风，请若先生吃饭，家里吃显得不恭敬，上饭馆吧。

乙 哪个饭馆？

甲 “三易详”。

乙 “三易详”？

甲 就是仨掌柜的名字都带个“易”字，有“曰仁义”“不知义”，再搭上“周易”。

乙 周易本俩字儿啊。

甲 这买卖有周易一股儿啊，“有周易，三易详”嘛。你打算给他撤股儿是怎么着？

乙 啧，我凭什么给他撤股儿啊。

甲 还是的，你往下听得了。这饭馆里头，灶上的大师傅三位：施师傅、纪师傅、王师傅，为凑一句书，叫“诗既亡”（施纪王）。

乙 那么底下那句“春秋作”呢？

甲 这三位大师傅脾气大，冬天夏天都得歇工，所以，“诗既亡，春秋作”。

乙 嗬，好大脾气。

甲　窦燕山一想，上饭馆得请几位陪客呀，请上把兄弟大爷习相远，带着他的小姨子。

乙　谁呀？

甲　“习礼仪”。

乙　那就是小姨子儿啊。

甲　又请上“人之初”“人之伦”，带上少爷“人所同”“人所食”，又来了“至四爷”“彼五爷”“金二爷”“及老爷”，带着少爷“为人子”“乃曾子”“方读子”“夏传子”“身而子”“子而孙”“至玄曾”“乃九族”，全去喽。

乙　嗬！这个热闹哟！

甲　窦燕山说：“这么些个人，赶紧套咱们家里那辆轿车呀。”

乙　《三字经》上有轿车吗？

甲　有。这辆车叫“周辙东”。

乙　怎么叫周辙东呢？

甲　净在车辙东边走。

乙　车辙西边呢？

甲　西边有汽车，撞散了你赔呀？

乙　我凭什么赔呀？

甲　还是的。赶紧找车把式套车，一找啊，赶车的告假了。得了，让看门房的老王赶着吧。

乙　《三字经》上没老王。

甲　老王叫王纲。

乙　王纲才俩字啊。

甲　王纲不会赶车，他的劲头儿大，窦燕山恐怕骡子马惊喽，让王纲在后边坠着点。所以“周辙东，王纲坠”。

乙　哎，“逞干戈”来吧“尚游说（shuì）”。

甲　哎，你说得对。

乙　对什么呀！

甲　甭管对不对，反正你不会。

乙　我说你还有完没完啊？

甲　大家到了“三易详”，周易掌柜的赶紧过来迎接：（学山东口音）“哎，几位大爷来啦，里边儿请吧。因为天气热，院儿里有天棚，我看咱们院儿里坐吧。”窦燕山一看这个大天棚……

乙 《三字经》上有天棚吗?

甲 “友与朋”嘛，多少万人都有余富，窦燕山说：“咱们人都来齐了吗？”为人子说：“人大爷他们哥儿俩还没来呢。”窦燕山说：“等会儿再摆座，凑两桌咱们来打牌玩儿吧。”

乙 真有打牌吗?

甲 这还有假的吗?

乙 打牌都有谁呀?

甲 有“至四爷”“彼五爷”“金二爷”“及老爷”。

乙 您等会儿吧。打刚才我就听您说这四位，究竟是谁呀？《三字经》上有吗?

甲 有。至四爷叫“至孝平”，细高挑儿，脑袋有点儿谢了顶了。

乙 那么彼五爷呢?

甲 “彼既老”“彼既仕”的亲兄弟。“彼虽幼”的三哥，叫“彼既成”，小矮个子，白胖子。

乙 “及老爷”呢?

甲 及老爷叫“及汉周”，浅白麻子，近视眼……

乙 行了，您就甭说这模样儿了，一个我也没见过。那么这金二爷呢?

甲 金二爷呀……官称儿“金二爷”。

乙 不行,《三字经》上没有这句金二爷。

甲 这人你认得，爱穿西服，上哪儿去总夹着个大皮包，留着背头，长脸膛儿，尖下颏儿，两只小眼睛儿。

乙 我说您别提这模样儿行不行啊？我问你《三字经》上有这句金二爷吗?

甲 你别忙啊，我告诉你这人是干吗的。

乙 干吗的呀?

甲 在教堂里当牧师。

乙 《三字经》上哪儿有牧师啊?

甲 那不是嘛，有这么两句：“匏土革，木石金。”

乙 “木石金”不对呀，应该是“金木石”啊。

甲 英文，姓搁在底下——密斯特金。

乙 英文也上来啦!

甲 他在教堂里当牧师嘛。结果打了四圈牌。

乙　胜败如何？

甲　“至四爷”输了。

乙　怎么单他输了呢？

甲　书上都注定了：“四书熟”（四叔输）。

乙　噢，这么个“四书熟”啊。“彼五爷”怎么样了？

甲　够本儿。

乙　书上没有“彼够本儿”。

甲　够本儿就是没输。“彼无书”，彼五爷没输。

乙　钱让谁赢去了？

甲　全让金二爷赢去了。

乙　怎么哪？

甲　“金满籯”嘛。

乙　噢，这么个“金满籯”啊。及老爷怎么样？

甲　及老爷跟至四爷一样，也是大输家儿。他牌打得倒不错，吃亏一样，忘了戴眼镜了。

乙　忘了戴眼镜怎么了？

甲　他不是浅白麻子近视眼嘛。

乙　我把这茬儿还忘了呢。

甲　牌气还真不错，一搬庄正是他的庄，书上写着：“及老庄”。立起牌来仨东风，仨西风，仨南风，仨北风，这叫“曰南北，曰西东”，都“约”到他这儿来了。

乙　那是“曰”过去的呀？

甲　还有一颗六条，还有一颗红中，让您说这牌应该怎么打？

乙　这牌好哇，叫四喜四暗，打六条，调红中，会幺九。能多赢一番牌。

甲　及老爷是想这么打，旁边站着一个看歪脖儿“和”的，这人姓魁，好多管闲事，外号叫“魁多士（事）”，他给支嘴儿：“及老爷，打红中，六条好来。”他全给嚷嚷出来了。

乙　有这么支着儿的吗？

甲　“魁多士（事）”嘛。窦燕山一瞧，及老爷火儿了，赶紧就说：“别打啦，别打啦，摆座儿吧，你们那边儿，‘北元魏’（本原位），我们这边儿，‘分东西’。”跑堂的赶紧过来了，他叫“香九龄”。

乙　他有什么能耐啊？

甲 “能温席”。

乙 怎么讲啊？

甲 客人没来齐，菜都做出来了；客人到了，菜又凉了。他端下去给温温。

乙 噢，“香九龄，能温席”是热折箩啊。

甲 Yes.

乙 怎么英文也出来了？

甲 金牧师搭茬儿了。

乙 怎么这么乱啊。

甲 窦燕山赶紧说：“大家点菜，谁不点也不行啊。”这个说：“我要个里脊片儿。”

乙 《三字经》上有吗？

甲 “注礼记”。

乙 啊，那就是里脊片儿。

甲 及老爷说：“给咱们来个糖熘野鸭儿。”香九龄说：“没有野鸭儿，有‘糖熘雁’（‘唐刘晏’）。”“好，给我们来一个吧，再来一个拌鸡丝儿。”跑堂的说：“您甭要鸡丝儿了，那是前天的。”“噢，鸡丝陈（‘鸡司晨’）哪，不要啦。”

乙 “鸡司晨”怎么个意思？

甲 就是臭鸡丝儿啊。窦燕山说：“给我们来酒，给我们来几瓶五星啤酒。”

乙 《三字经》上有吗？

甲 “光武兴（五星），为东汉”，冬天喝完了爱出汗。

乙 真热闹。

甲 窦燕山说：“给我们来一只烧羊。”跑堂的说：“没烧羊，有熏羊（‘有荀扬’）。”“给我们来个母羊。”“没母羊，‘有公羊’。”少爷们不会喝酒，每人先来三十饺子。

乙 《三字经》上没饺子呀？

甲 饺子到天津叫扁食。

乙 《三字经》上也没有扁食啊？

甲 有，“寓褒贬”——姓郁的包的扁食。

乙 那有什么好处？

甲 “别善恶”，吃完了老不饿。

乙　是那么讲吗？

甲　大家一吃一喝把时辰忘了。

乙　吃多大时候啊？

甲　由“曰春夏”吃到“曰秋冬”。

乙　一顿饭吃一年哪。

甲　“跑堂的，算账！”香九龄抱着算盘直发愁——没法子，打吧。一扒拉算盘子儿，“一而十，十而百，百而千，千而万。”一万块钱。

乙　嚯！

甲　窦燕山一听有气了：“一顿饭能吃一万块钱吗？呃？这里头一定有花账。”香九龄说：“窦二爷，您是我们这儿老顾主儿了。您这么些人在这儿‘开’了一年了。”窦燕山财大气粗：“胡说八道！吃饭有吃一年的？”上去扬手就给香九龄一嘴巴。香九龄不敢还手，扬手这么一搂，他手里拿着一把筷子，里头还有叉子，没留神把窦燕山的手给划破了。窦燕山可恼了：“混账东西，敢跟我动武！把馆子给他砸喽！”说着话儿，哗啦！一下把桌子就给掀了。周易这么一瞧：“大哥、二哥，怎么办？”“曰仁义”“不知义”说：“这叫摘咱们的眼罩儿，跑这儿砸馆子来了。伙计们，打！”这下子，灶上的、跑堂的、送外卖的、把门的，呼啦，一下子出来一百多口子，把窦燕山给打坏了，窦燕山连吓带气就病了。

乙　哟，这怎么办哪？

甲　那天正赶上他二大爷瞧他去。

乙　窦燕山的二大爷是谁呀？

甲　窦尔敦。

乙　窦……窦尔敦？

甲　老头子在连环套多年了，一听说侄子受了委屈了，抄起护手双钩，往外就走。（对乙说）若是到了“三易详”的话，非出人命不可。

乙　哟，结果怎么样啊？

甲　没去。

乙　为什么？

甲　有人把这事情给排解了。

乙　谁呀？

甲　你想想，老头子窦尔敦出来了，那要是不请露头露脸儿的出来，这事情完得了吗？

乙　结果谁给了的呢？

甲　你们一家子。

乙　啊？我们家有露头露脸儿的？都谁呀？

甲　你叔叔、你婶子、你哥哥、你嫂子、你兄弟，还有你。

乙　《三字经》上没有哇？

甲　“马牛羊，鸡犬豕”。

乙　别胡说啦！

（刘宝瑞述）

歪讲《百家姓》*

甲　陶先生。
乙　是。
甲　你念过书吗?
乙　念过几天。
甲　你念过什么书?
乙　《三字经》《百家姓》《千字文》《大学》《中庸》。
甲　都讲过吗?
乙　讲过半年多点儿。
甲　那还成吗?
乙　怎么啦?
甲　都讲过什么书?
乙　《三字经》也讲过。
甲　《百家姓》呢?
乙　《百家姓》没讲过。
甲　《百家姓》里头深极啦。
乙　哎,《百家姓》讲姓名啊!
甲　你知道《百家姓》打什么年有的?
乙　自打唐朝有的。
甲　唐朝是李姓头一姓,后来到武则天寸节,改武姓为头一姓。
乙　对啦,到了宋朝才改为赵姓,赵匡胤嘛!专制。
甲　对啦,打那儿就没有改。头一句什么呢?

* 歪讲《百家姓》为张寿臣的创作。

乙 “赵钱孙李”。

甲 这一个倒对。“赵钱孙李”底下呢？

乙 “周吴郑王”。

甲 哎，那就错啦。

乙 怎么？

甲 “赵钱孙李”离“周吴郑王”差一百多句。

乙 怎么差的？

甲 楼上楼下的字，都是字首接字尾，就仿佛小姑娘唱的那个《层层见喜》似的，“赵钱孙李”底下接着个李字……

乙 那么，你往下念。

甲 你听着。“赵钱孙李”底下是李鸿章、张天师、诗云、云里飞①、飞艇掷炸弹、但行好事、事在人为、为善最乐、乐极生悲、背拉劲、劲头不小、小事一段、断不清、清官册、测量学、学生爱国、国生祥瑞、瑞雪丰年、年年吉庆、庆八十、十麻九俏、俏皮人、人能治火、火烧战船、传家之宝、宝全②大鼓……

乙 宝全大鼓这里就有哇？

甲 古城会、烩三鲜、仙人过桥、瞧瞧朋友、有钱就好、好歹贤愚、鱼龙变化、华世奎③、魁星提斗、斗柄回寅、银钱为重、重大问题、提倡国货、货真价实、实情实意、义和团、团体反对、对敌交战、战败、败子回头、头等小班、搬动有力、力大无穷、穷人心多、多福多寿、寿比南山、山高路远、远路丰程、成者王侯败者贼、贼偷东西、西瓜皮、皮恩荣④、荣剑尘⑤、陈圆圆、元亨利贞、真正挨骂、骂的是你、你不是人……

乙 我不是人？

甲 人之初。

乙 《三字经》也上来了。

甲 初五初六、六六顺、顺事顺办、办什么、马马虎虎、忽忽悠悠、忧虑不着、着了睡觉、教训儿女、女大不可留、留来留去成了

---

① 云里飞，著名天桥艺人，天桥八大怪之一。

② 即刘宝全，京韵大鼓艺术家。

③ 华世奎，天津著名书法家。

④ 皮恩荣，30年代的双簧艺人。

⑤ 荣剑尘，单弦艺术家。

仇、仇深似海、海里摸锅、锅里有水、水开煮米、米烂成粥、“周吴郑王”。

乙　可找着啦！

（张寿臣　陶湘如演出稿）

俏皮话

甲 来了!

乙 来喽。

甲 这场咱俩说段对口相声。

乙 这说相声要有伶俐的口齿。

甲 要讲口齿伶俐，你可差得多了。

乙 要讲口齿伶俐，你可差得远的远。

甲 不，你差得多的多，我告诉你 × 先生……

乙 哟，你怎么这么不客气?

甲 我这人可不爱说大话，我跟你捂着半拉嘴说就行。

乙 我告诉你，我捂着半拉嘴算欺负你，我连鼻子全堵上，也能顶你一溜跟头。

甲 要讲说俏皮话，你是擀面杖吹火——一窍不通，我的哥哥太爷。

乙 要讲说俏皮话，你是蝎虎子拜北斗——提溜货（祸），我的太爷。

甲 你是碟子扎猛子——看得太浅哪，我的太爷。

乙 你是老和尚看嫁妆——来世见吧，我的太爷。

甲 你是六月里贴挂钱——还差半年哪，我的太爷。

乙 那你就是腊月二十七贴挂钱，再不贴，你就没日子贴了！太爷。

甲 你呀，说不了就别说了，干吗叼着烟卷上门口儿——抽出来了?太爷。

乙 要是这么说，你是叼着烟卷进门——抽进来了，我的太太……

甲 啊，太太?

乙 啊，太爷。

甲 要讲说俏皮话，你是在醋坛子里洗澡——有点儿扑腾不开，我的太爷。

乙　那你就是澡堂子里洗澡——没钱洗不了，我的大姐，哎，太太，不，太爷。

甲　好嘛，满嘴跑舌头。你说俏皮话呀，是屎壳郎掉煎饼烙子上——麻爪儿了，太爷。

乙　你呀，是屎壳郎叫门——你都臭到家了，太爷。

甲　你是屎壳郎过年——够呛过得去，太爷。

乙　你屎壳郎进花园——不是这里的虫儿，我的太太，哎，小子！

甲　又小子了？

乙　小子了。

甲　你呀，是屎壳郎打嚏喷——你都满嘴喷粪了，我的小子。

乙　你呀，是屎壳郎……小子呀！

甲　什么呀？

乙　……没想起来……

甲　你是屎壳郎爬竹竿儿——你一股脑地过节，我的小子。

乙　你呀，是屎壳郎吃屎壳郎……

甲　什么呀？

乙　你呀，简直有点饿昏了！小子。

甲　看来你是武大郎攀杠子——上下够不着了，小子。

乙　你呀，武大郎坐天下——没人保你，小子。

甲　你是武大郎放风筝——出手儿不高，小子。

乙　你是武大郎卖棉花——人软货囊，小子。

甲　要说武大郎你可不成，那武大郎多着呢。

乙　要说武大郎你可差远了，光武大郎就有一千多种，你行吗？

甲　那……我全能背下来。

乙　你能背下来，我能默写。

甲　你要听我说武大郎啊，你是武大郎的脑袋——算不了王八头，我的小子。

乙　它……

甲　你是武大郎的眼睛——算不了王八珠子，我的小子。

乙　那个，那……

甲　你是武大郎的脊梁——算不了王八盖，小子。

乙　那……

甲　你是武大郎的手——算不了王八爪儿，小子。

乙　它……

甲　你是武大郎的脚丫子——算不了王八蹄，小子。怎么样，就全给你了，你倒说呀！

乙　……我还真没了。

甲　没了吧？

乙　要是这么说我明白了。

甲　你明白什么？

乙　你是武大郎的儿子——王八蛋！

甲　我呀！好好好，接着来。

乙　来吧。

甲　我看你是小河鱼赶集——算不了大甲鱼，小子。

乙　那你是大甲鱼拔掉了爪——算不了铜火盆，小子。

甲　你是吊炉烧饼安爪子——算不了海螃蟹，小子。

乙　那你是海螃蟹拔了爪——算不了吊炉烧饼，小子。

甲　那你是山绿豆安爪儿——算不了土蜘蛛，小子。

乙　你是土蜘蛛拔了爪子——算不了山绿豆，小子。

甲　你是荞麦皮安爪儿——算不了死臭虫，小子。

乙　你是死臭虫拔爪儿——算不了荞麦皮，小子。

甲　芝麻安爪儿——你算不了大虱子，小子。

乙　虱子拔爪儿——你算不了大芝麻，小子。

甲　你呀，这叫打赖。要讲说俏皮话，你是北海的摆设——算不了小白塔，我的小子。

乙　又来了。你呀，是小白塔翻个过儿——算不了捻捻转儿，小子。

甲　你是白塔安木杆儿——算不了大锥子，小子。

乙　你是白塔围紧绳——算不了大香盘，小子。

甲　你呀，把白塔掏个窟窿——算不了大窝头，小子。

乙　你呀……白塔呀，白塔，就在北海！小子！

甲　这都什么呀，不行了。你呀，是白塔劈两半——算不了弯弯大水瓢！小子。

乙　要是照这么说呀，你把白塔劈四半——算不了大块酱萝卜，小子。

甲　你呀，把白塔拉六半——算不了好大的晚香玉，小子。

乙　你把白塔拉成十六瓣儿——也算不了牛肉干儿，小子。

甲　你呀，把白塔剁成泥——也不能炸丸子呀，小子！

乙　别挨骂了！

（陈予贞　广阔泉演出稿）

绕口令

甲 咱们两个人说一段儿绕嘴的。

乙 好说。

甲 绕嘴的，我说一个，你就说不上来。

乙 说不上来拜你为师。

甲 你说上来我拜你为师。

乙 好，你说吧。

甲 你听这个。

乙 啊。

甲 “大门外有四辆四轮大马车，你爱拉哪两辆，来拉哪两辆。”

乙 好说。

甲 说。

乙 大门外有四辆四轮大马车，你爱拉哪两辆，你给我留两辆。

甲 哎，咱俩一个人两辆。

乙 不是分车吗？

甲 分车呀！

乙 大门外有四辆四轮大马车，你爱拉哪两辆，你拉，你全拉了去得了，我不要啦！

甲 你坐黄包车家去啊！

乙 我走着回去。

甲 你这是挨骂。

乙 “大门外有四辆四轮大马车，你爱拉哪两辆，来拉哪两辆。”

甲 这个算你说上来啦。

乙 哪个都行。

甲　这个好说。“出南门往正南，有一个面铺面向南，面铺门口挂个蓝布棉门帘，摘了蓝布棉门帘，面铺还是面向南，挂上蓝布棉门帘，瞧了瞧，面铺还是面向南。”

乙　这个好说。

甲　说。

乙　出南门往正南，有个面铺面向南，面铺挂着蓝布棉门帘，摘了蓝布棉门帘，面铺卖了八块八毛钱。

甲　八块八,四袋子面。

乙　“出南门往正南，有一个面铺面向南，面铺挂着蓝布棉门帘，摘了蓝布棉门帘，还是个面铺面向南，挂着蓝布棉门帘，瞧了瞧，哎，还是个面铺面向南。”

甲　这个算你说上来了。

乙　哪个我都行。

甲　你再听这一个。

乙　哎。

甲　“会炖我的炖冻豆腐，来炖我的炖冻豆腐，不会炖我的炖冻豆腐，别混充会炖炖坏了我的炖冻豆腐哇。”

乙　好说。

甲　说。

乙　你会炖我的炖冻豆腐，你炖我的炖冻豆腐，你不会炖我的炖冻豆腐，你别动我的豆腐。

甲　谁动你的豆腐啦?

乙　你会炖我的炖冻豆腐，来炖我的炖冻豆腐，你不会炖冻豆腐，你熬豆腐吃吧!

甲　那就省厨师傅啦。

乙　“你会炖我的炖冻豆腐，来炖我的炖冻豆腐，不会炖我的炖冻豆腐，别混充会炖炖坏了我的炖冻豆腐哇！”

甲　哼！这个也算你说上来啦。

乙　哪一个我都说得上来。

甲　你这是蒙的。再说一个你听。

乙　说。

甲　“你会糊我的粉红活佛龛来糊我的粉红活佛龛，不会糊我的粉红活佛龛，别混充会糊糊坏了我的粉红活佛龛哪！”

乙　这个好说。

甲　说。

乙　你会糊我的粉红活佛龛，你来糊我的粉红活佛龛，你不会糊我的粉红活佛龛，你就给我看着得啦!

甲　哎，我给你看着什么呀?

乙　别丢啦!

甲　什么呀!

乙　你会糊我的粉红活佛龛，你来糊我的粉红活佛龛，你不会糊我的粉红活佛龛，你给我买一个佛爷龛子吧。

甲　那你就别糊啦。

乙　有卖的，先生。

甲　哪儿卖呀?

乙　怎么，非得说上来不可吗?

甲　你说不上来啦。

乙　当着诸位先生，说不上来我拜你为师。

甲　你要说上来，我拜你为师。

乙　好，你听着。

甲　说。

乙　我长年指着这个吃饭。

甲　你说吧。

乙　你会糊我的粉红活佛龛，你来糊我的粉红活佛龛，你要是不会糊我的粉红活佛龛，你别混充会炖炖坏了我的炖冻豆腐哇。

甲　你别挨骂了。

乙　“你会糊我的粉红活佛龛，来糊我的粉红活佛龛，不会糊我的粉红活佛龛，别混充会糊糊坏了我的粉红活佛龛哪！”

甲　我再说个绕嘴的，你就说不上来啦!

乙　说不上来，拜你为师。

甲　你听着。

乙　说吧。

甲　山前住着一个姓颜的，他是两只圆眼；山后住着个姓颜的，也是两只圆眼。山前那个叫颜圆眼，山后那个叫颜眼圆。这两个人上山前头比眼去啦，比出这么一个绕嘴的来。

乙　你说吧。

甲 我说给你听。“山前住的颜圆眼，山后住的颜眼圆，二人山前来比眼，也不知道颜圆眼比颜眼圆的圆眼，也不知道颜眼圆比颜圆眼的眼圆。”

乙 这个好说。

甲 你说。

乙 山前住个颜圆眼，山后住的颜眼圆。

甲 圆眼眼圆。

乙 他是对头。

甲 哦。

乙 山前住的颜圆眼，山后住的颜眼圆，两人山前来比圆眼，颜圆眼比不过给一块四毛钱。

甲 你的洋钱又来啦！

乙 四吊多啦。

甲 嗐。

乙 “山前住的颜圆眼，山后住的颜眼圆，两人山前来比眼，也不知道颜圆眼比颜眼圆的圆眼，也不知道颜眼圆比颜圆眼的眼圆。”

甲 这个算你说上来啦。

乙 这算什么呀？

甲 我再说一个你听。

乙 哎。

甲 山前住一个姓崔的，他是两条粗腿，山后住了一个姓崔的，他是两条腿粗。“山前住的叫崔粗腿，山后住的叫崔腿粗，两人山前来比腿，也不知道崔粗腿比崔腿粗的粗腿，也不知道是崔腿粗比崔粗腿的腿粗。”

乙 这好说。

甲 说。

乙 山前住的崔粗腿，山后住的秃老美。

甲 嘿，秃老美，还没有头发哪！

乙 山前住的崔粗腿，山后住的崔腿粗，两人山前来比腿，也不知道崔粗腿的粗腿，他是肿腿。

甲 腿肿啦，比你这腿海得多啦，你这是挨骂哪！

乙 “山前住的崔粗腿，山后住的崔腿粗，两人山前来比腿，也不知道崔粗腿的腿比崔腿粗的粗腿，也不知道崔腿粗比崔粗腿的腿粗。”

甲 好，瞧瞧舌头多利落！

乙 也说上来啦！

甲 我再说一个你就说不上来啦！

乙 说不上来我就算拜你为师。

甲 你听这个。“我家有个肥嫩的嫩巴八斤鸡，飞在张家后院里，张家后院有个肥嫩的嫩巴八斤狗，咬了我肥嫩的嫩巴八斤鸡，卖了他肥嫩的嫩巴八斤狗，赔了我肥嫩的嫩巴八斤鸡。”

乙 这好说。

甲 说。

乙 我家有一个肥嫩的嫩大八斤。

甲 大八斤哪？肥嫩的嫩巴八斤鸡。

乙 我家有个肥嫩的嫩巴八斤鸡，飞到张家后院里，张家有个肥嫩的嫩巴八斤狗，咬了我的手，我不走，大众围着瞅，巡警也来瞅，巡警说，你的狗，不上捐，咬了吉坪三的手，连人带狗一齐拉着走，你爸爸和你妈妈害怕，给巡警打的酒，买的白莲藕，巡警说，我办公事不喝酒，不吃藕，巡警走，我没有走，我在你家喝的酒，吃的藕，我在你家待了好几宿。

甲 这是什么呀？

乙 不是这个吗？

甲 不对，我们这是狗咬鸡。

乙 哦，狗咬鸡。

甲 嘿！

乙 我跑到狗咬手上去啦。

甲 你那狗咬手跟狗咬鸡差多啦！

乙 你听。

甲 说。

乙 我家有一肥嫩的嫩巴八斤鸡，飞到你们张家后院里，你们张家肥嫩的嫩巴八斤狗，咬了我的肥嫩的嫩巴八斤鸡，因为什么你们狗咬我鸡，我不依，你爸爸和你妈妈抱着肥嫩狗，那天星期一，抱到大街西，拖到法兰西，卖了一块七，我还不依，你妈是阎婆惜。

甲 你别挨骂啦！

（王兆麟　吉坪三演出稿）

绕口令

甲 （方言）您这是做吗的？

乙 我们是说相声的。

甲 噢，说相书的，知道。说书的老先生，说个《三国》呀，《列国》呀；说个宋朝的《杨门女将》，佘太君，老令公，杨宗保，穆桂英；烧火的姑娘杨排风；《西游记》，孙悟空，保着唐僧去取经，还有《三打白骨精》。说书的！

乙 您没听明白，您说的那是说长篇书的，我们这是说相声的。

甲 噢，笙啊！吹笙的，好艺术，这我可懂得，吹个《送公粮》，吹个《新货郎》，各种曲调。

乙 您说的不对，您说的那是民间乐器，笙、管、笛、箫，我们不会那种艺术，我们说的是相声，这是大家喜欢的一种艺术形式。哎，简单说吧，就是逗乐的。

甲 逗乐的。怎么乐呀？是大乐是小乐？是文乐是武乐？是一点儿一点儿地乐呀，是一次全乐完呀？有个乐样子嘛，你拿出来我看看。

乙 没地方给你找乐样子去。

甲 你没乐样子，我怎么就乐了呢？

乙 我们说到可乐的地方，自然你就乐了。

甲 噢，自然我就乐了。乐完了对我有吗好处吗？

乙 当然有好处啦！

甲 虱子不叮，跳蚤不咬！有臭虫蚊子往别的屋里跑，不咬我了？

乙 他拿我当蚊香了。

甲 哎，你不说有好处吗？

乙 有点儿小好处，比如说，您有点儿闷得慌……

甲 我怎么闷得慌？

乙 好比你心里烦。

甲 我怎么烦了？

乙 您不高兴。

甲 我为吗不高兴了？

乙 你跟人家抬杠了。

甲 我跟谁抬杠了？

乙 你跟我抬杠了！怎么说他也不明白，比如说，你吃完饭出来了……

甲 我吃吗了？

乙 怨不得他这么大火儿哪，敢情还没吃饭哪。可没吃您就得说吃了。

甲 噢，没吃我得说吃了。

乙 还得说是吃好的。吃的包饺子，捞面。

甲 噢，没吃我说吃了，还得说吃包饺子，捞面。

乙 哎，对了！

甲 我对得起我肚子吗？

乙 这位还真实心眼儿。不管你吃吗儿没吃吗儿吧……你呀，短人家二十元钱。

甲 什么？我短谁二十元钱？你要反了！我在这儿站了没十分钟就短了人家二十元钱。是你给借的？是你的保人？账主子在哪儿啦？你找出来我问问他！

乙 你先别着急。实际上你不短人家钱，假装短人家钱。

甲 我吃饱了撑的，找个账主子追着我玩儿？

乙 没人跟你要。

甲 要我得给呀！

乙 没这么回事！

甲 那你说它做吗呀？

乙 你不是不明白吗？

甲 我明白了，钱就没了。

乙 你先别言语……

甲 你这儿是法院？

乙 你先听我的。

甲 你是原告呀？

乙 你这儿打官司来了。你先听我说这意思。你该人家钱，还不起人家……

甲 还不了当初别借呀！

乙 他比我还明白。你呀，不短人家钱，假装短人家钱。人家老追着你要，你没钱还给人家，你心里就腻味，出来哪，上我这儿来了……

甲 你给我还了。

乙 我呀？没听说过，你听我一段相声，我还管还账哪。我们这相声是逗乐的，你听我们一段相声，哈哈这么一乐，就把短人家钱这事给忘了……

甲 噢，你这么一说我明白了。

乙 可明白了。

甲 我不短人家钱，假装着短人家钱，人家老找我要呀，我还不了人家，心里腻味了没地方去，上你这儿来了，听你两段相声，逗得我哈哈一乐，把短人家钱这档子事就忘了……

乙 哎，对了！

甲 我出了门，账主子还等着我哪！

乙 你还人家钱去吧。听一段相声还管你一辈子。

甲 我知道您这是说相声的，这不是跟您说笑话嘛。我这么聪明的人，不知道您这是说相声的？

乙 你还聪明？

甲 我还聪明？我就是聪明。

乙 看不出来。

甲 我打小儿就聪明。

乙 由哪儿表现你聪明？

甲 我五六岁的时候，玩小孩玩意儿，就是那一上弦就跑的小汽车，刚买来，我就把它拆了，一件一件摆在那里，全看明白了。

乙 再把它装上？

甲 装是装不上了。

乙 你那叫聪明？你那叫拆。说句不好听的你是败家子儿。

甲 这是怎么说话？那不是小的时候嘛，长大了还是这么聪明。不管吗事，一看就明白，一听就懂。街坊邻居夸俺：这个孩子真是个大聪呀！

乙　没叫你大蒜呀？

甲　什么叫大蒜？

乙　你不说叫大葱吗？

甲　大了聪明。现在六十多了，老了……

乙　你是老葱了。

甲　那你是干姜了。你这是怎么说法，谁是老葱？

乙　你着什么急呀，这不是跟你说句笑话嘛！

甲　噢，这是跟我说笑话？

乙　就许你跟我说笑话，不许我跟你说笑话？我还告诉你，我们这个行业，讲究说个笑话儿，说个大笑话儿，小笑话儿，字意儿，灯谜，反正话儿，俏皮话儿，告诉您，最拿手的是说绕口令。

甲　绕口令？我懂得。

乙　说什么他懂什么，他又懂得。

甲　什么叫又懂得？我就听过嘛，绕口令嘛。"玲珑塔，塔玲珑，玲珑宝塔第一层。"一张高桌准有腿……

乙　多新鲜哪，没腿儿那是面板。你说的那是西河大鼓唱的那个绕口令。

甲　对呀，我听过。

乙　那是唱，我们这是说，说的比唱的难。

甲　有吗儿难的，没吗儿。

乙　你老是没什么，看着容易做着难。我说一个你就学不上来。

甲　你说一个我要是学不上来，我拜你为老师傅。

乙　好，你听着。

甲　这难不住我。你别瞧不起人……（自己叨念）

乙　你听我说这个："打（音 jiě）南边来个白胡子老头儿，手拄着绷（bèng）白的白拐棒棍儿。"

甲　说！

乙　说完了。

甲　你说什么了？

乙　他没听见。我这儿说，你那儿唠叨，那还听得见。这回你可听着啊："打南边来个白胡子老头儿，手拄个绷白的白拐棒棍儿。"

甲　说呀！

乙　说完了！

甲　就这个，来个老头儿拄拐棍儿，你说它做什么呀！这有什么新鲜的？到了年岁拄个拐棍儿这有什么呢？

乙　我们说的这是绕口令，甭管他年岁，你说！

甲　行，你听着。打哪边来的？

乙　他还没听清楚。打南边。

甲　说打南边来个白胡子老头儿，白胡子老头儿……白胡子老头儿有八十多岁了吧？

乙　你管他多大岁数干吗？

甲　我想它这个意思呀，白胡子老头儿八十多岁，他要是黑胡子，不就五十多岁吗？

乙　你甭解释了。

甲　打南边来个白胡子拐棍儿，拄着个绷白老头儿。这有吗儿？

乙　啊？拐棍拄老头儿，受得了吗？

甲　你不是这么说的吗？

乙　我说的是老头儿拄拐棍儿，你说的是拐棍儿拄老头儿。

甲　噢，我给反个儿了。再来，说打南边来个白胡子老头儿，手拄着奶油冰棍儿。

乙　什么奶油冰棍儿，奶油的！还有水果儿的哪？

甲　水果的三分，奶油的五分，你来个奶油的吧。

乙　什么的我也不吃。不对！手拄着绷白的白拐棒棍儿。

甲　拄的是拐棍儿，不是冰棍儿。打南边来个白胡子老头儿，白胡子老头儿的棍儿，白胡子老头儿拄着，手拄着绷……老头儿蹦……蹦，老头儿蹦三蹦。

乙　老头儿吃多了，消食哪！没事他蹦什么？

甲　老头儿练过太极拳呀。打南边来个白胡子老头儿，白胡子老头儿拄着蹦……棍……蹦，老头儿蹦，拐棍蹦，老头儿蹦起来给你一棍儿。

乙　我招他惹他了，给我一棍儿？

甲　老头儿尽力蹦，还不着急！给你来一棍儿吧！

乙　说你不行吧！听着容易，说不上来。你要说上来。我可真拜你为师。

甲　这可是你说的呀，听着："打南边来个白胡子老头儿，手拄着绷白的白拐棒棍儿。"说上来了吧，收你这个小徒弟。

乙　这算你蒙上来的，我再说一个你就说不上来了。你听啊！“截着墙头扔草帽，也不知草帽套老头儿，也不知老头儿套草帽。”你说这个。

甲　他哪来这么些老头儿呀？你听着：截着墙头扔老头儿……

乙　什么，扔老头儿？那不把老头儿摔死了。

甲　扔什么呀？

乙　扔草帽。

甲　还截着墙头。截着墙头扔墙头。墙头怎么扔啊？截着墙头扔砖头……

乙　好嘛！没把老头儿摔死，拿砖头也把老头儿开了。截着墙头扔草帽。

甲　截着墙头扔草帽，草帽不戴老头儿，老头儿不戴草帽。

乙　为什么不戴哪？

甲　穿皮袄戴草帽，像样子吗？这是什么月份啦？怪冷的，戴个皮帽子得了。

乙　他说不上来老有词儿。说皮帽子就不绕嘴了。

甲　非得草帽？你听着：截着墙头扔草帽，草帽扔过去，老头儿一看草帽过来了，往后一退步，往前一探身，两膀这么一晃，脖子这么一挺，奔儿！草帽就戴上了。

乙　您这不是戴草帽，这是练杂技。

甲　对了，这是杂技团的老头儿，要不他这么大的功夫。得了，你再说个别的吧。

乙　看事容易，做事难。说不上来了吧？再听这个：“南门外有个面铺面冲南，面铺挂了个蓝布棉门帘，摘了蓝布棉门帘瞧了瞧，面铺还是面冲南，挂上蓝布棉门帘，瞧了瞧，面铺还是面冲南。”你再说说这个。

甲　好，听我的！南门外有个面铺面冲南……南门外有个面铺面冲南，你这个艺术不值钱了。

乙　怎么不值钱了？

甲　我问问你，南门外大街是怎么个方向？

乙　南北大街呀！

甲　对呀，南北大街，它这个面铺怎么冲南呀？盖在马路当中了？汽车怎么过呀？拆了得了。

乙　这倒干脆，他说不上来胡挑毛病。南门外地方大了，就南门外大街呀？我说的是南门外往西拐过去菜桥子那儿的面铺。

甲　还是的，你说明白喽。菜桥子是往西拐的，往西这么一拐不是有个小百货店吗，百货店旁边就是豆腐坊，豆腐坊旁边有个小酒馆，酒馆门口还有个摆鲜货摊的，对过儿还有个修拉锁的，修拉锁的旁边是那个面铺了。

乙　对，可找着了。

甲　说南门外菜桥子的小百货店，百货店旁边豆腐坊，豆腐坊旁边的小酒馆，酒馆门口摆个鲜货摊，对过儿修拉锁，旁边那个面铺……

乙　你听，这乱不乱呀？

甲　够乱的，差点儿转了向了，这该咋办哪？

乙　你甭添那么多零碎儿，就南门外。

甲　好，就南门外吧。南门外有个面铺面冲南……单的？夹的？棉的门帘子？

乙　棉的。

甲　南门外有个面铺面冲南，面铺挂了个蓝……棉……蓝、帘、蓝蓝蓝的棉，挂个蓝的多难看，你挂个红的吧！

乙　哪个商店挂个大红帘子？就要蓝的。

甲　南门外有个面铺面冲南，挂个蓝布棉门帘，摘了南门脸儿，你看难不难？

乙　南门脸儿？那是够难的。摘了棉门帘。

甲　噢，摘门帘，不是门脸儿。南门外有个面铺面冲南，面铺挂了个蓝布棉门帘，摘了个蓝布棉门帘……挂了蓝布棉门帘……摘了挂，挂了摘。你老摘它做吗儿呢？没挂坏全让你摘坏了。

乙　这不都是你说的吗！

甲　挂上蓝布棉门帘，瞧了瞧，面铺还是面向南，摘下面铺……不是，摘下面铺棉门帘，瞧了瞧，面铺里有三袋面，八元钱，掌柜的唉声叹气真为难，眼看这个买卖就算完。

乙　他把这买卖给说黄了。得了，别费这劲了，你再听我说一个："一平盆面烙一平盆饼，盆平饼，饼平盆。"

甲　烙饼多费事呀，蒸锅馒头不完了吗。

乙　你甭管吃什么，你说！

甲　说一盆皮面……

乙 什么叫一盆皮呀？一平盆。

甲 说一平盆面，烙一平盆饼……你这玩意儿不合乎情理了。

乙 又来了。怎么不合乎情理哪？

甲 你想啊，一盆面和好了，连半盆也烙不出来，甭说烙一盆了，那怎么会平盆了哪？

乙 你甭管烙多少，叫你说绕口令。

甲 行，多少甭管它了。说一平盆面烙一平的饼，饼、盆、饼、平、饼盆平、盆……盆的饼，烙饼……拿大顶。

乙 烙饼拿大顶？得，练杂技的又来了。

甲 你再说个别的吧。

乙 再说别的你也说不上来。去年腊月，我买几块豆腐放在院子里，我忘了，第二天一看，全冻上了。我就拿这冻豆腐说了个绕口令："你会炖我的炖冻豆腐，来炖我的炖冻豆腐，你不会炖我的炖冻豆腐，别假充会炖我的炖冻豆腐，胡炖，乱炖，炖坏了我的炖冻豆腐啊！"

甲 闹两块豆腐，瞧这个麻烦劲儿的。你会炖我的炖冻豆腐，来炖我的炖冻豆腐，你不会炖，你，你不会，你别动我的豆腐。

乙 谁动你豆腐了。

甲 你会炖我的炖冻豆腐来炖我的炖冻豆腐，你不会炖我的炖冻豆腐，我炖我的炖冻豆腐，你不会炖……炖我的炖冻豆腐，你不会炖，我炖，你炖，我炖，这两块豆腐全折腾碎了。

乙 谁叫你折腾了？

甲 你会炖我的炖冻豆腐来炖我的炖冻豆腐，你不会炖我的炖冻豆腐……又到这儿啦，你不会炖我的豆腐，你别动我的豆腐，你假充会炖我的炖冻豆腐，你不会炖，我炖我的炖冻豆腐，你不会炖，我炖，我会炖，你不会炖、炖炖，顿顿炖豆腐，你非得炖，你不会熬着吃吗？

乙 又改了熬豆腐了。

甲 你再说个别的吧。

乙 又说不上来了，你再听这个，有一个挑水的扁担，有一条坐的二人凳。

甲 就是两人坐的二人凳。

乙 对，长条的，用这两样东西说个绕口令："扁担长，板凳宽，扁担没有板凳宽，板凳没有扁担长，扁担绑在了板凳上，板凳不让扁担绑在了板凳上，扁担偏要扁担绑在了板凳上。”

甲 你绑它做吗儿呀？吃饱了撑的，一边坐会儿去多好啊。扁担是长的，不用你说，哪位全明白，板凳当然是宽的喽！说扁的长……什么叫扁的？还圆的哪。

乙 不全是你自己说的？

甲 扁担，说扁担长，板凳宽，扁担没有板凳宽，扁担绑（音 bǎng）绑，绑在了扁担上，扁担不让扁担绑在了扁担上，扁担偏要扁担绑在了扁担上。

乙 怎么净是扁担了，板凳哪？

甲 板凳搬走开会去了。

乙 搬回来。

甲 板凳搬回来哪！

乙 你就别嚷嚷了！

甲 扁担长，板凳宽，板凳没有扁担长，扁担绑在了……绑得了绑得了绑。闲言碎语不要讲，表一表好汉武二郎……

乙 好嘛，改山东快书了。你呀，别受罪了，我说一个好说的给你转转面子，你就走吧！

甲 我怎么了？我走不了，绷白的白拐棒棍儿，我没说上来？

乙 那是蒙的。你再来这个吧！“吃葡萄不吐葡萄皮儿，不吃葡萄倒吐葡萄皮儿。”

甲 哎呀，俺娘啊，这叫绕口令呀？俺街坊邻居小孩也会说这个。

乙 你甭管你们街坊小孩，你说个试试。

甲 你听说：说吃平头……

乙 什么吃平头，还吃背头哪！

甲 说吃背头……

乙 什么吃背头？

甲 不是你说的吗？

乙 吃葡萄。

甲 吃葡萄？这个月份有葡萄吗？

乙 你管它有没有哪。

甲 葡萄可贵哪，苹果贱，你来二斤苹果吧！

乙 苹果干吗？葡萄。

甲　噢，就葡萄，你再说说。

乙　“吃葡萄不吐葡萄皮儿，不吃葡萄倒吐葡萄皮儿。”

甲　噢，行了。说吃皮条……吃皮条咬得动吗？说吃葡萄不吐葡萄皮儿，不吃葡萄来包仁果仁。

乙　哪来的仁果仁呀？葡萄皮儿。

甲　你再来来。

乙　你仔细听着啊，我说多少遍也是这么利索：“吃葡萄不吐葡萄皮儿，不吃葡萄倒吐葡萄皮儿。”

甲　这个意思我明白了，得琢磨这个意思，吃这个葡萄，葡萄皮别吐出去，在腮帮那儿搭着。……

乙　这是个猴儿呀，腮帮子有个嗉子。

甲　吃下一个，呸！这个皮儿吐出去了，这是一个跟着一个走：“吃葡萄不吐葡萄皮儿，不吃葡萄倒吐葡萄皮儿。”哪，说上来了。嘴皮子这么一绷劲儿，就说上来了：“吃葡萄不吐葡萄皮儿，不吃葡萄倒吐葡萄皮儿。”对吧？“吃葡萄不吐葡萄皮儿，不吃葡萄倒吐葡萄皮儿。”

乙　行了！

甲　这好说：“吃葡萄不吐葡萄皮儿，不吃葡萄倒吐葡萄皮儿。”

乙　好说就没完了。我再说一个难说的，让你下不了台！

甲　把我吓傻了？我是半身不遂了？把你那压箱底的拿出来，你把我难住。

乙　好，你听这个：“打南边来个喇嘛……”

甲　喇嘛是什么？

乙　这是口外的出家人，喇嘛僧。

甲　噢，出家人——喇嘛。

乙　手里提拉着五斤鳎目。

甲　什么是鳎目？

乙　鳎目鱼。

甲　怎么不说鳎目鱼哪？

乙　说鳎目鱼就不绕嘴了。

甲　鳎目鱼好吃吗？

乙　你管好吃不好吃呢！

甲　带鱼可好吃，来五斤带鱼吧。

乙　甭带鱼，就鳎目鱼。“打南边来个喇嘛，手里提拉着五斤鳎目；打北边来个哑巴……”

甲　哑巴？就是那不会说话的，啊……啊……

乙　你就别学了。打北边来个哑巴，腰里别着个喇叭。喇嘛、鳎目、哑巴、喇叭，要说个绕口令。

甲　听你的。

乙　“打南边来个喇嘛，手里提拉着五斤鳎目。打北边来个哑巴，腰里别着个喇叭。南边提拉鳎目的喇嘛要拿鳎目换北边别喇叭的哑巴的喇叭，哑巴不乐意拿喇叭换喇嘛的鳎目，喇嘛非要换别喇叭的哑巴的喇叭。喇嘛抡起鳎目抽了别喇叭哑巴一鳎目，哑巴摘下喇叭打了提拉鳎目喇嘛一喇叭。也不知提拉鳎目的喇嘛抽了别喇叭哑巴一鳎目，也不知别喇叭哑巴打了提拉鳎目的喇嘛一喇叭。喇嘛回家炖鳎目，哑巴嘀嘀哒哒吹喇叭。”

甲　明儿见吧！

乙　哎，别走啊！

甲　怎么这么长啊？

乙　全像“吃葡萄”那个敢情好说了。

甲　没什么！这还吓得住我呀？听着，打……打哪边来的？

乙　吓傻了，打哪边来的全不知道了。打南边来的。

甲　打南边来个喇嘛，提拉七八斤鳎目……

乙　七八斤干吗呀？五斤！

甲　五斤够吃的吗？

乙　你管他够吃不够吃的！

甲　你着什么急呀，不多不少，就五斤。

乙　就五斤。

甲　行，依着你。打南边来个喇嘛，提拉着五斤哑巴……

乙　啊？

甲　哑巴让提拉着吗？哑巴打北边来的。打南边来个喇嘛提拉五斤鳎目，清楚不？打北边来个哑巴，腰里别着个喇——叭，南来提拉鳎目换哑巴……不，换哑巴的这个喇叭，哑巴不乐意换呀……

乙　为什么哪？

甲　他那鳎目不够五斤哪。

乙　噢，哑巴看出来了？

甲　看出来了。哑巴不乐意换……哑巴不乐意换……你看忘了吧！

乙　怎么办哪？

甲　打头儿来吧。打南边来个喇嘛，手里提拉着五斤鳎目，打北边来个哑巴，腰里别着个喇叭。南来提拉鳎目的喇嘛要拿鳎目换哑巴的这个喇——叭。哑巴不乐意换，喇嘛抡起鳎目抽了别喇叭的这个哑巴这儿一鳎目，哑巴拿喇叭打了喇嘛一鳎目……一喇嘛……一喇叭。

乙　好嘛，打起来了。

甲　喇嘛这个性子太暴了，哑巴也死心眼儿，你换给他不就完了嘛。哑巴非不换，喇嘛非要换，喇嘛这个意思你知道？

乙　我哪儿知道啊！

甲　喇嘛……喇嘛……你看又忘了吧。

乙　嘿，瞧这劲费的！

甲　你老搭茬儿做吗儿呢？

乙　他说不上来老怨我。得，我不言语。

甲　打头儿来吧。打南边来个喇嘛，提拉五斤鳎目，打北边来个哑巴，腰里别着个喇叭，南来提拉鳎目的喇嘛要拿鳎目换哑巴的喇叭。哑巴不乐意换，哑巴也死心眼，你换给他不就完了……

乙　又来了。

甲　哑巴不乐意换，喇嘛这个脾气太暴烈，喇嘛抡起鳎目照哑巴“啪”这么一鳎目，哑巴可就说了……

乙　啊？哑巴说话了。

甲　哑巴能说话吗？哑巴那意思想要说没说出来哪，心里说，我不换你打我做吗呀？哑巴，哑……哎，你看又忘了呗！

乙　嚯——哦！

甲　再打头儿来吧。打南边来个喇嘛，手里提拉五斤鳎目，打北边来个哑巴，腰里别着喇叭，南来提拉鳎目的喇嘛要拿鳎目换哑巴的喇叭，哑巴不乐意换，哑巴不乐意换，喇嘛可就急了。喇嘛这个脾气太暴烈，喇嘛抡起鳎目照哑巴“啪”这么一鳎目，哑巴可没说，没说心里可不服呀，心里说，我不换，你打我做吗呀？哑巴站在那里吹喇叭，喇嘛在那炖鳎目吃……吃、吃、吃葡萄不吐葡萄皮儿，不吃葡萄……

乙　又来了！

（郭荣起整理）

十八愁绕口令

乙 这回呀，我给您说回相声。

甲 您看我就喜欢您这个相声。

乙 嗳，您是一位相声爱好者呀？

甲 可以这么说，可就是对于您这相声来说是个门外汉。

乙 您这是客气。

甲 一点儿也不懂，有时间您给我介绍介绍，您这相声讲究什么？研究什么？有什么规矩？

乙 相声讲究四个字。

甲 噢，抓、打、擒、拿。

乙 那是摔跤。

甲 摔跤您也会。好，摔摔，摔摔……您不是讲究这么四个字？

乙 抓、打、擒、拿干什么？

甲 讲究什么？

乙 相声四个字是说、学、逗、唱。

甲 噢，讲究这么四个字。

乙 对了。

甲 说，都是什么节目？

乙 哎哟，说的可太多了，我要是给您背一天，也背不完。

甲 您可别背一天。

乙 这么着吧，我简单地给您介绍介绍您听听得了。

甲 您说我们听听。

乙 好。说的：大笑话儿、小笑话儿、字意儿、灯虎儿、反正话儿、俏皮话儿；说个诗，对个对子，说个三列国、东西汉，“水浒”“聊斋”、《济公传》《大五义》《五女七贞》《西游记》、古董王糊驴，老师打砂锅。搓儿淘气，说点儿崩甭绷儿，蹦绷蹦儿，憋死牛儿，绕口令儿……这全是说的。

甲　噢，会说这么多节目哪！

乙　对了，老艺人了就得会得多一点儿。

甲　照您这么一说，别人哪？

乙　会不了这么些个，年限的关系。

甲　啊，别人不会这么多？就是您这么一位老艺人，所以您会这么多节目。

乙　对对对。

甲　那今天能不能烦您一段儿呀？

乙　来啦，来啦。什么叫烦哪？想听哪段儿尽管说，没问题。

甲　虽然是我烦您的吧，但是我能代表观众的愿望。今天各位相声爱好者全来到这来听您来，我代表各位观众热烈欢迎您，要求您给表演一段儿。您来回“崩甭绷儿”吧。我们各位热烈欢迎！

乙　对不起……我绷不了。

甲　别价。

乙　实在对不起，我绷不了。

甲　怎么？

乙　这段儿我老没说了，说起来不熟练，您要打算听没问题，给我一点儿时间到后台熟练熟练，我再上场给您说这段儿“崩甭绷儿”。对不起，对不起！

甲　噢，这就难怪了，因为这“崩甭绷儿”嘛，最近您总没“绷”。所以再“绷”起来就不太方便是吧，那不要紧，换个节目，您来回“蹦绷蹦儿”吧。

乙　“蹦绷蹦儿”……

甲　这“蹦绷蹦儿”就别客气了！

乙　我也“蹦”不了您老！

甲　来吧，蹦两下儿吧！

乙　一下儿我也蹦不了啦。

甲　您不是蹦得有两下子吗？

乙　没两下子，没两下子。

甲　这“蹦绷蹦儿”也不行。

乙　是。
甲　您再换个节目，您来回“憋死牛儿”。
乙　您外边遛遛去！成心找别扭吗？
甲　不是您说的吗？您会那崩甭绷儿，蹦绷蹦儿，憋死牛儿。
乙　嗨！您不懂啊！这叫俏头。
甲　什么俏头？
乙　到饭馆吃饭去，要个爆三样儿，那里头不就有俏头吗？葱花呀，蒜末儿呀，玉兰片哪……
甲　噢，这么说我明白了，您是那俏头。
乙　哎，我是那俏头干吗呀！
甲　噢，您是？
乙　爆三样儿。
甲　啊？
乙　嗐！爆三样儿干什么呀？全乱了。
甲　哎，究竟您会说什么吧？
乙　究竟我会说呀，绕口令。
甲　您会说绕口令？
乙　啊。
甲　行了，今天我帮您说回绕口令。
乙　你帮我说回绕口令？
甲　我帮您说一回绕口令。
乙　你会说相声吗？
甲　相声我倒没学过。
乙　你这不就瞎胡闹嘛！不会说相声，帮我说绕口令？
甲　就是会说绕口令。
乙　我们这是艺术。
甲　嗨，有嘴就能说！
乙　有嘴就能说？你这叫轻视我们的艺术。
甲　也没法儿重视！
乙　您看见我了吧，今年将近六十啦，我说了四十多年相声了，我的绕口令还都说不好哪！
甲　那你太笨了。
乙　这么一说你机灵？

甲 就是。

乙 你不是说你机灵吗？这么着，我说一个你跟着我说，你要是跟我说得一样喽，我跪倒磕头拜你为老师。

甲 行，收你一徒弟。

乙 哎，别忙！什么事就收我一徒弟呀？

甲 保证说得上来嘛！

乙 我说一个你说呀！

甲 行啊，您说俩都不要紧。

乙 听着。（拍醒木）

甲 噢，先拍一下。（拍醒木）

乙 你别拍。

甲 我跟您学嘛！

乙 别学拍木头。（拍醒木）

甲 （拍醒木）许你拍，不许我拍呀？

乙 不是不让你拍吗？

甲 我拍也响啊！

乙 响管什么用啊，这得受过师傅的传授，瞎拍不行。

甲 行，行，您拍吧。

乙 （拍醒木）说："起南边来个白胡子老头儿，手里拄着个绷白白拐棒棍儿。"你说这个。

甲 嗨嗨，我以为什么……说了半天就这个？

乙 啊。

甲 等我说完了，我说上来你磕头拜我为师，就说这个？

乙 对了。

甲 我怎么了我呀？我没别的事干了！我站着说这个？你拿我开玩笑呢！我这么大个子……哎，就我这么大个子说这个？我说上来有我怎么好看呀？这么大人我和你说这个？我这么大年纪……

乙 哪么大年纪你！二十来岁儿还那么大年纪，拍老腔哩，你美什么呀，你呀？

甲 就这个，这还叫绕口令。啊，这个太简单了，太省事了。您说那难的。

乙 行。

甲 您说那不好说的。

乙　好吧。

甲　您说那真正绕嘴的。

乙　行，难说的有的是，你先把这个说上来。

甲　这您就以为我说不上来啦。

乙　以为干什么？你说呀！

甲　听着点儿，说起来比你利索。说绕口令得有条件儿：嘴皮儿薄，薄片子嘴儿，说出来那么干净、利索，您看他这嘴唇儿，皇上他妈——太后（厚）。

乙　嗯？还有俏皮话儿哪！

甲　就这还说绕口令儿？哎，你再说一遍儿。

乙　他没听见吧，净跟着捣乱嘛！注意听着啊！

甲　我们得学对喽。

乙　（拍醒木）说："起南边来个白胡子老头儿，手里拄着个绷白白拐棒棍儿。"

甲　就这个？

乙　啊？

甲　听着吧，说起南边来个白头子老胡……

乙　白头子老胡！这是哪儿的话呀？

甲　不是你说的起南边来个白头子老胡吗？

乙　说起南边来个白胡子老头儿！

甲　起南边来个白胡子老猴。

乙　老猴？老猴干什么？老头儿。

甲　老头儿、老猴儿，反正都差不多。

乙　这差得太多了。

甲　说起南边来个白胡子老头儿，噢，就这个？

乙　啊。

甲　起南边来个白胡子老头儿，清楚吧？

乙　清楚。

甲　换新鲜的。

乙　哎。完了？这倒好，半句呀！后边还有半句呢。

甲　还有什么？

乙　还有手里拄着个绷白白拐棒棍儿！

甲　说起南边来个白胡子老头儿，手里拄着拐棍儿。

乙　啊，省事了，老头儿拄拐棍儿。

甲　他怕摔着。

乙　留点儿神嘛，手拄着绷白白拐棒棍儿。

甲　噢，合着你蹦，我这没蹦。

乙　对了。

甲　这不得了吗，说起南边来个白胡子老头儿……蹦起来给你一棍儿！

乙　我呀！给我一棍儿干什么？

甲　你踩他脚了。

乙　我多会儿踩他脚了！

甲　你不给人道歉人不棒你。

乙　我道哪门子歉哪？

甲　下回留点儿神。

乙　留什么神！手拄着绷白白拐棒棍儿，给我一棍儿干什么？

甲　不是蹦起来给你一棍儿？

乙　给我一棍儿干什么？

甲　说起南边来一个白胡子老头儿，手……手，手里拿着，手里拿着？

乙　手里拄着。

甲　手里拄着，说起南边来一个白胡子老头儿，手里拄着蹦……蹦……蹦了，老头儿过着磅。

乙　老头儿看他长肉没有，还过磅啊？手拄着绷白白拐棒棍儿！

甲　绷什么的？

乙　绷白的？

甲　手里拄着绷白的。说起南边来一个白胡子老头儿，手里拄着绷白白胡子老头儿。

乙　合啊？！

甲　什么叫老头儿拄老头儿？这都像话吗这个！你说你，不琢磨琢磨学会了再说。什么叫老头儿拄老头儿啊？老头儿啊……

乙　哎，你等会儿，你等会儿。这老头儿拄老头儿谁说的？

甲　不是你说的吗？

乙　我多会儿说的？你说的！

甲　谁说老头儿拄老头儿？

乙　你说的。
甲　老头儿拄老头儿是我说的？
乙　啊。
甲　我说的老头儿拄老头儿？
乙　是啊。
甲　行，拄去吧！
乙　“拄去”吧！你这倒好，自己原谅自己。
甲　这我再不原谅怎么办呢？
乙　你得说对喽！
甲　这不就算对了吗？来的那是老头儿，拄的那是棍儿，对不对？棍儿不是普通的，是绷白的这么一种棍儿，这意思对没对？
乙　意思对。
甲　就算我说上来了。注意呀，说起南边来一个白胡子老头儿，手里拄着绷白的白冰棍儿！
乙　啊，老头儿拄冰棍儿？行了行了，就顶这儿吧。我说你说不上来，你说你说得上来，说上来了吗？我们这是艺术，不是听听就会！年轻轻的，说不上来啦，怎么下这台？怎么出这门儿？我说个简单的，把它说上来吧，啊，以后别说大话啦！（拍醒木）
甲　这就以为我真说不上来了。
乙　你就没说上来呀！
甲　不打算说，要说，马上说上来。
乙　你说。
甲　说“起南边来一个白胡子老头儿，手拄着绷白白拐棒棍儿。”就这我说不上来？
乙　好，你再听这个……
甲　“起南边来一个白胡子老头儿，手拄着绷白白拐棒棍儿。”多难说呀！
乙　好……
甲　说：“起南边来一个白胡子老头儿，手拄着绷白白拐棒棍儿。”不好说。
乙　（拍醒木）……
甲　“起南边来一个白胡子老头儿，手里拄着绷白白拐棒儿棍儿；起东边来一个白胡子老头儿，手里拄着绷白白拐棒儿棍；起西边来一个白胡子老头儿，手里拄着绷白白拐棒儿棍儿。”起四面八方来四个白……

乙　……老头儿捣什么乱哪！还四个老头儿四个老头儿的来了，捣乱是怎么着？

甲　我说得上来呀！

乙　你说上来就说上来不就完了嘛！

甲　说起南边来一个黑胡子老头儿，手拄着绷黑的黑拐棒棍儿。这我也会。

乙　我说黑胡子老头儿了吗？

甲　黑胡子比那白胡子的年轻。

乙　年轻管什么用啊！

甲　要不起南边来一个黄胡子老头儿……

乙　黄胡子的？

甲　换换颜色。起南边来个绿胡子老头儿……要不起南边来个咖啡色胡子的老头儿，手里拄着绷咖啡咖啡色的拐棒棍儿。

乙　你这到颜料铺啦，配颜色来了。

甲　这比那难说。

乙　难说管什么用啊？说上来也不新鲜，我再说几个字儿你说说。

甲　你多说几个。

乙　你听这个，说：“吃葡萄不吐葡萄皮儿，不吃葡萄倒吐葡萄皮儿。”

甲　就这个呀！听着：“吃葡萄不吐葡萄皮儿，不吃葡萄倒吐葡萄皮儿。”行吗？

乙　行。

甲　吃葡萄不吐葡萄皮儿，不吃葡萄倒吐葡萄皮儿。怎么样了？

乙　行，行。

甲　“吃葡萄不吐葡萄皮儿，不吃葡萄倒吐葡萄皮儿。吃葡萄不吐葡萄皮儿，不吃葡萄倒吐葡萄皮儿。吃葡萄不吐葡萄皮儿，不吃葡萄倒吐葡萄皮儿。吃葡……”

乙　有完没完哪！啊，上满弦了是怎么的？

甲　我一口气能说七个。

乙　说七个管什么用？我没说那难说的，我要说难说的你就完了。你听这个：（拍醒木）说：“会炖我的炖冻豆腐来炖我的炖冻豆腐，不……”

甲　你甭说了。
乙　“……不会炖我的炖冻豆腐……”
甲　你怎么还说呀！你坐这儿歇会儿。
乙　你用扇子扇我干吗？
甲　你不热吗？
乙　我这嘴热呀？有话你说话，你扇我干什么？
甲　这个绕口令谁不会呀？“会炖我的炖冻豆腐来炖我的炖冻豆腐，不会炖我的炖冻豆腐别胡炖乱炖炖坏了我的炖冻豆腐。”一块冻豆腐你折腾什么劲儿！
乙　我这叫折腾啊！
甲　不会炖你不会熬着吃吗？
乙　我不吃熬的。
甲　来吧，换个新鲜的。
乙　新鲜的？没有了。
甲　哟，别价，要不您还来那“崩绷儿”？您说那“蹦绷蹦儿”，您来个“憋死牛儿”？
乙　不会，不会，不会！你不是能说嘛！你说一个，我照你那样说，我要是说不来，跪倒磕头拜你为老师。
甲　那您现在磕吧。
乙　哎，什么事我就磕呀？
甲　你一定说不上来。
乙　你说说，我听听。
甲　您跟我来一回唱的绕口令您会吗？
乙　唱的？唱的我也会。“玲珑塔来，塔玲珑……”
甲　你别唱。
乙　你怎么又扇上了？扇我干什么？
甲　你怎么还接着唱啊？这叫西河调，又名叫西河大鼓，有弦子伴奏，鼓板随着。咱们唱的不是这个。
乙　你唱的是什么？
甲　没有弦子没有鼓，光用嘴来唱。要是伴奏的话，你这竹板儿也可以用一用。
乙　用什么你拿什么。
甲　唱两句你听听。

乙　唱两句听听。

甲　以后您再唱的时候，您唱这个绕口令。

乙　好，好。

甲　绕嘴，绕口令嘛，注意呀，学着点儿。

乙　好。

甲　（打板）……您听这怎么样？

乙　不怎么样！什么呀？您唱了吗？

甲　绕嘴不绕？

乙　什么就绕嘴不绕？

甲　多大工夫！

乙　唱了吗？

甲　合着我还没唱哪！唱两句您听听。

乙　哎，你唱唱给我听听啊。

甲　（边打板边数）"数九寒天冷飕飕，转年春打六九头，正月十五是龙灯会，有一对狮子……"

乙　嗨嗨……

甲　你怎么扇我呀！

乙　你扇我两回啦！该我扇你一回啦，怎么拦不住你呀？

甲　你拦我干什么？

乙　你唱这是什么？

甲　绕口令。

乙　绕口令？哪句绕嘴？

甲　哪句都绕嘴。

乙　还绕嘴哪？我听一回都会啦："数九寒天冷飕飕，转年春打六九头……"哪句绕嘴？有我们这个绕嘴吗？（唱）"玲珑塔来，塔玲珑……"怎么着？又扇我是怎么着，什么毛病这是！

甲　您别忙啊，我这不是刚唱吗？您往后听，一句比一句难唱，一句比一句绕嘴，是绕嘴的全在后头啦。

乙　噢，你就往后唱。

甲　您就往后听。

乙　好吧。

甲　（边打板边数）"数九寒天冷飕飕，转年春打六九头，正月十五是龙灯会，有一对狮子滚绣球。三月三王母娘娘蟠桃会，大闹天宫孙猴又把那个仙桃偷。五月端午是端阳日，白蛇许仙不到头。七月七传说是天河配，牛郎织女们泪交流。八月十五云遮月，月里的嫦娥犯了忧愁。要说愁，咱们净说愁，唱一段儿绕口令的十八愁。狼也愁，虎也是愁，象也愁，鹿也愁，骡子也愁马也愁，猪也愁，狗也是愁，牛也愁，羊也愁，鸭子也愁鹅也愁，蛤蟆愁，螃蟹愁，蛤蜊愁，乌龟愁，鱼愁虾愁个个都愁。虎愁不敢把高山下，狼愁野心要滑头，象愁脸憨皮又厚，鹿愁长了一对大犄角。马愁鞴鞍就行千里，骡子愁它是一世休。羊愁从小它把胡子长，牛愁本是犯过牛轴。狗愁改不了那净吃屎，猪愁离不开它臭水沟。鸭子愁扁了它的嘴，鹅愁脑瓜门儿上长了一个'锛儿喽'头。蛤蟆愁了一身脓疱疥，螃蟹愁的本是净横搂。蛤蜊愁闭关自守，乌龟愁的胆小尽缩头，鱼愁离开水不能够走，虾愁空枪乱扎没准头。说我诌，我倒诌，闲来没事我遛遛舌头。我们那儿有六十六条胡同口，住着一位六十六岁的刘老六，他家里有六十六座好高楼，楼上有六十六篓桂花油，篓上蒙着六十六匹绿绉绸，绸上绣六十六个大绒球，楼下钉着六十六根儿檀木轴，轴上拴六十六条大青牛。牛旁蹲着六十六个大马猴。六十六岁的刘老六，坐在门口啃骨头。南边来了一条狗，这条狗，好眼熟，它好像大大妈家大大妈妈脑袋、大大妈妈眼睛、大大妈妈耳朵、大大妈妈尾巴、大大妈妈家鳌头狮子狗。北边又来一条狗，这条狗，嘿！又眼熟，它好像二大妈妈家、二大妈妈脑袋、二大妈妈眼睛、二大妈妈耳朵、二大妈妈尾巴、二大妈妈家鳌头狮子狗。两条狗打架抢骨头，打成仇。吓跑了六十六个大马猴，吓惊了六十六条大青牛，拉折了六十六根儿檀木轴，倒了六十六座好高楼，洒了六十六篓桂花油，油了六十六匹绿绉绸，脏了六十六个大绒球。南边来个气不休，手里拿着土坯头去砍着狗的头，也不知气不休的土坯头打了狗的头，也不知狗的头碰坏气不休的土坯头。北边来了个秃妞妞，手里拿着个油篓口去套狗的头。也不知秃妞妞的油篓口套了狗的头，也不知狗的头钻了秃妞妞的油篓口。狗啃油篓篓油漏，狗不啃油篓篓不漏油。什么上山吱扭扭？……"

乙　哟，还有哪？

甲　"什么下山乱点头？什么有头无有尾？什么有尾无有头？什么有腿家中坐？什么没腿游九州。赵州桥什么人修？玉石栏杆什么人留？什么人骑驴桥上走？什么人推车轧了一道沟？什么人扛刀桥上站？什么人勒马看春秋？什么人白？什么人黑？什么人胡子一大堆？什么圆圆在天边？什么圆圆在眼前？什么圆圆长街卖？什么圆圆道两边？什么开花节节高？什么开花毛着个腰？什么开花无人见？什么开花一嘴毛？什么鸟穿青又穿白？什么鸟穿出皂靴来？什么鸟身披十样锦？什么鸟身披麻布口袋？双扇门，单扇开，我破的闷儿自己猜。车子上山吱扭扭，瘸子下山乱点头，蛤蟆有头无有尾，蝎子有尾无有头。板凳有腿儿家中坐，小船没腿儿游九州，赵州桥，鲁班修，玉石栏杆儿圣人留。张果老骑驴桥上走，柴王推车轧了一道沟。周仓扛刀桥上站，关公勒马看春秋。罗成白，敬德黑，张飞胡子一大堆。月亮圆圆在天边，眼镜圆圆在眼前，烧饼圆圆长街卖，车轱辘圆圆道两边。芝麻开花节节高，棉花开花毛着腰，藤子开花无人见，玉米开花一嘴毛。喜鹊穿青又穿白，乌鸦穿出皂靴来，野鸡身披十样锦，鹦丽儿身披麻布口袋。一道黑，两道黑，三四五六七道黑，八九道黑十道黑。买个烟袋乌木杆儿，抓住两头一道黑。二姐描眉去打鬓，照着个镜子两道黑。粉皮墙写川字儿，横瞧竖瞧三道黑。象牙的桌子乌木的腿儿，放在炕上四道黑。买个小鸡不下蛋，圈在笼里捂到（五道）黑。挺好的骡子不吃草，拉到街上遛到（六道）黑。姐俩南洼去割麦，丢了镰刀拔到（八道）黑。月窠儿孩子得了疯病，弄点儿艾子灸到（九道）黑。卖瓜子的没注意，刷拉撒了一大堆，笤帚簸箕不凑手一个一个拾到（十道）黑。正月里，正月正，姐妹二人去逛灯，大姐名叫粉红女，二姐名叫女粉红。粉红女身穿一件粉红袄，女粉红身穿一件袄粉红。粉红女怀抱一瓶粉红酒，女粉红怀抱一瓶酒粉红。姐妹找了个无人处，推杯换盏饮刘伶。女粉红喝了粉红女的粉红酒，粉红女喝了女粉红的酒粉红，粉红女喝了一个酩酊醉，女粉红喝了一个醉酩酊。女粉红揪着粉红女就打，粉红女揪着女粉红就拧。女粉红撕了粉红女的粉红袄，粉红女就撕了女粉红的袄粉红。姐妹打罢落下手，自己买线自己缝。粉红女买了一条粉红线，女粉红买了一条线粉红。粉红女是反缝缝缝粉红袄，女粉红是缝反缝缝袄粉红。说扁担长……”

乙　哟，还没完哪？

甲　“板凳宽，板凳没有扁担长，扁担没有板凳宽。扁担要绑在板凳上，板凳不让扁担绑在板凳上，扁担偏要扁担绑在板凳上。”

乙 “嘿！”

甲 “出南门，面正南，有一个面铺面冲南。面铺门口挂着一个蓝布棉门帘。摘了蓝布棉门帘，看了看面铺面冲南，挂上蓝布棉门帘，瞧了瞧，哟，嗬！面铺还是面冲南。出西门走七步，拾块鸡皮补皮裤。是鸡皮补皮裤，不是鸡皮不必补皮裤。我家有个肥净白净八斤鸡，飞到张家后院里。张家院有个肥净白净八斤狗，咬了我的肥净白净八斤鸡。我拿他的肥净白净八斤狗赔了我的肥净白净八斤鸡。打南边来个瘸子，担了一挑子茄子，手里拿着个碟子，地下钉着个木头橛子。没留神那橛子绊倒了瘸子，弄撒了瘸子茄子，砸了瘸子碟子，瘸子毛腰捡茄子。北边来个醉老爷子，腰里掖着烟袋别子，过来要买瘸子茄子，瘸子不卖给醉老爷子茄子，老爷子一生气抢了瘸子茄子，瘸子毛腰捡茄子拾碟子，拔橛子，追老爷子，老爷子一生气，不给瘸子茄子，拿起烟袋别子，就打瘸子茄子，瘸子拿橛子就打老爷子的烟袋别子，也不知老爷子的烟袋别子打了瘸子茄子，也不知瘸子橛子打了老爷子烟袋别子。闲来没事出城西，树木榔林数不齐，一二三四五六七，七六五四三二一，六城四，三二一，五四三二一，四三二一三二一，二一一，一个一，数了半天一棵树，一棵树长了七个枝，七个枝结了七样果，结的是槟子、橙子、橘子、柿子、李子、栗子、梨！”

（玉鸣禄　史文翰演播稿）

闹公堂

甲 您这相声讲究四个字。

乙 哎，说、学、逗、唱。

甲 唱可不易。

乙 唱是最难喽。

甲 特别是京剧，更不好唱。

乙 那倒是。

甲 我就好唱，而且在唱戏上露过脸。

乙 唱露脸了。

甲 还因为唱戏做过官。

乙 瞧你这脑袋！

甲 唱得好不看脑袋，做官更不看脑袋！

乙 那倒是。

甲 这话是前几年了。有位督军的老太爷做生日，我票了一回戏。

乙 你是票友？

甲 跟着玩儿。那天戏码儿是《朱砂痣》，演老生的病了。老太爷还非听这个戏不可，督军急得跑后台来催。我一看救场如救火，赶紧扮上，把这场戏圆下来了。老太爷非常高兴："老 ×，我当你只会说相声呢，还会唱二黄，真谭派呀！"

乙 学谭鑫培。

甲 真谭派，气死刘鸿声。老太爷看看我，对他那当督军的儿子说："这小子挺精神，你给他个县长当当吧！"

乙 这就当县长了？在什么县呀？

甲 棉花县（线）。

乙 上哪儿找去！

甲 我一想，当官一个人不行，得有个班底。

乙 那是啊。

甲 起码儿得有个掌印夫人。

乙 得有个官太太。

甲 还得有位刑名师爷。

乙 管文案的。

甲 还得有几个底下人：喊堂的，带案的，掌刑的，回事的。

乙 这都得有。

甲 头一个掌印夫人怎么办，上哪儿找太太去？

乙 那怎么办？

甲 我看唱莲花落的于瑞凤不错，行，就是她了。

乙 太太有了。师爷呢？

甲 于瑞凤有个伙计叫清泉，师爷就是他吧。

乙 倒能凑合。

甲 喊堂的找谁呢？哎，我找了个卖药糖的。

乙 卖药糖的嗓子好。

甲 那是啊。他一喊，一条胡同都听得见："吃我的药糖，豆蔻、砂仁儿，薄荷、凉姜……"口儿甜着呢。让他喊堂准行。

乙 带案的找谁呀？

甲 拉洋片的大金牙。

乙 掌刑的呢？

甲 我找了个唱靠山调的。可就是找不着回事的。

乙 那怎么办？

甲 我有一天在街上碰到了。

乙 谁呀？

甲 一个叫街的。

乙 要饭的。

甲 一出门口，就听他喊："好心的老爷太太，掌柜发财！赏我一个两个……"

乙 真是要饭的调儿。

甲 让他回事，这味儿多好呀！我问他："你姓什么？""姓葛。""多大了？""二十四岁。""你认得我吗？""你是说相声的，

×××。”“我不干那个了。我当官了，现在是棉花县（线）的县太爷。我让你跟我听差回事，怎么样？”“谢谢 × 老爷！”

乙　还真机灵。

甲　择吉启程，走马上任。挂出放告牌，真来了打官司的了。

乙　什么买卖都有主顾。

甲　我一问，是花案儿。夫妻二人状告一人。原告男方是唱京东大鼓的刘文彬，就是唱闷腔的那位。女方是唱评戏的。

乙　是啊？

甲　有一天刘文彬不在家，同院有个唱数来宝的叫张三，调戏唱评戏的了。刘文彬回来，赶到我这棉花县状告数来宝张三。

乙　应该来告。

甲　回事的进来了："老爷太太……"

乙　还是要饭的味儿！

甲　我说："你这调门收收行不行？""改不了，老爷太太！""什么事儿吧？""刘文彬来打官司。""外行。打官司，叫人喊堂威，老爷升堂审案。"回事的出来了，叫卖药糖的："快喊堂威，老爷升堂。"卖药糖的说："我不会喊呀。"回事的说："那就拿卖药糖的调儿喊吧！"卖药糖的说："那行！"他，一捂耳朵，张嘴喊上了："告状的别忙，衙役排班，老爷升堂！"

乙　真是卖药糖的味儿！

甲　我当时升堂。师爷在侧面一坐，太太在屏风后面偷听。刘文彬两口子带上来了，我一看他们，戏瘾上来了。

乙　老爷要唱。

甲　没唱，说话上韵："你们二人有何冤枉，慢慢地说来！"刘文彬看我进戏了，他一张嘴……

乙　就说开了。

甲　就唱开了。

乙　唱什么？

甲　京东大鼓的调儿，告状的调儿："未曾说话坠泪痕，尊声大人在上听，小人我不能抵抗，特意到大堂来把冤伸！"

乙　这味儿不怎么样！

甲　我一想不能只问一个人，得问问他媳妇儿。

乙　怎么问的？

甲　“你这个妇道人家，有何冤枉，慢慢道来！”他媳妇不是唱评戏的吗，听我一问呀……

乙　就说开了。

甲　就唱上了。

乙　这个热闹啊！

甲　“大人啊！未曾说话尊声青天，尊声青天，尊声县长你老人家听奴言。那一日奴的丈夫未回家转，来了一个数来宝的名叫张三。这贼人看小奴容颜美貌，强行无理要行奸！”

乙　真是告状的词儿。

甲　我说：“带案的，把那数来宝张三带上堂来！”带案的是拉洋片的大金牙，他把锁链儿一提也唱上了。

乙　他唱什么呀？

甲　拉洋片的调儿，带案的词儿：“锁链把你的脖颈拴，跟我一同咱们去见官。你若是说了真情话，到那时管保叫你回家园。你若是不说真情话，二拇手指一动你就染黄泉哪唉——”

乙　你别拉腔了！

甲　张三一听，来气了。这叫什么带案的呀？就显着你会唱呀，咱也不含糊。他打腰里把竹板掏出来了：“咱也来一段儿！”

乙　好嘛！

甲　“我跟你走，去见官，你何必跟我拉洋片？”

乙　别废话，快走！

甲　“让我走，我就走，跟你同到大堂口！”

乙　再耍贫嘴，我揍你！

甲　“不用打，不用骂，我一定上堂去回话。”

乙　跪下！跪下！

甲　“叫我跪，我就跪，今天一定要受洋罪！”

乙　你为何调戏民女，从实招来！

甲　“尊大人，你听言，调戏民女的不是咱！”

乙　不认账啊！

甲　他不认账，我可火儿了。一拍惊堂木，张嘴就唱！

乙　你也唱上了？

甲　我这戏瘾早就憋不住了。

乙　京剧也上来了。

甲 “一见张三怒气生，调戏民女罪难容，人来与我将他打，四十大板不容情！”我一喊重责四十，掌刑的过来了。这位是唱靠山调的，他手举大板……

乙 就打。

甲 就唱！

乙 他也唱啊？

甲 还是靠山调的调儿：“噼哧扑哧啪，噼哧扑哧啪，不给你点儿厉害你也不怕！板子下去皮肉开花，打完了板子把你苦力来罚哎哎哟哟呀……”

乙 你这大堂成了杂耍园子了。

甲 你还别说，这么一打，张三招了。

乙 还真招了。

甲 我赶紧叫师爷录供。师爷是于瑞凤的伙计清泉，他瞧不起我，心想：一个说相声的，会什么，愣装蒜！他想着想着，唱出声来了。

乙 他也唱上了。

甲 他唱莲花落，《锔大缸》的调门：“捏起笔来笑断肠，力巴头儿愣把县长当！”他这一唱不要紧，屏风后头的掌印太太于瑞凤也憋不住了，她心想：清泉哪，唱莲花落咱俩是伙计，我得接两句。

乙 怎么接的？

甲 “猪鼻子插葱他净装象啊，不会问案他就唱二黄啊！”

乙 这份儿乱哪！

甲 是太乱了，我叫回事的：“回事的，看看何人在堂后喧哗？”回事的把他要饭那个调儿又想起来了：“老爷，那是我的太太呀！”

乙 别挨骂了！

（常宝堃　常连安演出稿）

黄鹤楼

甲　我呀，最喜欢戏吗的。

乙　噢，戏吗的？

甲　嗯。

乙　戏不就是戏吗？

甲　啊。

乙　还带“吗”字干什么呀？

甲　戏呀吗的呀。

乙　噢。这不像话！比方说：我会唱戏，我喜欢唱戏。这才行。

甲　戏剧。

乙　哎，不要那“吗”，一带“吗”字儿好像别的您也喜欢似的。您喜欢戏剧？

甲　我打小时候就爱听戏。

乙　不但您爱听啊，人人都爱听。您爱听戏？

甲　我还喜欢研究戏剧。

乙　喜爱研究？

甲　爱，爱听。

乙　是爱听啊，是爱研究哇？

甲　我爱听啊！由打爱听发展到爱研究这儿啦。

乙　哦，会唱不会唱哪？

甲　我还敢说会唱吗，反正……差不多吧！

乙　差不多呀？

甲　眼面前儿的戏呀，都知道点儿，我也不是专业净唱戏。

乙　不是专业？

甲　不是唱戏，好玩儿，喜爱，在北京啊，我净跟这个这个……唱戏的见面儿，跟他们一块儿玩儿。谭富英你认识吗？

乙　认识啊。

甲　我们没事儿净在一块儿研究，我给他呀说说身段吗的，研究研究唱腔儿呀，我们……

乙　您给谭富英说说身段？

甲　啊，盛戎啊……

乙　盛戎？

甲　裘盛戎，他很尊敬咱。

乙　他？

甲　哎。谁他们……世海他们，认识吗？

乙　世海？

甲　啊，少春他们。

乙　您怎么这么大口气，净说名字，不说姓？

甲　说出姓也可以，袁少春他们。

乙　哎……袁少春哪？

甲　袁……

乙　袁世海。

甲　对，袁，袁世海。

乙　李少春。

甲　对，李少春。

乙　干吗呀？

甲　张春华，张云溪，知道吗？

乙　知道。

甲　我们都很熟哇。在一块儿研究戏剧什么的，我给他们讲一讲说一说。

乙　我怎么不认识您，没听过您的戏？

甲　我不是唱戏的，在北京我净走票，我是票友儿。

乙　您贵姓啊？

甲　我呀？

乙　啊。

甲　姓马。

乙　台甫？

甲　三立。

乙　马三立就是您哪？

甲　对啦。知道我的外号吗？

乙　不知道嘛。

甲　外号我叫“叫官儿”。

乙　什么？

甲　叫官儿。

乙　叫官儿？

甲　嗯。

乙　扑克牌里有一张一个小人骑自行车的，不是那个叫“叫官儿”吗？

甲　我也叫“叫官儿”——他们大伙儿送我的外号。

乙　怎么给起这个名儿哪？

甲　我呀，在票房的时候，也有清排，也有彩排呀，只要我去啦，瞧见我啦，什么戏都能开得了，什么戏都能唱，所以叫“叫官儿”。你说短什么角儿？短老生，我来。老生有啦，缺花脸，我来。花脸有啦，短个老旦。我来。短小花脸，我来。我全行。

乙　噢，合着一有您嘛，这出戏就开啦。

甲　生、旦、净、末、丑，神仙、老虎、狗。

乙　满会？

甲　全有点儿。

乙　你瞧呀！

甲　你要学，我教给你点儿？

乙　我……

甲　你学吗？你要学我给你来，武功！

乙　干吗，干吗？

甲　先给你窝窝腿。

乙　好模当样儿给我窝腿干吗呀？

甲　唱戏用功啊。

乙　嘻！别说还没商量好跟您学戏呀；学戏，我四十多岁啦，也不学武啦，窝腿？这腿一窝不折了吗？

甲　你打算学？

乙　不学武的，就学文唱。

甲　我教给你。

乙　那好。

甲　想学文的还不贵。

乙　哎？

甲　打今儿起呀……

乙　您先等等儿……

甲　头一天……

乙　您甭头一天，我不干！这还不贵？

甲　嗯。

乙　不贵一定是贱啦，贱了您要多少钱哪？嗯？

甲　你那意思是打算少花钱哪，对不对？

乙　少花钱哪！一子儿不花还不定学不学哪！我也不知道您有什么能耐，坐在那儿一说您会唱戏，我也没见您的戏，不知道怎么样我就花钱，我什么毛病，我？

甲　你多会儿学，我教，不要钱。

乙　不要钱？那行。

甲　你嗓音儿怎么样？

乙　嗓子不很好。

甲　等哪天你唱两句我听听。

乙　干吗等哪天哪？我跟您这么说，叫官儿呀！

甲　啊。

乙　这不像话，没有叫这名儿的！今天借这个机会，我请您唱一段儿行不行？

甲　哪儿唱？

乙　这儿。

甲　这儿不行。

乙　您不是票友儿吗？

甲　我不能清唱，我是彩排。清唱差点儿，差点儿事。

乙　清唱不行？

甲　我非得穿戏服吗的。

乙　什么？穿戏服？

甲　嗯。

乙　就是唱戏穿的那衣裳？

甲　啊。

乙 嗐，那不叫行头吗？

甲 对，行头。

乙 那怎么叫戏服哇？

甲 我怕你不懂。

乙 嗐，我们不管怎么外行，唱戏穿的那叫行头我们还不懂吗？

甲 懂不更好嘛！得穿上行头唱。

乙 行头可不现成，这么办，虽然是穿便服不是嘛，咱们也带点儿身段，好像跟彩唱一样。

甲 带点儿身段？

乙 哎。

甲 我先听你的，你先来个身段我听听。

乙 什么叫来个身段我听听？

甲 我听听你的身段怎么样。

乙 身段还能听听？那是舞台上的做派呀！

甲 我先听听你的做派。

乙 做派听得见吗？那不得看吗？

甲 先看看你的做派！

乙 看看我的做派干吗哪？打算唱的话，你说要唱哪出戏；咱们哥儿俩研究一出。你喜欢唱哪出？你说！

甲 干吗呀？

乙 唱啊。

甲 你跟我唱？

乙 啊。

甲 你这不是打岔吗？显见你是拿我糟改呀！

乙 怎么？

甲 我这么大的票友儿，我跟你唱？跟着你砸锅呀！你哪儿成啊！

乙 嗐，虽然说我不行，你的意思不是打算看我的身段，听听我的嗓音吗？

甲 啊。

乙 我借这个机会呀，为的是跟你学学，你看我可以深造，将来我再往深里研究。

甲 你会哪段儿？我先听听。

乙 你说呀。

甲　我别说啦。
乙　怎么？
甲　我会好几百出戏哪，我说？你会呀？你先拣你会的。
乙　噢，你会好几百出戏哪？
甲　啊。
乙　那可你会的多。
甲　你会什么呀？
乙　我会的可不多。
甲　你会哪个，唱哪个得啦。
乙　我出主意？
甲　啊。
乙　哎，这倒好。咱们哥儿俩唱回《黄鹤楼》，怎么样？
甲　什么戏？
乙《黄鹤楼》哇。
甲　……黄什么楼？
乙《黄鹤楼》，行吗？
甲　这戏你会吗？
乙　嗐，我不会我就出主意啦！
甲　哎，这戏可生点儿呀！差不离儿戏园子都不贴这戏。
乙　别人不唱，咱们唱不新鲜吗？
甲　黄什么楼？
乙《黄鹤楼》哇！
甲《黄鹤楼》？
乙　啊。
甲　唱哪一点儿？带"大审"不带？
乙　啊？带"大审"不带？
甲　啊。
乙　不带"大审"。
甲　不带"大审"，起"庙堂"来。
乙　起"庙堂"来？
甲　嗯。
乙　嗐！您说"大审"、"庙堂"啊，那是《法门寺》。
甲　你对？

乙　我们唱的这是《黄鹤楼》！
甲　《黄鹤楼》哪一点儿？
乙　《黄鹤楼》就是“刘备过江”啊！
甲　“刘备过江”，你就说“刘备过江”得了吗？要不你这人怎么让人恨哪。就这样！
乙　怎么？
甲　你说“刘备过江”啊，说“刘备过江”我早知道啦，还掉侃儿——《黄鹤楼》啦！
乙　掉侃儿？《黄鹤楼》这是戏名字，这是掉侃儿吗？
甲　你就说“刘备过江”我不就早知道了吗？
乙　这你会唱啊？
甲　会唱，我走票这么些年啦，我到哪儿总是这个——“刘备过江”，总唱这个“劝千岁”那可不是？
乙　“劝千岁”？
甲　（唱）“劝千岁杀字休出口，老……”
乙　您先等等吧。
甲　（唱）“老臣……”
乙　您先等等儿唱吧，这是什么戏呀！您唱的那是“刘备过江”啊？
甲　我去那张果老。
乙　张果老啊？
甲　“刘备过江”我去找张果老。
乙　哎，您那是《甘露寺》，那叫乔国老，那是“刘备过江”招亲啦。
甲　乔国老？
乙　啊。
甲　对对，乔国老。
乙　我说这“刘备过江”啊，是黄鹤楼赴宴。
甲　按你这路子是唱赴宴这点儿？
乙　什么叫按我这路子呀？这是两码事，《甘露寺》是《甘露寺》，这是《黄鹤楼》。
甲　随你吧。《黄鹤楼》，你有啊？
乙　啊。
甲　有咱就唱这个。
乙　那么你有吗？

甲 你就甭管啦。

乙 甭管啦？

甲 我叫“叫官儿”呀！

乙 噢，“叫官儿”这意思是会啦。咱唱《黄鹤楼》啦，您去谁，您挑角儿吧！

甲 我先别挑。我要什么角儿，可巧你也会那一点儿，这怎么办哪？你先说，你会哪一点儿，你来。不成的你就甭管啦。

乙 这倒对，那么我挑角儿啊，我去刘备。

甲 嗯。

乙 我刘备。

甲 好啦！

乙 您哪？

甲 我去什么呀？

乙 您说呀。

甲 不，问你。

乙 去谁也问我？

甲 哎，我不说，就听你的，你来。

乙 哎呀，您横是不会吧，先生？

甲 怎么不会呀？

乙 让您挑哪出戏您也不挑，让您挑哪个角儿，“听您的”，你别马马虎虎不清头吧？

甲 什么不清头哇，我们大大方方儿的听你派！你派哪个角儿我唱哪个角儿，怎么叫不清头哇？真是！你说吧！

乙 我说，你来个诸葛亮行吗？

甲 你甭管啦。

乙 甭管？您倒是会呀，不会呀？

甲 你就甭问啦，那有什么呀。

乙 行啊。

甲 不是我去诸葛亮吗？

乙 哎，对对。

甲 歇工戏，歇工戏。

乙 我再来个张飞。

甲 张飞？

乙　哎。
甲　去俩？
乙　分包赶角儿嘛。
甲　嗬，行啊，你。
乙　你也得去俩。
甲　我来个什么呀？
乙　你再来个鲁肃。
甲　鲁肃？
乙　嗯嗯。
甲　鲁大夫。
乙　对。
甲　鲁子敬？
乙　哎，对啦，对啦。
甲　嘿。（唱）“鲁子敬在舟中……”我来，先来鲁肃后来诸葛亮，“借风”那点儿我来。
乙　“借风”？
甲　我来！（唱）“学天书，玄妙法……”马连良学的是我这路子。
乙　哪管唱多好，不对！
甲　啊！
乙　这是哪儿的事呀！您唱的这是《借东风》呀，我们说的是《黄鹤楼》。
甲　《黄鹤楼》带《借东风》好不好？
乙　啊？那怎么唱啊？
甲　你说把这点儿码啦？
乙　什么叫码啦？原本就没有《借东风》哇！
甲　“学天书”这点儿我有啊。
乙　您有，跟我们这出用不着哇！
甲　小点声唱行不行？
乙　您那儿小声唱啦，我这儿怎么办哪？
甲　按着你这路子吧。我鲁肃什么时候去？
乙　您也甭去鲁肃啦，您就去诸葛亮得啦。
甲　先去诸葛亮。
乙　哎，分包赶角儿，完全是我的。

甲　那你可累点儿啦。
乙　那没办法呀，还有一样儿，您得受点儿累。
甲　什么呀？
乙　咱们没“场面”。
甲　没场面就清唱，不打家伙。
乙　那太肃静啦，使嘴打家伙。
甲　拿嘴学？
乙　哎。我去刘备上场，您打家伙。
甲　我来。
乙　您上场我打家伙。
甲　好。
乙　我是刘备，我先上场。
甲　我呢？
乙　您打家伙。
甲　可以呀。
乙　“馄饨。”
甲　（秧歌锣鼓）呛呛七呛七，呛呛七呛七……
乙　您等等儿，您等等儿，扭秧歌？
甲　不是你告诉我说的打家伙吗？
乙　刘备扭秧歌，那怎么唱啊？
甲　这么打家伙不是热闹吗？
乙　热闹？那不乱吗？唱二黄啊，打小锣儿。
甲　小锣怎么打呀？
乙　台台……
甲　好，再来。
乙　“馄饨。”
甲　台，台，台，搭搭台。
乙　“啊，先生。”
甲　“啊，先生。”
乙　俩大夫啊？
甲　你管我叫先生嘛。
乙　嗐！我叫你先生，你别叫我先生。
甲　我管你叫什么呀？

乙　管我叫“主公”。
甲　“主公”是什么玩意儿？
乙　嗐，什么玩意儿！“主公”啊，我就是皇上。
甲　皇上的脑袋剃这么亮啊？
乙　嗐，这不是假的吗？做派嘛。
甲　好，皇上。
乙　“啊，先生。”
甲　“皇上。”
乙　什么叫皇上啊？
甲　什么？
乙　“主公。”
甲　“主公！”
乙　别忙啊，我还没叫你哪。“啊，先生。”
甲　“主公。”
乙　“此一番东吴赴宴，你把孤王害苦了！”
甲　呸！
乙　这是怎么个话儿？
甲　你气我嘛。
乙　怎么？
甲　我怎么害你啦？
乙　没说你呀！
甲　那你怎么说“害苦了”？
乙　我说的是诸葛亮。
甲　找诸葛亮去呀？
乙　我哪儿找去呀！
甲　那你冲我说嘛！
乙　“刘备过江”不是你出的主意吗？
甲　我多咱出主意啦？
乙　嘻，你让我去，我不乐意去呀。
甲　那你就甭去呀。
乙　哎，那就甭唱啦！
甲　好，不唱算啦！
乙　算啦？到这儿就完啦？

甲　你说不唱了嘛。
乙　没说你本人儿，我说你这个角儿把我这个角儿给害啦！
甲　我什么词儿哪？
乙　你打家伙就行啦，呛哧七哧呛哧七哧……
甲　噢，这样儿。
乙　“啊，先生。”
甲　“主公。”
乙　“此一番东吴赴宴，你把孤王害苦了！”
甲　呛哧七哧呛哧七哧呛哧七哧呛。
乙　（唱）“心中恼恨诸葛亮。”
甲　好！
乙　别叫好啦！
甲　呛。
乙　“立逼孤王过长江。”
甲　呛。
乙　“龙潭虎穴孤前往。”
甲　呛哧七哧呛哧七哧呛哧七哧呛。
乙　“啊？”
甲　啊。
乙　“啊？”
甲　（学驴叫）啊……
乙　你怎么学驴叫哇？
甲　配音。
乙　配音？哪儿来的驴呀？
甲　骑驴打酒去嘛。
乙　啊。
甲　你骑驴打酒去，我把你一家子都杀啦。
乙　那是什么戏呀？
甲　《捉放曹》。
乙　这不是《黄鹤楼》吗？
甲　那你不骑驴打酒去？
乙　没有驴。我这一“啊”是纳闷儿。
甲　你有什么可纳闷儿的哪？

乙　因为得让你说话，我好唱啊。
甲　什么词儿呀？
乙　“山人送主公。”
甲　“山人……”
乙　你别忙，忙什么呀。（唱）“龙潭虎穴孤前往。”
甲　呛呔七呔呛呔七呔呛。“山人送主公。”
乙　“唉。分明是送孤王命丧无常。”
甲　“送主公。”
乙　“免。”
甲　“送主公。”
乙　“免。”
甲　“送主公。”
乙　“免。”
甲　“送主公。”
乙　你把我送哪儿去呀？
甲　送你过江。
乙　送那么远干吗呀？送一句就该你唱啦！
甲　对对，下啦。
乙　哎，你别下呀，我下啦。该你唱啦。
甲　我唱？
乙　哎。
甲　站这边儿唱。
乙　哎，对对。呛呔七呔呛呔七呔呛。
甲　（唱）“心中恼恨诸葛亮。”
乙　呛。
甲　“立逼孤王去过江。”
乙　呛。
甲　“龙潭虎穴孤前往。”
乙　呛呔七呔呛呔七呔呛。“山人送主公。”
甲　“啊？”
乙　合着刘备送刘备呀？
甲　你让我唱嘛。
乙　我让你唱，你不是诸葛亮吗？

甲　啊。

乙　你得唱诸葛亮那词儿呀。

甲　诸葛亮哪个词儿呀？

乙　你不会呀？

甲　废话，我干什么的？

乙　会你就得唱啊！

甲　会就唱啦！

乙　还是不会呀。

甲　我是“叫官儿”，怎么不会呀？

乙　你倒是会，倒是不会呀？

甲　可说哪。

乙　什么叫可说哪？

甲　反正会倒是会。

乙　忘啦？

甲　也没忘。

乙　唱吧。

甲　想不起来啦。

乙　还是跟忘了一样啊！

甲　不新鲜。

乙　一句没唱就忘啦，还不新鲜？

甲　唱戏忘词儿不算包涵。

乙　没听说过，您一句没唱就忘啦还不算包涵？

甲　我也不是满忘啦，头一句想不起来嘛！这戏我们都好些年没唱啦。

乙　甭净说年头儿多少，您二句还没唱就忘啦！

甲　你一提我就知道。

乙　我告诉你：“主公上马心不爽。”

甲　哎，可不是这个嘛。

乙　会啦？

甲　有哇，“主公上马”什么？

乙　“心不爽”。

甲　有哇。

乙　好，有。呛味七味呛味七味…

甲　哎，好些句儿哪，五句吧？

乙　哎，共合四句呀。
甲　四句啦？
乙　啊。
甲　“主公上马心不爽”？
乙　啊。
甲　二句不够辙。
乙　怎么？
甲　二句是“发花”。
乙　谁说的？“山人八卦袖内藏”。
甲　够辙。
乙　多新鲜哪！
甲　三句我改新词儿。
乙　改新词儿？
甲　听我的三句。
乙　那可不成，改新词儿那怎么唱啊？
甲　原有的那不像话呀。
乙　谁说的？“将身且坐中军帐”。
甲　这是第四句。
乙　三句。
甲　四句哪？
乙　啊……合着一句不会呀？
甲　得得，已经都说出来啦。
乙　“等候涿州翼德张”。
甲　来。
乙　呛味七味呛味七味呛。
甲　（唱河南坠子）“主公上马呀心不爽啊，心呀心不爽啊，有山人哪八卦在袖内藏。”
乙　（学拉坠子过门）
甲　“将身我且坐中军宝帐啊。”
乙　（学拉坠子过门）
甲　“等候涿州翼德张，按下了诸葛亮咱不表。”（学拉坠子过门）
乙　“后面来了我翼德张。”
甲　（学拉坠子过门）

乙 “将身儿来在了中军宝帐。”

甲 （学拉坠子过门）

乙 “见了那诸葛亮我细说端详。”

甲 说！

乙 说什么呀？怎么唱上河南坠子啦？

甲 你唱的这不也是坠子吗？

乙 我……我让你带到沟里去啦！

甲 我应当唱什么调？

乙 应当唱什么调都不会？

甲 我应当唱什么腔儿？

乙 嗐！（唱）“主公上马心不爽。”

甲 呛。

乙 你唱啊。

甲 “主公上马……”

乙 打家伙。

甲 呛味七味……

乙 我打家伙呀！

甲 怎么这么乱呀！

乙 呛味七味呛味七味呛。

甲 “主公上马心不爽。”

乙 呛。

甲 “山人八卦袖内藏。”

乙 呛。

甲 “将身且坐中军帐。”

乙 呛味七味呛味七味呛。

甲 “等候涿州翼德张。”

乙 呛，七味呛。

甲 ……

乙 报名啊！

甲 嗯？

乙 报名啊！

甲 学徒马三立……

乙 马三立干吗呀！

甲　报谁的？报你的？
乙　报我的也不对呀。
甲　报谁的？
乙　诸葛亮啊。
甲　学徒诸葛亮，上台鞠躬。
乙　嘿！诸葛亮倒和气，有说这个词儿的吗？
甲　怎么报？
乙　“山人诸葛亮，等候翼德张。”
甲　这句呀？
乙　啊。
甲　早就会。
乙　会怎么不说哪？
甲　会，不知道这句搁哪儿？
乙　那不跟不会一样吗？
甲　“山人诸葛亮，等候翼德张。”
乙　“走哇！”
甲　怎么话儿？怎么话儿？
乙　怎么啦？
甲　你嚷什么呀？吓我一跳！
乙　嗐，这不是张飞来了嘛！
甲　张飞来啦？
乙　啊。
甲　我给来个不见面儿。
乙　躲账啊？
甲　张飞来啦，我什么词儿呀？
乙　我叫板，“走哇！”你打家伙，张飞上场。
甲　噢，来来。“山人诸葛亮，等候翼德张。”
乙　“走哇！”
甲　台，台，台，台，台搭搭台。
乙　好嘛，这是张飞他妹妹。我怎么唱啊？
甲　你不是说打家伙吗？
乙　打家伙别台台地打呀，这是花脸，你得打快家伙呀！
甲　怎么快呀？

乙 呛呛呛……

甲 噢，这样儿啊。“山人诸葛亮，等候翼德张。”

乙 “走哇！”

甲 呛呛呛……唱啊！呛呛呛呛呛……

乙 干吗？这是过电啦怎么着？

甲 这玩意儿有规矩没有？

乙 有哇。

甲 打多少下？

乙 家伙都不会打？

甲 你说明白了。

乙 这叫什么“叫官儿”呀！我一叫板，你打一个〔四击头〕：呛呛叭崩登呛！出来一亮相儿，改快的：呛呛呛……崩登呛！“哇呀……”

甲 哪儿“哇呀”？

乙 崩登呛。

甲 “哇呀”完了？

乙 打家伙：呛味七味呛味七味呛。

甲 呛味七味呛完了哪？

乙 唱。

甲 我就唱？

乙 你别唱啊，我唱。

甲 来。“山人诸葛亮，等候翼德张。”

乙 “走哇。”

甲 呛呛叭崩登呛！呛呛呛……崩登呛！ “哇呀……”

乙 我“哇呀”。

甲 那你不说明白了！我当我“哇呀”呢。

乙 我“哇呀”呀。

甲 “哇呀”呀？

乙 “哇……”我得哇呀得出来呀！

甲 呛味七味呛味七味呛。

乙 （唱）“心中恼恨诸葛亮。”

甲 呛。

乙 “做事不与某商量。”

甲 呛。

乙 “怒气不息……”

甲 大呛。

乙 “宝帐闯。”

甲 呛呛呛……呛。

乙 “快快还某大兄王。”

甲 呛七呛。

乙 “可恼哇！”

甲 大呛。

乙 “可恨！”

甲 要死呀？

乙 怎么要死呀？

甲 干吗龇牙咧嘴，可恼可恨？

乙 该你说话啦。

甲 “送主公。”

乙 “送主公！”这是张飞呀！

甲 “送张飞。”

乙 又给送啦？

甲 什么词儿呀？

乙 一句不会嘛！“三将军进得宝帐怒气不息，为着谁来？”

甲 这句呀？

乙 啊。

甲 早我就会。

乙 会怎么不说哪？

甲 不知道这句搁哪儿？

乙 这跟不会一样啊。

甲 不知道什么时候说。

乙 就这时候说。

甲 就这钟点儿说。

乙 哎。

甲 再来。

乙 “可恼哇！”

甲 大呛！

乙 “可恨！”

甲　“啊，三将军，进得宝帐怒气不息，为着谁来？”

乙　“先生啊！”

甲　啊，怎么着？

乙　“老张就为着你来！”

甲　噢，你为我来？

乙　“正是！”

甲　这个……我不惹你呀！

乙　这像话吗？

（马三立　张庆森述）

黄鹤楼

甲　你瞧，不拘哪一界的人，也是阎王好见小鬼难搪。

乙　怎么？

甲　这话您不大信不是！

乙　对啦！有点儿不信。

甲　不信不要紧，您就去调查下。您瞧那做官的与做大事的人，不论他是文是武，多一半全是客客气气的。您再瞧他的下人，可就与他的主人大大不同了！

乙　怎么？

甲　他的主人不是见了人非常客气吗？

乙　啊！

甲　他见了人与他的主人大相反，是非常不客气。尤其是现在的一般人，多一半的是华丝葛眼哔叽呢西服装的脑子。

乙　什么是华丝葛眼哔叽呢西服装的脑子呢？

甲　这个你全都不懂得！就是眼高看不起人，你要是穿一身布衣服去，打算见他们上头的人，他也不管你与他的主人是什么交情，不用他们上头人费心，他就做了主，不见！

乙　那似乎有一点儿太不讲理了！

甲　谁又说他讲理呢！

乙　假如你要是穿华丝葛去哪？

甲　你要是穿着华丝葛或是哔叽去呀，那就比穿布衣服去好多了。最好你是穿西服。要是穿西服与穿布衣服比较起来，那真是天地之别，好似穿布衣服的是他的孙子，穿西服的是他的祖宗，你看差多少！

乙　嗬！真不得了！有钱还是置一身西服穿吧！

甲　不但是当下人是这样，就是现在的买卖也是如此。

乙　做买卖的不应当看不起人哪，好坏买多买少全是财神爷，怎么也看不起人呢？那可真不是买卖规矩！

甲　记得有一次，我去前门的一家布铺去买布，也不用说哪一家布店了。

乙　你说出来也让大家明白明白呀。

甲　别说了，说了出来要叫人家见着好打我呀！

乙　好在打你我不疼，也没多大关系。

甲　别说啦！你猜怎么着？可倒好，我到了那家布店，他们的伙计看见了我，全都不爱言语。后来看柜的先生看着过不去了，这才叫他们过来，问我买什么。虽然不大爱理我不是，可是全都看着我。

乙　那是小心你，怕你偷人家！

甲　咱们哥们儿哪能够偷人家呀！

乙　不少偷！

甲　偷倒也是偷过，不过这是前几年的事了。现在不偷了！

乙　知过必改，坏人变好人。

甲　现在虽然不常偷了，偶尔间还犯一回这个病。

乙　什么病啊？

甲　就是偷哇！

乙　好德行，还没改！

甲　偶尔犯一回也没有多大关系呀！

乙　不成，这个病一点儿也不应当有。

甲　后来又进去了一位穿一身亮堂堂的一个小媳妇，嗬！可好，不得了啦！就好似进去了一个财神奶奶一个样。有十来个伙计全都跑了过去，团团围围把她给圈在了中间，给让到后边，小徒弟也忙了，倒茶的倒茶，拿烟卷的拿烟卷，划洋火的划洋火，真叫热闹，就一通儿应酬哇，真叫不得了。我一看他们这样儿呀，伙计徒弟们全都张罗去了，我借着这个乱劲，拿起两匹布就往外跑，一气儿就跑到家去了，你说我有能耐没有能耐？

乙　这个不算能耐，还是没有忘掉偷人家，这个布店也真大意，竟会叫你跑了。

甲　你瞧！跑不了还算能耐！

乙　好德行。

甲　这完全是打哈哈，哪儿有这么回事！他们这种势利眼的做买卖的真叫可恨！

乙　对啦！

甲　您瞧还有这种人，三句话不离本行。就拿您说吧，您天天在这儿说相声，一天您没有买卖，出来溜达，遇见了人，人家问您说你今天没做买卖呀？你一定要好好端端地说："可不是吗您。"你决不能对着人家说："哐！咪呆令哐！"（此系说相声时爱说的锣鼓点子）

乙　对对！

甲　还有梅兰芳博士，您别瞧他在舞台上是女声女气的，要是到了他的家里，他也是女声女气的，那样房东就快说话了，请您找房搬家吧！

乙　对对！台上是台上，家中是家中。

甲　刚才提起梅博士来了，我也犯了戏瘾。

乙　那您上戏馆听去吧！

甲　不是听戏的戏瘾，是唱戏的戏瘾。

乙　听您的话口儿您许是会唱吧？

甲　您不知道？

乙　对啦，不知道。

甲　我是富连成头科的学生。

乙　噢！您是富连成的学生？

甲　对啊！

乙　您在科里叫什么？

甲　我就叫："连带关系"。

乙　怎么起这么一个名字？

甲　为的是新鲜。

乙　好新鲜！

甲　您瞧皮黄这个东西可不是打哈哈的，不容易得很！

乙　可不。

甲　你别瞧那票友儿，在票房里边唱得非常的好，您一听多了不值，足值十元钱，一到后台化上了妆，就值八元了；等到一登台，就值六元了，再一唱就值四元了，再一做，值二元了。

乙 怎么越来值得越少？

甲 越来越不成嘛，怎么不值得少？我记得有一次有某饭庄的堂会，有一位票友儿，是唱老旦的，要说这位票友儿的嗓子，还是真不坏，那天唱的是《滑油山》。

乙 啊！

甲 他并没有登过台，这是大姑娘坐轿子。

乙 此话怎么讲？

甲 就是头一回，在后台有人给他化好了妆，在后台先唱一句倒板不是？

乙 对啦！

甲 这句倒板的词是："黑暗暗雾沉沉一阵昏暗"，您在前台听吧，真得说是嗓子洪亮，其余音大有绕梁三日之概！就听台底下一片叫好声与拍掌声。

乙 真好嘛，当然有人叫好。

甲 就听大鬼喊了一声："拉着走！"就把这位老太太给请上台来了，上台应当唱一句碰板呀！

乙 啊！

甲 好！你猜怎么着？

乙 更唱得好了！

甲 好倒好，可也得会呵！他把词忘了。直问大鬼："我唱什么呀？"大鬼说："我知道你唱什么呀！"

乙 忘了词真也糟心！

甲 越想不起来越着急，越着急还越想不起来！

乙 那是一定啊！

甲 您猜怎么着？这个去大鬼的真叫高，见他实实在在的是想不起来了，呆呆板板地在台上站着真不大好看，便喊道："来呀，拉回去！"

乙 好漂亮！怎么又拉回去了？

甲 不拉回去怎么办呢，呆呆地在台上站着大概也不大好看！

乙 干什么大概不好看哪，简直的就不好看嘛！

甲 所以说票友儿真叫好，不容易，您瞧人家那科班，七年方才出科，一板子一棍子打出来的。在从前学戏不说学戏，全部说是打戏，由此看来，他们挨打的轻重，也就可想而知了。

乙　对啦！早年的科班打得非常的厉害。记得我们从前有一家街坊，是一位教戏的，那个时候他家里教的两个小孩子，全是学武生。有一次因为学台步，错走了一步，他老先生拿着枪就是一下，把枪都打坏了。又有一次，忘记了是因为什么，他把小孩一提腿提溜起来了，一下子给扔出一丈多远去，把那小孩摔得口吐白沫，你说多么厉害。

甲　现在的一般票友儿，差不多全是大爷脾气，什么打，好嘛！你说一说他，他全都不爱听，他们的心理是这样："大爷有钱。"

乙　对啦！

甲　我学戏的时候可没少挨打呀！

乙　你学的是哪一工？

甲　我学的是硬上弓！

乙　什么？

甲　硬上弓啊！

乙　什么叫硬上弓呀？

甲　硬上弓你全不懂得？你可是有点儿地道的中国大饭桶！

乙　我真不懂！不但我不懂，而且我还是没有听说过伶界有这么一个角色。

甲　你这才是少见而多怪呢！

乙　对啦！我实在的有一点儿少见多怪，没有什么说的，咱们哥儿俩怪好的，请你指教指教吧！

甲　这没有什么，自己弟兄，何必如此客气！硬上弓者即文武老生工之谓也。

乙　你别这儿挨骂了！

甲　打了半天哈哈，搅了您半天。

乙　没什么！没什么！

甲　我帮一帮您吧！

乙　谢谢！谢谢！

甲　您会唱吗？

乙　不敢说会，不过略微懂一点儿，反正没有您入过科班的好哇！

甲　不必客气，今天咱们二位唱一出。

乙　好！唱一出什么戏呢，是文的好是武的好？

甲　还是唱一出文的好。

乙 文的唱什么呢?

甲 随便您说。

乙 唱一出《珠帘寨》吧?

甲 《珠帘寨》不好!

乙 怎么不好!

甲 角色太多,也太累!

乙 要不然唱一出《群英会》吧?

甲 《群英会》也不好!

乙 那么唱一出《群臣宴》?

甲 《群臣宴》更没有意思了!

乙 那么全没意思啊!

甲 你不找有意思的说嘛!

乙 咱们唱《白虎堂》吧?

甲 对啦,辕门斩子《白虎堂》,这一出可好!

乙 咱们就唱这一出吧!

甲 我不会!

乙 我说你这是怎么一回事啊?不是不好,就是没意思,要不然就是不会,那唱什么呀?

甲 我出一个主意吧,咱们唱一出《黄鹤楼》,你看好不好?

乙 好好!咱们两人先分一分角色。

甲 《黄鹤楼》所用的角色也不少,咱们先算一算;刘备、孔明、张飞、赵云、周瑜、鲁肃、甘宁、刘封,一共八个人。咱们俩怎么样的分法呢?

乙 我去刘备,你去孔明,我再去一个张飞,你再去一个周瑜,其余的赵云、鲁肃、甘宁等咱们临时该谁去谁去。

甲 好吧!谁先唱?

乙 刘备先上啊!

甲 好,你先上吧!

(乙做上台身段)

乙 (念引子)"地得人和,灭孙曹,孤心安乐。(坐介)日月重明照英雄,仰仗卧龙建奇功,虽得地土归王位,未得遂意高祖封。孤,刘备,弟兄三顾茅庐,请来诸葛先生,累建奇功;孤虽住荆州,与东吴未分明白。正是:苍天遂孤意,重整汉帝基。"(乙看甲,

甲不语）

乙　该着你啦！

甲　该我干什么呀？

乙　该你上台了！

甲　我去谁呀？

乙　你先去一个刘备。

甲　刘备说什么呀？

乙　你不会呀？

甲　不会敢跟你唱。

乙　你会嘛怎么又不知道说什么呢？

甲　我忘了，你告诉我一句也不要紧哪，干什么呀！我这是给你帮忙呢！

乙　好，我告诉你，你应当说："忙将东吴事，报与父王知，参见父王。"

甲　我是你的什么呀！

乙　你去的这个角色是我的儿子。

甲　别挨骂了！谁要你这样的爸爸呀！

乙　谁要你这样的儿子呀！这是唱戏，不是真的，我是你爸爸。

甲　噢！那就是了，我说的呢！好！来吧！"忙将东吴事，报与父王知，参见父王。"

乙　"罢了，进帐何事？"

甲　我知道干什么呀！

乙　我说你一点儿也不会啊？

甲　为什么不会！不会就敢跟你唱了？

乙　那么你不念词儿？

甲　我忘了！

乙　你又忘啦，我看你大概全都忘了！

甲　没有，没有！你一说我就想起来了。

乙　我告诉你。你说："东吴有书信到来，父王请看。"

甲　噢！还是那个老词儿呀！我想起来了。

乙　那是一定啊，我不说你也想不起来。我一说你就想起来了。快说吧！

甲　"东吴有书信到来，父王请看。"

乙 “东吴有书信到来，待孤拆开观看。”

（甲乙同念唢呐牌子）

乙 “来，请诸葛亮先生！”

甲 我又该换诸葛亮了吧？

乙 对啦，快着吧！

甲 我又该说什么了？

乙 你怎么又不知道哇？

甲 我方才倒是想起来了，叫你一催又忘了！你告诉我吧！

乙 好，我告诉你！你说：“东吴摆下杀人场，狸猫焉能胜虎狼。参见主公！”

甲 噢！还是那个老词呀！我会了。

乙 你又会了，快说吧！

甲 “东吴摆下杀人场，狸猫焉能胜虎狼。参见主公。”

乙 “先生少礼，请坐！”

甲 不必客气！

乙 哪儿又跑出一句“不必客气”来？

甲 不对吗？

乙 不对！你真糟心！应当说：“谢坐，宣臣进帐，有何军情？”

甲 对啦！我给忘了！

乙 你全忘了！

甲 “谢坐，宣臣进帐，有何军情？”

乙 “东吴有书信到来，先生请看！”

甲 来了来了吧！看它则甚？

乙 这又是哪来的词儿呀？

甲 不对吗？

乙 不对！

甲 那么是什么呢？

乙 您一句也不会，得啦，别唱了！

甲 这几年不唱了，我把词全都给忘了，咱们揭过这一点儿去吧！

乙 也可以！那么从哪儿起呢？

甲 咱们就从刘备起身唱好不好？

乙 可以！我先唱。（唱）：“好一个大胆诸葛亮，勒逼孤王过长江，龙潭虎穴孤去闯。”

甲　“山人送主公！”

乙　“唉！你分明是送孤我去见阎王。”

甲　（唱）“一见主公出宝帐，那旁来了翼德张。”

乙　走哇！携（唱）“心中恼恨诸葛亮，做事不与某商量，怒气不息宝帐闯，你快快还我大兄王。”（白）“可恼哇，可恼！”

甲　“三将军怒气不息为着谁来？”

乙　“我就为着你来！”

甲　“为山人何来？”

乙　“俺大哥过江赴宴，怎么不叫俺老张知道？”

甲　“叫你知道做甚？”

甲　“好东西！我非打你不可！”（打介）

乙　得了！得了！先生留命！

（张笑侠搜集整理）

群口相声

抢三本

乙　这回你们两个人帮我说一回。咱们说它一回三本小书儿——《三字经》《百家姓》《千字文》。

甲　（小孩扮演）怎么说啊？

乙　咱们由打《三字经》头一句说。我说“人之初”，（指丙）你由打“初”字说一句成语，你接他的底字儿说一句成语。这叫“顶真续麻”，字头咬字尾。咱们三个人来回绕，绕到《百家姓》上一句。

甲　绕哪句上呢？

乙　落到“蒋沈韩杨”。谁若落不到“蒋沈韩杨”那儿，罚他在这儿跪仨钟头。

甲　那么谁若落在“蒋沈韩杨”这儿呢？

乙　谁若落在“蒋沈韩杨”这儿，谁是爹。

丙
甲　（合说）哎！

丙　咱们仨人说，由打“人之初”说，字头咬字尾，咱们仨人来回绕，绕在《百家姓》上“赵钱孙李”。

乙　什么“赵钱孙李”呀，绕到“蒋沈韩杨”。

丙　噢，“蒋沈韩杨”啊。谁若落不到这儿呢？

乙　罚他在这儿跪仨钟头。

丙　那么谁若落在“蒋沈韩杨”这儿呢？

乙　谁是爹。

甲
丙　（合说）哎！

甲　这回我听明白了。由打《三字经》头一句说，落在《百家姓》“周吴郑王”。

乙　你也没听明白，落在“蒋沈韩杨”。

甲　“蒋沈韩杨”啊。落不上来怎么样？

乙　落不上来，罚他在这儿跪仨钟头。

甲　他若落在“蒋沈韩杨”这儿呢？

乙　谁是……

甲

乙　（合说）哎！

丙

乙　又来啦？你们是说呀，是起哄呀？

甲　帮您说。

乙　先听我的。“人之初”。

丙　“性本善”。

甲　“性相近”。

乙　“习相远”。

丙　“戒之哉”。

甲　“宜勉励”。

乙　咱这儿背书哪？我说“人之初”，（指丙）你别说“性本善”哪。

丙　我说什么呀？

乙　你得接我这“初”字说句成语。

丙　那行，您再说。

乙　“人之初”。

丙　初一初二。

甲　初三初四。

乙　初五初六。

丙　初七初八。

甲　二十九三十儿。

乙　一个月啦！

甲　你拿房钱来吧。

乙　干吗？咱们这儿背月份牌儿哪！（指甲）他说对了，你又说错了。你别说“初三初四”啊，你接他那“二”字说句成语。

甲　好，咱重新说。

乙　“人之初”。

丙　初一初二。

甲　二八娇娥。

乙　鹅能凫水。

丙　水过漫楼。

甲　楼台殿阁。

乙　隔山望月。

丙　月月关钱。

甲　钱关心喜。

乙　喜乐伤悲。

丙　碑下是你。

甲　你要挨打。

乙　打我好疼。

丙　藤萝生芽。

甲　牙关闭紧。

乙　紧靠长湖。

丙　胡言乱讲。

甲　“蒋沈韩杨”。我落到这儿了，我是你们俩的……

乙
丙　（合说）哎！

乙　他不说“爹”了。

丙
甲　（合说）哎！

乙　我说了。这回咱们改了。咱们净说《百家姓》。

甲　那怎么说哪？

乙　咱们各人说各人的。我由打“赵钱孙李”说，说到“周吴郑王”，中间儿我要加上六十多句，也要字头咬字尾。

丙　好，我由打“冯陈褚魏”那儿说，到“蒋沈韩杨”，当中我要加它一百多句。

甲　我由打“朱秦尤许”说到“何吕施张”，当中间儿我要加它两千二百零一句。

乙　那得说得上来。

甲　那是啊。

乙　听我的。赵钱孙李。

丙 李呢？

乙 理不通，通天彻地，地下无人事不成，城里妈妈去降香，香火庙内有娘娘，娘长娘短，短剑防身，申公豹，豹头环眼莽张飞，飞虎刘庆。庆八十，十个麻子九个俏，俏皮佳人，人能制火，火烧战船，船舱避箭，箭败刘利周，周吴郑王。我说完了，（指丙）该听你的了。

丙 听我的。冯陈褚魏。

乙 魏……

丙 喂不活，活活现眼，眼前报应，硬顶不饶，绕街要饭，犯不上，上来下去，去者别来，来了更好，好歹贤愚，鱼龙变化，画春园，圆圆荔枝，枝枝别动，洞靠长湖，湖靠长江，蒋沈韩杨。

乙 他说完了，（指甲）该听你的了。

甲 （指乙）你这都是什么呀？你说加六十多句，这够吗？连三十句也不到哇。（指丙）你说加一百多句，我看你那连二十句都没有。咱们说加多少就得说多少。

乙 噢，我们这都不够，回头你那可得够数儿。

甲 当然啦，听我的。朱秦尤许。许我过河，何吕施张。

乙 完，完啦？嘿！你这倒省事啊，就一句啊？你不是说要加两千二百零一句吗？那两千二百句哪？

甲 那回头再说。

乙 不行。你从头儿说吧。

甲 啊，听我的。朱秦尤许，许田射鹿，鹿叼灵芝，知过必改，改头换面，面南登极，鸡叼碎米，米烂成粥，周吴郑王。

乙 嘿，你怎么说我这屋里来啦？你得说别的呀。

甲 周氏骂齐，旗开得胜，圣手遮拦，蓝天扫雪，雪里送炭，探头缩脑，脑后摘筋，金瓜锁斧，斧錾锤掂，颠鸾倒凤，凤子龙孙，孙庞斗智，智广才高，高亮赶水，水过银河，何吕施张。

乙 又完啦？这也不够两千二百零一句呀。

甲 谁若说不够是小狗子。够不够？

乙 够。这回咱们再改一回，还打《百家姓》上说，还是各人说各人的。我说赵钱孙李，由“李”字这儿找一辈古人名儿，由古人名儿的底字儿说四句诗，要落在《千字文》上一句，再顺这个底字儿找一个做小买卖儿的。

丙 那我顺周吴郑王说，也找位古人名儿，也说四句诗，也要落在《千字文》上，也要找一个做小买卖儿的。

甲 我顺冯陈褚魏那儿说，也找位古人名儿，也说四句诗，也要落在《千字文》上，也要找个做小买卖儿的。

乙 听我的。赵钱孙李，李靖王，王子去求仙，丹成上九天，洞中方七日，世上已千年——落在《千字文》上一句——“年时每催”——做小买卖的——“炊帚，笤帚”（指丙）该听你的啦！

丙 听我的。周吴郑王，王伯当，当阳桥上一魁元，大喊三声吓曹瞒，姓张名飞字翼德，谁人不知古圣贤！

乙 好；落《千字文》上哪句？

丙 “弦歌酒筵”。

乙 做小买卖儿的呢！

丙 “酽茶一子儿两碗！”

乙 “炊帚，笤帚！”

甲 外头卖去吧！你们这都是什么呀？咱们说诗得像诗。（指乙）你那是小孩儿描的那红模子。（指丙）你那是《三国》上的原文，这像诗吗？

乙 噢，我们这都不像诗。好，听你的。

甲 听我的，冯陈褚魏。

乙 找古人。

甲 魏忠贤。

乙 好嘛，大奸臣，说诗。

甲 贤人不灭反为奸，灶王爷上天二十三，谁家的灶火不烧火，哪儿有烟筒不冒烟。

乙 你这都是什么，乱七八糟的！你说我们那不像诗啊，你这也不怎么样。落《千字文》上的一句呢？

甲 “焉哉乎也”。

乙 好嘛，末一句。做小买卖儿的呢！

甲 （两手揪乙、丙）“野猫来，卖钱！”

乙
丙 （合说）好说野猫！

乙 这回咱们再改一回。咱们还由《百家姓》上说，还是各人说各人的。

甲 这回又怎么说呢？

乙 我由赵钱孙李那儿说，顺李字这儿找一位古人，顺古人名儿的底字儿说四句小孩儿语，要拍着巴掌说，还得带仨“镲镲镲”。

丙 我打周吴郑王说，找一位古人名儿，说他四句小孩儿语，也要拍着巴掌说，也带着仨“镲镲镲”。

甲 我由打冯陈褚魏说，找一位古人名儿，说四句小孩儿语，也要拍着巴掌说，也带着仨“镲镲镲”。

乙 这回咱们把这岁数儿给改一改。咱们好比仨小孩儿，我呀好比才六岁。

丙 我好比是五岁的。

甲 我好比三十五岁的。

乙 有这么大岁数的小孩儿吗？

甲 我这是“大小孩儿”。

乙 噢，烟卷儿呀。

甲 我好比七岁的。

乙 我叫歪毛儿。

丙 我叫淘气儿。

甲 我叫别扭。

乙 我瞧你就别扭。（学小孩淘气儿）咱们找别扭去啊？——找别扭可干什么呀？听我的。赵钱孙李。

甲 找古人。

乙 李淳风。

甲 说小孩儿话。

乙 风来哩，雨来哩，和尚背着个鼓来哩。

甲
乙
丙 （合说并拍掌）镲镲镲，镲镲镲！（学小孩游戏，唱）车轱辘圆哎，家家儿门前挂红线。

乙 行啦，行啦！咱们还小点儿！（指丙）该你啦！

丙 周吴郑王，王彦章。张大哥，李大嫂，下南洼，摘豆角，谁见过六月穿皮袄来吧。

甲
乙 （合说并拍掌）镲镲镲，镲镲镲！（学小孩游戏）豆虫豆虫，飞！

丙 拉屎一大堆！

乙　啧，咱们会玩儿了啊！（指甲）该听你的啦！

甲　听我的，冯陈褚魏。

乙　找古人。

甲　魏徵。

乙　小孩儿语。

甲　蒸馍馍，捏饺子，你们是我的好小子！我是你们的亲老子。

甲
乙　（合说并拍掌）镲镲镲，镲镲镲！

丙
乙　还“镲镲镲”哪！

（郭启儒述）

敬财神

甲　说书唱戏，讲古比今，都是叫人学好，别做坏事。

乙　对，做好事有好的结果，做坏事有坏的报应。

甲　在人民生活当中有的供神佛，这也是叫人行善，别做坏事。

乙　供神佛这是宗教信仰。

甲　您看供神呀，这神佛还是多种多样，有的供大肚弥勒佛，有的供观世音菩萨，有的供福、禄、寿、喜，有各种各样的神仙。还有的供关羽，有的供岳飞。

乙　您说还有供五大家的呢？还有供三仙姑的，还有供傻哥哥的。

甲　凡是供这类神仙的，这全是迷信。

乙　怎么呢？

甲　您说有供五大家的，那就是狐、黄、柳、白、灰，都称为大仙爷，求他们保佑。其实这就是一种迷信，你要这么一迷信可就要上当。

乙　怎么呢？

甲　有的人得了病不上医院，也不请大夫。

乙　那病怎么会好呢？

甲　请跳大神儿的来家给他看病。

乙　那跳大神的也给开药方吗？

甲　不给开药方。他是仙家，开了药方你也没处买药去！他叫你烧香磕头，求大仙爷保佑。你还得许心愿，大仙爷保佑你的病就好啦。

乙　不吃药那病怎么能好呢？

甲　要不怎么说这迷信就要上当呢？他让你喝香灰，他告诉你这是仙丹妙药，喝下去病就好啦。有的人一连喝了一个礼拜的香灰。

乙　病好啦。

甲　更重啦！
乙　怎么呢？
甲　香灰在肚子里不消化呀，一个礼拜没大便。
乙　那不把人憋坏了吗？
甲　那赶紧上医院吧，到医院大夫给洗肠子、吃泻药这才走动，到厕所一解手拉出两块砖头来。
乙　好嘛！这人肚子成了砖窑啦。怎么拉砖头啊？
甲　香灰在肚子里都炼一块儿啦！您说这不是迷信吗？
乙　对。看起来跳大神儿、巫婆都是骗人的。
甲　这是平常迷信上当。要是到了过年过节就更了不得啦！
乙　怎么呢？
甲　家家都比着。您看到了年节，尤其是过年，打一进腊月就得忙活起，第一个点缀是腊月二十三祭灶。
乙　对。这灶王爷是家家都要供。
甲　供灶王爷是为了什么呢？
乙　不知道。
甲　是为了保佑你们家有饭吃，要不他怎么叫灶王爷呢？他是一家之主。
乙　噢，他是主事人？
甲　他虽然是主事人，户口本上可没有他。您多咱听说查户口的来了问："你们家灶王爷在家吗？""没在家。""干什么去啦？""看电影去啦。"
乙　哪有这事呀？没听说过！
甲　虽然户口本上没有这个人，可是这一家子对他都得特别尊敬，尤其腊月二十三这一天，送灶王爷走，对灶王爷都是好吃好喝好待承。
乙　为什么呢？
甲　灶王爷上天上汇报去了。你们这一家子这一年的所作所为，他全得跟玉皇大帝细说一遍。
乙　噢，就因为这个要好好地请他吃一顿，给他送行。那预备什么呢？
甲　糖瓜。糖瓜祭灶嘛！把糖瓜买了来，烧上香，上上供，全搁在灶王爷面前，表示表示你们的心意，这是给他送行啦。在灶王爷面前摆一会儿，把糖瓜撤下来，拿糖瓜在灶火膛口上抹一抹。

乙　这是干吗呀？

甲　这是粘灶王爷的嘴，到玉皇大帝那儿让他好话多说，别说坏话。

乙　噢，粘灶王爷的嘴，就是让他跟玉皇大帝别说坏话。

甲　你说这人有多糊涂啊，你把他嘴粘上了，好话坏话全说不出来啦！

乙　这真是迷信。

甲　到晚上把灶王爷的纸像揭下来烧了，就表示把灶王爷送天上去了。

乙　噢，这就送走了，还回来不回来？

甲　不回来明年怎么办呢？

乙　多咱回来？

甲　大年三十儿。

乙　噢，走一个礼拜。二十三走的，大年三十儿回来。

甲　三十儿晚上接神，才把灶王爷接回来。

乙　噢，三十儿晚上就是接灶王爷？

甲　不单是接灶王爷，各路神仙都有。三十儿晚上是全神下界，到天一蒙亮烧香送神，把别的神都送走了，就是灶王爷不走啦！

乙　噢，灶王爷不走啦！

甲　财神爷也不走。

乙　那财神爷多咱走呢？

甲　正月初二。

乙　对，正月初二敬财神嘛！您说这些神仙到三十儿晚上都自己上家里来吗？

甲　自己往家里来，还把你美死啦！

乙　他自己不来怎么办呢？

甲　你得请去。

乙　上哪儿请去？

甲　杂货铺呀。

乙　噢，这些神仙都在杂货铺忍着哪。

甲　在那儿不叫财神爷。

乙　叫什么？

甲　财神爷的名字多啦。在作坊叫“活儿”，到杂货铺叫“货”，请到家才叫“财神爷”。

乙　在作坊怎么叫“活儿”呢？

甲　你看，两位师傅要是走在街上，一说话就听出来啦。“王师傅，您干吗活儿啦？”“我印财神爷啦！”这不叫“活儿”吗？

乙　对！在杂货铺怎么叫“货”呢？

甲　一到过年家家全要请神啊，杂货铺里头财神爷都卖完了，他得往作坊那儿催呀，一打电话：“喂，张师傅，我们订的那拨儿货怎么还没给我们送来？我们这儿都卖完啦！”“好，刘掌柜，实在对不起，这两天活儿太忙，我们赶啰赶啰，后天这拨儿货一定给您送到！”您看这是不是叫“货”。

乙　您说得真对！

甲　尤其是老大娘们，平常过日子特别仔细，连一分钱都省着花，一到过年，神佛这笔钱不论多少钱也得花。

乙　为什么呢？

甲　家家都比着。

乙　对，你请的神仙多，她比你请的还多！

甲　其实花钱心疼不心疼？心疼。咬着牙也得花。她要到杂货铺买去。你看吧，这个神呀，那个仙呀，全神呀，财神呀都得买。光买神像还不行，还得买香啊，单的叫一股，五股归一封，还有大的长一点儿的叫鞭杆香，又叫定香，什么元宝、黄钱，买这么一大抱，抱着回家，走在路上，街坊看见了就要问一问：“哟，大娘，您干吗去啦？”“你看我这不抱着了吗？刚打杂货铺来呀！”“哎哟，您买的可真不少呀？”这大娘不乐意听了：“二婶呀，你这是怎么说话呀？这是神佛，哪能说买呀？”“那说吗呢？”“你得说请！”“哎哟！说买还不行，还得说请。看您老这些事，您花多少钱请的？”“嗐，这么点儿倒霉玩意儿花了两块多！”

乙　唉，她怎么骂上啦？

甲　老太太不是心疼钱吗！

乙　噢，把心里话说出来啦！

甲　请到家来，把各种神像都入了位。灶王爷前还得天天烧香；要是买卖家呢，全供财神爷，正月初二敬财神就特别隆重。

乙　为什么呢？

甲　财神爷嘛！为的是保佑他的买卖发财呀！

乙　噢，是供财神爷的都能发财呀？

甲　那是迷信。要是供了财神爷就能发财，社会上就没有干吗的啦！

买张财神爷往墙上那么一贴，那不就发财了吗？谁还去干吗？

乙　都那么说嘛！供财神就为发财嘛！

甲　那是人们的心里这么想，供了财神就能发财，你任什么不干，不出去挣钱，你照样得饿着，财神爷一分钱也不给你。

乙　那么我妈告诉我，对财神爷得特别尊敬，能保佑你发财。

甲　噢，这是你妈告诉你的？这么说你们家也供财神爷啦？

乙　当然啦！

甲　供财神爷你们上供不上？

乙　上呀。不上供，不烧香，那财神爷能保佑你们发财吗？

甲　上一次供你们得花多少钱？

乙　一月供两次，连买点心带烧香，那没有三块钱下不来。

甲　噢，一月上两次供得花好几块钱，那么你要有个头疼脑热，天灾病孽的，今天不能去挣钱啦，找财神爷要两块他给你不给你？

乙　两块呀？两毛也没有呀！

甲　那怎么说是财神爷呢？那是要命鬼呀！

乙　那么说你们家不供财神爷？

甲　我们也供。

乙　还是的！你不也供吗？

甲　我供不供那纸的，假财神我不供；我供的是真的，我供活财神爷。

乙　你比我还迷信！假的都没有，那真的财神爷更没有了，往哪儿找活财神爷去？

甲　我一找就有。

乙　你说在哪儿呢？

甲　你看咱们园子来的那么多观众干什么来啦？

乙　听咱们说唱呀。

甲　来了买票不买？

乙　买呀！

甲　买完了票，园方赚这钱，每月不得给你们包银吗？

乙　是啊。

甲　你拿回家去，一家老少吃穿都有啦，这钱是由哪儿来的？这笔钱是谁给的？

乙　观众买票给我们的钱。

甲　你的衣食住都有啦，这是不是咱们的财神爷？你们家里供的那财神爷，不但每月不给你们钱，还得坑害你们几块。你说那是财神爷吗？！我要供我就供这些观众——活财神爷！

乙　对。您这么一说我就明白了，我回家跟我妈说，家里那假财神爷我们不供了，从今个儿起咱们供这些位活财神爷。

甲　噢，听我那么一说你明白了，要表示你的心意，敬敬活财神爷。

乙　对！

甲　怎么敬呢？

乙　跟敬财神一样呀，打点儿酒，买点儿菜，买点儿点心，摆到财神爷面前。

甲　你带着钱了吗？

乙　带着啦。

甲　有多少钱？

乙　我这腰里还有不到一块钱。

甲　噢，还有一块钱。那哪儿够呀！

乙　不够……把你腰里带的钱也添上，再不够把你的马褂，我的大褂全当喽，我们找别人再借几块，一共咱们凑上十块钱，你看怎么样？

甲　噢，我那么一说你明白了，你要真打酒、买菜、买点心。钱不够我当马褂，你当大褂，再找人借几块，把东西买了来，摆在财神爷面前，爱喝酒的喝酒，不会喝酒的吃菜，不会喝酒不爱吃菜的吃点心。

乙　对啦，为讨财神爷的喜欢嘛！

甲　财神爷那么一吃一喝。吃饱了喝足了，财神爷哈哈一笑，心里痛快了，财神爷高高兴兴全走了。再看你大褂没了，我马褂也进当铺了，账也拉下了。你说的那不是财神爷啊，还是要命鬼呀！

乙　这么说你舍不得？

甲　不是我舍不得，你想呀：财神爷到时候买票还来捧我们哪，你拿钱打酒买菜买点心，哪位财神爷也不好意思吃你的点心，喝你的酒呀！

乙　你说咱想敬敬财神爷，打点儿酒买点儿菜，财神爷不吃那怎么办呢？

甲　有这么句话呀：“上供人吃，心到神知。”要拿咱们的良心来供供财神爷。

乙 那好，你找刀去。

甲 干吗？

乙 开膛呀，你不是说拿心敬敬财神爷吗？

甲 好嘛！真开膛摘心啊？那财神爷全吓跑啦！

乙 那怎么好呢？咱们买点心上供，你说财神爷不好意思扰咱们，我开膛摘心你也不叫，你说那怎么办好呢？

甲 依我说呀，咱拿人比作礼品就行。

乙 噢，你说拿咱这人比作点心、酒菜，就如同上供一样啦？

甲 对呀，咱们拿人比作什么点心什么菜，财神爷一听爱吃，就如同扰了咱啦，咱们的心也算尽到啦。

乙 那不行，你知道哪位爱吃哪口啊，咱比到一样菜还得下去问问，我比的这菜你爱吃不爱吃？

甲 干吗去问呀？

乙 不问你怎么知道财神爷爱吃不爱吃呢？

甲 当然知道啦。咱们说到这样菜，财神爷听了那么一乐，那就是爱吃，那就如同扰了咱啦。说到这个菜时财神爷没乐，那就是不爱吃。

乙 这也对，那咱就上菜吧！

甲 就咱俩当菜单簿点，太少啦。

乙 那可以叫 ××× 给咱帮忙。

甲 对。×××（喊丙的名字）。

（丙上）

丙 叫我呀？

乙 你来给我们帮帮忙，你给添个菜吧。

丙 你等着我拿钱去。

乙 拿钱干吗？

丙 拿钱买菜呀！

甲 用不着，你也跟我们一样，比作一样菜就行。

丙 噢，不花钱？

乙 （对丙）你的人缘儿也不错，这回让你参加当成一样儿菜，财神爷一定爱吃。

甲 咱们仨每人比作一样儿菜。

乙 那先上什么菜呢？

甲 先上点儿蔬菜。

乙　拿谁先比？
甲　先拿他比（指丙）。
乙　他比什么菜？
甲　他比五香豆腐干儿。
乙　还真像，四方脸盘黑黪黪儿的，还真像块豆腐干。敬财神时有这个菜！你比什么？
甲　我比长了醭儿的干烧饼。
丙　这烧饼干了就嚼不动啦，还长醭儿，怎么吃呀？
甲　不吃我撤供，我怕吃。
乙　唉，到他这儿怕吃。那我比什么？
甲　你比剥了皮的大鸡蛋。
丙　这个好，这个好。
乙　哎，哎，好什么？这不行。怎么到我这来个大鸡蛋呢？
甲　敬财神时有这个菜呀，财神爷还爱吃。看，说到你这儿财神爷全笑啦，那就是财神爷爱吃鸡蛋。你要不乐意财神爷一生气那么一走，赶明儿个你的人缘儿可就完了，谁还捧你？
乙　那……财神爷爱吃？行！我就比作鸡蛋！这种菜可不能老赶在我这儿。
甲　咱们仨，赶到谁算谁。
乙　那行！把这菜撤下去，咱们上点儿点心。
丙　好。
乙　这回他比什么？
甲　他比福喜字儿。
乙　好，这点心不错，敬财神时有这盘供。
甲　你看他老是面带乐不丝儿的多像呀？
乙　好。那你比什么？
甲　我比生了虫儿的薄脆饼。
丙　哟，生了虫儿啦？财神爷那怎么吃呀？
甲　不吃我撤供，我怕吃。
乙　他又怕吃？我比什么？
甲　你比大块槽子糕。
丙　这回好，没有鸡蛋啦！
甲　都揣面里啦。

乙 噢，揣面里边啦！

甲 没有鸡蛋做不了槽子糕呀！

乙 咱把点心撤下去，换上酒菜儿。

丙 对，换酒菜儿好。

乙 他比什么（指丙）？

甲 他比拌海蜇。

乙 唉，这酒菜儿不错，一嚼咯吱咯吱的。你比什么？

甲 我比一碟拌臭麻豆腐。

丙 嗬，那臭麻豆腐财神爷怎么吃呀？

甲 不吃我撤供，我怕吃。

乙 到他这儿都怕吃！我比什么呢？

甲 你比大个儿的松花。

乙 好嘛，又变糟蛋啦！

丙 这个好，这个好！

乙 好什么啊？

丙 人家财神爷爱吃呀！你看这不又乐了吗？

乙 到我这儿财神爷全爱吃。把酒菜儿撤了咱们换点儿饭菜！

丙 对。开饭啦！

乙 这回他比什么（指丙）？

甲 他比炒肉丝。

乙 还真像！就冲他这瘦劲儿还真像炒肉丝。你比什么？

甲 我比炒臭麻豆腐。

乙 不行。刚才不是有一盘拌臭麻豆腐了吗？

甲 是呀，拌臭麻豆腐不是没吃吗？我端下去炒了炒又端上来啦。

丙 那热气烘烘的更臭啦！不吃！

甲 不吃我撤供，我怕吃。

乙 到他这儿老怕吃！我比什么呢？

甲 你比摊黄菜。

乙 噢，炒鸡蛋啊！

丙 这个好，这个好！

乙 好什么？这好？咱俩换换，怎么鸡蛋全赶到我这儿了呢？

丙 我不换。咱不是说好了吗？这菜赶到哪儿算哪儿，谁让这个菜叫你赶上了呢？

乙　凭什么鸡蛋老赶我这儿呢？！咱换换吧！

丙　我不换。

乙　不换不行！

甲　哎，哎，这怎么回事？怎么两碟菜打起来啦！你们这么一打架，财神爷一生气全走了怎么办？

乙　那凭什么鸡蛋老往我这儿赶呢？我非得跟他换！

甲　人家炒肉丝挺好的，哪能换鸡蛋呀！

乙　炒肉丝儿和炒鸡蛋不是一样吗？

甲　你非要跟人家换呀？唉，这样吧，我把你们两碟菜都端下去，搁在勺里一块儿炒炒再端上来。

乙　这是什么菜？

甲　炒木樨肉。

乙　对，这回你也沾点儿吧！财神爷吃饱了，喝足了，最后咱们再上点儿汤吧！

丙　好。

乙　（指丙）他比什么汤？

甲　他比三鲜汤。

乙　好，这汤不错，味道清香。你比什么呢？

甲　我比刷锅汤。

乙　嗐，刷锅水啊！那财神爷怎么喝啊？

甲　不喝我撤供，我怕喝！

乙　（对丙）他连汤都不叫喝！

丙　（对乙）这回该你的呢？

乙　（突然转过身来，对甲举起扇子做要打状）这回我比什么？你说！我比什么？快说！

甲　（见状有害怕的神态）他……这回你比……

乙　比什么？

甲　你比一碗清汤……

乙　这回可没鸡蛋啦！

甲　卧果儿。

乙　噢，卧里啦！

（郭荣起述　倪钟之整理）